ALLGEMEIN BILDUNG

Das ganze Grundwissen von heute in Frage und Antwort

Tatjana Alisch
Naturwissenschaft und Technik
Erde und Weltall

Rahild Neuburger
Wirtschaft und Finanzen

Christa Pöppelmann
Geschichte und Politik
Weltreligionen und Philosophie

Christine Walter
Kunst und Kultur

Compact Verlag

Chefredaktion: Dr. Angela Sendlinger
Redaktion: Anke Fischer
Produktion: Wolfram Friedrich
Abbildungen: Lidman Productions, Stockholm; pixelio, München;
Gruppo Editoriale Fabbri, Mailand; dpa-Picture-Alliance, Frankfurt;
Compact Verlag, München
Titelabbildungen: Compact Verlag, München (4);
Lidman Productions, Stockholm (2)
von links nach rechts: Skulptur von Arnaldo Pomodoro
im Cortile del Belvedere, Vatikan; ägyptische Grabmalerei;
Tower Bridge, London; Elisabeth I.; Satellitenaufnahme eines Hurrikans
Gestaltung: Axel Ganguin
Umschlaggestaltung: Axel Ganguin

ISBN 978-3-8174-6081-6
5460811

Besuchen Sie uns im Internet: www.compactverlag.de

Inhalt

Wie hieß der erste König der fränkischen Karolinger?

- a) Karl Martell
- b) Pippin der Kurze
- c) Karl der Große
- d) Ludwig der Deutsche

a) Karl Martell (686–741) regierte zwar ab 714 über das fränkische Reich, war aber nominell nur der oberste Verwalter (Hausmeier) von Königen aus der Merowinger-Dynastie, die so unbedeutend waren, dass man kaum mehr als ihre Namen kennt.

Karl Martell bei der Schlacht von Poitiers

b) Pippin der Kurze (oder: der Jüngere, 714–768) erbte das Hausmeieramt von seinem Vater Karl Martell. 750 setzte er mit Zustimmung des Papstes den letzten Merowinger ab und ließ sich selbst zum König salben. Im Gegenzug musste er dem Papst gegen die Langobarden beistehen.

c) Karl der Große (748–814) erbte die fränkische Königskrone von seinem Vater Pippin. Am Weihnachtstag des Jahres 800 krönte ihn Papst Leo III., dem Karl ebenfalls gegen die Langobarden geholfen hatte, zum Kaiser des römischen Reiches.

d) Ludwig der Deutsche (um 806–876), war derjenige unter Karls Enkeln, der bei der Teilung des Reiches den östlichen Teil Austrien erhielt, aus dem sich das spätere Deutschland entwickelte. Sein Bruder Karl der Kahle (823–877) wurde Stammvater der französischen Karolinger.

Welcher muslimische Fürst eroberte 1187 Jerusalem?

- a) Harun al-Raschid
- b) Saladin
- c) Mehmed II.
- d) Suleiman der Prächtige

a) Harun al-Raschid (763–809) war von 786 bis 809 Kalif von Bagdad. Er stand mit Karl dem Großen (748–814), dem er einen Elefanten schenkte, in Briefverkehr. Entgegen seiner Darstellung in den Märchen von *Tausendundeiner Nacht* war er zwar ein mächtiger, aber auch brutaler Herrscher.

b) Der Feldherr Saladin (um 1137–93) entmachtete 1174 den minderjährigen Thronerben der Zengidendynastie und machte sich selbst zum Sultan von Ägypten und Syrien. Anschließend eroberte er die christlichen Staaten, die während des 1. Kreuzzugs (1096) entstanden waren. Dies löste den 3. Kreuzzug aus. Saladin erwies sich in den Auseinandersetzungen jedoch so ritterlich, dass er im Abendland zur legendären Gestalt wurde.

c) Mehmed II. (1430–81) war Sultan des Osmanischen Reiches. Er eroberte große Teile des Balkans und am 29. Mai 1453 Konstantinopel, was als Zäsur zwischen Mittelalter und Neuzeit gilt. Daneben war er auch ein großer Förderer der islamischen Kultur.

d) Suleiman (1495–1566) gilt als bedeutendster osmanischer Sultan. Er eroberte 1521 Belgrad, 1526 den größten Teil Ungarns und stieß 1529 bis nach Wien vor, wo er jedoch geschlagen wurde. Intern profilierte er sich als Gesetzgeber und Förderer der Künste.

In welchem Krieg starb Karl XII. von Schweden?

- a) Pfälzer Erbfolgekrieg
- b) Großer Nordischer Krieg
- c) Spanischer Erbfolgekrieg
- d) Österreichischer Erbfolgekrieg

a) Nach dem Tod des Kurfürsten Karl II. von der Pfalz (1651–85) beanspruchte Ludwig XIV. von Frankreich (1638–1715) das Land für seine Schwägerin Liselotte (1652–1722), die Schwester Karls, und brach den Pfälzer Erbfolgekrieg vom Zaun, an dessen Ende (1697) er Straßburg und das Elsass erobert hatte.

b) Im Jahr 1700 griffen Sachsen, Dänemark und Russland, das einen Zugang zur Ostsee anstrebte, die führende Ostseemacht Schweden an. Der schwedische König Karl XII. (1682–1718) feierte zunächst triumphale Erfolge, verlor aber – geschwächt durch den russischen Winter – 1709 die entscheidende Schlacht und starb 1718 während einer Belagerung. Drei Jahre später endete der Große Nordische Krieg mit der Niederlage Schwedens und dem Sieg Russlands.

c) Im Spanischen Erbfolgekrieg (1701–14) kämpften Frankreich und die österreichischen Habsburger um den vakant gewordenen spanischen Thron und zogen ganz Europa in den Krieg hinein. Frankreich setzte sich am Ende durch, Österreich wurde jedoch reich entschädigt.

d) Nach dem Tod ihres Vaters Karl VI. von Österreich (1685–1740) musste Maria Theresia (1717–80) ihren Erbanspruch erst in einem achtjährigen Österreichischen Erbfolgekrieg gegen Bayern, Preußen, Spanien und Neapel durchsetzen.

Wer ist der oberste Repräsentant der BR Dtl.?

- a) der Bundestagspräsident
- b) der Bundeskanzler
- c) der Bundespräsident
- d) der Bundesadler

a) Der Präsident des Deutschen Bundestages steht selten im Rampenlicht. Rein protokollarisch hat er aber das zweithöchste Amt im Staat, weil er der Repräsentant des Bundestages und damit der Versammlung der gewählten Volksvertreter ist.

b) Natürlich hat der Bundeskanzler bzw. die Kanzlerin die meiste politische Macht in Händen – das aber nur, solange er bzw. sie das Vertrauen des Bundestages hat. Deshalb steht der Regierungschef im Protokoll noch hinter dem Präsidenten des Bundestages.

c) Der deutsche Bundespräsident hat heutzutage zwar nur wenig politische Macht, ist aber das Staatsoberhaupt der Bundesrepublik Deutschland und soll in dieser Funktion über allen Parteien und Gremien stehen. Seine wichtigste Funktion ist die Repräsentation des Landes nach außen.

Bundespräsident Horst Köhler

d) Der Bundesadler ist Teil des Staatswappens und damit wie die Nationalflagge ein Hoheitszeichen, aber kein Repräsentant der BR Dtl. Die Tradition des Bundesadlers geht bis auf Karl den Großen (748–814) zurück, der mit der Auswahl seines Wappentieres an die Heereszeichen des Römischen Reiches anknüpfen wollte.

Welche Bankiersfamilie regierte Florenz?

- ◯ a) die Medici
- ◯ b) die Visconti
- ◯ c) die Sforza
- ◯ d) die Gonzaga

a) Obwohl Oberitalien im Mittelalter nominell zum römisch-deutschen Kaiserreich gehörte, bildeten sich mehrere Stadtstaaten heraus, die de facto meist eine selbstständige Politik betrieben. In Florenz hielt von etwa 1435 bis 1737 die Bankiersfamilie der Medici die Macht in Händen. Bis 1532 war Florenz trotzdem nominell eine Republik, erst danach ein erbliches Herzogtum.

Florenz

b) Die Adelsfamilie Visconti übernahm 1277 die Macht im mächtigen, reichen Mailand, eroberte von dort aus die ganze Lombardei und kaufte dem Kaiser die Ernennung zum Herzogtum ab.

c) Der Söldnerführer Francesco Sforza (1401–66), Schwiegersohn des letzten Visconti, eroberte 1480 die Stadt, obwohl die Mailänder Bürgerschaft eigentlich eine Republik proklamiert hatte, als die Visconti 1477 ausstarben. Nach dem Aussterben der direkten männlichen Linie 1535 übernahmen die Kaiser aus dem Hause Habsburg die Herzogswürde persönlich.

d) Die Adelsfamilie Gonzaga regierte von 1328 bis 1627 in Mantua. Ebenso wie die d'Este, die von 1146 bis 1597 Ferrara beherrschten, machten sie sich als große Förderer der Renaissance-Kunst einen Namen.

Für welches Land entdeckte Kolumbus Amerika?

- ◯ a) Italien
- ◯ b) Portugal
- ◯ c) Spanien
- ◯ d) das römisch-deutsche Kaiserreich

a) Cristoforo Colombo (1451–1506) stammte aus Genua, das damals von den Mailänder Herzögen regiert wurde. Einen Staat Italien gab es nicht. Mit den überseeischen Entdeckungen verlor der Mittelmeerhandel an Bedeutung.

b) Ende des 15. Jh. war Portugal die führende Seefahrernation Europas, es beherrschte den Küstenhandel mit Afrika und hatte 1498 den Seeweg nach Indien erschlossen. Kolumbus' Vorschlag, eine Westroute nach Indien zu suchen, lehnten die Portugiesen ab, weil sie im Gegensatz zu diesem genau wussten, wie lang diese sein würde.

c) Nachdem Portugal ihm einen Korb gegeben hatte, versuchte Kolumbus sein Glück bei den spanischen Königen Isabella I. (1451–1504) und Ferdinand II. (1452–1516). Deshalb wurde Süd- und Mittelamerika mit Ausnahme von Brasilien, das die Portugiesen 1500 entdeckten, spanisches Kolonialgebiet.

d) Als König Ferdinand II. 1516 starb, gingen die Krone Spaniens und die amerikanischen Kolonien an seinen Enkel Kaiser Karl V. (1500–58) über. Doch 1556 teilte Karl seinen Besitz auf: Sein Bruder Ferdinand (1503–64) wurde Kaiser des Heiligen Römischen Reiches, sein Sohn Philipp II. hingegen (1527–98) erhielt Spanien und Amerika.

Welcher germanische Heerführer setzte den letzten römischen Kaiser ab?

- a) Alarich
- b) Stilicho
- c) Odoaker
- d) Theoderich

a) Alarich (um 370–410) war während der Völkerwanderungszeit König der Westgoten. Auf der Suche nach neuen Siedlungsplätzen für sein von den Hunnen vertriebenes Volk, zog er durch ganz Griechenland und Italien und eroberte im Jahr 410 Rom. Kurz danach starb er. Acht Jahre später konnten die Westgoten in Südfrankreich und Spanien ein Reich gründen, das bis 711 Bestand hatte.

b) Stilicho (365–408) war römischer Heermeister unter Kaiser Theodosius I. (347–395) und wurde nach dessen Tod 395 Regent für Honorius (384–423), den elfjährigen Erben des weströmischen Reiches. Doch Honorius misstraute ihm und ließ 408 ihn und Tausende von germanischen Söldnern umbringen.

c) Odoaker (um 433–493) war der Führer der germanischen Söldner des letzten weströmischen Kaisers Romulus Augustulus (um 460–511). 476 rebellierte die Truppe und setzte den Kaiser ab.

d) Der Ostgotenkönig Theoderich (um 451–526) wurde 488 vom oströmischen Kaiser Zenon (reg. 474–491) geschickt, um Odoaker auszuschalten. Dies tat er und gründete selbst das Ostgotenreich von Ravenna, das erst 526 wieder vom oströmischen Kaiser Justinian I. (482–565) erobert wurde.

Wer war der letzte Regierungschef der DDR?

- a) Erich Honecker
- b) Egon Krenz
- c) Willy Stoph
- d) Lothar de Maizière

Erich Honecker

a) Erich Honecker (1912–94) war bis zum 18. Oktober 1989 Staatsratsvorsitzender der DDR. Damit war er das Staatsoberhaupt, aber nicht der Regierungschef. Allerdings war es die wesentliche Aufgabe der Regierung, die Beschlüsse des Zentralkomitees der SED durchzuführen. Generalsekretär und damit Vorsitzender der Partei war ebenfalls Honecker.

b) Egon Krenz (geb. 1937) war der Nachfolger Honeckers, als dieser auf Druck des Politbüros der SED seine Ämter im Oktober 1989 niederlegte. Krenz konnte das alte System jedoch nicht retten und trat Anfang Dezember schon wieder zurück.

c) Am 7. November 1989 trat Willi Stoph (1914–99), der mit nur einer kurzen Unterbrechung (1973–76) seit 1964 Regierungschef der DDR gewesen war, mit seinem Kabinett zurück. Zu seinem Nachfolger wurde Hans Modrow (geb. 1928) ernannt, der einen Dialog mit der Opposition („Runder Tisch“) versuchte.

d) Der CDU-Politiker Lothar de Maizière (geb. 1940) gewann am 18. März 1990 die ersten freien Volkskammerwahlen der DDR und wurde neuer Ministerpräsident. Seine Regierungszeit endete mit der deutschen Wiedervereinigung am 3. Oktober 1990.

Mit welchem Kreml-Chef verständigte sich Kennedy in der Kubakrise?

- a) Joseph Stalin
- b) Nikita Chruschtschow
- c) Leonid Breschnew
- d) Juri Andropow

a) Joseph Stalin (1878–1953) machte aus der kommunistischen Sowjetunion durch Zwangskollektivierungen, Säuberungen und einen Kult um seine Person eine absolutistische Diktatur. Nach seinem Tod leitete Nikita Chruschtschow (1894–1971) eine „Entstalinisierung" ein.

b) Kreml-Chef Chruschtschow konnte sich mit US-Präsident John F. Kennedy (1917–63) auf eine Entschärfung der Kubakrise einigen, die 1962 ausgelöst wurde, nachdem die Sowjetunion Atomraketen auf Kuba stationiert hatte, und die vermutlich die ernsteste im ganzen Kalten Krieg war. Die Sowjets zogen ihre Raketen wieder ab, aber ebenso die USA die ihren aus der Türkei.

Chruschtschow und Kennedy

c) Der Hardliner Leonid Breschnew (1907–82) ersetzte 1964 Chruschtschow, der wegen seiner „Politik der friedlichen Koexistenz" mit dem Westen seines Amtes enthoben worden war. Auf Breschnews Konto gehen u. a. die Niederschlagung des Prager Frühlings 1968 und die Invasion in Afghanistan 1979.

d) Juri Andropow (1914–84), Breschnews Nachfolger, förderte jüngere, reformfreudige Kräfte in der KPdSU, darunter Michail Gorbatschow.

Wen besiegte Otto I. 955 in der Schlacht auf dem Lechfeld?

- a) die Awaren
- b) die Wenden
- c) die Sachsen
- d) die Magyaren

a) Die Awaren, ein zentralasiatisches Reitervolk, dessen Verwandtschaft zu anderen asiatischen Völkern immer noch ungeklärt ist, ließen sich im 6. Jh. im heutigen Ungarn nieder, unterwarfen die meisten slawischen Völker und versuchten im 7. Jh. sogar, Konstantinopel anzugreifen. Das Awarenreich wurde von Karl dem Großen zerstört.

b) „Wenden" war ein mittelalterlicher Sammelbegriff der Deutschen für ihre slawischen Nachbarn. Die Wendengebiete zwischen Elbe und Oder wurden bis zum 12. Jh. vom römisch-deutschen Kaiserreich erobert, während sich in Polen und Böhmen um 1000 christliche Königreiche gebildet hatten.

c) Die damals noch heidnisch und räuberisch lebenden Sachsen wurden zwischen 772 und 805 von Karl dem Großen (748–814) in mehreren äußerst grausam geführten Feldzügen unterworfen und zwangschristianisiert.

d) Ende des 9. Jh. tauchten die aus dem Ural stammenden Magyaren im heutigen Ungarn auf und unternahmen immer wieder Beutezüge auf dem Territorium des römisch-deutschen Kaiserreiches. Nach mehreren Kriegen fand 955 auf dem Lechfeld bei Augsburg die entscheidende Schlacht statt, nach der die Magyaren umgehend sesshaft wurden und das christliche Königreich Ungarn gründeten.

Gegen wen führte Bismarck 1864 Krieg?

- a) Russland
- b) Dänemark
- c) Österreich
- d) Frankreich

a) Bismarck (1815–98) war immer bemüht, ein gutes Verhältnis zu Russland zu pflegen und dessen Interessenskonflikte mit Österreich auf dem Balkan zu schlichten. 1887 schloss er ein geheimes Neutralitätsabkommen (Rückversicherungsvertrag), das Kaiser Wilhelm II. (1859–41) jedoch nicht verlängerte.

b) 1864 verletzte der dänische König Christian IX. (1818–1906) den äußerst komplizierten Sonderstatus des Herzogtums Schleswig, was in Deutschland zu nationalistischer Erregung führte. Dies nutzte Bismarck zu einem kurzen Krieg, der in der Eroberung Schleswig-Holsteins resultierte.

c) Nach dem deutsch-dänischen Krieg nutzte Bismarck einen Streit mit Österreich über die Verwaltung von Schleswig und Holstein, um den Ausschluss der Habsburger aus dem Deutschen Bund zu beantragen. Als diese daraufhin das Bundesheer mobilisierten, begann Bismarck 1866 einen zwar in Deutschland sehr unpopulären, aber ebenfalls sehr kurzen Krieg gegen Österreich, an dessen Ende die Gründung des Norddeutschen Bundes stand.

d) Da er Frankreichs Widerstand gegen eine deutsche Einigung befürchtete, reizte Bismarck Napoleon III. (1808–73) 1870 mit einer öffentlichen Demütigung (Emser Depesche) zum Krieg. Nach dem Sieg organisierte er die Gründung des Deutschen Kaiserreiches.

Wie heißt die Weltgesundheitsorganisation der Vereinten Nationen?

- a) UNESCO
- b) UNICEF
- c) UNHCR
- d) WHO

a) Die UNESCO (United Nations Educational, Scientific and Cultural Organization) wurde 1945 gegründet und hat ihren Sitz in Paris. Zu ihren wichtigsten Aufgaben gehören die Förderung der Bildung, vor allem in Entwicklungsländern, und der Schutz von Kulturdenkmälern.

b) UNICEF (United Nations Children's Fund) ist das Kinderhilfswerk der Vereinten Nationen. Es wurde 1946 ins Leben gerufen und hat seinen Sitz in New York. Seine Aufgaben sind der Schutz von Kindern und die Verbesserung ihrer Lebensbedingungen.

c) UNHCR ist die englische Abkürzung für den Hohen Flüchtlingskommissar der Vereinten Nationen. Das Kommissariat wurde 1951 gegründet und ist in Genf ansässig. Es ist für die humanitäre Hilfe für Flüchtlinge weltweit und die Einhaltung der Genfer Flüchtlingskonvention zuständig. Es wurde 1954 und 1981 mit dem Friedensnobelpreis ausgezeichnet.

d) Die WHO (World Health Organisation) wurde 1948 gegründet und hat ihren Sitz in Genf. Ihre Aufgaben sind die Koordination und Verbesserung des öffentlichen Gesundheitswesens in den Mitgliedsländern, aber auch ländertübergreifende Maßnahmen gegen übertragbare Krankheiten.

Logo der Weltgesundheitsorganisation

Was geschah im Jahr 753 v. Chr. in Rom?

- a) der Sage nach die Gründung der Stadt
- b) die Vertreibung des letzten Königs
- c) die Auseinandersetzung zwischen Plebejern und Patriziern
- d) die Reformen der Gracchen

a) In diesem Jahr soll Rom von Romulus gegründet worden sein. Das Jahr markierte im Römischen Reich den Beginn der Zeitrechnung. Tatsächlich ist Rom wohl rund 200 Jahre älter.

Die römische Wölfin mit Romulus und Remus

b) In seiner Anfangszeit wurde Rom von etruskischen Königen beherrscht. Der letzte, Tarquinius Superbus, wurde etwa um das Jahr 500 v. Chr. vertrieben – der Sage nach, nachdem sein Sohn die schöne Lukretia vergewaltigt hatte.

c) Die Ständekämpfe zwischen den adeligen Patriziern und dem Volk (Plebs) eskalierten im Jahr 494 v. Chr. Die Plebejer, die eine rechtliche Gleichstellung forderten, verließen die Stadt und legten damit das öffentliche Leben lahm. Daraufhin wurde das Amt der Volkstribunen geschaffen, die Maßnahmen der Regierung mit ihrem Veto blockieren konnten.

d) Die Volkstribunen Tiberius (162–133 v. Chr.) und Gaius Gracchus (153–121 v. Chr.) forderten soziale Reformen zugunsten der Armen, die unter den ständigen Kriegen und dem Import vieler billiger Sklaven litten. Beide Brüder wurden ermordet.

Wie hieß der letzte chinesische Kaiser?

- a) Hongwu
- b) Daogang
- c) Cixi
- d) Pu Yi

a) Hongwu (1328–98) war der Gründer der Mingdynastie. Ursprünglich war er ein einfacher Mönch mit dem Namen Zhu Yuan Zhang. Er beteiligte sich an der Volksbewegung, die 1368 die mongolischen Kaiser stürzte, und setzte sich als neuer Throninhaber durch. Die Mingdynastie wurde 1644 aufgrund wirtschaftlicher Probleme von den Mandschu gestürzt.

b) Im 19. Jh. schmuggelte Großbritannien große Mengen Opium nach China, um mit dem Erlös den Kauf chinesischer Luxuswaren gegenzufinanzieren. Kaiser Daogang (1782–1850) ging gegen den Schmuggel vor, worauf Großbritannien den Opiumkrieg begann und China zu einer Öffnung seines Marktes für europäische Händler zwang.

c) Die erzwungene Öffnung sorgte für soziale Probleme, die 1900 zum „Boxeraufstand" führten. Als die Regentin Cixi (1835–1908) Übergriffe gegen Europäer nicht verhindern konnte (und wollte), griff eine europäische Truppe ein und schlug den Aufstand blutig nieder, was China noch mehr in Abhängigkeit brachte.

d) Nach dem Tod von Cixi folgte ihr ihr zweijähriger Großneffe Pu Yi (1906–67), der zwei Jahre später durch eine Revolution gestürzt wurde, aber 1934 bis 1945 von den Japanern noch einmal zum Marionettenkaiser der besetzten Mandschurei (Mandschuko) gemacht wurde.

Welche Unruhen fanden 1848 in Deutschland statt?

- a) Julirevolution
- b) Märzunruhen
- c) Maiaufstände
- d) Badische Revolution

a) Die Julirevolution fand 1830 in Frankreich statt. Der absolutistisch regierende Karl X. (1757–1836) wurde gestürzt und durch seinen liberaleren Verwandten Louis Philippe von Orleans (1773–1850), den „Bürgerkönig“, ersetzt. Im Februar 1848 musste Louis Philippe Napoleon III. (1808–73) weichen.

b) Die Februarunruhen 1848 in Frankreich führten Anfang März auch zu Erhebungen in Deutschland. Die Aufständischen forderten vor allem eine liberale Verfassung mit Bürgerbeteiligung, wie sie in der Gründungsakte des Deutschen Bundes in Aussicht gestellt worden war. Die Aufstände führten zur Einberufung einer verfassungsgebenden Nationalversammlung in der Frankfurter Paulskirche.

c) Ende März 1849 legten die Abgeordneten in der Paulskirche eine ausgearbeitete Verfassung für eine konstitutionelle Monarchie vor. Als im Mai klar wurde, dass die wichtigsten deutschen Staaten nicht zustimmten, kam es in vielen Ländern zu Aufständen.

d) Die Märzrevolution hatte in Baden ihren Anfang genommen und verlief dort auch besonders heftig. Während in anderen Ländern die revolutionäre Bewegung im Mai 1849 blutig niedergeschlagen wurde, leistete Baden den preußischen Truppen bis zum 23. Juli Widerstand.

Wie hieß der Hunnenkönig, der im 5. Jh. in Ungarn residierte?

- a) Dschingis Khan
- b) Attila
- c) Etzel
- d) Aetius

a) Dschingis Khan (um 1160–1227) war Khan der Mongolen und eroberte im Mittelalter das größte Reich, das es bislang in der Geschichte gegeben hat. Es reichte von der asiatischen Ostküste bis nach Ungarn.

b) Die Hunnen und ihr König Attila (gest. 453) tauchten im Jahr 375 am Schwarzen Meer auf, vertrieben die Goten und lösten damit die Völkerwanderung aus. Sie eroberten ein Reich, das in etwa von der Wolga bis Regensburg reichte, nach Attilas Tod aber schnell zerfiel. Sein Hauptlager hatte er in Ungarn an der Theiß.

Attila

c) Unter dem Namen Etzel taucht Attila im mittelalterlichen Nibelungenlied auf. Obwohl die Geschichte der Nibelungen sicherlich erfunden ist, sind viele Details historisch korrekt, z. B. dass Attila germanische Stämme als Bundesgenossen hatte und eine Germanin heiratete.

d) Flavius Aetius (um 390–454) war ein römischer Heermeister, der als Geisel bei den Hunnen aufgewachsen war. Es gelang ihm zunächst, Bündnisse mit ihnen zu schließen. Als Attila 451 aber nach Gallien vorstieß, stellte sich Aetius ihm entgegen und besiegte ihn in der Schlacht auf den Katalaunischen Feldern.

Welches Balkanvolk wurde im Mittelalter von Khanen regiert?

- ◯ a) Serben
- ◯ b) Türken
- ◯ c) Bulgaren
- ◯ d) Griechen

a) Slawische Völker wie die Serben und Kroaten flohen im 6. Jh. vor dem zentralasiatischen Reitervolk der Awaren, das im Donauraum herrschte, auf den Balkan. Im Mittelalter, als der Einfluss der oströmischen Kaiser auf dem Balkan immer schwächer wurde, bildeten sich slawische Königreiche.

b) Die Türken eroberten im 14. Jh. große Teile des Balkans (1389 Schlacht auf dem Amselfeld/Kosovo) und 1453 schließlich auch Konstantinopel. In dieser Zeit benutzten sie längst nicht mehr den altturkischen Titel „Khan“, sondern wurden von islamischen Sultanen regiert.

Bulgarien heute

c) Die Bulgaren waren ursprünglich ein Turkvolk, das im 7. Jh. aus den südrussischen Steppengebieten vertrieben wurde und sich auf dem Balkan niederließ. Mit der Zeit nahmen sie die slawische Kultur an und 864 ließ sich Khan Boris I. Michael (gest. 907) taufen. Unter seinem Sohn Simeon dem Großen (864–927) war das Khanat die mächtigste Macht auf dem Balkan.

d) Die Griechen waren in der Spätantike und im Mittelalter die dominierende Kultur des oströmischen oder byzantinischen Reiches und wurden von den oströmischen Kaisern regiert.

Wie wurde Napoleons Politik in Europa revidiert?

- ◯ a) durch den Reichsdeputatationshauptschluss
- ◯ b) im Rheinbund
- ◯ c) auf dem Wiener Kongress
- ◯ d) mit den Karlsbader Beschlüssen

a) 1801 hatte das Kaiserreich den Krieg gegen Frankreich verloren und musste seine linksrheinischen Territorien abtreten. Um die betroffenen Fürsten zu entschädigen, beschloss der Reichstag im Reichsdeputationshauptschluss, kleine Adelsherrschaften, viele freie Reichsstädte und die geistlichen Gebiete aufzulösen und ihr Land zu verteilen.

b) 1806 schlossen sich mehrere deutsche Fürstentümer wie Bayern, Baden und Württemberg unter dem Schutz Napoleons zum Rheinbund zusammen und erklärten ihre volle Souveränität gegenüber dem Reich. Franz II. (1768–1835) löste daraufhin das Reich auf und nannte sich nur noch Kaiser von Österreich.

c) Der Wiener Kongress, der von 1814 bis 1815 tagte, sollte nach Napoleons Sturz die alten Verhältnisse wiederherstellen und über eine Neuordnung Europas verhandeln. Doch das geschah nur teilweise. Die alten Dynastien wurden wieder eingesetzt, das aufgelöste Kaiserreich aber in den Deutschen Bund umgewandelt. Auch territoriale Verschiebungen blieben bestehen oder wurden sogar neu beschlossen.

d) Der Wiener Kongress zog eine reaktionäre Politik nach sich. In Karlsbad beschloss der Deutsche Bund 1819 scharfe Maßnahmen gegen liberale Kräfte.

Mit wessen Tod endete die Französische Revolution?

- ◯ a) Marie Antoinette
- ◯ b) Jean-Paul Marat
- ◯ c) Georges Danton
- ◯ d) Maximilien de Robespierre

a) Nach dem Sturm auf die Bastille am 14. Juli 1789 beschloss die Nationalversammlung zunächst die Einführung einer konstitutionellen Monarchie. Nachdem das Königspaar aber hatte fliehen wollen und die europäischen Mächte einen Krieg gegen Frankreich begannen, setzten radikale Kräfte durch, dass Ludwig XVI. (1754–93) und Marie-Antoinette (1755–93) 1793 enthauptet wurden.

b) Der Arzt Jean Paul Marat (1743–93) war Mitglied der radikalen Jakobiner. Durch Hasspredigten gegen gemäßigte Revolutionäre (Girondisten) schürte er den Fanatismus der Massen und löste u. a. die Septembermorde an über 1000 Gefängnisinsassen aus. Er wurde von der Girondistin Charlotte Corday (1768–93) ermordet, was den Terror der Jakobiner nur noch steigerte.

c) Danton (1759–94) war führendes Mitglied der Jakobiner, der sich nach dem Sieg über die europäischen Truppen für ein Ende des Terrors einsetzte und deshalb von Robespierre zum Tode verurteilt wurde.

d) Robespierre (1758–94) dominierte ab 1793 den „Wohlfahrtsausschuss", das Exekutivorgan der Nationalversammlung, und ließ alle potenziellen Gegner töten. Schließlich verbündeten sich die Überlebenden und schickten ihn selbst unter die Guillotine.

Woher kam Marco Polo?

- ◯ a) Venedig
- ◯ b) Genua
- ◯ c) Konstantinopel
- ◯ d) Sizilien

a) Die Republik Venedig war bis ins 15. Jh. hinein die bestimmende Handelsmacht im Mittelmeerraum. Seine Glanzzeit hatte es im 13. Jh., als der Mongolenherrscher Kublai Khan (1215–94) den Warenverkehr auf der Seidenstraße nach Kräften förderte. Ob Marco Polo (1254–1324) jedoch wirklich bis nach China gelangte – und nicht nur in Kublais Hauptstadt Karakorum–, ist umstritten.

Marco Polo bei Papst Gregor X.

b) Genua war ebenfalls eine Seefahrer- und Handelsrepublik, konnte es allerdings nicht mit Venedig aufnehmen und war vor allem im westlichen Mittelmeer aktiv. Eine dritte Seefahrerrepublik war Pisa.

c) Venedig hatte sich 697 vom byzantinischen Reich losgesagt. Versuche der Kaiser von Konstantinopel, wieder Einfluss über die einstige Kolonie zu bekommen, schlugen fehl. 1201 leitete der venezianische Doge Enrico Dandolo (1107–1205) den 4. Kreuzzug um und machte Byzanz für 60 Jahre zu einem westlich dominierten Lateinischen Kaiserreich.

d) Sizilien war bis ins 9. Jh. byzantinisch, danach arabisch, ab dem 11. Jh. normannisch, fiel 1194 an die Staufer und wurde 1266 – mit dem Segen des Papstes – von Karl I. von Anjou (1226–85), einem Bruder des französischen Königs, erobert.

Welcher Mongolenherrscher wurde Kaiser von China?

- a) Dschingis Khan
- b) Kublai Khan
- c) Timur Leng (Tamerlan)
- d) Babur

a) Dschingis Khan (um 1160–1227) einte die Mongolenstämme und eroberte große Teile Asiens, darunter den nördlichen Teil Chinas. Durch die ständige Möglichkeit, Beute zu machen, sicherte er sich die absolute Loyalität seines Heeres.

b) Seine größte Ausdehnung hatte das Mongolenreich unter Dschingis Khans Enkel Kublai (1215–94). Seine Heerführer eroberten auch die russischen Fürstentümer, Teile Osteuropas und den südlichen Teil Chinas. 1271 machte sich Kublai zum Kaiser des wiedervereinigten Chinas, verlegte seine Hauptstadt nach Peking und gründete die Yuandynastie, die allerdings nur bis 1368 herrschte.

Kublai Khan mit Marco Polo

c) Timur Leng (1336–1405) war ein Fürst aus dem heutigen Usbekistan, der eine Nachfahrin von Dschingis Khan heiratete und sich zu dessen Erben erklärte. Er eroberte große Teile Zentralasiens und ging dabei angeblich noch brutaler vor als sein großes Vorbild.

d) Babur (1483–1530) war ein Verwandter Timurs, der sich in den dynastischen Kriegen um Samarkand nicht durchsetzen konnte. Stattdessen eroberte er das Sultanat von Delhi und begründete damit die Mogulherrschaft in Indien.

Welcher Krieg fand 1775 bis 1783 in Nordamerika statt?

- a) King Philipp's War
- b) französisch-britischer Krieg
- c) amerikanischer Unabhängigkeitskrieg
- d) amerikanischer Bürgerkrieg

a) Der King Philipp's War fand zwischen 1675 und 1676 im südlichen Neuengland statt und wurde zwischen den europäischen Siedlern und verschiedenen Indianerstämmen unter Häuptling Metacomet (King Philipp, 1637–76) ausgetragen. Die Auseinandersetzungen kosteten etwa 600 Siedler und Tausende von Indianern das Leben.

b) Briten und Franzosen kämpften zwischen 1756 und 1763 um ihre Ansprüche in Nordamerika, da zunehmend britischstämmige Siedler über die Appalachen in das Ohiotal vordrangen, das Frankreich als sein Land betrachtete. Der Krieg, in dem beide Seiten in großem Maße ihre indianischen Verbündeten einsetzen, endete mit dem Rückzug der Franzosen.

c) Der amerikanische Unabhängigkeitskrieg brach zwei Jahre nach der Boston Tea Party zwischen den 13 amerikanischen Kolonien und dem Mutterland aus. Bereits ein Jahr später erklärten sich die USA am 4. Juli 1776 für unabhängig.

d) Der amerikanische Bürgerkrieg zwischen den Nord- und den Südstaaten fand zwischen 1861 und 1865 statt. Dabei ging es nicht nur um die Sklaverei, sondern um die gesamte Wirtschaftspolitik der USA, da der Norden und der Süden extrem unterschiedliche Bedürfnisse hatten.

Welcher französische König war mit Madame Pompadour liiert?

- a) Ludwig XIII.
- b) Ludwig XIV.
- c) Ludwig XV.
- d) Ludwig XVI.

a) Ludwig XIII. (1601–43) hatte zwar ein schlechtes Verhältnis zu seiner Frau Anna von Österreich (1601–66) und misstraute ihr als Habsburgerin auch politisch, doch soweit man weiß, hatte er keine Mätressen. Politischen Einfluss hatte nur sein erster Minister, Kardinal Richelieu.

b) Sein Sohn Ludwig XIV. (1638–1715) hatte diverse Mätressen, wie Louise de la Vallière (1644–1710) oder Athénaïs de Montespan (1640–1707), gewährte aber weder ihnen noch seinen Ministern politische Macht. Nur Françoise de Maintenon (1635–1719), die er im Alter wahrscheinlich sogar heiratete, hatte auf religiösem Gebiet einen gewissen Einfluss auf den Sonnenkönig.

c) Sein Urenkel Ludwig XV. (1710–74) gestand sowohl seinen Ministern als auch seinen Mätressen viel Einfluss zu. Seine wichtigste Geliebte war Jeanne-Antoinette Poisson (1721–64), Marquise de Pompadour (1721–64), die vor allem als Förderin der Kultur auftrat, aber auch politische Entscheidungen traf und ihre Stellung als Beraterin auch dann noch behielt, als der König längst andere Geliebte hatte.

d) Sein Enkel Ludwig XVI. (1754–93) hatte keine offizielle Mätresse. Er und seine Frau Marie-Antoinette von Österreich (1755–93) wurden während der Französischen Revolution hingerichtet.

Wo lebten die Azteken?

- a) Peru
- b) Mexiko
- c) Guatemala
- d) Brasilien

a) Peru war eines der beiden Zentren, in denen sich amerikanische Hochkulturen gebildet hatten. Im 12. Jh. entstand hier das Inkareich, das in seiner Blütezeit von Ecuador bis ins südliche Chile reichte. Es wurde von dem spanischen Abenteurer Francisco Pizarro (1476–1541) vernichtet.

b) Mexiko war das zweite bedeutende kulturelle Zentrum der amerikanischen Frühgeschichte. Hier lösten sich mehrere Indianerkulturen wie Olmeken, Tolteken und Teotihuacankultur ab. Im 15. Jh. setzten sich die Azteken durch. Ihr Reich unter König Montezuma II. (reg. 1502–20) wurde 1521 von dem spanischen Konquistador Hernan Cortés (1485–1547) zerstört.

Azteken in Kriegsbemalung

c) Beeinflusst von den mexikanischen Olmeken entwickelten auch die Maya, die zwischen Südmexiko und Honduras lebten, eine bedeutende Zivilisation, die ihren Schwerpunkt auf Yucatán und im Tiefland von Guatemala hatte. Der letzte Maya-Staat wurde 1697 von den Spaniern unterworfen.

d) Brasilien gehörte zu keiner der großen Indianerkulturen Südamerikas, sondern war von einer Vielzahl kleiner Stämme besiedelt. Heute noch gibt es etwa 200 Volksgruppen. Möglicherweise leben im Regenwald sogar noch unentdeckte Völker.

Welches Land wurde von Shogunen regiert?

- ◯ a) Korea
- ◯ b) Japan
- ◯ c) Kambodscha
- ◯ d) Vietnam

a) In Korea existierten anfangs drei Königreiche; ab dem 7. Jh. gab es nur noch eines, das immer wieder unter chinesischen Einfluss geriet. 1907 wurde das Land von Japan erobert.

Minamoto na Yoritomo

b) In Japan wurde 1192 der japanische Adelige Minamoto na Yoritomo (1147–99) vom Kaiser zum Shogun, zum Militärführer von Japan, ernannt und begann, alle Regierungsgeschäfte an sich zu reißen. Die Herrschaft der Shogune dauerte bis 1868, war allerdings von Phasen des Bürgerkrieges unterbrochen. Danach eroberten sich die Kaiser die Regierungsgewalt zurück.

c) In Kambodscha entstand etwa im 1. Jh. v. Chr. das erste Königreich. Am bedeutendsten war das Reich der Khmer, das etwa um 800 entstand und Teile von Laos und Thailand umfasste. Es wurde im 15. Jh. von den Siamesen (Thai) erobert.

d) In Nordvietnam entstand um 500 v. Chr. das Königreich der Viet, das 111 v. Chr. von China erobert wurde, während im Süden das hinduistische Reich der Champa selbstständig war. Im 10. Jh. emanzipierte sich Nordvietnam von China und eroberte im 14. Jh. das Champa-Reich. 1798 errichtete eine Adelsfamilie mit französischer Hilfe ein Kaisertum, das 1945 von Ho Chi Minh (1890–1969) beseitigt wurde.

Wer folgte Königin Elisabeth I. auf den englischen Thron?

- ◯ a) Mary I. Tudor (Bloody Mary)
- ◯ b) Mary Stuart
- ◯ c) James I.
- ◯ d) Wilhelm III. von Oranien

a) Mary I. Tudor (1516–58) war die ältere Halbschwester und Vorgängerin von Elisabeth I. (1533–1603). Sie folgte ihrem Vater Heinrich VIII. (1491–1547) und ihrem Bruder Edward VI. (1537–53) auf den Thron, heiratete aber den fanatisch katholischen spanischen König Philipp II. (1527–98) und regierte zunehmend intolerant gegen ihre anglikanischen Untertanen.

b) Mary Stuart (1542–87), Königin von Schottland, war eine Cousine von Königin Elisabeth I. Sie war für die englischen Katholiken und das katholische Ausland die rechtmäßige Königin, da diese Elisabeth als Bastard aus einer illegalen Ehe ansahen. Elisabeth ließ Mary deshalb 18 Jahre lang einsperren und schließlich hinrichten.

c) Nach Elisabeths Tod war Mary Stuarts Sohn James (1566–1625) ihr nächster Verwandter und wurde ihr Nachfolger. Im Gegensatz zu seiner Mutter war James I. Stuart Protestant.

d) Wilhelm III. von Oranien (1650–1702) war der Schwiegersohn des letzten Stuart-Königs James II. (1633–1701). Dieser – Katholik und Absolutist – war dermaßen unpopulär in England, dass führende Adelige Wilhelm aufforderten, die Macht zu übernehmen, was er 1688 in der Glorious Revolution auch tat.

Welcher Kaiser zitierte Martin Luther nach Worms?

- a) Sigismund
- b) Maximilian I.
- c) Karl V.
- d) Ferdinand I.

Welches Land verschwand 1795 von der Landkarte?

- a) Polen
- b) Litauen
- c) Ukraine
- d) Weißrussland

a) Kaiser Sigismund (1368–1437) berief 1414 in Konstanz das größte Kirchenkonzil des Mittelalters ein. Aber er verhinderte nicht, dass dort der Reformator Jan Hus (1370–1415), dem er freies Geleit zugesichert hatte, als Ketzer verbrannt wurde. Das hatte die blutigen Hussitenkriege zur Folge.

b) Maximilian I. (1459–1519) hatte weniger mit kirchlichen Problemen zu kämpfen, als mit der Reform des Kaiserreiches. Auf dem Reichstag in Worms 1495 wurde u. a. die Einrichtung des Reichskammergerichtes, eine Art Vorläufer des Bundesverfassungsgerichtes, beschlossen.

c) Maximilians Enkel Karl V. (1500–58) bekam es mit dem Problem Martin Luther (1483–1546) zu tun. Als dieser 1521 auf dem Reichstag von Worms seine Lehre nicht widerrief, ließ Karl ihn ächten. Doch energischere Maßnahmen konnte der Kaiser nicht durchsetzen, weil mehrere deutsche Fürsten Luther schützten. Auf deren Hilfe war Karl jedoch bei diversen anderen Problemen (Türkenbedrohung vor Wien, Bauernkrieg und Krieg mit Frankreich) angewiesen.

d) Ferdinand I. (1503–64) war pragmatischer als sein Bruder Karl V. und vermittelte 1555 den Augsburger Religionsfrieden, der festlegte, dass jeder Reichsfürst sein Bekenntnis frei wählen durfte.

a) 1768 brach im stark russisch dominierten Polen ein Bürgerkrieg aus, worauf Preußen und Österreich einmarschierten, um einer vollständigen Besetzung durch Russland zuvorzukommen. Auf Betreiben Friedrichs II. von Preußen (1712–86) einigten sich die drei Mächte 1772 darauf, jeweils Teile von Polen zu annektieren. 1793 und 1795 wurde das Land dann vollständig von seinen mächtigeren Nachbarn zerstückelt.

Friedrich der Große

b) Das Großfürstentum Litauen war 1386 durch eine Heirat in Personalunion mit dem Königreich Polen verbunden worden. 1569 wurde es dann Teil Polens und fiel 1795 an Russland.

c) Das Reich der Kiewer Rus, ein Vorläufer der Ukraine, wurde im 14. Jh. teils von Litauen, teils von Polen und teils von den Mongolen erobert. Im 18. Jh. gehörte der Westen zu Polen, der Osten zu Russland. 1795 sicherte sich Russland das ganze Gebiet mit Ausnahme von Ostgalizien, das schon 1772 an Österreich gefallen war.

d) Das heutige Weißrussland gehörte im Mittelalter zum Reich der Kiewer Rus, wurde nach den Mongoleneinfällen im 13. Jh. Teil des Großfürstentums Litauen, kam mit diesem zu Polen und 1795 unter russische Herrschaft.

Gegen wen führte Bismarck den Kulturkampf?

- a) gegen die Liberalen
- b) gegen die Sozialisten
- c) gegen die katholische Kirche
- d) gegen nationale Minderheiten

a) 1862 setzte Otto von Bismarck (1815–98) als preußischer Ministerpräsident eine vom König gewünschte Heeresreform gegen das preußische Parlament durch. 1866 ließ er sich diesen Schritt im Nachhinein vom Parlament billigen, was die liberale Partei in Demokraten und Nationalliberale spaltete. Letztere waren Bismarcks loyalste Anhänger.

b) 1878 ließ Bismarck mit den Sozialistengesetzen alle sozialistischen und sozialdemokratischen Aktivitäten außerhalb der Parlamente (u. a. Verbände, Vereine, Veröffentlichungen und Versammlungen) verbieten. 1890 wurde die SPD trotzdem stärkste Partei im Reichstag und verhinderte eine weitere Verlängerung der Gesetze.

Otto von Bismarck

c) Bismarck verdächtigte die Katholiken, Befehlsempfänger aus Rom zu sein, mit katholischen Mächten wie Frankreich und Österreich zu sympathisieren und einen polnischen Nationalismus innerhalb des Reiches zu schüren. Zwischen 1871 und 1878 versuchte er deshalb, die „katholische Kultur" durch Repressionen zu bekämpfen, was aber misslang.

d) Bismarck war kein Nationalist, bekämpfte den herrschenden Nationalismus aber auch nicht.

Welchen Krieg entschied die Jungfrau von Orleans?

- a) den Hundertjährigen Krieg
- b) die Rosenkriege
- c) die Hugenottenkriege
- d) den Dreißigjährigen Krieg

a) Als 1328 in Frankreich die Dynastie der Kapetinger ausstarb, erhoben sowohl der Neffe des letzten Königs, Edward III. von England (1312–77), wie auch sein nächster männlicher Verwandter Philipp von Valois (1336–75) Anspruch auf die französische Krone. Dies führte zu einem mehr als 100-jährigen Krieg (1337–1453). 1428 animierte das Mädchen Jeanne d'Arc (um 1412–31) die schon fast geschlagenen Franzosen zum Weiterkämpfen. Am Ende siegte Frankreich.

b) Die Rosenkriege waren interne Thronstreitigkeiten, die in England zwischen zwei Zweigen des Königshauses (York und Lancaster) im Jahr 1455 ausbrachen und 1485 mit dem Aufstieg der neuen Dynastie Tudor endeten.

c) Die Hugenottenkriege waren französische Bürgerkriege, die die Krone zwischen 1562 und 1598 gegen die protestantischen Hugenotten führte. Dabei ging es auch darum, die Macht des Adels auszuschalten, der neben seiner religiösen ebenso die politische Selbstständigkeit zu verteidigen versuchte.

d) Der Dreißigjährige Krieg dauerte von 1618 bis 1648. Frankreich griff im Jahr 1635 aufseiten der Protestanten ein, obwohl es selbst überwiegend katholisch war. Doch man wollte die Macht des Hauses Habsburg schwächen.

Unter welchem britischen Monarchen entstand das Kaiserreich Indien?

- a) Georg III.
- b) Victoria
- c) Georg V.
- d) Georg VI.

a) Während der Herrschaft Georgs III. (1738–1820) begann die Britische Ostindien-Kompanie Indien Stück für Stück in Besitz zu nehmen, parallel verlor Großbritannien jedoch die amerikanischen Kolonien. Georg III. verfiel 1811 geistiger Umnachtung, und es begann die lebenslustige Regency-Zeit unter seinem Sohn, dem späteren Georg IV. (1762–1830).

b) 1877 war es angeblich der britische Premierminister Benjamin Disraeli (1804–81), der auf die Idee kam, Königin Victoria (1819–1901) zur Kaiserin des inzwischen vollständig eroberten Indiens zu machen, um ihr einen mit den anderen großen europäischen Monarchen vergleichbaren Titel zu verschaffen. Während Victorias Regierungszeit führte das britische Empire zahlreiche Kriege zur Wahrung seiner kolonialen Macht.

c) Unter Victorias Enkel Georg V. (1865–1936) hatte das Britische Empire nach letzten Eroberungen in Südafrika seine größte Ausdehnung und nahm fast ein Viertel der Erdfläche ein.

d) Unter Georg VI. (1895–1952), dem Vater von Queen Elisabeth II. (geb. 1926), wurde Indien 1947 unabhängig von Großbritannien, und der Kaisertitel erlosch. Indien wurde als erste Ex-Kolonie Teil des Commonwealth.

In welcher ägyptischen Epoche regierte Kleopatra?

- a) Altes Reich
- b) Mittleres Reich
- c) Neues Reich
- d) Ptolemäisches Reich

a) Die Zeit des Alten Reiches am Nil dauerte etwa von 2700 bis 2200 v. Chr. In dieser Zeit entstanden die Pyramiden. Das Alte Reich endete mit der Ersten Zwischenzeit, einer Phase der Anarchie.

b) Das Mittlere Reich bestand etwa zwischen 2000 und 1800 v. Chr. Bauwerke aus dieser Zeit haben kaum überdauert. Nach seinem Ende zersplitterte Ägypten in viele kleine Fürstentümer und wurde um 1645 v. Chr. von den Hyksos aus Vorderasien erobert.

c) Während des Neuen Reiches regierten z. B. Amenophis III. (1403–1354 v. Chr.), Echnaton (1364–34 v. Chr.) und Ramses II. (1298–13 v. Chr.), der Erbauer von Abu Simbel. Etwa um 1070 v. Chr. kam es wieder zu einem Niedergang und zur Dezentralisierung der Macht.

Kleopatra

d) 525 v. Chr. wurde Ägypten von den Persern erobert und 332 v. Chr. von Alexander dem Großen (356–323). Nach dessen Tod fiel das Land an seinen General Ptolemäus I. (reg. 367–284 v. Chr.). Kleopatra (69–30 v. Chr.) war die letzte Königin des Ptolemäischen Reichs. Mit ihrem Tod wurde das Land am Nil römische Provinz.

Wer soll seine Neffen im Tower umgebracht haben?

- a) Wilhelm der Eroberer
- b) Richard Löwenherz
- c) Edward der Schwarze Prinz
- d) Richard III.

a) Wilhelm der Eroberer (1027–87) wurde als einziger, wenn auch unehelicher Sohn Roberts I. (um 1000–35) 1035 Herzog der Normandie. Als sein Cousin, der englische König Edward der Bekenner (1005–66), kinderlos starb, eroberte er England.

b) Wilhelms Ururenkel Richard Löwenherz (1157–99) wurde nach einer Rebellion gegen seinen Vater König. Bei der Heimreise vom dritten Kreuzzug geriet er 1192 in die Gefangenschaft von Kaiser Heinrich VI. (1165–97) und kam erst nach über einem Jahr frei. Das Geld sammelte seine Mutter Eleonore von Aquitanien (1122–1204), während sein Bruder, der Regent John Ohneland (1167–1216), jeden Beitrag verweigerte.

c) Edward der Schwarze Prinz (1330–76), der älteste Sohn von König Edward III. (1312–77), war einer der bedeutendsten, englischen Kriegsführer während des Hundertjährigen Krieges gegen Frankreich.

Richard III.

d) Richard III. (1452–85) wurde nach dem Tod seines Bruders Edward IV. (1442–83) Vormund von dessen unmündigen Söhnen, ließ sie aber zu Bastarden erklären und machte sich selbst zum König. Ob er sie auch umbrachte, ist letztendlich unbewiesen.

Wo entstand in der Antike ein christliches Reich?

- a) Ägypten
- b) Madagaskar
- c) Mali
- d) Äthiopien

a) Ägypten war seit 30 v. Chr. römische Provinz. Im Jahr 380 führte Kaiser Theodosius (347–395) das Christentum als Staatsreligion ein. Im 7. Jh. eroberten und islamisierten die Araber das Land. 969 wurde Ägypten unter den schiitischen Fatimiden wieder selbstständig.

b) Madagaskar wurde ursprünglich von Südostasien her und erst anschließend von afrikanischen Bantu bevölkert. Im 7. Jh. ließen sich arabische Händler an den Küsten nieder und machten die Insel zu einem Zentrum des Gewürzhandels.

c) Das heutige Mali war im Mittelalter Zentrum großer afrikanischer Reiche, zunächst das Reich von Gana (5.–11. Jh.), das sich der Islamisierung widersetzte und deshalb von der spanisch-marokkanischen Dynastie der Almoraviden zerstört wurde. Danach bildete sich das islamische Songhai-Reich, das im 14. Jh. vom Atlantik bis Nigeria reichte. Der Reichtum seiner Hauptstadt Timbuktu war legendär.

d) Das äthiopische Reich von Aksum entstand im 4. Jh. v. Chr., wurde unter König Ezana im Jahr 325 christlich und umfasste in seiner Blütezeit das ganze Horn von Afrika und Teile der arabischen Halbinsel. Im 7. Jh. verlor es seine Küstengebiete an die Araber, bestand aber im äthiopischen Hochland als christliches Kaiserreich bis ins 20. Jh. fort.

Zu welcher Dynastie gehörte Kaiser Karl IV.?

- a) Habsburger
- b) Wittelsbacher
- c) Luxemburger
- d) Premysliden

a) Die Habsburger stammten aus der Schweiz und stellten mit Rudolf I. (1218–91) zum ersten Mal einen deutschen König. In der Folge wurden sie in Österreich und Südosteuropa sehr mächtig, einen quasi erblichen Anspruch auf die deutsche Krone konnten sie jedoch erst 1438 durchsetzen.

b) Die Wittelsbacher wurden 1180 nach der Absetzung Heinrichs des Löwen (1129–95) Herzöge von Bayern, erhielten 1623 die Kurfürstenwürde und wurden 1806 von Napoleon (1769–1821) zu Königen gemacht. Sie stellten drei deutsche Könige: Ludwig den Bayern (1282–1347), Ruprecht von der Pfalz (1352–1410) und Karl VII. Albrecht (1697–1745).

c) 1308 wurde der Graf von Luxemburg als Heinrich VII. (1278–1313) zum deutschen König gewählt. Ihm folgten sein Sohn Karl IV. (1316–78) als einer der bedeutendsten Herrscher des Spätmittelalters, dessen Söhne Wenzel (1361–1419) und Sigismund (1368–1437) sowie ihr Cousin Jobst von Mähren (1351–1411).

d) Die Premysliden waren ein tschechisches Adelsgeschlecht, das seit dem 8. Jh. viele Herzöge und Könige von Böhmen stellte. Am bedeutendsten war Ottokar I. (um 1155–1230), der Gegenspieler Rudolfs I. von Habsburg (1218–91). 1310 fiel die böhmische Krone durch Heirat an die Luxemburger.

Welches politische Amt bekleidete Ruhollah Khomeini?

- a) Schah von Persien
- b) Präsident des Iran
- c) Oberster Rechtsgelehrter des Iran
- d) Ayatollah

a) Der Schiitenführer Ruhollah Khomeini (um 1900–89) stürzte 1979 das elitäre und korrupte Regime des letzten Schahs von Persien Mohammad Reza Pahlewi (1919–80) und erklärte den Iran zur Islamischen Republik.

b) Erster Präsident der Islamischen Republik Iran unter Khomeini war Abolhassan Bani-Sadr (geb. 1933). Der iranische Präsident wird vom Volk gewählt und ist der Regierungschef des Landes. Zur Wahl antreten dürfen jedoch nur Kandidaten, die die Genehmigung des Wächterrates haben. Dieser kann außerdem gegen jede Maßnahme sein Veto einlegen.

c) Für sich schuf Khomeini das Amt des Obersten Rechtsgelehrten. Dieser hat laut Verfassung das Recht, in die tagespolitischen Entscheidungen einzugreifen. Vor allem beruft er die Mitglieder des Wächterrates, unter deren ständiger Kontrolle die Politik der Regierung steht.

Ruhollah Khomeini

d) Ein Ayatollah ist ein hoher schiitischer Geistlicher, der bestimmte Studien absolviert hat. Besonders verdiente und anerkannte Ayatollahs werden als Großayatollahs bezeichnet. Es ist jedoch kein politischer Titel und gilt nicht nur im Iran.

Welchem Indianerstamm gehörte Sitting Bull an?

- ◯ a) Cherokee
- ◯ b) Crow (Absaroka)
- ◯ c) Apachen
- ◯ d) Sioux (Dakota)

a) Die Cherokee lebten ursprünglich im Ohiogebiet und waren eine der „fünf zivilisierten Nationen", die sich den weißen Siedlern anzupassen versuchten. Trotzdem wurden sie 1838 nach Oklahoma zwangsumgesiedelt, wobei etwa die Hälfte der 16.000 Menschen auf dem „Pfad der Tränen" starb.

b) Die Crow lebten in Montana und schlossen 1825 einen Freundschaftsvertrag mit den weißen Siedlern. Viele von ihnen dienten der US-Armee als Scouts. Trotzdem wurden sie auf ein immer kleineres Territorium zusammengedrängt und 1883 ihrer Selbstverwaltung beraubt.

c) Die Apachen lebten im Südwesten der USA. Auch dank ihrer Möglichkeit, sich nach Mexiko zurückzuziehen, leisteten sie der US-Armee am längsten und hartnäckigsten Widerstand. Ihr Häuptling Geronimo (um 1829–1909) ergab sich 1886.

Sitting Bull

d) Sitting Bull oder Tatanka Yotanka (um 1831–90) organisierte den Widerstand der Sioux, Arapho und Cheyenne gegen die US-Armee. Dies führte 1876 zum legendären Sieg am Little Bighorn River. Da den Indianern mit den Bisons aber die Lebensgrundlage fehlte, ergab Sitting Bull sich 1881. 1890 wurde er von Reservationspolizisten ermordet, genau wie zwei Wochen später 350 weitere Sioux (Massaker am Wounded Knee).

Zu welchem Herrschergeschlecht gehörte Friedrich Barbarossa?

- ◯ a) Ottonen
- ◯ b) Salier
- ◯ c) Staufer
- ◯ d) Welfen

a) Im Jahr 919 wurde der sächsische Herzog Heinrich (876–936) zum deutschen König gewählt. Da seine drei Nachfolger alle Otto hießen, wird das Geschlecht als Ottonen bezeichnet. Der fünfte und letzte deutsche König aus der sächsischen Dynastie war Heinrich II. (973–1024), der von 1002 bis 1024 regierte.

b) Nach dem Aussterben der Ottonen wählten die deutschen Fürsten den fränkischen Grafen Konrad von Speyer (um 990–1039) zum neuen König. Seine Familie, die Salier, regierte bis 1125 und stellte die Könige (und Kaiser) Heinrich III., Heinrich IV. und Heinrich V.

c) Nach dem Aussterben der Salier wurden erst der sächsische Herzog Lothar von Supplinburg (1075–1137) und dann der fränkische Herzog Konrad von Staufen (1093–1152) deutsche Könige. Konrad gründete die Dynastie der Staufer, der Friedrich Barbarossa, Heinrich VI., Friedrich II., Heinrich VII. und Konrad IV. angehörten.

d) Die Welfen waren ein fränkisches Adelsgeschlecht, das im 12. Jh. mit den Staufern um die Königswürde stritt. Berühmtestes Mitglied war Heinrich der Löwe (1129–95), Herzog von Sachsen und Bayern. Deutscher König wurde jedoch erst sein Sohn Otto IV. (1177–1218). 1714 erbten die Welfen die englische Krone und regierten dort als Haus Hannover.

Zu welchem Volk gehörten die Merowinger?

- a) Langobarden
- b) Burgunden
- c) Vandalen
- d) Franken

a) Die Langobarden waren ein germanischer Stamm, der ursprünglich an der Elbe siedelte und im Laufe der Völkerwanderung in das heutige Kroatien zog. Von dort flohen sie 568 vor den Awaren in die nach ihnen benannte Lombardei. 774 wurde ihr Reich von Karl dem Großen (748–814) erobert.

b) Die Burgunden waren ein germanischer Stamm, der im 2. Jh. in der Lausitz lebte, im Laufe der Völkerwanderung aber an den Rhein zog. Als ihr König Gunther (gest. 436) die römische Provinz Belgica angriff, ließ der römische Heermeister Aetius (um 390–454) 435 die Burgunden von hunnischen Hilfstruppen ins heutige Savoyen vertreiben, von wo aus sie schließlich nach Burgund weiterzogen.

c) Die Vandalen lebten ursprünglich südlich der Burgunden und flohen nach der Invasion der Hunnen nach Gallien und schließlich nach Andalusien, das möglicherweise nach ihnen benannt ist. Als die Westgoten in Spanien einfielen, wich König Geiserich (390–477) mit den Vandalen nach Nordafrika aus, von wo aus er 455 einen Plünderungszug nach Rom durchführte.

d) Die Franken waren ein Zusammenschluss mehrerer germanischer Stämme am Niederrhein, der während der Völkerwanderungszeit immer mächtiger wurde. Im 5. Jh. setzte sich die Familie der Merowinger als Herrscherdynastie durch.

Welche Hochkultur erfand die Keilschrift?

- a) die sumerische
- b) die ägyptische
- c) die chinesische
- d) die indische

a) In den sumerischen Stadtstaaten wurde die Keilschrift etwa um 3400 v. Chr. von Verwaltungsbeamten entwickelt, um die Vorratshaltung zu erleichtern. In diesen Städten (z. B. Ur, Uruk) wurde das gesamte wirtschaftliche Leben zentral vom Tempel des Stadtgottes aus gesteuert. Mit der Erfindung der Schrift setzen die Wissenschaftler den Beginn der Hochkultur an.

Sumerischer Stadtstaat

b) Die ägyptischen Hieroglyphen kamen etwa um 3200 v. Chr. in Gebrauch. Sie wurden nur für heilige Inschriften verwendet. Für den Alltagsgebrauch führte man später zwei Schreibschriften ein, die hieratische (um 1500 v. Chr.) und die demotische Schrift (um 700 v. Chr.).

c) Am Gelben Fluss im Osten Chinas entstanden um 1600 v. Chr. eine Hochkultur und eine Schrift. Diese wurde zunächst vor allem für kultische Zwecke wie das Notieren von Orakelsprüchen benutzt.

d) Die flächenmäßig größte der frühen Hochkulturen war die Induskultur im heutigen Pakistan und Westindien, die etwa um 2600 v. Chr. entstand. Rund 600 Jahre später tauchte auch eine Schrift auf, die aber bis heute nicht entziffert ist.

Welche Stadt ist die älteste der Welt?

- a) Babylon
- b) Uruk
- c) Jericho
- d) Çatal Hüyük

a) Um 2000 v. Chr. war Babylon noch eine kleine Provinzstadt. Gut 200 Jahre später übernahm ihr König Hammurabi (1792–50 v. Chr.) die Macht über die anderen Stadtstaaten der Region und errichtete das altbabylonische Reich. Im neubabylonischen Reich (609–539 v. Chr.) wurde Babylon dann zur ersten Weltstadt mit mindestens einer viertel Million Einwohner.

b) Uruk war die bedeutendste der Städte in Sumer (südlicher Irak). Dort gab es ab 4000 v. Chr. eine städtisch geprägte Zivilisation. Hier wurden z. B. das Rad, der Holzpflug und die Töpferscheibe erfunden.

Jericho heute

c) Jericho ist mindestens 11.000 Jahre alt und gilt damit als älteste Stadt der Welt. Im heutigen Palästina begannen die Menschen vor etwa 15.000 Jahren, gezielt Pflanzen anzubauen, und wurden damit von Sammlern und Jägern zu Ackerbauern und Viehzüchtern. Das war eine Voraussetzung dafür, dass Städte entstehen konnten.

d) 1958 wurden in Anatolien die Ruinen von Çatal Hüyük entdeckt, die etwa 9500 Jahre alt sind. Hier wurden interessante Zeugnisse einer matriarchalen Kultur gefunden. Außerdem hatte die Stadt möglicherweise bis zu 10.000 Einwohner.

Während welcher Epoche entstanden die ersten Hochkulturen?

- a) Steinzeit
- b) Kupferzeit
- c) Bronzezeit
- d) Eisenzeit

a) Als Steinzeit bezeichnet man die Periode der Menschheitsgeschichte, die vom Auftauchen der ersten steinernen Werkzeuge vor etwa 2,5 Mio. Jahren bis zum Beginn der Metallverarbeitung im Vorderen Orient um 8000 v. Chr. reicht.

b) Während der Kupferzeit (etwa 8000–2200 v. Chr.) begannen die Menschen, weiche Metalle wie Kupfer, Gold und Silber zu nutzen. In dieser Periode entstanden um 3400 v. Chr. im südlichen Irak (Sumer) die ersten Hochkulturen der Menschheit. Wichtiger als die Metallbearbeitung war dafür aber die Entwicklung einer Schrift.

c) In der Bronzezeit im 3. Jt. v. Chr. wurde sowohl im Vorderen Orient als auch in China mit Bronze, einer Legierung aus Kupfer und Zinn, das erste harte Metall geschaffen, aus dem sich brauchbare Werkzeuge und Waffen herstellen ließen. Das führte etwa ab 2200 v. Chr. zu einem gewaltigen technischen Fortschritt, aber auch zu ausgedehnten Handelsbeziehungen, da Zinn nur in wenigen Regionen der Welt zu finden war.

d) Im Verlauf der Eisenzeit während des 2. Jt. v. Chr. begann das noch härtere Eisen die Bronze zu ersetzen. Erfunden wurde die Eisenverhüttung einerseits von den Hethitern in Anatolien, andererseits von den Chinesen.

Wer wurde 1861 König von Italien?

- ◯ a) Giuseppe Garibaldi
- ◯ b) Franz II. von Sizilien
- ◯ c) Camillo Benso von Cavour
- ◯ d) Viktor Emanuel II. von Savoyen

a) Garibaldi (1807–82) war ein Freiheitskämpfer, der seit 1834 immer wieder an Aufständen zur Befreiung Italiens teilnahm und wiederholt nach Amerika fliehen musste. 1860 eroberte er mit 1000 „Rothemden" Sizilien und Neapel, das er ein Jahr später an den neuen König übergab.

b) Franz II. (1836–94) aus dem Geschlecht der Bourbonen, König von Neapel und Sizilien, wurde von Garibaldi (1807–82) abgesetzt. Parallel dazu eroberten die Truppen Piemont-Sardiniens die österreichische Lombardei und den Kirchenstaat. In der Toskana dankte der habsburgische Großherzog unter dem Druck der Bevölkerung selbst ab.

c) Der Graf von Cavour (1810–61), Gründer der Zeitung *Il Risorgimento* (*Die Wiederauferstehung*) und Premierminister Piemont-Sardiniens, war die treibende politische Kraft für die Wiedervereinigung Italiens. Im März 1861 wurde er italienischer Ministerpräsident.

d) Erster italienischer König der Neuzeit wurde Viktor Emanuel II. (1820–78), Herrscher des seit 1720 bestehenden Königreiches Piemont-Sardinien. Das Stammland seiner Familie, das Herzogtum Savoyen, musste er allerdings ebenso wie Nizza als Dank für französische Militärhilfe an Napoleon III. (1808–73) abtreten, sodass Ialien nicht komplett geeint war.

Wer zerstörte 586 v. Chr. Jerusalem?

- ◯ a) Nebukadnezar II.
- ◯ b) Belsazar
- ◯ c) Darius I.
- ◯ d) Titus

a) Der babylonische König Nebukadnezar II. (um 605–562 v. Chr.) wetteiferte mit Ägypten um die Vormachtstellung im Nahen Osten und unterwarf deshalb das Königreich Juda, das ein Bündnis mit Ägypten gesucht hatte. Ein Großteil der Oberschicht wurde verschleppt. Diese „Babylonische Gefangenschaft" war eine einschneidende Zäsur in der jüdischen Geschichte.

Turmbau zu Babel: biblische Geschichte aus der Zeit der Gefangenschaft

b) Der Prinz Belsazar (550–539 v. Chr.), dem im biblischen Buch Daniel sein Ende vorausgesagt wird (Menetekel), war der letzte Regent des babylonischen Reiches. Er wurde vom Perserkönig Kyros II. (601–530 v. Chr.) besiegt. Kyros erlaubte den Israeliten die Rückkehr in ihre Heimat.

c) Der persische König Darius I. (549–486 v. Chr.) war der Schwiegersohn und Nachfolger des Kyros. Er regierte über ein Reich, das von Zypern bis zum Indus reichte und perfekt durchorganisiert war.

d) Der römische Kaiser Titus (39–81) zerstörte Jerusalem im Jahr 70, tötete die Einwohner und brannte den Tempel nieder. Einzig die Klagemauer blieb erhalten. Vorausgegangen waren mehrere Aufstände in Judäa gegen die römischen Besatzer.

Welche Widerstandsikone starb eines natürlichen Todes?

- a) Mahatma Gandhi
- b) Che Guevara
- c) Ho Chi Minh
- d) Oscar Romero

a) Der indische Rechtsanwalt Mohandas „Mahatma" Gandhi (1869–1948) erzwang durch seinen gewaltlosen, aber konsequenten Widerstand 1947 die Unabhängigkeit der Staaten Indien und Pakistan von der Kolonialmacht Großbritannien. Sein Bemühen um eine friedliche Koexistenz von Hindus und Muslimen führte dazu, dass ihn ein fanatischer Hindu erschoss.

b) Der argentinische Arzt Ernesto „Che" Guevara (1928–67) nahm 1956 an der Revolution in Kuba teil und wurde unter Fidel Castro (geb. 1926) Industrieminister. Später widmete er sich wieder dem Guerillakampf und wurde in Bolivien erschossen.

Ho Chi Minh

c) Der vietnamesische Kommunistenführer Ho Chi Minh (1890–1969) erkämpfte nach dem Zweiten Weltkrieg die Unabhängigkeit Nordvietnams von Frankreich. Als 1963 im Süden des Landes ein Bürgerkrieg ausbrach, unterstützte er die Kommunisten, was ein Eingreifen der USA und damit den Vietnamkrieg nach sich zog. Er starb an Herzversagen.

d) Oscar Romero (1917–80) setzte sich als Erzbischof von El Salvador gegen Armut und Ungerechtigkeit ein. Seine Ermordung durch Todesschwadronen der Regierung bildete den Auftakt zu einem elfjährigen Bürgerkrieg.

Welcher US-Präsident initiierte die Gründung der UNO?

- a) Theodore Roosevelt
- b) Woodrow Wilson
- c) Franklin D. Roosevelt
- d) Harry S. Truman

a) „Teddy" Roosevelt (1858–1919) bekam zwar 1906 für seine Vermittlungsbemühungen im russisch-japanischen Krieg den Friedensnobelpreis, machte allerdings sonst eher als Kriegsheld von sich reden und reklamierte eine aktive Rolle für die USA in der ganzen Welt.

b) Woodrow Wilson (1856–1924) regierte die USA von 1913 und 1921. Er griff zwar nach anfänglicher Zurückhaltung in den Ersten Weltkrieg ein, betrieb aber gleichzeitig die Gründung des Völkerbundes, um Konflikte künftig friedlich zu lösen.

c) Franklin D. Roosevelt (1882–1945), der 1933 zum US-Präsidenten gewählt worden war, plante eine machtvollere Organisation als den Völkerbund, da dieser den Ausbruch des Zweiten Weltkriegs nicht hatte verhindern können. Auf den Konferenzen der Alliierten während des Kriegs erarbeitete er mit dem britischen Premierminister Winston Churchill (1874–1965) und Kreml-Chef Joseph Stalin (1878 – 1953) Konzept und Strukturen der UNO.

d) Die Charta der Vereinten Nationen wurde im Februar 1945 auf der Konferenz von Jalta fertiggestellt. Wenige Wochen später starb Roosevelt. Deswegen war es sein Nachfolger Harry S. Truman (1884–1972), der am 26. Juni 1945 die Gründungsurkunde der UNO für die USA unterschrieb.

In welchem Krieg besetzte Israel das Westjordanland?

- a) Israelischer Unabhängigkeitskrieg
- b) Sechs-Tage-Krieg
- c) Jom-Kippur-Krieg
- d) Libanonkrieg

a) Ausgangspunkt des Israelischen Unabhängigkeitskriegs war 1948 der Beschluss der UNO, Palästina zwischen Juden und Palästinensern zu teilen. Einen Tag, nachdem die britischen Kolonialtruppen das Land verlassen hatten, griffen die arabischen Länder Israel an. Der Krieg endete im März 1949 mit einem Sieg Israels.

b) 1967 griff Israel im sogenannten Sechs-Tage-Krieg überraschend seine Nachbarn Ägypten, Jordanien und Syrien an, die massive Truppenkontingente an den Grenzen stationiert hatten, und eroberte innerhalb von sechs Tagen sowohl das Westjordanland und den Gazastreifen als auch die Golanhöhen und den Sinai.

c) 1973 griffen Ägypten und Syrien Israel am höchsten jüdischen Feiertag, Jom Kippur, an, um den Golan und den Sinai zurückzuerobern. Die UNO konnte jedoch einen Waffenstillstand erzwingen. 1978 erreichten die USA im Friedensabkommen von Camp David die Anerkennung Israels durch Ägypten und im Gegenzug die Rückgabe des Sinai.

d) 1982 griff Verteidigungsminister Ariel Sharon (geb. 1928) in den seit sieben Jahren herrschenden Bürgerkrieg im Libanon ein. Es gelang ihm, die dort ansässige Palästinenser-Organisation (PLO) nach Tunis zu vertreiben, dafür handelte er seinem Land einen Dauerkonflikt mit der Hisbollah-Miliz ein.

In welchem Land errichtete Augusto Pinochet eine Diktatur?

- a) Argentinien
- b) Nicaragua
- c) Chile
- d) Paraguay

a) In Argentinien wurde 1955 Präsident Juan Peron (1895–1974) entmachtet. Es folgte eine Phase der Instabilität mit mehreren Putschen, Militärregimes und Straßenterror, bis nach dem verlorenen Falklandkrieg 1982 wieder eine Demokratisierung einsetzte.

b) Nicaragua wurde von 1927 bis 1977 von der Diktatorenfamilie Somoza regiert und ausgebeutet. Sie wurde 1977 durch die linksgerichteten Sandinisten gestürzt. Die USA verhängten daraufhin eine Wirtschaftsblockade und finanzierten die Contra-Rebellen mit Geldern, die aus geheimen Waffenverkäufen an den Iran stammten (Iran-Contra-Affäre).

c) In Chile stürzte 1970 das Militär mit Heerführer Augusto Pinochet (1915–2006) an der Spitze den sozialistischen Präsidenten Salvador Allende (1908–73). Pinochet konnte das Land wirtschaftlich sanieren – auch deshalb, weil die USA ihre Wirtschaftsblockade aufhoben –, ließ aber auch Hunderttausende von Oppositionellen foltern, töten und „verschwinden". 1988 stellte sich Pinochet einer Volksabstimmung, die er verlor.

Augusto Pinochet

d) In Paraguay regierte von 1954 bis 1989 der Diktator Alfredo Stroessner (1912–2006).

Unter welchem Kaiser hatte Rom seine größte Ausdehnung?

- a) Nero
- b) Trajan
- c) Diokletian
- d) Konstantin

a) Nero (37–68) interessierte sich nicht für Politik. Während er seine künstlerischen Ambitionen pflegte, versuchten seine Feldherren, darunter der spätere Kaiser Vespasian (9–79), die Lage in den Provinzen mühsam unter Kontrolle zu halten.

b) Trajan (53–117) eroberte das Dakerreich am Schwarzen Meer, Armenien, Assyrien, Mesopotamien und das Reich der arabischen Nabatäer. Doch schon sein Nachfolger Hadrian (76–138) gab Teile der östlichen Provinzen wieder auf, da das Reich wegen seiner Größe unregierbar zu werden drohte.

Trajan

c) In den Zeiten Diokletians (284–305) waren nahezu alle Grenzen des Römischen Reiches umkämpft und mussten teilweise an der Donau und am Rhein schon aufgegeben werden. Diokletian gelang es jedoch, durch Reformen die Finanz- und Verwaltungskrise des Reiches teilweise in den Griff zu bekommen.

d) Konstantin (271–337) ist vor allem dadurch bekannt, dass er mit dem Mailänder Toleranzedikt 313 das Christentum legalisierte. Daneben war er aber auch ein sehr erfolgreicher Militärführer, dem es gelang, die Grenzen des Reiches noch einmal zu sichern.

Was fand am 20. Juni 1948 in Deutschland statt?

- a) Beginn der Nürnberger Prozesse
- b) Einführung der D-Mark
- c) Gründung der BR Dtl.
- d) Beginn des Mauerbaus

a) Die insgesamt 13 Nürnberger Prozesse gegen hochrangige Vertreter des NS-Regimes begannen am 20. November 1945 und dauerten bis 1949. Der Hauptprozess endete am 1. Oktober 1946 mit zwölf Todesurteilen, sieben Haftstrafen und drei Freisprüchen.

b) Mit dem 1947 gefassten Marshall-Plan beschlossen die USA, den europäischen Ländern Kredite zum Wiederaufbau ihrer Wirtschaft zu gewähren. Dazu brauchte Deutschland jedoch eine stabile Währung. Als eine Einigung mit der Sowjetunion scheiterte, führten die Westalliierten am 20. Juni 1948 in ihren Zonen die D-Mark ein. Vier Tage später begann die Sowjetunion mit der Blockade Berlins, um eine Einführung der D-Mark in den Westsektoren der Stadt zu verhindern.

c) Mit der Währungsreform war die gemeinsame Deutschlandpolitik der Alliierten gescheitert. Beide Seiten begannen mit der Ausarbeitung einer provisorischen Verfassung für ihre Zone. Das westdeutsche Grundgesetz trat am 24. Mai 1949 in Kraft, die ostdeutsche Verfassung am 7. Oktober.

d) Der Bau der Berliner Mauer begann am 13. August 1961, nachdem alle übrigen Grenzen zwischen den beiden deutschen Staaten schon 1951 geschlossen worden waren.

Mit welchem Programm wollte Mao Tse-tung China industrialisieren?

- ◯ a) mit dem Langen Marsch
- ◯ b) mit dem Großen Sprung nach vorn
- ◯ c) mit der 100-Blumen-Bewegung
- ◯ d) mit der Kulturrevolution

a) Nach dem Sturz des Kaiserhauses 1911 kam es in China zu einem Bürgerkrieg. 1934 wichen die Kommunisten unter Mao Tse-tung (1893–1976) mit dem „Langen Marsch" dem Kuomintang-Führer Chiang Kai-shek (1887–1975) aus. 1946 konnte Mao die Kuomintang mit sowjetischer Unterstützung nach Taiwan vertreiben.

b) 1958 rief Mao dazu auf, die Industrieländer mit dem „Großen Sprung nach vorn" wirtschaftlich zu überholen. Finanziert wurde diese Anstrengung mit Getreideverkäufen, wodurch mindestens 20 Mio. Menschen verhungerten. Wegen Erfolglosigkeit wurde das Programm nach drei Jahren eingestellt.

c) Unter dem Motto „Lasst 100 Blumen blühen!" rief Mao 1956 zu konstruktiver Kritik auf. Als diese aber zu negativ ausfiel, ließ er Intellektuelle und Fachkräfte als „Rechtsabweichler" verfolgen. Ihre Posten bekamen zuverlässige, aber oft unfähige Parteikader.

d) 1966 begann Mao in der sogenannten Kulturrevolution einen Kampf gegen alles „Reaktionäre". Während die Jugendgruppe Rote Garden altes Kulturgut zerstörte und Lehrer quälte, schaltete er interne Konkurrenten aus, wie z. B. Deng Xiaoping (1904–97), der nach seinem Tod die Kapitalisierung Chinas einleitete.

Welcher Kaiser ging nach Canossa?

- ◯ a) Otto I.
- ◯ b) Heinrich II.
- ◯ c) Heinrich IV.
- ◯ d) Friedrich II.

a) Als Otto I. (912–973) regierte, gab es noch keinen Konflikt zwischen Kaisertum und Kirche. Die Päpste sahen im christlichen Kaiser einen Verbündeten gegen heidnische Völker wie Ungarn, Slawen oder Wikinger. Otto führte die Praxis ein, Bischöfe zu wichtigen Reichsfürsten zu machen.

b) Heinrich II. (973–1024), der Gründer des Bistums Bamberg, wurde 1146 heiliggesprochen. Über die kirchlichen Angelegenheiten in seinem Reich entschied jedoch allein er und nicht der Papst.

Heinrich IV. geht nach Canossa

c) Im 11. Jh. setzte die Reformbewegung von Cluny ein, die von den Geistlichen ein gottgefälligeres Leben forderte, aber auch eine größere Souveränität in Kirchenangelegenheiten. Also verbot Papst Gregor VII. (um 1020–85) Kaiser Heinrich IV. (1050–1106), die deutschen Bischöfe selbst zu ernennen. Als Heinrich nicht nachgab, belegte er ihn mit dem Kirchenbann. Mit dem Büßergang nach Canossa im Jahr 1077 nötigte Heinrich den Papst, den Bann wieder zu lösen.

d) Friedrich II. (reg. 1194–1250) lebte im Dauerkonflikt mit den Päpsten und war mehrmals gebannt, da er politisch ebenfalls keine Kompromisse machen wollte und zudem ein Freidenker war.

Welches Land regierte der Deutsche Orden?

- a) Polen
- b) Litauen
- c) Preußen
- d) Brandenburg

a) Der polnische Herzog Konrad von Masowien (1187–1247) engagierte 1226 den Deutschen Orden, der während des 3. Kreuzzuges gegründet worden war, um die benachbarten baltischen Stämme zu bekämpfen. Als Gegenleistung gestattete er ihnen die Ansiedlung auf dem eroberten Land.

b) Die Ordensritter wollten auch das baltische Litauen erobern, doch dieses ging 1386 eine Personalunion mit Polen ein. Die Ordensritter verloren 1410 die Schlacht bei Tannenberg gegen Polen-Litauen und konnten sich zudem einer Rebellion ihrer eigenen Adeligen und Städte nicht erwehren. Deshalb mussten sie den Westteil ihres Landes an Polen abgeben und durften nur den Ostteil als polnisches Lehen behalten.

c) Da der Deutschordenstaat auf dem Gebiet der besiegten baltischen Pruzzen errichtet wurde, wurde er nach der Säkularisierung 1525 zum Herzogtum Preußen. Dieses umfasste jedoch nur noch Ostpreußen.

Deutschordenstaat

d) Der Hochmeister, der den Ordensstaat säkularisierte, war Albrecht von Brandenburg (1490–1545), und so fiel Preußen später an die Kurfürsten von Brandenburg. Diese konnten Preußen 1701 in ein Königtum umwandeln und übernahmen den Namen für alle ihre Besitzungen.

Mit welchem Vertrag wurde die EU gegründet?

- a) EGKS-Vertrag
- b) Römische Verträge
- c) Vertrag von Maastricht
- d) Abkommen von Schengen

a) Mit dem EGKS-Vertrag wurde am 18. April 1951 in Paris die Europäische Gemeinschaft für Kohle und Stahl ins Leben gerufen. Die sogenannte Montanunion war die erste derartige Gemeinschaft in Europa und gilt deshalb als Keimzelle der EU.

b) Am 25. März 1957 unterzeichneten die EGKS-Staaten Frankreich, Deutschland, Italien und die Beneluxländer in Rom die Verträge für die Europäische Atom- und die Europäische Wirtschaftsgemeinschaft. Zehn Jahre später bekamen die drei Gemeinschaften einen gemeinsamen Rat und eine gemeinsame Kommission, wodurch die EG (Europäische Gemeinschaft) entstand.

c) Der Vertrag, der am 7. Februar 1992 in Maastricht unterzeichnet wurde, regelte nicht nur die Einführung des Euro, sondern erweiterte die EG um eine gemeinsame Außen- und Sicherheitspolitik und eine Zusammenarbeit von Polizei und Justiz. Diese neue, umfassendere Gemeinschaft erhielt den Namen Europäische Union.

d) Im luxemburgischen Schengen vereinbarten Frankreich, Deutschland und die Beneluxländer am 14. Juni 1985 den Wegfall von internen Grenzkontrollen. Inzwischen haben sich die meisten anderen EU-Staaten, aber auch einige, die nicht der EU angehören (z. B. Norwegen, Island) angeschlossen.

In welchem osteuropäischen Land gab es 1989 den ersten „Runden Tisch“?

- a) Russland
- b) Ungarn
- c) Polen
- d) Rumänien

a) In Russland leitete der sowjetische Staatschef Michail Gorbatschow (geb. 1931) zwar die Wende im Ostblock ein, scheiterte aber mit Reformen im eigenen Land. Nicht Gorbatschow, sondern die Präsidenten der größten Sowjetrepubliken, vor allem der russische Präsident Boris Jelzin (1931–2007), betrieben im Oktober 1991 die Umwandlung der Sowjetunion in eine Gemeinschaft unabhängiger Staaten (GUS).

b) In Ungarn begannen der Ministerpräsident Miklós Németh (geb. 1948) und sein Außenminister Gyula Horn (geb. 1932) eine Reformpolitik, nachdem Gorbatschow 1988 verkündet hatte, die Sowjetunion werde sich künftig nicht mehr in die inneren Angelegenheiten der Warschauer-Pakt-Staaten einmischen. Am 19. August 1989 öffneten sie erstmals den „Eisernen Vorhang“.

c) In Polen nahm die Regierung nach Gorbatschows Ankündigung Gespräche mit der Opposition auf, die im Februar 1989 zu Verhandlungen „am Runden Tisch“ wurden. Die ersten halbfreien Wahlen am 4. Juni 1989 brachten die Vertreter der Gewerkschaft Solidarność an die Regierung.

d) Rumäniens Staatschef Nicolae Ceauşescu (1918–89) war zu keinem Kompromiss bereit. Dies führte am 17. Dezember 1989 zu landesweiten Unruhen, die mit der Erschießung Ceauşescu endeten.

Wer eroberte 1453 Konstantinopel?

- a) die Omaijaden
- b) die Abbasiden
- c) die Seldschuken
- d) die Osmanen

a) Als sich der Islam 680 in eine sunnitische und eine schiitische Richtung aufspaltete, gelang es der Familie der Omaijaden, ein erbliches Kalifenamt über alle Sunniten zu etablieren.

b) Im 8. Jh. begannen die Abbasiden, die Nachkommen von Mohammeds Onkel Abbas, den Omaijaden das Kalifenamt streitig zu machen. Die Omaijaden zogen sich schließlich nach Spanien zurück, wo sie bis 1031 als Kalifen von Córdoba regierten. Die Abbasiden verloren im 9. Jh. immer mehr von ihrer Macht, bis sie schließlich nur noch in Ägypten herrschten, wo sie 1517 von den Osmanen entmachtet wurden.

c) Die Seldschuken waren ein Turkvolk, das ab 1030 den Mittleren und Nahen Osten und schließlich auch große Teile Anatoliens eroberte. Im 11. und 12. Jh. zerfiel ihr Reich in mehrere Fürstentümer.

d) Osman (1258–1326) war ein turkmenischer Adeliger, der 1299 seine Unabhängigkeit von den Seldschuken erklärte. Seine Nachkommen eroberten das byzantinische Reich, Nordafrika und den Nahen Osten. Im 19. Jh. begann das Osmanische Reich zu zerfallen und wurde 1923 durch Atatürk in die türkische Republik umgewandelt.

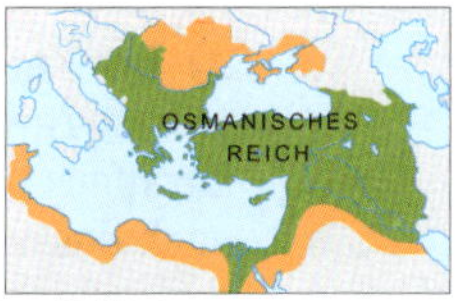

Osmanisches Reich: In den grün markierten Gebieten herrschten die osmanischen Fürsten direkt, in den gelben waren Marionettenregierungen eingesetzt.

Welcher russische Herrscher machte Russland im Nordischen Krieg zur Großmacht?

- ◯ a) Iwan der Schreckliche
- ◯ b) Peter der Große
- ◯ c) Elisabeth
- ◯ d) Katharina II.

a) Der Großfürst Iwan IV. der Schreckliche von Moskau (1530–84) besiegte die Tataren, reformierte Verwaltung und Militär und wurde erster gekrönter Zar von Russland. Bei der Eroberung der Macht ging er allerdings besonders grausam vor.

Peter der Große

b) Peter der Große (1672–1725) führte in Russland die westliche Kleidung, Bildung sowie einen westlichen Kalender ein und machte Russland gleichzeitig durch den Sieg über Schweden im Großen Nordischen Krieg (1700–21) zur militärischen Großmacht.

c) Elisabeth (1709–61), die Tochter Peters des Großen, setzte 1741 ihren minderjährigen Großneffen Iwan VI. (1740–64) als Zaren ab und übernahm selbst die Macht. Als Zarin war sie äußerst populär und regierte erfolgreich, auch wenn sie exzentrisch war und ihren Günstlingen viel politische Macht einräumte.

d) Als Katharina II. regierte Sophie von Anhalt-Zerbst (1729–96), die Witwe von Elisabeths Neffen Peter III. (1728–1762) nach dessen Tod. Ihre aggressive, aber sehr erfolgreiche Außenpolitik brachte Russland die südliche Ukraine, die Krim und den Osten des damaligen Polen ein.

Welcher Vertrag wurde 1975 in Helsinki unterzeichnet?

- ◯ a) Allgemeine Erklärung der Menschenrechte
- ◯ b) Atomwaffensperrvertrag
- ◯ c) KSZE-Schlussakte
- ◯ d) NATO-Doppelbeschluss

a) Die Allgemeine Erklärung der Menschenrechte fand am 10. Dezember 1948 durch die Generalversammlung der Vereinten Nationen in New York statt.

b) Der Atomwaffensperrvertrag wurde am 1. Juli 1968 zunächst von den USA, der UdSSR und Großbritannien, inzwischen von 181 weiteren Staaten unterzeichnet. Die Atommächte verpflichten sich darin zur Abrüstung, die Nicht-Atommächte zu einer lediglich friedlichen Nutzung der Kernenergie unter Aufsicht der UN-Behörde IAEO.

c) 1973 trafen sich 32 europäische Staaten, die USA, die UdSSR und Kanada in Helsinki zu einer Konferenz für Sicherheit und Zusammenarbeit in Europa (KSZE). In der Schlussakte wurden u. a. die Unverletzlichkeit der Grenzen und die Einhaltung der Menschenrechte, aber auch die Zusammenarbeit zwischen den Staaten beschlossen.

d) Der Doppelbeschluss war eine Strategie, die die NATO am 12. Dezember 1979 beschloss: Man bot dem Warschauer Pakt Verhandlungen über Abrüstung an, würde bei einem Scheitern aber neue Raketen (Pershing II, Cruise Missile) in Westeuropa stationieren. Die Raketen kamen – trotz heftiger Proteste –, wurden aber 1987 aufgrund des INF-Abrüstungsabkommens wieder verschrottet.

Welcher deutsche Kanzler regierte am längsten?

- a) Konrad Adenauer
- b) Kurt Georg Kiesinger
- c) Willy Brandt
- d) Helmut Kohl

a) Konrad Adenauer (1876–1967) wurde 1949 zum ersten Bundeskanzler der BR Dtl. gewählt und regierte anschließend 14 Jahre, in denen er das Land politisch fest in das westliche Bündnis einband. 1963 musste er auf Druck seiner Partei zurücktreten.

b) Als 1966 die christlich-liberale Regierung von Kanzler Ludwig Erhard (1897–1977) zerbrach, wurde der baden-württembergische Ministerpräsident Kurt Georg Kiesinger (1904–88) neuer Kanzler und schmiedete eine Große Koalition. Trotz wirtschaftspolitischer Erfolge wurde diese 1969 abgewählt, sodass Kiesinger der am kürzesten amtierende Bundeskanzler wurde.

c) Willy Brandt (1913–92) war neun Jahre Bürgermeister von Berlin, drei Jahre Bundesaußenminister und, nachdem er 1969 Kiesinger beerbt hatte, fünf Jahre Bundeskanzler. Da einige Abgeordnete aus Protest gegen seine Ostpolitik zur Opposition wechselten, kam es 1972 zu Neuwahlen, die Brandt jedoch klar gewann. Zwei Jahre später trat er zurück (Guillaume-Affäre).

d) Helmut Kohl (geb. 1930) wurde 1982 nach dem Bruch der sozialliberalen Koalition von Helmut Schmidt Bundeskanzler und regierte 16 Jahre, bevor er 1998 die Wahl gegen den SPD-Kandidaten Gerhard Schröder (geb. 1944) verlor.

Wer war der „Soldatenkönig“?

- a) Friedrich Wilhelm I. von Brandenburg
- b) Friedrich I. von Preußen
- c) Friedrich Wilhelm I. von Preußen
- d) Friedrich II. von Preußen

a) Kurfürst Friedrich Wilhelm I., Markgraf von Brandenburg und Herzog von Preußen (1620–88), wird der „Große Kurfürst“ genannt, weil er sein Land nach dem Dreißigjährigen Krieg wiederaufbaute und modernisierte. Mit ihm begann Brandenburgs wirtschaftliche und militärische Bedeutung.

b) Der Sohn des Großen Kurfürsten war als Markgraf von Brandenburg Friedrich III. (1657–1713), wandelte aber 1701 das Herzogtum Preußen, das seit 1657 nicht mehr der polnischen Krone unterstand, in ein Königtum um und wurde so zu König Friedrich I. von Preußen.

Friedrich Wilhelm I. von Preußen

c) Sein Sohn, als König Friedrich Wilhelm I. von Preußen, als Markgraf Friedrich Wilhelm II. von Brandenburg (1688–1740), war eine Verkörperung der sogenannten „preußischen Tugenden“ wie Sparsamkeit, Pflichtbewusstsein und Disziplin. Er stellte die modernste Armee Europas auf, darunter das Garderegiment der „Langen Kerls“, förderte sein Land aber auch wirtschaftlich.

d) Friedrich II. von Preußen, der „alte Fritz“ (1712–86), nutzte die von seinem Vater aufgestellte Armee, um Brandenburg-Preußen zur Großmacht zu machen.

Wen schlug Alexander der Große 333 v. Chr. bei Issos?

- a) den ägyptischen Pharao
- b) den persischen König
- c) den Satrapen von Baktrien
- d) den König der Meder

a) Im Jahr 333. v. Chr. gab es keinen ägyptischen Pharao mehr. Das Land war 343 v. Chr. von den persischen Königen erobert worden. Diese werden in manchen ägyptischen Chronologien allerdings als 31. und letzte Herrscherdynastie geführt.

b) Bei Issos am Golf von Iskenderun besiegte Alexander der Große den persischen König Dareios III. (um 380–330 v. Chr.) und dessen mehr als dreimal so starkes Heer. Danach konnte Alexander einen Großteil des Perserreiches, darunter auch Ägypten, kampflos einnehmen.

Alexander der Große

c) Im Jahr 331 v. Chr. wurde Dareios III. von Alexander bei Gaugamela im Norden des heutigen Irak eine zweites Mal besiegt und floh nach Baktrien (Nordafghanistan), wo ihn sein eigener Beamter, der Satrap Bessos, ermordete. Dieser versuchte sich zum König von Baktrien zu machen, wurde aber ebenfalls von Alexander geschlagen und hingerichtet.

d) Die Meder waren ein mit den Persern verwandtes Volk, das zunächst mächtiger war, aber um 550 v. Chr. vom Perserkönig Kyros II. (601–530 v. Chr.) unterworfen wurde. Seine Nachfolger nannten sich daraufhin Könige der Perser und Meder.

Wer machte sich zum Kaiser der Zentralafrikanischen Republik?

- a) Idi Amin
- b) Bokassa
- c) Haile Selassie
- d) Patrice Lumumba

a) Der Offizier Idi Amin (1925–2003) putschte sich 1971 in Uganda an die Macht und regierte acht Jahre lang als extrem grausamer Diktator. Nach einem gescheiterten Angriff auf Tansania floh er und starb im Exil in Saudi-Arabien.

b) Der frühere Offizier der französischen Kolonialarmee Jean-Bédel Bokassa (1921–96) putschte sich 1966 in der Zentralafrikanischen Republik an die Macht. Trotz Menschenrechtsverletzungen wurde er anfangs von Frankreich unterstützt. 1976 machte er sich zum Kaiser und fiel durch Grausamkeit und Verschwendungssucht auf. 1980 wurde er von seinem Vorgänger gestürzt.

c) Haile Selassie (1892–1975) war der letzte Herrscher des Kaiserreiches Äthiopien, der sein Land modernisierte und ein afrikanisches Selbstbewusstsein propagierte. Gleichzeitig hielt er an seiner absoluten, kaiserlichen Macht fest. Er wurde 1974 durch einen Militärputsch gestürzt.

d) Patrice Lumumba (1925–61) war 1958 zum Präsidenten des Kongo gewählt worden. Die USA und die frühere Kolonialmacht Belgien verdächtigten ihn jedoch kommunistischer Sympathien und opponierten gegen ihn. 1960 wurde er durch Joseph Mobutu (1930–97) gestürzt, der eine 32-jährige Diktatur begann.

Welcher Krieg begann im März 2003?

- ◯ a) der Bürgerkrieg in Ruanda
- ◯ b) der Tschetschenienkrieg
- ◯ c) der Krieg gegen Afghanistan
- ◯ d) der dritte Golfkrieg

a) In Ruanda wurden von April bis Juli 1994 etwa eine Million Menschen getötet. Radikale Vertreter der Hutu wollten damit eine Rückkehr der 1958 nach Uganda geflohenen Tutsi-Minderheit verhindern. Beendet wurde das Massaker durch die Tutsi-Organisation RPF.

b) Tschetschenien hatte 1991 seine Unabhängigkeit erklärt, was Russland jedoch nicht anerkannte. Dies führte von 1994 bis 1996 zu einem ersten, und seit 1999 zu einem zweiten Krieg der Russen gegen Tschetschenien.

c) Nach den Anschlägen vom 11. September 2001 in New York forderten die USA von Afghanistan die Auslieferung des Terroristen Osama bin Laden (geb. um 1957). Als das Taliban-Regime sich weigerte, begann ein US-geführtes Bündnis aus 70 Ländern am 7. Oktober den Krieg, der im Dezember zur Einsetzung einer neuen afghanischen Regierung führte.

d) Am 20. März 2003 begann US-Präsident George W. Bush (geb. 1946) den dritten Golfkrieg, einen Krieg gegen den Irak, den er beschuldigte, über illegale Massenvernichtungswaffen zu verfügen. Als ersten Golfkrieg bezeichnet man den Krieg des Irak gegen den Iran 1980 bis 1988, als zweiten Golfkrieg den Krieg einer US-geführten Koalition gegen den Irak nach dessen Einmarsch in Kuwait 1990.

Wer war der Oberbefehlshaber der amerikanischen Armee im Unabhängigkeitskrieg?

- ◯ a) George Washington
- ◯ b) Friedrich Wilhelm von Steuben
- ◯ c) Thomas Jefferson
- ◯ d) Benjamin Franklin

a) Der spätere erste Präsident der USA, George Washington (1732–99), hatte im Amerikanischen Unabhängigkeitskrieg den Oberbefehl über die Streitkräfte der 13 Kolonien. Dabei tat er sich vor allem als guter Organisator hervor.

George Washington

b) Der preußische Offizier Friedrich Wilhelm von Steuben (1730–94) kam erst 1777, zwei Jahre nach Ausbruch des Unabhängigkeitskriegs, in die USA, wurde dort aber Washingtons Generalstabschef und organisierte die amerikanische Armee völlig neu.

c) Von Thomas Jefferson (1743–1826), dem späteren dritten Präsidenten der USA, stammt zum größten Teil der Text der amerikanischen Unabhängigkeitserklärung. 1789 war er als Diplomat in Frankreich und wirkte dort an der Ausarbeitung der ersten *Erklärung der Menschen- und Bürgerrechte* mit.

d) Der Drucker und Gelehrte Benjamin Franklin (1706–90) war ebenfalls Mitautor der amerikanischen Unabhängigkeitserklärung und während des Unabhängigkeitskriegs Gesandter in Paris, wo er dafür sorgte, dass die 13 Kolonien ab 1778 von Frankreich militärisch unterstützt wurden.

Wer wurde 1949 Präsident der DDR?

- ◯ a) Wilhelm Pieck
- ◯ b) Walter Ulbricht
- ◯ c) Willi Stoph
- ◯ d) Otto Grotewohl

a) Wilhelm Pieck (1876–1960) war ein Kampfgenosse von Karl Liebknecht (1871–1919) und Rosa Luxemburg (1871–1919). Während des Zweiten Weltkriegs fungierte er aus dem Exil heraus als Vorsitzender der KPD. Nach dem Krieg organisierte er mit Ulbricht den Aufbau des real existierenden Sozialismus und wurde 1949 für elf Jahre Präsident der DDR.

Walter Ulbricht, Vorsitzender des Staatsrats nach Piecks Tod

b) Nach Piecks Tod am 7. September 1960 wurde das Präsidentenamt abgeschafft. Staatsoberhaupt wurde nun der Vorsitzende des Staatsrates. Diesen Posten übernahm der amtierende starke Mann, der Generalsekretär der SED Walter Ulbricht (1893–1973), bis zu seinem Tod am 1. August 1973.

c) Willi Stoph (1914–99) wurde nach Ulbrichts Tod für drei Jahre Staatsratsvorsitzender. Entscheidender war jedoch, dass er die neun Jahre davor und die 13 Jahre danach Regierungschef der DDR war.

d) Der SPD-Vorsitzende Otto Grotewohl (1894–1964) war 1946 ein führender Verfechter der Vereinigung mit der KPD zur SED. 1949 wurde er erster Regierungschef der DDR, stand jedoch im Schatten von Pieck und Ulbricht. 1960 zog er sich aus gesundheitlichen Gründen aus der Politik zurück.

Welcher der Bürgerkriege in Jugoslawien dauerte am längsten?

- ◯ a) in Slowenien
- ◯ b) in Kroatien
- ◯ c) in Bosnien-Herzegowina
- ◯ d) im Kosovo

a) Am 25. Juni 1991 sagten sich Slowenien und Kroatien von Jugoslawien los. Die jugoslawische Armee griff zwei Tage später Slowenien an, stieß jedoch auf heftigen Widerstand. Nach zehn Tagen zog sich die Armee zurück, um sich ganz auf die Auseinandersetzung mit Kroatien zu konzentrieren.

b) Parallel dazu begann in Kroatien ein Aufstand der serbischen Minderheit, der von der jugoslawischen Armee unterstützt wurde. Ab Januar 1992 wurden immer wieder Waffenstillstände vereinbart, die teilweise von UN-Soldaten kontrolliert wurden. Doch Frieden wurde erst 1995 im Rahmen des Dayton-Abkommens geschlossen.

c) Zwei Drittel der Bosnier entschieden sich im März 1992 für die Unabhängigkeit, während gleichzeitig die serbische Minderheit ihre eigene Republik proklamierte. Der folgende Krieg war der grausamste der jugoslawischen Bürgerkriege. Er wurde Ende 1995 nach einem bewaffneten Eingreifen der NATO beendet.

d) Im Kosovo 1996 begann die Widerstandsbewegung UCK den Kampf um die Unabhängigkeit. Anzeichen für eine ethnische Säuberung des Kosovo durch Serbien führten 1999 zu einem Eingreifen der NATO zugunsten der Kosovoalbaner. Seit dem 10. Juni 1999 ist die Region UN-Protektorat.

Welches spätere Staatsoberhaupt saß 28 Jahre im Gefängnis?

- a) Adolf Hitler
- b) Erich Honecker
- c) Vaclav Havel
- d) Nelson Mandela

a) Adolf Hitler (1889–1945) stieß nach seinem Putschversuch vom 8. November 1923 in München auf Richter, die mit ihm sympathisierten und ihn nur zur Mindeststrafe von fünf Jahren Festungshaft verurteilten. Davon saß Hitler nur ein Jahr unter recht komfortablen Bedingungen ab.

b) Erich Honecker (1912–94), der spätere Staatsratsvorsitzende der DDR, war während der Nazizeit im kommunistischen Widerstand aktiv und 1935 von der Gestapo verhaftet worden. Er saß bis 1945 im Zuchthaus.

c) Dem Schriftsteller Vaclav Havel (geb. 1936) brachten seine Beteiligung am Prager Frühling 1968 und die Initiative „Charta 77", die die Menschenrechtsverletzungen in der Tschechoslowakei öffentlich anprangerte, mehrere Verhaftungen und insgesamt fünf Jahre Gefängnisaufenthalt ein. Von 1989 bis 2003 war er dann Präsident der Tschechoslowakei bzw. Tschechiens.

d) Nelson Mandela (geb. 1918) hatte anfangs den gewaltlosen Kampf gegen die Apartheid propagiert, nach einem Massaker an Demonstranten im Jahr 1960 aber eine bewaffnete Widerstandsgruppe gegründet. 1962 wurde er verhaftet und erst 1990 von Präsident Willem de Klerk (geb. 1936) freigelassen. Nach den ersten freien Wahlen wurde er von 1994 bis 1999 Präsident Südafrikas.

Was geschah 1953 in der DDR?

- a) Bau der Mauer
- b) Aufstand vom 17. Juni
- c) Einstieg in die Planwirtschaft
- d) internationale Anerkennung

a) Der Bau der Berliner Mauer begann am 13. August 1961. Damit wurde das letzte Stück offene Grenze zwischen den beiden deutschen Staaten geschlossen. Zuvor waren seit Kriegsende etwa 2,7 Mio. Menschen von Ost nach West emigriert.

b) 1953 reagierte das ZK der SED auf die katastrophale wirtschaftliche Lage der DDR, indem es die Arbeitsnormen um 10 % heraufsetzte. Dies führte am 16. Juni zu einem Streik auf zwei Berliner Großbaustellen. Am nächsten Tag kam es in etwa 500 Orten zu Streiks und Demonstrationen. Daraufhin verhängte der sowjetische Militärkommandant das Kriegsrecht und ließ die Aufstände niederschlagen.

Aufstand vom 17. Juni

c) Die staatliche Planungskommission wurde 1950 gegründet und stellte 1951 ihren ersten Fünfjahresplan auf. Es kam schon bald zu Problemen bei der Umsetzung, aber immerhin konnte man 1958 endlich die Lebensmittelkarten abschaffen.

d) Die internationale Anerkennung der DDR außerhalb des Ostblocks erfolgte erst nach dem Grundlagenvertrag mit der Bundesrepublik, der am 21. Dezember 1972 im Rahmen von Willy Brandts (1913–92) Ostpolitik geschlossen wurde.

Was ereignete sich 1525 in Deutschland?

- ◯ a) Bauernkrieg
- ◯ b) Reformation
- ◯ c) Veröffentlichung des *Hexenhammer*
- ◯ d) Pestepidemie

a) Der Bauernkrieg, die größte Erhebung der Bauern in der deutschen Geschichte, begann 1524 im Schwarzwald, breitete sich dann im Südwesten, in Franken, Thüringen und Sachsen aus und wurde im Mai 1525 durch das kaiserliche Heer niedergeschlagen. Dabei kamen etwa 100.000 Menschen um. Grund des Aufstands war eine Verschärfung der Leibeigenschaft gewesen.

Der Bauernkrieg

b) Als Beginn der Reformation gilt der 31. Oktober 1517, als Martin Luther (1483–1546) seine 95 Thesen veröffentlichte. 1525 bauten einige Fürsten schon protestantische Landeskirchen auf. Auch die aufständischen Bauern beriefen sich auf die neue Lehre.

c) Der fanatische Hexenjäger Heinrich Krämer (um 1430–1505), genannt Institor, veröffentlichte seine Schrift *Malleus Maleficarum (Hexenhammer)* um 1486. Seinen Höhepunkt hatte der Hexenwahn in Europa jedoch erst zwischen 1560 und 1660.

d) Die erste große Pestepidemie in Europa (Schwarzer Tod), der etwa ein knappes Drittel der Bevölkerung zum Opfer fiel, herrschte von 1347 bis 1352. Danach gab es jedoch bis ins 18. Jh. hinein immer wieder lokale Pestepidemien.

Welche Stadt gilt als Wiege der Demokratie?

- ◯ a) Korinth
- ◯ b) Sparta
- ◯ c) Athen
- ◯ d) Delphi

a) In Korinth, der strategisch wichtigen Handelsstadt, die zwischen dem Peloponnes und dem griechischem Festland liegt, herrschten im Gegenteil seit dem 7. Jh. v. Chr. meist Tyrannen, von denen viele wie z. B. Periander (gest. um 586 v. Chr.) aber durchaus zum Wohl der Stadt agierten.

b) In Sparta herrschten wenige Bürger über zwei versklavte Völker (Heloten). Die Notwendigkeit, sich zu behaupten, führte deshalb zu einer starken politischen Geschlossenheit der spartanischen Bürger. Politisch lag die Macht teils in den Händen des Ältestenrates, teils bei der Volksversammlung und teils bei zwei gewählten Königen.

c) In Athen führten starke Spannungen zwischen Adel und Bevölkerungsmehrheit ab dem 7. Jh. v. Chr. zu mehreren Reformen (z. B. durch Drakon, Solon und Kleisthenes), die das Volk immer stärker an der Macht beteiligten, bis Perikles (um 500–429 v. Chr.), der dominierende Athener Politiker seiner Zeit, die tatsächliche Herrschaft des Volkes (griech.: Demokratie) durchsetzte.

d) Delphi war nie eine politisch bedeutsame Stadt, aber sein Orakel die wichtigste Kultstätte der griechischen Welt. Wie auch die Wettkämpfe zu Ehren des Zeus in Olympia hatte es eine große Bedeutung für das Zusammengehörigkeitsgefühl aller Griechen.

Wo war die Heimat der minoischen Kultur?

- a) auf Kreta
- b) in Troja
- c) in Mykene
- d) in Karthago

Wo tagt das Europaparlament?

- a) Straßburg
- b) Brüssel
- c) Luxemburg
- d) Genf

a) Die minoische Kultur manifestierte sich vor allem in großen Palastanlagen auf Kreta, die etwa um 2000 v. Chr. erbaut wurden. Sie ist die erste europäische Hochkultur. Namensgeber ist der sagenhafte König Minos. Da die minoische Schrift noch nicht entziffert ist, weiß man sehr wenig über diese Kultur. Sie wurde wohl um 1450 v. Chr. von den Mykenern zerstört.

b) Der deutsche Archäologe Heinrich Schliemann (1822–90) hat die Überreste der legendären Stadt Troja an der türkischen Westküste entdeckt. Die Bewohner von Troja gehörten vermutlich zu den Luwern, einem Volk, das mit den Hethitern verwandt war.

c) Gewaltige Burgen auf Berggipfeln waren charakteristisch für die mykenische Kultur, die zwischen 1600 und 1200 v. Chr. in Griechenland verbreitet war. Die mykenischen Fürsten wurden wohl durch Raub sehr reich. Wahrscheinlich waren sie es, die Troja zerstört haben. In Homers *Ilias* finden sich jedenfalls viele vorgriechische Bräuche bei den sogenannten Griechen.

d) Karthago im heutigen Tunesien war die bedeutendste von mehreren Kolonien, die die seetüchtigen Phönizier im Mittelmeerraum gründeten. U. a. gehen die Städte Palermo, Cadiz und Lissabon auf phönizische Gründungen zurück.

a) In Straßburg tagen die 732 gewählten Abgeordneten aus allen EU-Ländern zwölfmal im Jahr. Das Sekretariat befindet sich allerdings in Luxemburg und die Ausschüsse tagen in Brüssel. Andere europäische Institutionen in Straßburg sind der Europarat und der Europäische Gerichtshof für Menschenrechte.

Europaparlament in Straßburg

b) Die belgische Hauptstadt Brüssel gilt oft als Synonym für die EU schlechthin. Sie ist der Hauptsitz der Europäischen Union. Hier haben mit dem Rat der Europäischem Union und der Europäischen Kommission die beiden einflussreichsten Organe ihren Sitz.

c) Auch in der Hauptstadt des Großherzogtums Luxemburg finden sich mehrere EU-Einrichtungen, vor allem der Europäische Gerichtshof und der Europäische Rechnungshof. Luxemburg war auch der Sitz der ersten Vorgänger-Institution der EU, der 1952 gegründeten Europäischen Gemeinschaft für Kohle und Stahl (Montanunion).

d) Als Schweizer Stadt beherbergt Genf keine EU-Institutionen, aber eine Vielzahl von UNO-Einrichtungen und andere internationale Organisationen wie z. B. die Internationale Föderation der Nationalen Rotkreuz- und Rothalbmondgesellschaften.

Welches ist das größte deutsche Bundesland?

- a) Brandenburg
- b) Bayern
- c) Niedersachsen
- d) Nordrhein-Westfalen

a) Brandenburg ist mit knapp 30.000 km^2 Fläche zwar das größte der ostdeutschen Bundesländer, steht insgesamt jedoch nur an fünfter Stelle, knapp gefolgt von Mecklenburg-Vorpommern. Was die Bevölkerung angeht, steht es mit 2,5 Mio. Einwohnern nur an zehnter Stelle.

Berchtesgadener Land in Bayern

b) Bayern steht mit etwas über 70.000 km^2 an der Spitze, wenn es um die Größe geht. Damit nimmt es fast 20 % der gesamten Fläche Deutschlands ein (357.000 km^2). Mit ca. 12,5 Mio. Einwohnern liegt es in puncto Bevölkerung auf dem zweiten Platz.

c) Niedersachsen ist mit knapp 48.000 km^2 das zweitgrößte deutsche Bundesland, liegt aber nur an vierter Stelle, was die Anzahl der Bewohner angeht (8 Mio.), weil es teilweise sehr dünn besiedelt ist (Platz zwölf).

d) Nordrhein-Westfalen hat mit über 18 Mio. Einwohnern die meisten unter allen deutschen Bundesländern. Was die Größe angeht, liegt es aber nur auf dem vierten Platz (gut 34.000 km^2). Dritter ist in beiden Kategorien Baden-Württemberg (knapp 36.000 km^2 und 10,6 Mio. Einwohner).

In welchem Krieg gewannen die Griechen die Seeschlacht bei Salamis?

- a) im ersten Perserkrieg
- b) im zweiten Perserkrieg
- c) im Peloponnesischen Krieg
- d) in den Punischen Kriegen

a) Der erste Perserkrieg war eine Strafaktion des Königs Darios I. (549–486 v. Chr.) gegen Athen, das die griechischen Städte an der türkischen Küste gegen die Perser unterstützt hatte. Der Krieg endete 490 v. Chr. mit dem Sieg der Athener bei Marathon.

b) Zehn Jahre später setzte Darios' Sohn Xerxes I. (485–465 v. Chr.) mit einem riesigen Heer zur Unterwerfung Griechenlands an. Er besiegte zunächst ein Bündnis aus Athenern und Spartanern bei den Thermopylen, erlitt anschließend aber eine Niederlage bei Salamis und wurde 479 v. Chr. bei Platäa endgültig besiegt.

c) Nach dem Sieg über die Perser zerstritten sich Athen und Sparta und bauten je ein Bündnis auf. Der Peloponnesische Krieg bestand aus einer Reihe von Auseinandersetzungen, die 404 v. Chr. mit der vollständigen Niederlage Athens endeten.

d) In den Punischen Kriegen führte Rom 264 bis 241 v. Chr. und dann wieder 218 bis 201 v. Chr. Krieg gegen Karthago, um es als Konkurrent im westlichen Mittelmeer auszuschalten. Während des Zweiten Punischen Krieges überquerte Hannibal (247–183 v. Chr.) mit seinen Elefanten die Alpen. Im Dritten Punischen Krieg, 149 bis 146 v. Chr., vernichtete Rom Karthago.

Welcher ägyptische Pharao war mit Nofretete verheiratet?

- a) Thutmosis III.
- b) Ramses II.
- c) Echnaton
- d) Tutanchamun

a) Thutmosis III. (um 1479–1425 v. Chr.) war der Stiefsohn und Nachfolger der Pharaonin Hatschepsut (reg. 1479–1458). Während sie ihrem Land 20 Jahre Frieden und Wohlstand beschert hatte, war Thutmosis einer der kriegerischsten Pharaonen.

b) Ramses II. (um 1298–1213 v. Chr.) gilt als einer der bedeutendsten Pharaonen, sowohl wegen seiner Großmachtpolitik im Nahen Osten als auch wegen seiner Bautätigkeit. Möglicherweise fand unter seiner Herrschaft der Auszug der Israeliten aus Ägypten statt.

c) Amenophis IV. (1351–1334 v. Chr.), der sich später Echnaton nannte, ist als der „Ketzerpharao" in die ägyptische Geschichte eingegangen. Er versuchte, den Glauben an einen einzigen Gott – Aton (die Sonnenscheibe) – durchzusetzen. Außerdem propagierte er einen neuen, realistischen Kunststil, der ihn selbst grotesk hässlich zeigte. Im Gegensatz dazu steht die legendär schöne Büste, die von seiner Frau Nofretete gefunden wurde.

d) Tutanchamun (reg. 1333–1323 v. Chr.) starb um 1323 v. Chr. im Alter von etwa 19 Jahren. Er war möglicherweise ein Sohn Echnatons, als Pharao aber völlig unbedeutend. Wichtig wurde er einzig und allein durch sein ungeplündertes Grab, das 1921 entdeckt wurde.

Wie nennt man eine allgemeine Abstimmung über ein Landes- oder Bundesgesetz?

- a) Volksinitiative
- b) Volksbegehren
- c) Volksentscheid
- d) Bürgerentscheid

a) Eine Volksinitiative stellt den Antrag, einen Gesetzentwurf zur Volksabstimmung vorzulegen. Diese Möglichkeit gibt es derzeit nur auf Landes-, nicht auf Bundesebene. Damit der Antrag Erfolg hat, muss die Initiative je nach Bundesland eine bestimmte Anzahl an Unterschriften von Unterstützern (z. B. in Bayern 25.000) vorlegen.

b) Ein Volksbegehren findet statt, wenn dem Antrag einer Volksinitiative stattgegeben wird. Für ein erfolgreiches Volksbegehren müssen sich während einer festgelegten Zeit eine Mindestanzahl von Bürgern (z. B. in Bayern 10 % der Stimmberechtigten) in Unterschriftenlisten eintragen.

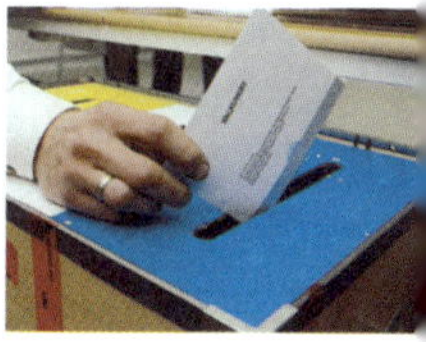

Bürger bei der Stimmabgabe

c) Die eigentliche Abstimmung über den Gesetzentwurf der Volksinitiative nennt man Volksentscheid (auch Referendum oder Plebiszit). Meist genügt zur Annahme des Gesetzes nicht die einfache Mehrheit, sondern es muss ein bestimmtes Quorum (ein Prozentsatz aller Stimmberechtigten) erreicht werden, vor allem wenn es um verfassungsändernde Gesetze geht.

d) Als Bürgerentscheid bezeichnet man die allgemeine Abstimmung über Gesetzesinitiativen auf kommunaler Ebene.

Wer war von 1980 bis 1997 heimlicher Machthaber Chinas?

- a) Deng Xiaoping
- b) die Viererbande
- c) Hua Guofeng
- d) Li Peng

Deng Xiaoping (mit Giscard d'Estaing)

a) Deng Xiaoping (1904–97) wurde während der Kulturrevolution verbannt, nach Maos Tod (1976) aber rehabilitiert. Obwohl er nur stellvertretender Parteisekretär war, konnte er ab 1980 die wichtigen Staats- und Parteiämter mit seinen Gefolgsleuten besetzen. Er gilt als derjenige, der China für den Kapitalismus geöffnet hat.

b) Als Viererbande bezeichnete man Maos Frau Jiang Qing (1914–91) sowie die Funktionäre Zhang Chunqiao, Yao Wenyuan und Wang Hongwen, die die treibenden Kräfte der Kulturrevolution waren und nach Maos Tod die Macht an sich reißen wollten.

c) Huao Guofeng (geb. 1920) beerbte 1976 erst den verstorbenen Zhou Enlai als Ministerpräsident, dann Mao Tse-tung als Parteivorsitzenden. Er machte der Viererbande den Prozess, der mit langjährigen Haftstrafen endete, wurde selbst aber parallel von Deng Xiaoping entmachtet.

d) Li Peng (geb. 1928) war von 1987 bis 1998 Premierminister. Gemeinsam mit Deng Xiaoping gilt er als Verantwortlicher für das Massaker an den Studenten auf dem Platz des Himmlischen Friedens 1989. Außerdem war er der maßgebliche Initiator des Drei-Schluchten-Baudamms.

Welcher römische Herrscher ließ den Limes erbauen?

- a) Caesar
- b) Tiberius
- c) Augustus
- d) Domitian

a) Julius Caesar (100–44 v. Chr.) eroberte zwischen 58 und 51 v. Chr. das keltische Gallien, d. h. das heutige Frankreich, die Beneluxländer und die Schweiz, und machte es zur römischen Provinz. Die Eroberung dokumentierte er in dem berühmten Werk *De bello gallico*.

b) Der spätere Kaiser Tiberius (42 v. Chr.–37 n. Chr.) und sein Bruder Drusus (38–9 v. Chr.) eroberten ab 15 v. Chr. Teile Germaniens und schlossen mit anderen Häuptlingen Bündnisverträge. Dieser Erfolg wurde kurze Zeit später durch die ungeschickte Politik des Statthalters Publius Quinctilius Varus (um 46 v. Chr.–9 n. Chr.) zunichte gemacht. Als er im Jahr 14 Kaiser wurde, interessierte sich Tiberius nicht mehr für Germanien.

c) Unter Kaiser Augustus (63 v. Chr.–14 n. Chr.) erlitt Rom seine historische Niederlage in Germanien, als Statthalter Varus und drei Legionen im Jahr 9 v. Chr. durch den Cherusker-Häuptling Arminius (18 v. Chr.–19 n. Chr.) vernichtet wurden. Nachdem auch noch eine Strafexpedition missglückte, gab Augustus alle Eroberungsversuche in Germanien auf.

d) Kaiser Domitian (51–96) eroberte einige strategisch wichtige Teile Germaniens, wie die Wetterau oder Teile Baden-Württembergs, und begann danach mit dem Bau einer durchgehenden Grenzbefestigung.

Zu welcher Kultur gehört Stonehenge?

- a) Bandkeramik-Kultur
- b) Streitaxt-Kultur
- c) Megalith-Kultur
- d) keltische Kultur

a) Keramik mit einem Bandmuster war typisch für eine Kultur, die etwa von 5500 bis 4400 v. Chr. zwischen Ungarn und Frankreich verbreitet war. Die Bandkeramiker übernahmen landwirtschaftliche Techniken aus dem Nahen Osten und waren die ersten sesshaften Bauern Mitteleuropas. Ob sie durch Einwanderer verdrängt wurden oder sich nur die kulturellen Charakteristika änderten, ist ungeklärt.

b) Streitäxte und Schnurkeramik waren zwischen 2800 bis 2200 v. Chr. in weiten Teilen Ost- und Mitteleuropas verbreitet. Die meisten Wissenschaftler gehen davon aus, dass beides von den indoeuropäischen Einwanderern aus den südrussischen Steppengebieten mitgebracht wurde.

c) Megalith- (griech., Großstein) Bauwerke wie Stonehenge, die Stelenfelder im französischen Carnac, die Tempel auf Malta oder die norddeutschen Hünengräber entstanden zwischen 4500 bis 2500 v. Chr. in ganz Westeuropa. Ob es aber einen kulturellen Zusammenhang gibt, ist ungeklärt.

d) Die keltische Kultur entstand erst um 1500 v. Chr. nach der Einwanderung der Indoeuropäer im Siedlungsgebiet der früheren Bandkeramiker. Auch wenn das in der Jungsteinzeit begründete Stonehenge in der Fantasy-Literatur oft mit den Kelten in Zusammenhang gebracht wird, gibt es hierfür keinerlei historische Beweise.

Welches Bundesland hat die wenigsten Einwohner?

- a) Saarland
- b) Hamburg
- c) Mecklenburg-Vorpommern
- d) Bremen

a) Das Saarland ist mit 2.569 km^2 das kleinste Flächenland in Deutschland. Da es aber deutlich weniger dicht besiedelt ist als die Stadtstaaten, steht es, was die Einwohnerzahl angeht, mit nur gut 1 Mio. Bürgern an vorletzter Stelle in der Statistik.

b) Hamburg ist mit nur 755 km^2 zwar das zweitkleinste Bundesland, ist aber nach Berlin das am dichtesten besiedelte. Deswegen steht es mit über 1,7 Mio. Einwohnern in der Statistik auf Rang 13.

c) Mit nur 74 Einwohner/km^2 ist Mecklenburg-Vorpommern das am dünnsten besiedelte Bundesland (Berlin: 3800 Einwohner/km^2), aber dank seiner Größe (gut 23.000 km^2) kommt es in der Bevölkerungsstatistik noch auf Rang 14 – ganz knapp hinter Hamburg.

d) Bremen ist sowohl das kleinste (404 km^2) als auch das bevölkerungsärmste Bundesland (663.000 Einwohner). Nur was die Besiedelungsdichte angeht, kommt es auf den dritten Platz hinter den beiden anderen Stadtstaaten. Das am dichtesten besiedelte Flächenland ist Nordrhein-Westfalen.

Marktplatz in Bremen

Welches Gremium gehört nicht zur EU?

- a) Europarat
- b) Europäischer Rat
- c) Rat der Europäischen Union (Ministerrat)
- d) Europäische Kommission

a) Der Europarat wurde 1949 gegründet, um politische Probleme in Europa zu debattieren und eine Zusammenarbeit zu intensivieren. Ihm gehören 47 Länder an.

Der Europarat: Auch wenn er nicht mit der EU verbunden ist, verwenden beide die gleiche Flagge.

b) Der Europäische Rat ist das oberste Gremium der EU. Ihm gehören der Präsident der Europäischen Kommission und die Staats- und Regierungschefs sowie die Außenminister der Mitgliedsstaaten an, wobei die Außenminister aber nur beratende Funktion haben. Der Europäische Rat kann keine Beschlüsse fassen, legt aber die großen Leitlinien für die Europapolitik fest. Die Präsidentschaft wechselt halbjährlich.

c) Der Ministerrat ist neben dem Europa-Parlament eines von zwei EU-Gremien, in denen Gesetze verabschiedet werden. Seine Zusammensetzung variiert. Je nach Thema treffen sich z. B. die Außenminister, die Umweltminister oder bei wichtigen Angelegenheiten auch die Staatschefs.

d) Die Europäische Kommission ist die Exekutive, also die Regierung der EU. Sie setzt die Beschlüsse von Ministerrat und Parlament um. Jedes Mitgliedsland stellt einen Kommissar, der für ein Fachgebiet zuständig ist.

Welches Volk regierte im 2. Jt. v. Chr. in Anatolien?

- a) Phönizier
- b) Assyrer
- c) Hethiter
- d) Philister

a) Die Phönizier lebten in mehreren Stadtstaaten wie Tyros, Sidon oder Beirut an der östlichen Mittelmeerküste. Sie waren hervorragende Seefahrer und bedeutende Händler. Die Blütezeit ihrer Kultur reichte vom 12. bis zum 8. Jh. v. Chr.

b) Assur war ursprünglich ein kleiner Stadtstaat im nördlichen Irak. Im 13. Jh. v. Chr. begannen seine Herrscher, den gesamten Nahen Osten zu erobern. Die Assyrer galten als besonders grausam und konnten erst 609 v. Chr. nach dem Tod des Königs Assurbanipal durch die Babylonier und die iranischen Meder besiegt werden.

c) Die Hethiter waren ein indoeuropäisches Volk, das in der zweiten Hälfte des 3. Jt. v. Chr. in Anatolien einwanderte und etwa ab 1600 v. Chr. ein großes Reich errichtete, das Babylon zerstörte und Ägypten Paroli bot. Die Hethiter zeichneten sich durch ein besonders modernes Rechtsverständnis aus. Ihr Reich wurde um 1200 v. Chr. durch eine Völkerwanderung zerstört, die vermutlich auf dem Balkan ausgelöst worden war.

d) Die Philister waren vermutlich ein indoeuropäisches Volk aus der Ägäis, das sich im 12. Jh. v. Chr. in Kanaan, dem heutigen Israel und Palästina, niederließ. Sie lieferten sich heftige, in der Bibel dokumentierte Kämpfe mit den etwas früher eingewanderten Israeliten.

Wer malte die Höhlenbilder von Lascaux?

- ○ a) Homo habilis
- ○ b) Homo erectus
- ○ c) Neandertaler
- ○ d) Cromagnonmensch

Welche deutsche Partei ist die älteste?

- ○ a) FDP
- ○ b) SPD
- ○ c) CDU
- ○ d) KPD

a) Der erste Urzeitaffe, dem die Wissenschaftler die Bezeichnung „Homo" gaben, ist der Homo habilis (lat., geschickter Mensch), der vor knapp 2,5 Mio. Jahren in Ostafrika begann, einfachste Steinwerkzeuge zu fertigen.

b) Der Homo erectus (lat., aufgerichteter Mensch) tauchte vor etwa 1,85 Mio. Jahren ebenfalls in Ostafrika auf und verbreitete sich sehr schnell nach Asien und Europa (z. B. Java-Mensch, Peking-Mensch). Der Homo erectus ging auf die Jagd und lernte die Beherrschung des Feuers.

c) Der Neandertaler stammt vermutlich vom Homo heidelbergensis und dieser wiederum vom Homo erectus ab. Er lebte vor etwa 160.000 bis 30.000 Jahren in Europa, Nordafrika und dem Nahen Osten. Schmuck und Bestattungsrituale beweisen, dass er schon zur Selbstreflexion fähig war.

d) Der Vorfahr der heutigen Menschen, der Homo sapiens (lat. denkender Mensch) entstand etwa vor 160.000 Jahren in Afrika und breitete sich von dort über die ganze Erde aus. In Europa tauchte er etwa vor 40.000 Jahren auf und erhielt seinen Namen, Cromagnonmensch, nach einer Höhle in Südfrankreich. Erst mit ihm begann eine wirkliche künstlerische Entfaltung, die sich z. B. etwa 15.000 v. Chr. in den Höhlenmalereien von Lascaux niederschlug.

a) Als erste liberale Partei in Deutschland wurde 1861 die Deutsche Fortschrittspartei gegründet. Sowohl im Kaiserreich wie in der Weimarer Republik gab es einen starken Gegensatz zwischen Nationalliberalen und Linksliberalen, der immer wieder zu Aufspaltungen führte. Die heutige FDP wurde am 11. Dezember 1948 aus verschiedenen Regionalparteien gegründet.

b) Die SPD trägt ihren heutigen Namen seit 1890. Davor existierte sie seit 1875 als Sozialdemokratische Arbeiterpartei (SDAP).

SPD-Plakat von 1919

c) Die CDU wurde nach dem Zweiten Weltkrieg als bewusst überkonfessionelle, christlich-demokratische Partei gegründet. Damit setzte sie sich von der 1870 gegründeten Zentrumspartei ab, die damals rein katholisch geprägt war. Die Gründung der CDU erfolgte zunächst regional, und zwar zuerst am 17. Juni 1945 in Köln. Die Bundespartei entstand dann am 21. Oktober 1950.

d) Die Kommunistische Partei Deutschlands (KPD) wurde am 1. Januar 1919 gegründet. Vorausgegangen waren seit Beginn des Ersten Weltkriegs zunehmende Differenzen mit der SPD. 1933 wurde sie von den Nazis zerschlagen, 1945 wieder zugelassen und im Westen 1968 verboten, im Osten 1946 mit der SPD zur SED vereinigt.

In welchem Gremium sind die deutschen Bundesländer repräsentiert?

- a) Bundestag
- b) Senat
- c) Landtag
- d) Bundesrat

a) Der Bundestag bzw. das Parlament ist die Volksvertretung, in der die 598 vom Volk direkt gewählten Abgeordneten vertreten sind. Diese Abgeordneten sind in ihren Entscheidungen grundsätzlich nur ihrem Gewissen verpflichtet, auch wenn in der Praxis meist Fraktionszwang herrscht.

b) In den USA bildet der Senat (wörtlich: Ältestenrat) eine zweite gesetzgebende Kammer neben dem Repräsentantenhaus. In Deutschland bezeichnen die Stadtstaaten Berlin, Hamburg und Bremen ihre Regierungen als Senat.

c) Als Landtag werden in den meisten Bundesländern die Landesparlamente bezeichnet. In Berlin spricht man jedoch vom Abgeordnetenhaus, in Bremen und Hamburg von der Bürgerschaft. Sie sind die Volksvertretungen der jeweiligen Bundesländer.

Zum 100-jährigen Bestehen erstrahlte das Bundesratsgebäude im Juli 2004 in festlicher Beleuchtung.

d) Die Regierungen aller 16 Bundesländer sind auf Bundesebene im Bundesrat vertreten. Je nach Größe dürfen die Bundesländer zwischen drei und sechs Vertreter in den Bundesrat schicken und sind dort bei Abstimmungen mit ebenso vielen Stimmen vertreten. Der Bundesrat muss allen Gesetzen, die Auswirkungen auf die Bundesländer haben, seine Zustimmung geben.

In welcher Schlacht wurde Preußen von Napoleon vernichtend geschlagen?

- a) Seeschlacht bei Trafalgar
- b) Dreikaiserschlacht bei Austerlitz
- c) Doppelschlacht bei Jena und Auerstedt
- d) Völkerschlacht bei Leipzig

a) Napoleon (1769–1821) plante mit der Hilfe Spaniens eine Invasion in England. Am 21. Oktober 1805 jedoch gelang es Horatio Nelson (1758–1805), die französisch-spanische Flotte am Kap Trafalgar nahe Cadiz in der Seeschlacht von Trafalgar zu schlagen. Nelson kam dabei ums Leben, sicherte England aber auf lange Zeit die uneingeschränkte Seeherrschaft.

b) Bei Austerlitz besiegte Napoleon am 2. Dezember 1805 die Österreicher und die Russen, die seinen wachsenden Einfluss in Europa stoppen wollten. Von den drei Kaisern waren allerdings nur Napoleon und Zar Alexander II. (1818–81) bei der Schlacht anwesend, nicht aber Franz II. (1868–1835).

c) Preußen hatte sich in den napoleonischen Kriegen lange neutral verhalten. Als jedoch eine französisch-englische Annäherung drohte, griffen sie Frankreich an und wurden am 14. Oktober 1806 in der Doppelschlacht bei Jena und Auerstedt besiegt.

d) Nach dem gescheiterten Russlandfeldzug 1812 formierte sich eine breite Koalition aus Österreich, Preußen, Russland und Schweden gegen Napoleon und besiegte ihn zwischen dem 16. und 19. Oktober bei Leipzig.

Wer war der erste römische Kaiser?

- ◯ a) Sulla
- ◯ b) Pompeius
- ◯ c) Caesar
- ◯ d) Augustus

a) Der Feldherr Lucius Cornelius Sulla (um 135–78 v. Chr.) marschierte im Jahr 88 v. Chr. mit seinem Heer in der Stadt Rom ein und errichtete eine Diktatur. Sein Ziel war, die traditionellen Rechte der patrizischen Oberschicht in der römischen Republik wieder herzustellen. Damit löste er einen Bürgerkrieg zwischen seiner Partei, den Optimaten, gegen die reformwilligen Popularen unter Führung von Gaius Marius (156–86 v. Chr.) aus.

b) Gnaeus Pompeius Magnus (106–48 v. Chr.) unterstützte Sulla im Bürgerkrieg. Als Sulla aber nach Erreichung seiner Ziele im Jahr 79 v. Chr. als Diktator zurücktrat, übernahm Pompeius die Kontrolle über Rom und gründete mit dem reichen Crassus und dem jungen Caesar ein Triumvirat (Dreimännerbund).

c) Gaius Julius Caesar (100–44 v. Chr.) machte als Eroberer von Gallien Karriere. Nach Ablauf seiner Amtszeit als Prokonsul der Provinz marschierte er in Rom ein (Überquerung des Rubikon), schaltete Pompeius aus und ließ sich vom Senat zum Diktator auf Lebenszeit ernennen.

d) Caesars Großneffe Octavian (63 v. Chr.–14 n. Chr.) erhielt 27. v. Chr. alle Herrschaftsgewalt vom Senat übertragen, dazu die Titel Princeps (Fürst) und Augustus (Erhabener). Damit gilt er als erster römischer Kaiser.

Wer herrschte über das Reich der Kiewer Rus?

- ◯ a) Slawen
- ◯ b) Wikinger
- ◯ c) Chasaren
- ◯ d) Byzanz

a) Kiew wurde vermutlich im 5. oder 6. Jh. von slawischen Fürsten gegründet, war damals aber nicht mehr als eine einzelne Stadt.

Hagia Sophia in Nowgorod

b) Im 8. Jh. kamen skandinavische Wikinger in die slawischen Gebiete und gründeten Handelsniederlassungen am Ladogasee und in Nowgorod. Im 9. Jh. eroberten sie Kiew, und ihr Fürst gründete das Reich von Kiew, über das seine Nachkommen herrschten. Die Skandinavier, die als Waräger oder Rus bezeichnet wurden, nahmen aber schon bald die slawische Kultur an.

c) Die Chasaren waren ein Turkvolk, das im 9. Jh. den Kaukasus und die nördlich angrenzenden Steppengebiete beherrschte, darunter auch die Gegend von Kiew, bevor sie von den Warägern besiegt und im 10. Jh. endgültig unterworfen wurden.

d) Das Reich der Rus führte mehrere Kriege gegen Byzanz, dazwischen dienten aber auch immer wieder skandinavische Krieger als Söldner für den oströmischen Kaiser. 987 kam es endgültig zum Bündnis, als Großfürst Wladimir I. (956–1015) eine byzantinische Prinzessin heiratete und sich orthodox taufen ließ. Im 13. Jh. wurde das Reich der Rus von den Mongolen zerstört.

Wie nannte man die politischen Nachfolger von Alexander dem Großen?

- a) Makedonen
- b) Diadochen
- c) Hellenen
- d) Satrapen

a) Die Makedonen waren das Volk, dem auch Alexander (356–323 v. Chr.) angehörte. In der Antike wurden sie von den anderen Griechen als halbe Barbaren angesehen. König Philipp II. (um 382–336 v. Chr.), der Vater Alexanders, legte sich jedoch ein schlagkräftiges Heer zu und unterwarf nach und nach ganz Griechenland.

Die Diadochenreiche

b) Nach Alexanders Tod im Jahr 323 v. Chr. kämpften seine Feldherren um sein Erbe. Die Kriege dieser Diadochen (griech., Nachfolger) zogen sich bis 281 v. Chr. hin. Am Ende entstanden u. a. das Reich des Ptolemäus in Ägypten, das des Antigonos in Makedonien und das des Seleukos im Nahen und Mittleren Osten.

c) „Hellenen" war schon in der Antike die Eigenbezeichnung der Griechen. Als Hellenismus wird eine spezielle, mit orientalischen Elementen gemischte Form der griechischen Kultur bezeichnet, die nach Alexanders Tod auch in den nichtgriechischen Teilen seines Reiches herrschte. Zentren waren Pergamon und Alexandria.

d) Satrapen waren sehr mächtige Provinzverwalter im von Alexander besiegten Perserreich. Die Position der Satrapen war von Dareios I. (549–486 v. Chr.) geschaffen worden.

Wie hieß der Minister, der unter Ludwig XIII. den Absolutismus in Frankreich einführte?

- a) Sully
- b) Richelieu
- c) Mazarin
- d) Colbert

a) Maximilian de Béthune, Herzog von Sully (1560–1641) war entscheidend am ökonomischen Aufschwung Frankreichs unter König Heinrich IV. (1553–1610) beteiligt, indem er die Staatsschulden tilgte, die Infrastruktur ausbaute und die Wirtschaft liberalisierte.

b) Der „Vater des Absolutismus" ist der Kardinal Armand-Jean du Plessis, Herzog von Richelieu (1585–1642), der ab 1624 als erster Minister von König Ludwig XIII. (1601–43) die Politik Frankreichs bestimmte. Innenpolitisch war eine Zentralisierung aller Macht in den Händen des Königs sein Ziel, außenpolitisch die Schwächung des Hauses Habsburg.

c) Der italienische Kardinal Jules Mazarin (1602–61) war Zögling und Nachfolger Richelieus und setzte dessen Werk fort. Er führte den jungen Ludwig XIV. (1638–1715) in die Politik ein. Nach Mazarins Tod verkündete der spätere Sonnenkönig, er werde nun sein eigener leitender Minister sein.

d) Jean-Baptiste Colbert (1619–83) war der Finanzminister Ludwigs XIV., der durch verschiedene Maßnahmen (Produktion von Luxusgütern für den Export in Manufakturen, Nutzung der Rohstoffe aus den Kolonien) die Staatseinnahmen in die Höhe trieb (Merkantilismus).

Welcher Friede beendete den Dreißigjährigen Krieg?

- ◯ a) Augsburger Religionsfriede
- ◯ b) Westfälischer Friede
- ◯ c) Frieden von Hubertusburg
- ◯ d) Frieden von Tilsit

a) Mit dem Augsburger Reichs- und Religionsfrieden vom 25. September 1555 erlaubte Kaiser Karl V. (1500–58) allen Reichsständen (Territorialherren oder freien Reichsstädten) ihre Konfession selbst zu wählen. Damit wurde der protestantische Glaube erstmals anerkannt. Allerdings entschieden die Fürsten für ihre Untertanen (cuius regio, eius religio = wessen Land, dessen Religion).

b) Der am 24. Oktober 1648 in Münster unterzeichnete Westfälische Friede beendete den Dreißigjährigen Krieg. Er regelte einige territoriale Verschiebungen, darunter die Anerkennung der Niederlande und der Schweiz als selbstständige Staaten. Vor allem aber gewährte er Katholiken, Lutheranern und Reformierten im Kaiserreich völlige Religionsfreiheit.

c) Am 15. Februar 1763 beendete ein Friedensschluss im sächsischen Schloss Hubertusburg den Siebenjährigen Krieg zwischen Preußen und Österreich. Österreich musste endgültig auf Schlesien verzichten, das Friedrich II. von Preußen (1712–86) 1740 bis 1742 erobert hatte.

d) Im ostpreußischen Tilsit schlossen am 7. und 9. Juli 1807 Russland und Preußen Frieden mit Napoleon (1769–1821). Russland musste das neu gebildete Herzogtum Warschau anerkennen und Napoleon gegen England unterstützen. Preußen verlor fast die Hälfte seines Territoriums.

Wodurch wurde Zar Nikolaus II. gestürzt?

- ◯ a) durch den Petersburger Blutsonntag
- ◯ b) durch die Februarrevolution
- ◯ c) durch die Oktoberrevolution
- ◯ d) durch die Erschießung in Jekaterinburg

a) Am 22. Januar (nach russischem Kalender: 9. Januar) 1905, dem Petersburger Blutsonntag, wurde in St. Petersburg ein Sternmarsch von über 140.000 Not leidenden Arbeiter zum Zarenpalast durch Schüsse der Armee gestoppt. Dabei kamen einige hundert Menschen um. Dies führte im ganzen Land zu Unruhen, die bis 1907 andauerten.

b) Am 8. März (23. Februar) 1917 verbündeten sich in St. Petersburg hungernde Demonstranten und Soldaten zur Februarrevolution. Ein provisorisches Komitee aus oppositionellen Politikern ließ den Zaren verhaften und gründete eine neue Regierung. Am 15. März dankte Nikolaus II. (1868–1918) ab.

Nikolaus II.

c) Mit der Oktoberrevolution, die am 7. November (25. Oktober) 1917 begann, stürzten die kommunistischen Bolschewiki, angeführt von Lenin (1870–1924), die bürgerliche Regierung, die sich nach der Februarrevolution gebildet hatte. Dies zog einen dreijährigen Bürgerkrieg nach sich.

d) Im Juli 1918 beschloss der bolschewistische Rat der Volkskommissare, Nikolaus II. mit seiner Familie zu erschießen, um eine Befreiung durch die Königstreuen im Bürgerkrieg zu verhindern.

Welches Abkommen ebnete den Weg zu einer palästinensischen Selbstverwaltung?

- ◯ a) UN-Teilungsplan
- ◯ b) Oslo-Friedensabkommen
- ◯ c) Camp-David-Abkommen
- ◯ d) Roadmap

a) Mit dem UN-Teilungsplan (Resolution 181) schlug die UN-Generalversammlung 1947 die Errichtung von zwei Staaten auf dem britischen Mandatsgebiet Palästina vor. Der Plan wurde aber sowohl von den arabischen Staaten als auch den radikaleren jüdischen Organisationen abgelehnt.

Itzhak Rabin

b) 1993 trafen sich Vertreter Israels und der PLO in Oslo. Sie erkannten einander erstmals offiziell an und vereinbarten eine schrittweise Übertragung der palästinensisch bewohnten Gebiete an eine palästinensische Autonomiebehörde. Der Prozess klammerte jedoch heikle Punkte wie den Status Jerusalems aus und geriet nach dem Tod Itzhak Rabins (1922–95) ins Stocken.

c) Im amerikanischen Camp David vermittelte US-Präsident Jimmy Carter (geb. 1924) im Jahr 1977 den Friedensvertrag zwischen Israel und Ägypten. Ein Versuch, dort im Jahr 2000 den Osloprozess wieder in Gang zu bringen, scheiterte.

d) Die Roadmap ist ein Friedensplan für den Nahostkonflikt, den das „Nahost-Quartett" (UNO, USA, EU und Russland) 2002 vorstellte. Er geriet jedoch schon in Stufe 1 ins Stocken.

Welches RAF-Mitglied starb 1993 in Bad Kleinen?

- ◯ a) Ulrike Meinhof
- ◯ b) Holger Meins
- ◯ c) Christian Klar
- ◯ d) Wolfgang Grams

a) Die Journalistin Ulrike Meinhof (1934–76) gründete zusammen mit Andreas Baader (1943–77), Gudrun Ensslin (1940–77) und Horst Mahler (geb. 1936) 1970 die Rote Armee Fraktion, die auch als Baader-Meinhof-Bande bezeichnet wurde. Auf ihr Konto gingen mehrere Sprengstoffanschläge mit Todesopfern. Sie brachte sich in der Haftanstalt Stammheim um.

b) Holger Meins (1941–74) gehörte zur ersten Generation der RAF und wurde 1972 gefasst. Er hungerte sich in der Haft zu Tode, was die RAF weiter radikalisierte. 1975 besetzte ein „Kommando Holger Meins" die deutsche Botschaft in Stockholm, wobei zwei Botschaftsangehörige und zwei Terroristen starben.

c) Christian Klar (geb. 1953) gilt als der Kopf der zweiten Generation der RAF und sitzt seit 1982 in Haft. Ein Gnadengesuch wurde 2007 von Bundespräsident Köhler abgelehnt.

d) Wolfgang Grams (1953–93) und seine Lebensgefährtin Birgit Hogefeld (geb. 1956) gehörten zur dritten Generation der RAF und wurden verdächtigt, für den Sprengstoffanschlag auf das Gefängnis Weiterstadt im März 1993 verantwortlich zu sein. Bei ihrer Festnahme im Juni auf dem Bahnhof von Bad Kleinen starben Grams und ein GSG-9-Beamter unter viel diskutierten und letztendlich nicht zufriedenstellend geklärten Umständen.

Wie hieß der Arbeitgeberpräsident, der 1977 von der RAF ermordet wurde?

- ◯ a) Peter Lorenz
- ◯ b) Siegried Buback
- ◯ c) Hanns Martin Schleyer
- ◯ d) Karsten Rohweder

a) Der Berliner CDU-Politiker Peter Lorenz (1922–87) wurde am 27. Februar 1975 von der „Bewegung 2. Juni" entführt. Gegen die Freilassung von fünf inhaftierten Gesinnungsgenossen der Entführer kam er wieder frei.

b) Generalbundesanwalt Siegfried Buback (1920–77) wurde zusammen mit seinem Fahrer und einem Sicherheitsbeamten von RAF-Angehörigen erschossen. Allerdings tauchten 2007 Zweifel auf, ob die Verurteilten von damals (Klar, Folkerts, Sonnenberg) wirklich die Täter waren.

c) Arbeitgeberpräsident Hanns Martin Schleyer (1915–77) wurde im „Deutschen Herbst" 1977 von der RAF entführt, um inhaftierte Mitglieder frei zu pressen, worauf die Bundesregierung nicht einging. Als wenig später auch die Entführung des Flugzeuges Landshut scheiterte, brachten sich Andreas Baader (1943–77), Gudrun Ensslin (1940–77) und Jan Carl Raspe (1944–77) im Gefängnis Stammheim um. Einen Tag später wurde Schleyer tot aufgefunden.

d) Treuhand-Chef Karsten Rohweder (1991), Deutsche-Bank-Chef Alfred Herrhausen (1989), der Diplomat Gerold von Braunmühl (1986), Siemens-Manager Kurt Beckurts (1986), MTU-Chef Ernst Zimmermann (1985) und Dresdner-Bank-Chef Jürgen Ponto (1977) gelten als weitere RAF-Opfer.

Wer wurde 1967 erschossen?

- ◯ a) John F. Kennedy
- ◯ b) Benno Ohnesorg
- ◯ c) Martin Luther King
- ◯ d) Rudi Dutschke

a) John F. Kennedy (1917–63) wurde 1960 US-Präsident, meisterte die Kubakrise 1962 und begann eine Entspannungspolitik. Am 22. November 1963 wurde er unter bis heute nicht befriedigend geklärten Umständen erschossen.

b) Der Student Benno Ohnesorg (1940–67) wurde am 2. Juni 1967 in Berlin auf einer Demonstration gegen den Besuch des persischen Schahs von einem Polizisten erschossen. Der Todesfall und seine anschließende Behandlung durch Politiker und Medien radikalisierte große Teile der Studentenbewegung.

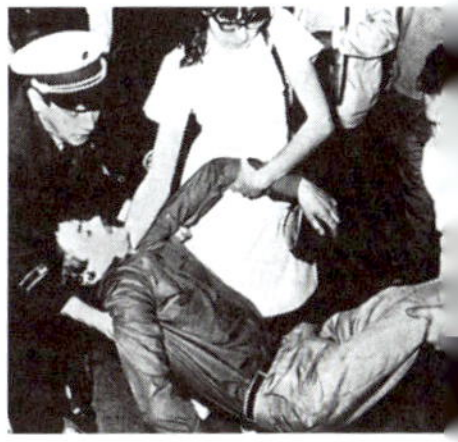

Benno Ohnesorg am 2. Juni 1967

c) Der Baptistenprediger Martin Luther King (1929–68) wurde mit einem Busboykott, den er 1955 in Montgomery organisierte, zum Vorkämpfer der Afroamerikaner. Er erreichte 1964 die Aufhebung der Rassentrennung und erhielt den Friedensnobelpreis. Am 4. April 1968 wurde er erschossen; möglicherweise handelte es sich um einen Auftragsmord.

d) Der deutsche Studentenführer Rudi Dutschke wurde nicht erschossen, sondern am 11. April 1968 durch einen wohl rechtsextremen Einzeltäter lebensgefährlich verletzt. Er ertrank 1979 in Dänemark infolge eines epileptischen Anfalls, der eine Spätfolge des Attentats war.

Für welchen Terroranschlag war die Gruppe Schwarzer September verantwortlich?

- ◯ a) Anschlag auf die Diskothek La Belle
- ◯ b) Lockerbie-Attentat
- ◯ c) Geiselnahme während der Olympischen Spiele in München
- ◯ d) Anschlag auf das Münchner Oktoberfest

a) 1986 kamen bei einem Anschlag auf die bei US-Soldaten beliebte Berliner Diskothek La Belle drei Menschen ums Leben. Zehn Tage später bombardierten die USA Tripolis und Bengasi, da sie die libysche Regierung als Drahtzieher des Anschlags ansahen – was Ermittlungen im Jahr 2004 untermauerten.

b) Als Vergeltung für die Bombardierung von Tripolis sprengten libysche Geheimdienstmitarbeiter 1988 über dem schottischen Lockerbie ein US-Flugzeug, was 270 Menschen das Leben kostete. 1999 lieferte Libyen die Verantwortlichen aus und zahlte hohe Entschädigungen an die Opfer.

c) Schwarzer September war eine palästinensische Terrororganisation, die 1972 während der Olympischen Spiele in München elf israelische Athleten und ihre Betreuer als Geiseln nahm und letztendlich umbrachte.

Mitglied der Terrorgruppe Schwarzer September

d) Bei einem Bombenanschlag auf das Münchner Oktoberfest 1980 starben 13 Menschen, über 200 wurden verletzt. Der Täter, ein Mitglied der neonazistischen Wehrsportgruppe Hoffmann, kam ebenfalls ums Leben.

Welche Region kämpft um ihre Unabhängigkeit von Aserbaidschan?

- ◯ a) Südossetien
- ◯ b) Abchasien
- ◯ c) Transnistrien
- ◯ d) Bergkarabach

a) Südossetien liegt im Norden von Georgien und ist von dem iranischem Volk der Osseten bewohnt. 1990 erklärten sie sich für unabhängig und kämpften mit russischer Unterstützung gegen die georgische Regierung. Seit 1992 herrscht weitgehend Waffenruhe.

b) Abchasien (das antike Kolchis) ist eine Schwarzmeerregion, die sich 1992 von Georgien lossagte, was ebenfalls zu zweijährigen Kämpfen führte. Auch hier herrscht zwar Waffenruhe, die Zukunft der Provinz ist aber ungeklärt. In Adscharien, wo islamische Georgier leben, kam es dagegen 2004 zu einer Wiederannäherung an Georgien.

c) Transnistrien ist der östlich des Dnister liegende und vor allem von Russen und Ukrainern bewohnte Teil Moldawiens. Die Region erklärte sich 1991 für unabhängig, was sie de facto aktuell auch ist. Allerdings wird dieser Status völkerrechtlich nicht anerkannt.

d) Bergkarabach ist eine vorwiegend von Armeniern bewohnte Region in Aserbaidschan. Der Konflikt zwischen beiden Völkern begann schon 1988. Im Krieg wurden Zehntausende von Menschen getötet und bis zu 1 Mio. vertrieben. Seit 1994 herrscht Waffenstillstand und Bergkarabach ist de facto, aber nicht völkerrechtlich selbstständig.

Welchen Titel trugen die Fürsten Österreichs ab 1453?

- a) Graf
- b) Herzog
- c) Erzherzog
- d) Kaiser

a) Der Grafentitel kam im Frankenreich unter den Merowingern auf und bezeichnete den königlichen Verwalter eines bestimmten Gebietes. Karl der Große (748–814) teilte sein Reich systematisch in Gaue auf, die von Gaugrafen verwaltet wurden. Diese Grafenwürde konnten damals auch Sklaven erhalten. Österreich war jedoch ein Grenzgebiet (Mark), das einem Markgrafen unterstand, der mehr Rechte als die Gaugrafen hatte.

b) Die Herzogswürde bekamen die in Österreich regierenden Babenberger 1139 kurzzeitig von Bayern übertragen. Als diese 1156 aus politischen Gründen zurück an die Welfen fiel, wurden die Babenberger zum Ausgleich Herzöge von Österreich.

c) Im 14. Jh. fälschte der österreichische Herzog Rudolf IV. (1339–65) die Urkunde von 1156 (Privilegium minus) und behauptete, Österreich sei damals ein gleicher Rang wie den Kurfürsten und der Titel eines Erzherzogs zugestanden worden. 1453 erkannte sein Großneffe, der Kaiser Friedrich III. (1415–93), die Fälschung an.

d) Die römisch-deutschen Kaiser wurden seit 1438 von den österreichischen Habsburgern mit einer Ausnahme (Karl VII. von Bayern, 1697–1745) gestellt. Als das Kaiserreich 1806 aufgelöst wurde, legten sie sich den Titel Kaiser von Österreich zu.

Welches asiatische Land wurde 2002 unabhängig?

- a) Taiwan
- b) Tibet
- c) Myanmar
- d) Osttimor

a) Der Status von Taiwan ist umstritten. Für die Volksrepublik China ist die Insel eine abtrünnige Provinz. Für die Taiwanesen, die ab 1949 vor den Kommunisten vom Festland flüchteten, ist Taiwan der legitime Rechtsnachfolger der 1912 gegründeten chinesischen Republik. Dies erkennt jedoch die Mehrheit der Staaten nicht an. Taiwan selbst verzichtet darauf, seine Unabhängigkeit zu proklamieren, um die Volksrepublik China nicht zu provozieren.

b) Tibet ist seit 1951 von China besetzt. 1959 kam es zu einem Volksaufstand in Lhasa, der brutal unterdrückt wurde. Prominentester Flüchtling war der amtierende Dalai-Lama (geb. 1935). Die Volksrepublik beruft sich darauf, dass Tibet im 18. und 19. Jh. nominell chinesisches Protektorat war und damit legitimerweise Teil Chinas sei.

c) Das Land erlangte 1948 seine Unabhängigkeit vom britischen Kolonialreich. Doch die seit 1962 amtierende Militärregierung änderte den Namen 1988 von Birma in Myanmar.

Osttimor

d) Der Osten der Insel Timor war bis 1975 portugiesische Provinz, wurde aber sofort nach der Unabhängigkeitserklärung von Indonesien erobert. Nach jahrzehntelangen Unruhen erlangte er 2002 mit UN-Hilfe die Unabhängigkeit.

Welcher bayerische König musste wegen Lola Montez abdanken?

- a) Ludwig I.
- b) Ludwig II.
- c) Otto I.
- d) Ludwig III.

a) Ludwig I. (1786–1868) war vor allem ein großer Förderer von Kunst und Kultur (Universität, Staatsbibliothek, Museen, Feldherrnhalle, Siegestor und Bavaria in München; Walhalla und Befreiungshalle) und regierte zunächst liberal, später aber zunehmend konservativer. 1848 brachte ihn dies und seine Affäre mit der exzentrischen Tänzerin Lola Montez (1818–61) so unter Druck, dass er zugunsten seines Sohnes Maximilian II. (1811–64) abdankte.

Ludwig I.

b) Ludwig II. (1845–86), der Enkel von Ludwig I., widmete sich nahezu ausschließlich der Förderung Richard Wagners (1813–83) und dem Bau seiner Schlösser (Neuschwanstein, Linderhof, Herrenchiemsee) und ruinierte die Staatsfinanzen. Am 9. Juni 1886 wurde er entmündigt und ertrank vier Tage später mit seinem Arzt unter ungeklärten Umständen im Starnberger See.

c) Otto I. (1848–1916), der jüngere Bruder Ludwigs II., war bei dessen Tod schon lange geisteskrank. Statt seiner regierte sein Onkel, der sehr volkstümliche Prinzregent Luitpold (1821–1912).

d) Luitpolds Sohn, Ludwig III. (1845–1921), wurde am 7. November 1918 durch Kurt Eisner (1867–1919) abgesetzt.

In welchen Krieg griffen die USA 1965 ein?

- a) Koreakrieg
- b) Indochinakrieg
- c) Vietnamkrieg
- d) Kambodschakrieg

a) Nach der Befreiung von der japanischen Oberherrschaft 1945 wurde Korea geteilt. 1950 marschierte der nordkoreanische Staatschef Kim Il-Sung (1912–94) in den Süden ein, der daraufhin Hilfe von UN-Truppen unter Führung der USA erhielt. Der Krieg endete 1953 mit einer Bestätigung der Teilung des Landes.

b) 1946 versuchte Frankreich, sein ehemaliges Kolonialgebiet Indochina (Vietnam, Kambodscha, Laos), das im Zweiten Weltkrieg von den Japanern erobert worden war, wiederzugewinnen. 1954 musste es aber die Unabhängigkeit der drei Länder anerkennen.

c) Als Folge des Indochinakriegs war Vietnam in einen kommunistisch regierten Norden und einen diktatorisch regierten Süden geteilt. 1963 brach im Süden ein Bürgerkrieg aus, in dem die Kommunisten die Oberhand gewannen. 1965 griffen die USA zugunsten der nichtkommunistischen Kräfte im Süden ein, zogen sich 1973 wegen Erfolglosigkeit aber zurück. 1975 eroberten die Nordvietnamesen den Süden.

d) Der Vietnamkrieg zog auch Laos und Kambodscha in Mitleidenschaft und führte in Kambodscha erst zu einem Bürgerkrieg und 1975 zur Diktatur der Roten Khmer. Diese wurde 1979 durch eine Besetzung durch Vietnam, die bis 1989 dauerte, beendet.

Welcher Partei gehörte Saddam Hussein an?

- a) El Kaida
- b) Baath
- c) Taliban
- d) Mudschaheddin

a) El Kaida (arab., Basis) ist ein islamistisches Terror-Netzwerk, über dessen Strukturen es wenig sichere Erkenntnisse gibt. Als Führer gilt Osama bin Laden (geb. 1957). Vermutlich ist es für die Anschläge vom 11. September 2001 in den USA sowie für die von Djerba, Bali, Istanbul, Madrid und London verantwortlich.

b) Die Baath-Partei (arab., Wiederauferstehung) wurde 1940 in Damaskus als säkulare Partei für die Einigung Arabiens gegründet. Sie kam 1963 in Syrien und 1968 im Irak an die Macht. Als Saddam Hussein (1937–2006) 1979 irakischer Staats- und Regierungschef wurde, „säuberte" er die Partei.

c) Die Taliban (arab., Studenten) entstanden um 1993 im Rahmen des afghanischen Bürgerkriegs und übernahmen 1996 die Macht. Sie rekrutierten ihren Nachwuchs vor allem in Koranschulen und errichteten ein extrem fundamentalistisches, islamisches Terrorregime, das 2001 von einer internationalen Koalition gestürzt wurde, weil man den Taliban Unterstützung der El Kaida vorwarf.

d) Mudschaheddin bedeutet „diejenigen, die Dschihad betreiben" und ist ein Name, den verschiedene islamistische Guerilla-Kämpfer benutzen. Die bekanntesten Mudschaheddin sind die, die 1979 den Einmarsch der Sowjets in Afghanistan bekämpften.

Welcher israelische Politiker wurde 1995 ermordet?

- a) Menachem Begin
- b) Itzhak Rabin
- c) Ariel Sharon
- d) Mosche Dajan

a) Menachem Begin (1913–92) führte als Mitglied der Untergrundorganisation Irgun in den 1940er-Jahren zahlreiche Anschläge auf Briten und Araber aus. 1977 wurde er als erster Likud-Politiker Ministerpräsident. 1979 schloss er in Camp David Frieden mit Ägypten und erhielt dafür den Nobelpreis.

b) Itzhak Rabin (1922–95) kämpfte während des Zweiten Weltkriegs gegen die Briten, machte danach militärische und ab 1967 politische Karriere. Als er 1993 zum zweiten Mal Ministerpräsident wurde, schloss er das Friedensabkommen von Oslo mit den Palästinensern und erhielt den Friedensnobelpreis. Ein Jahr später wurde er von einem jüdischen Fundamentalisten erschossen.

Ariel Sharon

c) Ariel Sharon (geb. 1928) spielte als hoher Offizier in den israelischen Kriegen eine bedeutende Rolle und war 1982 treibende Kraft für den Einmarsch im Libanon. Später kritisierte er den Oslo-Friedensprozess. Nachdem er 2001 Ministerpräsident geworden war, räumte er aber den Gazastreifen. Seit 2006 liegt er im Koma.

d) Mosche Dajan (1915–81), der Mann mit der schwarzen Augenklappe, war israelischer Generalstabschef. 1979 war er als Außenminister entscheidend am Camp-David-Abkommen beteiligt.

Wann fanden die ersten freien Volkskammerwahlen in der DDR statt?

- a) 7. Dezember 1989
- b) 18. März 1990
- c) 1. Juli 1990
- d) 3. Oktober 1990

a) Am 7. Dezember 1989 trafen sich Vertreter der neuen DDR-Regierung unter Hans Modrow (geb. 1928) zum ersten Mal mit Vertretern der neu entstandenen oppositionellen Gruppen und der Blockparteien am Runden Tisch zu Gesprächen. Am 5. Februar 1990 wurden acht Vertreter der Opposition als Minister ohne Geschäftsbereich in die „Regierung der Nationalen Verantwortung" aufgenommen.

b) Die ersten freien Volkskammerwahlen wurden für den 18. März 1990 angesetzt. Es gewann ein Bündnis von CDU, Deutscher Sozialer Union (DSU) und Demokratischem Aufbruch (DA), das als „Allianz für Deutschland" antrat und die deutsche Wiedervereinigung propagierte.

Deutsche Mark

c) Den Wahlen folgten Vorbereitungen für eine deutsche Wiedervereinigung. Am 1. Juli 1990 trat die Wirtschaft-, Währungs- und Sozialunion in Kraft. Dadurch wurde die D-Mark offizielles Zahlungsmittel der DDR.

d) Am 3. Oktober 1990 wurde mit dem Beitritt der DDR zur Bundesrepublik Deutschland die Wiedervereinigung der beiden deutschen Staaten offiziell vollzogen. Der 3. Oktober wurde als Tag der deutschen Einheit Nationalfeiertag.

Wie nannte man den Machtwechsel 2004 in der Ukraine?

- a) Nelkenrevolution
- b) Orange Revolution
- c) Singende Revolution
- d) Rosenrevolution

a) Mit der Nelkenrevolution wurde am 25. April 1974 die seit 1926 regierende Militärjunta in Portugal gestürzt. Ausgelöst wurde die fast unblutige Revolution durch eine Erhebung von Armeemitgliedern, die sich rote Nelken in die Gewehrläufe steckten.

b) Am 21. November 2004 gewann der ukrainische Premierminister Viktor Janukowytsch (geb. 1950) gegen den Oppositionskandidaten Viktor Juschtschenko (geb. 1954) die Stichwahl für das Präsidentenamt, die laut internationalen Beobachtern allerdings nicht rechtmäßig verlaufen war. Friedliche Massenproteste mit orangefarbenen Fahnen, die Orange Revolution, führten nach fünf Tagen zu einer Annullierung der Wahl.

c) Als Singende Revolution wird die Unabhängigkeitsbewegung der baltischen Staaten Litauen, Lettland und Estland bezeichnet, da dabei das Singen von Volksliedern eine große Rolle spielte. Die drei Länder erklärten sich 1990 für unabhängig, was 1991 anerkannt wurde.

d) Die Rosenrevolution, Massenproteste mit Rosen in den Händen nach einer von internationalen Beobachtern als gefälscht bezeichneten Wahl, zwang 2003 den georgischen Präsidenten und früheren sowjetischen Außenminister Eduard Schewardnadse (geb. 1928) zum Rücktritt. Eine ganz ähnliche „Tulpenrevolution" fand 2005 in Kirgisistan statt.

Wie hieß der ägyptische Präsident von 1954 und 1970?

- a) Anwar as-Sadat
- b) Abd al-Karim Qasim
- c) Gamal Abdel Nasser
- d) Hafiz al-Assad

a) Muhammad Anwar as-Sadat (1918–81) gehörte zu den Offizieren, die 1952 König Faruk I. (1920–65) stürzten, wurde aber erst 1970 Präsident. Er leitete eine Demokratisierung ein und schloss 1979 mit Israel Frieden. Dies brachte ihm den Friedensnobelpreis, kostete ihn aber auch bei einem Attentat das Leben.

b) Der Offizier Abd al-Karim Qasim (1914–63) war einer der führenden Köpfe, die 1958 den irakischen König Faisal II. (1935–58) stürzten. Grund war dessen prowestliche Politik. Abd al-Karim Quasim wurde Premierminister des Irak, aber 1963 von der Baath-Partei entmachtet und hingerichtet.

c) Ägypten war 1922 selbstständig geworden, stand aber nach wie vor unter dem Einfluss der einstigen Kolonialmacht Großbritannien. 1952 wurde König Faruk I. von seinen Generälen Abdel Nasser (1918–70) und Muhammad Nagib (1901–84) gestürzt. Zwei Jahre später bootete Nasser Nagib aus und regierte als autokratischer, aber sehr populärer Präsident.

d) 1958 schloss sich Syrien mit Ägypten zur Vereinten Arabischen Republik unter Nassers Führung zusammen. Dagegen putschten 1961 syrische Offiziere, darunter Hafiz al-Assad (1930–2000). Zwei weitere Putsche machten Assad 1971 zum Präsidenten.

Was fand am 30. September 1989 statt?

- a) erste Öffnung des Eisernen Vorhangs
- b) erste Montagsdemonstration
- c) Ausreiseerlaubnis für die Flüchtlinge in Warschau und Prag
- d) Öffnung der Berliner Mauer

a) Die ungarische Regierung begann bereits im Mai 1989 ihre Grenzanlagen abzubauen. Am 19. August öffnete sie bei Sopron für drei Stunden einen Teil des Eisernen Vorhangs, die Grenze zu Österreich, für ein paneuropäisches Picknick. Dies nutzten rund 600 DDR-Bürger zur Flucht in den Westen.

b) Die erste Montagsdemonstration im Herbst 1989 fand am 4. September im Anschluss an das traditionelle Friedensgebet in der Leipziger Nikolaikirche statt. Zur Massenbewegung mit mehreren hunderttausend Teilnehmern wurden die Demonstrationen Anfang Oktober.

c) Während des Sommers 1989 flüchteten sich Hunderte von DDR-Bürgern in die westdeutschen Botschaften in Warschau und Prag. Am 30. September bekamen sie durch Ex-Bundesaußenminister Hans-Dietrich Genscher (geb. 1927) die Nachricht von ihrer Ausreisegenehmigung überbracht.

Hans-Dietrich Genscher

d) Am Abend des 9. November 1989 sorgte die Ankündigung sofortiger Reisefreiheit durch SED-Funktionär Günter Schabowski (geb. 1929) zu einem Massenansturm und letztendlich zu einer Öffnung der Berliner Grenzübergänge.

Wer schloss sich in der OPEC zusammen?

- ◯ a) arabische Staaten
- ◯ b) islamische Staaten
- ◯ c) erdölexportierende Staaten
- ◯ d) arabische erdölexportierende Staaten

a) Die arabischen Staaten in Nordafrika und im Nahen Osten sind seit 1945 in der Arabischen Liga zusammengeschlossen. Sie dient der Vertretung von arabischen Interessen nach außen sowie der Förderung der Zusammenarbeit zwischen den Mitgliedsstaaten und der Schlichtung interner Konflikte.

b) Seit 1969 sind 57 Länder, in denen der Islam Staatsreligion ist oder eine große Rolle spielt, in der Organisation der Islamischen Konferenz (OIC) zusammengeschlossen. Sie verabschiedete 1990 eine Kairoer Erklärung der Menschenrechte im Islam, in der sie die Allgemeinen Menschenrechte unter den Vorbehalt der Scharia stellte.

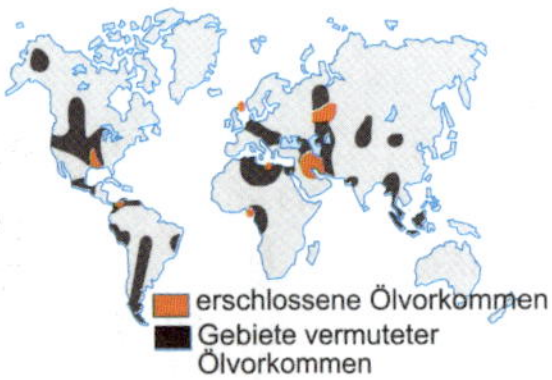

Weltweite Ölvorkommen

c) Die OPEC (Organization of the Petroleum Exporting Countries) wurde 1960 auf Initiative Saudi-Arabiens hin gegründet, um den Ölmarkt zu regulieren. Damals führte ein Überangebot an Öl dazu, dass die exportierenden Staaten kaum noch Profit machten. Der OPEC gehören Länder im Nahen Osten, in Afrika sowie in Indonesien und Venezuela an.

d) Zusätzlich zur OPEC wurde 1968 die OAPEC (Organization of the Petroleum Exporting Arabian Countries) gegründet.

Welchem Militärbündnis gehörte Deutschland 1914 an?

- ◯ a) Dreibund
- ◯ b) Triple Entente
- ◯ c) Achsenmächte
- ◯ d) Alliierte

a) 1879 hatten Deutschland und Österreich-Ungarn mit dem Zweibund ein geheimes Defensiv-Abkommen geschlossen. Die Partner wollten einander beistehen, wenn einer von Russland angriffen würde. 1882 wurde durch den Beitritt Italiens daraus der Dreibund. Italien entschied sich 1915 aber zum Kriegseintritt aufseiten der Entente. Im Ersten Weltkrieg bezeichnete man Deutschland, Österreich, die Türkei und Bulgarien dann als Mittelmächte.

b) 1904 regelten Großbritannien und Frankreich offene politische Streitfragen. Diese Annäherung wurde als Entente Cordiale (franz., herzliches Einverständnis) bezeichnet und nahm mit der Zeit den Charakter eines Bündnisses an. 1907 wurde es durch Russland zur Triple Entente erweitert.

c) 1936 schloss Nazideutschland einen Freundschaftsvertrag mit dem faschistischen Italien, und Mussolini sprach in einer Rede von einer „Achse Berlin-Rom", um die Europa sich drehen werde. Daran anknüpfend bezeichnete man alle Verbündeten Deutschlands im Zweiten Weltkrieg als Achsenmächte.

d) Als Alliierte bezeichneten sich die Gegner Deutschlands im Zweiten Weltkrieg. Nach dem Krieg verstand man unter dem Begriff die vier Besatzungsmächte USA, Sowjetunion, Großbritannien und Frankreich.

Wer war der erste Regierungschef der Sowjetunion?

- a) Stalin
- b) Lenin
- c) Trotzki
- d) Molotow

Welches Bündnis wurde als Erstes gegründet?

- a) Warschauer Pakt
- b) NATO
- c) WEU
- d) Blockfreienbewegung

a) Stalin (Josef Dschugaschwili, 1878–1953) war während des russischen Bürgerkriegs Befehlshaber der Roten Armee und wurde 1922 Generalsekretär der Kommunistischen Partei. Lenin (1870–1924), der ihm misstraute, wollte ihn abwählen lassen, starb aber vorher. In der Folge baute Stalin seine Kompetenzen so aus, dass der KPdSU-Generalsekretär de facto der Staats- und Regierungschef der Sowjetunion wurde.

b) Lenin (Wladimir Iljitsch Uljanow, 1870–1924) war 1903 Parteiführer der russischen Kommunisten geworden, war treibende Kraft der Oktoberrevolution 1917 und wurde danach als Vorsitzender des von ihm eingerichteten Rats der Volkskommissare Regierungschef der Sowjetunion. Unter Stalin verlor das Amt an Bedeutung.

c) Leo Bronstein (1879–1940), genannt Trotzki, war der militärische Anführer der Oktoberrevolution und Gründer der Roten Armee. Danach wurde er Volkskommissar des Äußeren und schloss am 3. März 1918 den Frieden von Brest-Litowsk mit Deutschland. 1929 wurde er von Stalin entmachtet.

d) Wjatscheslaw Skrjabin (1890–1986), genannt Molotow, war von 1930 bis 1941 formal der dritte Regierungschef der Sowjetunion, tatsächlich aber ein absolut ergebener Parteigänger Stalins und während des Zweiten Weltkriegs sein Außenminister.

a) Die Gründung des Warschauer Paktes am 14. Mai des Jahres 1955 war eine direkte Reaktion auf die Aufnahme Westdeutschlands in die NATO. Nach dem Zerfall des Ostblocks wurde der Pakt am 1. Juli 1991 aufgelöst.

b) Der Nordatlantik-Pakt (NATO) zwischen den USA, Kanada und zehn europäischen Staaten wurde am 4. April 1949 geschlossen. Im Wesentlichen enthält er eine Beistandsverpflichtung, wenn ein Mitglied militärisch angegriffen wird. Die NATO hat derzeit 26 Mitglieder.

Warschauer Pakt und Nato

c) Die Westeuropäische Union (WEU) ist ein Beistandsabkommen zwischen 16 europäischen Staaten. Sie wurde am 23. Oktober 1954 gegründet, nachdem Versuche, eine europäische Verteidigungsgemeinschaft mit gemeinsamer Armee zu gründen, gescheitert waren. Gegenüber der NATO spielte die WEU aber kaum eine Rolle. Derzeit wird versucht, sie in die EU zu integrieren.

d) Die Bewegung der blockfreien Staaten wurde 1961 auf Initiative von Jugoslawien, Ägypten, Indien und Indonesien hin gegründet und diente lange Zeit als Sprachrohr der Entwicklungsländer. Heute gehören ihr 118 Staaten an, die sich jedoch kaum noch auf gemeinsame Ziele einigen können.

Wer war seit 1934 Hitlers potenzieller Nachfolger?

- ◯ a) Rudolf Heß
- ◯ b) Heinrich Himmler
- ◯ c) Joseph Goebbels
- ◯ d) Hermann Göring

a) Rudolf Heß (1894–1987) trug seit dem 21. April 1933 den Titel „Stellvertreter des Führers“. Dies bezog sich jedoch nur auf Hitlers Amt als Vorsitzender der NSDAP. Ansonsten war Heß Reichsminister ohne Geschäftsbereich. Nach seinem rätselhaften Flug nach England 1941 ernannte Hitler keinen Stellvertreter mehr.

b) Heinrich Himmler (1900–45) war der Leiter der SS und bekam 1936 die gesamte deutsche Polizei unterstellt, darunter auch die Gestapo. Als „Reichskommissar zur Festigung deutschen Volkstums“ war er ab 1939 maßgeblich an der Vernichtung der europäischen Juden beteiligt.

c) Joseph Goebbels (1897–1945) wurde am 13. März Reichsminister für Volksaufklärung und Propaganda. Kurz vor seinem Selbstmord machte Hitler, der sich von Göring (1893–1946), Himmler und Heß verraten wähnte, ihn jedoch zu seinem Nachfolger, was durch Goebbels eigenen Selbstmord einen Tag später ohne jede Auswirkung blieb.

Hermann Göring

d) Von 1934 bis zum 29. April 1945 war der preußische Ministerpräsident Hermann Göring Hitlers designierter Nachfolger. Dank seiner politischen Ämter hatte Göring bei der Machtergreifung eine bedeutende Rolle gespielt, später wurde er politisch eher ausgebootet.

Wer wählt den Bundespräsidenten?

- ◯ a) Bundesversammlung
- ◯ b) Bürger
- ◯ c) Bundestag
- ◯ d) Bundesregierung

a) Die Bundesversammlung ist ein Gremium, das alle fünf Jahre einzig und allein zu dem Zweck zusammentritt, den Bundespräsidenten zu wählen. Sie besteht zur Hälfte aus den Abgeordneten des Bundestages und zur anderen Hälfte aus Vertretern der 16 Landesparlamente. Die Kontingente der Länderparlamente hängen von der Größe der einzelnen Bundesländer ab und spiegeln in der Zusammensetzung die Stärke der Fraktionen in den Landtagen wider.

b) Die Delegierten der Länder bei der Bundespräsidentenwahl müssen nicht unbedingt Landtagsabgeordnete sein. Viele Landtagsfraktionen schicken deshalb auch gerne Prominente, politisch also ganz normale Bürger, in die Bundesversammlung, die den Kandidaten ihrer Partei unterstützen.

c) Zwar wählt nicht der Bundestag den Bundespräsidenten, aber alle Abgeordneten sind automatisch Mitglieder der Bundesversammlung, die immer genau doppelt so groß ist wie der Bundestag (inkl. Überhangmandate). Außerdem leitet der Bundestagspräsident die Wahl.

d) Formal nehmen die Mitglieder der Bundesregierung nur über ihr Abgeordnetenmandat an der Präsidentenwahl teil, aber wenn die Kräfteverhältnisse in Bund und Ländern nicht völlig unterschiedlich sind, ist meist der Kandidat der Regierungspartei Wahlfavorit.

Welche Partei gründete Jassir Arafat 1959?

- a) Hamas
- b) Hisbollah
- c) Fatah
- d) Volksfront zur Befreiung Palästinas

a) Die palästinensische Organisation Hamas (arab., Eifer) wurde in den 1980er-Jahren von Scheich Ahmed Yassin (1936–2004) gegründet, dem die PLO zu wenig islamistisch und nicht radikal genug war. 2006 gewann die Hamas die Wahlen in den Palästinensergebieten, was 2007 zu einem Bürgerkrieg mit der Fatah führte.

b) Die Hisbollah (arab., Partei Gottes) wurde 1982 während des Bürgerkriegs im Libanon als Miliz der Schiiten gegründet und vom Iran finanziert. Sie verübte erst Terrorakte gegen westliche Einrichtungen. Nach dem Ende des libanesischen Bürgerkriegs 1990 wurden die israelischen Besatzungstruppen im Südlibanon der Hauptgegner.

c) Die Fatah (arab., Eroberung) wurde 1959 von Jassir Arafat (1929–2004) als palästinensische Guerilla-Organisation gegründet. 1968 trat sie in die 1964 gegründete PLO (Palästinensische Befreiungsorganisation) ein; ein Jahr später wurde Arafat PLO-Präsident. In der Folge waren sowohl Fatah wie PLO weitgehend ein Instrument von Arafats Politik.

d) Die marxistische Volksfront zur Befreiung Palästinas (PFLP) ist nach der Fatah die zweitstärkste Gruppe der PLO. Sie entführte in den 1970er-Jahren wiederholt Flugzeuge, darunter auch 1977 die deutsche Maschine Landshut.

Was ist in der BR Dtl. ein parlamentarischer Staatssekretär?

- a) Beamter
- b) Minister
- c) Abgeordneter im Dienste eines Ministers
- d) Schreibkraft im Parlament

a) In jedem Bundesministerium gibt es einen verbeamteten oder politischen Staatssekretär, der als Vertreter des Ministers gilt. Grundsätzlich ist sein Posten unabhängig von der Amtszeit seines vorgesetzten Ministers. Stimmt nach einem Ministerwechsel jedoch das Vertrauensverhältnis nicht, kann er in den einstweiligen Ruhestand versetzt werden.

Hoheitszeichen des deutschen Staates

b) Im deutschen Kaiserreich gab es keine Minister, sondern nur Staatssekretäre an der Spitze der jeweiligen Ressorts wie Äußeres, Inneres, Krieg oder Finanzen. Damit wurde ausgedrückt, dass sie nur Hilfskräfte des Reichskanzlers waren.

c) Jeder Bundesminister hat seit 1969 das Recht, sich ein oder drei persönliche Vertraute unter den Abgeordneten des Bundestags als parlamentarische Staatssekretäre ins Ministerium zu holen. Parlamentarische Staatssekretäre können jederzeit entlassen werden und scheiden mit ihren Ministern automatisch aus dem Amt.

d) Der Bundestag verfügt über einen Stenografischen Dienst, dessen Mitarbeiter von jeder Sitzung öffentlich einsehbare Plenarprotokolle anfertigen.

In welchem Land agierte die Guerilla-Organisation Leuchtender Pfad?

- a) Peru
- b) Kolumbien
- c) Westsahara
- d) Mexiko

a) In Peru führte die maoistische Guerilla-Organisation Leuchtender Pfad seit Anfang der 1980er-Jahre einen äußerst grausamen Kampf. Anfang der 1990er-Jahre wurden die Anführer festgenommen und die Truppen weitgehend entwaffnet.

Peruanisches Hochland

b) In Kolumbien herrscht seit den 1960er-Jahren ein Bürgerkrieg zwischen der Regierung und linksgerichteten Guerilla-Gruppen, vor allem der FARC (Fuerzas Armadas Revolucionarias de Colombia) einerseits und rechten Paramilitärs (AUC, Autodefensas Unidas de Colombia) andererseits. Vermutlich finanzieren sich beide Parteien über Drogengeschäfte.

c) Für die Unabhängigkeit der Westsahara kämpft seit 1973 die POLISARIO (Frente Popular para la Liberación de Saguia el Hamra y Río de Oro). Derzeit kontrolliert sie etwa ein Drittel des Territoriums, während der Rest von Marokko besetzt ist. Seit 1991 herrscht Waffenstillstand.

d) In Mexikos ärmstem Bundesstaat Chiapas kämpfen seit 1994 die Zapatisten (Ejército Zapatista de Liberación Nacional) vor allem für die Belange der indianischen Bevölkerung. Nach einer kurzen militärischen Phase agieren sie heute politisch.

Welcher Geheimdienst heißt Secret Intelligence Service?

- a) der US-amerikanische
- b) der britische
- c) der deutsche
- d) der russische

a) In den USA gibt es 16 Geheimdienstorganisationen. Am bekanntesten sind der Auslandsnachrichtendienst CIA (Central Intelligence Agency) und das Federal Bureau of Investigation (FBI), das für Spionage- und Terrorabwehr zuständig ist. Daneben haben die wichtigen Ministerien und das Militär ihre eigenen Geheimdienste.

b) Der Secret Intelligence Service, auch Secret Service und MI6 genannt, ist der britische Auslandsnachrichtendienst. Daneben gibt es den Inlandsnachrichtendienst MI5 (Security Service) einen militärischen Nachrichtendienst und die Communications Headquarters, die sich mit Nachrichtenbeschaffung befassen.

c) Deutschland hat drei Geheimdienste: den Auslandsdienst BND (Bundesnachrichtendienst), das Bundesamt für Verfassungsschutz, das verfassungsfeindliche Aktivitäten im Inland aufdecken soll, und den militärischen Abschirmdienst. Daneben gibt es noch die Verfassungsschutzbehörden der Bundesländer und Abteilungen bei Militär und Bundespolizei, die geheimdienstlich tätig werden.

d) Aus dem sowjetischen Geheimdienst KGB sind inzwischen der Auslandsnachrichtendienst SWR und der Inlandsdienst FSB hervorgegangen. Daneben gibt es den militärischen Geheimdienst GRU.

Welcher Vertrag gab Deutschland seine volle Souveränität zurück?

- a) Grundlagenvertrag
- b) Einigungsvertrag
- c) Deutschlandvertrag
- d) Zwei-plus-Vier-Vertrag

a) Der Grundlagenvertrag wurde am 21. Dezember 1972 zwischen der Bundesrepublik Deutschland und der Deutschen Demokratischen Republik geschlossen. Darin garantierten sich die beiden Staaten gegenseitig die Unverletzlichkeit der Grenzen und die Nichteinmischung in die inneren Angelegenheiten. Vorangegangen waren ähnliche Verträge zwischen der BR Dtl. und der Sowjetunion bzw. Polen.

b) Der Einigungsvertrag vom 31. August 1990 wurde zwischen der BR Dtl. und der DDR geschlossen und regelte die Modalitäten der Wiedervereinigung zum 3. Oktober desselben Jahres.

c) Der Deutschlandvertrag wurde am 26. Mai 1952 zwischen der BR Dtl. und den westlichen Besatzungsmächten geschlossen, trat aber erst am 5. Mai 1955 in Kraft. Mit diesem Vertrag endete der Besatzungsstatus, und die BR Dtl. bekam ihre Souveränität weitgehend wieder. Die Alliierten behielten sich jedoch einige Sonderrechte vor.

d) In den Zwei-plus-Vier-Gesprächen zwischen dem 5. Mai und dem 12. September 1990 stimmten die vier Siegermächte des Zweiten Weltkriegs einer deutschen Wiedervereinigung zu und verzichteten im *Vertrag über die abschließende Regelung in Bezug auf Deutschland* auf jegliche weitere Mitspracherechte.

Welches UN-Gremium entscheidet über militärische Maßnahmen?

- a) Generalversammlung
- b) Generalsekretär
- c) Internationaler Gerichtshof
- d) Sicherheitsrat

a) Die UN-Generalversammlung, in der jedes Land mit einer Stimme vertreten ist, verabschiedet den Etat der Vereinten Nationen und wählt die Mitglieder für andere UN-Organisationen, wie den Generalsekretär oder die Richter des IGH. Die Versammlung kann auch Vorlagen erarbeiten und Empfehlungen abgeben, aber keine völkerrechtlich bindenden Beschlüsse fällen.

b) Der Generalsekretär der Vereinten Nationen repräsentiert die Vereinten Nationen nach außen, ist aber vor allem Verwaltungschef des UN-Apparates und nicht politischer Entscheidungsträger.

Internationaler Gerichtshof in Den Haag

c) Der Internationale Gerichtshof (IGH) in Den Haag ist für die Rechtsprechung zwischen den UN-Mitgliedern zuständig.

d) Die 15 Mitglieder des UN-Sicherheitsrates haben die Aufgabe, den Weltfrieden und die internationale Sicherheit zu wahren. Um dies durchzusetzen, können sie Maßnahmen wie Verurteilungen, Embargos, Blauhelm-Einsätze oder auch militärische Aktionen beschließen. Die fünf ständigen Mitglieder USA, Russland, China, Großbritannien und Frankreich haben allerdings ein Veto-Recht.

Welches Land erkämpfte 1971 seine Unabhängigkeit von Pakistan?

- a) Afghanistan
- b) Kaschmir
- c) Bangladesch
- d) Sri Lanka

a) Ab 1839 versuchten die Briten, Afghanistan zu erobern, konnten aber nur einen Teil unter ihre Kontrolle bekommen, der heute zu Pakistan gehört. 1919 wurde der heutige Staat Afghanistan gegründet. Bei der Teilung Indiens 1947 konnten die pakistanischen Paschtunen eine Wiederangliederung an Afghanistan nicht durchsetzen.

b) Kaschmir war bei der Teilung Indiens ein Fürstentum, dessen Herrscher sich für den Verbleib bei Indien entschied, obwohl der Großteil seiner Untertanen Muslime waren. 1949 kam es zum ersten Krieg um Kaschmir zwischen Indien und Pakistan, in dem Pakistan ein Drittel der Region eroberte.

Bangladesch

c) Das vorwiegend muslimisch besiedelte Bangladesch (auch Hinterindien oder Bengalen) wurde bei der Teilung Indiens Pakistan zugeschlagen. Als 1971 der Wahlsieg einer bengalischen Partei nicht anerkannt wurde, kam es zum Krieg, den Bangladesch mit indischer Hilfe gewann.

d) Sri Lanka ist im Norden von zumeist hinduistischen Tamilen besiedelt, im Süden von buddhistischen Singhalesen. Nach der Unabhängigkeit 1948 kam es zu wiederholten Bürgerkriegen zwischen den beiden Volksgruppen.

Wer gründete die erste deutsche Arbeiterpartei?

- a) August Bebel
- b) Karl Liebknecht
- c) Karl Marx
- d) Ferdinand Lasalle

a) August Bebel (1840–1913) gründete zusammen mit Wilhelm Liebknecht (1826–1900) 1866 die Sächsische Volkspartei, die für die Demokratisierung Deutschlands eintrat. 1867 wurde Bebel Vorsitzender der Deutschen Arbeitervereine. 1869 gründeten er und Liebknecht aus dem linken Flügel der Volkspartei und Mitgliedern der Arbeitervereine die Sozialdemokratische Arbeiterpartei (SDAP).

b) Karl Liebknecht (1871–1919), der Sohn von Wilhelm Liebknecht, war zunächst Mitglied des linken Flügels der SPD, entfernte sich aber von der Partei, als diese den Ersten Weltkrieg unterstützte (Bewilligung von Kriegskrediten). Er gründete 1916 die Spartakusgruppe, trat 1917 der USPD (Unabhängigen SPD) bei und war 1919 Mitbegründer der KPD.

c) Karl Marx (1818–83) und Friedrich Engels (1820–95) waren an den deutschen Parteigründungen nur insoweit beteiligt, als sie einen starken Einfluss auf Wilhelm Liebknecht ausübten, der zwischen 1850 und 1862 ebenfalls in London im Exil lebte.

d) 1863 gründete der Rechtsanwalt Ferdinand Lassalle (1825–64) den Allgemeinen Deutschen Arbeiterverein (ADAV), starb aber kurz danach bei einem Duell. 1875 wurde der ADAV mit Bebels und Liebknechts SDAP zur Sozialdemokratischen Arbeiterpartei (SDAP) vereinigt.

Welches Ereignis erschütterte 1929 die Weimarer Republik?

- a) Kapp-Putsch
- b) Niederschlagung der Münchner Räterepublik
- c) Inflation
- d) Weltwirtschaftskrise

a) 1920 begann die deutsche Regierung mit der im Versailler Friedensvertrag geforderten Demilitarisierung. Am 12. März marschierten meuternde Truppen nach Berlin und trieben die Regierung in die Flucht. Die Kapp-Putschisten fanden jedoch keine Unterstützung und gaben am 17. März auf.

b) Nach der Ermordung des ersten bayerischen Ministerpräsidenten Kurt Eisner (1867–1919) am 21. Februar 1919 entstand in Bayern am 7. April eine sozialistische Räterepublik. Diese wurde jedoch schon am 2. Mai durch Freikorps und Reichswehrverbände zerschlagen.

c) Im Januar 1923 besetzten die Franzosen das Ruhrgebiet, da Deutschland mit Reparationsleistungen im Verzug war. Die Deutschen antworteten mit einem Generalstreik. Die Finanzierung des Ruhrkampfes führte zu einer galoppierenden Inflation, die erst im November durch eine Beendigung des Ruhrkampfes und die Einführung der Rentenmark gestoppt werden konnte.

d) Der Schwarze Freitag (25. Oktober 1929) und die anschließende Weltwirtschaftskrise trafen die angeschlagene Wirtschaft der Weimarer Republik besonders hart und führten zu einer politischen Radikalisierung, die Adolf Hitler (1889–1945) an die Macht brachte.

Welche multinationale Truppe ist in Afghanistan aktiv?

- a) KFOR
- b) Blauhelme
- c) ISAF
- d) EUFOR

a) Die KFOR (Kosovo Force) ist eine von der NATO geleitete Truppe, die seit 1999 ergänzend zu den UN-Friedenstruppen der UNMIK-Mission (United Nations Interim Administration Mission in Kosovo) für Friedenssicherung und Wiederaufbau im Kosovo zuständig ist.

b) Als Blauhelme werden die Friedenstruppen der Vereinten Nationen bezeichnet. Derzeit gibt es weltweit 19 Missionen, die meist einen Friedensschluss oder Waffenstillstand sichern sollen. Ihr Mandat bekommen sie vom UN-Sicherheitsrat.

Taliban

c) Die International Security Assistance Force (ISAF) ist eine internationale Truppe unter Leitung der NATO, die auf Bitten der afghanischen Regierung und mit Genehmigung des UN-Sicherheitsrates in Afghanistan bei der Durchsetzung demokratischer Strukturen helfen soll. Parallel dazu agieren noch immer die gegen die Taliban kämpfenden US-geführten Streitkräfte der Mission „Enduring Freedom" im Land.

d) Die EUFOR ist eine multinationale Truppe der EU, die an der Überwachung der Friedensschlüsse in Mazedonien und Bosnien-Herzegowina sowie bei der Absicherung der Wahlen in der Demokratischen Republik Kongo 2006 beteiligt war.

Wie nannte man Handwerkergilden im Mittelalter?

- a) Hanse
- b) Zünfte
- c) Hütte
- d) Freisassen

a) Die Hanse war ein Zusammenschluss von Kaufleuten, der sich im 14. Jh. zu einem Bund von Handelsstädten weiter entwickelte. Die Hanse kannte keine feste Mitgliedschaft, beherrschte aber im 14. und 15. Jh. den Ostseehandel und gewann sogar Kriege gegen Dänemark.

Hamburger Hanse, mittelalterliche Buchmalerei

b) Im frühen Mittelalter waren Handwerkerzusammenschlüsse oftmals verboten. Die erste Zunft, die sich durchsetzte, war wohl die der Weber 1099 in Mainz. In der Folge taten sich überall die Handwerksgewerke zusammen. Die Zünfte regelten den Wettbewerb untereinander, die Qualität der Produkte, die Ausbildung und teils sogar das Privatleben der Mitglieder. Mit der Zeit entstand ein Zunftzwang. Der Begriff Gilde wurde sowohl für Zünfte als auch für Kaufmanns- oder Künstlervereinigungen benutzt.

c) Die Hütten waren die Zusammenschlüsse der Bauhandwerker. Diese Hütten hatten eigene interne Regeln und gaben Berufsgeheimnisse nur untereinander weiter. Aus diesem Hüttenwesen entstand die Freimaurerei mit ihren Logen (engl. lodge = Hütte).

d) Freisassen waren Bauern, die keinem Herrn Frondienste oder Abgaben schuldeten.

Welcher Politiker der Weimarer Republik erhielt den Friedensnobelpreis?

- a) Walter Rathenau
- b) Matthias Erzberger
- c) Gustav Stresemann
- d) Heinrich Brüning

a) Walther Rathenau (1867–1922) war zunächst in der von seinem Vater gegründeten AEG tätig. 1921 wurde er Minister für den Wiederaufbau, 1922 Außenminister. Im gleichen Jahr wurde er von rechten Freikorpsleuten ermordet.

b) Matthias Erzberger (1875–1921) unterzeichnete am 11. November 1918 das Waffenstillstandsabkommen in Compiègne. Obwohl er auf Anweisung der Obersten Heeresleitung handelte, galt Erzberger den Rechten in Folge als der „Erfüllungspolitiker" schlechthin. 1921 ermordeten sie ihn.

c) Gustav Stresemann (1878–1929) wurde 1923 Reichskanzler und beendete die Inflation. Danach überwand er als Außenminister die politische Isolation Deutschlands und erreichte die Aufnahme in den Völkerbund. 1926 wurden er und sein französischer Kollege Aristide Briand (1862–1932) dafür mit dem Friedensnobelpreis ausgezeichnet.

d) Die Kanzlerschaft Heinrich Brünings (1885–1970) von 1930 bis 1932 steht für die chaotische Spätphase der Weimarer Republik, in der die Folgen der Weltwirtschaftskrise und die zunehmende Radikalisierung maßgeblich die Politik bestimmten. Brüning erreichte ein Ende der Reparationszahlungen, was allerdings nur noch Hitler nützte.

Wen überfielen die Deutschen im Zweiten Weltkrieg nach den Polen?

- a) Frankreich
- b) das tschechische Sudetenland
- c) Dänemark und Norwegen
- d) Russland

a) Die deutschen Militärs arbeiteten auf Anweisung Hitlers noch im September 1939 einen Angriffsplan auf Frankreich aus, setzten ihn jedoch erst am 10. Mai 1940 mit einem Einmarsch in die Beneluxländer in die Tat um. Am 17. Juni kapitulierte Frankreich. Ihrerseits hatten Frankreich und Großbritannien Deutschland zwar zwei Tage nach dem Überfall auf Polen den Krieg erklärt, dem jedoch keinen Angriff folgen lassen.

b) Im Münchner Abkommen vom 29. September 1938 hatten Großbritannien und Frankreich Hitlers Eroberung des tschechischen Sudetenlandes akzeptiert. Im März besetzte Deutschland dann auch noch den Rest Tschechiens, während sich die Slowakei für unabhängig erklärte und ein Bündnis mit Hitler-Deutschland einging.

c) Am 9. und 10. April 1940 nahm Hitler handstreichartig Dänemark und Norwegen ein. Dabei ging es ihm vor allem um die norwegische Hafenstadt Narvik: Hier wurde das schwedische Eisenerz verschifft, auf das die deutsche Rüstung dringend angewiesen war.

d) Bevor er den Zweiten Weltkrieg am 1. September 1939 mit dem Überfall auf Polen eröffnete, hatte Hitler am 24. August mit Russland einen Nicht-Angriffs-Pakt geschlossen. Diesen brach er erst am 22. Juni 1941.

Wodurch kann das Parlament den Bundeskanzler absetzen?

- a) Vertrauensfrage
- b) Konstruktives Misstrauensvotum
- c) Entlassung
- d) Untersuchungsausschuss

a) Die Vertrauensfrage stellt nicht das Parlament dem Kanzler, sondern der Kanzler dem Parlament. Verweigert der Bundestag ihm das Vertrauen, dann kann er den Bundespräsidenten bitten, das Parlament aufzulösen und Neuwahlen anzusetzen. Die Vertrauensfrage kann mit einer Abstimmung in einer Sachfrage gekoppelt sein.

b) Der Bundestag kann den Kanzler absetzen, indem er ihm mehrheitlich das Misstrauen ausspricht und gleichzeitig einen Nachfolger wählt.

Rainer Barzel gratuliert Willy Brandt 1972 nach dem gescheiterten Misstrauensvotum

c) Sowohl der Bundeskanzler wie die Minister werden nur vom Bundespräsidenten ernannt und entlassen. Wird ein Kanzler aber durch ein Misstrauensvotum vom Bundestag gestürzt, dann muss der Bundespräsident ihn entlassen.

d) Das Parlament hat die Möglichkeit, Angelegenheiten von öffentlichem Interesse, vor allem Missstände in der Regierung, in einem Ausschuss zu untersuchen. Dieser wird eingerichtet, wenn mindestens ein Viertel der Abgeordneten es verlangt. Am Ende werden die Ergebnisse veröffentlicht. Der Ausschuss kann jedoch nicht über strafrechtliche oder politische Konsequenzen bestimmen.

Zu welcher Staatsgewalt gehört der Bundestag?

- a) Legislative
- b) Exekutive
- c) Judikative
- d) vierte Gewalt

a) Der Bundestag bildet die Legislative, die gesetzgebende Gewalt, da er teils alleine, teils zusammen mit dem Bundesrat über die Gesetzesvorlagen der Regierung zu entscheiden hat. Darüber hinaus wählt er den Bundeskanzler, wirkt bei der Wahl von Bundespräsident und Bundesrichtern mit, beschließt den Haushalt, genehmigt internationale Verträge und kontrolliert den Einsatz der Bundeswehr.

Kuppel des Reichstags

b) Die Exekutive, die ausführende Gewalt, besteht aus der Regierung und der öffentlichen Verwaltung (u. a. Finanzamt oder Polizei), die die bestehenden Gesetze umzusetzen haben. Darüber hinaus erarbeitet die Regierung aber auch die Vorlagen, die sie vom Parlament genehmigt bekommen möchte.

c) Unter der Judikative, der Recht sprechenden Gewalt, versteht man das gesamte Rechtssystem mit dem Bundesverfassungsgericht an der Spitze, die von der Politik unabhängig sein soll.

d) „Vierte Gewalt" ist ein umgangssprachlicher Begriff für Institutionen, die kein offizielles politisches Amt haben, aber trotzdem die Politik massiv beeinflussen. In der Regel sind damit entweder die Medien oder die von ihnen beeinflusste öffentliche Meinung gemeint.

Welchem Land wurde zu Beginn des Ersten Weltkriegs als Erstem der Krieg erklärt?

- a) Russland
- b) Österreich-Ungarn
- c) Serbien
- d) Belgien

a) Russland wurde am 1. August 1914 von Deutschland der Krieg erklärt. Der Grund: Angesichts der sich zuspitzenden Ereignisse hatte Russland am 30. Juli die Generalmobilmachung befohlen. Deutschlands einziger Kriegsplan, der Schlieffen-Plan, sah aber vor, zu Beginn der russischen Generalmobilmachung sofort den Krieg gegen Russland und Frankreich (dem am 2. August der Krieg erklärt wurde) zu beginnen.

b) Österreich-Ungarn interpretierte das Attentat von Sarajewo, dem am 28. Juni 1914 Thronfolger Franz Ferdinand (1863–1914) zum Opfer fiel, als Angriff auf seine Souveränität und machte die serbische Regierung dafür verantwortlich.

c) Am 23. Juli 1914 stellte Österreich-Ungarn der serbischen Regierung mit deutscher Rückendeckung ein bewusst unannehmbar formuliertes Ultimatum. Obwohl Serbien nur eine Untersuchung des Attentats durch österreichische Organe auf serbischem Boden verweigert, erklärte Österreich Serbien am 28. Juli den Krieg.

d) Am 2. August 1914 forderte Deutschland von Belgien per Ultimatum, seinen Truppen den Durchmarsch zu gewähren. Als Belgien dies ablehnte, wurde es von den Deutschen besetzt. Dies führte am 4. August zum Kriegseintritt Englands.

In welchen Krieg griffen Großbritannien und Frankreich 1854 ein?

- a) russisch-österreichischer Türkenkrieg
- b) griechischer Unabhängigkeitskrieg
- c) Krimkrieg
- d) belgischer Unabhängigkeitskrieg

a) 1787 beschlossen Russland und Österreich die Vernichtung des Osmanischen Reiches und die Aufteilung des Balkans. England, Schweden und Preußen wollten diesen Machtzuwachs der beiden anderen Großmächte aber verhindern und übten Druck auf Österreich aus, das 1790 aus dem Bündnis mit Russland ausscherte und damit den Krieg beendete.

b) Der Unabhängigkeitskampf der Griechen gegen die osmanische Herrschaft von 1821 bis 1829 wurde von Großbritannien, Frankreich und Russland unterstützt, aber auch politisch gesteuert. 1832 wurde Otto von Wittelsbach (1815–67) griechischer König.

c) 1853 provozierte Russland einen Angriff der Türken. England und Frankreich kamen diesen zur Hilfe, um eine russische Machtausdehnung zu verhindern. Dieser Krimkrieg gilt als erster Stellungskrieg mit moderner Kriegstechnik und forderte 500.000 Opfer, von denen die meisten an Krankheiten und mangelnder Hygiene starben. Er endete 1856 mit einer russischen Garantieerklärung für den Bestand der Türkei.

d) Die Belgier erkämpften ihre Unabhängigkeit 1830/31 von den Niederlanden und wurden dabei von Frankreich unterstützt.

Welchen Seeweg fand Vasco da Gama?

- a) um das Kap der Guten Hoffnung
- b) nach Indien
- c) um die Welt
- d) nach Australien

a) Die portugiesischen Seefahrer erforschten im 15. Jh. die Westküste Afrikas. Um die Jahreswende 1487/88 gelang es dann dem Kapitän Bartolomeo Diaz (um 1450–1500) zum ersten Mal, das Kap der Guten Hoffnung an der Südspitze Afrikas zu umfahren. Allerdings musste er bald danach umkehren, da seine Mannschaft an Skorbut erkrankt war.

Die Reiseroute von Vasco da Gama

b) 1497 – Kolumbus glaubte inzwischen, „Indien" für Spanien auf dem Westweg gefunden zu haben – brach der Portugiese Vasco da Gama (um 1469–1524) auf und erreichte auf den Spuren von Diaz Südindien. Ab 1500 schickten die Portugiesen jährlich eine Expedition, die vor allem die enorm wertvollen Gewürze nach Europa brachte.

c) Als erster Weltumsegler gilt der Portugiese Ferdinand Magellan (1480–1521). Da er aber auf dieser Expedition (1519–22) starb, gebührt diese Ehre genau genommen seiner überlebenden Crew.

d) Vermutlich landete der erste Europäer auf Australien im Jahr 1606. Die Südsee galt den ersten Entdeckern aber als uninteressant. Erst der Brite James Cook (1728–79) erforschte sie und nahm Australien für sein Land in Besitz.

Welcher US-Präsident musste wegen der Watergate-Affäre zurücktreten?

- a) Lyndon B. Johnson
- b) Richard Nixon
- c) Henry Kissinger
- d) Jimmy Carter

a) Lyndon B. Johnson (1908–73) wurde 1963 Kennedys Nachfolger. Er begann den Vietnamkrieg, was dazu führte, dass nicht mehr genug Mittel für geplante Sozialreformen zur Verfügung standen.

b) Richard Nixon (1913–94) wurde 1968 Präsident, beendete den Vietnamkrieg und bemühte sich um Entspannung mit dem Osten. 1972 wurden Mitarbeiter des Präsidenten beim Verwanzen des Hauptquartiers der Demokratischen Partei im Watergate-Gebäude festgenommen. Journalistische Recherchen ergaben weitere Skandale, die Nixon 1974 zum Rücktritt zwangen.

Richard Nixon

c) Henry Kissinger (geb. 1923) war kein Präsident, sondern Außenminister unter Nixon und seinem Nachfolger Gerald Ford (1913–2006). Er bemühte sich um eine Entspannung mit China, der UdSSR und Vietnam, unterstützte aber auch südamerikanische Diktatoren.

d) Der Demokrat Jimmy Carter (geb. 1924) wurde 1977 Präsident, verlor aber 1981 die Wiederwahl wegen seiner unglücklichen Außenpolitik, vor allem der Geiselnahme in der US-Botschaft in Teheran, die er nicht beenden konnte. 2002 bekam er aber den Friedensnobelpreis für Vermittlung in diversen Krisen.

Welches Land griffen die Japaner 1941 an?

- a) Korea
- b) Russland
- c) China
- d) USA

a) Nach der erzwungenen Öffnung Japans für die Westmächte 1858 begannen die Japaner ihrerseits, die Öffnung Koreas für den Handel mit Japan zu erzwingen und den chinesischen Einfluss dort zurückzudrängen. 1905 übernahm Japan ein Protektorat über Korea, fünf Jahre später machte es das Land zur japanischen Kolonie.

b) 1904 griffen die Japaner den russischen Hafen Port Arthur an, da Russland Teile der chinesischen Mandschurei erobert hatte. 1905 endete der Krieg mit einer Niederlage Russlands. Es musste Teile der Halbinsel Sachalin an Japan abtreten und die Mandschurei an China zurückgeben.

c) Nach dem Krieg gegen Russland hatte sich Japan einen starken Einfluss in der Mandschurei zusichern lassen. 1932 nutzten die Japaner einen Zwischenfall, um Teile der Mandschurei zu annektieren und dort den Marionettenstaat Mandschukuo zu etablieren. 1937 führte ein weiterer Zwischenfall zum Angriff auf China. Bis 1940 eroberte Japan den Nordosten Chinas, u. a. Peking und Shanghai.

d) 1941 verhängten die USA ein Ölembargo über Japan. Diese griffen daraufhin am 7. Dezember den amerikanischen Hafen Pearl Harbour auf Hawaii an und zerstörten die US-Pazifikflotte. Dies führte zum Eintritt der USA in den Zweiten Weltkrieg.

Wer rief 1918 die Weimarer Republik aus?

- a) Max von Baden
- b) Philipp Scheidemann
- c) Friedrich Ebert
- d) Karl Liebknecht

a) Der liberale Prinz Max von Baden (1867–1929) wurde am 3. Oktober 1918 deutscher Kanzler, da ein unbelasteter Politiker die Waffenstillstandsverhandlungen mit den Ententemächten führen sollte. Als die Novemberunruhen losbrachen, erklärte er eigenmächtig die Abdankung des Kaisers und übergab die Regierungsgeschäfte an Friedrich Ebert (1871–1925), den Führer der stärksten Partei.

b) Kurz nachdem Max von Baden am 9. November 1918 die Abdankung des Kaisers erklärt hatte, proklamierte sein Staatssekretär, der Sozialdemokrat Philipp Scheidemann (1865–1939), die Republik, deren erster Kanzler er wurde. Im Juni 1919 trat er aus Protest gegen den Versailler Vertrag zurück.

c) Der SPD-Führer Friedrich Ebert (1871–1925) sorgte als provisorischer Kanzler für die Ansetzung von Wahlen im Januar 1919, setzte aber auch Reichswehr und Freikorps ein, um radikale Kräfte zu bekämpfen. Von 1919 bis 1925 war er Reichspräsident.

d) Der Kommunistenführer Karl Liebknecht (1871–1919) rief am 9. November 1918 wenige Stunden nach Scheidemann die sozialistische Republik aus. Anschließend versuchte er die Regierung Ebert zu stürzen und wurde am 15. Januar 1919 zusammen mit Rosa Luxemburg (1870–1919) von Freikorpseinheiten ermordet.

Wer versuchte 1939 in München Hitler umzubringen?

- a) Claus Stauffenberg
- b) Weiße Rose
- c) Rote Kapelle
- d) Georg Elser

a) Claus Stauffenberg (1907–44) gehörte zu einer Gruppe von Offizieren, die am 20. Juni 1944 die Ermordung Hitlers und einen Umsturz planten. Hitler überlebte das Attentat jedoch, die Widerstandsgruppe flog auf und über 200 Mitglieder wurden hingerichtet, darunter auch James Moltke (1907–45), der Initiator des Kreisauer Kreises, und Abwehrchef Wilhelm Canaris (1887–1945).

Claus Stauffenberg

b) Die Weiße Rose um die Geschwister Hans (1918–43) und Sophie Scholl (1921–43) rief in Flugblättern zum Widerstand auf. Sechs der Jugendlichen wurden hingerichtet.

c) Die Rote Kapelle war eine 150 Personen starke Widerstandsgruppe um die Familien Schulze-Boysen und Harnack in Berlin. Sie halfen Juden bei der Flucht, verteilten Flugblätter und versuchten, in Funkkontakt mit der Sowjetunion zu treten. Dies führte im Juli 1942 zur Enttarnung und zu zahlreichen Todesurteilen.

d) Der Schreiner Georg Elser (1903–45) versuchte am 8. November 1939, Adolf Hitler mit einer selbstgebauten Bombe während einer Rede im Münchner Bürgerbräukeller zu töten. Hitler verließ den Saal jedoch 13 Minuten vor der Explosion. Elsner wurde in Dachau erschossen.

Wie hieß der erste deutsche Bundespräsident?

- a) Heinrich Lübke
- b) Gustav Heinemann
- c) Walter Scheel
- d) Theodor Heuss

a) Der studierte Landwirt, Landwirtschaftsminister und CDU-Politiker Heinrich Lübke (1894–1972) war von 1959 bis 1969 zweiter Bundespräsident. Gegen Ende seiner Amtszeit leistete er sich viele kabarettistisch ausgewertete diplomatische Schnitzer, war allerdings bereits krank.

b) Der Jurist Gustav Heinemann (1899–1976) war während der Nazizeit Mitglied des kirchlichen Widerstands, gehörte nach dem Krieg der evangelischen Kirchenführung an und wurde 1949 Bundesinnenminister. 1952 wechselte er wegen der Wiederbewaffnung von der CDU zur SPD und wurde Bundesjustizminister. 1969 wurde er für fünf Jahre Bundespräsident.

c) Der liberale Politiker Walter Scheel (geb. 1919) wurde 1961 Minister für wirtschaftliche Zusammenarbeit, 1969 Außenminister und war während seiner Zeit als Bundespräsident (1979–84) für seine Sangesfreude bekannt.

d) Theodor Heuss (1884–1963) war während der Weimarer Republik liberaler Politiker und während der Nazi-Zeit Journalist. Nach dem Krieg war er Professor für Geschichte und baden-württembergischer Kultusminister. Von 1949 bis 1959 hatte er das Amt des Bundespräsidenten inne.

Theodor Heuss, links, mit Heinrich Lübke, rechts

In welche politische Affäre war Franz Josef Strauß verwickelt?

- a) Spiegel-Affäre
- b) Guillaume-Affäre
- c) Flick-Parteispenden-Affäre
- d) Barschel-Affäre

a) Nach einem kritischen Artikel über die Bundeswehr ließ der damalige Bundesverteidigungsminister und spätere bayerische Ministerpräsident Franz Josef Strauß (1915–88) die Redaktion des Magazins *Spiegel* durchsuchen und Redakteure wegen Landesverrats verhaften. Er musste daraufhin zurücktreten.

b) 1974 wurde der persönliche Referent von Bundeskanzler Willy Brandt (1913–92) Günter Guillaume (1927–95) als DDR-Spion enttarnt, worauf Brandt unter dem Druck seiner Partei und des Koalitionspartner FDP zurücktrat.

c) 1981 wurden hohe Spenden des Flick-Konzerns an Politiker bekannt, darunter auch an Wirtschaftsminister Hans Friderichs (geb. 1931) und seinen Nachfolger Otto Graf Lambsdorff (geb. 1926), die eine milliardenschwere Geldanlage des Konzerns von der Steuer befreit hatten. Sie wurden deshalb wegen Beihilfe zur Steuerhinterziehung verurteilt.

d) Einen Tag vor der Landtagswahl 1987 in Schleswig-Holstein wurde bekannt, dass Ministerpräsident Uwe Barschel (1944–87) seinen Rivalen Björn Engholm (geb. 1939) hatte bespitzeln lassen. Barschel musste zurücktreten und starb wenig später in einer Hotelbadewanne in Genf, vermutlich durch Selbstmord.

Was wurde Napoleon am 18. Brumaire VIII (9. November 1799)?

- a) Mitglied des Direktoriums
- b) General
- c) Konsul der französischen Republik
- d) Kaiser von Frankreich

a) Nach dem Sturz von Robespierre (1758–94) schuf die revolutionäre französische Nationalversammlung ein neues Exekutivorgan, das fünfköpfige Direktorium. Mächtigster Mann war Paul de Barras (1755–1828), der Napoleon protegierte.

b) Napoleon (1769–1821) kam als Zehnjähriger auf eine Kadettenschule, wurde 1785 Offizier, 1794 General und militärischer Berater von Paul de Barras, dessen Geliebte Josephine de Beauharnais (1763–1814) er heiratete. 1796 bekam er den Oberbefehl über die Italienarmee und entschied den Krieg gegen halb Europa zugunsten Frankreichs.

c) 1799 kehrte Napoleon eigenmächtig von einem sinnlosen Einsatz in Ägypten zurück und beteiligte sich an einem Putsch der beiden Direktoren Joseph Sieyès (1748–1836) und Roger Ducos (1754–1816). Am 18. Brumaire (9. November) ersetzten sie das Direktorium durch ein dreiköpfiges Konsulat. Doch schon am 25. Dezember setzte Napoleon durch, dass er für zehn Jahre Erster Konsul der französischen Republik sein werde.

d) Am 2. Dezember 1804 krönte sich Napoleon, der inzwischen unangefochtener Herrscher Frankreichs war, selbst zum Kaiser.

Welcher schwedische Diplomat rettete Zehntausende von Juden?

- a) Raoul Wallenberg
- b) Oskar Schindler
- c) Varian Fry
- d) Georg Ferdinand Duckwitz

a) Der Schwede Raoul Wallenberg (1912–nach 1947) rettete möglicherweise fast hunderttausend ungarischen Juden das Leben, indem er ihnen selbst erfundene schwedische Schutzpässe ausstellte. Nach dem Krieg wurde er in die Sowjetunion verschleppt und dort gefangen gehalten.

Raoul Wallenberg

b) Oskar Schindler (1908–74) war ein deutscher Industrieller, der rund 1200 Juden rettete, indem er sie in seiner Emailwaren-Fabrik anstellte und auch Kinder, Alte und Akademiker als „kriegswichtige" Arbeiter ausgab.

c) Varian Fry (1907–67) war ein amerikanischer Journalist, der im Auftrag der US-Regierung 2200 Personen aus dem besetzten Frankreich über die Pyrenäen schmuggelte, von wo aus sie in die USA emigrieren konnten. Darunter waren Heinrich Mann, Hannah Arendt, Marc Chagall und Lion Feuchtwanger.

d) Georg Ferdinand Duckwitz (1904–73) war ein deutscher Diplomat, der der jüdischen Gemeinde in Dänemark deutsche Deportationspläne verriet und in Schweden um Aufnahme der Flüchtlinge ersuchte. So konnte die dänische Bevölkerung 7000 der 8000 dänischen Juden retten.

Welche NS-Aktion richtete sich gegen andere Nazis?

- a) Reichstagsbrand
- b) Bücherverbrennung
- c) Nacht der langen Messer
- d) Reichspogromnacht

a) Den Brand des Berliner Reichstags am 27. Februar 1933 legte vermutlich ein verwirrter Einzeltäter. Hitler nutzte das aus, indem er wesentliche Grundrechte außer Kraft setzte und mit der Verfolgung seiner politischen Gegner begann.

b) Die Bücherverbrennung vom 10. Mai 1933 organisierte die nationalsozialistische Deutsche Studentenschaft als „Aktion wider den undeutschen Geist".

c) In der Nacht der langen Messer zwischen dem 30. Juni und dem 2. Juli 1934 ließ Hitler rund 200 Personen festnehmen und ermorden, darunter die unbequem gewordene SA-Führung um Ernst Röhm (1887–1934), seinen langjährigen Weggefährten Gregor Strasser (1892–1934) und den ehemaligen Reichskanzler Kurt von Schleicher (1882–1934). Er behauptete, er sei damit einem Putsch Röhms zuvorgekommen.

Ernst Röhm

d) In der Reichspogromnacht vom 9. November 1938 (früher auch „Reichskristallnacht") zerstörten in Zivil gekleidete SA- und SS-Leute zahlreiche jüdische Geschäfte, brannten fast alle Synagogen nieder und ermordeten etwa 400 Menschen. In der Folge kam es zu einer groß angelegten Enteignung der deutschen Juden.

Wer veranstaltet die Weltwirtschaftsgipfel?

- a) G8
- b) Welthandelsorganisation WTO
- c) Weltbank
- d) Weltwirtschaftsforum

a) Die Gipfel wurden 1975 als jährliches Treffen der Staatsoberhäupter von Deutschland, Frankreich, Italien, Japan, Großbritannien und den USA ins Leben gerufen, um weltwirtschaftliche Probleme zu diskutieren. Inzwischen sind auch Kanada und Russland Mitglied, und es wird meist von G8-Gipfel anstatt von Weltwirtschaftsgipfel gesprochen.

b) Unter dem Dach der Welthandelsorganisation WTO, der 150 Länder angehören, werden internationale Wirtschaftsvereinbarungen wie der Abbau von Zöllen (GATT) ausgehandelt. Das höchste Entscheidungsorgan ist die Konferenz der Wirtschaftsminister der Mitgliedsländer, die alle zwei Jahre tagt.

c) Die Weltbank und der Internationale Währungsfonds (IWF) sind Institutionen der UNO, die die wirtschaftliche Entwicklung ärmerer Länder unterstützen sollen bzw. die internationale Währungspolitik fördern und überwachen. Obwohl ihre Methoden umstritten sind, stehen die jährlichen Herbsttreffen der Wirtschaftsminister der Mitgliedsländer nicht so im Rampenlicht der Kritiker wie WTO- und G8-Gipfel.

d) Das Weltwirtschaftsforum ist eine private Stiftung, die jährlich im Januar in Davos ein Treffen von Wirtschaftsführern und Politikern organisiert.

Wofür kämpft Attac?

- a) Tierrechte
- b) Menschenrechte
- c) Umweltschutz
- d) gegen die Globalisierung

a) Tierrechtsorganisationen wollen Tiere nicht nur schützen, sondern vertreten die Meinung, dass auch Tiere Rechte, vor allem ein Recht auf Leben haben. Die weltweit größte derartige Organisation ist PETA (People for the Ethical Treatment of Animals). Ihre Kampagnen (z. B. Holocaust-Vergleiche) sind allerdings umstritten.

b) Menschenrechtsorganisationen setzen sich gegen die Verletzung von Menschenrechten ein. Die größte ist Amnesty International, die 1961 gegründet wurde und vor allem Aktionen für die Freilassung von gewaltlosen politischen Gefangenen weltweit durchführt.

c) Umweltschutzorganisationen setzen sich für ökologische Belange ein. Im Gegensatz zum klassischen Naturschutz, der vor allem Tier- und Pflanzenarten sowie Landschaften bewahren will, spielen alle vom Menschen gemachten Veränderungen mit möglicherweise negativen Konsequenzen eine Rolle. Am bekanntesten ist wohl das 1971 gegründete Greenpeace.

d) Attac (Association pour une Taxation des Transactions pour l'Aide aux Citoyens) wurde 1998 als Initiative gegen die unkontrollierbar werdenden internationalen Finanzmärkte gegründet und ist inzwischen die wahrscheinlich bekannteste Gruppierung von Globalisierungsgegnern, wobei hier mit Globalisierung das weltweite, unsoziale Agieren des Großkapitals gemeint ist.

Welches Dokument garantierte dem englischen Adel grundlegende Rechte gegenüber der Krone?

- a) Magna Charta
- b) Habeas-corpus-Akte
- c) Bill of Rights
- d) Virginia Declaration of Rights

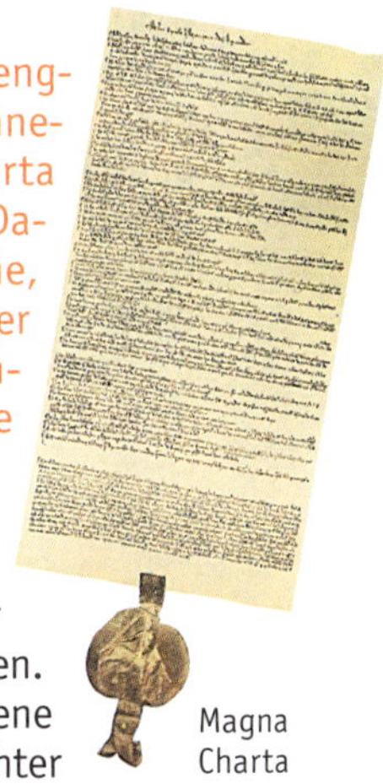
Magna Charta

a) 1215 zwangen aufständische englische Adelige König Johann Ohneland (1167–1216) die Magna Charta Libertatum zu unterzeichnen. Darin wurden dem Adel, der Kirche, aber auch dem einfachen Bürger wichtige Grundrechte zugestanden, z. B. dass niemand ohne Prozess inhaftiert werden darf.

b) Die Habeas-Corpus-Akte von 1679 präzisiert den Schutz vor ungerechtfertigten Inhaftierungen. Sie legt fest, dass jeder Gefangene innerhalb von drei Tagen dem Richter vorgeführt werden muss. Diese Regelung zwangen die Adeligen Karl II. (1630–85) nach wiederholtem Missbrauch auf.

c) 1689 initiierte der englische Adel die „Glorious Revolution", bei der Wilhelm von Oranien (1650–1702) seinen Schwiegervater Jakob II. (1633–1701) stürzte. Vor der Krönung musste William die Bill of Rights unterzeichnen, eine Verfassung, die die Rechte des Parlaments festschrieb.

d) Die Verfassung des US-Bundesstaates Virginia von 1776 ist nicht nur die erste moderne, demokratische Verfassung, sondern enthält auch erstmals eine Erklärung der grundlegenden Menschenrechte.

Welches Kriegsereignis dauerte von August 1942 bis Februar 1943?

- ◯ a) Warschauer Aufstand
- ◯ b) Schlacht um Stalingrad
- ◯ c) Ardennenoffensive
- ◯ d) Unternehmen Overlord

a) Der Warschauer Aufstand war eine Erhebung der polnischen Heimatarmee, die am 1. August 1944 begann und am 3. Oktober desselben Jahres von den deutschen Truppen niedergeschlagen war. Er kostete Hunderttausenden von Menschen das Leben. Die Rote Armee hatte von ihrer Führung Weisung, nicht einzugreifen.

b) In Stalingrad wurde die deutsche Armee von den Russen eingekesselt und musste sich schließlich ergeben. Die Schlacht, die wohl mindestens 1 Mio. Menschen das Leben gekostet hatte, markierte den Endpunkt der deutschen Siege im Zweiten Weltkrieg.

Artillerie bei Stalingrad

c) Im Dezember 1944 hoffte Hitler die Koalition der Westalliierten mit einer großen Winteroffensive in den Ardennen zum Zerbrechen zu bringen. Die Überraschung gelang zunächst, doch die US-Streitkräfte konnten ihre Stellung schnell wieder festigen.

d) „Overlord" war der Deckname für die Landung der Alliierten in der Normandie und die Besetzung Nordfrankreichs im Sommer 1944. Sie begann am 6. Juni mit dem D-Day. Am 21. Oktober nahmen die Alliierten mit Aachen die erste deutsche Stadt ein.

Womit löste Kaiser Wilhelm II. die zweite Marokkokrise aus?

- ◯ a) Krüger-Depesche
- ◯ b) Daily-Telegraph-Affäre
- ◯ c) Hunnenrede
- ◯ d) Panther-Sprung nach Agadir

a) Die Krüger-Depesche war ein Telegramm, mit dem Kaiser Wilhelm II. (1859–1941) dem Präsidenten der Burenrepublik Transvaal, Paul Krüger (1825–1904), im Jahr 1896 dazu gratulierte, einen Angriff britischer Freischärler abgewehrt zu haben. Die Veröffentlichung sorgte in Großbritannien für eine heftige antideutsche Stimmung.

b) 1908 gab Wilhelm II. dem britischen Daily Telegraph ein peinliches Interview, in dem er u. a. behauptete, der Schlachtplan, mit dem England den Burenkrieg gewonnen habe, sei von ihm gewesen.

c) 1900 verabschiedete Wilhelm II. mit der sogenannten Hunnenrede ein deutsches Kontingent, das sich an der Niederschlagung des Boxer-Aufstandes in China beteiligen sollte, mit der Aufforderung, wie die Hunnen zu hausen, kein Pardon zu geben und keine Gefangenen zu machen.

d) Bereits 1905 hatte Deutschland versucht, den französischen Einfluss in Marokko zu verhindern (erste Marokkokrise). Als 1911 französische Truppen Fes und Marrakesch besetzten, sandte Wilhelm II. das Kriegsschiff Panther nach Agadir. Am Ende akzeptierte er den französischen Einfluss in Marokko gegen ein wertloses Stück des Kongo, hatte Deutschland aber international noch weiter isoliert.

Wer war während der Jugoslawienkriege Präsident Bosniens?

- a) Franjo Tudjman
- b) Alija Izetbegoviç
- c) Ratko Mladiç
- d) Radovan Karadžiç

a) Franjo Tudjman (1922–99) wurde 1990 Präsident der jugoslawischen Teilrepublik Kroatien und nach der Unabhängigkeit 1992 kroatischer Präsident. Er galt als autoritärer Nationalist, und seine Verantwortung für kroatische Kriegsverbrechen gegen Serben wurde diskutiert.

b) Alija Izetbegoviç (1925–2003) war ein bosnischer Moslem, der 1990 Präsident der Teilrepublik Bosnien und Herzegowina wurde und 1992 Präsident des Staates Bosnien-Herzegowina. Während des Bosnienkrieges setzte er sich für die Einheit des Landes und danach für eine Versöhnung der Parteien ein.

c) Ratko Mladiç (geb. 1943) war ein führender Offizier der Serben im kroatischen Bürgerkrieg und ab 1992 der Oberkommandierende der serbischen Streitkräfte im Bosnienkrieg. Er wird wegen Kriegsverbrechen und Verbrechen gegen die Menschlichkeit vom UN-Kriegsverbrechertribunal in Den Haag gesucht.

d) Radovan Karadžiç (geb. 1945) war Führer der bosnischen Serben und betrieb 1992 die Gründung der bosnischen Republik Srpska, deren Präsident er wurde. Er gilt als Initiator des Bosnienkrieges, der auch die „ethnischen Säuberungen“, darunter das Massaker von Srebrenica, befohlen hat. Auch er wird vom UN-Kriegsverbrechertribunal in Den Haag gesucht.

Welcher US-Präsident gewann nach einer umstrittenen Wahlauszählung?

- a) Ronald Reagan
- b) George Bush senior
- c) Bill Clinton
- d) George W. Bush junior

a) Der frühere Schauspieler Ronald Reagan (1911–2004) gewann seine beiden Präsidentschaftswahlkämpfe 1980 und 1984 deutlich. Besonders bekannt wurde sein Star-Wars-Programm, ein satellitengestützter Abwehrschild gegen Raketenangriffe.

b) Nachfolger des an Alzheimer erkrankten Reagan wurde mit einem souveränen Wahlergebnis sein Vizepräsident George Bush (geb. 1924). Bush trat für die deutsche Wiedervereinigung ein und begann nach dem Einmarsch Saddam Husseins in Kuwait 1990 den zweiten Golfkrieg.

c) Der Demokrat Bill Clinton (geb. 1946) gewann seine Wahlen im Jahr 1992 und 1996 deutlich und überstand auch ein Amtsenthebungsverfahren wegen einer sexuellen Beziehung zu einer Praktikantin und anschließender Falschaussage.

George W. Bush

d) Die Präsidentschaftswahl 2000 war ein Kopf-an-Kopf-Rennen zwischen George W. Bush (geb. 1946) und Al Gore (geb. 1948), in dem es schließlich auf die Wahlmännerstimmen aus Florida ankam. Obwohl Bushs Vorsprung nur gut 500 Stimmen betrug und Unregelmäßigkeiten bekannt wurden, stoppte der Supreme Court eine Nachzählung.

Womit begann die Vernichtung der Juden?

- a) Ermächtigungsgesetz
- b) Nürnberger Rassengesetze
- c) mit dem Krieg gegen Russland
- d) Wannseekonferenz

a) Am 23. März 1923 nötigte Hitler die im Reichstag vertretenen Parlamentarier, ihn mit dem Ermächtigungsgesetz für vier Jahre zum alleinigen Gesetzgeber zu machen. Nur die SPD lehnte ab. Die KPD war schon zerschlagen.

b) Mit den Nürnberger Rassegesetzen vom 15. September 1935 verboten die Nazis sowohl die Ehe als auch Geschlechtsverkehr zwischen Juden und Nichtjuden. Außerdem verloren die Juden das Bürger- und das Wahlrecht.

c) Bis 1939 versuchten die Nazis, die Juden durch steigende Repressionen zur Auswanderung zu nötigen. Mit Kriegsbeginn kam es zur Errichtung von Gettos in den polnischen Städten, in die auch deutsche Juden deportiert wurden. Mit dem Russlandfeldzug im Sommer 1941 begannen SS-Einsatzgruppen mit Massenerschießungen. Ende des Jahres wurde das erste Vernichtungslager in Chelmno gebaut.

Reinhard Heydrich

d) Auf der Wannseekonferenz im Januar 1942 stellte Reinhard Heydrich (1904–42) den Plan für die weitere Vernichtung auf. Ihr fielen mit den etwa 6 Mio. Juden auch Sinti und Roma, Behinderte, Kommunisten, Homosexuelle und Zeugen Jehovas zum Opfer.

Wo regierte der Diktator „Baby Doc"?

- a) Haiti
- b) Philippinen
- c) Liberia
- d) Panama

a) „Baby Doc" war der Spitzname des haitianischen Diktators Jean-Claude Duvalier (geb. 1951), der 1986 entmachtet wurde. Sein Vater, der Arzt François Duvalier („Papa Doc", 1907–71), hatte 1957 die Präsidentschaftswahlen gewonnen und danach eine Diktatur aufgebaut. Haiti liegt im Westen der karibischen Insel Hispaniola, ist heute eines der ärmsten Länder der Welt und wird vielfach als zerfallener Staat angesehen.

b) Auf den Philippinen errichtete 1972 Präsident Ferdinand Marcos (1917–89) eine Diktatur. Er und seine Frau Imelda (geb. 1929) schafften in dieser Zeit ein legendäres Vermögen beiseite. 1986 mussten sie vor der erstarkten Opposition fliehen.

c) In Liberia ergriff 1989 Charles Taylor (geb. 1948) die Macht und wurde nach einem blutigen Bürgerkrieg 1997 Präsident. Gleichzeitig unterstützte er die Rebellen-Organisation RUF im benachbarten Sierra Leone, um Kontrolle über dessen Diamantenfelder zu bekommen. 2002 beendeten afrikanische und UN-Truppen den Bürgerkrieg in Sierra Leone, 2003 wurde Taylor entmachtet und verhaftet.

d) In Panama herrschte von 1983 bis 1989 der Diktator Manuel Noriega (geb. 1934). Er war anfangs ein enger Verbündeter der USA, wurde von diesen 1989 (u. a. wegen Drogengeschäften und Wahlbetrug) nach einer Invasion gestürzt.

In welchem Land kämpften die Mau-Mau für die Unabhängigkeit?

- a) Algerien
- b) Simbabwe
- c) Pakistan
- d) Kenia

a) In Algerien kämpfte die Befreiungsfront (FLN) gegen die französischen Besatzer. Der Krieg endete 1956 mit der Unabhängigkeit Algeriens. Danach etablierte die FLN ein Einparteiensystem. Als 1991 bei den ersten freien Wahlen die Islamisten gewannen, kam es zum Bürgerkrieg, der bis 1999 dauerte.

b) In Simbabwe erklärten 1965 weiße Siedler die Unabhängigkeit von Großbritannien, was zu einem Bürgerkrieg mit mehreren afrikanischen Organisationen führte. 1980 einigte man sich auf Wahlen, und Großbritannien stimmte der Unabhängigkeit zu. Der Sieger war Robert Mugabe (geb. 1924) von der Zimbabwe African National Union (ZANU), der das Land noch heute regiert.

c) Während des Unabhängigkeitskampfes in Indien kämpfte die Muslimliga für einen eigenen Staat der indischen Muslime, der 1947 mit Pakistan gegründet wurde. Die Trennung von Indien führte zur Umsiedelung Hunderttausender Menschen.

d) In Kenia begann die Mau-Mau-Bewegung 1952 einen Guerillakrieg gegen die weißen Siedler. In Großbritannien führte die sowohl sehr teure wie äußerst brutale Niederschlagung des Mau-Mau-Aufstandes zur Bereitschaft, die Kolonien in die Unabhängigkeit zu entlassen. Kenia wurde 1963 selbstständig.

Wer bildet in der BR Dtl. die Regierung?

- a) Bundeskanzler
- b) Bundeskanzler und Bundesminister
- c) Bundeskabinett und Mehrheitsfraktionen im Bundestag
- d) Regierungskoalition

a) Der Bundeskanzler ist lediglich der Chef der Regierung. Er hat aber eine starke Stellung gegenüber seinem Kabinett, weil er seine Minister selbst ernennt und jederzeit wieder entlassen kann.

b) Der Bundeskanzler und die von ihm ernannten Bundesminister bilden zusammen das Bundeskabinett und damit die Regierung. Der Bundeskanzler verfügt über die Richtlinienkompetenz, innerhalb derer die Minister ihr Ressort eigenständig führen.

Angela Merkel, die aktuelle Bundeskanzlerin

c) Jeder Bundeskanzler braucht eine Mehrheit im Bundestag, um erst einmal gewählt zu werden und später eine Zustimmung für die Vorlagen seiner Regierung zu bekommen. Die Bundestagsabgeordneten, die ihn wählen, sind jedoch nicht Mitglieder der Regierung.

d) Um eine Mehrheit im Parlament zu bekommen, müssen oft Koalitionen zwischen verschiedenen Parteien gebildet werden. Dabei werden in der Regel die Richtlinien der künftigen Politik und die Verteilung der Ministerposten ausgehandelt. Doch obwohl die Koalitionsparteien die Regierungspolitik tragen und beeinflussen, sind auch sie nicht Teil der Regierung.

Wer versprach seinem Volk „Blut, Schweiß und Tränen"?

- a) Charles de Gaulle
- b) Margaret Thatcher
- c) Juan Carlos I. von Spanien
- d) Winston Churchill

a) Der spätere französische Ministerpräsident Charles de Gaulle (1890–1970) organisierte nach der Eroberung Frankreichs durch die Deutschen von England aus den Kampf gegen das nazifreundliche Vichy-Regime. Seine Rundfunkrede vom 18. Juni 1940, in der er die Flamme des Widerstands beschwor, gilt als Beginn der Résistance. Ab 1943 leitete er von Algerien aus die Rückeroberung.

b) Die „eiserne Lady" Margaret Thatcher (geb. 1925) zwang ihrem Volk als britische Premierministerin von 1979 bis 1990 durch die Privatisierung der Staatsbetriebe und die Entmachtung der Gewerkschaften harte Reformen auf. Außerdem führte sie 1992 mit Argentinien Krieg um die Falklandinseln.

c) König Juan Carlos I. von Spanien (geb. 1938) trat 1975 die politische Nachfolge von Diktator Franco an und leitete umgehend eine Demokratisierung des Landes ein.

Winston Churchill

d) Nach seiner Wahl zum britischen Premierminister schwor Winston Churchill (1874–1965) sein Volk sofort auf einen bedingungslosen Kampf gegen Hitler-Deutschland ein. Er habe „nichts als Blut, Mühsal, Tränen und Schweiß" zu bieten, sagte er ihnen.

Welcher faschistische Diktator wurde Duce genannt?

- a) Antonio Salazar
- b) Benito Mussolini
- c) Francisco Franco
- d) Engelbert Dollfuß

a) Nach dem Militärputsch in Portugal im Jahr 1926 wurde Antonio Salazar (1889–1970) erst Finanzminister und ab 1932 Regierungschef. Seine Diktatur wird teilweise als faschistisch bezeichnet, obwohl ihr das typische Element der ideologischen Mobilisierung der Massen fehlte.

b) Benito Mussolini (1883–1945), der sich Duce del Faschismo (Führer des Faschismus) nannte, übernahm 1922 mit einem Marsch seiner Kampfbünde auf Rom die Macht in Italien. 1943 wurde er von seinem eigenen Großrat wegen mangelnden Erfolgs im Krieg abgesetzt und zwei Jahre später von Partisanen erschossen.

c) Francisco Franco (1892–1975), genannt der Generalissimus, führte 1926 einen Putsch gegen die gewählte linke Regierung Spaniens an und entfesselte einen Bürgerkrieg, den er 1939 gewann. Danach errichtete er eine Diktatur, die erst mit seinem Tod endete.

d) Engelbert Dollfuß (1892–1934) wurde 1932 österreichischer Bundeskanzler, schaltete ein Jahr später das Parlament aus und regierte, gestützt auf faschistoide Heimwehren, immer autokratischer. Obwohl Dollfuß oft als Austrofaschist bezeichnet wird, wurde er von den Nationalsozialisten bekämpft und schließlich während des Juliputsches ermordet.

Welches afrikanische Land wurde erst 1993 unabhängig?

- a) Eritrea
- b) Angola
- c) Namibia
- d) Swasiland

a) Nach dem Zweiten Weltkrieg wurde das britische Mandatsgebiet Eritrea von der UNO mit Äthiopien vereinigt. In den 1960er-Jahren begann ein Befreiungskampf, der 1993 zur Unabhängigkeit führte. Seitdem herrscht ein Einparteiensystem. 1998 bis 2000 kam es zu einem blutigen Grenzkrieg mit Äthiopien.

b) Angola erhielt wie alle ehemaligen portugiesischen Kolonien 1975 seine Unabhängigkeit. Kurz danach brach aber ein Bürgerkrieg aus, in dem die UNITA (União Nacional para a Independência Total de Angola) von den USA und Südafrika, die MLPA (Movimento Popular de Libertação de Angola) von der Sowjetunion unterstützt wurde. Der Krieg wurde erst 1994 beendet, flammte jedoch zwischen 1998 und 2002 noch einmal auf.

c) Namibia war ein ehemaliges deutsches Kolonialgebiet und wurde nach dem Ersten Weltkrieg vom Völkerbund Südafrika als Mandatsgebiet übertragen. 1966 begann die SWAPO (South West African People's Organization) einen Kampf um die Unabhängigkeit, der 1990 gewonnen wurde.

d) Das Königreich Swasiland ist seit 1968 unabhängig, liegt aber als Enklave in Südafrika und ist wirtschaftlich stark von diesem abhängig. Gleiches gilt für die zweite Enklave Lesotho, die seit 1966 unabhängig ist.

Was versteht man unter Verhältniswahlrecht?

- a) Verhältnis zwischen Erst- und Zweitstimme
- b) Anzahl der Stimmen bestimmt die Sitze im Parlament
- c) Regelung der Überhangmandate
- d) Fünf-Prozent-Hürde

a) Bei den Bundes- und Landtagswahlen in Deutschland hat jeder Wähler zwei Stimmen. Entscheidend für das Endergebnis ist die Zweitstimme, mit der er seine bevorzugte Partei wählt. Zusätzlich kann er mit der Erststimme einen Abgeordneten für seinen Wahlkreis wählen.

Plenarsaal des Deutschen Bundestags

b) Die Sitze im Bundestag werden nach dem Verhältniswahlrecht vergeben, also z. B. 30 % der Parlamentssitze für 30 % der Stimmen. Die Erststimmen werden dagegen nach dem Mehrheitswahlrecht ausgezählt. Der Kandidat mit den meisten Stimmen gewinnt das Direktmandat. Da die Direktmandate aber auf die Gesamtheit der Sitze einer Partei angerechnet werden, bleibt trotzdem das Verhältnis gewahrt.

c) Überhangmandate gibt es, wenn eine Partei in einem Bundesland mehr Direktmandate gewonnen hat, als sie nach dem Verhältniswahlrechte Sitze im Parlament bekommen würde. Sie bekommt für die überzähligen Direktkandidaten zusätzliche Sitze, was das Verhältnis leicht verzerrt.

d) Die Fünf-Prozent-Hürde oder Sperrklausel schließt alle Parteien, die weniger als 5 % der Stimmen bekommen haben, von der Sitzverteilung aus.

Wo führte das deutsche Kaiserreich 1904 bis 1908 Krieg?

- a) Togo
- b) Namibia (Deutsch-Südwestafrika)
- c) Kamerun
- d) Tansania (Deutsch-Ostafrika)

a) Die deutsche Kolonie Togoland (Togo und Ost-Ghana) war die Einzige, die einen bescheidenen Gewinn abwarf. Sie galt als gut organisiert, und es gab kaum Aufstände.

Lothar von Trotha

b) In der Kolonie Namibia (Deutsch-Südwestafrika) erhoben sich 1904 die Hereros. Die deutsche Regierung war anfangs darauf nicht vorbereitet, schlug unter Generalleutnant Lothar von Trotha (1848–1920) dann aber so grausam zurück, dass es breite Proteste in der deutschen Öffentlichkeit gab. Außerdem zog Trothas Verhalten eine Erhebung der Nama nach sich. Insgesamt kamen Zehntausende Afrikaner um.

c) In Kamerun führten die deutschen Kolonialherren bis ins 20. Jh. hinein nahezu ständig Krieg, um das Binnenland überhaupt erst unter Kontrolle zu bekommen.

d) In Tansania, Ruanda und Burundi (Deutsch-Ostafrika) waren die deutschen Kolonialherren anfangs gern gesehen, da sie dem arabischen Sklavenhandel ein Ende machten. Später kam es aber zu mehreren Aufständen, vor allem dem Maji-Maji-Aufstand 1905, der wahrscheinlich noch mehr Todesopfer forderte als der Herero-Krieg.

Wen belegte die DDR-Regierung 1976 mit Hausarrest?

- a) Wolf Biermann
- b) Stephan Heym
- c) Robert Havemann
- d) Rudolf Bahro

a) Der Musiker Wolf Biermann (geb. 1936) wurde 1976 von der DDR-Regierung ausgebürgert. In der Folge wurden auch andere Künstler, die sich mit ihm solidarisierten, zur Ausreise genötigt, wie Eva-Maria und Nina Hagen, Katharina Thalbach und Manfred Krug.

b) Der Schriftsteller Stefan Heym (Helmut Flieg, 1913–2001) verfasste 1976 zusammen mit Stephan Hermlin (Rudolf Leder, 1915–97) die Petition gegen die Ausbürgerung Biermanns und konnte daraufhin in der DDR nicht mehr publizieren. 1994 wurde er als parteiloser Kandidat auf der Liste der PDS Bundestagsabgeordneter.

c) Der Chemiker Robert Havemann (1910–82), der während der Nazizeit als Widerstandskämpfer zum Tod verurteilt worden war, wurde 1964 aus der SED ausgeschlossen und verlor seinen Lehrauftrag. 1975 erhielt er Berufsverbot und 1976 – nach Kritik gegen die Biermann-Ausbürgerung – drei Jahre Hausarrest, wobei er rund um die Uhr überwacht wurde.

d) Der Schriftsteller Rudolf Bahro (1935–97) wurde 1978 wegen seines Buches *Die Alternative. Zur Kritik des real existierenden Sozialismus* zu acht Jahren Gefängnis verurteilt, was zu einer internationalen Solidaritätsbewegung führte. 1979 wurde er begnadigt und in die BR Dtl. abgeschoben.

Welche DDR-Bürgerrechtsgruppe schloss sich mit den Grünen zusammen?

- a) Bündnis 90
- b) SDP
- c) Demokratischer Aufbruch
- d) Schwerter zu Pflugscharen

a) Für die Wahlen im März 1990 schlossen sich die Gruppen Neues Forum (u. a. Bärbel Bohley, Jens Reich, Katja Havemann, Joachim Gauck), Demokratie jetzt (u. a. Konrad Weiß) und Initiative Frieden und Menschenrechte (u. a. Gerd Poppe) zum Wahlbündnis 90 zusammen. 1991 gründeten Teile der drei Gruppen die Partei Bündnis 90, die sich 1993 mit den Grünen zusammenschloss.

b) Die Sozialdemokratische Partei in der DDR (SDP) wurde am 7. Oktober 1989 gegründet und vereinigte sich im September 1990 mit der West-SPD. Prominente Mitglieder waren Gründer Markus Meckel, Wolfgang Thierse, Regine Hildebrandt, Reinhold Höppner und der Parteivorsitzende Ibrahim Böhme, der jedoch wegen Stasi-Vorwürfen zurücktrat.

c) Der Demokratische Aufbruch wurde im Juli 1989 u. a. von den Pfarrern Rainer Eppelmann und Friedrich Schorlemmer gegründet, wobei Letzterer die Gruppe bald verließ. 1990 fusionierte sie mit der CDU. Prominentestes Mitglied war Angela Merkel.

d) „Schwerter zu Pflugscharen" war seit 1980 Symbol und Slogan der kirchlich geprägten Friedens- und Widerstandsbewegung der DDR, aus der heraus das Montagsgebet in der Leipziger Nikolaikirche entstand.

Welche Schlacht gewann Paul von Hindenburg?

- a) Marneschlacht
- b) Ypern und Langemarck
- c) Verdun
- d) Schlacht bei Tannenberg

a) Mit dem Verlust der Marneschlacht bei Paris am 12. September 1914 scheiterte der deutsche Kriegsplan, handstreichartig Frankreich einzunehmen. Generalstabschef Helmuth von Moltke (1848–1916) wurde abgelöst.

b) Moltkes Nachfolger Erich von Falkenhayn (1861–1922) hatte zu verantworten, dass in Flandern (Ypern und Langemarck) im Oktober und November 1914 Zehntausende von unerfahrenen Kriegsfreiwilligen starben, ohne einen Durchbruch zu erzielen.

c) Am 21. Februar 1916 begann Falkenhayn eine Großoffensive auf die stärkste französische Grenzfestung Verdun, in der Absicht, die französische Armee „auszubluten". Bis zum Dezember starben in der „Hölle von Verdun" mehrere hunderttausend Soldaten.

Paul von Hindenburg

d) Paul von Hindenburg (1847–1934) und Erich Ludendorff (1865–1937) wurden durch den Sieg bei Tannenberg (Ostpreußen) am 30. August 1914 zu Kriegshelden. Ludendorff wurde 1916 Chef der Obersten Heeresleitung, errichtete eine Kriegsdiktatur, die 1917 zum Hungerwinter führte, und erfand nach dem Krieg die „Dolchstoßlegende". Hindenburg ließ sich als Reichspräsident 1933 nötigen, Hitler zum Kanzler zu ernennen.

Wie nennt man die spanischen Eroberer Lateinamerikas?

- a) Freibeuter
- b) Janitscharen
- c) Libertadoren
- d) Konquistadoren

a) Als Freibeuter werden meist die europäischen Piraten bezeichnet, die in der frühen Neuzeit mit Kaperbriefen ihrer Regierungen ausgestattet waren. Vor allem die britische Königin Elisabeth I. (1533–1603) ließ ihre Seefahrer wie Francis Drake (um 1540–96) und Walter Raleigh (1554–1618) spanische Handelsschiffe kapern, um Mittel für den Aufbau einer eigenen Seemacht zu bekommen.

b) Die Janitscharen waren eine Eliteeinheit der osmanischen Sultane. Anfangs wurde sie vor allem aus sehr jung rekrutierten Söhnen der unterworfenen Balkanvölker gebildet.

c) Als Libertadoren werden die lateinamerikanischen Generäle bezeichnet, die bis 1824 die Unabhängigkeit von Spanien erkämpften, allen voran Simon Bolivar (1783–1830).

Rücksichtsloses Vorgehen der Konquistadoren

d) Die Konquistadoren (span., Eroberer) Lateinamerikas waren keine regulären Armeeführer, sondern Privatleute, die von der Krone die Erlaubnis erhielten, ein bestimmtes Gebiet zu erobern. Dafür mussten sie einen Anteil des Gewinns abliefern, Verwaltungsstrukturen aufbauen und die Einheimischen missionieren. Die Reconquista war die Rückeroberung Spaniens von den Mauren im Mittelalter.

Wer wählte ab dem 13. Jh. die deutschen Könige?

- a) das Königtum wurde vererbt
- b) der Papst
- c) die Kurfürsten
- d) die Reichsstände

a) Deutschland war eine Wahlmonarchie, auch wenn sich die regierenden Könige meist bemühten, ihrem Sohn schon zu Lebzeiten das Königtum zu vererben, sodass sich Dynastien bilden konnten.

b) In der Entscheidungsgewalt des Papstes lag es nur, ob er den deutschen König auch zum Kaiser des Heiligen Römischen Reiches krönen wollte – was nicht immer geschah. Im Jahr 1508 erklärte sich Maximilian I. (1459–1519) als erster deutscher König selbst zum Kaiser. Danach wurde die Kaiserwürde immer automatisch mit der Krönung zum deutschen König angenommen.

c) Bis ins 13. Jh. verliefen die Königswahlen ohne feste Ordnung. Der Thronanwärter musste die Mehrheit der wichtigen Reichsfürsten hinter sich bringen. In der Zeit nach dem Aussterben der Staufer (Interregnum) begann sich ein Kollegium von sieben Kurfürsten herauszubilden. 1356 bestätigte Karl IV. (1316–78) in der Goldenen Bulle, dass nur die Kurfürsten das Königswahlrecht haben.

d) Die Reichsstände waren die Vertreter der deutschen Territorien, wie Reichsfürsten, Reichsstädte, Fürstbischöfe oder Reichsäbte. Sie hatten Sitz und Stimme in den unregelmäßig stattfindenden Reichstagen, wo sie die Politik mitbestimmten, aber nicht den König wählten.

Welche Minderheit ist in Deutschland mit einer eigenen Partei parlamentarisch vertreten?

- a) Dänen
- b) Friesen
- c) Sorben
- d) Sinti und Roma

a) 1948 wurde der Südschleswigsche Wählerverband (SSW) als Vertretung der dänischen Minderheit in Schleswig gegründet. Er ist bei Bundes- und Landtags-, aber nicht bei Kommunalwahlen von der Fünf-Prozent-Hürde befreit. Er gewann bei den Bundestagswahlen 1949 ein Mandat und war bis auf eine Legislaturperiode immer im schleswig-holsteinischen Landtag vertreten.

b) Die Friesen in Schleswig-Holstein arbeiten politisch mit dem SSW zusammen. Die Ostfriesen in Niedersachsen gründeten im Juli 2007 die Partei „Die Friesen".

c) Im März 2005 wurde die Wendische Volkspartei (Serbska Ludowa Strona) gegründet, die bislang jedoch noch in keinem Parlament vertreten ist. In Brandenburg ist sie von der Fünf-Prozent-Hürde befreit, in Sachsen nicht. Auf Bundesebene gilt die Befreiung grundsätzlich für alle Parteien nationaler Minderheiten. Der Dachverband sorbischer Vereinigungen ist die Domowina (sorb., Heimat).

d) Eine politische Partei der Sinti und Roma in Deutschland gibt es nicht. Sie sind gesellschaftlich durch den Zentralrat Deutscher Sinti und Roma bzw. durch die Sinti Allianz Deutschland vertreten.

Wer war der „Generalissimus" der chinesischen Kuomintang?

- a) Sun Yat-sen
- b) Yuan Shi-kai
- c) Chiang Kai-shek
- d) Mao Tse-tung

a) Der Widerstandskämpfer und Arzt Sun Yat-sen (1866–1925) war der Gründer der Kuomintang (Chinesische Nationalpartei). Er kehrte nach dem Sturz der Monarchie im Jahr 1911 aus dem Exil zurück und wurde provisorischer Präsident der Chinesischen Republik.

b) Yuan Shi-kai (1859–1916) war Premierminister des chinesischen Kaisers Pu Yi (1906–67) und drängte diesen zur Abdankung. Dafür wurde er anstelle von Sun Yat-sen chinesischer Präsident. Er trieb die Kuomintang jedoch ins Exil und erklärte sich zum Kaiser. Nach seinem Tod begann der Bürgerkrieg.

c) Der Offizier Chiang Kai-shek (1887–1975) war entscheidend am Sturz der chinesischen Monarchie beteiligt. Nach Sun Yat-sens Tod wurde er Führer der Kuomintang und kündete das Bündnis mit den Kommunisten auf, das Sun gegen die alten Kräfte geschmiedet hatte.

Chiang Kai-shek

d) Mao Tse-tung (1893–1976) nahm als einfacher Soldat an der Chinesischen Revolution 1911 teil. Nach dem Langen Marsch, mit dem sich die Kommunisten vorübergehend zurückgezogen hatten, wurde er ihr Parteiführer, besiegte 1949 die Kuomintang und rief die Volksrepublik China aus.

Wer kämpfte für eine Autonomie der Kurden?

- a) ETA
- b) IRA
- c) Jungtürken
- d) PKK

a) Die Euskadi Ta Askatasuna (Baskenland und Freiheit) ist eine Untergrundorganisation, die vor allem in Spanien, aber auch im französischen Baskenland mit Terroranschlägen für einen selbstständigen, kommunistischen Staat kämpft.

b) Die Irish Republican Army kämpfte seit 1916 für die Unabhängigkeit Irlands von Großbritannien. Nach der Unabhängigkeit Irlands 1922 konzentrierte sich der Kampf auf Nordirland. 2005 hat die IRA der Gewalt abgeschworen.

c) Die Jungtürken waren zunächst eine liberale Opposition im Osmanischen Reich. 1908 gelangten sie an die Macht, wurden jedoch in den folgenden Jahren immer nationalistischer (1915: Völkermord an den Armeniern). Nach dem verlorenen Ersten Weltkrieg erkämpfte Kemal Atatürk (1881–1938) die Türkische Republik.

Historisches Siedlungsgebiet der Kurden

d) Mit der Gründung der Türkei wurden Sprache und Kultur der kurdischen Minderheit unterdrückt. Seit den 1980er-Jahren kämpfte die von Abdullah Öcalan (geb. 1949) gegründete Partiya Karkeren Kurdistan (Kurdische Arbeiterpartei) gegen die türkische Armee. Mit der Zulassung der kurdischen Sprache in der Türkei und der Inhaftierung Öcalans 1999 hat der Konflikt an Schärfe verloren.

Wo regierten die Dogen?

- a) Venedig
- b) Florenz
- c) Patrimonium Petri
- d) Ravenna

a) Der Doge (lat. Dux = Anführer) war zunächst der Stellvertreter der oströmischen Kaiser in Venedig und wurde im Zuge der Selbstständigkeit Venedigs zum Staatsoberhaupt. Er wurde vom Großen Rat, der Adelsversammlung, gewählt. Im 12. und 13. Jh. entstanden Kontrollorgane, die den Dogen nahezu entmachteten, wie die Signoria, das Präsidium des Großen Rates, oder der Rat der Zehn, der über den umfangreichen Polizei- und Spitzelapparat verfügte. Außer Venedig gab es noch in anderen Stadtstaaten wie Genua und Amalfi Dogen.

b) Florenz gehörte im Mittelalter nominell zum römisch-deutschen Kaiserreich und wurde vom Statthalter des Kaisers, dem Podestas, regiert. Im 13. Jh. wurde der Podestas von den Bürgern gewählt, im 14. Jh. abgeschafft. An seine Stelle trat die neunköpfige Signoria, deren Mitglieder alle zwei Monate unter den Gildemitgliedern der Stadt ausgelost wurden. Der Oberste der Signoria war der Gonfaloniere.

c) Als Patrimonium Petri bezeichnete man die Ländereien, die dem Papst gehörten. Im 8. Jh. wurde daraus der Kirchenstaat, der 1870 an das neu gegründete Italien fiel.

d) Ravenna wurde bis zu seiner Eroberung durch die Langobarden im Jahr 751 von einem Exarchen, einem Beamten des oströmischen Kaiserreiches, regiert.

Wie hieß der 1919 ermordete mexikanische Bauernführer?

- a) Benito Juárez
- b) Porfirio Díaz
- c) Pancho Villa
- d) Emiliano Zapata

a) Der Anwalt Benito Juárez (1806–72) führte als Justizminister bedeutende liberale Reformen durch und wurde 1862 der erste indianische Präsident Mexikos. Er musste zuerst einen Bürgerkrieg gegen die konservativen alten Eliten und später gegen den von Frankreich eingesetzten „Kaiser" Maximilian von Mexiko (1832–67) führen.

b) 1884 errichtete Präsident José de la Cruz Porfirio Díaz (1830–1915) in Mexiko eine Diktatur, die dem Land einen wirtschaftlichen Aufschwung bescherte, der aber nur der reichen Oberschicht zugute kam.

c) Pancho Villa (1878–1923) war ein mexikanischer Bandenführer mit Robin-Hood-Image. 1910 schloss er sich der Revolution gegen Díaz an. Zeitweise war er Gouverneur von Chihuahua. 1923 wurde er vermutlich im Auftrag des neuen Präsidenten Álvaro Obregón (1880–1928) ermordet.

d) Emiliano Zapata (1879–1919) schloss sich als Führer der südmexikanischen Bauern der Mexikanischen Revolution an. Als 1914 der Revolutionär Venustiano Carranza (1849–1920) Präsident wurde, aber Versprechen nicht einhielt, verbündeten sich Zapata und Villa gegen ihn. 1919 ließ Carranza Zapata ermorden, ein Jahr später wurde er selber von Obregón entmachtet und ermordet.

Welcher polnische König war auch Kurfürst von Sachsen?

- a) Boleslaw I. Chrobry
- b) Wladyslaw II. Jagiello
- c) August II.
- d) Stanislaus II.

a) Boleslaw I. Chrobry (der Tapfere, 967–1025) aus dem Geschlecht der Piasten wurde 1025 der erste König von Polen. Der letzte Piastenherrscher war Kasimir der Große (1310–70).

b) 1386 heiratete Kasimirs Großnichte, die heilige Hedwig (1373–99), den litauischen Großfürsten Jogaila, der als Wladyslaw II. Jagiello (1384–1434) König eines polnisch-litauischen Großreichs wurde.

August II. der Starke

c) Nach dem Aussterben der Jagiellonen 1572 begann eine Phase des Wahlkönigtums. 1697 wurde der sächsische Kurfürst August II. der Starke (1670–1733) König von Polen. Während August in Sachsen einer der mächtigsten Barock-Fürsten gewesen war, kostete ihn die polnische Krone viel Geld. Außerdem musste er am Großen Nordischen Krieg (1700–21) teilnehmen, was zu einem schwedischen Einfall in Sachsen führte.

d) Der polnische Adelige Stanislaus II. August Poniatowski (1732–98) war ein Liebhaber der russischen Zarin Katharina II. (1729–96), die 1764 seine Wahl zum König durchsetzte. Die Rebellion des polnischen Adels nahmen Russland, Preußen und Österreich zum Vorwand für die erste polnische Teilung.

Was ist die größte Entfernungsangabe?

- ◯ a) ein Lichtjahr
- ◯ b) eine astronomische Einheit
- ◯ c) ein Ångström
- ◯ d) ein Parsec

a) Ein Lichtjahr bezeichnet die Strecke, die das Licht mit einer Geschwindigkeit von 300.000 km pro Sekunde innerhalb eines Jahres zurücklegt: ca. 946 Mrd. km.

b) Eine astronomische Einheit (AE) entspricht 149,6 Mio. km, dem mittleren Abstand der Erde von der Sonne. Die Maßeinheit diente für die Berechnung von Umlaufbahnen um die Sonne, ist mittlerweile aber amtlich nicht mehr zugelassen.

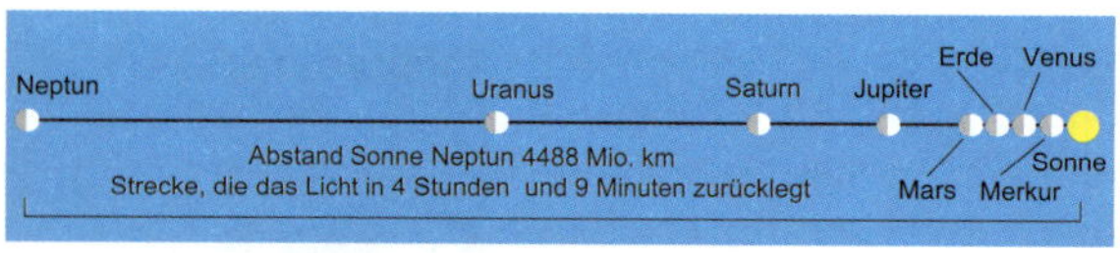

Entfernungen der Planeten

c) Ein Ångström ist eine mittlerweile nicht mehr gebräuchliche Einheit zur Messung von Wellenlängen. 1 Ångström entspricht 10^{-10} m (0,000.000.000.1 m bzw. 0,1 nm).

d) Ein Parsec (Pc) ist ein interstellares Längenmaß, das die Entfernung bezeichnet, von der aus gesehen die Umlaufbahn der Erde einer Bogensekunde entspricht. Das Wort „Parsec" leitet sich aus den englischen Wörtern für Parallaxe (die scheinbare Positionsveränderung eines Sterns) und Sekunde her. Ein Parsec entspricht demnach 30,86 Billionen km bzw. ungefähr 3,263 Lichtjahren. Noch größere Entfernungen werden mit Kiloparsec (1000 Parsec) oder Megaparsec (1 Mio. Parsec) angegeben.

Welches ist der schnellste Zug der Welt?

- ◯ a) der Shinkansen
- ◯ b) der ICE
- ◯ c) der TGV
- ◯ d) der Eurostar

a) Bereits seit 1964 verkehrt in Japan auf der Strecke Tokio–Kyoto–Osaka der Hochgeschwindigkeitszug Shinkansen mit einer anfänglichen Höchstgeschwindigkeit von 200 km/h. Mittlerweile wurde sein Streckensystem stark erweitert, sodass seine maximale Testgeschwindigkeit aktuell bei etwa 350 km/h liegt.

b) Die modernste Form des deutschen Hochgeschwindigkeitszuges ICE (Inter City Express), die u. a. auf den Strecken München–Berlin und Frankfurt–Köln im Einsatz ist, ist der ICE-3. Er ist für 330 km/h zugelassen, erreicht im normalen Fahrbetrieb jedoch höchstens ca. 300 km/h. Das Testmodell, der ICE V Experimental, brachte es bereits 1988 als erster Zug der Welt auf eine Spitzengeschwindigkeit von 406,9 km/h.

c) Der schnellste Zug der Welt ist der französische TGV („Train à Grande Vitesse"). Ende 1976 wurde mit dem Bau der ersten Strecke zwischen Paris und Lyon begonnen, heute gibt es drei Hauptstrecken, die u. a. bis nach Köln und Amsterdam reichen. Die Plangeschwindigkeit des TGV ist 300 km/h, Versuchsfahrten des TGV A 325 erreichten ein Spitzentempo von 515 km/h.

d) Der Eurostar erreicht eine maximale Geschwindigkeit von 300 km/h. Er befährt die Strecke durch den Eurotunnel zwischen Großbritannien und Frankreich.

Welche Temperaturskala beginnt am Absoluten Nullpunkt?

- a) Kelvin
- b) Celsius
- c) Fahrenheit
- d) Joule

a) Der Absolute Nullpunkt ist die niedrigste vorstellbare Temperatur. Mit ihm beginnt die Kelvinskala, 0 K entsprechen –273,15° C. Der Nullpunkt ist jedoch lediglich eine theoretische Größe, er ist technisch nicht realisierbar. Seine Definition besagt, dass an ihm die molekularen Teilchen keine Bewegung mehr ausführen können. Die Kelvinskala wurde 1848 von William Thomson Lord Kelvin (1824–1907) als erste absolute Temperaturskala entwickelt. Ihre Abstände zwischen den Einheiten entsprechen denen der Celsiusskala.

b) Der Nullpunkt der von dem schwedischen Astronomen Anders Celsius (1701–44) 1742 entwickelten Temperaturmessung entspricht der Temperatur, bei der Wasser gefriert. 100° C entsprechen dem Siedepunkt des Wassers, die Gradeinteilung erfolgt entsprechend.

c) 1714 entwickelte der deutsche Physiker Gabriel Daniel Fahrenheit (1686–1736) das erste Thermometer mit Quecksilberanzeige (anstelle von Alkohol). Zugleich führte er die nach ihm benannte Temperaturskala ein, die heute noch in angelsächsischen Ländern verwendet wird. Der Gefrierpunkt des Wassers entspricht hier 32° F, der Siedepunkt 212° F. 0° F sind etwa –18° C.

d) Die Einheit Joule wird zur Angabe des Heizwertes von Brennstoffen verwendet, sie steht für Energie, Arbeit und Wärmemenge.

Welches ist kein Leichtmetall?

- a) Aluminium
- b) Magnesium
- c) Natrium
- d) Osmium

a) Aluminium (Al) ist das wohl bekannteste Leichtmetall. Sein Schmelzpunkt liegt bei 660° C, sein Siedepunkt bei 2467° C. Aluminium ist eines der wichtigsten Metalle im Fahrzeug- und Flugzeugbau sowie in der Elektrotechnik.

Aluminium im Flugzeugbau

b) Magnesium (Mg) ist ein Leichtmetall, das in zahlreichen Mineralien vorkommt. In der Natur ist es ein wichtiger Bestandteil des Chlorophylls. Auch für den Menschen ist es ein lebenswichtiges Spurenelement und wird dem menschlichen Organismus durch pflanzliche Nahrung zugeführt. Im Flugzeug- und Fahrzeugbau wird es in Form von Legierungen verwendet.

c) Natrium (Na) ist ein reines Leichtmetall. Sein Schmelzpunkt liegt bei 97,7° C, sein Siedepunkt bei 883° C. Es reagiert sehr leicht und kommt deshalb in der Natur nicht als Element, sondern nur in Verbindungen wie Natriumchlorid oder Natriumsulfat vor.

d) Unter Leichtmetallen versteht man alle Metalle, deren Dichte unter 4,5 g/cm^3 liegt. Osmium (Os) ist mit einer Dichte von 22,61 g/cm^3 das zweitschwerste aller Metalle, es ist eines der härtesten Metalle überhaupt und gegen die meisten Chemikalien resistent. Es wird u. a. für Füllfederspitzen und Injektionsnadeln verwendet.

Wer entwickelte das heute verwendete Periodensystem der Elemente?

- ○ a) William Ramsay
- ○ b) Dimitrij Mendelejew
- ○ c) Julius Lothar Meyer
- ○ d) Henry Moseley

a) Der britische Chemiker Sir William Ramsay (1852–1916) entdeckte die Edelgase und ordnete sie als Null-Gruppe in das Periodensystem ein. Dafür erhielt er 1904 den Nobelpreis.

Dimitrij Mendelejew

b) Der russische Chemiker Dimitrij Mendelejew (1834–1907) stellte 1869 das heute noch gültige Periodensystem der chemischen Elemente auf, mithilfe dessen er die Eigenschaften damals noch gar nicht entdeckter Elemente voraussagen konnte. Das System ordnet die Elemente nach ihren Eigenschaften in acht Gruppen, sie werden in der Reihenfolge ihrer Ordnungszahlen (Kernladungszahlen) in mehreren Zeilen abgebildet. Übereinanderstehende Elemente haben dabei ähnliche chemische und physikalische Eigenschaften.

c) Unabhängig von Mendelejew entwickelte auch der deutsche Chemiker Julius Lothar Meyer (1830–95) 1869 ein ähnliches Periodensystem, das er jedoch erst zehn Monate später veröffentlichte.

d) Der englische Physiker Henry Moseley (1887–1915) entdeckte 1913 den Zusammenhang zwischen der Frequenz eines Röntgenstrahls, der von einem Atom ausgesandt wird, und der Ordnungszahl dieses Atoms.

Wer war die erste Frau, die einen Nobelpreis erhielt?

- ○ a) Marie Curie
- ○ b) Maria Goeppert-Mayer
- ○ c) Bertha von Suttner
- ○ d) Barbara McClintock

a) Marie Curie ist eine der ersten und bedeutendsten Naturwissenschaftlerinnen der Geschichte. Sie wurde als Marya Sklodowska (1867–1934) in Warschau geboren. 1903 erhielt sie gemeinsam mit Antoine Becquerel (1852–1908) und ihrem Mann Pierre Curie (1859–1906) den Nobelpreis für Physik für ihre Forschungen auf dem Gebiet der Radioaktivität und außerdem 1911 den Nobelpreis für Chemie. Auch ihre Tochter Irène Joliot-Curie (1897–1956) und deren Mann Jean Frédéric Joliot (1900–58) erhielten 1935 einen Nobelpreis für ihre Entdeckungen zur Radioaktivität.

b) 1963 erhielt die deutsch-amerikanische Physikerin Maria Goeppert-Mayer (1906–72) den Nobelpreis für Physik für ihre Studien zum Schalenaufbau der Atome gemeinsam mit Eugene Wigner (1902–95) und Johannes Hans Jensen (1907–73).

c) Bereits 1905 erhielt eine weitere Frau einen Nobelpreis: die österreichische Schriftstellerin und Pazifistin Bertha von Suttner (1843–1914). Sie erhielt den Friedensnobelpreis für ihre pazifistischen Werke (u. a. der zweiteilige Roman *Die Waffen nieder!*) und die Gründung einer Friedensbewegung.

d) 1983 erhielt die US-Amerikanerin Barbara McClintock (1902–92) den Nobelpreis für Physiologie/Medizin für ihre Arbeiten über „springende Gene".

Wie hieß der erste arbeitsfähige Elektronenrechner?

- a) Cray-1
- b) Deep Blue
- c) ENIAC
- d) Difference Engine

a) Der 1976 entwickelte Supercomputer Cray-1 war der erste Computer, der eine Leistung von 100 Mio. FLOPS (Gleitkommaberechnungen pro Sekunde) erreichte. Unter Supercomputern versteht man Rechner, die die Pipelining-Technik anwenden, die also bei der Ausführung eines Auftrags gleichzeitig bereits die nächsten Befehle bearbeiten können und bei extrem aufwendigen und komplexen Aufgabengebieten wie Raumfahrt, Klimaforschung oder Spezialeffekten im Film eingesetzt werden.

b) Der IBM-Schachcomputer Deep Blue besiegte in einem auf sechs Partien angelegten Zweikampf im Mai 1997 den aserbaidschanischen Schachgroßmeister und Weltmeister Gary Kasparow (geb. 1963) in New York mit 2,5:3,5 Punkten.

c) ENIAC (Electronic Numerical Integrator and Computer) war der erste arbeitsfähige Elektronenrechner. Er wurde 1943–46 von John Presper Eckert (1919–95), Hermann Goldstine (1913–2004) und John Mauchly (1907–80) gebaut, wog 30 Tonnen und war mit über 18.000 Röhren und 1500 Relais ausgestattet.

d) Mit seiner Difference Engine entwickelte der britische Mathematiker Charles Babbage (1792–1871) 1820 die erste programmgesteuerte Rechenmaschine, die, obwohl sie nie gebaut wurde, doch als direkter Vorläufer des Digitalcomputers gilt.

Wie viele Säugetierarten gibt es?

- a) mehrere Millionen
- b) 4500
- c) 9000
- d) 25.000

a) Es gibt wahrscheinlich 4 bis 6 Mio. verschiedene Insektenarten, 1 Mio. davon wurden bisher beschrieben. Ihr Lebensraum reicht von den Polargebieten bis zu den Tropen, sie leben sowohl im Wasser als auch an Land. Ihre Größe variiert von weniger als 1 mm bis zu etwa 30 cm.

b) Insgesamt gibt es heute etwa 4500 Säugetierarten, deren Vielfalt schon allein an ihrer unterschiedlichen Größe erkennbar ist. Das wohl kleinste Säugetier ist die japanische Spitzmaus mit 1,7 g Gewicht, das größte der Blauwal mit bis zu 130 t. Ihr bevorzugter Lebensraum ist das Land, dennoch haben auch einige wenige für sich den Luftraum (Fledermäuse) oder das Wasser (Wale, Delfine) erobert.

Blauwal

c) Es gibt ca. 9000 Vogelarten, von denen die meisten fliegen können. Ausnahmen sind die großen Laufvögel der Straußenfamilie und einige Wasservögel wie der Pinguin.

d) Etwa 25.000 verschiedene Arten Fische sind heute bekannt, sie stellen damit mehr als die Hälfte aller Wirbeltiere (Säugetiere, Vögel, Reptilien, Amphibien und Fische). Aufgrund ihres noch unzureichend erforschten Lebensraumes geht man jedoch von etwa 28.000 Arten aus.

Welches ist das leichteste aller Metalle?

- ◯ a) Lithium
- ◯ b) Quecksilber
- ◯ c) Yttrium
- ◯ d) Titan

a) Von allen Metallen hat Lithium (Li) mit 0,53 g/cm³ die geringste Dichte. Es wurde 1817 von dem schwedischen Chemiker Johann Arfvedson (1792–1841) entdeckt. Mit der Ordnungszahl 3 steht es in der ersten Hauptgruppe des Periodensystems und gehört wie z. B. Natrium und Cäsium zu den Alkalimetallen. Lithium wird in der Reaktortechnik verwendet, ebenso als Katalysator und als Bestandteil von Legierungen. Einige Lithiumsalze werden auch als Nervenberuhigungsmittel oder Heilmittel gegen Gicht eingesetzt. In der Natur ist Lithium als Verbindung mit phosphor- oder silikathaltigen Metallen relativ weit verbreitet.

Quecksilber

b) Quecksilber (Hg) ist das einzige Metall, dessen normale Erscheinungsform (Aggregatzustand) flüssig ist. Mit seiner relativ hohen Dichte von 13,53 g/cm³ gehört es zu den Schwermetallen.

c) Yttrium (Y) ist das schwerste aller Leichtmetalle. Mit 4,47 g/cm³ liegt es nur ganz knapp unter der Grenze (4,5 g/cm³) zwischen Leicht- und Schwermetallen. Yttrium wird häufig als phosphoreszierender Stoff in den Bildröhren von Farbfernsehern verwendet.

d) Titan (Ti) ist mit 4,51 g/cm³ das leichteste der Schwermetalle.

Welches ist der längste Tunnel der Welt?

- ◯ a) der Seikantunnel in Japan
- ◯ b) der Eurotunnel
- ◯ c) der Mont-Cenis-Tunnel
- ◯ d) der Sankt-Gotthard-Tunnel

a) Der Seikantunnel in Japan verbindet die beiden Hauptinseln des Landes Honshu und Hokkaido. Mit 53,85 km war er bis vor wenigen Jahren der längste Eisenbahntunnel der Welt.

b) Der Eurotunnel führt unter dem Ärmelkanal hindurch und verbindet Großbritannien mit dem europäischen Festland. Er besteht aus drei parallelen Tunnelröhren, zwei Eisenbahntunneln und einem kleineren Rettungs- und Servicetunnel oberhalb der beiden anderen. Die Öffnung für den Autoverkehr hingegen erschien zu riskant. Der Eurotunnel wurde 1994 eröffnet und ist 50,4 km lang.

c) Der 1871 erbaute, 13,7 km lange Mont-Cenis-Tunnel an der französisch-italienischen Grenze ist der älteste Eisenbahntunnel der Welt.

d) Der erste, etwa 15 km lange Eisenbahntunnel unter dem Schweizer Sankt-Gotthard-Massiv, der Luzern mit Mailand verbindet, wurde bereits 1881 in Betrieb genommen. Seit 1980 führt auch ein Straßentunnel durch das Bergmassiv, der den Autoverkehr seitdem das gesamte Jahr hindurch möglich macht. 1993 wurde mit dem Bau eines zusätzlichen Doppeltunnels für den Bahnverkehr begonnen, der von Bodio im Tessin nach Erstfeld im Kanton Uri führt und mit 57 km der längste Tunnel der Welt ist.

Wer oder was war „Lucy"?

- a) das erste geklonte Schaf
- b) das erste Retortenbaby
- c) ein menschliches Fossil
- d) der erste Hund im Weltall

a) 1997 gelang es dem Briten Ian Wilmut (geb. 1944), ein erwachsenes Schaf zu klonen. Dabei verpflanzte er den Zellkern einer Hautzelle aus dem Euter eines Schafes in die unbefruchtete Eizelle eines anderen Schafes und ließ diese Eizelle von einem dritten Schaf austragen. Dieses Lamm erhielt den Namen Dolly.

b) Das erste Retortenbaby, also das erste durch künstliche Befruchtung im Reagenzglas (In-vitro-Fertilisation) gezeugte Kind, war Louise Brown, die am 25. Juli 1978 in England zur Welt kam.

c) 1974 entdeckten die Paläontologen Yves Coppens (geb. 1934), Timothy White (geb. 1950) und Donald Johanson (geb. 1943) in Äthiopien ein 3,2 Mio. Jahre altes Skelett eines Australopithecus afarensis, einer Übergangsform vom Affen zum Menschen. Sie nannten das Skelett Lucy nach dem Beatles-Song *Lucy in the Sky with Diamonds*. Der Fund war eine wissenschaftliche Sensation, da noch 40 % der Knochen erhalten waren. Man konnte das Skelett einer etwa 1,10 m großen, erwachsenen Frau rekonstruieren, die bereits aufrecht ging, die aber immer noch Merkmale des Affen hatte.

d) Am 3. November 1957 schickte die Sowjetunion mit Sputnik 2 ihren zweiten Satelliten in den Weltraum. An Bord war das erste Lebewesen im Weltall: die Hündin Laika, die die Reise jedoch nicht überlebte.

Wann wurde in Deutschland die erste Eisenbahnlinie für den Personenverkehr in Betrieb genommen?

- a) 1804
- b) 1825
- c) 1835
- d) 1838

a) Im Jahr 1804 baute der Engländer Richard Trevithick (1771–1833) die erste Dampflokomotive, die in Südwales in einem Bergwerk erstmals auf Eisenschienen mit einer Höchstgeschwindigkeit von 30 km/h für kurze Zeit im Einsatz war.

b) 1825 wurde in England auf der Stecke von Stockton nach Darlington die erste öffentliche Eisenbahnlinie in Betrieb genommen, die jedoch zunächst nur Güter transportierte, aber bald auch für den Personenverkehr geöffnet wurde. Erstmals wurden auf Betreiben von George Stephenson (1781–1848) gewalzte anstelle von gegossenen Eisenschienen verwendet, die eine weitaus höhere Tragfähigkeit hatten.

Dampflok von Stephenson

c) Seit 1835 gibt es auch in Deutschland eine Eisenbahnlinie: Am 16. November fuhr erstmals der legendäre „Adler" auf der Strecke zwischen Nürnberg und Fürth, am 7. Dezember nahm er offiziell den Betrieb auf. Auch diese Lokomotive stammte aus der Fabrik von George Stephenson, wurde in Einzelteilen nach Nürnberg transportiert und dort zusammengesetzt.

d) 1838 wurde auf der Linie Leipzig – Dresden die erste deutsche Fernstrecke eröffnet.

Wann fand die erste Mondlandung statt?

- a) 1957
- b) 1959
- c) 1966
- d) 1969

Wer entdeckte den Impfstoff gegen die Pocken?

- a) Ignaz Semmelweis
- b) Ferdinand Sauerbruch
- c) Edward Jenner
- d) Joseph Lister

a) Am 4. Oktober 1957 startete der erste künstliche Weltraumsatellit Sputnik 1 auf seine Umlaufbahn um die Erde.

b) 1959 erreichten erstmals Bilder von der Rückseite des Mondes die Erde, die von der sowjetischen Sonde Luna 3 aufgenommen wurden.

c) Auch 1966 war die UdSSR den Amerikanern wieder einen Schritt voraus, als ihr mit der Sonde Luna 9 die erste weiche Mondlandung (die erste Landung, ohne dass die Sonde dabei zerstört wurde) gelang.

Neil Armstrong auf dem Mond

d) Am 20. Juli 1969 landete die US-amerikanische Mondlandefähre Eagle auf dem Mond. Neil Armstrong (geb. 1930) war der erste Mensch, der am 21. Juli um 3:56:20 Uhr MEZ den Mond betrat, er sprach die legendären Worte: „Ein kleiner Schritt für einen Menschen, ein gewaltiger Sprung für die Menschheit!" Ihn begleitete Edwin Aldrin (geb. 1930), während die Apollo-11-Kapsel mit dem dritten Besatzungsmitglied Michael Collins (geb. 1930) in der Umlaufbahn um den Mond blieb. Das Apollo-Programm war das Raumfahrtprogramm der NASA, dessen Ziel bemannte Flüge zum Mond waren. 1972 endete das Apollo-Programm mit der Apollo 17, insgesamt betraten zwölf Menschen in sechs Missionen den Mond (Apollo 13 musste vor der Mondlandung abgebrochen werden).

a) Der Ungar Ignaz Semmelweis (1818–65) entdeckte die bakterielle Infektion aufgrund mangelnder Hygiene als Ursache des Kindbettfiebers und führte gegen den Widerstand seiner Kollegen das Händewaschen mit gechlortem Kalk vor jeder Untersuchung ein. Er senkte die Sterblichkeitsrate um mehr als 90 % und wurde so zum „Retter der Mütter".

b) Der deutsche Chirurg Ferdinand Sauerbruch (1875–1951) entwickelte das Druckdifferenzverfahren in der Lungenchirurgie, eine Unterdruckkammer für Lungenoperationen. Außerdem erfand er eine Prothese, die durch die eigenen Muskeln bewegt werden konnte.

c) Der britische Arzt Edward Jenner (1749–1823) entdeckte, dass Menschen, die schon einmal an den relativ harmlosen Kuhpocken erkrankt waren, immun gegen die Pocken (Variola) waren. 1796 impfte er einen achtjährigen Jungen mit dem Kuhpockenvirus. Als die Krankheit ausgeheilt war, infizierte er ihn mit dem Pockenvirus, was aber keinerlei Auswirkungen hatte.

d) Der britische Chirurg Sir Joseph Lister (1827–1912) führte den Gebrauch von Antiseptika, infektionshemmenden Mitteln, bei Operationen ein und konnte so die Entzündung der Operationswunden durch die Desinfektion von Instrumenten und Wunden drastisch reduzieren.

Wem gelang der erste motorisierte Flug?

- a) den Brüdern Montgolfier
- b) Otto Lilienthal
- c) den Brüdern Wright
- d) Charles Lindbergh

a) 1783 stiegen die Brüder Etienne (1745–99) und Michel (1740–1810) de Montgolfier mit ihrem Heißluftballon zum ersten Mal in die Luft. Sie erreichten eine Höhe von 1000 m und blieben dort 25 Minuten, bevor sie vor 440.000 jubelnden Zuschauern wieder sicher zur Erde zurückkehrten.

b) 1891 gelang dem deutschen Ingenieur Otto Lilienthal (1848–96) in Brandenburg mit seinem „Derwitzer Apparat" mit einer Flügelspannweite von 7,6 m der erste sichere Gleitflug der Welt. Er überwand dabei mit seiner Methode „Vom Sprung zum Flug" eine Strecke von 25 m.

c) Am 17. Dezember 1903 starteten die Brüder Orville (1871–1948) und Wilburg (1867–1912) Wright in Kitty Hawk in North Carolina zum ersten motorisierten Flug der Geschichte. Der Flug des von einem zwölf PS starken Motors angetriebenen Doppeldeckers war allerdings nach 37 m bereits wieder vorbei, doch endete er nicht mit einem Absturz, sondern mit einer sicheren Landung.

d) Am 27. Mai 1927 gelang dem amerikanischen Flugpionier Charles A. Lindbergh (1902–74) der erste Nonstop-Alleinflug über den Atlantischen Ozean. Mit seiner einmotorigen Maschine „Spirit of St. Louis" flog er die 5810 km lange Strecke von Long Island nach Paris in 33 Stunden und 30 Minuten.

Welches ist die längste Hängebrücke der Welt?

- a) die Golden Gate Bridge bei San Francisco
- b) die Storebelt-Brücke in Dänemark
- c) die Akashi-Kaikyo-Brücke in Japan
- d) die Brooklyn Bridge in New York

a) Die Golden Gate Bridge, die seit 1937 die Bucht von San Francisco überspannt, ist zwischen ihren Pfeilern 1280 m lang und eines der berühmtesten Wahrzeichen Kaliforniens.

Golden Gate Bridge

b) Die 1998 eröffnete Storebelt-Brücke ist mit einer Spannweite von 1624 m die zweitlängste Hängebrücke der Welt. Sie führt über den großen Belt in der Ostsee und verbindet die dänischen Inseln Fünen und Seeland.

c) Die 3911 m lange Akashi-Kaikyo-Brücke verbindet die japanische Insel Awaji mit der Hafenstadt Kobe. Die Spannweite zwischen ihren Pfeilern beträgt 1991 m. Sie ist damit die längste Hängebrücke der Welt. Sie wurde am 5. April 1998 für den Verkehr geöffnet.

d) Als die von John Roebling (1806–69) konstruierte Brooklyn Bridge in New York 1883 eröffnet wurde, war sie die größte Hängebrücke der Welt. Sie führt über den East River und verbindet die Stadtteile Manhattan und Brooklyn. Roebling hatte auch 1846 die weltweit erste Stahlhängebrücke mit großer Spannweite (307,9 m) über den Ohio in West Virginia erbaut.

Welche dieser Vorsilben bei einer Größenangabe bezeichnet die kleinste Größe?

- a) Nano
- b) Dezi
- c) Femto
- d) Tera

a) Die Vorsilbe „Nano" (n) vor einer Maßeinheit entspricht dem Multiplikationsfaktor 10^{-9}. 1 nm (ein Nanometer) = 10^{-9} m = 0,000.000.001 m. Unser Zahlensystem, das als Dezimalsystem auf der Grundeinheit 10 aufgebaut ist, macht es möglich, dass besonders große und besonders kleine Zahlen durch Zehnerpotenzen vereinfacht ausgedrückt werden können.

b) „Dezi" (d) (vom lateinischen „decimus" für „der zehnte (Teil)") entspricht dem Multiplikationsfaktor 10^{-1}. 1 dm (ein Dezimeter) = 10^{-1} m = 0,1 m.

Enrico Fermi

c) Die Vorsilbe „Femto" (f) bezeichnet das 10^{-15}-fache eines Wertes. 1 fm (ein Femtometer) = 10^{-15} m = 0,000.000.000.000.001 m. In der Kernphysik spricht man auch von der Einheit Fermi, benannt nach dem Kernphysiker Enrico Fermi (1901–54). Der Vorsatz für den kleinsten gebräuchlichen Multiplikationsfaktor ist allerdings „Atto" (a) für 10^{-18}. Sein Gegenstück ist „Exa" (E), das mit 10^{18} den Multiplikationsfaktor 1.000.000.000.000.000.000 vereinfacht darstellt.

d) „Tera" (T) bezeichnet einen der größten gebräuchlichen Multiplikationsfaktoren. 1 Tm (ein Terameter) = 10^{12} m = 1.000.000.000.000 m.

Wer entdeckte die Zahl Pi?

- a) die Chinesen
- b) Archimedes
- c) Ferdinand von Lindemann
- d) Leonhard Euler

a) Im Jahr 190 wurde in China die Zahl Pi bis auf fünf Stellen hinter dem Komma berechnet: Man erhielt den Wert 3,14159.

b) Bereits Archimedes (285–212 v. Chr.) kannte die Zahl Pi. Er berechnete, dass der Umfang eines Kreises mit dem Durchmesser von 1 m zwischen 3 10/70 m und 3 10/71 m liegt, und berechnete mithilfe dieses Wertes auch die Kreisfläche.

c) Der deutsche Mathematiker Ferdinand von Lindemann (1852–1939), der auch am Aufbau des Deutschen Museums in München beteiligt war, entdeckte 1882 als Erster, dass es sich bei der Kreiszahl Pi um eine transzendente bzw. irrationale Zahl handelt, dass es sich also um eine Zahl mit unendlich vielen Stellen hinter dem Komma handelt. Lindemann bewies damit, dass die Quadratur des Kreises nicht möglich ist. Durch die Taylorreihenentwicklung kann Pi jedoch beliebig genau berechnet werden. Bereits 2002 wurde sie von einem Verbund von Hochleistungsrechnern bis auf 1,24 Billionen Stellen hinter dem Komma berechnet.

d) Der griechische Buchstabe Pi wurde zur Bezeichnung der Kreiszahl erstmals 1706 von dem englischen Mathematiker William Jones (1675–1749) verwendet. Allgemein gebräuchlich wurde die Bezeichnung jedoch erst seit ihrer Verwendung durch den Schweizer Leonhard Euler (1707–83).

Wer erfand den Blitzableiter?

- a) Michael Faraday
- b) Benjamin Franklin
- c) Alessandro Volta
- d) Werner von Siemens

Wer war der erste Mensch im All?

- a) Wladimir Titow
- b) Neil Armstrong
- c) Jurij Gagarin
- d) Alexej Leonow

a) Der englische Naturforscher Michael Faraday (1791–1867) baute 1831 den ersten Stromgenerator. Außerdem entdeckte er 1836 die Wirkung des sogenannten faradayschen Käfigs: Wird ein Objekt vollständig von einem Mantel aus Blech oder von Maschendraht umgeben, so ist es dadurch gegen den Einfluss elektrostatischer Felder von außen geschützt. Auch ein Mensch ist in einem Auto sicher, wenn dieses vom Blitz getroffen wird.

b) Der amerikanische Politiker und Schriftsteller Benjamin Franklin (1706–90), der u. a. an der Unabhängigkeitserklärung und an der Verfassung der USA mitarbeitete, erfand 1752 den Blitzableiter. Während eines Gewitters hatte er einen Drachen steigen lassen, an dessen Schnur er in Bodennähe einen Schlüssel gebunden hatte. Als der Blitz dann in den Drachen einschlug, wurde die Elektrizität direkt in den Boden abgeleitet, Franklin selbst blieb unversehrt.

c) Der Italiener Alessandro Volta (1745–1827) entdeckte, dass verschiedene in einem Säurebad übereinanderliegende Metallplatten elektrischen Strom erzeugen, und entwickelte 1799 so die erste Batterie.

d) Werner von Siemens (1816–92) baute u. a. 1866 den ersten Dynamo und schuf damit die Voraussetzungen für die Starkstromtechnik.

a) Als die beiden Russen Wladimir Titow (geb. 1947) und Mussa Manarow (geb. 1951) am 21. Dezember 1988 von der Raumstation Mir auf die Erde zurückkehrten, hatten sie ein ganzes Jahr im Weltraum verbracht. Sie waren nicht die ganze Zeit allein, sondern bekamen auch Besuch von anderen Raumschiffbesatzungen.

b) Der US-amerikanische Astronaut Neil Armstrong (geb. 1930) betrat 1969 als erster Mensch den Mond.

c) Der sowjetische Kosmonaut Jurij Gagarin (1934–68) war der erste Mensch im Weltall. Am 12. April 1961 flog er in der Wostok 1 in den Weltraum und umkreiste mit einer Geschwindigkeit von 27.400 km/h die Erde in einer Stunde und 48 Minuten. Gagarin wurde als Held gefeiert, dennoch blieb es bei diesem einen Weltraumeinsatz. Er kam beim Absturz eines Testflugzeugs ums Leben.

Jurij Gagarin

d) Am 18. März 1965 unternahm der Russe Alexej Leonow (geb. 1934) den ersten „Weltraumspaziergang". Während Pawel Beljajew (1925–70) an Bord der Woschod 2 blieb, die 17-mal die Erde umrundete, stieg Leonow für 12 Minuten aus, blieb aber durch einen Luftschlauch mit seinem Schiff verbunden. Bei der Rückkehr an Bord hatte er gewisse Schwierigkeiten, da sich sein Raumanzug ausgedehnt hatte.

Wer erfand als Erster den pneumatischen Reifen?

- a) Charles Goodyear
- b) Robert William Thomson
- c) John Boyd Dunlop
- d) André und Edouard Michelin

Kautschukgewinnung

a) 1839 entwickelte der amerikanische Chemiker Charles Goodyear (1800–60) das Vulkanisationsverfahren für Kautschuk. Dabei wird der von Natur aus bei Kälte spröde und bei Hitze klebrige Kautschuk zusammen mit Schwefel stark erhitzt und erhält so die gewünschte Konsistenz. Die Vulkanisation ist auch heute noch Grundlage der Gummiindustrie.

b) 1845 erfand der Schotte Robert William Thomson (1822–73) den luftgefüllten Reifen. Doch seine Erfindung kam zu früh: Es gab noch keine Autos und kaum Fahrräder, und die Produktionskosten waren noch zu hoch.

c) 1888 erfand der schottische Tierarzt John Boyd Dunlop (1840–1921) den pneumatischen Reifen zum zweiten Mal, um seinem Sohn das Dreiradfahren bequemer zu machen. Er wusste nicht, dass diese Idee bereits 43 Jahre früher als Patent angemeldet worden war. 1889 gründete er bereits sein erstes Reifenwerk in Dublin.

d) 1895 bauten die Brüder André (1853–1931) und Edouard Michelin (1859–1940) in ihrer 1889 gegründeten Kautschuk-Fabrik den „Eclair" („Blitz"), das erste Auto, das standardmäßig mit relativ leicht zu demontierenden Luftreifen ausgestattet war.

Welches Material ist nicht tierischen Ursprungs?

- a) Schellack
- b) Kork
- c) Seide
- d) Elfenbein

a) Schellack wird aus den Ausscheidungen der ost- und hinterindischen Schildläuse gewonnen. Die ersten Schallplatten wurden aus Schellack gefertigt, heute verwendet man es vorwiegend bei der Herstellung von Lacken, Firnissen und Polituren.

b) Kork wird aus der abgestorbenen Borke der vor allem im westlichen Mittelmeerraum verbreiteten Korkeiche gewonnen. Erstmals werden die Bäume in einem Alter von 15–20 Jahren geschält, daraufhin etwa alle zehn Jahre, wobei der Kork bei jeder Schälung feiner strukturiert ist. Die lebende innere Rinde bleibt bei der Ernte unverletzt.

c) Seide wird von der Seidenraupe gewonnen. Es handelt sich dabei um den Faden, den die Raupe des Seidenspinners produziert, wenn sie sich in ihren Kokon einspinnt, wenn ihre Metamorphose zu einem Schmetterling beginnt. Jahrhundertelang wurde das Geheimnis ihrer Herstellung von den Chinesen unter Androhung der Todesstrafe gehütet, bis es der Sage nach einem italienischen Mönch gelang, im Inneren seines Spazierstockes ein paar Seidenspinnerkokons nach Europa zu schmuggeln.

d) Elfenbein ist das Material der Stoßzähne von Elefanten, Walrossen, Nilpferden und Narwalen, das seit der Antike vor allem für das Schnitzen von Kleinplastiken verwendet wird.

Wer erfand die Dampfmaschine?

- a) Giovanni Branca
- b) Carl Gustav Patrick de Laval
- c) James Watt
- d) Thomas Newcomen

a) Der italienische Architekt und Ingenieur Giovanni Branca (1571–1645) erfand schon 1629 die Dampfturbine: In einem wassergefüllten Kessel wird Wasserdampf erzeugt, der über ein blasrohrartiges Mundstück auf ein Schaufelrad trifft und es in Bewegung setzt. Die meisten Erfindungen sind letztendlich nicht die Idee eines einzigen Menschen, sondern entstehen durch die Kombination und Weiterentwicklung bereits bestehender Erfindungen.

b) 1889 wurde die erste technisch nutzbare Dampfturbine von dem Schweden Carl Gustav Patrick de Laval (1845–1913) gebaut.

c) Seit 1756 arbeitete der englische Ingenieur James Watt (1736–1819) an der Verbesserung der Newcomen-Dampfmaschine. Er entwickelte die Dampfmaschine mit getrenntem Kondensator, verbesserte die Vakuumqualität und ließ sich 1769 seine Methoden der Dampf- und Treibstoffreduzierung patentieren. Deshalb wird er oft als Erfinder der Dampfmaschine angesehen.

d) Der Engländer Thomas Newcomen (1663–1729) baute 1705–12 die erste brauchbare Dampfmaschine. Ihre Leistung hing dabei nicht von der Höhe des Drucks, sondern von der Größe des Zylinders ab. Newcomen griff dabei auch auf Ideen von Denis Papin (1647–1712) und Thomas Savery (1650–1715) zurück.

Was ist C_2H_5OH ?

- a) Kochsalz
- b) Pottasche
- c) Formaldehyd
- d) Alkohol

a) Kochsalz (Natriumchlorid, NaCl) ist ein lebenswichtiger Mineralstoff (Tagesbedarf ca. 5 Gramm), da die Natriumionen in den Nervenbahnen für die Weiterleitung der Erregungen verantwortlich sind.

b) Pottasche (Kaliumkarbonat, K_2CO_3) wird genau wie Hirschhornsalz (Ammoniumhydrogenkarbonat) vor allem bei Honigkuchengebäck als Backtriebmittel verwendet, da Honigteig möglichst mehrere Tage ruhen soll und die Treibkraft dieser zwei Mittel erst bei Temperaturen über 60° C zur Geltung kommt.

c) Ein Formaldehydmolekül (CH_2O) besteht aus einem Kohlenstoffatom, zwei Wasserstoffatomen und einem Sauerstoffatom. In Form von wässrigen Lösungen wird Formaldehyd als Konservierungsstoff verwendet.

d) Die chemische Formel des vom Menschen konsumierten Alkohols (Äthylalkohol oder Ethanol) lautet C_2H_5OH. Er entsteht durch die Gärung von zuckerreichem Getreide, Obst oder auch Kartoffeln durch das Einwirken bestimmter Hefepilze. Alle Alkoholarten (dazu gehören u. a. auch Methanol, Butanol und Propanol) sind Kohlenwasserstoffe, bei denen jeweils ein Wasserstoffatom H durch eine OH-Gruppe (eine funktionale Hydroxylgruppe, die letztendlich verantwortlich für den flüssigen Aggregatzustand des Ethanols ist) ersetzt wurde.

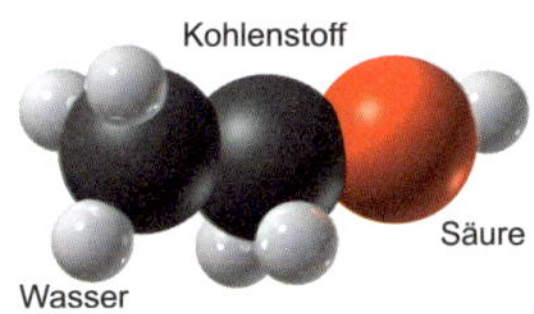

Molekülformel von Alkohol

Was sind keine Tiere?

- a) Schwämme
- b) Muscheln
- c) Nacktsamer
- d) Korallen

a) Die Schwämme (Porifera) sind auf dem Untergrund festsitzende Tiere, die zu den Gewebelosen gehören. Sie sind die ältesten vielzelligen Organismen der Welt, die ältesten Funde stammen aus dem Präkambrium vor 600 Mio. Jahren. Heute sind sie in allen Gewässern außer der Antarktis heimisch, im Süß- und Salzwasser ebenso wie im seichten Küstengewässer bis hinunter in die Tiefsee. Sie erreichen eine Größe von wenigen Millimetern bis zu 3 m.

b) Muscheln gehören zu den Weichtieren. Ihr Körper wird durch zwei Kalkschalen geschützt, ihre Atmung erfolgt durch Kiemen.

Föhrenzweig

c) Nacktsamer (Gymnospermae) sind eine Abteilung der Samenpflanzen. Sie werden in nadelblättrige und fiederblättrige Nacktsamer unterteilt. Sie haben getrenntgeschlechtliche Blüten und werden vorwiegend vom Wind bestäubt. Heute gibt es nur noch etwa 570 bekannte Arten, zu denen u. a. die Nadelholzgewächse gehören.

d) Korallen sind Hohltiere, die sich von Plankton ernähren. Ihre Skelette bestehen aus Kalk, sind mit dem Meeresgrund fest verwachsen und bilden nach ihrem Absterben Riffe oder Inseln.

Welche Farbe wurde früher aus Pflanzen hergestellt?

- a) Gelb
- b) Zinnoberrot
- c) Purpurrot
- d) Ultramarinblau

a) In der Antike und auch noch im Mittelalter waren gefärbte Stoffe Luxusgüter, da die Farbstoffe mit großem Aufwand aus Pflanzen, Tieren oder Mineralstoffen gewonnen werden mussten. Gelbe Farbe lieferte in erster Linie die aus dem Orient nach Mitteleuropa eingeführte Färberdistel (Saflor), außerdem die Färberkamille. Weitere pflanzliche Farben sind das Indigoblau, das aus verschiedenen tropischen Pflanzen gewonnen werden kann, und Henna.

b) Zinnoberrot wird aus Cinnabarit, einem Mineral vulkanischen Ursprungs, hergestellt.

c) Es gibt auch Farben, deren Ursprung tierischer Natur ist. Der kostbarste Farbstoff der Welt war und ist das Purpurrot, das aus den Drüsen der Purpurschnecke gewonnen wird. Es wurde bereits von den Phöniziern entdeckt, im Mittelalter war es die Farbe von Königen, Kaisern und Kardinälen. Zur Gewinnung von 1 g Purpur benötigte man nahezu 10.000 Schnecken. Heute kann es synthetisch hergestellt werden. Ein anderer bekannter tierischer Farbstoff ist Sepia, ein schwärzlich graues Pigment aus dem Sekret des Tintenfisches, das seit dem 18. Jh. vor allem für Federzeichnungen verwendet wird.

d) Ultramarinblau wurde aus dem auch als Schmuckstein beliebten Lapislazuli hergestellt.

Was ist Scheidewasser?

- a) Batteriewasser
- b) Königswasser
- c) Absinth
- d) Salpetersäure

a) Unter Batteriewasser oder Deionat versteht man Wasser, das durch Ionenaustauscher von den im normalen Wasser vorkommenden Mineralien (Salzen und Ionen) gereinigt wurde und vor allem als technischer Betriebsstoff bzw. auch als Lösungsmittel verwendet wird.

b) Königswasser ist ein Gemisch aus drei Teilen konzentrierter Salzsäure und einem Teil konzentrierter Salpetersäure. Es ist eine gelblich braune Flüssigkeit, die aufgrund ihrer hohen Oxidationskraft durch den Gehalt an freiem Chlor und Nitrosylchlorid auch die „königlichen Metalle" Gold und Platin auflöst. Silber bleibt dagegen zurück. Bei normalen Temperaturen sind diese Komponenten nicht lange stabil, Königswasser wird deshalb erst direkt vor seiner Verwendung hergestellt.

c) Absinth ist ein alkoholisches Getränk aus Wermut, Anis und anderen Kräutern mit etwa 68 % Alkohol. Das im Wermutöl enthaltene Nervengift kann bei Überschreiten des zulässigen Wertes zu Krämpfen und Degenerationserscheinungen führen.

d) Salpetersäure ist ein Gemisch aus Salpeter (Kaliumnitrat), Alaun (Kaliumaluminiumsulfat) und grünem Vitriol (Eisensulfat) und wird aufgrund seiner Fähigkeit, fast alle Metalle außer Gold und Platin zu lösen, auch Scheidewasser genannt. Man verwendet es vor allem, um Gold von Silber zu trennen.

Mit welcher Formel kann man die Fläche eines Kreises berechnen?

- a) $F = a \cdot b$
- b) $F = \pi \cdot r^2$
- c) $F = (g \cdot h) : 2$
- d) $F = ((a + b) : 2) \cdot h$

a) Die einfachste geometrische Fläche (F), die des Rechtecks oder des Quadrats, wird mit der Formel $a \cdot b$ berechnet: Sie ist das Produkt der beiden in einem rechten Winkel aufeinanderstehenden Seiten a und b.

b) Der entscheidende Faktor für die Berechnung eines Kreises oder eines Kreisausschnitts ist die unveränderliche Zahl Pi (π). Sie hat den Wert 3,14159... und ist ein unendlicher, nicht periodischer Dezimalbruch. Pi wurde bereits von Archimedes entdeckt und gibt die Länge eines Kreises an, dessen Radius $r = 0{,}5$ bzw. dessen Durchmesser $d = 1$ ist.

Archimedes

c) Um die Fläche eines Dreiecks zu berechnen, errichtet man auf einer der Seiten (g) (oder ihrer Verlängerung) im rechten Winkel eine Linie (h), die im gegenüberliegenden Winkel mündet. Multipliziert man beide miteinander und halbiert dann den errechneten Wert, erhält man die Fläche des Dreiecks.

d) Für die Berechnung einer Trapezfläche errichtet man auf der Grundlinie a im rechten Winkel eine Linie (h), die die Höhe bis zur parallelen Linie b misst. Dann multipliziert man h mit der Hälfte der Summe von a und b.

Wann wurde der Kompass erfunden?

- a) vor 5000 Jahren
- b) vor 2000 Jahren
- c) im 12. Jh.
- d) 1731

a) Vor etwa 5000 Jahren wurde in Ägypten das Steuerruder entwickelt, das am Heck eines Schiffes befestigt war und mit dem man den eingeschlagenen Kurs halten oder ihn durch Verstellen des Ruders ändern konnte.

b) Bereits vor etwa 2000 Jahren sollen die Chinesen beobachtet haben, dass eine Nadel aus magnetischem Eisen, wenn sie frei beweglich montiert wurde, immer nach Norden zeigte. Sie befestigten sie auf einer Scheibe aus Kork und ließen sie in einem Gefäß mit Wasser schwimmen: Der erste Kompass war entstanden. So konnten sie unabhängig von der Wetterlage und von der Beobachtung der Sterne den gewünschten Kurs beibehalten.

Kompass

c) Im 12. Jh. gelangte die Erfindung der Chinesen nach Europa. Erstmals belegt ist die Benutzung des Kompasses durch Hugnes de Bercy im Jahr 1190.

d) 1731 erfand der Engländer John Hadley (1682–1744) den Oktanten, ein Gerät, das durch die Messung von Winkelabständen von Gestirnen und ihrer Höhe über dem Horizont die Bestimmung der exakten Position auf der Karte ermöglicht. Dies war eine wichtige Erfindung für die Seefahrt, da nicht nur die Fahrtrichtung wichtig ist, sondern auch die Bestimmung der jeweiligen Position.

Was ist kein pflanzlicher Stoff?

- a) Sisal
- b) Polyester
- c) Viskose
- d) Latex

a) Sisal ist eine Hartfaser mit hoher Reißfestigkeit, die aus den Blättern der in Brasilien, Mexiko, Ostafrika und Indonesien heimischen Sisalagave gewonnen wird. Es wird vor allem für Teppiche, Matten und Seile verwendet.

b) Polyester gehört zu den vollsynthetischen Faserstoffen und wird im Schmelzspinnverfahren aus Diglykolterephthalat, einer Verbindung aus organischer Terephthalsäure und Ethylenglykol, hergestellt. Polyesterfasern sind auch in nassem Zustand zu 100 % fest und haben eine hohe Laugen- und Säurebeständigkeit, sie übertreffen alle anderen synthetischen Fasern in ihrer Elastizität, vor allem in ihrem Rückfederungsvermögen.

c) Viskose ist eine Chemiefaser, die aus natürlichen Polymeren (Faserbestandteilen) hergestellt wird, seine Grundsubstanz ist Zellulose. Chemiefasern werden im Gegensatz zu natürlichen Fasern nicht durch natürliche Prozesse hergestellt, sondern durch künstliche (z. B. durch Lösen in verdünnter Natronlauge). Es gibt Chemiefasern aus natürlichen (Acetat, Triacetat u. a.) und aus synthetischen Polymeren (Polyamid, Elasthan u. a.).

d) Latex ist der weiße Milchsaft, der durch das Anritzen der aus Südamerika stammenden Kautschukbäume gewonnen wird und durch Vulkanisation zu Gummi weiterverarbeitet werden kann.

Wer erfand das Fließband?

- a) Louis Braille
- b) Henry Ford
- c) Wilhelm Bunsen
- d) James Dewar

a) Der französische Blindenlehrer Louis Braille (1809–52) entwickelte die weltweit verwendete Blindenschrift, bei der Buchstaben und Zahlen durch die Kombination von höchstens sechs erhöhten Punkten dargestellt werden. Braille selbst war mit drei Jahren erblindet und wurde auch als Organist und Cellist bekannt.

b) 1903 gründete der amerikanische Industrielle Henry Ford (1863–1947) die Ford Motor Company, die er durch die Anwendung der neuesten technischen und wirtschaftlichen Methoden zu einem der größten Automobilkonzerne der Welt machte. Entscheidend für seine Rationalisierungsmaßnahmen war dabei vor allem die Erfindung des Fließbandes 1913, wodurch sein Model T zum Verkaufsschlager wurde. Bis 1927 gingen allein über 15 Mio. „Tin Lizzies“ vom Band.

c) 1855 erfand Robert Wilhelm Bunsen (1811–99) den nach ihm benannten Bunsenbrenner. Dies ist ein Gasbrenner, mit dem man besonders heiße Flammen (bis zu 1500° C) herstellen kann. Er besteht aus einem kurzen, senkrechten Metallrohr, in dem sich das durch eine Düse einströmende Gas mit einem durch eine verstellbare Manschette regulierbaren Luftstrom vermischt. Die entstehende bläuliche Flamme ist rußfrei.

d) 1892 erfand Sir James Dewar (1842–1923) die Thermosflasche.

Welche Wellenlänge hat sichtbares Licht?

- a) unter 5 nm
- b) 380 – 780 nm
- c) 780 nm – 1 mm
- d) 10 cm – 100 km

a) Mit unter 5 nm bilden die Gammastrahlen das kurzwellige Ende des elektromagnetischen Spektrums. Sie haben die höchsten Frequenzen und die meiste Energie und entstehen bei radioaktiven Vorgängen.

b) Unter Licht versteht man den sichtbaren Teil der elektromagnetischen Strahlung. Vom menschlichen Auge kann ein Wellenbereich von 380–780 nm wahrgenommen werden, wobei die unterschiedlichen Wellenlängen jeweils verschiedenen Farbwahrnehmungen entsprechen. Das weiße Sonnenlicht ist aus diesen verschiedenen Wellen zusammengesetzt und kann mithilfe von Prismen in seine Spektralfarben zerlegt werden.

Sichtbarmachung der Spektralfarben

c) Auch die Infrarot- oder Wärmestrahlen gehören zu den elektromagnetischen Wellen. Sie schließen sich dem sichtbaren Licht am unteren Ende der roten Strahlen an und haben deshalb eine größere Wellenlänge zwischen 780 nm und 1 mm.

d) Radiowellen liegen am unteren Ende des elektromagnetischen Spektrums. Sie wurden 1880 erstmals von Heinrich Hertz (1857–94) künstlich erzeugt und haben eine Wellenlänge von 10 cm (Dezimeterwellen, Amateur- und Mobilfunkbereich) bis 10 (Langwellen) bzw. 100 km (Längstwellen).

Was war keine Erfindung von Otto von Guericke?

- ◯ a) Magdeburger Halbkugeln
- ◯ b) Magdeburger Wettermännchen
- ◯ c) Luftpumpe
- ◯ d) Quecksilberbarometer

a) 1650 führte der Magdeburger Bürgermeister Otto von Guericke (1602–86), der auch als „Galilei Deutschlands“ bekannt ist, seinen spektakulärsten Versuch mit den Magdeburger Halbkugeln durch: Er pumpte aus zwei kupfernen, zu einer Kugel zusammengesetzten Halbkugeln die Luft heraus. Durch den Luftdruck wurden sie so fest zusammengedrückt, dass es nicht einmal 16 auf beiden Seiten vorgespannten Pferden gelang, diese wieder auseinanderzureißen. Nachdem die Luft wieder hineingepumpt war, fielen die beiden Hälften jedoch von selbst auseinander. Die Halbkugeln, die einen Innendurchmesser von nur 374 mm haben, sind heute in der Universitätsbibliothek in Braunschweig ausgestellt.

b) Mit dem Magdeburger Wettermännchen, einem mit Wasser gefüllten, 2 m großen verschlossenen Barometer, konnte Guericke Luftdruckschwankungen messen, aufgrund derer er Unwetter vorhersagen konnte.

Evangelista Torricelli

c) 1649 erfand Guericke die Luft- und Vakuumpumpe.

d) Das Quecksilberbarometer wurde 1643 von Evangelista Torricelli (1608–47), einem der Vorbilder Guerickes, erfunden.

Welches Vitamin ist wichtig für die Sehkraft?

- ◯ a) Vitamin A
- ◯ b) Vitamin C
- ◯ c) Vitamin D
- ◯ d) Vitamin K

a) Vitamin A (Retinol) fördert die Eiweißsynthese und beeinflusst das Zellwachstum. Es ist vor allem in Leber und Eigelb enthalten, seine Vorstufe, das Betacarotin, ist auch in Karotten, Spinat und Petersilie vorhanden. Vitamin A ist Bestandteil des Sehpurpurs, Mangel führt hier zu Epithelschädigungen des Auges und zu Nachtblindheit. Der Bedarf liegt bei 0,9 Gramm pro Tag, bei Überversorgung kann es u. a. zu Erbrechen, Durchfall, Schleimhautblutungen führen. Schädigungen durch Überversorgung sind sonst nur noch bei Vitamin D2 bekannt.

b) Vitamin C (Ascorbinsäure) ist das Vitamin, von dem der Körper am meisten benötigt. Der Tagesbedarf liegt bei 75–80 Milligramm, empfohlen werden jedoch 100 Milligramm. Den höchsten natürlichen Vitamin-C-Gehalt haben die Früchte der südamerikanischen Camu-Camu-Frucht, er übertrifft den von Orangen um das 30-Fache. Es ist wichtig für den Aufbau des Bindegewebes, fördert den intermediären Stoffwechsel und stärkt die natürlichen Abwehrkräfte des Körpers.

c) Vitamin D kommt als pflanzliches (D2, Calciferol) und als tierisches Vitamin D (D3, Cholecalciferol) vor. Es fördert die Kalziumaufnahme und damit den Knochenaufbau.

d) Vitamin K (Phyllochinon) ist für die Blutgerinnung notwendig.

An welcher Legierung ist auch ein Nichtmetall beteiligt?

- a) Stahl
- b) Bronze
- c) Messing
- d) Weißmetall

a) Eine Legierung ist die Verbindung von mindestens zwei Metallen, denen auch kleinere Mengen von Nichtmetallen beigemischt sein können. Den Hauptbestandteil einer Legierung bezeichnet man als Grundmetall, die übrigen als Zusätze. Das Grundmetall von Stahl ist Eisen, dem je nach gewünschtem Härtegrad Kohlenstoff zugesetzt wird. Sind es mehr als 2 %, wird der Stahl spröde und als Gusseisen bezeichnet. Krupp-Baustahl oder dem hochkorrosionsbeständigen Krupp-V2A-Stahl sind neben 0,1–0,2 % Kohlenstoff auch Silicium, Mangan und Kupfer bzw. Chrom und Nickel zugesetzt.

b) Unter Bronze versteht man alle Legierungen von Kupfer mit anderen Metallen. Meist besteht sie aus 80–90 % Kupfer sowie aus Zinn, oft sind auch Zink, Silber oder Blei mit eingegossen. Zinn macht die Bronze außerordentlich verschleißfest und korrosionsbeständig. Da Legierungen einen niedrigeren Schmelzpunkt als ihre Einzelbestandteile haben, konnten bereits in der Bronzezeit (ca. 1.–3. Jt. v. Chr.) daraus Waffen und Gerätschaften hergestellt werden.

c) Messing kommt als Gelbguss, Weißguss und Tombak (unechtes Blattgold) vor. Kupfer und Zink sind jeweils Grundmetall bzw. Zusatz.

d) Weißmetall besteht aus über 70 % Blei sowie Antimon, Zinn und Kupfer.

Was ist der Fachbegriff für Pilzkunde?

- a) Paläontologie
- b) Entomologie
- c) Mykologie
- d) Ornithologie

a) Die Paläontologie ist die Wissenschaft von den Lebensformen vergangener Erdzeitalter, die anhand von Fossilien, vor allem in Form von in Sedimentgestein erhaltenen Organismenresten, erforscht werden.

b) Die Entomologie ist die Insektenkunde. Das Wort leitet sich vom griechischen „entomon" („das Eingeschnittene") her.

c) Mykologie ist die Wissenschaft von den Pilzen. Pilze sind chlorophyllfreie Organismen, die sich meist heterotroph (von organischen Substanzen lebender oder toter Organismen) ernähren. Pilze vermehren sich ungeschlechtlich durch Sporen oder geschlechtlich. Bisher sind erst etwa 5 % (ca. 80.000 von 1,5 Mio.) der vermuteten Pilzarten wissenschaftlich beschrieben. Die Pilze werden gegliedert in Niedere Pilze (Schleimpilze, Algenpilze, Flagellatenpilze u. a.) und Höhere Pilze (Schimmelpilze, Ständerpilze, darunter auch Speisepilze und Pflanzenparasiten, Schlauchpilze u. a.). Heute werden die Pilze aufgrund genetischer und physiologischer Eigenschaften nicht mehr den Pflanzen zugerechnet, da sie u. a. keine Fotosynthese betreiben können.

d) Die Ornithologie ist die Lehre von den Vögeln.

Was ist kein natürlicher Aggregatzustand des Wassers?

- a) Wasserdampf
- b) Destillat
- c) Wasser
- d) Eis

a) Der Siedepunkt des Wassers, bei dem es sich ganz in Wasserdampf verwandelt, liegt bei 100° C, aber schon bei wesentlich niedrigeren Temperaturen beginnt es, zu verdunsten. Wasser ist die einzige chemische Verbindung, die auf natürliche Weise in allen drei Aggregatzuständen (fest, flüssig und als Gas) vorkommt.

b) Bei einem Destillat werden alle Zusatzstoffe wie Mineralien oder organische Stoffe künstlich aus dem Wasser entfernt.

c) Unter „Wasser“ verstehen wir den flüssigen Zustand des Wassers. Bei einer Temperatur von 4° C hat Wasser seine größte Dichte, hier entspricht ein Liter Wasser einem Kilogramm. Bei ansteigenden Temperaturen dehnt sich das Wasser aus und wird entsprechend leichter.

d) Bei 0° C wird das Wasser fest, es gefriert zu Eis. Hier zeigt sich die „Anomalie des Wassers“, denn Wasser ist der einzige Stoff, der sich auch bei abnehmender Temperatur ausdehnt. Als Eis hat Wasser beinahe 10 % mehr Volumen. Dies ist der Grund, warum im Winter Wasserleitungen und Wasserflaschen platzen. So ist außerdem der Überlebensraum vieler Tiere und Pflanzen gesichert, da das Wasser unter dem Eis erhalten bleibt.

Was ist keine Programmiersprache?

- a) Fortran
- b) ALGOL
- c) Plankalkül
- d) VisiCalc

a) Fortran („formula translator“, „Formel-Übersetzer“) ist die erste höhere Programmiersprache, die auch realisiert wurde. Sie wurde 1954–58 von dem Turing-Preisträger John Backus (1924–2007) für IBM entwickelt und ist vor allem für mathematische und technische Probleme geeignet.

b) ALGOL („algorithmic language“) ist eine Familie von Programmiersprachen, die ab den 1950er-Jahren besonders für den wissenschaftlichen Betrieb entwickelt wurden.

c) Plankalkül ist die erste höhere Programmiersprache der Welt. Sie wurde 1942–46 von Konrad Zuse (1910–95), dem Erfinder des ersten Computers, für ein Nachfolgemodell seines Rechners Z 3 entwickelt, wegen des Krieges jedoch nicht mehr ausgeführt. Im Jahr 2000 wurden die Entwürfe Zuses erstmals auf einem modernen Computer implementiert.

d) Mit VisiCalc entwickelten Daniel S. Bricklin (geb. 1951) und Bob Frankston (geb. 1949) 1979 die erste Software zur Tabellenkalkulation. Sie wurde zusammen mit dem Apple II-Computer verkauft, dem sie zu durchschlagendem Erfolg verhalf. Denn VisiCalc galt damals als sogenannte „Killerapplikation“, sie war eine Anwendung, die diesen Computer konkurrenzlos machte und sogar den Kauf eines neuen Computers rechtfertigte, da sie Kostenrechnung und Buchhaltung revolutionierte.

Wann gab es die ersten mechanischen Uhren?

- a) um 1200
- b) 1656
- c) 1840
- d) 1948

a) Um 1200 gab es die ersten mechanischen Uhren, die von einem Räderwerk angetrieben wurden. Den Wunsch, den Lauf der Zeit zu messen, gibt es seit vielen tausend Jahren. Zunächst verwendete man Uhren wie die Sanduhr oder Stundenkerzen, um den Ablauf einer bestimmten Zeitspanne zu messen. Die erste Uhr, von der man eine bestimmte Uhrzeit ablesen konnte, war die Sonnenuhr. Sie besteht aus einem Stab, der auf einer Platte mit Stundeneinteilung seinen Schatten wirft. Im Lauf des Tages wandert der Schatten und zeigt so die Uhrzeit an.

b) 1656 entwickelte Christiaan Huygens (1629–95) die Pendeluhr, um einen gleichmäßigen Gang der Uhren zu gewährleisten. Seine Uhren gingen erstmals auf fünf Minuten pro Tag genau, während frühere Uhren bis zu einer Stunde täglich vor- oder nachgestellt werden mussten.

c) Im Jahr 1840 entwickelte der Engländer Alexander Bain (1811–77) die erste elektrische Uhr.

d) 1948 baute Frank Libby (1908–80) die erste Atomuhr. Hier dient die Eigenschwingung eines Atoms oder Moleküls im Mikrowellenbereich zur Steuerung der Uhr, die so praktisch frei von äußeren Einflüssen ist. Die Zeitabweichung beträgt deshalb in 5 Mio. Jahren höchstens eine Sekunde. Verwendung finden vor allem das Ammoniakmolekül und Cäsium.

Woraus wird Glas hergestellt?

- a) aus Obsidian
- b) aus Grafit
- c) aus Quarzsand, Soda und Kalkstein
- d) aus Kaolin, Feldspat und Quarz

a) Obsidian ist ein vulkanisches Glas, das bei rascher Abkühlung von kieselsäurereichem Magma entsteht.

b) Grafit ist ein grauschwarzes, weiches Mineral aus reinem Kohlenstoff, das vor allem für die Herstellung von Bleistiften verwendet wird. Unter sehr hohem Druck und hohen Temperaturen können aus Grafit aber auch Industriediamanten hergestellt werden.

c) Die wichtigsten Bestandteile für die Herstellung von Glas sind Quarzsand, Soda und Kalkstein. Das Gemisch wird bei Temperaturen um die 1555° C geschmolzen und bei etwa 1000° C verarbeitet. Beim Abkühlen kristallisiert Glas nicht, sondern erstarrt langsam. Durch Zusätze von Arsentrioxyd, Salpeter u. a. wird es geläutert und entfärbt.

Glasbläser

d) Aus Kaolin, Feldspat und Quarz wird Porzellan hergestellt. Die Eigenschaften des Porzellans werden durch das Mischungsverhältnis und die Brenntemperatur bestimmt. Je größer der Kaolinanteil ist, desto härter wird das Porzellan. Porzellan ist eine chinesische Erfindung, deren Nachahmung dem deutschen Alchemisten Johann Friedrich Böttger (1682–1719) zu Beginn des 18. Jh. gelang.

Was ist der Hypothalamus?

- ◯ a) das Zentrum des vegetativen Nervensystems
- ◯ b) der rote Blutfarbstoff
- ◯ c) das Sonnengeflecht
- ◯ d) die Hauptschlagader

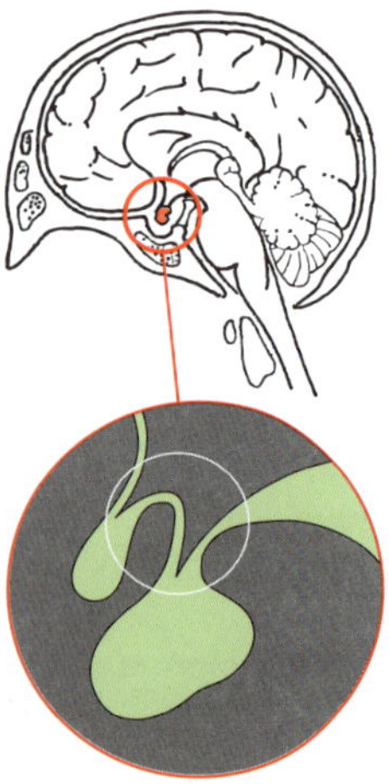

Hypothalamus

a) Der Hypothalamus ist das Zentrum des vegetativen Nervensystems. Er liegt im unteren Bereich des Zwischenhirns und steuert alle Körperfunktionen wie Atmung, Blutdruck, Fettstoffwechsel, Wasserhaushalt etc.

b) Der rote Blutfarbstoff der Wirbeltiere heißt Hämoglobin. Er ist aus einer farbgebenden Gruppe (Häm) und einem Eiweißanteil (Globin) zusammengesetzt. Seine Funktion im Körper ist der Transport von Sauerstoff von den Atemorganen zu den Geweben (u. a. zu den Muskeln), die Sauerstoff verbrauchen. Das menschliche Blut enthält 16 % Hämoglobin.

c) Das Sonnengeflecht oder Solarplexus ist das größte vegetative Nervenknotengeflecht beim Menschen. Es liegt auf der Vorderseite der Hauptschlagader unter dem Zwerchfell und kontrolliert vor allem den Magen-Darm-Bereich. Ein Schlag auf ihn kann zur Bewusstlosigkeit führen.

d) Die Hauptschlagader ist die Aorta. Sie ist die größte Arterie des menschlichen Körpers, hat einen Durchmesser von 2,5–3,5 cm und leitet das Blut von der linken Herzkammer zu den Körperorganen. Von ihr zweigen alle anderen Arterien ab.

Wem gelang die erste Herztransplantation?

- ◯ a) Michael Ellis DeBakey
- ◯ b) Christiaan Barnard
- ◯ c) John Gibbon
- ◯ d) Ludwig Rehn

a) Der Amerikaner Michael Ellis DeBakey (geb. 1908) ist zweifellos der bedeutendste Herzchirurg der Welt. Er entwickelte schon als Student Teile einer Herz-Lungenmaschine sowie Adern aus Kunststoff. Im Zweiten Weltkrieg regte er die Gründung chirurgischer Feldlazarette (Mobile Army Surgy Hospitals, M.A.S.H.s) an. Er entfernte als Erster den Kalkbelag aus einer Hauptschlagader und ersetzte den Aortenbogen. Auf ihn geht die Bypass-Operation zurück. 1964 setzte er das erste künstliche Herz ein. Noch im Alter von 90 Jahren leitete er die Bypass-Operation des russischen Präsidenten Boris Jelzin (1931–2007). Sogar die Anweisungen für seine eigene Herzoperation Anfang 2006 gab er selbst vor dem Eingriff. Auch heute noch arbeitet er an der Verbesserung künstlicher Herzen.

b) Dem südafrikanischen Arzt Christiaan Neethling Barnard (1922–2001) gelang am 3. Dezember 1967 mit einem 31-köpfigen Operationsteam die erste Herztransplantation.

c) 1953 führte John Gibbon (1903–73) die erste erfolgreiche Operation mithilfe einer Herz-Lungen-Maschine durch, durch die zeitweise eine künstliche Blutzirkulation von außerhalb des Körpers aufrechterhalten werden kann.

d) 1896 brachte Ludwig Rehn (1849–1930) eine Naht am menschlichen Herzen an.

Welcher Zug befährt die längste Eisenbahnstrecke der Welt?

- a) die Transsibirische Eisenbahn
- b) der Rocky Mountaineer
- c) der Canadian
- d) der Orient-Express

a) Die Transsibirische Eisenbahn verbindet die russische Hauptstadt Moskau mit Wladiwostok am Japanischen Meer. Sie überbrückt sieben Zeitzonen und ist mit 9289 km die längste Eisenbahnstrecke der Welt. Für die Fahrt braucht man auch heute noch acht Tage.

b) Der Rocky Mountaineer ist der einzige Personenzug, der heute noch, wenn auch nur von Ende Mai bis Oktober, durch den Banff-Nationalpark im Westen Kanadas fährt. Die Fahrt dauert zwei Tage, übernachtet wird in Hotels.

c) Die Canadian Pacific Railway (CPR) hat heute ein Schienennetz von 22.300 km Länge in Kanada und den USA, ihre Hauptstrecke ist der 4500 km lange „Canadian" zwischen Vancouver und Toronto. 1878 wurde mit dem Bau einer Kontinentalstrecke zwischen Montreal und Vancouver begonnen, nachdem Britisch-Kolumbien damit gedroht hatte, sich den USA anzuschließen, wenn es keine Anbindung an den Rest des Landes erhalten würde. Am 23. Mai 1887 wurde die Strecke eröffnet.

d) Der Orient-Express, in den 1920er-Jahren Inbegriff von Glanz und Glamour, fuhr einst von Paris nach Istanbul. Seit 1982 verkehrt er als Nostalgie- und Luxuszug zwischen zahlreichen verschiedenen europäischen Metropolen.

Wie viele Metalle gibt es?

- a) über 3000
- b) 6
- c) 79
- d) 8

a) Mehr als 3000 verschiedene Mineralien sind heute bekannt. Knapp 40 von ihnen bilden etwa 90 % der Erdkruste.

b) Die sechs Edelgase Helium, Neon, Argon, Krypton, Xenon und Radon bilden die sogenannte Nullgruppe des Periodensystems, ihre Elektronenschale ist mit Elektronen voll besetzt, sodass sie normalerweise keine chemischen Verbindungen eingehen.

c) Insgesamt gibt es 79 verschiedene Metalle, die nach unterschiedlichen Gesichtspunkten in verschiedene Gruppen unterteilt werden. So unterscheidet man Leicht- und Schwermetalle nach ihrer Dichte unter und über 4,5 g/cm³ und edle und unedle Metalle nach ihrer Fähigkeit, positive Ionen zu bilden (also Elektronen abzugeben). Außer dem Quecksilber sind alle Metalle bei Zimmertemperatur fest, haben einen charakteristischen metallenen Glanz und eine hohe Leitfähigkeit.

Metallrohre

d) Acht Halbmetalle stehen im Periodensystem und in ihren charakteristischen Eigenschaften zwischen den Metallen und den Nichtmetallen (alle Elemente mit dem Drang, negative Ionen zu bilden). Sie haben eine schlechtere elektrische Leitfähigkeit und sind teilweise nicht eindeutig zuzuordnen. Typische Halbmetalle sind Bor, Silicium, Arsen und Tellur.

Welche Krankheit entsteht nicht durch Vitaminmangel?

- a) Beriberi
- b) Skorbut
- c) Rachitis
- d) Adipositas

a) Beriberi (indonesisch „Schafsgang“) ist eine Krankheit, die durch Mangel an Vitamin B1 (Thiamin) vor allem bei Völkern hervorgerufen wird, die großteils von geschältem Reis leben. Symptome sind Nervenentzündungen, Herzschädigung, Wassersucht der Beine und allgemeiner Kräfteverfall. Sie sind mit denen bei Schimmelpilzvergiftung vergleichbar. Der Japaner Kanehiro Takaki, ein westlich orientierter Arzt, revolutionierte im 19. Jh. die Ernährungsgrundlagen der japanischen Marine und brachte so die Krankheit innerhalb von sechs Jahren von 40 % auf 0 %.

b) Skorbut entsteht durch Mangel an Vitamin C. Seine Symptome sind u. a. Mattigkeit, Zahnfleischschwund und Zahnausfall, Muskelschwund und schlechte Wundheilung. Skorbut wurde bereits vor 4000 Jahren in Ägypten beobachtet und war im Mittelalter die Haupttodesursache von Seeleuten. Der britische Schiffsarzt James Lind (1716–94) veröffentlichte 1753 seine Studien zum Skorbut und empfahl Zitronensaft als Heilmittel.

c) Rachitis (Knochenerweichung) entsteht durch Mangel an Vitamin D.

d) Adipositas ist die meist durch Fehlernährung hervorgerufene Fettleibigkeit.

Was misst ein Hygrometer?

- a) Härte
- b) Lichtbrechung
- c) Flächeninhalte in Landkarten
- d) Feuchtigkeit

a) Die Härte einer Oberfläche wird mit einem Durometer gemessen. Je nach Typ ist er zur Messung unterschiedlicher Materialien wie Metall, Kunststoff, Textilien usw. geeignet. Das Messergebnis wird in Härtegraden nach DIN ISO oder in Rockwell B oder C (Weichmetalle) oder Brinell HB (heimische Hölzer) etc. angegeben.

b) Die relative Lichtbrechung (der Brechungsindex) wird mit einem Refraktometer gemessen. Ursprünglich wurden Refraktometer vor allem bei der Beurteilung von Edelsteinen angewendet, mittlerweile jedoch gibt es sie auch für die Untersuchung von Lebensmitteln wie Honig, Marmelade, Saft etc., die Einheit hierfür ist Brix, bei Wein auch das bekanntere Oechsle. Außerdem gibt es Refraktometer für Kühlmittel, Urin, Alkohol etc.

c) Planimeter können Flächen in Landkarten oder Plänen berechnen, indem sie an ihrem Rand im Uhrzeigersinn entlanggeführt werden, während sie an einer Stelle des Objektes befestigt sind. Die Anzeige eines Messrades wird dann mit einem Tabellenwert multipliziert, der die Maße des Planes berücksichtigt.

d) Ein Hygrometer ist ein Feuchtigkeitsmesser. Der häufigste Messbereich ist die Luft, mit speziellen Geräten kann aber auch die Feuchtigkeit in Papier oder Holz etc. gemessen werden.

Durch die Elemente welcher chemischen Hauptgruppe werden die Salze gebildet?

- a) Halogene
- b) Edelgase
- c) Chalkogene
- d) Alkalimetalle

a) Im Periodensystem der Elemente sind die Elemente mit stofflich ähnlichen Eigenschaften zu acht Hauptgruppen zusammengefasst, die untereinander angeordnet sind. Die Ähnlichkeit der Stoffe wird durch die Anzahl der Elektronen in der äußeren (Valenz-) Schale bewirkt. Die Hauptgruppenzahl entspricht der Zahl der Valenzelektronen. In der VII. Hauptgruppe befinden sich die Halogene Fluor, Chlor, Brom, Iod und wahrscheinlich Astat, das wegen seines geringen Vorkommens jedoch noch nicht ausreichend erforscht ist. Wenn Halogene mit Metallen zusammentreffen, reagieren sie sehr heftig und bilden Salze.

b) Die Edelgase (Helium, Neon, Argon, Krypton, Xenon und Radon) in der VIII. Hauptgruppe sind gasförmige Nichtmetalle, die wegen ihrer vollständig gefüllten Außenschale kaum mit anderen Elementen reagieren.

c) Die Chalkogene (griechisch „Erzbildner") bilden die VI. Hauptgruppe. Zu ihnen gehören Sauerstoff, Schwefel, Selen, Tellur, Polonium und Ununhexium.

d) Die Alkalimetalle stehen in der ersten Hauptgruppe. Sie haben nur ein Elektron in ihrer Valenzschale und sind deshalb sehr reaktionsfreudig. Zu ihnen gehören Lithium, Natrium, Kalium, Rubidium, Caesium und Francium.

Wie hieß die erste Raumstation?

- a) ISS
- b) Mir
- c) Saljut 1
- d) Skylab

a) Die International Space Station (ISS) ist das größte zivile internationale Projekt aller Zeiten. Seit 2000 waren 15 Missionen an Bord.

Raumstation ISS mit Astronaut

b) Die russische Raumstation Mir befand sich 1986–2001 im Orbit.

c) Am 19. April 1971 wurde mit der russischen Saljut 1 die erste Raumstation auf eine relativ niedrige Umlaufbahn geschossen. Das Andocken von Sojus 10 vier Tage später misslang, und so kam die erste Besatzung erst im Juni mit der Sojus 11 an Bord. Die drei Kosmonauten blieben 24 Tage im All. Bei ihrem Rückflug zur Erde starben sie, als durch das Versagen eines Ventils die Atemluft aus der Raumkapsel entwich. Am 11. Oktober 1971 verglühte die Saljut 1 in der Erdatmosphäre.

d) Skylab war die einzige Raumstation der NASA. Von Mai 1973 bis Februar 1974 waren drei Missionen aus drei verschiedenen Ländern an Bord. Hunderte von Experimenten wurden ausgeführt, viele am eigenen Körper, denn das Hauptforschungsziel waren die Auswirkungen eines monatelangen Aufenthaltes im Weltraum. Erstmals hatten Astronauten hier den Luxus einer Dusche, einer Toilette und eines mit 14,6 m x 6,7 m relativ großen Wohn- und Arbeitsbereichs.

Was ist H_2O?

- ◯ a) Wasser
- ◯ b) Sauerstoff
- ◯ c) Alkohol
- ◯ d) Kohlendioxid

a) H_2O ist die chemische Bezeichnung für die Wasserstoff-Sauerstoff-Verbindung Wasser.

b) Sauerstoff (O, Oxygenium) ist bei normalen Temperaturen ein farb-, geschmack- und geruchloses Gas, das schwerer ist als Luft. Nach dem Stickstoff bildet es mit 21 % den zweitgrößten Bestandteil der Luft. Sauerstoff ist sehr reaktionsfreudig und verstärkt Verbrennungsvorgänge, die dann als Oxidationen bezeichnet werden. Zu ihnen gehören Verbrennungen, aber auch die Atmung oder der Verrostungsvorgang.

c) Der trinkbare Alkohol wird wissenschaftlich als Ethanol bezeichnet. Er gehört zu den einwertigen Alkoholen und hat die Formel C_2H_5OH.

d) Kohlendioxid (CO_2) ist ein unbrennbares, farb- und geruchloses Gas, das in der Natur in freier (0,03 % der Luft) und in gebundener Form (u. a. in Kalkstein und Kreide) vorkommt. Ein Kohlendioxidmolekül besteht aus einem Atom Kohlenstoff und zwei Atomen Sauerstoff. CO_2 entsteht bei der Atmung und durch alle Verbrennungsvorgänge. Durch die Fotosynthese entsteht wiederum aus CO_2 Sauerstoff. In den letzten 100 Jahren ist durch weltweite Emissionen und Rodung der Wälder der Anteil von CO_2 in der Atmosphäre um 14 % angestiegen.

Wie hieß das erste Überschall-Passagierflugzeug?

- ◯ a) Concorde
- ◯ b) DC-8-43
- ◯ c) X 43A
- ◯ d) Tupolev-144

a) Die Concorde war ab 1976 ein sehr bekanntes Überschallflugzeug im Passagierdienst, das in französisch-britischer Zusammenarbeit entstanden war. Die Produktion wurde bereits 1979 wegen mangelnder Rentabilität wieder eingestellt, 27 Jahre lang versah sie jedoch planmäßig ihren Dienst. Die Flugzeit über den Atlantik betrug nur 3–3,5 Stunden. Heute steht die letzte Concorde mit einer Tupolev-144 im Auto- und Technikmuseum in Sinsheim.

b) Die vierstrahlige DC-8-43 der Douglas Aircraft Company, war das erste Passagierflugzeug, das am 21. August 1961 die Schallmauer durchbrach, wenn auch nur im Sinkflug.

c) Den neuesten Geschwindigkeitsrekord stellte der unbemannte Scramjet X 43A der NASA 2004 auf, der, von Raketen in die Luft transportiert und gestartet, nach einem Sinkflug mit 9,6-facher Schallgeschwindigkeit kontrolliert ins Meer stürzte.

d) Das erste Überschall-Passagierflugzeug war die Tupolev-144 (TU-144). Ihr Jungfernflug fand am 31. Dezember 1968 statt. Sie wurde ab 1975 zunächst auf Linienfrachtflügen innerhalb der UdSSR eingesetzt und 1977 in den Passagierdienst übernommen. Nach zwei schweren Unfällen wurde der Liniendienst eingestellt. Die Höchstgeschwindigkeit der TU-144 lag bei 2500 km/h bzw. 2,35 Mach.

Wer erfand die Filmkamera?

- ◯ a) Eadweard Muybridge
- ◯ b) Thomas Alva Edison
- ◯ c) Max und Emil Skladanowsky
- ◯ d) Louis und Auguste Lumière

a) 1877 gelang es dem nach Amerika ausgewanderten Briten Eadweard Muybridge (1830–1904), die Bewegungen eines laufenden Pferdes („The Horse in Motion") fotografisch festzuhalten. Allerdings benötigte er dazu gleichzeitig 24 Kameras. Mit derartigen Einzelaufnahmen stellte er dann mit seinem 1881 erfundenen Zoopraxiskop, einem Vorläufer des Filmprojektors, durch schnell aufeinanderfolgende Projektionen kontinuierliche – chronofotografische – Bewegungsabläufe dar.

b) 1891 ließ sich der amerikanische Erfinder Thomas Alva Edison (1847–1931) den Kinematografen patentieren, den er zusammen mit seinem Gehilfen William Dickson (1860–1935) entwickelt hatte. In münzbetriebenen Schaukästen, den Kinetoskopen, konnte man ab 1894 in New York auf etwa 15 m langen Endlosstreifen die ersten „Filme" sehen.

c) Am 1. November 1895 zeigten die Brüder Max (1863–1939) und Emil (1866–1945) Skladanowsky im Berliner Wintergarten ihre „Lebenden Bilder".

d) Am 23. Dezember 1895 präsentierten die Brüder Louis (1864–1948) und Auguste (1862–1954) Lumière im Pariser Grand Cafè ihren ersten Film, *Die Ankunft eines Zuges*, auf dem von ihnen entwickelten Cinematografen, einer Mischung aus Kamera und Projektor.

Was gelang 1970 erstmals?

- ◯ a) eine Bluttransfusion
- ◯ b) die künstliche Herstellung eines Gens
- ◯ c) die Produktion einer Antibabypille
- ◯ d) eine Genmanipulation

a) Die erste Bluttransfusion wurde bereits 1625 von dem französischen Arzt Jean Baptiste Denys durchgeführt.

b) Ein vollständiges Gen künstlich herzustellen, gelang 1970 dem in Britisch-Indien geborenen Amerikaner Har Gobind Khorana (geb. 1922). Bereits 1968 hatte er zusammen mit Robert W. Holley (1922–93) und Marshall W. Nirenberg (geb. 1927) den Nobelpreis für Medizin für die Aufschlüsselung des genetischen Codes erhalten.

c) 1951 meldete Carl Djerassi (geb. 1923) sein erstes Patent an, 1960 kam dann die erste Antibabypille, die durch Veränderung des Östrogen- und Gestagenhaushalts im weiblichen Zyklus den Eisprung verhindert, in Amerika und ein Jahr später in Deutschland auf den Markt. Der „Vater der Antibabypille" veröffentlichte außerdem etwa 1200 wissenschaftliche Abhandlungen, ist der bedeutendste Sammler von Bildern von Paul Klee und ist seit den 1980er-Jahren auch als Schriftsteller tätig.

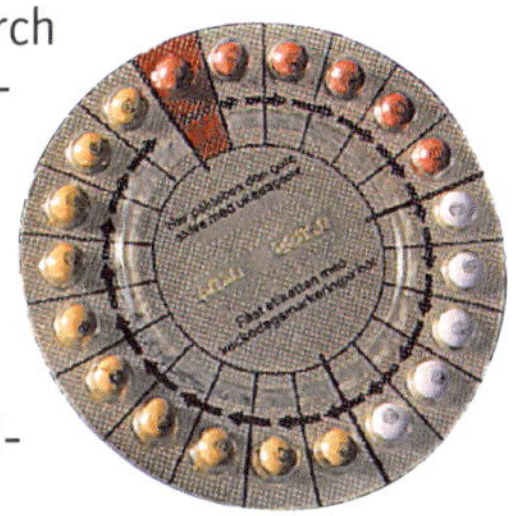
Antibabypille

d) Durch Genmanipulation veränderte Stanley Cohen (geb. 1922) 1973 das Erbgut des Darmbakteriums Escherichia coli mittels Einschleusen viraler DNA.

Wer umrundete 1999 in einem Ballon die Erde?

- a) Charles E. Yeager
- b) Sigmund Jähn
- c) Jacques Cousteau
- d) Bertrand Piccard

a) Am 14. Oktober 1947 durchbrach der amerikanische Flieger Charles E. „Chuck" Yeager (geb. 1923) mit der nach seiner Frau benannten Bell X-1 Glamorous Glennis erstmals die Schallmauer. Auf einer Testhöhe von 13.000 m erreichte er eine Geschwindigkeit von 1127 km/h oder 1,06 Mach.

b) Sigmund Jähn (geb. 1937) war 1978 der erste Deutsche (aus der damaligen DDR) im Weltall.

c) Der Meeresbiologe Jacques-Yves Cousteau (1910–97) entwickelte 1943 zusammen mit Emile Gagnan (1900–79) das erste Presslufttauchgerät, die „Aqualunge". Ab 1950 konnte er seine Forschungsreisen auf der Calypso, einem umgebauten Minenräumboot, durchführen. Sein Film über die Tiefsee *(Le Monde sans Soleil)* erhielt 1964 den Oscar.

Roziere-Ballon von Piccard und Jones bei der Weltumfahrung

d) Der Schweizer Bertrand Piccard (geb. 1958) und der Engländer Brian Jones (geb. 1947) umrundeten zwischen dem 1. und 21. März 1999 die Erde in einer „Roziere", einer Mischung aus Heißluft- und Heliumballon. Der Ballon hatte keinerlei Antrieb, die Erdumrundung gelang nur mithilfe der „Jetstreams", Luftströmungen in 10.000 m Höhe, die eine Geschwindigkeit zwischen 150 und 550 km/h erreichen.

Was war der erste Kunststoff?

- a) Parkesine
- b) Bakelit
- c) Perlon
- d) Zelluloid

a) Xylonit oder Parkesine, durch Kampfer elastisch gemachte Nitrocellulose, entwickelte der Brite Alexander Parkes (1813–90) als Alternative zu Gummi 1855, was er 1862 auf der Londoner Weltausstellung präsentierte. Aufgrund ungünstiger Lösungsmittel und der angestrebten Billigproduktion traten jedoch schon bald Qualitätsmängel auf, die seinen Erfolg verhinderten.

b) Bakelit ist der erste vollsynthetische Kunststoff der Welt. Bereits seit 1902 forschte der Belgier Leo Hendrik Baekeland (1863–1944) nach einem Ersatzstoff für das in der Elektroindustrie benötigte Naturprodukt Schellack. 1907 reichte er das Patent für den ersten vollsynthetischen Kunststoff der Welt ein, den er Bakelit nannte. Es handelte sich dabei um ein Produkt aus Phenol und Formaldehyd, das sich durch Pressen und Erhitzen verfestigt. Da es weder Hitze noch Elektrizität leitet, konnte es die Keramikteile in elektrischen Geräten ersetzen.

c) Die Kunstseide „Perlon" wurde 1941 in Deutschland als Antwort auf das amerikanische Nylon entwickelt.

d) Auf der Suche nach einem preiswerteren Ersatz für das für Billardkugeln verwendete wertvolle Elfenbein erfanden die Brüder John Wesley (1837–1920) und Isaiah Hyatt 1869 ebenfalls unter Verwendung von Kampfer das Zelluloid.

Bei welcher Untersuchung wird kein Bild, sondern eine Kurve erstellt?

- a) Endoskopie
- b) Computertomografie
- c) Sonografie
- d) EKG

a) Bei der Endoskopie (z. B. bei einer Magenspiegelung) wird ein schlauchartiges Gerät in den Körper eingeführt, über das der Arzt mittels einer kunststoffummantelten Glasfaseroptik direkt Bilder aus dem Körperinneren empfängt.

b) Die 1971 erstmals durchgeführte Computertomografie (CT) ist ein Verfahren, das wesentlich mehr Informationen aus dem Körperinneren liefert als herkömmliche Röntgenaufnahmen. Der Röntgenstrahl bewegt sich kreisförmig um den Patienten, der innerhalb des Gerätes liegt, und macht Querschnittbilder des Körpers in Abständen von nur wenigen Millimetern.

c) Bei der Sonografie, die vor allem in der Schwangerschaftsdiagnostik angewendet wird, werden Bilder des Körperinneren mithilfe von Ultraschall hergestellt. Mittlerweile sind auch 3D-Aufnahmen möglich.

d) Bei einem EKG (Elektrokardiogramm) werden die Herzströme gemessen, die durch die Tätigkeit des Herzmuskels entstehen und mit jedem Schlag einen schwachen Strom mit einer Spannung von 1/1000 Volt hervorbringen. Es entsteht ein Kurvenbild, an dem sich alle Unregelmäßigkeiten wie Herzrhythmusstörungen oder Herzinfarkte ablesen lassen. 1924 erhielt Willem Einthoven (1860–1927) den Nobelpreis für die Entwicklung der Elektrokardiografie.

Welches Tier legt keine Eier?

- a) Ameisenigel
- b) Blindschleiche
- c) Zitteraal
- d) Marienkäfer

a) Der Ameisenigel (Kurzschnabeligel und Langschnabeligel) gehört zusammen mit dem Schnabeltier zur Ordnung der Kloakentiere. Die in Australien, Tasmanien und Neuguinea beheimateten Tiere sind die einzigen Säugetiere, die Eier legen.

b) Blindschleichen bringen lebendige Junge zur Welt, obwohl sich alle Reptilien vollständig in Eiern entwickeln. Jedoch gibt es die oviparen (eiergebärenden) Arten, die ihre Eier frühzeitig ablegen, und die ovoviviparen (eierlebendgebärenden) Arten, deren Eier bis zum Ende der Embryonalentwicklung im Körper der Mutter bleiben.

Blindschleiche

c) Der Zitteraal legt seine Eier in Nester aus Wasserpflanzen ab, wo er seine Jungen noch lange nach dem Schlüpfen bewacht.

d) Der Marienkäfer gehört zu den Insekten und legt wie alle von ihnen Eier. Typisch für die Insekten ist ihre Entwicklung in verschiedenen Stadien, die sogenannte Metamorphose. Aus dem Ei entwickelt sich die Larve (z. B. bei den Schmetterlingen die Raupe), das Endstadium des erwachsenen Tieres wird Imago (lateinisch, Bild) genannt. Bedingt ist diese Entwicklung durch die Tatsache, dass die Haut der Insekten hart ist und sich nicht ausdehnen kann. Wachstum ist also nur möglich, wenn sich das Tier häutet.

Was verdanken wir nicht der Weltraumforschung?

- ○ a) Solarzellen
- ○ b) Teflon
- ○ c) Herz-Kreislauf-Pumpe
- ○ d) Fernsehübertragungen

Solarzellen

a) Zu Beginn der Raumfahrt war eines der Hauptprobleme die Versorgung mit ausreichend Treibstoff. Zwar bewegen sich die Raumschiffe im luftleeren Raum, sobald sie in Bewegung gesetzt sind, auch ohne Treibstoff fort, doch für Start-, Abbrems- oder Landemanöver wird eine umso größere Menge benötigt, ebenso muss der Betrieb an Bord aufrechterhalten werden. Die Nutzung des Sonnenlichts als Energiequelle war hier die ideale Lösung, da es nicht zu Platz-, Gewichts- und Abfallproblemen führt und unbeschränkt vorhanden ist.

b) Zwar wurde 1961 die Teflonbeschichtung als praktisches Abfallprodukt der Weltraumforschung angepriesen, doch wurde es bereits 1938, lange vor Beginn der Raumfahrt, erfunden, und auch Teflonpfannen gab es lange vor einem Einsatz des Materials als Kabelisolierung im Weltraum.

c) In Anlehnung an Turbopumpen des Space Shuttle wurde eine Herz-Kreislauf-Pumpe konstruiert.

d) In vielen Gegenden wäre ohne Fernsehsatelliten wie ASTRA oder EUTELSAT der Empfang von privaten Fernsehsendern nicht möglich. Ebenso gäbe es keine Liveübertragungen von Konzerten oder Sportveranstaltungen.

Wie wird Natriumkarbonat umgangssprachlich genannt?

- ○ a) Soda
- ○ b) Ameisensäure
- ○ c) Buttersäure
- ○ d) Salmiak

a) Soda ist der geläufigere Name von Natriumkarbonat (Na2CO3) oder kohlensaurem Natron. Es wird vor allem durch das Ammoniak-Soda-Verfahren hergestellt. Soda ist einer der wichtigsten Grundstoffe der anorganischen chemischen Industrie. Es ist das wichtigste Zwischenprodukt für Natriumverbindungen, dient als Flussmittel bei der Glasherstellung und wird bei der Herstellung von Seifen und Putzmitteln verwendet.

b) Die Ameisensäure (Methansäure oder Formylsäure, CH_2O_2) ist die einfachste gesättigte Karbonsäure. Sie kommt im Tier- und Pflanzenreich (Ameisen, Bienen, Brennnesseln) als Verteidigungswaffe vor. Ameisensäure ist sehr gut wasserlöslich und in Deutschland als Konservierungsstoff für Fruchtsäfte zugelassen.

c) Buttersäure (Butan- oder Propancarbonsäure $C_4H_8O_2$) ist eine schwache Säure mit äußerst penetrantem Geruch und kommt in ranziger Butter, Fußschweiß und im menschlichen Dickdarm vor, wo sie ein für Salmonellen und andere Krankheitserreger ungünstiges Milieu schafft. Zusammen mit Alkoholen entstehen aus ihr wohlriechende Ester, die in der Parfüm- und Likörherstellung verwendet werden.

d) Salmiak (Ammoniumchlorid, NH_4Cl) wird u. a. zur Reinigung von Metalloberflächen und in der Gerberei verwendet.

Wer war der „Vater der Atombombe"?

- ◯ a) Edward Teller
- ◯ b) Frédéric Joliot
- ◯ c) Robert Oppenheimer
- ◯ d) Enrico Fermi

a) Edward Teller (1908–2003) hat die Atombombe zur Wasserstoffbombe weiterentwickelt. Im Gegensatz zur Atombombe verschmelzen bei der Wasserstoffbombe in einer unkontrollierten Kernfusion die schweren Wasserstoffisotope Deuterium und Tritium zu Helium. Am 1. März 1954 wurde in einem Versuch mit einer Wasserstoffbombe auf dem Bikini-Atoll im Pazifik die stärkste Explosion aller Zeiten ausgelöst, die die Sprengkraft von 15 Mio. Tonnen TNT hatte und damit tausendmal so stark wie die Atombombe von Hiroshima war.

b) 1934 entdeckte der Franzose Frédéric Joliot (1900–58) mit seiner Frau Irène Curie (1897–1956) die künstliche Radioaktivität und bewies damit, dass Atomkerne gespalten werden können.

c) Julius Robert Oppenheimer (1904–67) ging als „Vater der Atombombe" in die Geschichte ein, auch wenn er sich seit dem Abwurf von „Little Boy" und „Fat Man" 1945 über Japan zunehmend für die Kontrolle der Kernenergie einsetzte. Bei einer Atombombenexplosion werden durch die Spaltung von Uran- und Plutoniumatomen durch Neutronen unkontrollierte Kettenreaktionen ausgelöst, durch die die große Sprengkraft der Bombe entsteht.

d) 1942 setzte Enrico Fermi (1901–54) an der Universität Chicago die erste kontrollierte nukleare Kettenreaktion in Gang.

Wann wurde das Schießpulver erfunden?

- ◯ a) im 12. Jh.
- ◯ b) um 1320
- ◯ c) 1847
- ◯ d) 1866

a) Das Schießpulver wurde im 12. Jh. in China erfunden. Es wird in zwei verschiedenen Formen hergestellt: Das Schwarzpulver ist ein Gemisch aus Kohlenstoff, Schwefel und Salpeter. Das rauchschwache Pulver besteht aus gelatinierter Nitrocellulose, der manchmal auch Nitroglycerin beigemischt wird.

b) Um 1320 gab es bereits die ersten Pulvergeschütze.

c) 1847 entwickelte der italienische Chemiker Ascanio Sobrero (1812–88) das Nitroglycerin, das mit Schießbaumwolle zu den ersten synthetischen Sprengstoffen gehört. Im Vordergrund stand damals die zivile Nutzung im Berg- und Tunnelbau. Nitroglycerin ist allerdings hochempfindlich gegen Schlag oder Stoß, sodass sein Transport lebensgefährlich war. Heute darf es nur noch in gebundener Form gehandelt werden.

d) 1866 erfand der schwedische Chemiker Alfred Nobel (1833–96) das leichter zu handhabende Dynamit durch Beimischung von 25 % inaktivem Kieselgur. Seine Sprengkraft wurde dadurch allerdings reduziert, sodass Nobel 1875 die Sprenggelatine (Glycerintrinitrat) entwickelte, eine Mischung aus Nitroglycerin und Schießbaumwolle (mit Nitriersäure behandelte Baumwolle oder Edelzellstoff).

Alfred Nobel

Welche alte Maßeinheit ist ein Hohlmaß?

- ◯ a) Scheffel
- ◯ b) Fuß
- ◯ c) Gran
- ◯ d) Morgen

a) Der Scheffel war ein in Deutschland gebräuchliches Hohlmaß, mit dem feste schüttbare Objekte, vor allem Getreide, gemessen wurden. Ein Scheffel entsprach je nach Region etwa 0,23–2,22 Hektoliter (Württemberg – Bayern). Aufgrund der großen regionalen Unterschiede bei vielen damals gebräuchlichen Maßeinheiten wurde bereits 1816 die Preußische Maß- und Gewichtsordnung herausgegeben, 1868 folgte der Norddeutsche Bund diesem Beispiel und 1872 auch Bayern. Der Begriff „Scheffel" leitete sich von der alten Bezeichnung für einen Bottich oder Eimer her.

b) Ein Fuß oder Schuh entsprach 12 Zoll, etwa 25–43 cm. Auch andere Längenmaße, die vom menschlichen Körper als Grundmaß ausgingen, waren in Gebrauch: Elle, Spanne, Handbreit, Schritt oder Finger.

Waage zur Gewichtsmessung

c) Das Gran (oder Korn) war ein Gewichtsmaß, das in der Apotheke oder beim Wiegen von Edelsteinen verwendet wurde und je nach Einsatzbereich zwischen 0,063 und 0,812 Gramm betrug.

d) Ein Morgen war ein Flächenmaß, das sich nach der Ackerfläche, die an einem Morgen mit einem Ochsen gepflügt werden konnte, berechnete. Er entsprach meist 25–58 Ar, konnte aber sogar bis zu 122,5 Ar betragen.

Was bezeichnet ein Fernsehsystem?

- ◯ a) HDTV
- ◯ b) PAL
- ◯ c) 625/50
- ◯ d) PAL-B

a) HDTV ist die Abkürzung von High-Definition Television, „Hochauflösendes Fernsehen", einem Überbegriff für viele verschiedene Normen. Eine Fernsehnorm beschreibt die Zeilenzahl und die Bildwechselfrequenz. Der gemeinsame Produktionsstandard für Europa und USA/Japan ist HDTV-CIF (Common Image Format). Dabei ist die gemeinsame Verwendung von 1080 Zeilen mit Bildinhalt vorgesehen, bei einer Verwendung von insgesamt 1125 Zeilen. Die überzähligen 45 Zeilen sind bedingt durch die sogenannte vertikale Austastlücke, in der kein Bildinhalt übermittelt wird, sondern im Monitor der vertikale Zeilenrücklauf stattfindet.

b) PAL (Phase Alternating Line) bezeichnet ein 1967 von Walter Bruch (1908–90), der bei der Olympiade 1936 als Kameramann tätig war, entwickeltes Farbcodierungsverfahren, das unabhängig von örtlichen Empfangsstörungen ist. In den USA und in Japan wird das NTSC-Verfahren angewendet.

c) Die Standardnorm im europäischen Fernsehen ist die 625/50, in Japan und den USA dagegen die 525/50. Bei beiden Systemen sind alle übertragenen Zeilen genannt, auch die vertikale Austastlücke.

d) Bei einem Fernsehsystem werden Farbcodierungssystem und Fernsehnorm miteinander kombiniert. In Deutschland werden PAL-B und PAL-G verwendet.

Wann wurden die ersten Fotoabzüge gemacht?

- a) im 16. Jh.
- b) 1824
- c) 1835
- d) 1837

Wann wurde der Pflug erfunden?

- a) 3500 v. Chr.
- b) 3200 v. Chr.
- c) 2200 v. Chr.
- d) 800 v. Chr.

a) Im 16. Jh. wurde die Camera Obscura („Dunkle Kammer“), deren Prinzip bereits Aristoteles im 4. Jh. v. Chr. bekannt war, zu einem transportablen Gerät umkonstruiert. Vorher handelte es sich tatsächlich um einen Raum, der von dem Benutzer betreten werden musste. Über eine mit einer konvexen Linse ausgestattete winzige Öffnung der „dunklen Kammer“ wurde ein seitenverkehrtes, auf dem Kopf stehendes Bild der Außenwelt auf die in einem bestimmten Abstand befindliche hintere Wand projiziert.

b) 1822 führte Joseph Nicéphore Niepce (1765–1833) seine ersten Heliografien durch, die jedoch noch keine dauerhaften Bilder ergaben. 1824 gelang ihm das erste beständige Bild. Es hatte ein Format von 20 x 16,5 cm, die Belichtungszeit lag allerdings bei acht Stunden.

c) Im August 1835 machte William Henry Fox Talbot (1800–77) die erste fotografische Aufnahme, von der man beliebig viele Abzüge machen konnte. Das Negativ-Positiv-Verfahren war erfunden.

d) 1837 entwickelte der Theatermaler Louis Jacques Daguerre (1787–1851) ein Verfahren, bei dem das Bild auf eine versilberte, mit Iod- und Bromdämpfen sensibilisierte Kupferplatte projiziert wurde, die Belichtungszeit betrug etwa 30 Minuten. Daguerre arbeitete seit 1829 mit J. N. Niepce zusammen.

Moderner Pflug mit Traktor

a) Die ersten Bauern bohrten mit Grabstöcken Löcher in die Erde, in die sie die einzelnen Samen hineinlegten. Diese Methode war nicht nur mühsam, nach einigen Ernten war auf diese Weise die Erde ausgelaugt und neue Felder mussten gesucht werden. Durch die Erfindung des Pfluges um 3500 v. Chr., der zunächst nur aus einer einzigen hölzernen Pflugschar bestand, konnte nicht nur das Erdreich gewendet werden, auch das Einbringen der Saat wurde wesentlich erleichtert.

b) Vermutlich um 3200 v. Chr. wurde in Mesopotamien das Rad erfunden. Zunächst handelte es sich dabei um Holzscheiben, die aus drei Brettern zusammengesetzt waren. Die Hethiter entwickelten dann 2000 v. Chr. erstmals die wesentlich leichteren Räder mit Speichen.

c) Um 2200 v. Chr. begannen unsere Vorfahren, Kupfer mit Metall zu mischen, und erfanden so die Bronze, die wesentlich härter als Kupfer ist. Die Bronzezeit hatte begonnen, die vom Ende der Jungsteinzeit bis zum Beginn der Eisenzeit dauern sollte.

d) Um 800 v. Chr. war man in der Lage, mithilfe von Schmelzöfen ausreichend hohe Temperaturen herzustellen, um Eisen zu verarbeiten.

Was versteht man unter Fotosynthese?

- ◯ a) Lichtmessung
- ◯ b) Umwandlung von Sonnenlicht in elektrische Energie
- ◯ c) den lichtelektrischen Effekt
- ◯ d) pflanzliche Atmung

a) Die Lichtmessung oder Fotometrie, die sich mit der Messung der Helligkeit von Lichtquellen oder beleuchteten Körpern befasst, ist ein Teil der Optik und der Astrophysik.

b) Die direkte Umwandlung von Sonnenlicht in elektrische Energie mithilfe von Solarzellen wird Fotovoltaik genannt.

c) Der sogenannte lichtelektrische oder Fotoeffekt wurde erstmals 1939 von Alexandre Becquerel (1820–91), dem Vater des Nobelpreisträgers Antoine Becquerel (1852–1908) entdeckt. Erklärt wurde die Tatsache, dass aus einem Festkörper durch Lichteinstrahlung Elektronen herausgeschlagen werden können, von Albert Einstein (1879–1955).

d) Fotosynthese ist die Energiegewinnung aus Licht und Kohlendioxid mithilfe von Blattgrün (Chlorophyll). 1771 hatte der englische Chemiker Joseph Priestley herausgefunden, dass Sauerstoff von Menschen und Tieren ein- und von Pflanzen ausgeatmet wird. 1779 entdeckte der holländische Arzt Jan Ingenhousz (1730–99) jedoch, dass die Atmung der Pflanzen abhängig vom Licht ist. Ohne Lichtzufuhr benötigen auch sie Sauerstoff, während sie bei Sonneneinstrahlung ihren Stoffwechsel komplett umstellen.

Schematische Darstellung der Fotosynthese

Wie hieß die erste Webcam?

- ◯ a) Webcam
- ◯ b) XCoffee
- ◯ c) EarthCam
- ◯ d) Internet IP

a) Webcam ist die Bezeichnung für eine Kamera, die an das Internet angeschlossen wird und dort Bilder, die in unterschiedlich großen Intervallen aufgenommen werden, live in das Netz stellt. Nur die wenigsten Betreiber liefern einen sogenannten Livestream, die meisten erneuern ihre Bilder in größeren Abständen von 15–30 Minuten.

b) XCoffee war die erste Webcam, die 1991 im Computerlabor der Universität von Cambridge von Quentin Stafford-Fraser installiert wurde. Sie war auf die „Trojan Room Coffee Machine" gerichtet und zeigte den Studenten in entfernteren Teilen des Instituts den aktuellen Füllgrad ihrer Kaffeemaschine an. Die passende Software, mit der alle 20 Sekunden ein neues Bild aufgenommen wurde, schrieb Paul Jardetzky. Seit 1993 wurden die Bilder ins Internet eingespeist und von mehr als 1 Mio. Usern betrachtet. Am 22. August 2001 wurde die Website der „virtuellen Pilgerstätte" geschlossen.

c) EarthCam ist ein Netzwerk, das eine Zusammenstellung von Webcams auf der ganzen Erde und die entsprechenden Links dorthin bietet. Dieselbe Funktion hat WCN, einer der renommiertesten deutschen Webcam-Navigatoren.

d) Internet IP ist die offizielle Adresse, über die ein Computer im Internet bekannt ist. Ohne sie ist ein Kontakt nicht möglich.

Wodurch wird die Geschwindigkeit eines Internetanschlusses bestimmt?

- a) Proxyserver
- b) Browser
- c) Router
- d) Bandbreite

Was ist der Fachbegriff für einen Querverweis im Internet?

- a) Bookmark
- b) Link
- c) jpg
- d) Firewall

a) Durch einen Proxyserver wird verhindert, dass der Betreiber einer Homepage Zugriff auf die IP-Adresse des Besuchers bekommt. Ebenso kann auf dem eigenen Computer auch nur der Weg zum Proxyserver, nicht aber das eigentliche Ziel im Internet nachvollzogen werden.

b) Der Browser (englisch „to browse", „stöbern, schmökern") ist das Computerprogramm, mit dessen Hilfe es möglich ist, Seiten im Internet zu betrachten und im Internet zu surfen. Der am häufigsten benutzte Browser ist der Internet Explorer von Microsoft (85 %), daneben werden Mozilla, Netscape, Opera etc. verwendet.

c) Ein Router ermöglicht es, von mehreren Computern mit lokaler IP (die Adresse eines Computers innerhalb eines internen Netzwerkes, z. B. in einer Firma oder einer Wohnung) den Kontakt zum Internet aufzunehmen.

d) Von der Bandbreite (englisch „bandwidth") der jeweiligen Internetverbindung hängt ihre Geschwindigkeit ab. Die Bandbreite setzt sich aus downstream und upstream zusammen. DSL mit 768 Kbit downstream entspricht beispielsweise 128 Kbit upstream. Für den Betrieb einer Webcam ist nur der upstream interessant. Von ihm hängt es auch ab, wie viele Nutzer gleichzeitig Zugriff auf die Daten haben können.

a) Bookmarks (Lesezeichen, in manchen Programmen auch als „Favoriten" bezeichnet) dienen dazu, einen einmal gefundenen Link oder eine bestimmte Datei auf dem Computer zu kennzeichnen und ihn auf diese Weise bei erneuter Anwendung schneller wiederzufinden.

b) Ein Link ist ein Querverweis auf eine andere Website. Das Einsetzen von Links bedarf keiner besonderen Genehmigung, doch sind Links auf Seiten mit fragwürdigen Inhalten zum Teil sogar strafbar.

Innerhalb des www vernetzen Links die Inhalte

c) jpg ist ein Bildformat, mit dessen Hilfe Bilder komprimiert werden können, um Speicherplatz zu sparen. Je nach dem Grad der Verkleinerung können dabei Qualitätsverschlechterungen auftreten. mpeg bzw. MPG ist ein Verfahren, mit dem ganze Videos komprimiert werden können. Ein weiteres Komprimierungsverfahren ist z. B. WMV.

d) Eine Firewall schützt den Computer vor Angriffen aus dem Internet, z. B. vor Computerviren etc. Sie kann jedoch auch innerhalb eines internen Computersystems errichtet werden, wenn Teile davon besonders schützenswert sind, z. B. zwischen dem allgemeinen Firmencomputer und dem der Personalabteilung.

Wer erfand die Schallplatte?

- a) Valdemar Poulsen
- b) Emil Berliner
- c) Thomas Alva Edison
- d) Peter Carl Goldmark

a) Valdemar Poulsen (1869–1942) stellte auf der Pariser Weltausstellung 1900 sein Telegrafon, ein Gerät für magnetische Schallaufzeichnungen, vor.

b) 1887 meldete der in Hannover geborene Emil Berliner (1851–1929) ein Patent für ein Abspielgerät (das Grammofon) mit einem runden Tonträger an. Die ersten Schallplatten waren wachsbeschichtete Zinkplatten, die alle einzeln hergestellt werden mussten.

Grammofon

c) 1878 stellte Thomas Alva Edison (1847–1931) der Öffentlichkeit seinen Phonographen vor, mit dem es ihm am 18. Juli 1877 erstmals gelungen war, seine eigene Stimme aufzunehmen und wiederzugeben. Er hatte eine Membran, die mit einer Nadelspitze versehen war, über einen mit Parafin überzogenen Papierstreifen gezogen, während er das Wort „Hello" in die Membran sprach. Als er die Nadel noch einmal über die Membran zog, erklang leise seine Stimme. John Kruesi (1843–99), der ihm bei vielen Erfindungen half, baute dann den Phonographen nach seinen Skizzen. Als Tonträger diente eine mit Zinnfolie bespannte Stahlwalze.

d) 1948 erfand Peter Carl Goldmark (1906–77) die Vinylschallplatte, die die Ära der Schellackplatte schnell beendete.

Wie hieß der erste Roboter?

- a) Cog
- b) Ente
- c) Unimate
- d) Spirit

a) Cog und Kismet, die bereits Menschen an ihren Gesichtern erkennen und mit ihnen reden können und fähig sind, aus ihren eigenen Fehlern zu lernen, wurden von Rodney Brooks (geb. 1954) im Artificial Intelligence Laboratory (AI Lab) am Massachusetts Institute of Technology entwickelt. Dieses ist eines der bedeutendsten Institute, die sich mit der Entwicklung von Androiden befassen.

b) Jacques de Vaucanson (1709–82) konstruierte 1737 eine Ente, die schnattern, fressen und schwimmen konnte und die mithilfe einer Lochkarte gesteuert wurde.

c) Der Industrieroboter „Unimate" war der erste Roboter, der sich von bloßen Handhabungsautomaten durch die Fähigkeit unterschied, Bewegungen und Handlungsabläufe durch eine interne Programmsteuerung den äußeren Gegebenheiten anzupassen. 1959 wurde er von George Devol (geb. 1912) und Joseph F. Engelberger (geb. 1925) im Auftrag der Firma Unimation entwickelt. 1962 wurde er bereits bei General Motors eingesetzt.

d) Spirit und Opportunity sind die beiden Roboter, die seit Januar 2004 bisher weit mehr als 100.000 Bilder vom Mars auf die Erde gefunkt haben. Ursprünglich hatte man nur mit einer Einsatzdauer von wenigen Monaten gerechnet, doch werden die Solarzellen der Roboter durch den Marswind stets sauber gehalten, sodass ihre Energiezufuhr auch weiterhin funktioniert.

Welche Art der Tarnung setzt auf Warnfarben?

- a) Mimese
- b) Mimikry
- c) Somatolyse
- d) Tarnfarbe

Wo gab es die erste U-Bahn?

- a) in Moskau
- b) in New York
- c) in London
- d) in Berlin

a) Die Mimese ist die Tarnung durch Nachahmung von uninteressanten oder leblosen Objekten. Bekannte Beispiele hierfür sind das Wandelnde Blatt und die Gottesanbeterin. Auch im Pflanzenreich gibt es Mimese: die als „Lebende Steine" getarnte Lithops.

b) Mimikry bezeichnet die Nachahmung der Warnfarben anderer Tierarten. So gibt es z. B. verschiedene Tiere (Schwebfliegen, Bienenwolf etc.), die die Schwarzgelbfärbung der Wespen, die im Tierreich als Warnung gilt, nachahmen, um sich so vor Feinden zu schützen. Im Gegensatz zu allen Arten der Tarnung kann Mimikry nicht von Raubtieren benutzt werden.

c) Als Somatolyse („Körperauflösung") wird der Effekt bezeichnet, wenn durch die Musterung des Felles die Umrisse eines Tieres für den Betrachter aufgelöst werden. Dies geschieht gerade durch die von Menschen als besonders markant angesehenen Musterungen wie die Streifen von Zebra und Tiger oder die Tupfen oder Flecken bei Geparden, Leoparden oder Giraffen. Zwischen Schilf, in der hitzeflimmernden Savanne oder im Halbschatten der Bäume verschwimmen die Umrisse der Tiere jedoch perfekt mit ihrer Umgebung.

d) Die Tarnfarbe ist die häufigste Art der Tarnung, durch die das Tier an seine Umgebung angepasst ist.

a) In Moskau nahm die U-Bahn erst 1933 ihren Dienst auf. Dennoch gehört sie zu den berühmtesten U-Bahnen der Welt, da Josef Stalin ihre Bahnhöfe als „Paläste der Arbeiterklasse" äußerst prunkvoll gestalten ließ. Das Moskauer U-Bahn-Netz ist eines der tiefsten der Welt und eines der am meisten ausgelasteten.

b) In New York fuhr 1832 die erste Straßenbahn der Welt, die allerdings noch von Pferden gezogen wurde. Als das Verkehrsaufkommen weiter wuchs, entschloss man sich um 1880, zunächst eine Hochbahn als billigere Alternative zur U-Bahn zu bauen. 1904 wurde dann die erste Subwaystrecke eröffnet.

Londoner Tunnelbahn

c) Die erste U-Bahn gab es 1863 in London. Sie wurde noch mit Dampf betrieben, der über Lüftungsschächte entweichen konnte. Bereits fünf Jahre später wurde die Strecke erweitert. 1905 wurde die Londoner U-Bahn elektrifiziert.

d) In Berlin fuhr 1846 die erste Pferdestraßenbahn Deutschlands und ab 1881 die erste elektrische Straßenbahn der Welt. Auch der erste gleislose Oberleitungsbus, der von Werner von Siemens (1816–92) konstruierte „Elektromote", fuhr ab 1882 in Berlin. 1902 wurde das gemischte Hoch- und Untergrundbahnnetz in Betrieb genommen.

Wer erfand das Fahrrad?

- a) Lewis Gompertz
- b) Kirkpatrick MacMillan
- c) Karl Friedrich Drais
- d) James Starley

a) Lewis Gompertz (1779–1861) gilt als erster moderner Denker, der für eine Gleichbehandlung von Frauen und Männern und der „nicht-menschlichen" Tiere eintrat. Dieses Eintreten für die misshandelten Tiere war auch der Grund für seine Beschäftigung mit alternativen Fortbewegungsmitteln. Er erfand 1821 das Fahrrad mit Vorderradantrieb.

b) 1840 entwickelte Kirkpatrick MacMillan (1812–78) das erste Fahrrad mit Pedalen. Überall dort, wo er auftauchte, um seine Erfindung auszuprobieren, erregte er größtes Aufsehen bis hin zu Menschenaufläufen. Er wurde bekannt als „The Devil on Wheels", der „Teufel auf Rädern".

Draisine

c) Karl Friedrich Drais (1785–1851) von Sauerbronn erfand 1817 das erste zweirädrige Fahrzeug mit Lenkvorrichtung, die Draisine. Noch handelte es sich um ein Laufrad, das ohne Pedale und Kette funktionierte, doch war sie der direkte Vorläufer des Fahrrads. Das Vorderrad war drehbar und über einen Zapfen am Rahmen befestigt.

d) 1869 bauten James Starley und William Hillmann das Hochrad, das durch das große Vorderrad zwar besonders schnell, durch den erhöhten Schwerpunkt aber auch besonders gefährlich ist.

Wo wurde das Papier erfunden?

- a) in China
- b) in Ägypten
- c) in Rom
- d) in Pergamon

a) In China wurde das Papier bereits im Jahr 105 von Tsai Lun, einem Beamten am kaiserlichen Hof, erfunden. Er zerstampfte die Fasern von Pflanzen und weichte sie in Wasser ein, um dann die Masse mit einem Sieb abzuschöpfen, zu pressen und zum Trocknen aufzuhängen. Erst im Mittelalter gelangte das Verfahren nach Europa.

b) In Ägypten verwendete man ab ca. 3500 v. Chr. als Schreibmaterial Papyrus. Dafür wurde das Mark der Papyruspflanze (eine Art Schilf) kreuzförmig übereinandergelegt und dann zu einem Blatt flach geklopft. Längere Werke wurden nicht in Buchform, sondern auf Papyrusrollen verfasst.

c) In Rom wurde im Alltag auf Wachstäfelchen geschrieben.

d) Ob das Pergament tatsächlich im kleinasiatischen Pergamon erfunden oder dort nur verbessert wurde, kann heute nicht mit Sicherheit gesagt werden. Der Sage nach boykottierten die Ägypter die Papyruslieferungen an Pergamon, um so den Aufbau einer Bibliothek zu verhindern, sodass man dort auf ein alternatives Schreibmaterial zurückgreifen musste. Pergament besteht aus Tierhäuten, die vor dem Gerben in eine Kalklösung gelegt wurden. Die ältesten erhaltenen Dokumente stammen aus dem 2. Jh. v. Chr., seit dem 4. Jh. waren Pergamentkodices (Bücher) die vorherrschende Form für literarische Werke.

Wer ist der Erfinder des Tonfilms?

- a) Lee de Forest
- b) Alan Crosland
- c) Sven Berglund
- d) Józef Tykocinski-Tykociner

a) Lee de Forest (1873–1961) entwickelte 1922 unter Verbesserung deutscher Erfindungen den Phonofilm, bei dem der Ton in parallelen Linien direkt auf den Film aufgenommen wird.

b) Unter der Regie von Alan Crosland (1894–1936) entstand 1927 der erste Spielfilm als Tonfilm: *Der Jazzsänger* mit Al Jolson (1886–1950) im Vertrieb der Warner Brothers.

c) Am 17. Februar 1921 wurde in Stockholm von Sven Berglund (1881–1937) der erste synchrone Tonfilm, ein Auftritt von Oscar Montelius, dem Direktor des schwedischen Nationalmuseums, öffentlich vorgeführt. Weltweit begeisterten sich Kritiker über die Perfektion von Bild und Ton, doch war der Erfindung aufgrund der fehlenden Ausrüstung in den Kinos und der wegen der verwendeten Schwingspiegel fest montierten Aufnahmegeräte noch kein Erfolg beschieden. Berglund beschäftigte sich seit 1906 mit Tonfotografie, allerdings aus Kostengründen zunächst mit rotierenden fotografischen Platten. Mit dem Transversalverfahren gelangen ihm 1911 die ersten Tonfilme. Er entwickelte mit einer Kamm-Blende die Vielzackenschrift, seine Filmaufnahmen waren zweistreifig.

d) 1922 zeigte Józef Tykocinski-Tykociner (1877–1969) in Illinois seinen ersten Tonfilm mit seiner Frau Helena.

Wer gab den Tieren und Pflanzen als Erster lateinische Namen?

- a) Jane Goodall
- b) Alfred Brehm
- c) Aristoteles
- d) Carl von Linné

a) Jane Goodall (geb. 1934), die zuvor als Sekretärin und Kellnerin gearbeitet hatte, untersuchte seit 1960 in Tansania das Verhalten der Schimpansen und engagiert sich heute als Friedensbotschafterin der UNO.

b) Alfred Edmund Brehm (1829–84) machte seine erste Expedition nach Afrika bereits im Alter von 18 Jahren. Er war Zoodirektor in Hamburg, gründete das Aquarium in Berlin und machte seine Forschungsergebnisse einem breiten Publikum in seinem sechsbändigen Werk *Brehms Tierleben* (1864–69) bekannt.

c) Der griechische Naturforscher Aristoteles (384–322 v. Chr.) verfasste die erste Systematisierung von Tieren und Pflanzen nach auffälligen Merkmalen.

Carl von Linné

d) Der schwedische Naturforscher Carl von Linné (1707–78) war einer der Ersten, die versuchten, das Tier- und Pflanzenreich zu klassifizieren. Er nahm diese Klassifizierung in seinem *System der Natur* von 1735 vorwiegend aufgrund von äußeren Merkmalen vor, sodass sie sich nicht durchsetzte. Auf ihn geht aber auch die binäre Nomenklatur zurück, die Einführung allgemein gültiger lateinischer Namen für alle Tier- und Pflanzenarten.

Was entwickelte der Niederländer Koen Olthuis?

- a) schwimmende Häuser
- b) Unterwasserhotels
- c) U-Boot
- d) Taucherhelm

Welches ist das größte Flugzeug der Welt?

- a) Hughes H-4
- b) Airbus A 380
- c) Junkers F 13
- d) An-225

a) Der niederländische Architekt Koen Olthuis (geb. 1972) gilt als der große Visionär seiner Zunft. Das Konzept seines Büros Waterstudio, „mit dem Wasser und nicht gegen das Wasser" zu leben, ist in den Zeiten des Klimawandels und des damit verbundenen Anstiegs des Meeresspiegels gerade für seine Heimat, die zu mehr als 25 % unterhalb des Meeresspiegels liegt, richtungsweisend. Er nutzt dabei den Keller als Schwimmkörper. Die schwimmenden Fundamente aus Beton und Schaumstoff sind auch als Grundlage für schwimmende Straßen, Treibhäuser, Hafenanlagen etc. geeignet.

b) Ein Unterwasserhotel, das die Unterwasserwelt der Südsee auch Nichttauchern zugänglich macht, soll bereits im Winter 2008/09 auf den Fidschi-Inseln eröffnet werden.

Bushnells Turtle im Querschnitt

c) 1776 baute David Bushnell (1742–1824) das erste U-Boot, die Turtle („Schildkröte"). Noch hatte die Turtle eher Ähnlichkeiten mit einem Fass, doch konnte sie bereits mit einer Handkurbel gesteuert werden.

d) Den ersten Taucherhelm, mit dem man bis in eine Tiefe von 60 m tauchen konnte, erfand 1819 August Siebe (1788–1872). Über einen Schlauch wurde von Helfern an der Oberfläche frische Luft in ihn hineingepumpt.

a) Die Hughes H-4 Hercules mit dem Spitznamen „Spruce Goose" hatte die größte Höhe und mit 97,5 m die größte Flügelspannweite. Sie war ein hölzernes Flugschiff aus den 1940er-Jahren, das jedoch nie im Einsatz war.

b) Seit 2006 ist der Airbus A 380 das größte Passagierflugzeug der Welt. Bis zu 850 Passagieren bietet er Platz, sein Höchstgewicht sind 590 Tonnen, seine Flügelspannweite beträgt 80 m.

c) Die Junkers F 13 von 1919 war das erste Verkehrsflugzeug ganz aus Metall mit geschlossener Passagierkabine. 300 Stück wurden von ihr gebaut, die überall auf der Welt zum Einsatz kamen.

d) Das sechsstrahlige russische Transportflugzeug Antonow An-225 Mrija („Traum") von 1988 ist das größte Flugzeug der Welt. Der Hauptgrund für seine Entwicklung war die Notwendigkeit, die sowjetische Raumfähre Buran zu transportieren. Von der An-225 wurde nur ein einziges Exemplar gebaut. Sie hat eine Länge von 84 m, ihre Flügelspannweite beträgt 88,4 m. Ihre Höchstgeschwindigkeit beträgt 820 km/h bei einer Flughöhe bis zu 11.000 m, sie hat die größte Leistung mit einer Schubkraft von 1377 kN. Nach Beendigung des Buran-Programms wurde sie stillgelegt, seit 2001 wird sie jedoch von der britischen Firma Air Foyle kommerziell genutzt.

Wer gründete die vergleichende Verhaltensforschung?

- a) Desmond Morris
- b) Konrad Lorenz
- c) Julian Huxley
- d) Irenäus Eibl-Eibesfeldt

a) Der englische Verhaltensforscher Desmond Morris (geb. 1928) wurde 1967 bekannt durch seinen Bestseller *Der nackte Affe*, dem weitere Erfolge wie *Babywatching* und *Dogwatching* folgten.

b) Konrad Lorenz (1903–89) begründete die vergleichende Verhaltensforschung und erhielt dafür 1973 zusammen mit Nikolaas Tinbergen (1907–88) und Karl von Frisch (1886–1982) den Nobelpreis. Sein bevorzugtes Forschungsobjekt waren Graugänse. Jahrzehntelang lebte er mit ihnen im Max-Planck-Institut in Buldern, dann bis 1973 in Seewiesen. Akribisch hielt er alle Geschehnisse des Gänselebens in seinen Tagebüchern fest und wurde selbst zur „Mutter" seiner Gänse durch die von ihm entdeckte Prägung, durch die eine Gans auf das Lebewesen fixiert bleibt, das sie nach dem Schlüpfen zuerst erblickt. Zu Lorenz' Hauptwerken gehören *Das sogenannte Böse* und *Über tierisches und menschliches Verhalten*.

c) Die Beobachtungen des englischen Philosophen und Schriftstellers Julian Sorell Huxley (1887–1975) an Seetauchern und Reihern gehören zu den ersten exakten Verhaltensforschungen.

d) Irenäus Eibl-Eibesfeldt (geb. 1928), ein Schüler von Konrad Lorenz, widmete sich nach 20 Jahren Tierethologie der Erforschung des menschlichen Verhaltens.

Was besteht unter anderem aus Gips?

- a) Beton
- b) Zement
- c) Stuck
- d) Ziegel

a) Beton ist ein künstlicher Baustoff, der aus einem Bindemittel (Zement), Betonzuschlag (eine Gesteinskörnung aus Sand, Kies oder Split) und Wasser besteht. Beton ist sehr druckbeständig, bricht aber relativ leicht bei Beanspruchung durch Zug. Im Hoch- und Tiefbau wird er deshalb zur Erhöhung seiner Belastbarkeit als Stahlbeton verwendet.

b) Zement besteht hauptsächlich aus kieselsaurem Kalzium mit Anteilen von Eisen und Aluminium. Er wird als Bindestoff für Beton und Mörtel verwendet. Nach dem Anrühren mit Wasser erstarrt das meist in Form von Portlandzement gehandelte graue Pulver durch chemische Prozesse nach einer Weile selbstständig zu einer harten Masse, die auch unter Wasser formbeständig ist.

Stuckwerk im Barockschloss Ericsberg

c) Stuck ist eine leicht formbare Masse aus Gips, Kalksteinmehl, Sand und Wasser, die schnell erhärtet. In der Zeit des Barock und Rokoko hatte der Stuck seine Blütezeit als Material für kunstvolle Wand- und Deckenelemente.

d) Ziegel oder Backstein wird aus tonhaltigem, fettem Lehm gebrannt und ist der älteste künstliche Baustoff der Welt. Die ältesten Ziegel wurden bei Grabungen in Jericho gefunden.

Was ist die Grundlage der Evolution?

- a) Mutation
- b) Meiose
- c) Crossing-over
- d) Replikation

Welcher Begriff hat nichts mit Atomen zu tun?

- a) Ion
- b) Proton
- c) Elektron
- d) Äon

a) Mutationen sind sprunghaft auftretende Veränderungen im Erbgut einer Zelle, die vererbbar sind. Sie sind unterschiedlich stark ausgeprägt und können ohne sichtbare Auswirkung bleiben. Tritt die Mutation bereits in der Keimzelle auf, so wird sie mit jeder Zellteilung weitergegeben und auf alle Nachkommen vererbt. Tritt sie erst später auf, wird sie nur auf die aus dieser Zelle entstehenden Zellen vererbt. Mutationen sind relativ häufig und werden meist durch spezifische Enzyme repariert. Nicht reparierte Mutationen sind die Grundlage der Evolution.

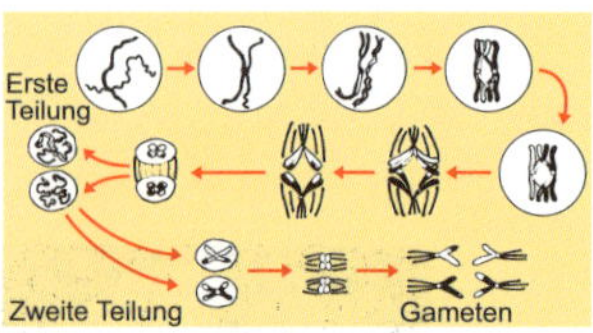

Zellteilung durch Meiose

b) Die Meiose bezeichnet die Zellteilung für die Produktion von Geschlechtszellen (sogenannte Gameten), bei der die Chromosomenzahl halbiert wird, die Mitose ist die „normale" Zellteilung für Wachstum und Gewebeteilung.

c) Crossing-over ist ein Mechanismus, der meist während der Meiose zum Austausch von Teilen der Chromosomenstränge und somit zum Austausch von genetischem Material zwischen paarweise auftretenden (homologen) Chromosomen führt.

d) Bei der Replikation werden während der Zellteilung zwei identische Tochterstränge aus dem DNA-Doppelstrang der Chromosomen gebildet.

a) Ionen sind Atome oder Atomgruppen mit einer oder mehreren positiven (Kationen) oder negativen (Anionen) Elementarladungen. Sie werden durch chemische Prozesse (sogenannte elektrolytische Dissoziationen) gebildet, wobei elektrisch neutrale Moleküle durch Aufnahme oder Abgabe von Elektronen in einander entgegengesetzt geladene Ionen zerfallen.

b) Protonen sind die positiv geladenen Atomteile im Atomkern. Zusammen mit den elektrisch neutralen Elementarteilchen, den Neutronen, werden sie Nukleonen genannt und bilden den Atomkern.

c) Die Atome, die als Ganzes gesehen elektrisch neutral sind, sind umgeben von den negativ geladenen Elektronen. Die Bezeichnung „Atom" geht auf den griechischen Philosophen Demokrit (um 460–370 v. Chr.) zurück, der damit das kleinste, nicht mehr in weitere Bestandteile zerlegbare Materieteilchen meinte.

d) Äon ist in der Geologie die Bezeichnung für die größten Einheiten des Erdzeitalters, die wiederum in Ären bzw. Zeitalter unterteilt werden. Die Erdgeschichte wird in vier Äonen unterteilt: das Hadaikum (ab der Entstehung der Erde vor ca. 4,6 Mrd. Jahren), das Archaikum (vor 3,8–2,5 Mrd. Jahren), das Proterozoikum (vor 2,5 Mrd.–542 Mio. Jahren) und das Phanerozoikum, das bis heute andauert.

Wer begründete die wissenschaftliche Paläontologie?

- a) Georges Cuvier
- b) Charles Lyell
- c) Alexander von Humboldt
- d) William Smith

Welche Größe ist bei einem Winkel von 90° nicht definiert?

- a) der Sinus
- b) der Cosinus
- c) der Tangens
- d) das Bogenmaß

a) Georges Cuvier (1769–1832) ist der Begründer der wissenschaftlichen Paläontologie und der vergleichenden Anatomie, durch die es ihm gelang, anhand von wenigen Knochen ganze Tierkörper zu rekonstruieren.

b) Charles Lyell (1797–1875) wurde mit seiner Theorie vom „Prinzip des Aktualismus" zum Mitbegründer der modernen Geologie. Er erklärte darin die geologischen Veränderungen als Folge von Kräften, wie sie auch in der Gegenwart noch wirksam sind. Zur Absicherung seiner Theorien unternahm er zahlreiche Reisen durch Mitteleuropa und Nordamerika.

c) Alexander von Humboldt (1769–1859) gilt als Begründer der physischen Geografie, die die Erdoberfläche als komplexes System beschreibt, das durch die fünf Geofaktoren Luft, Wasser, Boden, Gestein und Vegetation bestimmt wird. Berühmt wurden auch seine Reiseberichte aus Südamerika und Asien.

d) Der britische Geologe William Smith (1769–1839) entwickelte die Theorie von den Leitfossilien, bei der das Alter von Gesteinsschichten anhand der in ihnen vorkommenden Fossilien bestimmt wird. Leitfossilien sind gekennzeichnet durch eine Verbreitung über große Bereiche der Erde und eine relativ kurze Existenz (ca. 300.000 bis 1 Mio. Jahre).

a) Der Sinus (sin) ist eine der Winkelfunktionen in der Trigonometrie („Messung des Dreiecks"). Sein Wert bei einem Winkel von 90° liegt bei eins.

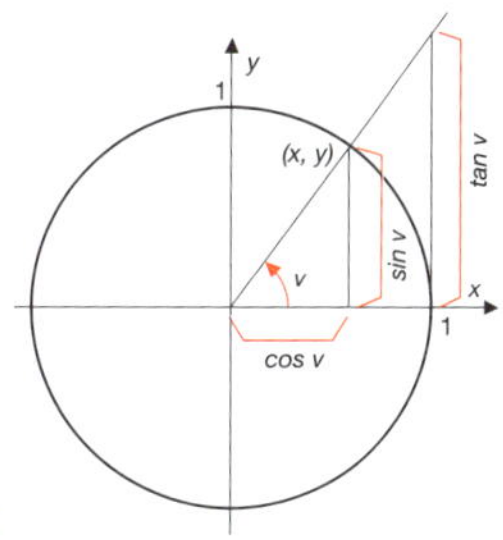

Tangens, Sinus und Cosinus

b) Der Cosinus (cos) eines 90°-Winkels liegt bei null.

c) Der Tangens in einem rechtwinkligen Dreieck entspricht der dem rechten Winkel gegenüberliegenden Seite. Der Tangens ist der Quotient aus Sinus und Cosinus. Da der Sinus eins und der Cosinus null lauten, entspricht der Tangens 1:0, und dies ist nicht definiert. Bei der Betrachtung der Tangens-Kurve sieht man, dass der Grenzwert gegen unendlich tendiert.

d) Es gibt verschiedene Systeme, mit denen die Größe eines Winkels angegeben werden kann. Die uns vertrauteste Methode ist das Gradmaß, bei dem ein Kreis in 360 gleich große Winkelgrade aufgeteilt ist. Die Aufteilung in 360° ist historisch begründet und vom mathematischen Standpunkt eher ungünstig. Für viele Zwecke praktischer ist das Bogenmaß, bei dem der Winkel durch die Länge seines Bogens auf dem Einheitskreis (2π) angegeben wird. Ein 90°-Winkel entspricht dem Viertel eines Kreises und beträgt im Bogenmaß $2\pi : 4 = 1/2\pi$.

Wie heißt eine Gerade, die eine Fläche in einem Punkt berührt?

- a) Hypotenuse
- b) Tangente
- c) Hyperbel
- d) Schenkel

a) Die Hypotenuse ist die Grundseite (die dem rechten Winkel gegenüberliegende Seite) des rechtwinkligen Dreiecks und damit seine längste Seite. Die beiden kürzeren Seiten, die im rechten Winkel aufeinanderstoßen, werden Katheten genannt.

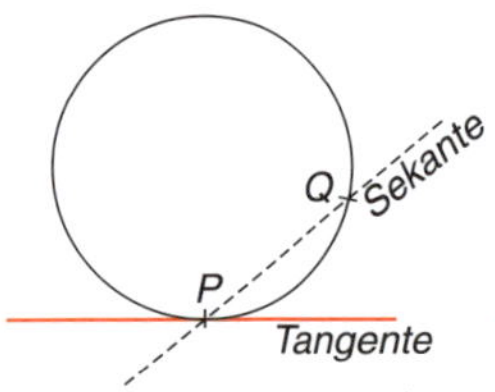

Tangente und Sekante eines Kreises

b) Eine Tangente (lateinisch „tangere", „berühren") ist eine Gerade, die ein Kurve oder eine Fläche an genau einem Punkt berührt. Eine Gerade, die eine Fläche schneidet, wird Sekante (lateinisch „secare", „schneiden") genannt.

c) Eine Hyperbel besteht aus zwei zentralsymmetrischen Kurven, die aus den Punkten gebildet werden, deren Differenz von zwei festen Punkten (den Brennpunkten F und F1) gleich weit entfernt sind.

d) Sind mindestens zwei Seiten eines Dreiecks gleich lang, so werden diese Seiten als Schenkel bezeichnet. Ein Dreieck mit zwei gleich langen Seiten wird demzufolge gleichschenkliges Dreieck genannt. Eine Sonderform des gleichschenkligen Dreiecks ist das gleichseitige Dreieck, bei dem alle drei Seiten gleich lang sind und dessen Winkel jeweils 60° betragen. Auch die Seiten eines Trapezes werden als Schenkel bezeichnet, wenn sie alle gleich lang sind.

Wer erforschte die Struktur der Chromosomen?

- a) Oswald Avery
- b) Hermann Joseph Muller
- c) Thomas Hunt Morgan
- d) Barbara McClintock

a) 1944 bewies Oswald Avery (1877–1955) in einem Versuch an Pneumokokken, dass die Erbinformation in der DNA enthalten ist.

b) Hermann Joseph Muller (1890–1967) erhielt 1946 einen Nobelpreis für seine Entdeckung, dass radioaktive Strahlung das Erbgut schädigen und Mutationen hervorrufen kann. Die Grapefruit mit rosafarbenem Fleisch ist ein Produkt einer durch Strahlung hervorgerufenen Genmutation.

c) Thomas Hunt Morgan (1866–1945) erforschte vor allem durch Kreuzungsversuche mit der Taufliege Drosophila Melanogaster die Struktur der Chromosomen. Nach zwei Jahren ohne Ergebnisse entdeckte er eine mutierte männliche Fliege mit weißen Augen, mit deren Hilfe er an Tausenden von Fliegengenerationen Vererbungscharakteristika und Chromosomenstruktur erforschen konnte und dafür mit dem Nobelpreis geehrt wurde.

d) 1983 erhielt Barbara McClintock (1902–92) den Nobelpreis für die Entdeckung der „Springenden Gene", die sie allerdings bereits 1957 gemacht hatte. Dabei handelt es sich um instabile Gene, die ihre Lage im Erbgut verändern können. Ein bekanntes Beispiel sind die Usambaraveilchen, deren natürliche blaue Farbe in Rosa verändert wird, wenn sich das entsprechende Gen im Erbgut bewegt.

Was sind Karnivoren?

- a) fleischfressende Pflanzen
- b) Kopffüßer
- c) Gleitbeutler
- d) Fliegende Fische

a) Karnivoren (lateinisch „carnis" = „Fleisch") ist der lateinische Ausdruck für Räuber, also fleischfressende Tiere im Allgemeinen. Vor allem jedoch ist es die wissenschaftliche Bezeichnung für fleischfressende Pflanzen. Weltweit gibt es beinahe 600 Arten von ihnen, in Deutschland sind es 15, vor allem aus der Familie der Sonnentaugewächse. Sie wachsen überwiegend in Feuchtzonen, in denen es für andere Pflanzen zu wenig Nährstoffe gibt. Zwar können auch sie über ihre Wurzeln Wasser und Nährstoffe und über ihre Blätter Energie aus dem Sonnenlicht aufnehmen, dennoch benötigen sie zusätzliche Nährstoffe, die sie aus ihrer Beute gewinnen.

b) Unter Kopffüßern (Cephalopoda) versteht man die Tintenfische oder Sepia, eine Klasse von Weichtieren, die ein viel höher entwickeltes Nervensystem haben als die übrigen Tiere dieser Gattung. Sie haben kein Skelett, ihr Körper besteht aus Kopf, Eingeweidesack und Füßen. Die größten Kopffüßer sind die achtarmigen Kraken der Gattung Octopus.

c) Die Gleitbeutler (Petauridae) gehören zu den australischen Beuteltieren, wie auch z. B. das Känguru.

d) Die Fliegenden Fische (Exocoetidae) gehören zu den Knochenfischen. Sie leben in tropischen Gewässern und können bis zu 90 m weit durch die Luft gleiten.

Welche Einheit bezeichnet die elektrische Spannung?

- a) Ampere
- b) Ohm
- c) Volt
- d) Watt

a) Ampere (A) ist die Einheit der elektrischen Stromstärke (I). Sie ist nach dem französischen Mathematiker und Physiker André Marie Ampère (1775–1836) benannt, der die magnetischen Wirkungen in der Nähe stromdurchflossener Drähte entdeckte und erstmals zwischen Elektrostatik und Elektromagnetik unterschied.

b) Ohm (Ω) ist die Einheit für den elektrischen Widerstand (R). Sie ist nach dem deutschen Physiker Georg Simon Ohm (1789–1854) benannt.

Alessandro Volta

c) Die elektrische Spannung (U) wird in Volt gemessen. Sie ist nach dem italienischen Physiker Alessandro Volta (1745–1827) benannt, der als einer der Begründer des Elektrizitätszeitalters gilt. Die elektrische Spannung zwischen zwei Punkten eines metallenen Leiters beträgt dann ein Volt, wenn bei einem Strom von einem Ampere eine Leistung von einem Watt hervorgebracht wird. 1 V = 1 W / 1A.

d) Watt (W) ist die Einheit für die elektrische Leistung. Zu Ehren des schottischen Erfinders James Watt (1736–1819) wurde die von ihm eingeführte Bezeichnung PS (Pferdestärke) nach ihm umbenannt.

Was haben die Elemente Astat, Technetium und Radon gemeinsam?

- a) Sie wurden nach bedeutenden Entdeckern benannt.
- b) Sie sind radioaktiv.
- c) Sie sind bei Zimmertemperatur flüssig.
- d) Sie sind magnetisch.

a) Einige radioaktive Übergangsmetalle aus der Gruppe der 6d-Metalle wurden nach bedeutenden Entdeckern benannt: Lawrencium (Lr, Ernest Orlando Lawrence), Rutherfordium (Rf, Ernest Rutherford), Seaborgium (Sg, Theodore Seaborg), Bohrium (Bh, Niels Bohr), Meitnerium (Mt, Lise Meitner) und Roentgenium (Rg, Wilhelm Conrad Roentgen).

b) Die Elemente Astat (At), Technetium (Tc) und Radon (Rn) sind alle drei radioaktiv, obwohl sie aus verschiedenen Hauptgruppen stammen. Astat ist das Halogen mit der höchsten Dichte, das äußerst seltene Technetium ist ein Schwermetall und Radon gehört zu den Edelgasen.

Zeichen für Radioaktivität

c) Es gibt nur zwei Elemente, die bei Zimmertemperatur flüssig sind, Brom (Br) und Quecksilber (Hg). Alle anderen Elemente sind gasförmig oder fest.

d) Zu den Übergangsmetallen, bei denen ein d-Orbital teilweise gefüllt ist, gehören auch die magnetischen Elemente Eisen (Fe), Nickel (Ni) und Kobalt (Co). Bei hohen Temperaturen verlieren sie jedoch ihre ferromagnetischen Eigenschaften.

Welcher Gendefekt macht sich fast nur bei Männern bemerkbar?

- a) Sichelzellenanämie
- b) Bluterkrankheit
- c) Downsyndrom
- d) Legasthenie

a) Die Sichelzellenanämie ist eine rezessive Erbkrankheit, bei der die roten Blutkörperchen verändert sind. Heute sind mehr als 11.000 genetisch bedingte Krankheiten bekannt, die jedoch großteils rezessiv sind, also von dem entsprechenden gesunden Gen auf dem analogen Chromosom überdeckt werden. Pflanzen sich allerdings zwei Personen mit dem Defekt fort, liegt die Wahrscheinlichkeit bei 25 %, dass die beiden Chromosomenstränge mit dem geschädigten Erbgut zusammentreffen und die Krankheit zum Vorschein kommt.

b) Die Bluterkrankheit (Hämophilie), bei der die Blutgerinnung gestört ist, wird durch ein fehlerhaftes Gen auf dem X-Chromosom, einem der beiden Geschlechtschromosomen, übertragen. Bei einem Jungen bricht die Krankheit aus, da im männlichen Chromosomensatz das X-Chromosom nur einmal vorhanden ist. Bei einem Mädchen wird das fehlerhafte Gen durch das dominante gesunde Gen auf dem zweiten X-Chromosom überdeckt, sofern nicht beide X-Chromosomen betroffen sind.

c) Das Downsyndrom (Trisomie 21) entsteht, wenn das 21. Chromosom durch fehlerhafte Zellteilung dreifach vorhanden ist.

d) Für die Legasthenie ist nach neuesten Erkenntnissen u. a. ein Defekt des Gens DYXC1 verantwortlich.

Wer erfand das Telefon?

- ◯ a) Thomas Alva Edison
- ◯ b) Philipp Reis
- ◯ c) Alexander Graham Bell
- ◯ d) Almon Strowger

a) Thomas Alva Edison (1847–1931) entwickelte 1879 für das Telefon das Kohlekörnermikrofon.

b) Am 26. Oktober 1861 führte der Lehrer Philipp Reis (1834–74) im Physikalischen Verein in Frankfurt das von ihm entwickelte „Telefon" vor. Die menschliche Stimme musste dafür in eine Energieform umgewandelt werden, die sich übertragen ließ. Dies war lange Zeit nur durch Elektrizität möglich. Um sicherzugehen, dass sein Apparat auch wirklich einwandfrei funktionierte, hatte er einen möglichst sinnlosen Satz als Sprechprobe gewählt: „Das Pferd frisst keinen Gurkensalat" wurde zwar klar und deutlich verstanden, dennoch fand die Erfindung keinen Anklang.

c) 1876 ließ der Engländer Alexander Graham Bell (1847–1922) sein Telefon patentieren, das er auf der Basis von Reis' Erfindung entwickelt hatte.

d) Der Beerdigungsunternehmer Almon Brown Strowger (1839–1902) entwickelte 1892 das erste telefonische Selbstwählsystem mit Wahlscheibe, da er befürchtete, abgehört zu werden und so seine Aufträge zu verlieren. Trotz anfänglicher geringer Bedienfreundlichkeit war dies eine Voraussetzung für den schnellen Ausbau des Telefonnetzes in den folgenden Jahren. Später stellte sich heraus, dass tatsächlich das „Fräulein vom Amt" die Frau eines Konkurrenten von Strowger gewesen war.

Was entdeckte Alexander Fleming 1928?

- ◯ a) Vitamine
- ◯ b) Insulin
- ◯ c) Penicillin
- ◯ d) Cortison

a) Ab 1910 widmete sich der polnische Arzt Casimir Funk (1884–1967) der Erforschung der Vitamine. Er prägte 1912 den Begriff „vitale Amine".

b) 1922 entdeckte der Kanadier Sir Frederick Grant Banting (1891–1941) das Insulin.

Alexander Fleming

c) 1928 entdeckte Sir Alexander Fleming (1881–1955) das Penicillin, ein Stoffwechselprodukt des Pinselschimmels. Er stellte fest, dass die abtötende Wirkung nur bei Bakterien wie Streptokokken oder Pneumokokken auftritt, dagegen keine Auswirkungen auf Bakterien wie Salmonellen oder auf weiße Blutkörperchen und menschliche Zellen hat. 1941 wurde das Penicillin erstmals von Howard W. Florey (1898–1968) und Ernst B. Chain (1906–79) als Medikament verwendet. 1945 erhielten sie gemeinsam den Nobelpreis.

d) Cortison ist ein Hormon der Nebennierenrinde. Es gehört zu den 42 aus ihr isolierbaren Corticosteroiden, von denen sieben Hormoneigenschaften haben. 1935 erforschten Tadeus Reichstein (1897–1996) und Edward Calvin Kendall (1886–1972) die Nutzung des Cortisons zu medizinischen Zwecken. 1950 erhielten sie zusammen mit Philip Hench (1896–1965) den Nobelpreis.

Wann gab es die ersten Säugetiere?

- a) in der Kreide
- b) im Silur
- c) im Trias
- d) im Paleozän

Wer ist der Begründer der Vererbungslehre?

- a) Gregor Mendel
- b) Charles Darwin
- c) William Bateson
- d) Hugo de Vries

a) In die Kreidezeit (vor 140–65 Mio. Jahren) fällt das Aussterben der Dinosaurier und das erste Erscheinen der Vögel. Bedecktsamer breiteten sich aus, in der Oberkreide dann auch Blütenpflanzen und Gräser.

b) Im Silur (vor 435–405 Mio. Jahren) entwickelten sich die ersten Pflanzen an Land. Gleichzeitig verließen auch die ersten Tiere das Wasser: die Tausendfüßler und Skorpione.

c) Die ersten primitiven Säugetiere traten zwischen Trias (vor 250 Mio. Jahren) und Jura (vor 205 Mio. Jahren) auf. Säugetiere (Mammalia) unterscheiden sich von anderen Tieren u. a. dadurch, dass sie ihre Jungen mit ihrer eigenen Milch ernähren. Auch sind alle Säugetiere zumindest im Embryonalstadium behaart. Trias und vor allem Jura waren zugleich die Zeit der größten Blüte der Dinosaurier.

Eine Stute säugt ihr Fohlen

d) Paleozän und Eozän, die ersten beiden Stufen des Alt-Tertiär, war die Zeit nach dem Aussterben der Dinosaurier und die der größten Entwicklung der Säugetiere. Im Oligozän (vor 37.000–23.000 Jahren) traten dann die ersten Primaten auf, es folgten die Menschenaffen und Australopithecine. Die Gattung Mensch gibt es erst seit Beginn des Quartär vor 1,6 Mio. Jahren.

a) Der Augustinermönch Gregor Mendel (1822–84) war der Erste, der bei Pflanzen zielgerichtete Versuche zur Vererbung durchführte. Er kreuzte verschiedene Erbsenarten und entdeckte so die Vererbungsgesetze, die heute nach ihm benannt sind. Seine Veröffentlichungen blieben jedoch zunächst unbeachtet.

b) 1858 veröffentlichte Charles Darwin (1809–82) sein Buch *Der Ursprung der Arten (The Origin of Species)*, das gleich am ersten Tag ausverkauft war. Hier beschrieb Darwin seine Theorien von der Evolution als natürlichem, allmählich fortschreitendem Prozess durch schrittweise Variation und natürliche Auslese. Die Aufspaltung der Organismen in immer mehr Arten erklärte er als Folge der Anpassung an ihren Lebensraum. Seine Erkenntnisse hatte Darwin auf seinen Weltreisen auf dem Schiff Beagle gewonnen.

c) Der britische Genetiker William Bateson (1861–1926) prägte 1906 den Begriff „Genetik“, drei Jahre vor Einführung des Begriffs „Gen“.

d) Der niederländische Biologe Hugo de Vries (1848–1935) war einer der Wiederentdecker der mendelschen Gesetze zu Beginn des 20. Jh. Er verfasste Arbeiten zur Evolutions- und Mutationstheorie, sein Hauptinteresse lag bei der experimentellen Pflanzenphysiologie.

Was stammt nicht von Thomas Alva Edison?

- a) die Glühbirne
- b) das erste Elektrizitätswerk
- c) der Börsenkursticker
- d) der elektrische Stuhl

a) Die Glühbirne stammt von Heinrich Goebel (1818–93). Thomas Alva Edison (1847–1931) verbesserte allerdings Goebels Erfindung, entwickelte das bis heute gebräuchliche Drehgewinde und den Kohlefaden als Glühfaden (heute wird Wolfram verwendet). 1879 hatte die Kohlefaden-Glühlampe eine Brenndauer von 40 Stunden. Als er an Silvester 1879 den Menlo Park in New Jersey, in dem sein Laboratorium lag, zum Leuchten brachte, waren 3000 Schaulustige anwesend. 1880 eröffnete der „Zauberer vom Menlopark" dort seine erste Glühlampenfabrik. Edison war einer der vielseitigsten Erfinder, der es auch verstand, seine Erfindungen, von denen er sich über 1000 patentieren ließ, marktfähig zu machen, und der damit das moderne Leben wie kein anderer revolutionierte. An seinem Geburtstag, dem 11. Februar, wird ihm zu Ehren seit 1983 in den USA der National Inventor's Day gefeiert.

b) 1882 baute er das erste zentrale Elektrizitätswerk in New York in der Pearl Street.

c) Der Börsenticker war eine der frühen Erfindungen des ehemaligen Telegrafisten, der ihm 1869 den Posten des Betriebsleiters der Gold&Stock Telegraph Company in New York einbrachte.

d) Auch der elektrische Stuhl ist eine Erfindung Edisons.

Was ist der Fachbegriff für den Bildschirmhintergrund?

- a) Icon
- b) Wallpaper
- c) Hotkey
- d) Bootmanager

a) Icons sind Symbole (Piktogramme), mit denen unter grafischen Benutzeroberflächen Programme gestartet werden können, die durch sie repräsentiert werden. Die meist quadratischen Icons haben Standardgrößen zwischen 8x8 und 128x128 Pixel. Ihr Sinn liegt in ihrem hohen Wiedererkennungswert und das dadurch bedingte schnelle Auffinden der betreffenden Programme oder Dateien.

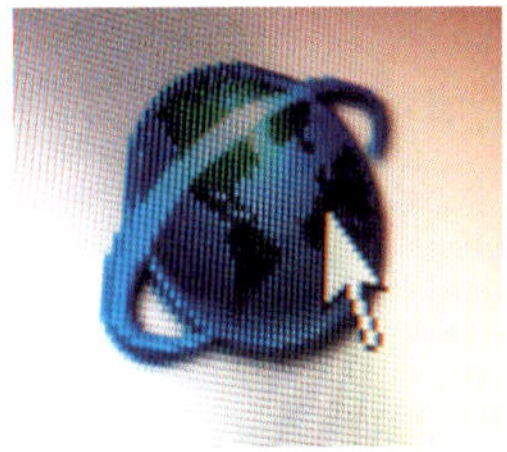
Computericon

b) Das Wallpaper ist der Bildschirmhintergrund auf dem Desktop eines Computers. Es hat keinen direkten Nutzen, kann sogar das Auffinden von Icons oder anderen Symbolen erschweren. Im Gegensatz dazu diente der Bildschirmschoner, der sich in Phasen der Inaktivität anschaltete, anfangs dazu, zu verhindern, dass sich die teilweise sehr scharfen Konturen eines Arbeitsprogramms in die Mattscheibe hineinbrannten. Heute verwendet man sie eher aus Spaß oder aus Gründen des Datenschutzes.

c) Ein Hotkey ist eine Taste oder eine Tastenkombination, die in einem Programm eine bestimmte Aktion auslöst.

d) Der Bootmanager ermöglicht es, beim Starten zwischen verschiedenen auf dem PC installierten Betriebssystemen zu wählen.

Was ist kein Produkt aus Torffaser?

- a) Textilien
- b) Filtersubstrat für Aquarien
- c) Whisky
- d) Wärmedämmstoff

a) Torffasern sind ein Material, das aus den uralten Überresten der Wollscheidegräser entstanden ist, die im Moor mumifiziert wurden. Um die Torffasern gewebetechnisch verarbeiten zu können, müssen bislang allerdings noch immer andere Naturfasern wie Wolle oder Seide gleichzeitig verarbeitet werden. Durch den Gehalt an Huminstoffen können Torffasern kurzwellige energiereiche Strahlung in langwellige Wärme umwandeln. Auch können sie aufgrund ihres Huminsäuregehalts Ausscheidungsprodukte wie Schweiß und Gerüche oder auch Gifte binden und neutralisieren. Deshalb werden sie häufig zur Herstellung von Steppbetten verwendet, aber auch für Jacken oder Westen.

b) Torffaser kann auch als Filtersubstrat für Süßwasseraquarien oder Gartenteiche verwendet werden.

c) Whisky wird zwar nicht aus Torf hergestellt, doch bildet der Geruch des Torffeuers, über dem das für die Whisky-Herstellung notwendige Malz getrocknet wird, ein wichtiges Geschmacksmerkmal vor allem für den schottischen Whisky.

Whiskydestillerie in Schottland

d) Aufgrund seiner Wärmewirkung und seiner isolierenden Eigenschaften ist Torffaser ein idealer Grundstoff für die Wärmedämmung.

Wer verschickte die erste E-Mail?

- a) Bill Gates
- b) David Bradley
- c) Douglas Engelbart
- d) Ray Tomlinson

a) Der Programmierer Bill Gates (geb. 1955) gründete 1975 mit Paul Allen die Microsoft Corporation, die ihn für lange Zeit zum reichsten Mann der Welt machte.

b) David Bradley (geb. 1949), einer der „Original 12", die den Personal Computer von IBM entwickelten, ist auch der Erfinder des Klammergriffs „Strg, Alt, Entf".

c) 1963 stellte der Amerikaner Douglas Engelbart (geb. 1925) in San Francisco der Öffentlichkeit einen klobigen Holzkasten vor, mithilfe dessen man in Zukunft den Computer bedienen sollte. Zunächst wurde seine Erfindung als Spielerei abgetan, erst viele Jahre später und nach einigen Modifizierungen setzte sich die „Maus" als eines der wichtigsten Hilfsmittel für die Bedienung eines Computers durch.

d) Ray Tomlinson (geb. 1941) war einer der Computertechniker, die 1969 in Diensten der Firma Bolt, Beranek and Newman am Aufbau des ARPAnet beteiligt waren. Er versandte Ende 1971 die erste E-Mail mit dem von ihm entwickelten Programm (SNDMSG) von seinem Computer zu dem im Nebenzimmer. Tomlinson war Adressat und Absender in einer Person, an den Inhalt seiner E-Mail kann er sich nicht mehr erinnern. Er wählte das Zeichen @, um den Nutzernamen mit dem Absender zu verbinden. Seine E-Mail-Adresse, die erste der Welt, lautete tomlinson@bbntenexa.

Wofür benutzt man die Radiokarbonmethode?

- a) zur Altersbestimmung
- b) zur Messung der Radioaktivität
- c) zur digitalen Radioübertragung
- d) zur Sammlung von Pflanzen

a) 1946 entwickelte der Nobelpreisträger Willard Frank Libby (1908–80) die Radiokarbonmethode zur Altersbestimmung archäologischer Funde. Ihre Grundlage ist die Halbwertzeit des Kohlenstoffisotops 14C von 5730 Jahren, das in der Atmosphäre durch die kosmische Strahlung erzeugt wird. 14C gelangt durch die Fotosynthese in die Pflanzen und von dort in die Tiere. Mit dem Absterben wird der Kohlenstoffaustausch beendet und die 14C-Konzentration nimmt ab. Die Radiokarbonmethode kann bei organischen Materialien wie Holz, Knochen oder Textilien angewendet werden, aber auch bei pflanzlichen Sedimenten und beim Grundwasser.

b) Zur Messung der Radioaktivität wird der Geigerzähler (auch Geiger-Müller-Indikator) verwendet. Er wurde 1928 von den Physikern Hans Geiger (1882–1945) und Walther Müller (1905–79) entwickelt.

c) 1987 wurde der Grundstein für die digitale Radioübertragung gelegt, seit 1999 läuft sie in Deutschland im Regelbetrieb. Wie bei MP3-Dateien werden hier die zu übertragenen Dateien mit dem Kompressionsverfahren MPEG 1 auf einen Bruchteil ihrer ursprünglichen Größe reduziert und im Empfangsgerät wieder entschlüsselt.

d) Zum Sammeln und Trocknen von Pflanzen wird das Herbarium verwendet.

Wer baute den ersten mechanischen Webstuhl?

- a) James Hargreaves
- b) Richard Arkwright
- c) Edmund Cartwright
- d) Thomas Saint

a) 1764 erfand James Hargreaves (1720–78) die „Spinning Jenny“, eine Spinnmaschine, die er nach seiner Tochter benannte und die die hundertfache Menge von dem bewältigte, was auf den bis dahin üblichen Spinnrädern gesponnen werden konnte.

b) Richard Arkwright (1732–92), das jüngste von 13 Kindern eines Schneiders, gilt als Begründer der Textilgroßindustrie. 1769 erfand er die Waterframe, die erste von menschlicher Kraft unabhängige Spinnmaschine, die durch ein Wasserrad angetrieben wurde. Dadurch konnte sie eine Größe von mehr als 100 Spindeln erreichen, wofür dann allerdings der Einsatz einer Dampfmaschine nötig war. Für die Bedienung waren je nach Größe lediglich ein oder mehrere Hilfsarbeiter nötig, die die Spindeln austauschen und gerissene Fäden wieder ansetzen mussten.

Handbetriebener Webstuhl

c) 1785 baute Edmund Cartwright (1743–1823) den ersten mechanischen Webstuhl, der mit einer Handkurbel angetrieben wurde. In den folgenden Jahren verbesserte er seine Erfindung zur „Power Loom“, musste aber dennoch seine Webfabrik schließen.

d) Der Londoner Tischler Thomas Saint baute 1790 die erste arbeitsfähige Nähmaschine.

Was sind keine Einzeller?

- ◯ a) Pantoffeltierchen
- ◯ b) Protozoen
- ◯ c) Epizoen
- ◯ d) Amöben

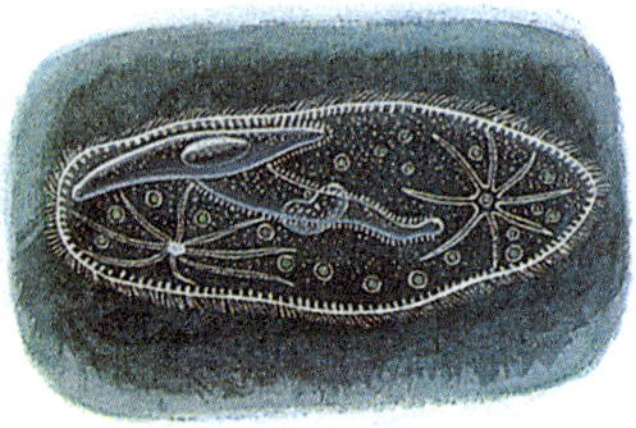

Pantoffeltierchen

a) Pantoffeltierchen gehören zu den Einzellern und werden etwa 0,3 mm groß. Sie wohnen im Süßwasser. Ihren Namen verdanken sie ihrer Form, die einer Schuhsohle ähnelt.

b) Die Protozoen sind einzellige Urtierchen, die als Parasiten leben. Sie ähneln in ihrem Aufbau dem von tierischen Zellen, denn sie besitzen einen Zellkern, Mitochondrien und einen Golgiapparat. Ihre Fortpflanzung erfolgt je nach den Umweltbedingungen geschlechtlich oder ungeschlechtlich.

c) Epizoen sind Schmarotzer, die andere Tiere oder Menschen befallen. Zu ihnen gehören u. a. Läuse oder Flöhe.

d) Die Amöben oder Wechseltierchen sind Einzeller mit einer ständig wechselnden Gestalt. Ihre Größe variiert zwischen 90 Mikrometern und 0,8 mm. Sie gehören somit zu den größten Einzellern überhaupt. Die Amöben haben sich nicht aus einem einzigen Stamm entwickelt, sondern sind sogenannte analoge Lebensformen, die sich parallel zueinander entwickelt haben. Sie leben vorzugsweise in Gewässern oder deren Schlamm. Zur Fortbewegung bilden sie Plasmafortsätze aus, die sogenannten Scheinfüßchen. Zu ihnen gehört auch der Erreger der Amöbenruhr, Entamoeba histolytica.

Wie lautet der lateinische Name für die Blutvergiftung?

- ◯ a) Fraktur
- ◯ b) Amnesie
- ◯ c) Sepsis
- ◯ d) Lumbago

a) Fraktur ist der medizinische Fachbegriff für einen Knochenbruch.

b) Unter Amnesie versteht man einen Gedächtnisverlust, der vor allem den Zeitraum vor dem auslösenden Ereignis betrifft.

c) Eine Sepsis ist eine Blutvergiftung. Jedes Jahr erkranken allein in Deutschland etwa 150.000 Menschen an ihr, für beinahe die Hälfte von ihnen verläuft sie tödlich. Eine Sepsis kann viele Ursachen haben, immer jedoch gelangen Krankheitserreger oder ihre Giftstoffe in den Blutkreislauf, die die Organe angreifen. Deshalb reagiert der Körper systemisch mit einer Immunantwort und versucht, die Erreger zu bekämpfen. Folgen sind Fieber, gesteigerte Herzfrequenz, erhöhte Atmung und eine erhöhte Produktion weißer Blutkörperchen. Ist das Immunsystem geschwächt, können die Erreger vom Infektionsherd aus auf den ganzen Körper übergehen, in die Blutbahn eindringen und die Organe zerstören. Wird der Infektionsherd nicht gefunden, kann man die Sepsis nur schwer bekämpfen.

d) Mit Lumbago wird der Hexenschuss bezeichnet. Es handelt sich dabei nicht wirklich um eine medizinische Diagnose, sondern es ist ein umgangssprachlicher Begriff für einen plötzlichen und heftigen Schmerz in der Lendenwirbelsäule, der zur Bewegungsunfähigkeit führt.

Was bezeichnet das Verschieben einer Datei in ein anderes Verzeichnis?

- a) Safe Mode
- b) Bug
- c) Drag and Drop
- d) Leetspeak

Was ist das schwerste natürlich vorkommende Element der Erde?

- a) Phosphor
- b) Iridium
- c) Caesium
- d) Platin

a) Bei Problemen mit der Hardware oder Software wird der Computer im Safe Mode gestartet, um diese Probleme lösen zu können. Dabei werden unnötige Treiber und Peripheriegeräte nicht geladen, um keine Arbeitsleistung zu verschwenden.

b) Als Bug (englisch, Käfer) bezeichnet man einen Computerfehler. Angeblich kommt der Ausdruck daher, dass zu Beginn der Computerära Käfer im Inneren der ersten Computer herumkrochen und es deshalb häufig zu Störungen kam.

c) Unter Drag and Drop („Ziehen und Fallenlassen“) versteht man das Verschieben von vorher markierten Objekten auf der grafischen Benutzeroberfläche des Computerbildschirms an eine neue Position mithilfe einer Maus. Eine der häufigsten Anwendungen ist das Verschieben einer Datei von einem Verzeichnis in ein anderes. Drag and Drop wird beim Verschieben wie auch beim Kopieren angewendet.

d) Unter Leetspeak versteht man eine spezielle Web-Sprache, die vor allem von Chattern verwendet wird. Es ist geprägt von Anglizismen, Ausdrücken aus der Chattersprache wie LOL (Laughing Out Loud) oder ROFL (Roll On the Floor Laughing), Smileys und vor allem durch das Ersetzen von Buchstaben durch ähnlich aussehende Zahlen und Sonderzeichen.

a) Phosphor (P) ist ein nichtmetallisches Element mit einer Dichte von 1,82 g/cm^3, das in vier Modifikationen vorkommt. Der weiße Phosphor ist hochgiftig und entzündet sich, sobald er mit Luft in Kontakt kommt. Er muss deshalb im Wasser aufbewahrt werden und wird für die Konstruktion von Bomben verwendet. Roter, violetter und schwarzer Phosphor reagieren nicht so leicht. Roter Phosphor ist in den Reibflächen von Zündholzschachteln enthalten. Ihre häufigsten Verbindungen sind die Phosphate (die Salze der Phosphorsäure).

b) Iridium (Ir) ist mit einer Dichte von 22,65 g/cm^3 nicht nur das schwerste aller Metalle, sondern überhaupt das schwerste natürlich vorkommende Element auf der Erde.

c) Caesium (Cs) ist ein Leichtmetall mit einer Dichte von 1,87 g/cm^3 und das weichste aller Elemente. Es schmilzt bereits in der bloßen Hand (bei 28,5° C) und verbrennt bei Kontakt mit der Luft und mit den meisten anderen Elementen in einer rosavioletten Flamme. Deshalb wird es in reinem Stickstoff aufbewahrt.

d) Platin (Pt) hat eine Dichte von 21,45 g/cm^3. Es ist ein weiches Metall, das sich sehr gut verarbeiten lässt.

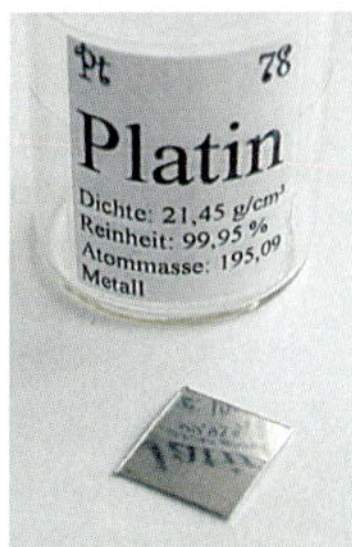

Platinplättchen

Welches Element ist nicht radioaktiv?

- ○ a) Polonium
- ○ b) Radium
- ○ c) Uran
- ○ d) Wismut

a) Das nach der polnischen Heimat seiner Entdeckerin Marie Curie (1867–1934) benannte silberweiß glänzende Schwermetall Polonium (Po) ist ein radioaktives Element aus der sechsten Hauptgruppe des Periodensystems, das im Dunkeln hellblau leuchtet. Es existieren etliche Atomkerne, die die Tendenz haben, von sich aus (spontan) zu zerfallen und dabei Strahlung abzugeben. Diese Atome oder Isotope werden als radioaktiv bezeichnet. Dabei gibt es drei Arten radioaktiver Strahlung: Alphastrahlen (Teilchen mit jeweils zwei Protonen und Neutronen, also Heliumkerne), Betastrahlen (Elementarteilchen mit negativer Ladung) und Gammastrahlen (die energiereichste elektromagnetische Strahlung).

Marie Curie

b) Radium (Ra) ist ein relativ weiches, radioaktives Schwermetall. Es ist sehr reaktionsfreudig und wird an der Luft durch die Bildung einer Nitritschicht sofort schwarz.

c) Das relativ weiche Schwermetall Uran (U) ist das letzte natürlich vorkommende Element im Periodensystem. Die Transurane (Elemente mit einer höheren Ordnungszahl als 92) werden alle künstlich hergestellt.

d) Wismut (Bi) ist ein Schwermetall mit niedriger Leitfähigkeit und ausgeprägtem Metallcharakter.

Welches chemische Element trägt das Symbol Ag?

- ○ a) Blei
- ○ b) Antimon
- ○ c) Zinn
- ○ d) Silber

a) Pb (Plumbum) ist das Zeichen für Blei. Blei ist ein sehr weiches, gut formbares Schwermetall und deshalb eines der wichtigsten Gebrauchsmetalle. Blei ist außerdem sehr giftig.

b) Antimon („Die Blüte des Gottes Amon“) hat das Symbol Sb. Es kommt in der Natur in gediegener Form, d. h. in metallischem Zustand vor. Es gehört zu den zehn Elementen, die bereits in der Antike bekannt waren.

c) Bereits im 3. Jt. v. Chr. wurden Werkzeuge aus Legierungen mit Zinn (Sn, Stannum) hergestellt.

d) Ag ist im Periodensystem das Symbol für Silber, denn „Argentum“ ist das lateinische Wort für Silber. Bei einigen Elementen unterscheiden sich der Fachbegriff und der allgemein gebräuchliche Name sehr stark voneinander. Dies ist meist dann der Fall, wenn das Element bereits lange vor seiner Klassifizierung bekannt war, wie z. B. bei Eisen (Ferrum, Fe), Gold (Aurum, Au), Wasserstoff (Hydrogenium, H) oder Sauerstoff (Oxygenium, O). Nach Gold hat Silber die höchste Dehnbarkeit unter den Metallen und besitzt die beste elektrische und thermische Leitfähigkeit von ihnen. Außerdem hat es von allen Materialien der Erde die größte Reflexions- und Absorptionsfähigkeit für Licht, wodurch auch sein heller Metallglanz entsteht.

Welches Metall hat den höchsten Schmelzpunkt?

- a) Wolfram
- b) Eisen
- c) Scandium
- d) Quecksilber

a) Wolfram (W) hat den höchsten Schmelzpunkt aller Metalle, er liegt bei ca. 3422° C. Sein Siedepunkt liegt bei 5555° C. Seine Dichte liegt bei 19,3 g/cm^3, es ist also beinahe dreimal so schwer wie Eisen, dennoch ist es in reine Form geschmeidig und relativ leicht zu bearbeiten. In der Natur kommt Wolfram in Verbindung mit anderen Metallen vor. Es wird vor allem für die Herstellung von Glühdrähten in Glühbirnen und für Drähte in Elektroöfen verwendet.

b) Der Schmelzpunkt von Eisen (Fe) liegt bei 1538° C. Eisen ist mit 4,7 % das vierthäufigste Element in der Erdhülle. Da es in der Natur (außer in Meteoriten) nicht elementar vorkommt, muss es aus Eisenerz gewonnen werden. Seine Verwendung ist ab dem 14. Jh. v. Chr. belegt, als Erfinder der Eisenerzgewinnung gelten die Hethiter.

c) Scandium (Sc) gehört mit einer Dichte von 2,99 g/cm^3 zu den Leichtmetallen, sein Schmelzpunkt liegt jedoch mit 1541° C drei Grad höher als der von Eisen. Schmelzpunkt und Dichte eines Elementes stehen also in keinerlei Zusammenhang.

d) Quecksilber (Hg) hat den niedrigsten Schmelzpunkt aller Metalle. Er liegt als einziger im Minusbereich bei –38,8° C. Deshalb ist Quecksilber flüssig und als Füllung für Thermometer selbst im Winter geeignet.

Welches ist die früheste Lernform bei den meisten Tierarten?

- a) Sensibilisierung
- b) Prägung
- c) Habituation
- d) Konditionierung

a) Die Sensibilisierung verstärkt die Reaktion auf einen bestimmten Reiz, sie ist besonders wichtig bei bestimmten Umweltreizen, die Gefahr signalisieren.

Konrad Lorenz mit Gänsen

b) Unter Prägung versteht man eine Lernform während einer sensiblen Phase, die meist sehr früh im Leben eines Tieres auftritt. Sie führt zu einem sehr stabilen Lernergebnis, demzufolge manche Reize oder Reizkombinationen wesentlich stärker auf das Bewusstsein des Tieres wirken als andere. Eine der bekanntesten Formen der Prägung und die früheste ist die Mutter-Kind-Prägung, die u. a. dem Verhaltensforscher Konrad Lorenz (1903–89) seine Versuche mit den Graugänsen ermöglichte. Weitere Formen sind die Nachlaufprägung und die Sexualprägung.

c) Die Habituation oder Gewöhnung ist die einfachste Form des Lernens. Wiederholt auftretende Reize bewirken ein Nachlassen der Reaktion, und der Organismus gewöhnt sich an den Reiz, da er keine Bedeutung mehr hat. Habituation ist der Gegensatz zur Sensibilisierung.

d) Bei der Konditionierung lernt das Tier aus den Konsequenzen seiner Handlung. Hier können die Lernerfolge durch Belohnung oder Strafe verstärkt werden.

Wer entwickelte die ersten großen Kühlanlagen?

- a) William Cullen
- b) Gottlob Bauknecht
- c) Ferdinand Carré
- d) Carl Linde

a) Bereits 1748 führte William Cullen (1710–90) an der Universität von Glasgow die erste künstliche Kühlung vor.

b) Gottlob Bauknecht (1892–1976) gründete 1919 seine erste Reparaturfirma für Haushaltsgeräte. Daneben war Bauknecht stets darum bemüht, überflüssige Handarbeit zu vermeiden und entwickelte u. a. einen Nähmaschinenmotor. Seine erste richtige Erfindung war 1948 die Rührhilfe „Allfix", es folgten u. a. 1964 der Geschirrspülautomat und 1969 die Dunstabzugshaube. Legendär war aber auch seit 1951 der mobile Kundendienst.

c) Ferdinand Carré (1824–94) entwickelte 1859 eine Ammoniak-Absorptions-Kälteanlage.

Carl von Linde

d) 1873 entwickelte Carl Gottfried von Linde (1842–1934) den ersten Kühlschrank, eine Methyläther-Eismaschine, die es ermöglichte, auf Natureis zu verzichten. 1876 folgte der Ammoniak-Kühlapparat, eine Klimaanlage, die mittels Dampfkompensator betrieben wurde. Seine Erfindungen waren so erfolgreich, dass er bereits 1879 die „Gesellschaft für Linde's Eismaschinen AG" gründete und Brauereien, Schlachthöfe und die Privathäuser wohlhabender Leute mit seinen Kühlmaschinen ausstattete.

Wie hieß das erste Computernetzwerk?

- a) ARPAnet
- b) CSNet
- c) www
- d) IMP

a) ARPAnet wurde 1969 das erste Computernetzwerk der Welt. Bob Taylor (geb. 1932), ein Mitarbeiter der Advanced Research Projects Agency (ARPA) im amerikanischen Verteidigungsministerium, gab den Anstoß dazu, da er sich darüber ärgerte, für die Verbindungen zu den Computersystemen der verschiedenen wissenschaftlichen Institute und Universitäten drei unterschiedliche Computerterminals verwenden zu müssen.

b) Das CSNet wurde als eigenes Netzwerk von den Universitäten entwickelt, da ARPA für sie nur schwer zu erreichen war. 1984 wurde Deutschland als insgesamt viertes Land außerhalb der USA an CSNet angeschlossen.

c) Die Nutzung des Internets für Laien wurde erst mit der Einführung des World Wide Web (www) möglich. Grundlage des www ist Hypertext, ein von Tim Berners-Lee (geb. 1955) entwickeltes Format, ein Text, der nicht an eine lineare Struktur gebunden ist, sondern durch Verknüpfungen (Links) zwischen verschiedenen Texten springen kann.

d) Der IMP (Interface Message Processor) war der wichtigste Bestandteil von ARPAnet. Sogar von Firmen wie IBM und AT&T war der Auftrag dafür abgelehnt worden, da sie ihn für undurchführbar hielten. Doch Bolt, Beranek and Newman schafften es innerhalb von neun Monaten, die ersten Prozessoren zu bauen und zu installieren.

Welche lebenswichtigen Stoffe wirken in zu hoher Konzentration als Gifte?

- ◯ a) Fette
- ◯ b) Ballaststoffe
- ◯ c) Spurenelemente
- ◯ d) Kohlehydrate

a) Der Mensch kann die nötige Energie nicht ohne die Hilfe anderer Lebewesen herstellen. Deshalb ist er auf die entsprechenden Inhaltsstoffe aus pflanzlicher und tierischer Nahrung angewiesen. Auch Fette sind für den Körper äußerst wichtig, da sie die Energiespeicher in den Zellen bilden. Sie helfen zudem beim Aufbau von Hormonen und Zellmembranen und stellen einen Schutz vor Wärmeverlust dar. Man unterscheidet zwischen gesättigten (tierischen) und ungesättigten (pflanzlichen) Fettsäuren. Ein Zuviel an gesättigten Fettsäuren kann zu einem erhöhten Cholesterinspiegel führen.

b) In der Nahrung enthaltene Ballaststoffe wie Zellulose können zwar von den Verdauungsenzymen nicht aufgespalten werden, doch sind sie keineswegs nutzlos. Sie fördern u. a. die Darmtätigkeit, binden das Cholesterin und senken die Blutfettwerte.

c) Von Spurenelementen spricht man, wenn Mineralstoffe nur in winzigen Mengen für den Körper notwendig sind. Überschreiten sie jedoch die notwendige Konzentration, wirken sie als Gift.

d) Kohlehydrate sind die Energielieferanten des Körpers. Zucker und Stärke können dem Körper direkt (z. B. als Traubenzucker) zugeführt oder aber aus der Nahrung gewonnen werden.

In welchem Bereich kam erstmals die Chipkarte zum Einsatz?

- ◯ a) Telefonkarte
- ◯ b) Versicherungskarte
- ◯ c) Geldkarte
- ◯ d) Gesundheitskarte

a) Die Telefonkarte war die erste Breitenanwendung der Chipkartentechnik in Deutschland und ist in mehr oder weniger unveränderter Art seit den 1980er-Jahren auch heute noch im Einsatz, was die hohe Verlässlichkeit des Systems bestätigt. Aus Kostengründen haben Telefonkarten allerdings nur einen einfachen Speicherchip mit sehr geringer Informationsdichte. Nach Versuchen mit Magnetstreifenkarten, Holografiekarten, Mikroprozessorkarten und Karten mit Mikrochip hatte man sich nach dreijähriger Probephase für die Chipkarte entschieden.

b) Seit 1995 ersetzt die Krankenversicherungskarte bundesweit den Krankenschein. Sie soll vor allem durch einen schnellen Datentransport in den Praxen den Verwaltungsaufwand reduzieren.

c) Die aufladbare Geldkarte ist für die bargeldlose Zahlung kleinerer Beträge gedacht. Seit Januar 2007 ist sie sogar die Voraussetzung für den Kauf von Zigaretten am Automaten, da mit ihr auch der dafür nötige Altersnachweis erbracht wird.

Geldkarten, z. T. mit aufladbarem Chip

d) Um Missbrauch bei der Krankenversicherungskarte zu verhindern, ist die Einführung einer Gesundheitskarte mit Lichtbild im Gespräch.

Wo befindet sich das Deutsche Museum?

- ◯ a) in Frankfurt a. M.
- ◯ b) in Sinsheim
- ◯ c) in München
- ◯ d) in Berlin

a) Das Forschungsinstitut Senckenberg hat mittlerweile Niederlassungen in vier deutschen Bundesländern. Sein Hauptstandort ist Frankfurt a. M., wo die Senckenbergische Naturforschende Gesellschaft 1817 gegründet wurde. Forschungsinhalte sind meereskundliche, terrestrische, limnische und paläontologische Themen.

b) In Sinsheim liegt eines der größten Museen, die sich mit dem Thema „Auto & Technik" befassen. Neben der größten Formel-1-Sammlung Europas sind hier u. a. die letzte Concorde und die Tupolew TU-144 zu sehen.

Oskar von Miller

c) In München wurde 1906 der Grundstein für das Deutsche Museum auf der sogenannten Kohleninsel in der Isar gelegt. Es entstand auf Initiative von Oskar von Miller (1855–1934), ist mittlerweile das größte Technikmuseum der Welt und wurde inzwischen um die Flugwerft in Schleißheim und das Verkehrsmuseum erweitert.

d) Das 1889 gegründete Museum für Naturkunde in Berlin ist mit 30 Mio. Sammlungsobjekten und 6500 m^2 Ausstellungsfläche eines der fünf größten Naturkundemuseen der Welt. Eine besondere Attraktion ist das weltweit größte Brachiosaurus-Skelett der Welt, das mit sechs kleineren Skeletten im Innenhof unter der Glaskuppel des Museums steht.

Wer gründete das erste Krankenhaus?

- ◯ a) Hippokrates
- ◯ b) Aeskulap
- ◯ c) Paracelsus
- ◯ d) Galen

a) Auf Hippokrates von Kos (460–370 v. Chr.) geht der Hippokratische Eid zurück, in dem sich angehende Ärzte verpflichten, ihren Beruf nach Kräften und bestem Gewissen auszuüben. Er umfasst u. a. auch das Verbot, ein tödliches oder abtreibungsförderndes Medikament oder einen entsprechenden Rat zu geben. In etwas modifizierter Form lebt er in Form des Genfer Ärztegelöbnisses von 1948 weiter, das, ein wenig geändert, seit 1950 die Präambel der Berufsordnung der deutschen Ärztekammern ist. Hippokrates gründete auch auf Kos das Asklepieion, das erste Krankenhaus der Welt, dessen Ruinen noch heute zu sehen sind.

b) Asklepios oder (lateinisch) Aeskulap, der Sohn des Apollo, war der griechische Gott der Heilkunst. Er wurde durch einen Blitz des Göttervaters Zeus getötet, weil dieser fürchtete, dass bald niemand mehr sterben würde. Sein Markenzeichen war ein Stab, der von einer Schlange umschlungen wird.

c) Der Arzt Paracelsus (eigentlich Theophrastus Bombastus von Hohenheim, 1493–1541) vertrat eine ganzheitliche Medizin auf natürlicher Basis.

d) Der griechische Arzt und Anatom Galenos von Pergamon (ca. 129–216) war der Leibarzt von Kaiser Mark Aurel. Seine Schriften waren die Grundlage der gesamten mittelalterlichen Medizin.

Welches ist das heute gebräuchlichste Einheitensystem?

- a) das SI-System
- b) das angloamerikanische Maßsystem
- c) das CGS-System
- d) das MTS-System

a) Das weltweit gültige Internationale Einheitensystem SI (Le Système International d'Unités) wurde 1960 in Paris auf der Elften Generalkonferenz für Maße und Gewichte festgelegt. Für die sechs Basisgrößen wurden die Einheiten definiert: Länge/Meter (m), Masse/Kilogramm (kg), Zeit/Sekunde (s), elektrische Stromstärke/Ampere (A), thermodynamische Temperatur/Kelvin (K) und Lichtstärke/Candela (cd). Dazu kamen als ergänzende Einheiten Ebener Winkel/Radiant (rad) und Raumwinkel/Steradiant (sr) und 1971 als siebte Einheit die Stoffmenge/Mol (mol). Das SI-System wird auch als MKS-System (Meter-Kilogramm-Sekunde) bezeichnet.

b) Das angloamerikanische Maßsystem ist heute offiziell fast nur noch in den USA gebräuchlich. Es gründet sich auf Einheiten wie Inch, Meile, Gallone etc. Inoffiziell ist es aber auch in Großbritannien und Kanada noch gültig.

c) Das CGS-System, das auf den Maßen Zentimeter-Gramm-Sekunde beruht, wird heute noch bei Überschlagsrechnungen in der Physik benutzt, da es teilweise über handlichere Zahlenwerte verfügt als das SI-System (z. B. 1 g/cm^3 statt 1000 kg/m^3 bei der Wasserdichte).

d) In Frankreich benutzt man seit 1919 das MTS-System (Meter-Tonne-Sekunde) für mechanische Maße.

Wer baute den ersten Hubschrauber?

- a) Henri Fabre
- b) Ferdinand Graf von Zeppelin
- c) Ernst Heinrich Henkel
- d) Heinrich Focke

a) 1910 machte Henri Fabre (1882–1984) den ersten Flug mit einem Wasserflugzeug.

b) Ferdinand Graf von Zeppelin (1838–1917) beschäftigte sich seit 1890 mit dem Bau von Starrluftschiffen, am 2. Juli 1900 stieg dann das Luftschiff LZ 1 bei Friedrichshafen am Bodensee zu seinem ersten Flug auf, und es wurden insgesamt 119 Zeppeline gebaut. Mit der Katastrophe der Hindenburg in Lakehurst 1937 begann dann das allmähliche Ende der Luftschiffe.

Zeppelin über dem Bodensee

c) Das erste von Ernst Heinrich Henkel (1888–1958) gebaute Düsenflugzeug der Welt war 1939 die He 178, das erste Flugzeug mit Turbinenluftstrahltriebwerk. Die Entwicklung des Strahltriebwerks oder Düsentriebwerks (Gasturbine, Strahlrohr und Raketentriebwerk) als Antriebsaggregat Ende der 1930er-Jahre schuf die Basis für die modernen Hochleistungsflugzeuge. Im selben Jahr startete Henkels erstes Raketenflugzeug, die He 176.

d) 1936 baute der Flugzeugkonstrukteur Heinrich Focke (1890–1979) das erste senkrecht startende Drehflügelflugzeug und damit den ersten einsatzfähigen Hubschrauber. Der FW 61 startete am 26. Juni 1936 zu seinem ersten Flug.

Welches Hypertext-Format wurde die Grundlage des World Wide Web?

- ◯ a) RAM
- ◯ b) FTP
- ◯ c) NCSA Mosaic
- ◯ d) html

a) RAM („Random Access Memory“) ist der Arbeits- oder Hauptspeicher des Computers. Er ist im Gegensatz zur Festplatte ein nicht permanenter Speicher, d. h., er speichert die Daten nur so lange, wie die Stromzufuhr nicht unterbrochen wird. Er wird auch als Schreib- und Lesespeicher bezeichnet.

b) FTP ist ein Dateitransferprogramm im Internet zum Herauf- und Herunterladen von Daten.

c) NCSA Mosaic ist der 1992 von Eric Bina (geb. 1964), Marc Andreessen (geb. 1971) und James Clark (geb. 1944) entwickelte Internetbrowser, der als erster den Zugriff auf Texte und Grafiken gleichzeitig möglich machte, ohne Letztere extra laden zu müssen.

d) Mit dem Hypertext-Format html (hypertext markup language) wurde das World Wide Web geboren. Tim Berners-Lee (geb. 1955) entwickelte es, um damit den raschen Austausch von Informationen zwischen Wissenschaftlern zu erleichtern, und schuf so einen Standard zur weltweiten Verknüpfung von Daten über das Internet. Mehr als 300 Mio. Dokumente sind heute durch sein Hypertext-Format durch Links miteinander verknüpft. 2004 wurde er von der englischen Königin dafür zum Ritter geschlagen.

Wichtiger Bestandteil einer Internetadresse

Wer entdeckte die Radioaktivität?

- ◯ a) Jöns Jakob Berzelius
- ◯ b) Henri Becquerel
- ◯ c) Marie Curie
- ◯ d) Wilhelm Röntgen

a) Der Schwede Jöns Jakob Berzelius (1779–1848) gilt als Begründer der modernen Chemie. Er entdeckte die Elemente Cer, Selen, Silicium, Thorium und Zirkonium, erstellte 1818 die erste Tabelle der Atomgewichte und begründete das System der Zeichen der chemischen Elemente.

b) 1896 entdeckte Henri Becquerel (1852–1908) bei Versuchen zur Fluoreszenz, dass Uransalze aus sich selbst heraus leuchteten, ohne erst mit einer Lichtquelle in Berührung gekommen zu sein. Er starb ebenso wie Marie Curie an den Folgen der radioaktiven Strahlung, die er erforschte, da man sich der Gefährlichkeit noch nicht bewusst war.

c) Marie Curie (1867–1934) und ihr Mann Pierre (1859–1906) entdeckten 1896 die radioaktiven Elemente Polonium und Radium und erforschten zusammen mit Henri Becquerel die Radioaktivität.

d) Bei Versuchen mit Entladungsröhren entdeckte Wilhelm Conrad Röntgen (1845–1923) 1895 die X-Strahlen, die später nach ihm benannt wurden. Er hatte den üblichen Versuchsaufbau geändert und die Röhre mit schwarzem Papier verkleidet. Dennoch begann ein neben ihr aufgestellter Schirm aus fluoreszierendem Material während des Versuches zu leuchten, ein eindeutiges Zeichen dafür, dass eine für das menschliche Auge unsichtbare Strahlung das Papier durchdrungen hatte.

Wie nennt man eine Brücke, deren „Pfeiler" auf dem Wasser aufliegen?

- a) Wheatstonebrücke
- b) Bogenbrücke
- c) Pontonbrücke
- d) Auslegerbrücke

a) Mithilfe einer sogenannten Wheatstonebrücke wird ein Galvanometer in einen Stromkreis geschaltet, um elektrische Widerstände zu messen. Diese Schaltung ist nach Charles Wheatstone (1802–75) benannt, der dieses Messverfahren entwickelt hat.

b) Bogenbrücken (z. B. die Rialtobrücke in Venedig) bestehen aus einem oder mehreren Bögen, deren Widerlager ganz auf den Fundamenten ruhen.

c) Eine Pontonbrücke ist eine schwimmende Brücke, bei der Pontons (Schwimmkörper) als Auflage für die Brücke dienen. Sie dient meistens als Behelfsbrücke und kann relativ schnell auf- und abgebaut werden, hat allerdings den Nachteil, dass sie den Fluss für den Schiffsverkehr sperrt. Die erste bekannte Pontonbrücke wurde 513 v. Chr. im Auftrag des Perserkönigs Dareios I. (522–486 v. Chr.) aus zusammengebundenen Schiffen über den Bosporus gebaut.

d) Die Auslegerbrücke ist eine Weiterentwicklung der Balkenbrücke und besteht aus zwei gegenüberliegenden Kragarmen und einem Verbindungsstück. Die 1907–16 erbaute Quebecbrücke über den St. Lorenzstrom ist die größte Auslegerbrücke der Welt. Aufgrund der vielen Unfälle beim Bau läutete sie jedoch gleichzeitig das Ende der Auslegerbrücken ein.

Welche Pflanze enthält das Gift Atropin?

- a) Knollenblätterpilz
- b) Schlafmohn
- c) Tollkirsche
- d) Giftefeu

a) Der grüne Knollenblätterpilz (Amanita phalloides) ist der giftigste Lamellenpilz. Schon ein einzelner verzehrter Pilz kann nach mehreren Tagen ein völliges Leberversagen hervorrufen.

b) Der vorderasiatische Schlafmohn (Papaver somniferum) ist die wichtigste Arzneipflanze der Welt. Aus der Milch seiner unreifen Samen kann Opium gewonnen werden, aus dem für medizinische Zwecke Morphin gewonnen wird. Der Großteil des angepflanzten Schlafmohns wird jedoch für die Herstellung von Heroin verwendet.

c) Das hochgiftige Alkaloid Atropin ist in der Tollkirsche (Atropa belladonna) enthalten. Es genügen bereits sehr wenige der schwarzen, kirschähnlichen Früchte, um bei Kindern tödlich zu wirken. Ihren Beinamen Belladonna („schöne Frau") verdankt die Tollkirsche ihrer pupillenvergrößernden Wirkung, wegen der Tollkirschen bereits in der Antike als Schönheitsmittel verzehrt wurden.

Tollkirsche

d) Der nordamerikanische Giftefeu (Toxicodendron radicans) enthält in seinem Saft Wirkstoffe, die zu schweren Hautreizungen führen können.

Wer schuf die Voraussetzungen für die Farbfotografie?

- a) die Brüder Lumière
- b) George Eastman
- c) Rudolf Fischer
- d) Chester Carlson

Die Brüder Lumière

a) 1903 entwickelten die Brüder Auguste (1862–1954) und Louis Jean (1864–1948) Lumière die Autochromplatte für die Farbfotografie, die mit rot, blau und grün gefärbten Stärkekörnchen aus Kartoffeln und einer Bromsilber-Gelatine-Emulsion funktionierte. Die Belichtungszeit war sehr lang, doch das Ergebnis sehr realistisch.

b) George Eastman (1854–1932) gründete 1881 die Firma Kodak, die er durch den Ankauf von Patenten und stete Weiterentwicklung von Kameras und Filmmaterial zu weltweiter Bedeutung führte. 1935 brachte Kodak erstmals die Mehrschichten- oder Dreischichtenfarbfilme unter dem Namen „Kodachrome" in den Handel.

c) 1909 entwickelte der Agfa-Chemiker Rudolf Fischer (1881–1957) die Grundlagen für die Mehrschichtenfilme und die subtraktiven Farbverfahren, doch kamen zunächst nur Umkehrfilme im Kleinbildformat auf den Markt.

d) 1938 machte Chester Carlson (1906–68) in seinem New Yorker Laboratorium die erste xerografische Kopie. Die Xerografie (griechisch „Trockenschrift") war ein elektrofotografisches Kopierverfahren, das ohne Entwicklungsbad, also trocken, funktionierte.

Wie heißt der Übergang eines Stoffes vom gasförmigen in den flüssigen Zustand?

- a) Verdunstung
- b) Kondensation
- c) Gefrieren
- d) Sublimation

a) Bei der Verdunstung wird eine Flüssigkeit bei Temperaturen unterhalb ihres Siedepunktes gasförmig. Liegt die Temperatur über dem Siedepunkt, spricht man von Verdampfen. Beim Verdunsten entziehen die Moleküle ihrer Umgebung Wärme. Dies spürt man z. B. beim Schwitzen, wenn durch den verdunstenden Schweiß die Haut gekühlt wird.

b) Als Kondensation bezeichnet man den Übergang von Gasen und Dämpfen in einen flüssigen Zustand. Kondensation entsteht, wenn ein Gas abkühlt. Die Moleküle bewegen sich langsamer und ziehen sich dadurch gegenseitig stärker an, sodass sie sich schließlich zu Tröpfchen vereinigen. Bei Wasser ist dieser Vorgang am leichtesten zu beobachten. So sammelt sich z. B. die verdunstete Flüssigkeit beim Kochen an dem kühleren Deckel, an dem sie sofort wieder kondensiert.

c) Durch Gefrieren geht eine Flüssigkeit in einen festen Aggregatzustand über.

d) Unter Sublimation versteht man den Übergang eines Stoffes vom festen in den gasförmigen Zustand, ohne dass er dazwischen verflüssigt wird. Ein unter normalen Druckverhältnissen sublimierender Stoff ist Benzoesäure.

Was gehört nicht zu den für den Menschen essenziellen Spurenelementen?

- a) Kobalt
- b) Eisen
- c) Zink
- d) Bor

a) Spurenelemente gehören zu den Mineralstoffen, doch werden sie vom Körper nur in allerkleinsten Mengen (unter 50 Milligramm pro Kilogramm Körpergewicht) benötigt. Einige von ihnen sind essenziell zum Leben notwendig, sodass sie unbedingt mit der Nahrung aufgenommen werden müssen. Zu ihnen gehören außer Kobalt u. a. auch Fluor, Mangan, Molybdän, Nickel, Iod, Kupfer und Vanadium.

b) Ein Mangel an essenziellen Spurenelementen führt oft zu lebensbedrohenden Mangelerscheinungen. So verursacht beispielsweise Eisenmangel eine Verringerung der Zahl an roten Blutkörperchen (Anämie), da im Hämoglobin etwa 3 g Eisen eingelagert sind. Ohne Iod dagegen kann die Schilddrüse nicht arbeiten. Sie vergrößert sich und bildet einen Kropf. Ebenso gefährlich ist es allerdings auch, wenn die Konzentration eines Spurenelementes zu hoch ist.

c) Einige Spurenelemente sind auch Bestandteile von Enzymen. Dazu gehört Zink, von dem in unserem Körper nur etwa 2–3 g vorhanden sind, das aber Bestandteil von etwa 70 Enzymen ist.

d) Bor (B) ist ein Spurenelement, das äußerst wichtig für das Wachstum von Pflanzen ist und höchstwahrscheinlich den Calciumhaushalt der Pflanzen regelt.

Wer erfand den Viertakt-Verbrennungsmotor?

- a) Étienne Lenoir
- b) Nikolaus Otto
- c) Carl Benz
- d) Rudolf Diesel

a) Étienne Lenoir (1822–1900) erfand den ersten einsatzfähigen, mit Leuchtgas betriebenen Gasmotor, den er 1860 erstmals vorführte. Bereits 1863 stattete er damit das erste Straßenfahrzeug aus und baute 1866 ein gasbetriebenes Motorboot.

b) Nikolaus August Otto (1832–91) suchte trotz der Erfolge der Gasmotoren nach einer Alternative, die ihm entwicklungsfähiger erschien. Besonders das Problem, dass Explosionsmotoren durch ihre stoßweise Verbrennung nicht für eine regelmäßige Arbeitsleistung zu gebrauchen waren, beschäftigte ihn, und er suchte nach einem Weg, ein Gemisch langsam und gleichmäßig verbrennen zu lassen, gleichzeitig aber seine Leistung hoch zu halten. Die Lösung fand er dann 1876 in seinem Viertaktmotor, der die Phasen Ansaugen-Verdichten-Arbeiten-Ausstoßen miteinander verband.

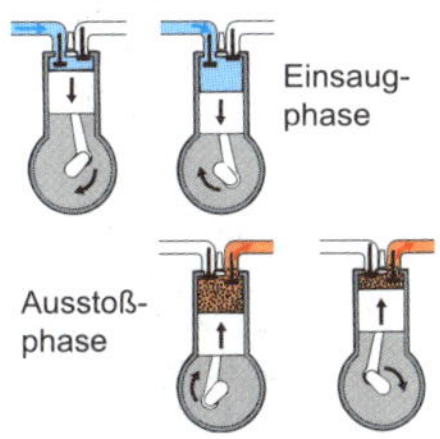

Funktionsweise eines Viertaktmotors

c) 1879 entwickelte Carl Friedrich Benz (1844–1929) einen verdichtungslosen Zweitaktmotor.

d) Rudolf Diesel (1858–1913) entwickelte bis 1892 eine neue Form des Verbrennungsmotors, der die Selbstzündung von Treibstoff nutzt, sodass die Verbrennung in den Zylinder hineinverlegt werden konnte.

Welche ist die größte Gruppe der Nahrungsmittelzusatzstoffe?

- a) Farbstoffe
- b) Konservierungsstoffe
- c) Emulgatoren
- d) Süßstoffe

a) Die 25 derzeit verwendeten Farbstoffe sind unter den Nummern E 100 bis E 199 zusammengefasst. Nahrungsmittelzusatzstoffe werden den Lebensmitteln beigesetzt, um ihre Eigenschaften, die Haltbarkeit, den Geschmack oder das Aussehen zu verbessern oder sie industriell herstellen zu können. Sie dürfen nur verwendet werden, wenn sie ausdrücklich zugelassen sind. Dennoch sind zahlreiche Stoffe darunter, die allergieauslösend wirken können. Um sie EU-weit klassifizieren zu können, wurden die sogenannten E-Nummern eingeführt, die eine eindeutige, unverwechselbare und kurze Kennzeichnung ermöglichen. Insgesamt gibt es derzeit in der EU 305 zugelassene Zusatzstoffe, die aber nur bei einer technischen Notwendigkeit eingesetzt werden dürfen. Genaue Informationen erhält man in der „European Food Intolerance Databank".

Ohne Konservierungsstoffe keine Fischkonserve

b) Die 49 erlaubten Konservierungsstoffe haben die Nummern E 200 bis E 299.

c) E 430 bis E 499 bezeichnen die 42 genehmigten Emulgatoren.

d) Süßstoffe tragen Nummern zwischen E 950 und E 1518. Bisher sind 27 zugelassen.

Was war kein Segelschiff?

- a) Mayflower
- b) HMS Beagle
- c) Kon-Tiki
- d) Pamir

a) Mit der Mayflower brachen die Pilgerväter unter Kapitän Christopher Jones (1570–1622) 1620 von England nach Amerika auf, um dort ein neues Leben zu beginnen.

b) Die HMS Beagle, auf der Charles Darwin 1831–36 seine Forschungsreisen machte, war eine Zehn-Kanonen-Brigg, ein Zweimaster mit zusätzlichem Gaffelsegel.

c) Kon-Tiki hieß das Floß, mit dem Thor Heyerdahl (1914–2002) 1947 den Pazifik überquerte, um zu beweisen, dass die Besiedlung Polynesiens von Südamerika aus möglich war. Das Floß bestand aus neun Stämmen Balsaholz, die durch Querhölzer stabilisiert waren. Es besaß ein Segel, eine Schutzhütte und ein Steuerruder und war nur aus traditionellen Baumaterialien konstruiert. Nach anfänglichen Schwierigkeiten mit der Handhabung bewies die Mannschaft nicht nur die Seetüchtigkeit des Floßes, sondern auch die Möglichkeit, mit ihm gegen den Wind zu kreuzen. Heyerdahls Buch über die Expedition wurde ein Bestseller, sein Dokumentarfilm gewann 1951 den Oscar.

d) Die 1905 gebaute Viermastbark Pamir umrundete als letztes Frachtschiff ohne Hilfsmotor Kap Hoorn und gewann u. a. 1932 die Weizenregatta von Australien nach Europa. 1957 sank sie in einem Hurrikan, 80 der 86 Besatzungsmitglieder, großteils Kadetten, kamen dabei ums Leben.

Wer bewies, dass weißes Licht aus allen Farben zusammengesetzt ist?

- ◯ a) Isaac Newton
- ◯ b) Roger Bacon
- ◯ c) Joseph von Fraunhofer
- ◯ d) James Bradley

a) Isaac Newton (1642–1727) wies in verschiedenen Versuchen mit Glasprismen nach, dass weißes Licht aus allen Spektralfarben von Rot bis Violett zusammengesetzt ist. 1704 veröffentlichte er seine sämtlichen Versuche mit Licht in seinen *Opticks*.

b) Der Franziskanermönch Roger Bacon (ca. 1214–92) machte bereits um 1270 ausführliche optische Untersuchungen, darunter zu den Gesetzen der Spiegelung und Lichtbrechung und zum Regenbogen. Obwohl er zu seiner Zeit unter dem Namen „Doctor mirabilis" („Wunderbarer Lehrer") bekannt war, wurde er bald vergessen.

c) Joseph von Fraunhofer (1787–1826) arbeitete nach einer Optikerlehre vor allem an Verbesserungen bei der Herstellung von optischem Glas, dem Schleifen von Linsen und der Konstruktion von Linsen und anderen optischen Geräten. Im Gegensatz zu seinen Kollegen machte Fraunhofer seine Verbesserungen nicht durch Zufälle, sondern aufgrund wissenschaftlicher Beobachtungen. Dabei entdeckte er die unveränderlichen dunklen Striche im Sonnenspektrum (Fraunhofer-Linien) und maß die Wellenlänge der Linien im Sonnenspektrum.

d) James Bradley (1693–1762) bewies 1729 die Endlichkeit der Lichtgeschwindigkeit durch die Aberration des Lichts.

Was ist ein Vogel?

- ◯ a) Takin
- ◯ b) Tukan
- ◯ c) Wombat
- ◯ d) Whippet

a) Der Takin (Budorcas taxicolor) ist eine Rindergämse aus dem Osten Zentralasiens. Er lebt in Höhen von 2000–2500 m in kleinen Herden. Er ist ein Wiederkäuer und gehört zu den Paarhufern.

b) Der Tukan (Ramphastida) oder Pfefferfresser ist ein Vogel aus der Ordnung der Spechtvögel. Es gibt mehr als 40 verschiedene Arten, die eine Größe von bis zu 60 cm erreichen. Sein oftmals bunter Schnabel kann bis zu 25 cm lang werden. Der Tukan lebt in den tropischen Wäldern Süd- und Mittelamerikas, sein Hauptverbreitungsgebiet ist das Amazonasgebiet.

Tukan

c) Wombats (Vombatidae) leben in Australien und gehören zu den Beutelsäugern. Sie leben in Erdhöhlen, die sie oft zu einem komplexen Höhlensystem von 20 m Länge ausgestalten. Wombats sind vorwiegend nachtaktiv. Sie können eine Länge von bis zu 120 cm und ein Gewicht von 40 kg erreichen.

d) Whippets sind Windhunde, die in England speziell für Hunderennen gezüchtet werden. Erst vor etwa 100 Jahren wurde der Whippet als eigenständige Rasse anerkannt. Die ersten Windhunde waren bereits vor 6000 Jahren für die Hetzjagd gezüchtet worden.

Bei welchem Teil der Blüte handelt es sich um die männlichen Organe?

- a) Narbe
- b) Griffel
- c) Staubgefäße
- d) Fruchtknoten

a) Die Narbe ist das Empfängnisorgan für die Pollen. Die meisten Pflanzen entwickeln Blüten, in denen ihre Fortpflanzungsorgane enthalten sind. Das Äußere einer Blüte besteht aus verschiedenen Arten von Blättern, die jeweils unterschiedliche Funktionen haben. Die Blütenknospe wird meistens von Kelchblättern geschützt, die landläufig als „Blütenblätter" bezeichneten Kronblätter sind oft bunt gefärbt und locken Insekten zur Befruchtung an. Kelch- und Kronblätter bilden das Perianth, die Blütenhülle. Fehlen sie ganz, dann handelt es sich meist um windbestäubte Pflanzen. Im Inneren der Blüte befinden sich die Fortpflanzungsorgane der Pflanze. Viele Blüten enthalten zugleich männliche und weibliche Fortpflanzungsorgane.

Blüte mit Staubbeuteln

b) Der auf dem Fruchtknoten befindliche Griffel dient dazu, die Narbe möglichst günstig zu positionieren.

c) Die Staubgefäße sind die männlichen Organe, in ihnen werden die Pollen gebildet.

d) In der Mitte der Blüte befindet sich der Fruchtknoten, die weiblichen Organe, in denen nach der Bestäubung die Samen gebildet werden.

Was wurde bei der ersten weltweiten Satellitenübertragung gezeigt?

- a) die erste Mondlandung
- b) die Beatles
- c) die Olympischen Spiele 1936
- d) der päpstliche Ostersegen

a) Die Übertragung der ersten Mondlandung der Amerikaner 1969 war für viele Menschen ein Grund, sich den ersten Fernseher zu kaufen. Es war eines der größten Ereignisse in der Geschichte des Fernsehens. Insgesamt 500 Mio. Zuschauer weltweit verfolgten das Geschehen live an ihren Bildschirmen.

b) Am 25. Juli 1967 begann das Zeitalter der weltweiten Satellitenübertragungen. Fernsehsender aus 31 Ländern waren angeschlossen und etwa 400 Mio. Menschen waren dabei, als zwei Stunden lang die internationale Show *Our world (Unsere Welt)* aus den Studios der BBC über den ganzen Erdball übertragen wurde. Besonders blieb den Menschen der Beitrag der Beatles *(All you need is Love)* in Erinnerung.

c) 1936 war an eine weltweite Übertragung noch nicht zu denken, doch wurde für die Olympischen Spiele der erste mobile Fernsehsender, der aus 15 Fahrzeugen bestand, in Dienst genommen. Umfangreiche Übertragungen konnten so in den öffentlichen Fernsehstuben und auf den ersten Großbildleinwänden empfangen werden.

d) Der päpstliche Ostersegen „Urbi et Orbi" wird bereits seit 1954 alljährlich durch die Eurovision übertragen.

Was wurde auf der Weltausstellung 1893 in Chicago ausgestellt?

- a) Filterpapier
- b) Reißverschluss
- c) Staubsauger
- d) Sicherheitsnadel

a) 1908 verwendete die Dresdner Hausfrau Melitta Bentz (1873–1950) ein Löschpapier aus dem Schulheft ihres Sohnes, um den lästigen Satz in den Kaffeetassen zu vermeiden. Sie stanzte Löcher in einen Messingtopf und legte das Papier in das so entstandene Sieb. Bald darauf meldete sie ihre Erfindung des Filterpapiers als Patent an und gründete ihre eigene kleine Firma.

b) Ab der Mitte des 19. Jh. gab es die ersten Ideen für einen Reißverschluss. Er besteht aus zwei Reihen gegenüberliegender Zähne oder Krampen, die durch einen Schieber ineinandergeschoben werden. Nach Verbesserungen durch Whitcomb Judson (1836–1909) 1893 diente er als Verschluss für Schuhe und wurde auf der Weltausstellung in Chicago vorgestellt. Weltweiten Erfolg hatte er aber erst nach Verbesserungen durch Gideon Sundback (1880–1954) 1913.

c) Die ersten handbetriebenen Staubsauger, die den Staub auf einem Pferdewagen saugten, gab es seit den 1870er-Jahren. 1901 entwickelte Hubert Cecil Booth (1871–1955) einen elektrischen Staubsauger. Wirklich durchsetzen konnten sich aber erst die Geräte von James Murray Spangler, die nach der vertreibenden Fabrik allgemein „Hoover" genannt wurden.

d) Die Sicherheitsnadel sind die moderne Form der antiken Fibel.

Wo fand man die frühesten menschlichen Spuren?

- a) im Neandertal
- b) in Tansania
- c) auf Java
- d) in Äthiopien

a) 1856 fanden Steinbrucharbeiter im Neandertal zwischen Düsseldorf und Wuppertal die Skelettreste eines Menschen, der zum Synonym für den Urmenschen schlechthin wurde: der Neandertaler (Homo neanderthalensis), der im Pleistozän lebte.

Neandertaler

b) Bei den ersten Spuren menschlichen Lebens handelt es sich tatsächlich um „Spuren". 1976 fand man in Tansania zwischen den Fußspuren verschiedener Tiere auch die Spuren menschlicher Füße, die den aufrechten Gang der ersten Menschen bereits für die Zeit vor 3,8 Mio. Jahren belegen. Die Abdrücke in lockerem, feuchtem Boden waren damals von Vulkanasche bedeckt worden und so in hervorragendem Zustand erhalten geblieben.

c) Auf Java entdeckte der holländische Militärarzt Eugène Dubois (1858–1940) 1891 die Überreste eines frühen Menschen, der die Bezeichnung Homo erectus erhielt.

d) In Äthiopien im Omo-Tal gelangten durch Bewegungen der Erdkruste Sedimentschichten an die Oberfläche, die außerordentlich reich an menschlichen Versteinerungen sind. Mehr als hundert Wissenschaftler aus zehn Nationen sind heute dort vereint, um die Überreste des Australopithecus zu erforschen.

Was stammt nicht von Oskar von Miller?

- a) das Walchenseekraftwerk
- b) das Deutsche Museum
- c) die Statue der Bavaria
- d) die Stromversorgung Bayerns

a) Oskar von Miller (1855–1934) war auch als Wasserbauingenieur tätig und war 1918–24 Projektleiter des Walchenseekraftwerks, des damals größten Wasserkraftwerks der Welt.

b) Bereits 1882 hatte von Miller in München die erste elektrotechnische Ausstellung Deutschlands organisiert, und so konnte er seine Reputation dazu nutzen, für den Bau eines naturwissenschaftlichen und technischen Museums zu werben. 1903 initiierte er einen Verein zur Gründung des Museums, von dem er 260.000 Mark an Spendengeldern erhielt. Bis heute gilt das Konzept des Deutschen Museums mit seinen zahlreichen Großexponaten, dem Bergwerk und dem Projektionsplanetarium als nahezu genial, bei dem der didaktische Ansatz von Millers Volksbildung und Volksbelustigung verbindet.

Bavaria-Statue mit Ruhmeshalle

c) Die Bavaria-Statue auf der Theresienhöhe in München war 1850 der größte Erzabguss der Welt und stammte aus der Erzgießerei seines Vaters Ferdinand von Miller (1813–87).

d) Oskar von Miller veröffentlichte zahlreiche Werke zur Stromversorgung von Städten und regte die Elektrifizierung Bayerns an.

Was ist das giftigste Wassertier?

- a) Seewespe
- b) Pfeilgiftfrosch
- c) Steinfisch
- d) Kegelschnecke

a) Die zu den Würfelquallen gehörende Seewespe ist das giftigste Wassertier der Welt. Ihre Tentakel sind mit giftigen, mit Stacheln und Widerhaken versehenen Nesselkapseln besetzt, die bei der leisesten Berührung aufplatzen. Das Gift ist so schmerzhaft, dass schon der Schock der Berührung zum Tod führen kann. Das Gift einer einzigen Seewespe genügt, um 200 Menschen zu töten.

b) Die giftigsten Frösche Südamerikas sind die Pfeilgiftfrösche, aus deren Sekret die Indios das Gift für ihre Pfeile gewinnen. Die kleinste Verletzung reicht aus, um das Gift in den Blutkreislauf gelangen zu lassen. Die Giftmenge eines einzigen Frosches genügt, um 20.000 Mäuse oder zehn Menschen zu töten. Ein Gegenmittel gibt es nicht. Sofern man jedoch keine Verletzungen in den Schleimhäuten oder im Magen-Darm-Trakt hat, kann man mit Pfeilgift erlegte Tiere bedenkenlos verspeisen.

c) Das Gift des Steinfischs ist ein starkes Muskel- und Nervengift, das zwar selten zum Tod, aber doch zu starken Schmerzen und mehrere Wochen anhaltenden Lähmungen führen kann. Er ist der giftigste Fisch.

d) Die im Mittelmeer heimische Kegelschnecke gehört zu den Giftzünglern, ihr Nervengift kann auch Menschen gefährlich werden.

Wer entdeckte den menschlichen Blutkreislauf?

- a) William Harvey
- b) Jay McLean
- c) Karl Landsteiner
- d) Scipione Riva-Rocci

a) William Harvey (1578–1657) entdeckte den menschlichen Blutkreislauf und die Tatsache, dass das Blut vom Herzen immer wieder neu in den Körper gepumpt wird. Vorher hatten viele Ärzte geglaubt, dass das Blut im Körper hin- und herwogen würde. Der Mensch verfügt sogar über einen großen und einen kleinen Blutkreislauf. Der kleine oder Lungenkreislauf (zwischen Herz und Lunge) versorgt das Blut mit Sauerstoff und der große Blutkreislauf befördert das Blut durch den ganzen Körper.

b) 1916 entdeckte Jay McLean (1890–1957) den körpereigenen Wirkstoff Heparin, der die Blutgerinnung verhindert.

c) Karl Landsteiner (1868–1943) ist der Entdecker der vier Blutgruppen (A, B, AB und 0).

d) Dem italienischen Arzt Scipione Riva-Rocci (1863–1937) gelang es 1896, ein Verfahren zu entwickeln, bei dem mittels eines Quecksilber-Sphygmomanometers und einer aufblasbaren Manschette am Oberarm der systolische Blutdruckwert ermittelt werden konnte. 1905 wurde das Verfahren von Nikolai Sergejewitsch Korotkow (1874–1920) erweitert, indem er durch die mithilfe eines Stethoskops hörbaren Geräusche während der Dekompression der Manschette auch den diastolischen Wert mit einbezog.

Welches Tier hat fünf Herzen?

- a) die Schnecke
- b) die Qualle
- c) der Regenwurm
- d) der Eisfisch

a) Schnecken (Gastropoda) haben einen offenen Blutkreislauf. Ihr Blut fließt in offenen Räumen zwischen den Organen umher, die bei Gehäuseschnecken von der festen Schale geschützt werden. Ihre Atmung erfolgt zum Teil über die Haut und je nach ihrem Lebensraum durch Kiemen oder über die Lunge.

b) Quallen (Hydrozoen, Nesseltiere) gibt es seit 670 Mio. Jahren von den Polarmeeren bis in tropische Gewässer. Sie bestehen zu 99 % aus Wasser und haben weder Herz noch Lunge oder Gehirn. Ihr Mund ist gleichzeitig ihr After, sie gehören zu den anpassungsfähigsten Tieren der Welt.

Regenwürmer

c) Der Regenwurm (Lumbricida) hat insgesamt fünf Herzen, die sich alle in der Nähe der Schwanzspitze befinden. Er hat einen geschlossenen Blutkreislauf, sein Blut fließt stets in Blutgefäßen. Dafür haben Regenwürmer keine Lunge, sie atmen nur über ihre Haut. Bei Regen kommen sie an die Erdoberfläche, da ihre Gänge überschwemmt sind und sie unter Wasser nicht atmen können.

d) Eisfische gelten als „Fische ohne Blut“, da ihnen das Sauerstoff bindende Hämoglobin fehlt. In den übrigen biologischen Parametern unterscheiden sie sich kaum von normalen Fischen.

Wer leitete die erste Atomspaltung?

- ○ a) Niels Bohr
- ○ b) James Chadwick
- ○ c) John Dalton
- ○ d) Ernest Rutherford

a) Niels Bohr (1885–1962) entwickelte 1913 ein Atommodell und erhielt 1922 den Nobelpreis „für seine Verdienste um die Erforschung der Struktur der Atome und der von ihnen ausgehenden Strahlung".

b) 1932 entdeckte James Chadwick (1891–1974), dass der Atomkern auch Neutronen enthält.

c) John Dalton (1766–1844) entwickelte auf der Grundlage der Lehre Demokrits eine Atomtheorie, die zum Grundstein der modernen Chemie wurde. Auch berechnete er erstmals das Atomgewicht einiger Elemente, ohne aber die genauen Werte zu erreichen.

Ernest Rutherford

d) 1911 stellte der Neuseeländer Ernest Rutherford (1871–1937) sein Atommodell vor, das auf Streuversuchen mit Alphastrahlen beruhte. Danach ist die größte Masse des Atoms in seinem Kern konzentriert, der aus Protonen besteht und um den sich in höchster Geschwindigkeit die Elektronen bewegen. Rutherford gilt als einer der bedeutendsten Experimentalphysiker, er teilte die radioaktiven Strahlen in Alpha-, Beta- und Gammastrahlen (nach der positiven, negativen und neutralen Ablenkung der Strahlenteilchen in einem Magnetfeld) und leitete 1919 die erste Spaltung eines Lithiumatoms.

Wer erfand die Konservendose?

- ○ a) François Appert
- ○ b) Louis Pasteur
- ○ c) Rudolf Rempel
- ○ d) Justus von Liebig

a) Der französische Koch und Konditor François Nicolas Appert (1749–1841) entwickelte zu Beginn des 19. Jh. eine Methode, um Lebensmittel für Jahre haltbar zu machen. Seit jeher sind die Menschen bestrebt, die Veränderungsprozesse der Lebensmittel aufzuhalten. Dies kann biologisch, chemisch oder physikalisch geschehen. Appert hatte beobachtet, dass Lebensmittel, wenn sie luftdicht verschlossen und dann erhitzt wurden, nahezu unbegrenzt haltbar waren. Bei der Weltausstellung 1851 in London erlebte das appertsche Konservierungsverfahren seinen Durchbruch, als die Ehrengäste 38 Jahre alte Konserven probieren durften.

b) Louis Pasteur (1822–95) entwickelte ein Verfahren zum Haltbarmachen von flüssigen Lebensmitteln. Sie werden kurzzeitig auf höchstens 100° C erhitzt, sodass die meisten Mikroorganismen wie Hefe oder Schimmelpilze abgetötet werden. Pasteurisierte Lebensmittel sind also nicht keimfrei, sondern keimarm und deshalb nur beschränkt haltbar.

c) Der Chemiker Rudolf Rempel (1859–93) kombinierte die Verfahren von Appert und Pasteur zu dem Weck-Einkochverfahren.

d) Justus von Liebig (1803–73) erfand den Fleischextrakt und konnte so die bei der südamerikanischen Lederherstellung anfallenden Fleischmengen verwerten.

Was war eine Erfindung von Peter Henlein?

- a) die Leidener Flasche
- b) die Pneumatische Wanne
- c) das Nürnberger Ei
- d) der Kinderwagen

a) Die Leidener oder kleistsche Flasche ist die älteste Form eines Kondensators, der 1745 von dem deutschen Physiker Ewald Jürgen von Kleist (1700–48) und 1746 unabhängig von ihm auch vom Leidener Professor Pieter von Musschenbroek (1692–1761) entwickelt wurde. In der Leidener Flasche konnte erstmals elektrische Ladung gesammelt, verstärkt, aufbewahrt und transportiert werden. Die Spannung, die dabei erreicht wurde, konnte dabei je nach Größe der Flasche lebensbedrohend hoch werden.

b) Pneumatische Wannen sind einfache Glasschüsseln mit zylindrischen Wänden, in denen mit einem wassergefüllten Standzylinder Volumenmessungen von kleineren Gasmengen durchgeführt werden können.

c) Der Nürnberger Schlosser und Feinmechaniker Peter Henlein (ca. 1480–1542) konstruierte 1510 die erste dosenförmige Taschenuhr, das „Nürnberger Ei", mit einer Laufzeit von 40 Stunden. Sie brauchte weder ein Pendel, das ihre Genauigkeit regulierte, noch Gewichte als Antrieb, sondern funktionierte mit Unruh und Stahlfeder.

d) Den ersten Kinderwagen, der von einem Hund oder einem Pony gezogen wurde, entwarf William Kent (1684–1748) um 1730. Hoffähig wurde er erst, als Königin Victoria von England (1819–1901) ihn benutzte.

Wer baute das erste Auto?

- a) Felix Wankel
- b) Gottlieb Daimler
- c) Wilhelm Maybach
- d) Carl Benz

a) Der von Felix Wankel (1902–88) entwickelte Motor ist ein Viertaktmotor, doch ersetzte er den relativ unruhigen Hubkolbenmotor durch einen Drehkolbenmotor, nachdem er auch die Dichtungsprobleme erfolgreich gelöst hatte. 1967 kam sein erster Serienwagen, der NSU Ro 80, auf den Markt. Heute ist das einzige Auto, das noch mit einem Wankelmotor produziert wird, der Mazda.

b) Gottlieb Daimler (1834–1900) baute 1885 den zweirädrigen „Reitwagen" und 1886 seine „Motorkutsche" und gründete 1890 die Daimler-Motoren-Gesellschaft.

Kutschwagen von Gottlieb Daimler

c) Wilhelm Maybach (1846–1929) unterstützte Nikolaus Otto (1832–91) bei der Umsetzung seines ersten Motors, erst sein Sohn Karl (1879–1960) entwarf in den 1920er- und 1930er-Jahren die klassischen Maybach-Luxuslimousinen.

d) Seit 1878 konstruierte Carl Friedrich Benz (1844–1929) nicht nur verschiedene Motoren, er entwickelte u. a. auch Differenzialantrieb, Zündkerzen, Kupplung, Vergaser und Gangschaltung. 1885 baute er dann das erste Auto der Geschichte, einen dreirädrigen Motorwagen, der heute im Original im Deutschen Museum in München zu sehen ist. Die erste Fahrt machte Benz mit seinem „Patent-Motorwagen" im Juli 1886.

In welcher Stadt wurde in Deutschland erstmals eine E-Mail empfangen?

- a) in Duisburg
- b) in Karlsruhe
- c) in München
- d) in Bonn

a) In Duisburg eröffnete 1995 der ehemalige Lehrer und Museumsleiter Hajo Wiese in seiner „Dorfschenke", einem 250 Jahre alten Haus mit angegliedertem Minikino, das erste Internetcafé. Die ersten drei Terminals trugen die Namen „Paprika", „Zitrone" und „Tomate". Internetsurfen wurde hier von Beginn an als kommunikativer Akt im Sinne der Wiener Kaffeehaustradition gesehen.

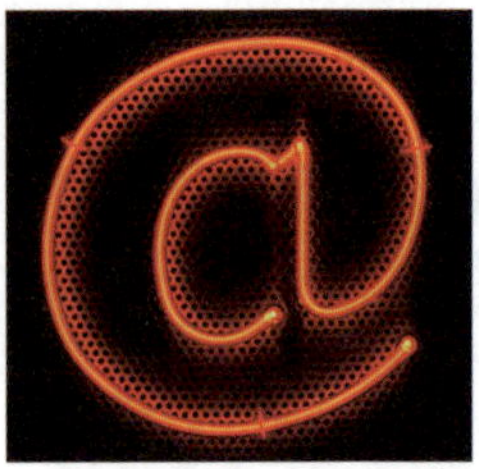

Das @-Zeichen – für E-Mail-Adressen unerlässlich

b) Erstmals wurde in Karlsruhe eine E-Mail empfangen, nachdem Deutschland 1984 an CSNet, das Netzwerk der amerikanischen Universitäten, angeschlossen worden war.

c) An der Technischen Universität München startete 1967 die erste Informatikvorlesung. Erstmals in Deutschland gab es an der TUM den Studienzweig „Informationsverarbeitung". Heute ist sie eine der größten Informatikfakultäten Deutschlands mit mehr als 30 Professorinnen und Professoren an 19 Lehrstühlen in der Kern-, Ingenieur-, Wirtschafts- und Bioinformatik.

d) 1983–86 wurde in Bonn das erste Pilotprojekt mit Kartentelefonen durchgeführt. Da man sich zunächst nicht für ein System entscheiden konnte, kamen in verschiedenen Gebieten unterschiedliche Systeme zum Einsatz.

Gegen welche Kinderkrankheit gibt es keine Impfung?

- a) Pseudokrupp
- b) Windpocken
- c) Masern
- d) Kinderlähmung

a) Pseudokrupp (Laryngitis subglottica) ist eine Kehlkopfentzündung, die durch eine Virusinfektion ausgelöst wird und die oberen Atemwege einengt. Vor allem nachts treten Atemnot und ein bellender Husten auf, Kortikoidpräparate, Sauerstoff- und Adrenalinzufuhr sind die wirksamsten Gegenmittel.

b) Windpocken (Varizellen-Zoster) sind eine hochansteckende Erkrankung aus der Gruppe der Herpesviren und werden durch Tröpfchen-Infektion übertragen. Meist werden sie bereits im Kindesalter überstanden. Sie verlaufen normalerweise ohne Komplikationen, doch können sich aufgekratzte Bläschen entzünden. Seit 2004 wird eine Impfung in Form einer Lebendimmunisierung empfohlen.

c) Da Masern (Morbilli) in 10–20 % der Fälle zu schweren Komplikationen bis hin zum Tod führen, werden schon im frühesten Alter Schutzimpfungen durchgeführt.

d) Die Kinderlähmung (Poliomyelitis) wird durch die Polioviren I–III übertragen. Da sie meist ohne besondere Symptome verläuft, ist sie schwer zu diagnostizieren. In etwa 1 % der Fälle kommt es in der Folge zu Gehirnhautentzündungen, bleibenden Lähmungserscheinungen oder sogar zum Tod. 1954 entwickelte Jonas Edward Salk (1914–95) weitgehend ohne Tierversuche die Polio-Schluckimpfung.

Was war die Antwort auf den Michelson-Versuch?

- a) Schrödingers Katze
- b) die Relativitätstheorie
- c) die Unschärferelation
- d) die Quantentheorie

a) „Schrödingers Katze" ist das von Erwin Schrödinger (1887–1961) aufgestellte Paradoxon, das er zur Veranschaulichung des Phänomens der „Überlagerung von Zuständen" in der Quantenmechanik ersann. Bei diesem Gedankenexperiment überlagern sich bei der Katze die beiden Zustände „tot" und „ledendig".

b) Albert Einstein (1879–1955) begründete 1905 die Spezielle Relativitätstheorie, mit der er auf den Michelson-Versuch reagierte, bei dem sich im Widerspruch zu den Gesetzen der Physik das Licht von einem bewegten Körper in alle Richtungen gleichmäßig ausbreitete. Einstein postulierte die Unveränderlichkeit der Lichtgeschwindigkeit und die Einheit von Zeit und Raum. Er sagte, dass die Energie eines Systems dem Produkt von Masse und Quadrat der Lichtgeschwindigkeit entspricht ($E=mc^2$), dass also Masse und Energie eines Systems erhalten bleiben, auch wenn in dem System Prozesse ablaufen. 1916 folgte die Allgemeine Relativitätstheorie.

c) Werner Heisenberg (1901–76) stellte 1927 die Unschärferelation auf, nach der es unmöglich ist, gleichzeitig die Lage und den Impuls eines Teilchens zu kennen.

d) Max Planck (1858–1947) gilt als Begründer der Quantentheorie, die auf der Erkenntnis beruht, dass Energie nicht in einem konstanten Fluss, sondern in Energiebündeln (Quanten) abgegeben wird.

Was ist kein Vermessungsinstrument?

- a) Theodolith
- b) Heliotrop
- c) Jakobsstab
- d) Schmiege

a) Der Theodolith wird noch heute, wenn auch in moderner, teilweise elektronischer Form, für Vermessungsarbeiten verwendet. Aus den Astrolabien (seit der Spätantike bekannte Winkelmesser für astronomische Berechnungen) gingen in der Mitte des 16. Jh. die Horizontalwinkelmesser hervor. Erstmals wurde ein solches Gerät 1552 von Leonard Digges (1520–59) beschrieben, erstmals ist hier auch der Name „Theodolith" belegt.

b) Der Heliotrop ist ein von Carl Friedrich Gauß (1777–1855) entwickelter Sonnenspiegel, mit dem auch Messungen über 100 km ermöglicht wurden. Das Gerät war auf der Rückseite des letzten 10-DM-Scheins abgebildet.

Carl Friedrich Gauß

c) Der Jakobsstab (Baculus Jacobi), der von dem jüdischen Gelehrten Levi Ben Gerson (1288–1344) erstmals 1342 beschrieben wurde, diente zur Streckenmessung und zur Winkelbestimmung. Der Name kommt von seiner Ähnlichkeit mit dem Sternbild Orion, das im Mittelalter auch „Pilgerstab des Jakobus des Älteren" genannt wurde.

d) Die Schmiege ist ein Gerät zum Anreißen und Übertragen beliebiger Winkel. Ähnlich wie bei einem Zirkel kann bei ihr ein Winkel durch die bewegliche Zunge frei eingestellt werden.

Welcher Bereich der Mathematik befasst sich mit dem Lösen von Gleichungen?

- a) Geometrie
- b) Algebra
- c) Arithmetik
- d) Stochastik

a) Die Geometrie befasst sich mit der Berechnung von Flächen, Geraden, Kreisen, Winkeln, Körpern, Oberflächen etc.

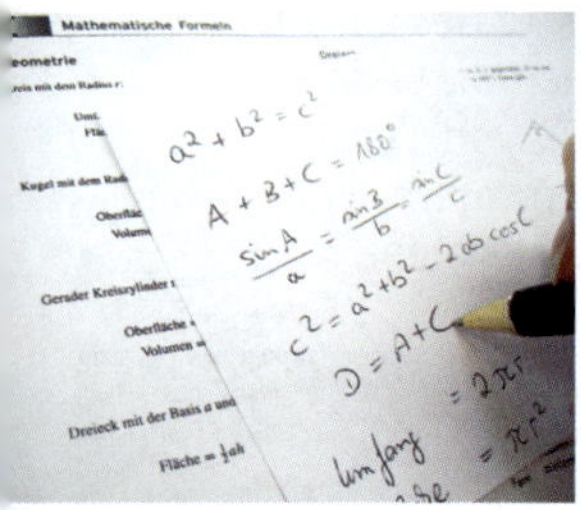

Mathematische Gleichungen und Formeln

b) Die Algebra befasst sich mit der Lösung von Gleichungen. Sie verwendet dabei nicht nur Zahlen, sondern auch Buchstaben, die als Symbole für Zahlen stehen. x und y stehen dabei immer für unbekannte Zahlen, die dann durch das Umformen der Gleichungen bestimmt werden können.

c) Die Arithmetik ist das Rechnen mit Zahlen, wie es auch im Alltag angewendet wird. Sie beinhaltet die vier Grundrechenarten Addition, Subtraktion, Multiplikation und Division und außerdem das Potenzieren und das Wurzelziehen. Zur Arithmetik gehört auch das Rechnen mit Brüchen und Prozenten. Verwendet wird dafür das Dezimalsystem.

d) Die Stochastik befasst sich mit der Statistik und der Wahrscheinlichkeit. Sie untersucht u. a. Zufallsexperimente wie Würfelergebnisse und dient zur Erstellung von Prognosen. Sie besagt zugleich, dass bei Massenerscheinungen keine exakten Aussagen getroffen werden können, sondern dass stets zufällige Abweichungen vom empirisch ermittelten Mittelwert zu berücksichtigen sind.

Was gehört nicht zu den „einfachen Maschinen" der Physik?

- a) Hebel
- b) Schiefe Ebene
- c) Flaschenzug
- d) Keil

a) Der Hebel gehört zu den sechs sogenannten einfachen Maschinen, die auf den Grundprinzipien der Physik beruhen und aus denen man die meisten komplizierteren Maschinen bauen kann. Sie wandeln Kräfte um oder ändern die Richtung, in der sie wirken. Je länger ein Hebelarm ist, desto geringer ist die benötigte Kraft, um eine Last zu bewegen. Dieses Prinzip nutzen die Zange, der Flaschenöffner und der Nussknacker.

b) Auf einer Schiefen Ebene kann man Lasten leichter in die Höhe befördern. Auch die Schraube beruht auf dem Prinzip der Schiefen Ebene.

c) Auch die Rolle gehört zu den einfachen Maschinen. Die feststehende Rolle wird als Winde bezeichnet, sie lenkt eine Kraft in eine andere Richtung. Wird sie mit einer beweglichen Rolle verbunden, wird nur noch die halbe Kraft benötigt, um eine Last zu bewegen. Dieses Prinzip wird als Flaschenzug bezeichnet. Je mehr Rollen verwendet werden, desto leichter wird es, eine Last zu heben, desto länger ist jedoch auch das Seil, das bewegt werden muss. Die aufgewendete Arbeit bleibt gleich, denn sie ergibt sich aus dem Produkt von Kraft mal Weg.

d) Bei einem Keil (z. B. bei einer Axt) wird die in Richtung der Spitze wirkende Kraft geteilt und in zwei Richtungen abgelenkt.

Was erfand Laszlo Biro?

- a) den Bleistift
- b) die Schreibmaschine
- c) den Füllfederhalter
- d) den Kugelschreiber

a) Den Bleistift, bei dem eine aus Grafit und Ton gebrannte Mine durch eine Holzummantelung geschützt wird, erfanden um 1794 der Franzose Nicolas-Jacques Conté (1755–1805) und der Österreicher Joseph Hardtmuth (1752–1816) beinahe gleichzeitig.

b) 1714 meldete der Engländer Henry Mill (1683–1771) das erste Patent für eine Schreibmaschine an, nachweislich gebaut wurde sie jedoch erst 1808 von dem Italiener Pellegrino Turri. Die erste serienmäßige Produktion führte 1874 die amerikanische Waffenfabrik Remington durch.

c) Der Füllfederhalter, in dem sich ein Nachfüllbehälter für die Tinte befand, wurde 1884 von Lewis Waterman (1837–1901) entwickelt. Die Verwendung von Patronen ist dank der Kapillarwirkung möglich. Bereits um 500 n. Chr. verwendete man in Europa zugespitzte Vogelfedern, vor allem Gänsekiele, als Schreibgeräte, die beim Schreiben immer wieder in die Tinte eingetaucht wurden. Später dann bestanden die Federn aus Metall.

d) 1938 erfand der Ungar Laszlo Biro (1899–1985) den Kugelschreiber. Hier wird die Spitze eines Stiftes von einer etwa 1 mm dicken Kugel gebildet, die mit einem mit Farbe gefüllten Röhrchen in Verbindung steht. Beim Schreiben dreht sich die Kugel und hinterlässt eine Farbspur. Im Englischen lautet bis heute das Wort für Kugelschreiber „biro".

Wie hieß der erste Flugzeugträger?

- a) Tante Ju
- b) Sea Harrier
- c) Nighthawk
- d) HMS Ark Royal

a) Tante Ju ist der Spitzname der noch immer in Betrieb befindlichen dreimotorigen Junkers Ju 52/3m, die Hugo Junkers (1859–1935) 1932 konstruierte.

b) Die 1966 entwickelten Sea Harrier sind die erste Generation der senkrecht startenden Harrier-Kampfflugzeuge.

c) Die Nighthawks, amerikanischen Tarnkappenbomber mit Stealth-Technik, sind Kampfflugzeuge, die für den feindlichen Radar unsichtbar sein sollen. Dennoch wurden zwei Nighthawks im Kosovokrieg abgeschossen. Dies konnte geschehen, da sie zwar von der modernen Technik nicht erfasst wurden, dafür aber von über 50 Jahre alten Geräten, die mit anderen Wellenlängen arbeiteten.

d) Die HMS Ark Royal von 1915 war der erste richtige Flugzeugträger. Flugzeugträger wurden bereits im Ersten Weltkrieg entwickelt. Den ersten Start von einer an einem Schiff befestigten Plattform absolvierte der Amerikaner Eugene B. Ely (1886–1911) sogar bereits 1910. Noch gab es auf dem umgebauten Handelsschiff keine Start- und Landebahn, sodass die Flugzeuge mit einem Katapult gestartet und mit einem Kran wieder an Bord genommen wurden. Derzeit sind 37 Flugzeugträger weltweit im Einsatz.

Eugene Ely kurz nach dem Start

Welcher Bestandteil des Blutes hat Zellkerne?

- a) rote Blutkörperchen
- b) weiße Blutkörperchen
- c) Blutplasma
- d) Blutfarbstoff

a) Die roten Blutkörperchen (Erythrozyten) sind ovale Scheiben mit verdicktem Rand. In ihnen ist der Blutfarbstoff enthalten. Durch die Antigene auf ihnen wird die Blutgruppenzugehörigkeit bestimmt. Ein erwachsener Mensch besitzt durchschnittlich 5,5 Liter Blut. Das Gewicht des Blutes entspricht dabei etwa 7,7 % des Körpergewichtes. Das Blut erfüllt im Körper viele wichtige Aufgaben, es transportiert Wärme, Sauerstoff, Nährstoffe und Abfallstoffe zu den entsprechenden Organen.

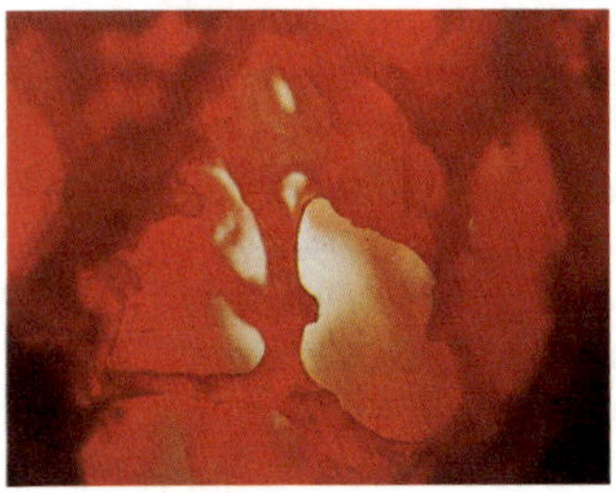

Blut

b) Die weißen Blutkörperchen (Leukozyten) verfügen im Gegensatz zu den roten über einen Zellkern. Sie haben eine unbestimmte Form mit hellen Fortsätzen. Ihre Aufgabe ist die Abwehr von Krankheitserregern.

c) Das gelbliche Blutplasma ist der Grundstoff des Blutes. In ihm sind die Nährstoffe, Hormone, Abfallprodukte etc. gelöst. In ihm schwimmen auch Billionen von Blutzellen. Das Blutplasma besteht zu 90 % aus Wasser.

d) Der rote Blutfarbstoff heißt Hämoglobin. Er fängt den Sauerstoff in den Lungen ein, bindet ihn an sich und gibt ihn in den Geweben wieder frei.

Wer erfand die Bildröhre?

- a) Peter Carl Goldmark
- b) Karl Tihany
- c) William Shockley
- d) Karl Ferdinand Braun

a) Unter der Leitung von Peter Carl Goldmark (1906–77) wurde das erste komplette Farbfernsehsystem von dem amerikanischen Medienunternehmen CBS entwickelt, das 1940 seinen Versuchsbetrieb aufnahm. Es arbeitete mit rotierenden Rot-, Blau- und Grünfiltern. Kommerzielle Farbfernsehsendungen gab es jedoch erst ab 1951.

b) Karl Tihany entwickelte 1926 das erste elektronische Fernsehen, das „Radioskop“, dessen Patent heute zum Weltdokumentenerbe gehört.

c) William Shockley (1910–89), John Bardeen (1908–91) und Walter Brattain (1902–87) erfanden 1948 den Transistor, einen Halbleiterkristall mit mindestens drei Elektroden. Transistoren dienen als Schalter oder Verstärker und sind einer Elektronenröhre vergleichbar, brauchen aber viel weniger Platz und Energie als diese und sind langlebiger. 1956 gab es bereits 164 verschiedene Transistoren.

d) Bereits 1897 erfand der deutsche Physiker Karl Ferdinand Braun (1850–1918) die Kathodenstrahlröhre, die als Bildröhre oder „braunsche Röhre“ die Grundlage der Fernsehtechnik werden sollte. Eine Bildröhre besteht aus einem luftleeren Glaskörper, in dem sich die drei Hauptbestandteile, die Elektronenquelle, die Ablenkeinheit und der Leuchtschirm befinden. Heutige Flachbildschirme verwenden diese Technik nicht.

Wer gilt als Erfinder des Computers?

- a) Hermann Hollerith
- b) Konrad Zuse
- c) George Boole
- d) John Presper Eckert

Was erhält man mit dem Sieb des Eratosthenes?

- a) die binären Zahlen
- b) den Goldenen Schnitt
- c) den Logarithmus
- d) die Primzahlen

a) Der deutsch-amerikanische Ingenieur Hermann Hollerith (1860–1929) erfand ein Lochkartensystem, das mithilfe ausgestanzter Löcher Daten verschlüsseln und speichern konnte. Erstmals wurde das Prinzip 1890 bei der Volkszählung in den USA angewendet und war richtungsweisend für die weitere Entwicklung des Digitalcomputers.

b) Der deutsche Ingenieur Konrad Zuse (1910–95) stellte am 12. Mai 1941 der Öffentlichkeit den ersten voll einsetzbaren programmgesteuerten elektromechanischen Digitalrechner vor. Der Zuse 3 (Z 3) war ein Relaisrechner, der aus den beiden Modellen Zuse 1 und Zuse 2 hervorgegangen war und aus rund 2000 Relais bestand. Das Rechenprogramm war auf einen Kinofilmstreifen gelocht, es ermöglichte neben den Grundrechenarten u. a. das Wurzelziehen. Die Eingabe der Zahlen erfolgte über eine Tastatur, die Ausgabe über ein Lampenfeld.

c) George Boole (1815–64) entwickelte die booleschen Systeme in der Algebra und die daraus abgeleitete Logik, die zu Grundlagen der Computerprogrammierung wurden.

d) Der von John Presper Eckert (1919–95) und John William Mauchly (1907–80) entwickelte elektronische Rechner UNIVAC 1 war der erste Computer, der 1950 in Serienfertigung ging. Bis 1956 wurden 46 Stück verkauft.

a) Das binäre Zahlensystem besteht im Gegensatz zu dem bei uns gebräuchlichen Dezimalsystem nur aus zwei Ziffern (1 und 0), mit denen alle Zahlen dargestellt werden. Jede Position einer binären Zahl entspricht einer Potenz von zwei, der Wert der Zahl ergibt sich aus der Addition der mit „1" bezeichneten Positionen. So entspricht die binäre Zahl 1101010 unserer Zahl 106 (1x64 + 1x32 + 0x16 + 1x8 + 0x4 + 1x2 + 0x1 = 106). Das binäre System ist die Grundlage der Computerprogrammierung.

b) Der Goldene Schnitt bezeichnet das „ideale" Verhältnis zweier Längen zueinander, das in der Kunst und der Architektur oft als Inbegriff von Harmonie und Ästhetik angesehen wird. Er entspricht etwa dem Verhältnis 1:1,618.

c) Der Logarithmus ist die Umkehrfunktion der Exponentialfunktion.

d) Der griechische Mathematiker Eratosthenes (um 275–194 v. Chr.) entdeckte ein Verfahren, nach dem er die Primzahlen aus den übrigen Zahlen heraussieben konnte. Man streicht aus einer zusammenhängenden Liste, beginnend bei zwei, jeweils die Vielfachen der Zahlen, übrig bleiben die Primzahlen.

Eratosthenes

Wer erfand den Buchdruck?

- ◯ a) Johann Wolfgang von Goethe
- ◯ b) Leonardo da Vinci
- ◯ c) Johannes Gutenberg
- ◯ d) Martin Luther

a) Auch Johann Wolfgang von Goethe (1749–1832) beschäftigte sich mit den Naturwissenschaften, u. a. mit Optik, Botanik, Anatomie, Geologie und dem Bergbau. Von ihm stammt eine Farbenlehre, und er entdeckte den Zwischenkieferknochen.

b) Eines der größten Universalgenies war Leonardo da Vinci (1452–1519). Neben seiner Tätigkeit als Maler *(Mona Lisa)* verfasste er naturwissenschaftliche Schriften *(Vom Bau des menschlichen Körpers)*, beschäftigte sich mit Hydraulik, Anatomie, Optik und Mechanik und machte zahlreiche Erfindungen (Fallschirm, Belagerungsgeräte, Panzer, Messwägen, Fluggeräte etc.).

c) Zwar gab es bereits vor Johannes Gutenberg (um 1400–1468) den Holzdruck, doch revolutionierten seine beweglichen Metalllettern, die auf Öl basierende Druckfarbe und vor allem die aus einer Leinenpresse entwickelte Druckerpresse den Buchdruck von Grund auf. Die Krönung von Gutenbergs Druckkunst war die 42-zeilige Bibel.

Gutenbergbibel

d) Erstmals wurden mit Martin Luthers (1483–1546) Schriften reformatorische und revolutionäre Gedanken mit dem Buchdruck verbreitet, der bis dahin fast nur universitären Zwecken gedient hatte.

Wie nennt man das Zusammenleben zweier verschiedener Tier- oder Pflanzenarten ?

- ◯ a) Mimose
- ◯ b) Meiose
- ◯ c) Osmose
- ◯ d) Symbiose

a) Die Mimose ist eine tropische Pflanze aus der Familie der Schmetterlingsblütler.

b) Die Meiose bezeichnet die Teilung von Körperzellen zur Produktion der Gameten (Geschlechtszellen). Im Gegensatz zur Mitose, die der Reproduktion der Körperzellen dient, besteht der Vorgang aus der Reduktionsteilung, bei der der doppelte Chromosomensatz geteilt wird, und einer weiteren „normalen" Teilung. Das Ergebnis der Meiose sind vier Zellen mit einfachem (haploidem) Chromosomensatz.

c) Die Osmose ist ein Vorgang zwischen zwei aus unterschiedlichen Lösungen bestehenden biologischen Systemen, bei dem es durch die trennende halbdurchlässige (semipermeable) Membran (z. B. die menschliche Haut) zum Austausch von Wasser kommt. So verliert z. B. der menschliche Körper aufgrund des unterschiedlichen Salzgehaltes beim Baden im Meer Flüssigkeit.

d) Unter Symbiose versteht man das Zusammenleben unterschiedlicher Tier- oder Pflanzenarten zu beiderseitigem Nutzen. Bekannte Beispiele für in Symbiosen lebende Tiere sind die Putzerfische, die die Haut und die Zähne von Raubfischen säubern, ohne von ihnen gefressen zu werden, oder die Krokodilswächter, Vögel, die das Gleiche bei Krokodilen tun.

Wie hieß das erste wiederverwertbare Raumschiff?

- a) New Horizons
- b) Space Shuttle
- c) Columbia
- d) Hubble

a) Unter dem Namen New Horizons startete am 19. Januar 2006 eine Sonde der NASA Richtung Pluto. Mit 80.000 km/h war sie bereits eine der schnellsten Sonden der Raumfahrtgeschichte, doch wurde sie beim Vorbeifliegen am Jupiter durch dessen Schwerkraft noch um 14.000 km/h beschleunigt. Im Juli 2015 soll sie in einer Entfernung von 9600 km am Pluto vorbeifliegen, bevor sie zum Kuiper-Gürtel am Rande unseres Sonnensystems weiterfliegt.

b) Das Space Shuttle (Space Transportation System, STS) entstand bereits in den 1960er-Jahren durch Versuche der NASA, ein wiederverwertbares Raumschiff zu entwickeln. Als Space Shuttle wird die gesamte Einheit aus Raumfähre, Außentank und Feststoffraketen bezeichnet. Die Raumfähre selbst ist nach einer Überholung wieder einsatzbereit, der Außentank dagegen muss jedes Mal erneuert werden. Die Raketen werden mit Fallschirmen geborgen und nach Möglichkeit ebenfalls weiterverwendet.

c) Die Columbia war das erste weltraumtaugliche Space Shuttle. Ihr Jungfernflug fand im April 1981 statt, am 1. Februar 2003 brach sie beim Wiedereintritt in die Erdatmosphäre auseinander.

d) Hubble ist das nach dem Astronomen Edwin Hubble (1889–1953) benannte 1990 gebaute Weltraumteleskop.

Seit wann gibt es Handfeuerwaffen?

- a) 1331
- b) 1359
- c) 1836
- d) 1861

a) Seit 1331 sind Handfeuerwaffen belegt. Die deutschen Ritter von Crusberg und von Spilimberg sollen bei der Belagerung von Cividale in Oberitalien Pulverbüchsen verwendet haben.

b) 1359 erfand der Mönch Berthold Schwarz (14. Jh.) angeblich das Schwarzpulver. Es wurde jedoch bereits um 800 – 900 in China erfunden. Durch keine andere Erfindung wurde die Kriegsführung so verändert wie durch das Schießpulver.

c) 1836 erhielt Samuel Colt (1814–62) das Patent für seinen Revolver. Zwar hatte es vor ihm schon Versuche gegeben, mehrschüssige Handfeuerwaffen zu bauen, doch gelang es erst Colt, die Trommel durch einen Metallbolzen exakt vor dem Lauf zu arretieren und so die früheren Rohrkrepierer zu verhindern.

d) 1861 erfand Richard Jordan Gatling (1818–1903) im Amerikanischen Bürgerkrieg die „Gatling gun", das erste funktionsfähige Maschinengewehr mit rotierenden Läufen. Die heute auf diesem Prinzip gebauten Waffen können eine Schussfrequenz von mehr als 6000 Schuss pro Minute erreichen (M612 Vulcan). Im Übrigen erfand Gatling mehrere landwirtschaftliche Maschinen.

Richard Gatlin

Wie heißt der europäische Weltraumbahnhof?

- a) Baikonur
- b) Cape Canaveral
- c) Kourou
- d) Jiuquan

a) Der russische Weltraumbahnhof Baikonur in Kasachstan ist der größte der Welt.

Startrampe mit Discovery

b) Cape Canaveral in Florida ist der Weltraumbahnhof der USA.

c) Der Weltraumbahnhof Kourou (CGS, Centre Spacial Guyanais) der ESA liegt in Französisch-Guyana im Nordosten Südamerikas. Er wurde hier ab 1968 gebaut, nachdem Frankreich seine Startbasis in Algerien aufgeben musste, und besitzt drei Startrampen für den Abschuss der europäischen Trägerrakete Ariane. Drei wichtige Gründe sprachen für diesen Standort: Die Starts finden weit entfernt von bebauten Gebieten statt, die Raketenstufen können problemlos ins Meer stürzen und die Lage nahe am Äquator verleiht den Raketen einen zusätzlichen Schub von 1650 km/h, sodass weniger Treibstoff benötigt wird und die Nutzlast erhöht werden kann. Bis zu zehn Ariane-Starts pro Jahr sind möglich. Die Satelliten und Raketenstufen werden per Flugzeug oder Schiff zunächst in die Hauptstadt Cayenne geliefert, nach Kourou gebracht und dort innerhalb von 13 Tagen zusammengebaut und startbereit gemacht.

d) Das Jiuquan Satellite Launch Centre (JSLC) ist das modernste Kosmodrom Chinas.

Wann fand die erste transatlantische Radioübertragung statt?

- a) 1902
- b) 1920
- c) 1935
- d) 1940

a) 1902 baute Guglielmo Marconi (1874–1937) im Auftrag der kanadischen Regierung an der Küste Neuschottlands eine Radiostation, von der aus im gleichen Jahr die erste Übertragung über den Atlantik erfolgte.

b) 1920 nahm KDKA in Pittsburg als erster Radiosender der Welt seinen Betrieb auf, 1922 folgten Russland (Komintern), Frankreich (Radiola) und Großbritannien (BBC), 1923 Deutschland (Voxhaus).

c) Seit 1935 gibt es in Deutschland ein regelmäßiges Fernsehprogramm. Es wurde von der ersten Fernsehanstalt der Welt, dem Fernsehsender Paul Nipkow, übertragen. Da es zunächst jedoch kaum Empfangsgeräte gab, wurden die öffentlichen Fernsehstuben eingerichtet. Das erste gesendete Großereignis waren die Olympischen Spiele 1936 in Berlin.

d) Seit 1940 ist das Rauschen auf den Tonbändern verschwunden. Da die Bänder vor ihrer Verwendung magnetisiert werden mussten, entstand auf ihnen ein rauschender Grundton, der in Aufnahmepausen stets zu hören war. Erst mit der Einführung der Hochfrequenz-Vormagnetisierung verschwand es von den Bändern, da es nun in einem für das menschliche Ohr nicht hörbaren Bereich lag. Dieses Verfahren wird bis heute angewendet.

Wie heißt ein antikes Rechengerät, das in moderner Form noch heute gebräuchlich ist?

- ◯ a) Groma
- ◯ b) Abakus
- ◯ c) Fibel
- ◯ d) Metronom

a) Eine Groma ist ein antikes Gerät, das von ägyptischen Feldmessern benutzt wurde, um genaue rechte Winkel zu bestimmen. Es bestand aus einem waagerecht zu haltenden Holzkreuz, von dessen Enden Fäden herabhängen, die durch Gewichte beschwert wurden.

b) Der Abakus ist das älteste bekannte Rechengerät, das um 1100 v. Chr. erfunden wurde und besonders in asiatischen Ländern heute noch gebräuchlich ist. Anhand von auf Stäben aufgereihten Perlen ist es für den Geübten sogar möglich, komplizierte Multiplikationsaufgaben in kürzester Zeit zu lösen.

c) Die Fibel war im Altertum eine der gebräuchlichsten Formen der Gewandnadeln. Sie wurde benutzt, um Umhänge oder Kleider zusammenzuhalten, und war zugleich Bestandteil der Tracht. Anhand der verschiedenen Fibelformen ist den Archäologen die Zuordnung von Grabfunden zu bestimmten Epochen möglich.

d) Ein Metronom ist ein Taktmesser, bei dem das Zeitmaß eines Stückes durch ein Pendel angegeben wird. Das Pendel ist verstellbar, sodass eine beliebige Anzahl von Schlägen pro Minute und damit eine beliebige Geschwindigkeit eingestellt werden kann.

Zu welcher Pflanzengattung gehört die Tomate?

- ◯ a) zu den Sukkulenten
- ◯ b) zu den Nachtschattengewächsen
- ◯ c) zu den Wunderblumengewächsen
- ◯ d) zu den blütenlosen Pflanzen

a) Die Sukkulenten (Saftpflanzen) sind Pflanzen, die in großzelligen Geweben Wasser speichern können. Man unterscheidet zwischen Blatt-, Stamm- und Wurzelsukkulenten.

b) Die aus Süd- und Mittelamerika stammende Tomate (Lycopersicon esculentum) gehört zu den Nachtschattengewächsen (Solanaceae) mit etwa 2300 Arten. Die Nachtschattengewächse sind reich an Alkaloiden und tragen vielfach Kapseln oder Beeren als Früchte. Einige der wichtigsten Gemüsepflanzen gehören zu ihnen, darunter auch die Paprika und die Kartoffel, außerdem die Tabakpflanze, der Stechapfel und die Lampionpflanze.

Tomatenpflanze

c) Die Wunderblumengewächse (Nyktaginazeen) gehören zur Ordnung der Nelkenartigen und kommen fast ausschließlich in Südamerika vor. Die bei uns bekanntesten Arten sind die Bougainvillea und die Wunderblume (Mirabilis).

d) Unter den blütenlosen Pflanzen oder Kryptogamen versteht man Sporenpflanzen wie z. B. Moose, Flechten, Algen und Farne. Eine der größten Sammlungen von Kryptogamen mit etwa 200.000 Belegen befindet sich im Herbarium Senckenbergianum in Hessen.

Wie heißt die 1997 gestartete Saturn-Mission?

- a) Cassini-Huygens
- b) Pioneer 11
- c) Opportunity
- d) Mariner

a) Am 15. Oktober 1997 startete die amerikanisch-europäische Planetensonde Cassini-Huygens zum Saturn. Nach beinahe sieben Jahren Flugzeit und 3,5 Mrd. km hat sie im April 2004 ihr Ziel erreicht und erforscht seitdem vier Jahre lang in 76 Umrundungen den Planeten. 260 Wissenschaftler aus 18 Ländern arbeiten an der Mission. Seit drei Jahren überträgt Cassini jede Woche ihre Messdaten zur Erde. Die von der ESA gebaute und von der Cassini mitgeführte Landesonde Huygens trennte sich am 25. Dezember 2004 von der Cassini und landete am 14. Januar 2005 sicher auf dem Saturnmond Titan, bereits knappe vier Stunden später trafen die ersten Bilder auf der Erde ein.

Computergrafik der Sonde

b) Bisher sind drei Raumsonden am Saturn vorbeigeflogen: Die Pioneer 11 und die Voyager 1 und 2 in Abständen zwischen 20.800 und 124.000 km.

c) Opportunity heißt die 2003 zum Mars gestartete Raumsonde der USA.

d) Das Mariner-Programm der NASA aus den Jahren 1962–73 diente der Erforschung der inneren Planeten unseres Sonnensystems, Mars, Venus und Merkur. Insgesamt wurden zehn Missionen gestartet.

Was wurde als Erstes erfunden?

- a) der Mikrowellenherd
- b) das Luftkissenfahrzeug
- c) der Lügendetektor
- d) Nylon

a) Den ersten Mikrowellenherd entwickelte der Amerikaner Percy LeBaron Spencer (1894–1970) 1945. Er kam bereits 1947 in den Handel, war aber mit über 2000 Dollar noch viel zu teuer. Spencer hatte beobachtet, wie eine Tafel Schokolade in seiner Tasche geschmolzen war, während er vor einem Radargerät stand.

b) 1959 nahm der britische Schiffsbauer Christopher Cockerell (1910–99) sein erstes Luftkissenfahrzeug in Betrieb.

c) Der Lügendetektor oder Polygraf wurde bereits 1921 erfunden, nachdem der kanadische Medizinstudent John A. Larson (1892–1983) beobachtet hatte, dass sich beim Lügen Puls und Atem unwillkürlich beschleunigen. Er entwickelte daraufhin ein Gerät, das mit einer Elektrode die Hautreaktion (das Schwitzen) eines Menschen messen konnte und so Aufschluss über kleinste Veränderungen gab. Der Lügendetektor arbeitet allerdings nicht hundertprozentig sicher, da ein geschickter Lügner seine Körperreaktionen entsprechend kontrollieren kann.

d) 1934 entwickelte der Amerikaner Wallace Hume Carothers (1896–1937) auf der Suche nach einem Ersatz für Seide eine Methode, um hochelastische Fäden aus Kunststoff zu ziehen. Sein erstes Produkt war eine Zahnbürste, der Siegeszug der Nylonstrümpfe begann erst 1940.

Was ist die früheste bekannte Form des Menschen?

- a) Homo sapiens
- b) Homo erectus
- c) Cromagnonmensch
- d) Australopithecus

a) Als Homo sapiens („der vernunftbegabte Mensch") wird der Mensch in seiner heutigen Form bezeichnet. Er existiert seit etwa 40.000 Jahren.

b) Der Homo erectus („der aufrechte Mensch") gilt als direkter Vorfahre des Homo sapiens. Er trat vor 1,2 Mio. Jahren in Afrika, Asien und Europa auf.

c) Als Cromagnonmensch wird eine Form des Homo sapiens bezeichnet, die in Südfrankreich gefunden und auf eine Zeit vor 28.000–30.000 Jahren datiert wurde. Über mögliche Zusammentreffen mit dem Neandertaler wird viel spekuliert.

d) Die Entwicklung des Menschen begann nach heutigem Kenntnisstand in Afrika. Aus der frühesten Phase, als sich aus einer gemeinsamen Stammform die Menschenartigen (Hominidae) und die Menschenaffen (Pongidae) entwickelten, gibt es keine Funde. Die frühesten Funde aus der Hominiden-Phase stammen aus 2–3 Mio. Jahre alten Ablagerungen, sie werden als Australopithecus bezeichnet. Er war etwa 150 cm groß und hatte einen schimpansenähnlichen Schädel, verfügte aber bereits über Merkmale wie den aufrechten Gang und die Fähigkeit zur Geräteherstellung. Der Australopithecus wird in die Formen Africanus, Robustus und Afarensis unterteilt.

Welche technische Einrichtung ist kein Welterbe der UNESCO?

- a) Darjeeling Himalaya Railway
- b) Eiffelturm
- c) Radiostation Grimeton
- d) Ironbridge

a) Die 1881 erbaute Schmalspurbahn der Darjeeling Himalaya Railway in Indien wurde von der UNESCO als eine der ersten Gebirgsbahnen der Welt und technische Meisterleistung geehrt.

Eiffelturm in Paris

b) Der 1889 erbaute Eiffelturm gehört nicht zum Welterbe der UNESCO.

c) 1922 begann man mit dem Bau der Radiostation Grimeton bei Varberg in Schweden, die zusammen mit 20 anderen Stationen ab 1925 ein weltumspannendes Kommunikationsnetz bildete. Die gesamte Anlage mit ihren sechs 127 m hohen Sendemasten und dem Radiogebäude ist als einzige noch mit ihrer ganzen Ausrüstung aus den 1920er-Jahren erhalten, sie ist der einzige noch funktionierende Längstwellensender der Welt.

d) Thomas Pritchard (1723–77) entwarf die Ironbridge, eine gusseiserne Brücke, die größte freischwebende Brückenkonstruktion der damaligen Zeit, die über das Tal des Severn in Mittelengland, einer der frühesten Industrielandschaften Großbritanniens, führte und den Beginn der „neuen Eisenzeit" markierte. Die Ironbridge wurde von der UNESCO als Wahrzeichen der industriellen Revolution 1986 zum Denkmal erklärt.

Welcher Schiffstyp ist am ältesten?

- a) Raddampfer
- b) Fregatte
- c) Kogge
- d) Karavelle

a) Der Einsatz von Schaufelrädern als Schiffsantrieb ist erstmals bei dem römischen Ingenieur und Schriftsteller Vitruv (84 v. Chr.–27 n. Chr.) erwähnt. Damals allerdings wurden die Räder noch durch Ochsen bewegt. Besonders bekannt sind die Mississippiraddampfer aus der Zeit vom ausgehenden 19. und beginnenden 20. Jh., obwohl sie auch auf anderen Flüssen und Seen verkehrten.

Schaufelraddampfer auf dem Mississippi

b) Fregatten wurden um 1600 als relativ kleine, schnelle Kriegsschiffe für den Aufklärungsdienst gebaut. Ein typisches Kennzeichen war das Fehlen der hohen Aufbauten an Deck, eine einheitliche Form hatten sie ansonsten zunächst nicht.

c) Koggen waren ab dem 13. Jh. die Schiffe der Hanse, die vor allem als Handelsschiffe dienten, später aber auch mit Kanonen zur Verteidigung gegen Seeräuber ausgestattet waren. Die Koggen waren Einmaster mit einem Vorder- und einem Achterkastell.

d) Die Karavelle war ein schneller, flachgehender Dreimaster des 15. Jh. mit einer durchschnittlichen Größe von 20 auf 7 m. Auf ihnen wurden die großen Entdeckungsreisen unternommen, Kolumbus' Santa Maria gehörte allerdings zu dem etwas größeren und schwerfälligeren Typ der Karracke.

Wie lautet der Satz des Pythagoras?

- a) $a^2 + b^2 = c^2$
- b) $(a + b) \cdot (a - b) = a^2 - b^2$
- c) $(a + b) + c = a + (b + c)$
- d) Die Winkelsumme im Dreieck ist 180°.

a) Der nach dem griechischen Philosophen Pythagoras (ca. 570–500 v. Chr.) benannte Lehrsatz besagt, dass in einem rechtwinkligen Dreieck ein Quadrat, das über der Hypotenuse c (der dem rechten Winkel gegenüberliegenden Seite) errichtet wird, genau so groß ist wie die Summe der beiden Quadrate, die über den Katheten a und b (den Seiten, die sich in dem rechten Winkel treffen) errichtet werden.

b) $(a + b) \cdot (a - b) = a^2 - b^2$ ist eine der binomischen Formeln. Beispiel: $(2 + 3) \cdot (2 - 3) = 2^2 - 3^2 = 4 - 9 = -5$. Der andere Rechenweg lautet: $5 \cdot (-1) = 4 - 9 = -5$. Die anderen beiden binomischen Formeln lauten $(a + b)^2 = a^2 + 2ab + b^2$ und $(a - b)^2 = a^2 - 2ab + b^2$.

c) Hier handelt es sich um das sogenannte Assoziativgesetz, das auch Klammer-, Verbindungs- oder Verknüpfungsgesetz genannt wird. Das Assoziativgesetz gehört zu den Gruppenaxiomen. Es gilt für die Addition genauso wie für die Multiplikation, nicht aber für die Subtraktion, Division oder Potenz. Beispiel: $(2 + 3) + 4 = 5 + 4 = 2 + (3 + 4) = 2 + 7 = 9$. Ebenso: $(2 \cdot 3) \cdot 4 = 6 \cdot 4 = 2 \cdot (3 \cdot 4) = 2 \cdot 12 = 24$.

d) Dieser Satz aus der Geometrie über die Winkelsumme im Dreieck ist einer der Lehrsätze des Thales von Milet (um 625–547 v. Chr.).

Welcher Test wird in der Chemie angewendet?

- a) Rorschach-Test
- b) Brinell-Test
- c) FisH-Test
- d) Marsh-Test

a) Der Rorschach-Test ist der älteste projektive Persönlichkeitstest. Zehn seitengleiche Tintenklecksbilder werden zunächst vom Patienten interpretiert. Aus diesen Projektionen seines Unterbewusstseins kann der Psychiater Rückschlüsse auf Intelligenz, mitmenschliche Einstellung, Stimmung und Gefühlsansprechbarkeit ziehen. Da jedoch auch bei sorgfältiger Auswertung ein Interpretationsspielraum bleibt, wird der Rorschach-Test stets mit anderen standardisierten Testverfahren verbunden, dessen Ergebnisse transparenter und nachvollziehbarer sind.

b) Der Brinell-Test ist ein mechanischer Test zur Ermittlung des Härtegrads von Holz.

c) Der FisH-Test (Fluoreszenz-in-situ-Hybridisierung) ist ein erster Schnelltest im Rahmen der Fruchtwasseruntersuchung in der Pränataldiagnostik.

d) Mit dem von dem englischen Chemiker James Marsh (1794–1846) entwickelten Marsh-Test, der vor allem in der Gerichtsmedizin angewendet wird, lassen sich selbst kleinste Spuren von Arsen nachweisen. Die zu untersuchende Probe wird mit Schwefelsäure und Zink gemischt. Eventuell vorhandenes Arsen verwandelt sich in gasförmiges Arsin (AsH3), das sich unter Hitzeeinwirkung zersetzt und als Metallspiegel absetzt.

Wer war keine Physikerin?

- a) Lise Meitner
- b) Bessie Coleman
- c) Berta Karlik
- d) Marietta Blau

a) Lise Meitner (1878–1968) arbeitete von 1907 bis zu ihrer Flucht aus Deutschland 1939 zusammen mit Otto Hahn (1879–1968) an der Erforschung der Radioaktivität. Den Nobelpreis allerdings erhielt Hahn allein.

Lise Meitner

b) Bessie Coleman („Queen Bess“, 1896–1926) war eine berühmte Kunstfliegerin. Als Farbige wurde sie in keiner amerikanischen Flugschule aufgenommen und lernte deshalb in Frankreich fliegen. Sie plante eine Flugschule für Farbige, kam aber vorher bei einem Absturz ums Leben.

c) Die österreichische Physikerin Berta Karlik (1904–90) entdeckte zusammen mit Traude Bernert (1915–98) das radioaktive Element 85 (Astat) in den natürlichen Zerfallsreihen, erforschte seine Isotope 215, 216 und 218 und war ab 1947 Leiterin des Wiener Radiuminstitutes.

d) Marietta Blau (1894–1970) arbeitete u. a. am Wiener Radiuminstitut am Nachweis radioaktiver Strahlung mithilfe fotografischer Platten. 1937 veröffentlichte sie ihre spektakulären Erkenntnisse über die kosmische Strahlung. Als Frau und Jüdin forschte sie großteils ohne Bezahlung, musste dann 1938 vor den Nationalsozialisten fliehen und verlor so ihre gesamten Aufzeichnungen.

Mit welchem Fest erinnern die Juden an den Auszug aus Ägypten?

- a) Jom Kippur
- b) Pessach
- c) Laubhüttenfest
- d) Purim

a) Jom Kippur ist das Versöhnungsfest. Es geht auf ein Gebot Gottes im Buch Exodus (Kap. 30) zurück und ist ein strenger Fasttag. Persönliche Reue – und früher auch Opfer – sollen eine Versöhnung mit Gott bewirken. Das Fest findet zehn Tage nach Neujahr (Rosch ha-Schana) im Herbst statt.

Sedermahl mit Mazzen (ungesäuertem Brot)

b) An Pessach wird mit einem rituellen Festmahl (Seder) des Auszuges der Israeliten aus Ägypten gedacht. Das Fest findet nahe dem christlichen Osterfest statt. Früher war eine Wallfahrt zum Tempel nach Jerusalem obligatorisch. Heute ist es ein Familienfest.

c) Das Laubhüttenfest (Sukkot) ist ein siebentägiges Freudenfest im Herbst, das im Buch Levitikus (Kap. 23) angeordnet wird und an die vierzigjährige Wanderung über den Sinai erinnern soll, aber wahrscheinlich auch in einem alten Erntefest wurzelt. Jede Familie baut eine Laubhütte, in der gegessen und gebetet wird.

d) Purim ist ein Freudenfest im späten Winter, das an die Errettung des jüdischen Volkes in der Perserzeit erinnert, die im biblischen Buch Ester erzählt wird. Ähnlich wie beim Karneval spielen Maskenumzüge und Süßigkeiten eine große Rolle.

Welcher Teil der Philosophie befasst sich mit der Frage nach Gut und Böse?

- a) Logik
- b) Metaphysik
- c) Erkenntnistheorie
- d) Ethik

a) Unter Logik versteht man in der Philosophie genauso wie in der Mathematik die Kunst des korrekten Schlussfolgerns. Es geht nicht darum, ob eine Sache inhaltlich wahr ist, sondern um die Technik, wie man aus bekannten Tatsachen weitere korrekte Erkenntnisse ableitet.

b) Die Metaphysik beschäftigt sich mit Dingen, die physikalisch nicht greifbar sind, wie z. B. dem „Sein an sich", der möglichen Existenz eines Gottes oder dem Sinn des Lebens.

c) Die Erkenntnistheorie – auch unter dem Begriff „Epistemologie" bekannt – befasst sich mit der Frage, wie man überhaupt zu sicheren Erkenntnissen kommt. Dies beinhaltet auch die Frage, ob es überhaupt eine wirkliche Erkenntnis jenseits des empirisch Messbaren gibt und sogar den Zweifel, ob es so etwas wie Erkenntnis überhaupt gibt, oder ob alles nur Täuschung ist.

d) Der Philosoph Niklas Luhmann (1927–98) nannte die Ethik die „Reflexionstheorie der Moral". Die wissenschaftliche Disziplin der Ethik reflektiert also das, was im Alltag instinktiv als moralisch oder unmoralisch bzw. gut oder böse empfunden wird, und versucht, Leitlinien für moralisches Handeln zu finden.

Welcher Marienwallfahrtsort liegt in Portugal?

- a) Lourdes
- b) Medjugorje
- c) Fatima
- d) Santiago de Compostela

a) Lourdes ist ein Ort in den französischen Pyrenäen. Dort soll der 14-jährigen Bernadette Soubirous 1858 wiederholt in einer Grotte eine weißgekleidete Frau erschienen sein, die sich als die „Unbefleckte Empfängnis", also als Maria, vorstellte. Der Quelle in der Grotte wird eine heiltätige Wirkung zugesprochen.

b) Medjugorje ist ein kleiner Ort im Südwesten von Bosnien-Herzegowina. Angeblich soll Maria dort seit 1981 regelmäßig mehreren Jugendlichen erschienen sein. Die katholische Kirche hat diese Erscheinungen jedoch nicht offiziell anerkannt.

c) Fatima ist ein Ort zwischen Lissabon und Coimbra. Dort soll Maria im Jahr 1917 drei Hirtenkindern zwischen sieben und zehn Jahren begegnet sein und ihnen drei Prophezeiungen gemacht haben, von denen die zweite auf den Ausbruch des Zweiten Weltkriegs gemünzt werden kann, und die dritte, die erst im Jahr 2000 veröffentlicht wurde, ein Attentat auf den Papst und ein Massaker unter seinen Anhängern beschreibt.

d) Santiago de Compostela ist die Hauptstadt der nordspanischen Provinz Galicien und seit dem 9. Jh. neben Rom und Jerusalem einer der großen christlichen Pilgerorte. Allerdings wird dort nicht Maria, sondern der Apostel Jakobus der Ältere verehrt.

Welcher antike griechische Philosoph predigte den Hedonismus?

- a) Epikur
- b) Diogenes von Sinope
- c) Demokrit
- d) Pythagoras

Epikur

a) Epikur (um 341–271 v. Chr.) war überzeugt, dass es dem Menschen vor allem darauf ankomme, Lust (griech.: Hedone) zu gewinnen und Unlust zu vermeiden. Allerdings empfahl er möglichst einfach zu leben, um leichter Lust zu empfinden. Auch unterscheide ein Weiser zwischen schnellen Genüssen, die er hinterher bereue, und wahrer Lust.

b) Diogenes (um 391–323 v. Chr.) war der Begründer der Kyniker. Er lehnte jegliche sozialen Institutionen wie Regierung, Ehe, organisierte Religion, Verhaltensnormen und auch das Privateigentum ab. Über ihn gibt es diverse Anekdoten, u. a. die Vorstellung, er habe in einer Tonne gelebt.

c) Demokrit (460–371 v. Chr.) wird zu den sogenannten Vorsokratikern gezählt und war ein bedeutender Naturphilosoph. Er vertrat die These, dass alle Materie aus winzigen, unteilbaren Bausteinen, den Atomen, zusammengesetzt ist.

d) Pythagoras (um 570–500 v. Chr.) war nicht nur ein bedeutender Mathematiker, sondern auch ein Philosoph, der im unteritalienischen Kroton eine Art Sekte gründete. Er sah Zahlen als Grundprinzip aller Dinge an.

Mit welchem Ereignis im Leben Mohammeds beginnt die islamische Zeitrechnung?

- ◯ a) mit seiner Geburt
- ◯ b) mit seinem Tod
- ◯ c) mit seiner Flucht nach Medina
- ◯ d) mit der Eroberung Mekkas

a) Das Geburtsjahr Mohammeds steht nicht eindeutig fest. Wahrscheinlich erblickte er 570 nach christlicher Zeitrechnung als Sohn einer bedeutenden, aber verarmten Kaufmannsfamilie in Mekka das Licht der Welt.

b) Der Prophet starb nach christlicher Zeitrechnung am 8. Juni 632 nach einer kurzen Krankheit in Medina, nach islamischer Rechnung ist das der 13.3.11.

Mekka und Medina im heutigen Saudi-Arabien

c) Die islamische Zeitrechnung setzt am 16. Juli 622 des christlichen Kalenders ein. Mohammed hatte sich mit seinen monotheistischen Lehren in Mekka viele Feinde gemacht und floh deshalb mit einigen Getreuen in die Stadt Yathrib, die er in der Folge Medina nannte. Die Auswanderung wird als Hidschra bezeichnet.

d) Nach Mohammeds Übersiedlung erklärte Mekka Medina den Krieg. In den folgenden Jahren gab es immer wieder militärische Auseinandersetzungen. 630 (islamisch: 8) zog Mohammed mit einer Armee gegen die Stadt Mekka und nahm sie ohne viel Blutvergießen ein. Nach dem Sieg ließ er alle Götterbilder zerstören, vor allem die in der Kaaba, dem traditionellem Heiligtum der Stadt.

Welcher Orden ist der älteste?

- ◯ a) Jesuiten
- ◯ b) Dominikaner
- ◯ c) Franziskaner
- ◯ d) Benediktiner

a) Die Societas Jesu (Gesellschaft Jesu) wurde 1534 von sieben Männern rund um den baskischen Priester Ignatius von Loyola (1491–1556) gegründet. Im Zuge der ab 1540 einsetzenden Gegenreformation wurde der Orden schnell bedeutend, aber auch immer wieder angefeindet und verboten. Ein Schwerpunkt ist die Bildung.

b) Mit der Gründung eines arm lebenden „Orden der Predigerbrüder" versuchte der spanische Priester Dominikus (um 1170–1221) der Sekte der Katharer entgegenzuwirken, die durch ihre überzeugenden Predigten und ihr asketisches Leben im 12. und 13. Jh. viele Menschen ansprach. Später beteiligten sich viele Dominikaner an den Ketzer- und Hexenverfolgungen.

c) Etwa zeitgleich mit Dominikus gründete Franz von Assisi (um 1181–1226) den Bettelorden der „Minderen Brüder", dessen Schwerpunkte ein evangeliengemäßes Leben und priesterliche Seelsorge sind.

d) Genau genommen gründete Benedikt von Nursia (um 480–547) keinen Orden, sondern nur ein Kloster auf dem Monte Cassino. Für dieses verfasste er eine Ordensregel, die mit ihren festen Gebetszeiten und ihrem Prinzip „Ora et labora" (lat., bete und arbeite) grundlegend für das Mönchstum der Westkirche wurde. Erst ab dem 9. Jh. wurde von Benediktinern gesprochen.

Wer schrieb die *Kritik der reinen Vernunft*?

- a) Descartes
- b) Voltaire
- c) Kant
- d) Hegel

a) Das Hauptwerk des französischen Philosophen René Descartes (1596–1650), in dem er u. a. seine berühmte Erkenntnis „Cogito, ergo sum" verarbeitete, hieß *Meditationes de prima philosophia*. Damit gilt er als Begründer des Rationalismus, der die Vernunft als zentrales Mittel der Erkenntnis propagiert. Daneben war Descartes auch noch ein bedeutender Mathematiker, der u. a. das Koordinatensystem erfand.

b) Der bedeutendste Schriftsteller der französischen Aufklärung, Voltaire (François Marie Arouet, 1694–1778), war sowohl Dichter wie Philosoph und hinterließ etwa 700 Schriften. Am bekanntesten ist sein philosophischer Roman *Candide*.

c) Immanuel Kants (1724–1804) bekanntestes Werk ist der Aufsatz *Beantwortung der Frage: Was ist Aufklärung?* mit der Antwort „Aufklärung ist der Ausgang des Menschen aus seiner selbstverschuldeten Unmündigkeit". Als seine wichtigste Schrift gilt die *Kritik der reinen Vernunft*, in der er analysiert, dass die Werkzeuge der Vernunft (z. B. Begriffe) nicht an sich existieren, sondern vom Menschen erst geschaffen werden.

d) Georg Wilhelm Friedrich Hegel (1770–1831) wurde vor allem durch seine Dialektik berühmt, mit der er versuchte, das Entstehen historischer Prozesse und Gedanken zu erklären.

Welcher biblische Patriarch hatte zwölf Söhne?

- a) Abraham
- b) Isaak
- c) Jakob
- d) Joseph

a) Abraham hatte laut biblischem Bericht von Gott die Zusage erhalten, er werde Stammvater eines großen Volkes werden, war aber schon steinalt, als ihm endlich seine Söhne Ismael (unehelich) und Isaak (ehelich) geboren wurden. Trotzdem war er bereit, Isaak auf Gottes Befehl hin zu opfern, was jedoch im letzten Augenblick durch einen Engel verhindert wurde.

Esau verkauft sein Erstgeburtsrecht an Jakob für ein Linsengericht

b) Wie sein Vater war auch Isaak schon sehr alt, als seine Frau Rebekka endlich die Zwillinge Jakob und Esau auf die Welt brachte. Das Erstgeburtsrecht und den besonderen Segen des Vaters erschlich sich der jüngere Jakob mit Tricks.

c) Jakob, der später Israel (Gottesstreiter) genannt wurde, wollte eigentlich seine Cousine Rachel heiraten und diente sieben Jahre bei seinem Onkel als Werbung um sie, bekam aber deren Schwester Lea untergeschoben und musste weitere sieben Jahre für Rachel dienen. Seine beiden Frauen und zwei Mägde gebaren ihm zwölf Söhne, die als die Stammväter der zwölf Stämme Israels gelten.

d) Joseph war einer der zwölf Söhne Jakobs und als Erstgeborener von dessen Lieblingsfrau Rachel auch der besondere Liebling des Vaters, womit er sich die Feindschaft seiner Brüder zuzog.

Welches Symbol steht für den Evangelisten Johannes?

- a) Löwe
- b) Mensch
- c) Stier
- d) Adler

a) Der Löwe ist das Symbol für den Autor des ältesten und kürzesten Evangeliums, des Markus-Evangeliums. Die Symbole wurden von den Kirchenvätern Irenäus von Lyon (um 140–202) und Hieronymus (347–419) eingeführt und beziehen sich auf zwei Bibelstellen im Buch Ezechiel und der Offenbarung. Ursprünglich waren sie wohl mesopotamische Göttersymbole. Markus wurde der Löwe zugeordnet, weil sein Evangelium mit dem Auftreten Johannes' des Täufers in der Wüste beginnt.

b) Der Mensch ist das Symbol des Evangelisten Matthäus, der sein Evangelium mit der Menschwerdung, also der Geburt Jesu beginnt. Es ist das längste und vermutlich zweitälteste Evangelium.

c) Das Opfertier Stier steht für Lukas, der sein Evangelium mit einem Opfer von Zachäus, dem Vater des Täufers, beginnt. Das Lukas-Evangelium enthält viele Stellen, die sich in den anderen nicht finden, wie die Weihnachtsgeschichte oder das Gleichnis vom Verlorenen Sohn.

d) Der Adler steht für Johannes, den Autor des jüngsten Evangeliums, da sich dessen literarischer Prolog „adlergleich in die Höhen schwinge“. Es weicht stilistisch und inhaltlich am meisten von den anderen drei Texten ab.

Wer lehnt die Existenz Gottes ab?

- a) Agnostiker
- b) Pantheisten
- c) Esoteriker
- d) Atheisten

a) Für Agnostiker ist die Existenz eines Gottes oder irgendeiner Art von transzendentem Wesen nicht beweisbar und damit irrelevant für den Menschen. Argumentationen gegen die Existenz eines Gottes sind damit für sie genauso sinnlos wie solche dafür.

b) Für Pantheisten gibt es keinen personellen Gott, aber „das Göttliche“, das sich in allen Erscheinungen der Welt manifestieren kann. Für den Philosophen Baruch Spinoza (1632–77) war die Natur gleichbedeutend mit Gott. In der Vergangenheit wurde die Ablehnung eines personellen Gottes jedoch oft als Ablehnung Gottes angefeindet.

c) Als esoterisch galten ursprünglich Lehren, die nur einer kleinen Gemeinschaft zugänglich waren. Heute versteht man darunter eine Vielzahl von spirituellen Bewegungen jenseits der traditionellen Religionen. Die meisten Esoteriker glauben nicht an personelle Gottheiten, sondern an übernatürliche Kräfte, die pseudonaturwissenschaftlichen Gesetzmäßigkeiten gehorchen.

d) Atheisten definieren sich über die Ablehnung Gottes. Für manche bedeutet das nur eine Absage an einen personellen Gott. Darüber hinaus spielt jedoch kein Glauben an andere übernatürliche Kräfte eine Rolle. Andere Atheisten lehnen ausdrücklich jede Transzendenz ab.

Welche Heilige befasste sich mit Ernährung und Heilkunde?

- a) Elisabeth von Thüringen
- b) Teresa von Ávila
- c) Hildegard von Bingen
- d) Katharina von Siena

a) Die gebürtige ungarische Prinzessin Elisabeth von Thüringen (1207–31) wurde vor allem wegen ihrer Fürsorge für die Armen bekannt. Nach dem Tod ihres Mannes im Jahr 1227 lebte sie in radikaler Armut, kasteite sich und verwendete ihr Vermögen für den Bau von Hospitälern.

b) Teresa von Ávila (1515–82) war eine spanische Nonne, die eine Vielzahl von Visionen erlebte und diese in Texte und Lieder fasste. Daneben gründete sie über 30 Klöster. Sie gilt als die bedeutendste Mystikerin der Kirchengeschichte.

c) Hildegard von Bingen (um 1098–1179) war eine umfassend gebildete Benediktiner-Äbtissin, die sich u. a. mit Medizin, Musik, Naturwissenschaften, Philosophie und Theologie befasste. Sie hatte mystische Visionen, mischte sich aber auch in kirchenpolitische Diskussionen ein. Am bekanntesten aber ist sie für ihre Schriften zur Kräuterheilkunde und gesunden Ernährung.

d) Katharina von Siena (1347–80) gilt neben Teresa von Ávila und Therese von Lisieux (1873–97) als eine der drei Kirchenlehrerinnen. Bewegt von Visionen mischte sie sich massiv in die Kirchenpolitik ihrer Tage ein. 1376 brachte sie Papst Gregor XI. (1329–78) dazu, von Avignon nach Rom zurückzukehren.

Welcher Papst initiierte das 2. Vatikanische Konzil?

- a) Pius IX.
- b) Johannes XXIII.
- c) Paul VI.
- d) Johannes Paul I.

a) Pius IX. (Giovanni Maria Mastai-Ferretti, 1792–1878) rief 1869 das 1. Vatikanische Konzil zusammen. Dort ließ er die päpstliche Unfehlbarkeit zum Dogma erheben und alle modernen politischen und philosophischen Ideen als Zeitirrtümer verurteilen. Damit provozierte er die Abspaltung der Altkatholiken und den Kulturkampf durch Bismarck.

b) Johannes XXIII. (Angelo Roncalli, 1881–1963) berief im Jahr 1962 völlig überraschend das 2. Vatikanische Konzil ein. Im Gegensatz zum 1. Vatikanischen Konzil diente es der Modernisierung. Anstelle der Macht der Kirche wurden ihre seelsorgerischen Aufgaben in den Mittelpunkt gerückt.

Johannes XXIII.

c) Paul VI. (Giovanni Battista Montini, 1897–1978) führte nach dem Tod seines Vorgängers das Konzil weiter und sorgte anschließend für eine umfassende Reform der Liturgie. Bekannter wurde er jedoch durch seine Verdammung der Empfängnisverhütung („Pillenpapst").

d) Der charismatische und mit vielen Hoffnungen bedachte Johannes Paul I. (Albino Luciani, 1912–78) starb nach nur einem Monat im Amt. Dies führte zu zahlreichen Verschwörungstheorien.

Welcher Papst amtierte während des Zweiten Weltkriegs?

- a) Leo XIII.
- b) Benedikt XV.
- c) Pius XI.
- d) Pius XII.

a) Leo XIII. (Vincenzo Gioacchino Pecci, 1810–1903) äußerte sich in 88 Enzykliken nicht nur zu religiösen, sondern auch zu gesellschaftlichen Fragen. Mit *Rerum Novarum* begründete er 1891 die katholische Soziallehre.

b) Benedikt XV. (Giacomo della Chiesa, 1854–22) verurteilte den Ersten Weltkrieg heftig und unternahm mehrere diplomatische Anstrengungen, einen Frieden zu vermitteln, die jedoch von den Krieg führenden Parteien ignoriert wurden, die alle auf Sieg setzten. So blieb ihm nur humanitäre Hilfe.

c) Der sehr konservative Pius XI. (Achille Ratti, 1857–1939) schloss anfangs mit faschistischen Diktaturen wie Italien und Deutschland Verträge und begrüßte die Franco-Diktatur in Spanien, die er als Rettung vor dem Kommunismus sah. 1937 jedoch widmete er den Verhältnissen in Deutschland die Enzyklika *Mit brennender Sorge*.

Pius XII.

d) Pius XII. (Eugenio Maria Pacelli, 1876–1958) beschränkte sich während des Zweiten Weltkriegs weitgehend auf Neutralität und humanitäre Hilfe, darunter die Rettung der meisten römischen Juden. Angesichts der Nazigräuel wird ihm diese Zurückhaltung immer wieder zum Vorwurf gemacht.

Wer muss auf ewig einen Stein einen Berg hochrollen?

- a) Tantalos
- b) Ödipus
- c) Midas
- d) Sisyphos

a) Der König Tantalos stahl in der griechischen Mythologie den Göttern Nektar und Ambrosia und setzte ihnen zudem seinen eigenen Sohn Pelops zum Essen vor, um ihre Weisheit zu testen. Dafür sitzt er in der Unterwelt auf ewig inmitten köstlicher Speisen und Getränke und kann nichts davon erreichen.

b) Bei der Geburt des Ödipus wurde geweissagt, er werde seinen Vater töten und seine Mutter heiraten. Obwohl er ausgesetzt wird, trifft die Prophezeiung ein. Als Ödipus sich dessen bewusst wird, sticht er sich die Augen aus und irrt als Bettler umher.

c) Der König Midas von Phrygien lebte im 8. Jh. v. Chr. In der griechischen Mythologie soll er den Gott Dionysos genötigt haben, ihm einen Wunsch zu erfüllen, nämlich, dass alles, was er berühre, zu Gold werde. Allerdings verwandelten sich auch seine Speisen und Getränke.

d) Sisyphos, der König von Korinth, betrog die Götter mehrmals und schlug sogar dem Tod ein Schnippchen. Dafür wurde er verurteilt, in der Unterwelt einen schweren Stein auf einen Hügel zu wälzen. Dieser rollt jedoch immer wieder herunter. Der französische Schriftsteller Albert Camus (1913–60) schrieb mit dem *Mythos von Sisyphos* einen bedeutenden existenzialistischen Roman.

Welche Wesen der griechischen Mythologie hatten nur ein Auge?

- a) Titanen
- b) Erinnyen
- c) Zyklopen
- d) Nymphen

a) Die Titanen waren das erste Göttergeschlecht, welches von Gaia, der Erde, und Uranos, dem Himmel, gezeugt wurde. Trotz ihrer Stärke wurden sie von der nächsten Göttergeneration, angeführt von Zeus, gestürzt. Aus Rache soll der Titan Prometheus die Menschen geschaffen haben. Als Strafe dafür, dass er ihnen Feuer vom Himmel beschaffte, kettete Zeus ihn auf ewig an einen Felsen.

b) Die Erinnyen waren hässliche Rachegöttinnen, die Frevler erbarmungslos verfolgten. Ein bekanntes Opfer aus der Mythologie ist Orestes, der Sohn des Agamemnon, der seine Mutter umbrachte – die allerdings vorher ihren Gatten getötet hatte.

c) Die Zyklopen sind einäugige Riesen. Einer Sage nach sollen sie Kinder der Gaia und des Uranos gewesen sein, aber so hässlich geraten, dass Uranos sie in die Erde einschloss, von wo Zeus sie befreite. In der Odysseus-Sage dagegen tötet der Held einen Zyklopen namens Polyphem, der ein Sohn des Poseidon war. Als Strafe schickte der Meergott Poseidon Odysseus auf eine zehnjährige Irrfahrt.

d) Die Nymphen waren weibliche Naturgeister, die mit bestimmten Bäumen, Bergen, Grotten, Quellen oder Bächen in Verbindung standen und in den Mythen oft von liebeshungrigen Göttern verfolgt wurden.

Wo wurde Jesus gekreuzigt?

- a) Golgota
- b) Gethsemane
- c) Kafarnaum
- d) Bethlehem

Kreuzigung auf Golgota

a) Die vier Evangelien berichten, dass Jesus auf einem Hügel vor der Stadt gekreuzigt wurde, der „Schädelhöhe", auf Hebräisch Golgota, heute manchmal auch Golgatha, hieß. Vermutlich handelte es sich um die damals übliche Hinrichtungsstätte von Jerusalem. Ausgehend vom lateinischen Wort „Calvarius" (Schädel) ist auch der Begriff „Kalvarienberg" üblich.

b) Gethsemane war der Name des Gartens am Fuß des Ölberges, in dem Jesus nach dem Letzten Abendmahl gebetet haben soll und wo er gefangen genommen wurde. Vermutlich bedeutete der Name „Ölpresse".

c) Kafarnaum war ein Ort am See Genezareth in der Nähe von Jesu Heimatort Nazareth. Wie die Bibel berichtet, lebte er dort später zeitweise und predigte oft in der örtlichen Synagoge. Außerdem war es der Heimatort von mindestens fünf seiner Jünger: Petrus, Andreas, Johannes, Jakobus und Matthäus.

d) Bethlehem ist laut der Evangelien von Lukas und Matthäus der Geburtsort Jesu. Manche moderne Theologen zweifeln daran und vermuten, dass die Geburtslegenden rund um Bethlehem nur entstanden sind, weil es im Alten Testament Prophezeiungen gibt, die besagen, dass der Messias aus Bethlehem stammen werde.

Wie heißen die heiligen Schriften der Hindus?

- a) Suren
- b) Karma
- c) Veden
- d) Mantras

Welches christliche Fest wird sieben Wochen nach Ostern gefeiert?

- a) Christi Himmelfahrt
- b) Pfingsten
- c) Fronleichnam
- d) Mariä Himmelfahrt

a) Suren werden die einzelnen Kapitel des Koran genannt. Das heilige Buch des Islam enthält 114 Suren, die wiederum in einzelne Verse unterteilt sind. Es gibt eine historische Ordnung der Suren, die jedoch nicht inhaltlich oder chronologisch bedingt ist.

b) Unter Karma versteht man sowohl im Hinduismus wie im Buddhismus die Folgen von Taten– vor allem für den Handelnden selbst. Jeder Mensch trägt demnach die Konsequenzen all seiner Taten aus allen Leben als Karma mit sich herum und muss danach trachten, schlechtes Karma abzubauen, um zur Erlösung zu kommen.

Seite aus den Veden

c) Die Veden (Sanskrit, Wissen) im engeren Sinn sind vier Texte, die zwischen 1200 und 900 v. Chr. in Indien entstanden, und als grundlegend für den Hinduismus gelten. Im weiteren Sinne werden auch jüngere religiöse Texte, die als göttliche Offenbarung gelten, wie die Upanischaden, als Veden bezeichnet.

d) Mantren (Sanskrit, Instrumente des Denkens) sind im Hinduismus und Buddhismus religiöse Formeln, die – ständig wiederholt – religiöse Versenkung erzeugen sollen. Die bekannteste ist: „Om mani padme hum", in etwa: heiliger Juwelen-Lotos.

a) Christi Himmelfahrt wird 40 Tage nach der Osternacht (Samstag) gefeiert und fällt deshalb immer auf einen Donnerstag. Die Evangelien berichten, dass Jesus nach seinem Tod mehrmals seinen Jüngern erschienen sei. Nach 40 Tagen sei er dann zum Himmel emporgehoben worden – so das 1. Kapitel der Apostelgeschichte.

b) Der Name des Pfingstfestes leitet sich vom altgriechischen „Pentekoste" (der Fünfzigste) ab. Das 2. Kapitel der Apostelgeschichte erzählt, dass an diesem Tag der Heilige Geist in Form von feurigen Zungen auf die versammelten Anhänger Jesu herabgekommen sei. Darauf hätten sie plötzlich in den verschiedensten Sprachen zu predigen begonnen.

c) Das Fest Fronleichnam (Leib des Herrn) wurde 1264 von Papst Urban IV. (um 1200–1264) eingeführt. Es findet am zweiten Donnerstag nach Pfingsten statt und feiert die Gegenwart Christi in Brot und Wein während des eucharistischen Abendmahls.

d) Weder von Tod noch von einer Himmelfahrt Marias ist in der Bibel die Rede. 1950 jedoch erhob Papst Pius XII. (1876–1958) diesen Volksglauben zum katholischen Dogma, und aus dem 15. August, Marias angeblichem Todestag, wurde das Fest ihrer leiblichen Aufnahme in den Himmel.

Wer ist der Begründer der reformierten Kirche?

- a) Martin Luther
- b) John Wyclif
- c) Jan Hus
- d) Johannes Calvin

a) Martin Luther (1483–1546) initiierte mit seinen Wittenberger Thesen zwar die Reformation der christlichen Kirche, doch die Konfession, die sich auf seine Theologie beruft, ist die evangelisch-lutherische.

b) John Wyclif (um 1330–84) war ein britischer Theologe, der viele Kritikpunkte der späteren Reformation vorwegnahm, wie die Ablehnung des Papsttums, des Zölibats oder der Heiligenverehrung. Da er beim Volk sehr beliebt war, ging die Obrigkeit nie wirklich gegen ihn vor; später wurden seine Anhänger, die Lollarden, jedoch verfolgt.

c) Jan Hus (um 1370–1415) war ein von Wyclif inspirierter, böhmischer Kirchenreformer, der eine sehr strenge, bibelnahe Ethik vertrat und beim Volk, vor allem dem tschechischen Anteil, einen großen Zulauf hatte. Als er 1415 auf dem Konzil von Konstanz verbrannt wurde, führte dies zu Aufständen in Böhmen (Hussitenkriege), die bis 1436 dauerten.

d) Als reformierte Kirche wird die evangelische Konfession bezeichnet, die auf die Schweizer Theologen Johannes Calvin (1509–64) und Ulrich Zwingli (1484–1531) zurückgeht. Mit Luther konnten sie sich in der Deutung des Abendmahlgeschehens nicht einigen, das für die Reformierten bloß ein symbolhafter Akt ist.

Von welchem Philosophen stammt das Höhlengleichnis?

- a) Heraklit
- b) Sokrates
- c) Platon
- d) Aristoteles

a) Heraklit von Ephesos (um 550–um 480 v. Chr.) betrachtete das Leben als eine ständige Veränderung im Spannungsfeld von Gegensätzen wie Krieg und Frieden, Reichtum und Armut, Gesundheit und Krankheit. Damit gilt er als einer der frühen Vorläufer von Hegels Dialektik.

b) Sokrates (470–399 v. Chr.) war der erste Philosoph, der Philosophie nicht als Wissenschaft einiger Gelehrter betrachtete, sondern seine Zeitgenossen in Athen mit großer Spitzfindigkeit nötigte, ihre alltäglichen Überzeugungen ständig philosophisch zu hinterfragen. Er wurde deshalb hingerichtet.

c) Platon (427–347 v. Chr.), der wichtigste Schüler des Sokrates, beschäftigte sich vor allem mit dem Entstehen von Ideen und Erkenntnissen in der menschlichen Vorstellungskraft. In seinem Höhlengleichnis schilderte er, wie Menschen zunächst Schatten in einer Höhle für die Wirklichkeit halten und sich nur schwer daran gewöhnen, Tageslicht und echte Dinge für wirklich anzuerkennen.

Platon und Sokrates

d) Aristoteles (384–322 v. Chr.) war wiederum der bedeutendste Schüler Platons. Er beschäftigte sich mit mehr Themen als jeder Philosoph vor ihm und versuchte, erstmals die verschiedenen Unterdisziplinen der Philosophie zu kategorisieren.

Mit welchem Tag beginnt die Karwoche?

- ◯ a) Aschermittwoch
- ◯ b) Palmsonntag
- ◯ c) Gründonnerstag
- ◯ d) Karfreitag

a) Mit dem Aschermittwoch, dem Mittwoch nach Fasching, beginnt die vorösterliche Fastenzeit. Er hat seinen Namen von dem Brauch, sich als Zeichen der kommenden Buße ein Aschenkreuz auf die Stirn malen zu lassen.

Einzug in Jerusalem

b) Der Palmsonntag ist der Sonntag vor Ostern. Er ist nach den Palmzweigen benannt, mit dem die Menschen Jesus bei seinem Einzug in Jerusalem feierten. Bis dahin hatte Jesus vor allem in Galiläa am See Genezareth gepredigt. Mit dem Gang nach Jerusalem setzte er sich bewusst dem Risiko aus, mit den religiösen und weltlichen Machthabern in Konflikt zu geraten.

c) Der Gründonnerstag ist der Donnerstag vor Ostern und hat seinen Namen von dem alten Wort „greinen" für „weinen". Er ist der Gedenktag an das Letzte Abendmahl, das Jesus mit seinen Jüngern feierte, und an seine anschließende Verhaftung.

d) Der Karfreitag – nach dem althochdeutschen Wort „Kara" (Kummer) – ist dem Gedenken an Jesu Kreuzigung und Tod geweiht, der an einem Vorabend des Sabbat um die „neunte Stunde", also an einem Freitag um 15 Uhr stattgefunden haben soll.

Was geschah Moses auf dem Berg Sinai?

- ◯ a) Er fand das Manna.
- ◯ b) Er sah Gott im brennenden Dornbusch.
- ◯ c) Er teilte das Meer.
- ◯ d) Er empfing die Zehn Gebote.

a) Nach dem wunderbaren Durchzug durch das Rote Meer (oder Schilfmeer), so berichtet das Buch Exodus, hatte das Volk Israel Angst, in der Wüste zu verhungern. Gott soll ihnen daraufhin ein weißes, knuspriges Brot vom Himmel geschickt haben – das Manna –, das morgens wie Reif über der Wüste lag.

b) Seine Begegnung mit Gott im brennenden Dornbusch hatte der junge Moses, als er als Hirte im Lande Midian lebte. Dort bekam er den Auftrag, zum Pharao zu gehen und ihn zu zwingen, das Volk Israel freizugeben.

c) Nachdem Gott Ägypten mit zehn Plagen geschlagen hatte, zuletzt mit dem Tod der gesamten Erstgeburt, ließ der Pharao die Israeliten ziehen, nahm aber schon bald die Verfolgung auf. Gott jedoch gab Moses die Fähigkeit, das Meer zu teilen, sodass die Israeliten trockenen Fußes hindurchziehen konnten, der Pharao und sein Heer aber anschließend ertranken.

d) 40 Tage und Nächte soll sich Moses fastend auf dem Berg Sinai aufgehalten haben, während er von Gott die Zehn Gebote erhielt. Als er herunterkam und die Israeliten in Anbetung eines Goldenen Kalbes fand, zerschlug er die Tafeln voller Wut und musste von Gott neue bekommen.

Auf welchen Philosophen geht die Gewaltenteilung zurück?

- a) Thomas Morus
- b) Thomas Hobbes
- c) Montesquieu
- d) Jean-Jacques Rousseau

Bei welcher Feier geht es um die Stärkung mit dem Heiligen Geist?

- a) Taufe
- b) Kommunion
- c) Konfirmation
- d) Firmung

a) Thomas Morus (1478–1535) war Lordkanzler unter König Heinrich VIII. von England (1491–1547), wurde von diesem aber geköpft, da er der Einführung der anglikanischen Kirche nicht zustimmte. In seinem Roman *Utopia* entwarf er das Bild eines Musterstaats, der eher kommunistisch als liberal organisiert war.

b) Thomas Hobbes (1588–1679) trat nicht für Gewaltenteilung ein, sondern propagierte in seinem Werk *Leviathan* die Konzentration der Gewalt in den Händen eines absolut regierenden Fürsten, um die bösen Kräfte in der menschlichen Natur im Zaum zu halten.

c) Der französische Schriftsteller Charles-Louis de Secondat, Baron de Montesquieu (1689–1755), verlangte in seiner Schrift *Vom Geist der Gesetze* eine Aufteilung der staatlichen Gewalt in Legislative (Gesetzgebung), Judikative (Rechtsprechung) und Exekutive (ausführende Regierung). Zuvor hatte auch schon der englische Philosoph John Locke (1632–1704) Ähnliches gefordert.

d) Jean-Jacques Rousseau (1712–78) entwickelte in seiner Schrift *Vom Gesellschaftsvertrag* die Vorstellung, dass sich die Menschen in einem funktionierenden Staat freiwillig einem Allgemeinwillen, der auf das Wohl aller Bürger ausgerichtet ist, unterwerfen.

a) Die Taufe symbolisiert in allen christlichen Konfessionen den Beitritt zur christlichen Glaubensgemeinschaft. Früher glaubte man, dass die Taufe zwingend nötig sei, um durch Gott von seinen Sünden erlöst zu werden. Diese Vorstellung gilt heute nicht mehr.

b) Unter Kommunion versteht man in den christlichen Kirchen den Empfang von Brot und Wein im Abendmahl (Eucharistie). In der katholischen Kirche wird die Erstkommunion im Alter von etwa acht Jahren feierlich begangen, während sie sich in der orthodoxen Kirche meist direkt an die Taufe anschließt.

c) Mit der Konfirmation wird in den evangelischen Kirchen etwa im Alter von 14 Jahren die Religionsmündigkeit der Kinder gefeiert. Sie gelten in religiösen Dingen nun als Erwachsene. Meist ist damit auch die Erstkommunion verbunden.

d) Bei der katholischen Firmung im Alter von etwa zwölf Jahren sollen die Firmlinge durch Handauflegung mit dem Heiligen Geist gestärkt werden. Dies geht auf ein Ritual des Paulus in der Apostelgeschichte zurück. In der Praxis gilt die Firmung als Bekräftigung der eigenen Taufe.

Die Taufe soll mit der Firmung bekräftigt werden.

Welche Religion betet in Schreinen?

- a) Hinduismus
- b) Buddhismus
- c) Animismus
- d) Shintoismus

a) Der Hinduismus entstand Ende des 2. Jt. v. Chr. in Indien. Er besteht aus einer Vielzahl unterschiedlicher Richtungen, die keine gemeinsamen zentralen Glaubensgrundsätze haben, aber eine ähnliche Vorstellungswelt, in der Wiedergeburt, Karma und Erlösung eine Rolle spielen. Die mannigfaltigen Götter werden in Tempeln angebetet.

b) Der Buddhismus entstand im 5. Jh. v. Chr. in Nordindien. Im Gegensatz zum Hinduismus braucht man weder Götter noch Priester, um zur Erlösung zu kommen. Es gibt aber auch hier Heiligtümer, wie die halbkugelförmigen Stupas oder andere Gebäude mit Buddhastatuen.

c) Der Animismus ist vor allem bei einfachen, ursprünglichen Jägerkulturen verbreitet. Er geht davon aus, dass die Natur beseelt oder von Geistern bewohnt ist. Dabei gelten einige Plätze, Flüsse oder Quellen als besonders heilig.

d) Der Shintoismus ist fast ausschließlich in Japan verbreitet. Er besteht vor allem in der Verehrung von sogenannten Kami. Das können Gottheiten, Geistwesen oder die Seelen Verstorbener sein. Die Schreine sind Heiligtümer, die z. B. über den Grabstätten verstorbener Helden errichtet wurden.

Shinto-Schrein

Welcher Kirchenvater übersetzte die Bibel?

- a) Augustinus
- b) Ambrosius
- c) Gregor I. der Große
- d) Hieronymus

a) Aurelius Augustinus (354–430) war Bischof von Hippo in Nordafrika und gleichzeitig ein bedeutender Theologe und Philosoph. Er interpretierte Platon aus christlicher Sicht, definierte das Verhältnis des irdischen Staates im Gegensatz zum Gottesstaat und verfasste daneben mit seinen *Confessiones* (*Bekenntnisse*) einen der ersten autobiografischen Texte der Weltliteratur.

b) Der Bischof Ambrosius von Mailand (um 340–397) war einer der Lehrmeister des Augustinus. Er gilt als einer der vier Kirchenväter der Westkirche, weil er die Schriften der bedeutenden griechischen Theologen für den lateinischen Sprachraum erschloss.

c) Gregor I. (um 540–604) gilt als einer der bedeutendsten Päpste der Geschichte, der politisch, liturgisch und theologisch den Charakter der christlichen Kirche des Mittelalters formte.

d) Hieronymus (347–419) wurde 382 von Papst Damasus I. (um 305–384) beauftragt, das Neue Testament ins Lateinische zu übersetzen. Als Hieronymus später wegen privater Querelen Rom verlassen musste, zog er nach Bethlehem und übersetzte das Alte Testament direkt aus dem Hebräischen. Seine *Vulgata* war für die katholische Kirche bis ins 20. Jh. hinein die verbindliche lateinische Bibel.

Welches christliche Fest findet am 1. November statt?

- ◯ a) Totensonntag
- ◯ b) Allerheiligen
- ◯ c) Allerseelen
- ◯ d) Buß- und Bettag

a) Der Toten- oder Ewigkeitssonntag ist seit dem 19. Jh. ein Fest der evangelischen Kirche und findet am letzten Sonntag des Kirchenjahres statt, d.h. am letzten Sonntag vor dem 1. Advent. Er ist dem Gedenken an die Verstorbenen, aber auch der erhofften Auferstehung gewidmet. Die katholische Kirche feiert seit 1925 an diesem Tag das Christkönigfest.

b) Der 1. November (Allerheiligen) ist seit dem 9. Jh. in der katholischen Kirche allen Heiligen gewidmet, gerade auch jenen, die nicht offiziell heiliggesprochen wurden und keinen eigenen Festtag haben. Vermutlich wählte man bewusst einen Tag aus, der in der heidnischen Tradition schon ein Festtag war, aber mit Dämonen und Ungeheuern in Verbindung gebracht wurde – wie die wieder populär gewordenen Halloween-Bräuche verraten.

c) Am 2. November gedenkt man in der katholischen Kirche aller verstorbenen „Seelen", also aller Toten. Dies ist traditionell mit einem Friedhofsbesuch verbunden.

d) Der Mittwoch vor dem Totensonntag wurde nach dem Zweiten Weltkrieg in der evangelischen Kirche zum Buß- und Bettag erklärt. Dies geht auf die kirchliche Praxis zurück, zu bestimmten Anlässen, z. B. bei Seuchen oder Kriegsgefahr, Buß- und Bettage auszurufen.

Wie hieß der älteste Sohn von Adam und Eva?

- ◯ a) Noah
- ◯ b) Nimrod
- ◯ c) Samson
- ◯ d) Kain

a) Laut der biblischen Geschichte war Noah ein Nachfahre Adams in der zehnten Generation. Damals, so heißt es, seien alle Menschen so schlecht gewesen, dass Gott sie mit einer gewaltigen Flut vernichtete. Nur der fromme Noah und mit ihm ein Tierpaar von jeder Art durften sich auf einer Arche retten. Anschließend schloss Gott einen Bund mit Noah und seinen Nachkommen.

b) Nimrod, der Urenkel des Noah, so erzählt die Bibel weiter, sei der erste Gewaltherrscher auf Erden gewesen und „ein gewaltiger Jäger vor dem Herrn". Er soll die sumerischen Städte Babylon, Akkad, Assur und Ninive gegründet haben.

c) Samson taucht in der Bibel erst sehr viel später auf, nämlich in der sogenannten Richterzeit, die vermutlich im 12. Jh. v. Chr. zwischen der Einwanderung der Israeliten in ihre heutige Heimat und der Gründung des Königreiches festzumachen ist. Er verlor seine Kraft, als ihm das Haar geschnitten wurde.

d) Kain, der aus Eifersucht seinen Bruder Abel erschlagen hat, ist in der biblischen Geschichte der erste Sohn von Adam und Eva. Damit wird gezeigt, dass die Vertreibung aus dem Paradies umgehend zu Leid und Gewalt führte.

Adam und Eva im Paradies

Welche Philosophie war in China Staatsdoktrin?

- a) Buddhismus
- b) Konfuzianismus
- c) Taoismus
- d) Lamaismus

a) Der Buddhismus entstand in Indien im 6. Jh. v. Chr. und breitete sich über ganz Asien aus. Etwa um die Zeitenwende gelangte er nach China, wo er neben dem Taoismus und dem Konfuzianismus als eine der „Drei Lehren" geschätzt wurde. So entstand der japanische Zen-Buddhismus ursprünglich in China unter dem Einfluss des Taoismus.

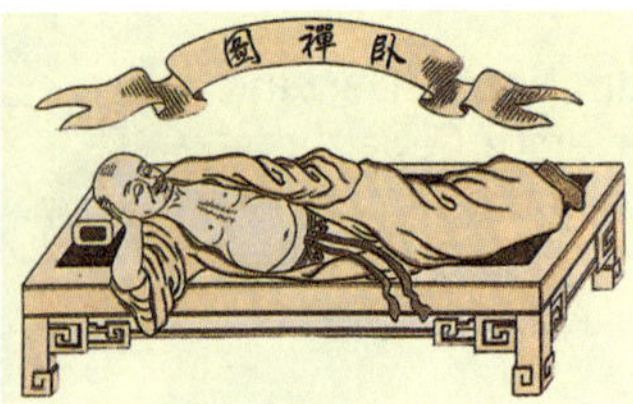

Konfuzius

b) Konfuzius (um 551–479 v. Chr.) entwickelte während politischer Wirren (Zeit der Streitenden Reiche) die Philosophie, dass jeder seinen Platz im Leben tugendhaft auszufüllen habe und so zu einer größtmöglichen Ordnung des Ganzen beitrage. Etwa ab dem 2. Jh. v. Chr. wurde der Konfuzianismus unter den Han-Kaisern Staatsdoktrin.

c) Der chinesische Philosoph Laotse soll im 6. Jh. v. Chr. gelebt haben. Er gilt als Autor des Buches *Tao Te King* und als Begründer des Taoismus (Lehre des Weges). Er lehrte, dass es ein kosmisches Grundprinzip (Tao) gibt, das die Ordnung aller Dinge bestimmt. In diese sollte man möglichst nicht eingreifen. Aus dem Taoismus stammen die gegensätzlichen Prinzipien Yin und Yang.

d) Der Lamaismus ist eine tibetische Form des Buddhismus.

Was ist eine Kippa?

- a) ein siebenarmiger Leuchter
- b) der hebräische Name für den Davidstern
- c) die Gebetsriemen
- d) eine jüdische Kopfbedeckung

a) Im Buch Exodus bekommt Moses von Gott u. a. den Auftrag, einen siebenarmigen Leuchter für den Tempel herzustellen. Dieser Leuchter, Menora genannt, ist seit der Zerstörung des Tempels verschollen. Er gilt aber als eines der wichtigsten Symbole des Judentums. Daneben gibt es die Chanukkia, einen neunarmigen Leuchter, der am Chanukkafest entzündet wird.

b) Im Hebräischen heißt der sechszackige Davidstern Magen David. Er wurde im 15. Jh. von Prager Juden als Symbol genutzt und soll einer Legende nach einst den Schild König Davids als Schutzzeichen geziert haben. Im 18. Jh. wurde er zum allgemeinen jüdischen Symbol.

c) In der Tora gibt es eine Stelle, in der Gott befiehlt, seine Worte beim Beten an der Hand und an der Stirn zu tragen. Deshalb binden sich die Juden beim Beten Tefillin, Gebetsriemen, Lederriemen mit Schriftkapseln, um den Arm und die Stirn.

d) Die Kippa oder Jarmulke (jiddisch) ist ein rundes Käppchen, mit dem jüdische Männer in der Synagoge, auf dem Friedhof und allgemein beim Gebet den Hinterkopf bedecken. Dies beruht jedoch nur auf Tradition, nicht auf einer fixierten religiösen Vorschrift, und ist bei liberalen Juden oft nicht üblich.

Welche germanische Gottheit sammelte tote Krieger in Walhall?

- a) Thor
- b) Nerthus
- c) Edda
- d) Odin

a) Thor (im Norden) bzw. Donar (im Süden) war der germanische Donner- und Wettergott. Er war vermutlich der populärste germanische Gott und wurde in den skandinavischen Mythen als volkstümlicher, bäuerlicher Draufgänger gezeichnet. Einem Mythos zufolge sollen sich in Thors Burg die nicht adeligen Gefallenen gesammelt haben.

b) Nerthus ist eine germanische Mutter- und Erdgottheit. In seinem Werk *Germania* schilderte der römische Schriftsteller Tacitus ausgiebig, wie der Wagen der Nerthus in einer rituellen Prozession im ganzen Land umhergefahren wurde.

c) Die Edda ist keine Gottheit, sondern der Name zweier isländischer Mythensammlungen. Beinahe alle Informationen über germanische Mythologie stammen aus diesen Texten. Die ältere ist eine Liedersammlung aus dem 9. bis 11. Jh., die zweite wurde von dem isländischen Politiker Snorri Sturluson im 13. Jh. zusammengetragen.

d) Odin (im Norden) bzw. Wodan (im Süden) war der germanische Hauptgott. Er bestimmte, wer in einer Schlacht sterben sollte und ließ die gefallenen Adeligen durch seine Kriegsjungfrauen, die Walküren, in seinen Palast Walhall bringen. So sammelte er sich ein Heer für die letzte Schlacht gegen alles Böse (Götterdämmerung).

Welcher Philosoph schrieb über den Eichmann-Prozess?

- a) Ernst Bloch
- b) Hannah Arendt
- c) Martin Heidegger
- d) Simone de Beauvoir

a) Ernst Bloch (1885–1977) wurde vor allem durch sein zwischen 1938 und 1947 geschriebenes Werk *Das Prinzip Hoffnung* bekannt, das sich mit Utopien und ihrer möglichen Verwirklichung beschäftigte. Damit inspirierte er die 68er-Bewegung.

b) *Eichmann in Jerusalem: Ein Bericht über die Banalität des Bösen* ist das bekannteste Werk der Philosophin Hannah Arendt (1906–75). Sie befasste sich darin mit dem Prozess gegen Adolf Eichmann (1906–62), der 1961 als verantwortlicher Organisator des Holocaust in Jerusalem zum Tode verurteilt wurde. Auch darüber hinaus beschäftigte sich Arendt vor allem mit dem politischen Totalitarismus.

Hannah Arendt

c) Martin Heidegger (1889–1976) war der Lehrer von Hannah Arendt, sympathisierte in den 1930er-Jahren aber vorübergehend mit dem Nationalsozialismus. Philosophisch beschäftigte er sich vor allem mit den verschiedenen Aspekten des Seins.

d) Simone de Beauvoir (1908–86), die Lebensgefährtin von Jean-Paul Sartre, entwickelte mit diesem zusammen den Existenzialismus und wurde mit ihrem Buch *Das andere Geschlecht* eine der Wegbereiterinnen des Feminismus.

Wer sagte: „Die Grenzen meiner Sprache bedeuten die Grenzen meiner Welt."?

- a) Ludwig Wittgenstein
- b) Karl Popper
- c) Edmund Husserl
- d) Bertrand Russell

Ludwig Wittgenstein

a) Der Österreicher Ludwig Wittgenstein (1889–1951) ist der Begründer der analytischen Sprachphilosophie, welche Sätze und den Sachverhalt, den sie darstellen sollen, mit naturwissenschaftlicher Präzision untersucht.

b) Der österreichische Philosoph Karl Popper (1902–94) begründete den Kritischen Rationalismus. Dieser fordert einen skeptischen, aber pragmatischen Umgang mit der Tatsache, dass letztendlich weder in der Naturwissenschaft noch in den Sozialwissenschaften wirklich etwas beweisbar ist. Statt „Musterstaaten" forderte er offene Gesellschaften.

c) Der österreichische Mathematiker Edmund Husserl (1859–1938) ist der Begründer der Phänomenologie. Er propagierte eine Philosophie, die sich erst einmal aller Deutungen enthält und die reine Erscheinung einer Sache (Phänomen) von ihrer Interpretation durch den Betrachter trennt.

d) Der Brite Bertrand Russell (1872–1970) veröffentlichte bedeutende Arbeiten auf dem Gebiet der Logik und war teils Wittgensteins Lehrer, teils sein Schüler. Außerdem war er ein einflussreicher Pazifist und bekam 1950 den Literaturnobelpreis.

Von welcher Kirche trennte sich die katholische im 11. Jh.?

- a) von der koptischen
- b) von der orthodoxen
- c) von der unierten
- d) von der altkatholischen

a) Die koptische Kirche entstand in Ägypten und breitete sich in Ostafrika aus. Sie trennte sich wie auch andere altorientalische Kirchen nach dem Konzil von Chalcedon 451 von der katholischen Kirche, da man sich nicht auf die wahre Natur Jesu einigen konnte.

b) Die christlichen Kirchen des Ostens (um Konstantinopel) und des Westens (um Rom) entwickelten von Anfang an eine verschiedene Liturgie (byzantinischer bzw. lateinischer Ritus) und zunehmend auch eine andere Theologie. Im Jahr 1054 kam es endgültig zum Bruch, als ein Gesandter des Papstes den orthodoxen Patriarchen von Konstantinopel exkommunizierte.

c) Unierte Kirchen sind katholische Kirchen, die dem Papst unterstehen. Allerdings verwenden sie nicht die römische, sondern eine östliche Liturgie. Unierte Kirchen gibt es in nahezu allen Ländern, in denen es auch orthodoxe Kirchen gibt, vor allem in der Ukraine und im Libanon (Maroniten).

d) Die altkatholische Kirche entstand 1723 in den Niederlanden, als der Papst den Erzbischof von Utrecht exkommunizierte. 1870 bildeten sich dann auch in anderen Ländern altkatholische Kirchen aus Protest gegen das 1. Vatikanische Konzil, vor allem gegen das Dogma der päpstlichen Unfehlbarkeit.

Wer war die babylonische Liebesgöttin?

- a) Aphrodite
- b) Freya
- c) Ischtar
- d) Venus

a) Aphrodite war die Göttin der Schönheit und der Liebe in der griechischen Mythologie. In den Mythen wird sie teilweise als Tochter des Zeus dargestellt, teilweise ist sie im Meer aus dem abgeschlagenen Glied von dessen Großvater Uranos entstanden. Sie hat viele Liebschaften mit Göttern und Sterblichen und steht im Gegensatz zur Göttermutter Hera, unter deren Schutz Ehe und Geburt stehen.

b) Freya ist die Liebesgöttin in der skandinavischen Mythologie. Dort steht sie ebenfalls im Gegensatz zur Gemahlin des obersten Gottes, Frigg. Die beiden werden jedoch auch manchmal gleichgesetzt. Möglicherweise repräsentieren sie als Asin und Wanin die Fruchtbarkeitsgöttinnen von zwei vorgermanischen Völkern.

c) Die babylonische Ischtar bzw. sumerische Inana oder phönizische Astarte ist die große Göttin der Liebe und Fruchtbarkeit des Vorderen Orient. Auch die griechische Aphrodite geht zumindest teilweise auf Ischtar zurück. Berüchtigt war sie vor allem wegen der rituellen Prostitution in ihren Tempeln. Im Frühjahr wurde ihre Heilige Hochzeit mit dem Vegetationsgott Dumuzi gefeiert.

d) Venus war die römische Liebesgöttin, die gleichzeitig als die mythische Stammmutter des römischen Volkes angesehen wurde.

Welcher philosophischen Richtung gehörte Kaiser Mark Aurel an?

- a) Gnostiker
- b) Stoiker
- c) Vorsokratiker
- d) Neuplatoniker

a) Die Gnosis (griech., Erkenntnis) war keine Philosophie, sondern umfasste mehrere religiöse Bewegungen des 2. und 3. Jh. Sie betrachtete die materielle Schöpfung als etwas Böses, das es zu überwinden galt.

b) Die stoische Philosophie wurde um 300 v. Chr. von Zenon von Kition in einer Säulenhalle (Stoa) auf dem Marktplatz von Athen entwickelt. Während es den älteren Stoikern darum ging, die kosmische Ordnung zu erkennen, versuchte man zu Mark Aurels Zeiten (121–180) vor allem, persönliche Gelassenheit gegenüber dem Leben zu erreichen.

Mark Aurel

c) Als Vorsokratiker fasst man alle Philosophen zusammen, die vor Sokrates (470–399 v. Chr.) lebten, da dieser neue Maßstäbe setzte. Die meisten befassten sich mit Naturphilosophie.

d) Die Neuplatoniker, deren Hauptvertreter Plotin (um 205–270) war, beriefen sich auf Platon, interpretierten ihn aber anders als in der klassischen Antike. Eine große Rolle spielte bei ihnen eine Art „Weltseele". Der heilige Augustinus (354–430) übernahm die neuplatonische Philosophie für das Christentum und interpretierte die Weltseele als Gott.

Welcher Apostel soll früher Zöllner gewesen sein?

- ◯ a) Thomas
- ◯ b) Matthäus
- ◯ c) Philippus
- ◯ d) Nathanael

a) Der Apostel Thomas (aramäisch, Zwilling) wurde als „ungläubiger Thomas“ bekannt, da er im Johannes-Evangelium erst seine Finger in die Wunde Jesu legen möchte, bevor er an die Auferstehung glaubt. Der Legende nach soll er als Missionar bis Indien gekommen sein.

Gastmahl im Haus des Levi nach seiner Bekehrung

b) Das Markus- und das Lukas-Evangelium berichten von einem Zöllner namens Levi, der von Jesus bekehrt und zur Nachfolge aufgefordert wurde. Das Matthäus-Evangelium erzählt dieselbe Geschichte über einen Zöllner namens Matthäus. In der kirchlichen Tradition ging man deshalb davon aus, dass Levi nach seiner Bekehrung einen neuen Namen erhielt und zugleich der Verfasser des Matthäus-Evangeliums ist.

c) Laut dem Johannes-Evangelium stammte Philippus aus Betsaida am See Genezareth. Mehr wird nicht über ihn berichtet. Der Legende nach kam er als Missionar am Kaspischen Meer um.

d) Laut dem Johannes-Evangelium wurde Nathanael von Philippus als Jünger Jesu geworben. Die anderen drei Evangelien erwähnen stattdessen einen Bartholomäus. Deswegen wird spekuliert, ob Bartholomäus eine Verballhornung von Nathanaels Nachnamen (etwa Bar Tolmaj) sein könnte.

Welche islamische Glaubensrichtung dominiert im Iran?

- ◯ a) Sunniten
- ◯ b) Sufis
- ◯ c) Schiiten
- ◯ d) Aleviten

a) Die Sunniten (Sunna = überlieferte Gewohnheit) sind die größte Untergruppe im Islam. Sie leiten sich von der Partei ab, die im Jahr 680 im Streit um die Nachfolge Mohammeds den Kalifen Yazid (644–683) unterstützte.

b) Der Sufismus ist eine mystische, religiöse Bewegung, die älter als der Islam ist, sich aber mit diesem verbunden hat. Sufis leben als Asketen und suchen eine spirituelle Erlösung, die Ähnlichkeit mit der der Hinduisten und Buddhisten hat. Die meisten sind Sunniten oder Schiiten. Einige sehen sich aber als über den Konfessionen, teils sogar über den Religionen stehend.

c) Die Schiiten (Schia = Partei) traten von Anfang an für Ali, den Schwiegersohn des Propheten, als dessen rechtmäßigen Nachfolger ein. Als 680 sein Sohn Hussein von Kalif Yazid I. getötet wurde, kam es zur endgültigen Trennung. Heute sind etwa 15 % der Muslime Schiiten. Sie leben vor allem im Iran, im Irak, in Bahrain und Aserbaidschan.

d) Die Aleviten werden teils als eigenständige Religion, teils als islamische Glaubensrichtung mit Wurzeln in der Schia und im Sufismus gesehen. Sie lehnen religiöse Dogmatik ab und wurden immer wieder von anderen Muslimen verfolgt. Sie leben mehrheitlich in der Türkei.

Welcher Philosoph erklärte: „Gott ist tot"?

- a) Arthur Schopenhauer
- b) Sören Kierkegaard
- c) Friedrich Schleiermacher
- d) Friedrich Nietzsche

a) Arthur Schopenhauer (1788–1860) entwarf ein zutiefst pessimistisches Weltbild, in dem der Mensch ständig von seinem eigenen Willen, über den er aber letztendlich nicht Herr ist, getrieben wird. Einen gewissen Ausweg aus diesem Jammertal sah er in Musik. Außerdem studierte er hinduistische Schriften.

b) Der Däne Sören Kierkegaard (1813–55) ging sowohl mit der Philosophie als auch mit der Kirche seiner Zeit hart ins Gericht, da er der Meinung war, sie nähmen den einzelnen Menschen und seine Ängste nicht ernst genug. Eine Lösung sah Kierkegaard, der als Mitbegründer der Existenzphilosophie gilt, aber letztlich nur im Glauben.

c) Friedrich Schleiermacher (1768–1834) war ein protestantischer Theologe, der sich in seinem Werk um eine Versöhnung zwischen Religion und aufgeklärtem Denken bemühte. Seiner Meinung nach gehörte Religiosität genauso zum Wesen des Menschen wie der Gebrauch des Verstandes.

d) Friedrich Nietzsche (1844–1900) geißelte in seinem Werk *Fröhliche Wissenschaft* die christliche Religion, die bisherige Philosophie und die bürgerlichen Wertvorstellungen, die er allesamt für verlogen hielt. Erkläre der Mensch aber Gott für tot, so Nietzsche, dann müsse er selbst zum Übermenschen werden.

In welchem Buch der Bibel wird von der Erschaffung der Welt berichtet?

- a) Genesis
- b) Exodus
- c) Leviticus
- d) Deuteronomium

a) Das erste Buch der Bibel, das Genesis (griech., Entstehung) oder 1. Buch Mose heißt, beginnt mit der Erschaffung der Welt, erzählt von Adam und Eva, Kain und Abel, Abraham, Isaak und Jakob und endet mit dem Tod Josephs in Ägypten.

Abraham wird an der Opferung Isaaks gehindert.

b) An das Buch Genesis schließt sich das Buch Exodus (lat., Auszug) an, das mit der Geburt des Moses beginnt und vom Auszug der Israeliten aus Ägypten berichtet.

c) Das 2. und das 4. Buch Mose, die mit lateinischem Namen Leviticus (Priesterschrift) und Numeri (Zahlen) heißen, enthalten Gebote und Vorschriften, die Gott dem Volk Israel während seiner 40-jährigen Wanderung über den Sinai gegeben haben soll. Diese Vorschriften werden im Judentum als das mosaische Gesetz bezeichnet und stehen über allen anderen Vorschriften.

d) Das 5. Buch Mose trägt auch den Namen Deuteronomium (Zweites Gesetz). Es enthält eine große Rede, die Moses dem Volk Israel kurz vor seinem Tod gehalten haben soll. Darin wiederholt er die zentralen Begebenheiten der Wanderung und ruft nochmals die wichtigsten Gesetze in Erinnerung.

Wer war der erste jüdische König?

- a) Samuel
- b) Saul
- c) Salomon
- d) David

a) Samuel war kein König, sondern ein Prophet und sogenannter Richter. Als das jüdische Volk angesichts der Gefahr durch die Philister nach einem König verlangte, warnte Samuel ausdrücklich vor möglicher Willkürherrschaft, erzählt das 1. Buch Samuel in der Bibel.

Samuel erhält den Auftrag, Saul zum König zu salben

b) Im Auftrag Gottes, so berichtet das Buch Samuel weiter, habe Samuel jedoch einen gewissen Saul zum König gesalbt. Anschließend diente er ihm als Prophet, der Saul die Weisungen Gottes überbrachte. Als Saul diese jedoch missachtete, ließ Gott ihn fallen.

c) Der weise König Salomon ist wahrscheinlich eine historische Gestalt und regierte das Königreich Israel im 10. Jh. v. Chr. Allerdings war das Reich wohl nicht so groß und Salomon nicht so reich und mächtig, wie es in der biblischen Geschichte den Anschein hat.

d) Auch Salomons Vater David könnte eine historische Persönlichkeit gewesen sein. In der Bibel wird er von Gott auserwählt, den ungehorsam gewordenen Saul zu stürzen. Nur mit einer Schleuder bewaffnet, tötet er den für unbesiegbar gehaltenen Philister Goliath. Danach verbündete er sich aber mit den Gegnern Israels, um Saul zu stürzen.

Was berichtet die Bibel von Maria Magdalena?

- a) Sie war am Ostermorgen die Erste am leeren Grab.
- b) Sie war eine Schwester von Martha und Lazarus.
- c) Sie war eine Prostituierte.
- d) Sie war die Geliebte von Jesus.

a) Alle Evangelien berichten, dass am dritten Tag nach Jesu Tod Frauen zu seinem Grab gingen, um den Leichnam zu salben, und das Grab leer fanden. Die Namen variieren, immer aber ist Maria aus Magdala dabei. Im Johannes-Evangelium begegnet sie sogar als Erste dem auferstandenen Jesus. Ansonsten berichten die Evangelien nur, dass Jesus ihr sieben Dämonen ausgetrieben haben soll.

b) Die im Johannes-Evangelium erwähnten Geschwister Maria, Martha und Lazarus lebten in Bethanien bei Jerusalem, Maria Magdalena jedoch kam aus Magdala in Galiläa und begleitete Jesus auf seinen Wanderungen. Trotzdem setzte die kirchliche Tradition die beiden Marias lange Zeit gleich.

c) Es gibt in der Bibel zwei Stellen, wo Frauen Jesus salben. Bei Johannes ist es Maria von Bethanien, bei Lukas eine Sünderin. Über die Gleichsetzung mit Maria von Bethanien wurde Maria Magdalena in der Kirchentradition zum Inbegriff der bekehrten Prostituierten.

d) In der Bibel steht nichts dergleichen. Doch der Mythos, Jesus und Maria seien ein Paar gewesen, tauchte immer wieder auf und wird gerade in der Moderne ausgiebig gepflegt.

Welche Gestalt des Alten Testamentes wird als Dulder bezeichnet?

- a) Hiob
- b) Elias
- c) Lot
- d) Tobias

Wie hieß der Apostel Petrus wirklich?

- a) Andreas
- b) Jakobus
- c) Thaddäus
- d) Simon

a) Das Buch Hiob erzählt die Geschichte eines frommen Mannes, dem der Teufel – mit Gottes Zustimmung – seinen ganzen Besitz, seine Kinder und seine Gesundheit nahm. In der Asche sitzend und von juckenden Geschwüren bedeckt, lässt sich Hiob weder überreden, Gott zu verfluchen, noch sein Unglück als Strafe für seine Sünden anzusehen. Am Ende wird seine Haltung belohnt.

b) Elias ist ein Prophet, der im 9. Jh. v. Chr. lebte und in den beiden Büchern der Könige auftritt. Er prangert dort die Götzenverehrung der israelitischen Könige an und wirkt zahlreiche Wunder, darunter eine Totenerweckung. Außerdem soll er in der Wüste von Raben ernährt und am Ende seines Lebens mit einem feurigen Wagen in den Himmel entrückt worden sein.

c) Lot ist der Neffe des Abraham. Als einziger Gerechter entgeht er der Zerstörung von Sodom und Gomorrha. Allerdings erstarrt seine Frau, die sich auf der Flucht entgegen der Weisung umdreht, zur Salzsäule.

d) In dem nur in der katholischen Bibel aufgenommenen Buch Tobit macht der junge Tobias an der Seite des Engels Raphael eine abenteuerliche Reise, um einen Schuldner seines erblindeten Vaters aufzusuchen. Dabei erlöst er die Witwe Sara von einem Fluch und heiratet sie.

a) Andreas war der Bruder des Petrus, der wie dieser Fischer war. Mehr wird über ihn nicht berichtet. Der Legende nach soll er der erste Bischof von Konstantinopel geworden und zur Zeit Neros an einem schrägen Kreuz (Andreaskreuz) getötet worden sein.

b) Den Namen Jakobus trugen zwei Apostel: Jakobus der Ältere, der Bruder des Johannes, ebenfalls ein Fischer aus Kafarnaum, dessen angebliche Gebeine im spanischen Compostela liegen sollen, und Jakobus der Jüngere, der in der kirchlichen Tradition als Cousin von Jesus angesehen wird.

c) Nur das Markus- und das Matthäus-Evangelium erwähnen einen Jünger namens Thaddäus. Bei den Evangelisten Lukas und Johannes findet sich stattdessen ein zweiter Judas (neben Judas Iskariot). In der kirchlichen Tradition wurde ein Judas Thaddäus daraus gemacht.

d) Der Apostel Simon bekam von Jesus den Beinamen Kephas (aramäisch) bzw. Petros (griechisch), was Felsen bedeutet, verliehen. Laut Matthäus sagte Jesus zu ihm: „Auf diesen Felsen will ich meine Kirche bauen." Daneben gab es noch einen anderen Jünger namens Simon, der als Zelot oder Kanaanäer bezeichnet wird.

Simon Petrus

Welches biblische Buch enthält erotische Liebesgedichte?

- a) Jesus Sirach
- b) Psalmen
- c) Hohelied
- d) Prediger (Kohelet)

a) Das alttestamentarische Buch Jesus Sirach ist eine Sammlung von strengen Ermahnungen, die etwa um 180 v. Chr. ein gewisser Jesus ben Eleazar ben Sira zusammengetragen hat. Frauen werden fast durchweg negativ beurteilt.

b) Die Psalmen sind Lob-, Klage- und Bittgebete, die zum größten Teil König David zugeschrieben werden. Auch in der christlichen Kirche wurde in der Antike und im Mittelalter fast ausschließlich mit diesen Psalmen gebetet.

König Salomon

c) In dem König Salomon zugeschriebenen Hohelied, oder Lied der Lieder, umwerben ein Mann und eine Frau einander und feiern ausgiebig die körperliche Schönheit des anderen. Vermutlich ist es aus mehreren Liedern zusammengesetzt. In der kirchlichen Tradition gilt es als Sinnbild der Liebe Gottes zu seiner Kirche.

d) Das alttestamentarische Buch Prediger oder Koheleth ist ein eher düsterer Text, der mit der Erkenntnis beginnt, dass alles im Leben eitel und ein „Haschen nach dem Wind" sei. Vor diesem Hintergrund versucht der Autor aber dennoch, zu einer positiven Lebensmaxime zu kommen, nämlich das Gute zu genießen und gleichzeitig fromm zu leben.

Welche Philosophie begründete Jean-Paul Sartre?

- a) Frankfurter Schule
- b) Nihilismus
- c) Existenzialismus
- d) Anthroposophie

a) Als Frankfurter Schule wird eine philosophische Strömung bezeichnet, die Max Horkheimer (1895–1973) und Theodor Adorno (1903–69) am Frankfurter Institut für Sozialforschung lehrten. Dabei ging es vor allem darum, die eigene Umwelt nicht als quasi natürliches Faktum zu akzeptieren, sondern die gesellschaftlichen Verhältnisse kritisch zu hinterfragen.

b) Unter Nihilismus versteht man die Ablehnung jeglicher Werte. Diese Haltung ist weniger eine real existierende philosophische Schule, als ein Vorwurf, der vor allem im 19. Jh. gerne erhoben wurde, z. B. von und gegen Friedrich Nietzsche (1844–1900).

c) Der Existenzialismus geht auf Jean-Paul Sartre (1905–80) zurück. In seinem Werk *Das Sein und das Nichts* von 1943 definierte der französische Schriftsteller den Menschen als einziges Wesen, das einen Bezug zum Nichtsein habe. Aus dieser Fähigkeit, das eigene Sein distanziert zu sehen, resultiert nach Sartre auch die moralische Verantwortung, diese Existenz bewusst zu gestalten.

d) Die Anthroposophie wurde von Rudolf Steiner (1861–1925) begründet und gilt wegen ihrer irrationalen Elemente als Weltanschauung, nicht als Philosophie. Sie nimmt für sich in Anspruch, körperliche und geistige Existenz des Menschen in einem zu betrachten.

Wo lebte Karl Marx ab 1848?

- ◯ a) Trier
- ◯ b) Berlin
- ◯ c) Paris
- ◯ d) London

a) Karl Marx (1818–83) wurde in Trier geboren und lernte hier auch seine spätere Frau Jenny von Westphalen (1814–81) kennen. Als 17-Jähriger ging er dann nach Bonn, um Jura zu studieren. Friedrich Engels (1820–95) stammte aus Barmen bei Wuppertal.

b) Von 1836 bis 1841 studierte Marx in Berlin und gehörte zu den Jung- oder Linkshegelianern, die Hegels (1770–1831) Dialektik benutzten, um Widersprüche in der Gesellschaft zu analysieren und Veränderungen zu fordern. Engels stieß erst kurz nach Marx' Weggang zu diesem Kreis und begegnete Marx erstmals 1842 in Köln, wo dieser inzwischen Redakteur der Rheinischen Zeitung geworden war.

c) 1843 floh Karl Marx vor der deutschen Zensur nach Paris; zwei Jahre später wurde er aus Paris ausgewiesen und ging nach Brüssel. Er reiste aber immer wieder nach England, wo Engels seit 1842 als Kaufmann lebte, gründete 1847 dort den Bund der Kommunisten mit ihm und schrieb mit ihm als Programm für die neue Partei das *Kommunistische Manifest*.

d) Nach den Märzunruhen 1848, an denen sich sowohl Marx wie Engels im Rheinland beteiligten, wurde Marx die deutsche Staatsbürgerschaft entzogen und beide gingen ins Exil nach England. In London schrieb Marx sein *Kapital* und gründete 1864 die Internationale Arbeiter-Assoziation (Erste Internationale).

Wo in der Bibel ist von „Glaube, Hoffnung, Liebe" die Rede?

- ◯ a) in der Offenbarung des Johannes
- ◯ b) in der Apostelgeschichte
- ◯ c) im Jakobusbrief
- ◯ d) im 1. Brief des Apostels Paulus an die Korinther

a) Die Offenbarung des Johannes, auch Apokalypse genannt, ist eine Endzeitvision. Der Autor schildert, wie ein „Tier" versucht, die Macht über die ganze Erde zu erlangen, und schließlich durch die himmlischen Heerscharen und das Wort Gottes gestürzt wird.

b) Die Apostelgeschichte ist aller Wahrscheinlichkeit nach vom selben Verfasser wie das Lukas-Evangelium geschrieben. Sie berichtet von den Ereignissen in der jungen christlichen Gemeinde nach Jesu Tod, vor allem den Missionsreisen der Apostel Petrus und Paulus.

c) Der Jakobusbrief ist einer von sieben Briefen, welche Missionare der Frühkirche an ihre Gemeinden schrieben. Diese werden mit den Jüngern Petrus und Johannes sowie Jesu Verwandten Jakobus und Judas identifiziert.

d) Der erste Korintherbrief ist einer von 14 Briefen im Neuen Testament, die der Apostel Paulus an seine Gemeinden schrieb bzw. die ihm zugeschrieben werden. Darin entwickelte er eine christliche Theologie. Das große Loblied auf die Liebe findet sich im Kapitel 13 des 1. Korintherbriefs.

Paulus

Wer war in der ägyptischen Mythologie der Gatte der Göttin Isis?

- a) Re
- b) Amun
- c) Maat
- d) Osiris

a) Re war der ägyptische Sonnengott, der ursprünglich in Heliopolis bei Kairo verehrt wurde und im Alten Reich der wichtigste Gott war. Die ursprünglich vergoldeten Spitzen der Pyramiden und Obelisken sollten einen Kontakt zwischen der Sonne und dem Pharao schaffen, der als Sohn Res galt.

Tempelanlagen im alten Theben

b) Amun war der Schöpfergott von Theben in Mittelägypten, der teilweise widderköpfig dargestellt wurde. Als Theben im Mittleren Reich Hauptstadt wurde, wurde er mit Re zu Amun-Re verschmolzen.

c) Maat war die ägyptische Göttin der Ausgewogenheit. Sie galt als Tochter des Re, spielte aber in den ursprünglichen Mythen eine eher geringe Rolle. Später jedoch wurde das Prinzip der Maat, die kosmische Weltordnung, zu einem Grundgedanken für das ägyptische Staatswesen.

d) Der Fruchtbarkeitsgott Osiris, so erzählt ein Mythos, der erst im Mittleren Reich aufkam, wurde von seinem Bruder Seth, der Dürre, getötet. Seine Schwester und Gattin Isis setzte den Leichnam aber wieder zusammen und Osiris konnte immerhin noch Gott der Unterwelt und Totenrichter werden. Der Pharao galt als Verkörperung von Horus, dem Sohn von Isis und Osiris.

Welcher mittelalterliche Denker wurde kastriert?

- a) Thomas von Aquin
- b) Albertus Magnus
- c) Anselm von Canterbury
- d) Abaelard

a) Thomas von Aquin (um 1225–74) war der bedeutendste christliche Gelehrte des Mittelalters, der in seinem Hauptwerk *Summa theologica* alle Bereiche der Theologie philosophisch analysierte. Er gilt als Hauptvertreter der Scholastik, die versucht, Glaubensinhalte rational-wissenschaftlich zu untersuchen.

b) Albertus Magnus (um 1200–80) war der Lehrer des Thomas von Aquin, der als Erster die aristotelische Philosophie für das christliche Abendland wiederentdeckte und sich auch sehr für naturwissenschaftliche Forschungen interessierte. Daneben war er auch ein bedeutender Dozent und Kirchenpolitiker.

c) Anselm von Canterbury (um 1033–1109) gilt als Begründer der Scholastik. Am bekanntesten wurde er durch seinen Gottesbeweis. Gott ist für ihn das, über dem man sich nichts Größeres mehr vorstellen kann.

d) Abaelard (1079–1142) war der streitbarste Theologe seiner Zeit, der auf Widersprüche in der Bibel und Irrtümer in den Schriften der Kirchenväter hinwies, und deshalb als einer der Ersten für die Vernunft als Werkzeug religiöser Erkenntnis plädierte. Bekannter aber wurde er durch seine Liebesaffäre zu Heloise (um 1095–1164), die dazu führte, dass ihr Onkel ihn entmannen ließ.

Unter welchem Namen ist der Philosoph Ibn Sina im Westen bekannt?

- ◯ a) Avicenna
- ◯ b) Maimonides
- ◯ c) Averroes
- ◯ d) Algazel

In welchem Evangelium wird die Weihnachtsgeschichte erzählt?

- ◯ a) Matthäus
- ◯ b) Markus
- ◯ c) Lukas
- ◯ d) Johannes

a) Der persische Arzt Avicenna (Abu Ali al-Husain ibn Sina-e Balkhi; 980–1037) gilt als bedeutendster Philosoph des Islam. Über seine Werke, die im 12. Jh. in den Westen kamen, entdeckten die abendländischen Philosophen Aristoteles wieder. Auf noch mehr Resonanz jedoch stieß sein außerordentlich fortschrittlicher *Kanon der Medizin.*

b) Mosche ben Maimon (1138–1204) aus Córdoba, genannt Maimonides, der später in Ägypten als Arzt lebte, ist das jüdische Pendant zu Avicenna. Auch er versuchte, in seinem Werk *Glaubenswahrheiten* mit aristotelischer Philosophie zu vereinbaren.

c) Abu l-Walid Muhammad ibn Ruschd (1126–1198), im Westen als Averroes bekannt, war ein spanischer Arzt und Philosoph, der Kommentare zum kompletten Werk des Aristoteles schrieb. Seine Auffassung, dass alle Aussagen des Koran, die mit der Vernunft nicht erklärbar seien, als offen betrachtet werden müssten, führte zu seiner Vertreibung nach Marokko.

d) Algazel (Abu Hamid Muhammad al-Ghazali; 1059–1111) war ein persischer Philosoph, der jedoch die Philosophie als Instrument der religiösen Erkenntnis ablehnte und Anhänger des mystischen Sufismus war. Seine Auseinandersetzung mit Averroes gilt als Ende der islamischen Philosophie.

a) Im Matthäus-Evangelium wird nur kurz berichtet, dass Jesus in den Tagen des Königs Herodes in Bethlehem geboren wurde. Danach erzählt der Verfasser über den Besuch der Magier aus dem Morgenland, die – geführt von einem Stern – kamen, um dem neugeborenen Kind zu huldigen. In der kirchlichen Überlieferung wurden drei Könige daraus. Diese Geschichte findet sich in keinem anderen Evangelium.

b) Den Evangelisten Markus interessierte die Kindheit Jesu nicht. Er beginnt seinen Bericht mit dem Auftreten von Johannes dem Täufer, der in der Wüste die Leute zur Umkehr aufrief. Im nächsten Kapitel wird dann berichtet, wie sich Jesus von Johannes taufen ließ.

Weihnachtsgeschichte

c) Einzig und allein im Evangelium des Lukas findet sich die bekannte Weihnachtsgeschichte mit der vergeblichen Herbergssuche, der Geburt Jesu im Stall, der Anbetung der Hirten und den Engelchören. Woher Lukas diese Informationen hatte, ist nicht bekannt.

d) Das Johannes-Evangelium beginnt mit den Worten: „Im Anfang war das Wort." Jesu Geburt wird mit den Worten umschrieben: „Und das Wort ist Fleisch geworden und hat unter uns gewohnt."

Wer half in der Bibel dem Mann, der unter Räuber gefallen war?

- a) der gute Hirte
- b) der barmherzige Vater
- c) der barmherzige Samariter
- d) ein Sämann

a) Das Gleichnis vom guten Hirten findet sich im Lukas-Evangelium. Jesus berichtet dort von einem Hirten, der 100 Schafe hat, aber 99 zurücklässt, um das eine verlorene zu finden. Aber auch in den Psalmen des Alten Testaments wird Gott schon als guter Hirte gefeiert, der sich um die Seinen sorgt.

b) Auch das Gleichnis vom barmherzigen Vater und dem verlorenen Sohn wird im Lukas-Evangelium erzählt. Obwohl der Sohn das Vermögen des Vaters verprasst hat, nimmt der Vater ihn wieder freudig auf und schlachtet sogar das Mastkalb, als der Sohn reuig zurückkommt.

c) Im Gleichnis vom barmherzigen Samariter erzählt Jesus – ebenfalls im Lukas-Evangelium –, dass ein Mann unter Räuber gefallen ist, aber niemand ihm hilft, bis ausgerechnet ein verachteter Samariter vorbeikommt. Jesus erzählt diese Geschichte, um zu verdeutlichen, wer der Nächste eines Menschen ist.

Jesus, Mosaik

d) Im Gleichnis vom Sämann im Markus-Evangelium erzählt Jesus von einem Sämann, dessen Saat nur teilweise auf guten Boden fällt, dort aber überreiche Frucht bringt, und so die Mühe der Aussaat lohnt.

Wer errichtete Ende des 15. Jh. in Florenz eine christliche Republik?

- a) Franz von Assisi
- b) Petrus Valdes
- c) Girolamo Savonarola
- d) Rodrigo Borgia

a) Der heilige Franz von Assisi (um 1181–1226) versuchte nach dem Vorbild Jesu in radikaler Besitzlosigkeit zu leben. Er gründete eine Gemeinschaft von Gleichgesinnten und zog als Prediger umher.

b) Petrus Valdes (gest. vor 1218) war ein Kaufmann aus Lyon, der eine Laien-Predigerbewegung gründete, die zunächst von der Kirche anerkannt, später aber als Ketzerei verurteilt wurde. Die Waldenser lebten in Armut und lehnten Heiligenverehrung, Todesstrafe, Fegefeuer und Kindertaufe ab.

c) Girolamo Savonarola (1452–98) war ein Dominikanerpater, der durch Bußpredigten die Massen fanatisierte und 1494 für die Vertreibung der Medici aus Florenz sorgte. Danach übte er eine asketische Diktatur auf die Stadt aus, indem er Luxusgegenstände von Kindern einsammeln und im „Fegefeuer der Eitelkeiten" verbrennen ließ. Er wurde von Papst Alexander VI. als Ketzer hingerichtet.

d) Rodrigo Borgia ist der bürgerliche Name von Papst Alexander VI. (1430–1503). Er gilt als der skrupelloseste aller Renaissance-Päpste, der u. a. auch seine Gegner vergiftet haben soll. Ganz sicher war er ein intriganter Machtpolitiker, der für seine Familie diverse italienische Territorien eroberte.

Welcher Geistliche stoppte das Euthanasieprogramm der Nazis?

- a) Konrad von Preysing
- b) Bernhard Lichtenberg
- c) Clemens August von Galen
- d) Michael von Faulhaber

a) Der Berliner Bischof Konrad von Preysing (1880–1950) versuchte, einen offeneren Widerstand der katholischen Kirche gegen das NS-Regime zu initiieren, fand aber keine Mehrheit. Er gründete in Berlin ein Hilfswerk für Verfolgte und hatte Kontakte zum Kreisauer Kreis.

b) Bernhard Lichtenberg (1875–1943) war Domprobst an der Berliner Hedwigs-Kathedrale und Leiter des Berliner Hilfswerks. Außerdem protestierte er öffentlich gegen Maßnahmen des Regimes. 1941 wurde er verhaftet und starb auf dem Transport von Berlin nach Dachau.

c) Der Münsteraner Bischof Clemens August von Galen (1878–1946) begrüßte im Gegensatz zu seinem Cousin Konrad von Preysing gewisse Aspekte des Nationalsozialismus wie z. B. den Antikommunismus, führte aber von Anfang an einen erbitterten Kampf gegen Einmischungen in kirchliche Belange. Seine vehementen Predigten gegen die Euthanasie im Sommer 1941 brachten das Regime dazu, das Programm zumindest öffentlich zu stoppen.

d) Der Münchner Bischof Michael von Faulhaber (1869–1952) verfasste den Entwurf für die gegen das NS-Regime gerichtete päpstliche Enzyklika *Mit brennender Sorge,* half nach dem Krieg aber auch NS-Verbrechern.

Welche Geliebte entführte Zeus als Stier?

- a) Leda
- b) Kassandra
- c) Europa
- d) Alkmene

a) Mit der spartanischen Königin Leda soll Göttervater Zeus in der Gestalt eines Schwanes geschlafen haben. Sie legte daraufhin zwei Eier mit je zwei Kindern. Dies waren die schöne Helena und Klytämnestra, die ihren Gatten Agamemnon ermordete, sowie die Heldenzwillinge Kastor und Pollux.

b) Kassandra war keine Geliebte des Zeus, sondern eine Tochter des trojanischen Königs. Der Gott Apollon verlieh ihr die Gabe der Weissagung, verhängte aber auch den Fluch, ihr solle niemand Glauben schenken, über sie, als sie sich weigerte, sich mit ihm einzulassen. Deshalb konnte sie den Untergang Trojas nicht verhindern.

c) Die phönizische Königstochter Europa soll Zeus in der Gestalt eines Stieres entführt und nach Kreta gebracht haben. Die Szene ist auf der griechischen 2-Euro-Münze dargestellt. Vermutlich steht das phönizische Wort „Europa" für Sonnenuntergang und Dunkelheit.

Europa und der Stier

d) Alkmene, die Mutter des Helden Herakles, soll Zeus in Gestalt ihres eigenen Gatten Amphitryon heimgesucht haben. Die Geschichte wurde oft literarisch bearbeitet, von Sophokles über Molière und Kleist bis zu Peter Hacks.

Welcher germanische Gott kämpft am Ende auf Seiten der „Bösen"?

- a) Baldur
- b) Tyr
- c) Freyr
- d) Loki

a) Der Frühlingsgott Baldur ist der friedlichste und beste der germanischen Götter. Nachdem er unabsichtlich von seinem blinden Bruder Hödur getötet worden ist, beginnt das Ende der Welt, die „Götterdämmerung". Baldur jedoch wird nach dem Endkampf wieder lebendig und regiert eine neue, friedliche Welt.

Thor

b) Tyr ist der germanische Kriegsgott, der in den bekannten Mythen aus der isländischen Edda eher eine blasse Figur abgibt. Im germanischen Deutschland muss er aber als Ziu einer der wichtigsten Götter gewesen sein. Möglicherweise war er in der Frühzeit mit Thor (Donar) identisch.

c) Die Fruchtbarkeitsgötter Freyr, Freyja und Njörd gehören nicht zum Göttergeschlecht der Asen, sondern sind Wanen. Forscher vermuten, dass sie möglicherweise aus einem älteren Kult stammen, während die Asen die Götter der indoeuropäischen Einwanderer (um 2000 v. Chr.) waren.

d) Loki ist ein hinterlistiger Feuergott, der auch seine Götter-Kollegen oft betrügt und am Ende daran Schuld ist, dass Baldur von seinem Bruder getötet wird. Während der Götterdämmerung führt er dann das Heer der Ungeheuer an.

Welches versunkene Land erwähnte Platon zum ersten Mal?

- a) Lyonesse
- b) Vineta
- c) Atlantis
- d) El Dorado

a) Das versunkene Reich Lyonesse soll sich zwischen Cornwall und den Scilly-Inseln befunden haben und die Heimat des Sagenhelden Tristan gewesen sein. Möglicherweise fand eine Verwechslung mit dem an die Angelsachsen verlorenen keltischen Reich Lothian in Schottland statt.

b) Die reiche Stadt Vineta an der Ostseeküste soll wegen des Hochmuts ihrer Bewohner in einer Sturmflut untergegangen sein. Es gibt die These, dass es eine solche slawische Handelstadt irgendwo zwischen Barth und Wolin tatsächlich gegeben haben könnte.

c) In mehreren seiner Werke erwähnte Platon Atlantis als eine Seemacht jenseits von Gibraltar, die um 9600 v. Chr. große Teile Europas und Afrikas unterworfen habe, bevor sie mit einem Angriff auf Athen scheiterte und innerhalb eines Tages unterging. Da der Mythos vorher nie erwähnt, aber nachher begeistert aufgegriffen wurde, gehen viele Historiker davon aus, dass Platon ihn erfunden hat.

d) El Dorado (span., der Goldene) meinte zunächst einen Brauch kolumbianischer Indianer, ihren Häuptling als Opfer an die Götter mit Goldstaub bedeckt in einen See zu tauchen. Unter den spanischen Eroberern wurde daraus die Legende von einem sagenhaft reichen Goldland irgendwo in Südamerika.

Welches Wort steht in der katholischen Kirche für die Abendmahlsfeier?

- a) Eucharistie
- b) Konsekration
- c) Einsetzung
- d) Agape-Mahl

a) Der Begriff „Eucharistie“ (griech., Danksagung) wird sowohl für die Abendmahlsfeier im engeren Sinne verwendet wie auch für einen Gottesdienst mit Abendmahlsfeier. Der Begriff „Kommunion“ bezeichnet nur den Empfang des vorher geweihten Brotes und Weines.

b) Die Bedeutung der Abendmahlsfeier in den christlichen Kirchen reicht von einer bloßen Gedächtnisfeier an das Letzte Abendmahl bis hin zu der Auffassung, dass Brot und Wein wirklich in Leib und Blut Christi verwandelt werden. Den Ritus, der diese Wandlung bewirken soll, bezeichnet man als Konsekration (lat., Heiligung) oder Transsubstantiation (lat., Änderung der Substanz).

c) Als Einsetzung des Abendmahls werden Jesu Worte beim Letzten Abendmahl angesehen, als er zu seinen Jüngern sagte: „Nehmt hin und esst, das ist mein Fleisch. Nehmt hin und trinkt, das ist mein Blut.“ Diese Worte werden in allen christlichen Kirchen beim Abendmahl gesprochen, bewirken aber nicht nach Auffassung aller christlichen Kirchen eine tatsächliche Präsenz von Jesus (Transsubstantiation).

d) Als Agape-Mahl (griech., Nächstenliebe) wird ein bewusst gemeinsam gefeiertes Mahl mit normalen, aber eventuell gesegneten Speisen bezeichnet.

Wer lebte in der germanischen Mythologie in Asgard?

- a) Riesen
- b) Götter
- c) Elfen
- d) Zwerge

a) Riesen spielen in der germanischen Mythologie eine große Rolle. Sie verkörpern grobe Naturkräfte. In der Edda werden mehrere Riesenvölker erwähnt, die auch an unterschiedlichen Plätzen leben, z. B. die Feuerriesen in Muspelheim oder die Frostriesen in Nißheim. Daneben gibt es noch Jötunheim (Riesenheim) am Rande der Erde, wo ebenfalls Riesen leben.

b) Asgard ist in den Liedern der Edda eine Burg, in der die zwölf Hauptgötter vom Stamm der Asen ihre Paläste haben – ähnlich wie die zwölf griechischen Hauptgötter auf dem Olymp wohnen. Daneben gibt es noch Wanenheim, wo die Götter vom Geschlecht der Wanen leben.

Hauptgott Wotan auf seinem achtbeinigen Pferd Sleipnir

c) Elfen (oder Alben) sind in der germanischen Mythologie keine ätherischen Wesen, sondern eine Art Dämonen. Die Edda unterscheidet zwischen den guten Lichtalben und den bösen Schwarzalben. Im Gegensatz zu den Riesen sind die Alben äußerst intelligente Naturwesen.

d) In der Edda werden die Zwerge mit den Schwarzalben gleichgesetzt. Ob dies generell so gesehen wurde, ist unbekannt. Zwerge leben unter der Erde, sind intelligent, mächtig, sehr geschickte Handwerker und unermesslich reich.

Welcher mythologische Held kämpfte gegen Troja?

- a) Herakles
- b) Achilles
- c) Äneas
- d) Theseus

Welches Gebet geht auf Jesus zurück?

- a) Ave Maria
- b) Rosenkranz
- c) Vaterunser
- d) Kaddisch

a) Herakles, ein Sohn des Zeus, vollbrachte ein Vielzahl an Heldentaten, darunter zwölf besonders herausragende Taten – vornehmlich Kämpfe gegen wilde Tiere –, die er als Sühne zu bestehen hatte, weil er von Wahnsinn geblendet seine Frau und seine Kinder umbrachte. Nach seinem Tod wurde er in den Olymp aufgenommen.

Achilles

b) Achilles ist der Held der *Ilias* von Homer und ein sehr zwiespältiger Charakter. Obwohl er der stärkste Kämpfer ist, verweigert er die Teilnahme am Trojanischen Krieg, weil ihn der Führer der Griechen, Agamemnon, gekränkt hat. Erst als sein Freund Patroklos fällt, greift er ein und erweist sich als besonders rachsüchtig. Sein Tod vor Troja (Achillesferse) ist aus anderen Epen bekannt.

c) Äneas ist Trojaner und Sohn der Göttin Aphrodite. In der römischen Mythologie flieht er nach dem Fall Trojas nach Italien und wird der Stammvater Roms.

d) Theseus ist ein mythischer König von Athen, der diverse Heldentaten vollbrachte. Vor allem tötete er den Minotaurus auf Kreta, dem Athen bis dato regelmäßig Opfer bringen musste. Er taucht auch in der Sage des Herakles und der Argonautensage auf.

a) Das Ave Maria (lat., Gegrüßt seist du, Maria) ist das häufigste Mariengebet, das aus Sätzen des Lukas-Evangeliums zusammengesetzt ist, mit denen Maria dort vom Engel Gabriel und ihrer Cousine Elisabeth angeredet wird. Es entstand wohl im 11. Jh.

b) Der Rosenkranz ist eine Gebetskette, deren Perlen als Zählhilfe beim meditativen Beten dienen. In der katholischen Kirche werden dazu Varianten des Ave Maria gesprochen, in der orthodoxen Jesus-Anrufungen. Ähnliche Gebetsketten gibt es auch in den anderen Weltreligionen. Das katholische Rosenkranzgebet kam wohl im 11. Jh. auf.

c) Das Vaterunser (lat.: Pater noster) ist das wichtigste Gebet der christlichen Kirchen. Es enthält Lob-, Bitt-, Reue- und Bekenntniselemente. Der Text findet sich sowohl im Evangelium des Matthäus wie dem des Lukas. Beide berichten, Jesus habe dieses Gebet seinen Jüngern als Beispiel für rechtes Beten vorgebetet.

d) Das Kaddisch (hebr., Heilig) ist eines der wichtigsten jüdischen Gebete. Es ist ein Lobgebet, dessen Anfang Ähnlichkeiten mit dem Vaterunser aufweist. Eine besondere Rolle spielt es im jüdischen Trauerritual. Es darf traditionell nur gesprochen werden, wenn mindestens zehn erwachsene Männer beisammen sind.

Was heißt „Philosophie" übersetzt?

- ◯ a) systematisches Nachdenken
- ◯ b) reine Erkenntnis
- ◯ c) Wissen der Weisen
- ◯ d) Liebe zur Weisheit

a) Philosophie besteht im gründlichen und systematischen Nachdenken über Dinge, die zunächst nicht auf der Hand liegen, vor allem über solche, die sich auf die elementaren Dinge des Lebens beziehen. Dabei kann man sich nur auf seinen Verstand und seine Erfahrung verlassen, nicht wie in der Wissenschaft auf messbare Dinge und auch nicht wie in der Religion auf Glauben und Gefühl.

b) Reine Erkenntnis ist das Ziel des philosophischen Nachdenkens, wobei viele philosophische Richtungen bestreiten, dass es dem Menschen überhaupt möglich ist, die Wahrheit zu erkennen, bzw. dass es überhaupt so etwas wie eine Wahrheit gibt. Die Philosophie beschäftigt sich dann mit der Frage, wie man mit diesen Tatsachen am besten umgehen sollte.

c) Die ersten Philosophen der griechischen Antike bezeichneten sich tatsächlich oft als Weise (Sophisten).

d) Vermutlich war es Pythagoras (um 570–500 v. Chr.), der zum ersten Mal erklärte, die Weisheit (griech.: sophia) sei den Göttern vorbehalten, der Mensch könne nur der Freund (griech.: philos) der Weisheit sein und nach ihr streben. In Gebrauch gebracht hat wohl Sokrates (470–399 v. Chr.) den Begriff. Er polemisierte immer wieder gegen die hohle Besserwisserei einiger Sophisten seiner Zeit.

Welche Wesen der griechischen Mythologie waren halb Mensch, halb Pferd?

- ◯ a) Gorgonen
- ◯ b) Satyrn
- ◯ c) Zentauren
- ◯ d) Chimären

a) Die Gorgonen waren drei Töchter eines Meergottes mit Schlangenhaaren, die so schrecklich aussahen, dass jeder bei ihrem Anblick zu Stein erstarrte. Eine von ihnen, Medusa, wurde jedoch von dem Helden Perseus geköpft, der sich ihr rückwärts näherte und seinen Schild als Spiegel benutzte.

b) Die Satyrn waren ungehobelte, lüsterne Waldgeister im Gefolge des Weingottes Dionysos. Sie hatten Ziegenbeine und fratzenhafte Gesichter. In der griechischen Kunst wurde eine derbe Komödie als Satyrspiel bezeichnet.

c) Die Zentauren waren wilde Gesellen mit Pferdekörpern und männlichen Oberkörpern. Ähnlich wie die Satyrn galten sie als extrem lüstern, aber noch roher. Eine Ausnahme bildete der weise und edle Zentaur Cheiron, der u. a. den Heilgott Asklepios und die Helden Jason und Achilles ausbildete.

Zentaur Cheiron

d) In der griechischen Sage gab es nur eine Chimäre. Sie war ein feuerspeiendes, dreiköpfiges Ungeheuer, das teils Löwe, teils Ziege, teils Drache war. In der Folge wurde der Begriff Chimäre allgemein für Mischwesen benutzt. Danach wären auch die Satyrn oder Zentauren Chimären.

Welches mythologische Wesen ersteht aus dem Feuer wieder auf?

- a) Phönix
- b) Pegasus
- c) Sphinx
- d) Skylla und Charybdis

a) Der Phönix ist ein purpurfarbener (griech.: phoinix) Vogel aus der griechischen Mythologie, der sich nach einigen hundert Jahren selbst verbrennt und aus der Asche verjüngt wieder aufsteigt. Der Mythos geht aller Wahrscheinlichkeit auf das alte Ägypten zurück, wo der Vogel Benu hieß.

Pegasus

b) Der Pegasus ist ein geflügeltes Pferd aus der griechischen Mythologie. Athene, die Göttin der Weisheit, zähmte ihn und schenkte ihn den Musen. Dichterische Höhenflüge werden deshalb gerne als „Ritt auf dem Pegasus" bezeichnet.

c) In der griechischen Mythologie ist die Sphinx ein geflügelter Löwe mit Frauenkopf. Sie stellt Reisenden Rätsel und zerfleischt den, der es nicht lösen kann. Der griechische Name wurde auch auf ähnliche Mischwesen mit Löwenkörper und Menschenkopf bei den Ägyptern, Assyrern und Hethitern übertragen.

d) Skylla und Charybdis sind ein Meerungeheuer und ein Strudel, die in der griechischen Mythologie an einer Meerenge gegenüber hausten und ein Durchkommen praktisch unmöglich machten, sodass der Schiffer nur wählen konnte, welchem Unglück er zum Opfer fallen wollte.

Welcher italienische Dichter gilt als Begründer des Humanismus?

- a) Erasmus von Rotterdam
- b) Francesco Petrarca
- c) Giovanni Pico della Mirandola
- d) Johannes Reuchlin

a) Erasmus von Rotterdam (um 1466–1536) gilt als bedeutendster Humanist des damals deutschsprachigen Raumes. Er verfasste wegweisende, textkritische Bibeleditionen, eckte aber durch sein Eintreten für Pazifismus und Willensfreiheit sowohl bei der katholischen wie der protestantischen Kirche an.

b) Francesco Petrarca (1304–74) war eigentlich ein Dichter, der vor allem für seine Sonette an „Laura" berühmt wurde. In seinem Werk schnitt er aber die zentralen Themen des Humanismus an: der Mensch im Mittelpunkt der Betrachtung, ein volles Bejahen seines kreativen und geistigen Potenzials, eine Hinwendung zur antiken Kultur, positives Naturempfinden sowie liberales und undogmatisches Denken.

c) Der Graf von Mirandola (Pico della Mirandola; 1463–94) leitete im Florenz der Medici eine neoplatonische Akademie, in der er sich mit antiker griechischer und römischer, aber auch mit altorientalischer, jüdischer und islamischer Philosophie befasste. Er betonte vor allem die von Gott gegebene Freiheit des Menschen und musste zeitweise nach Frankreich fliehen.

d) Johannes Reuchlin (1455–1522) war ein bedeutender Humanist und der erste christliche Hebraistikexperte in Deutschland.

Das Fest welches Heiligen ist am 11. November?

- a) Nikolaus
- b) Martin
- c) Sylvester
- d) Walburga

Wie nennt man die islamischen Gesetze?

- a) Sunna
- b) Scharia
- c) Fatwa
- d) Halacha

a) Nikolaus war im 4. Jh. Bischof von Myra (heute Demre/Türkei) und galt als großer Wohltäter. Deswegen bürgerte sich im Mittelalter die Sitte ein, dass Kinder an seinem Todestag, dem 6. Dezember, Geschenke erhielten. In der Moderne wurde er zum Weihnachtsmann umgedeutet.

b) Der Bischof Martin von Tours (um 316–397) soll Christ geworden sein, nachdem er in einer kalten Winternacht seinen Mantel mit einem Bettler teilte und danach eine Vision von Christus mit dem halben Mantel hatte. Die Merowinger-Könige machten den früheren Soldaten zum fränkischen Schutzheiligen. Traditionell wird der 11. November von den Kindern mit Martinsspiel und Laternenumzug begangen.

c) Sylvester I. (reg. 314–335) war Papst, als Kaiser Konstantin das Christentum legalisierte. Sein Todestag gab dem 31. Dezember seinen Namen.

d) Walburga (um 710–777) war eine Adelige aus Essex und Verwandte des Missionars Bonifatius. Nach dem Tod ihres Bruders Wunibald übernahm sie die Leitung des von ihm gegründeten Klosters Heidenheim, gründete zusätzlich ein Frauenkloster und wurde zu einer der mächtigsten Frauen im damaligen Frankenreich. Nach dem Datum ihrer Heiligsprechung wurde die Nacht vom 30. April auf den 1. Mai als Walpurgisnacht bekannt.

a) Unter Sunna (arab., überlieferte Gewohnheit) versteht man im Islam die in zahlreichen Aufzeichnungen (Hadithen) festgehaltenen Lebensgewohnheiten und Äußerungen des Propheten Mohammed. Sie gelten als Maßstab für alle Muslime. Die Sunna ist deshalb nach dem Koran die zweitwichtigste Quelle islamischen Rechts.

Quelle der Gesetze: der Koran

b) Scharia (arab., festgelegter Weg) ist der Name für die religiösen Gesetze des Islam. Damit sind allerdings keine religiösen Glaubensaussagen im Sinne von Dogmen gemeint, sondern Vorschriften für das alltägliche Leben. Die Quellen dieser Gesetze, die nicht kanonisiert sind, sind der Koran, die Sunna und die Tradition.

c) Eine Fatwa ist ein Rechtsgutachten eines islamischen Gelehrten (Mufti). Da es verschiedene Rechtsschulen und Glaubensrichtungen gibt, kann es auch zu widersprüchlichen Fatwen kommen. Wichtige Fatwen werden unter den islamischen Gelehrten diskutiert.

d) Die Halacha (hebr., Weg) ist die jüdische Gesetzessammlung. Sie besteht sowohl aus den biblischen Geboten als auch aus späteren Auslegungen und Entscheidungen der Rechtsgelehrten (Rabbiner), die im Talmud festgehalten sind.

Wie nennt man eine als unumstößlich geltende Glaubenswahrheit?

- a) Häresie
- b) Schisma
- c) Dogma
- d) Kanon

a) Das griechische Wort „Häresie“ bedeutete eigentlich Auswahl, wurde aber schon in der frühen christlichen Kirchengeschichte für Meinungen benutzt, die von der offiziellen Kirche als Abweichung und damit falsch betrachtet wurden. Später wurde das Wort durch den Begriff „Ketzerei“ verdrängt, der sich von der mittelalterlichen Sekte der Katharer ableitete.

b) Schisma bedeutet Abspaltung oder Trennung. In der Kirchengeschichte werden sowohl die Aufspaltung in mehrere Konfessionen, z. B. die Trennung von katholischer und protestantischer Kirche, als auch die gleichzeitige Herrschaft mehrerer Päpste als Schismen bezeichnet.

Pius IX. verkündete 1854 das Dogma von der unbefleckten Empfängnis Marias

c) Das griechische Wort „Dogma“ bedeutete ursprünglich Meinung, wurde aber zum Begriff für Aussagen, die von einer bestimmten Gruppe als unumstößlich und nicht diskutierbar festgelegt wurden. Dogmen spielen vor allem in der katholischen Kirche eine große und umstrittene Rolle.

d) Als Kanon werden genau festgelegte Sammlungen bezeichnet, z. B. der Kanon der biblischen Bücher, ein Gesetzeskanon oder der Kanon der christlichen Heiligen. In der Musik ist es ein zeitlich versetzt gesungenes Lied.

Welcher Name des Teufels bedeutet „Lichtbringer“?

- a) Beelzebub
- b) Lucifer
- c) Cherub
- d) Satan

a) Baal Zebub (hebr., Herr der Fliegen) wird in der Bibel als Gott der kanaanäischen Nachbarstämme Israels erwähnt. Baal war deren höchster Gott und der Namenszusatz wohl eine Verballhornung von Baal Zebul (erhabener Herr).

b) Lucifer (lat., Lichtbringer) war in der Antike eine Bezeichnung für den Planeten Venus. Über eine Prophezeiung des Jesaja, der den König von Babel mit der vom Himmel fallenden Venus vergleicht, wurde Lucifer zu einem gefallenen Engel und schließlich zum Teufel. Dabei sind Engel in der Bibel wertneutrale himmlische Boten. Gott verfügt genauso über Engelscharen wie der Teufel.

c) Cherub ist kein Teufelsname. Die Cherubim sind im Alten Testament geflügelte sphinxartige Gestalten, die zu Gottes Gefolge gehören, ähnlich wie die sechsflügeligen Seraphim. Vermutlich stammen sie aus der mesopotamischen Mythologie. Im Gegensatz zu den Engeln, die keine Flügel haben und als Menschen auftreten können, verlassen sie die himmlische Sphäre nicht.

d) Satan (hebr., Ankläger) im Alten Testament bzw. Scheitan im Koran ist ein Engel, der die Menschen zum Bösen zu verführen versucht, aber doch nur ein Geschöpf Gottes ist. Später wird der Begriff auch auf das abstrakte, absolute Böse ausgeweitet.

Wofür verwendete Jesus fünf Brote und zwei Fische?

- a) Bergpredigt
- b) Letztes Abendmahl
- c) Speisung der 5000
- d) Hochzeit zu Kana

Wer bewachte in der griechischen Mythologie die Unterwelt?

- a) Zerberos
- b) Argos
- c) Fenriswolf
- d) Sirenen

a) Die sogenannte Bergpredigt findet sich nur im Matthäus-Evangelium. Matthäus fasst hier zentrale Stellen aus Jesu Lehre, die sich in den anderen Evangelien verstreut oder gar nicht finden, zusammen. Dazu gehören die Seligpreisungen, das Gebot der Nächsten- und Feindesliebe und das Vaterunser. Bei dieser Predigt soll Jesus auf einem Berg gesessen haben.

b) Am Tag vor seinem Tod feierte Jesus mit seinen Jüngern das Paschafest, das Letzte Abendmahl. Sie aßen also Lamm und ungesäuertes Brot. Während des Essens reichte er seinen Jüngern Brot und Wein und bezeichnete diese Speisen als sein Fleisch und Blut.

c) Alle Evangelien berichten, dass Jesus eines Tages in einer einsamen Gegend vor 5000 Leuten predigte und sie am Abend mit fünf Broten und zwei Fischen speiste, den einzigen Lebensmitteln, die sich auftreiben ließen. Dennoch seien alle satt geworden und man habe sogar noch zwölf Körbe an Resten eingesammelt. Markus und Matthäus erwähnen sogar eine weitere Speisung von 4000 Menschen.

d) Die Geschichte der Hochzeit zu Kana findet sich nur am Anfang des Johannes-Evangeliums. Dort soll Jesus auf Bitte seiner Mutter, als der Wein ausgegangen war, Wasser in Wein verwandelt haben.

a) Der Höllenhund Zerberos hatte in der griechischen Mythologie die Aufgabe, eine Flucht der Toten aus dem Hades zu verhindern. Im Laufe der Zeit bekam er immer mehr Köpfe angedichtet. Einen ähnlichen Höllenhund namens Garm gibt es auch in der germanischen Mythologie.

b) In der griechischen Sage ist Argos ein hundertäugiger Riese. Hera, die Gemahlin des Zeus, engagierte ihn, um Zeus' Geliebte Io, die sie in eine Kuh verwandelt hatte, zu bewachen. Dem Götterboten Hermes gelang es aber, Argos mit Flötenmusik in den Schlaf zu wiegen und ihn zu töten. Seine Augen schenkte Hera dem Pfau.

c) Der Fenriswolf ist ein Ungeheuer aus der germanischen Mythologie. Zusammen mit seinen Schwestern, der Midgardschlange und der Totengöttin Hel, kämpft er am Ende der Zeiten (Götterdämmerung) gegen die Götter. Am Ende töten sich Götter und Ungeheuer gegenseitig.

Odysseus und die Sirenen

d) Die Sirenen waren Gestalten aus der griechischen Mythologie – halb Frauen, halb Vögel – die durch ihren betörenden Gesang alle Schiffer ins Verderben lockten. Odysseus konnte sie überwinden, weil er sich selbst am Mast seines Schiffes festbinden und seinen Gefährten die Ohren mit Wachs verstopfen ließ.

Wie hieß der römische Totengott?

- a) Neptun
- b) Pluto
- c) Saturn
- d) Merkur

a) Neptun war der römische Wassergott. Vermutlich leitete er sich von einem etruskischen Gott her, der für Quellen und Süßwasser zuständig war, und wurde erst später durch die Gleichsetzung mit dem griechischen Poseidon zum Meeresgott.

b) Genau genommen entsprach der römische Gott Pluto zwei griechischen Göttern: dem Unterwelt- und Totengott Hades sowie dem Gott des Reichtums Plutos. Von den Griechen übernahmen die Römer auch die Legende, dass der Totengott die Tochter der Erntegöttin Ceres (griech., Demeter) raubte und sie den Winter über in der Unterwelt festhielt.

Pluto und Ceres

c) Saturn war ein alter italienischer Gott des Ackerbaus, der später mit dem griechischen Kronos, dem Vater des Zeus, gleichgesetzt wurde, obwohl er relativ wenig ähnliche Züge trug. Ihm zu Ehren fanden im Dezember die Saturnalien statt, ein Fest, das mit reichlich Essen und Trinken, vielen Geschenken und einem Rollentausch zwischen Sklaven und Herren, Eltern und Kindern einherging.

d) Der römische Gott Merkur war ein Pendant zum griechischen Gott Hermes. Allerdings stand mehr seine Rolle als Gott des Handels als seine Funktion als Götterbote im Vordergrund.

Wie nennt man die Erfahrung des Übernatürlichen?

- a) Mystik
- b) Okkultismus
- c) Meditation
- d) Kontemplation

a) Als Mystiker (lat. mysticus = unaussprechlich, geheimnisvoll) werden Menschen bezeichnet, die glauben, auf irgendeine Art mit Gott oder dem Übernatürlichen überhaupt in Berührung gekommen zu sein. Mystische Erlebnisse sind in nahezu allen Religionen bekannt. Oftmals geraten Mystiker jedoch mit den Wahrheiten, die sie erlebt haben wollen, in Konflikt mit den Dogmen ihrer Religion

b) Okkultismus (lat. occultus = verborgen) ist ein anderer Begriff für Magie. Dahinter steckt der Glaube, dass es Wege gibt, übernatürliche Kräfte zu beeinflussen und anzuwenden. Im Gegensatz zur Religion werden die übernatürlichen Kräfte nicht als etwas Höheres, sondern als etwas durch den Menschen prinzipiell Beherrschbares angesehen.

c) Meditation (lat. meditatio = das Nachdenken, medius = die Mitte) ist eine Technik, die zu besserer Konzentration, Nachdenken und Entspannung führen soll, aber gerade in den östlichen Religionen auch benutzt wird, um mystische Erlebnisse bis hin zur Erleuchtung zu suchen.

d) Die christliche Kontemplation (lat. contemplare = betrachten) ist mit der Meditation verwandt. Ausgangspunkt dieser Meditation ist das Anschauen eines inneren oder äußeren Bildes. Das kontemplative Leben steht im Gegensatz zu dem aktiven.

Welche mythologische Landschaft liegt auf dem Peloponnes?

- a) Avalon
- b) Arkadien
- c) Thule
- d) Shangri-La (Shambala)

a) In der Artussage wird der verwundete König am Ende auf die Insel Avalon (Apfelinsel) gebracht. Ähnlichkeiten mit den griechischen Gärten der Hesperiden oder den Äpfeln der germanischen Göttin Idun lassen auf indoeuropäische Wurzeln schließen. Ausgestaltet wurde der Avalon-Mythos aber vor allem durch die moderne Fantasy-Literatur.

b) Arkadien ist eine Landschaft im bergigen Inneren des Peloponnes. Ab dem 3. Jh. v. Chr. wurde sie zum Ort des Goldenen Zeitalters der griechischen Mythologie verklärt, wo die Menschen in landschaftlicher Idylle ein unbeschwertes, sinnenfrohes Hirtenleben führen. In der Renaissance und im Barock lebte der Arkadien-Mythos wieder auf.

c) Im 4. Jh. v. Chr. will ein griechischer Seefahrer ein Reich im Norden entdeckt haben, welches er Ultima Thule (letztes Land) nannte. Im Mittelalter wurde der Begriff Thule teils für Island benutzt, teils mythisch überhöht.

d) Nach einem tibetischen Mythos soll Buddha dem König des geheimnisvollen Landes Shambala eine besondere Kunst (Kalachakra) gelehrt haben. Der britische Schriftsteller James Hilton (1900–54) verhalf diesem Ort in seinem Bestseller *Der verlorene Horizont* unter dem Namen Shangri-La zu neuer Popularität.

Wie nennt man die Anhänger der Staatskirche von England?

- a) Baptisten
- b) Adventisten
- c) Mormonen
- d) Anglikaner

a) Die Baptisten entstanden Anfang des 17. Jh. in den Niederlanden. Ihre Wurzeln haben sie, wie z. B. auch die Mennoniten, in der Täuferbewegung der Reformationszeit, die die Kindertaufe vehement ablehnte. Sie werden als Freikirche bezeichnet, da sie nie in ihrer Geschichte Staatskirche waren.

b) Adventisten glauben an eine baldige Wiederkunft von Jesus Christus und damit an ein Ende der Welt. Sie gehen auf eine religiöse Erweckungsbewegung in den USA zurück, als ein Baptistenprediger die Wiederkunft Jesu für das Jahr 1844 prophezeite.

c) Die Mormonen oder Kirche Jesu Christi der Heiligen der Letzten Tage wurde 1830 von Joseph Smith (1805–44) in den USA gegründet. Dieser will ein Buch gefunden haben, das um 400 ein Prophet namens Mormon schrieb. Die berüchtigte Vielehe der Mormonen ist seit 1890 offiziell verboten.

d) Da sich der Papst weigerte, seine erste Ehe mit Katharina von Aragon (1485–1536) zu scheiden, machte sich der englische König Heinrich VIII. (1491–1547) 1534 selbst zum Oberhaupt der englischen Kirche. Heute gibt es neben der Church of England noch über 30 andere anglikanische Landeskirchen.

Heinrich VIII.

Wie heißen die fünf Bücher Mose bei den Juden?

- a) Tora
- b) Tanach
- c) Talmud
- d) Pentateuch

Tora

a) Die Tora (hebr., Unterweisung) ist für die Juden der wichtigste Teil ihrer Bibel, nämlich die fünf Bücher Moses. Darin befinden sich über 600 Gebote, die als Grundlage des jüdischen Lebens gelten und auch als mosaisches Gesetz bezeichnet werden. Für die Glaubensrichtung der Samariter ist die Tora sogar die einzige heilige Schrift.

b) Tanach ist der Name für die gesamte jüdische Bibel, die dem (protestantischen) Alten Testament entspricht, nur etwas anders geordnet ist. Außer der Tora enthält sie die Abteilung der Prophetenschriften (Neviim) sowie weitere heilige Schriften (Ketuvim). Der Name Tanach ist aus den hebräischen Anfangsbuchstaben der drei Teile gebildet.

c) Der Talmud (hebr., Studium) ist eine Ergänzung zum Tanach. Er enthält mündlich überlieferte Gesetzte und Gebote sowie Auslegungen des Tanach, aber auch Legenden, Gleichnisse, Spruchweisheiten, Gebete und Rätsel. Entstanden ist die Sammlung zwischen dem 6. Jh. v. Chr. und dem 12. Jh. n. Chr.

d) Pentateuch (griech., fünfteilig) ist ein Name, der im frühen Christentum, jedoch nicht bei den Juden für die fünf Bücher Moses gebraucht wurde.

Welcher Befreiungstheologe war Minister in Nicaragua?

- a) Dorothee Sölle
- b) Ernesto Cardenal
- c) Hélder Câmara
- d) Leonardo Boff

a) Die evangelische Theologin Dorothee Sölle (1929–2003) machte die lateinamerikanische Befreiungstheologie in Deutschland bekannt. Sölle interpretierte das Evangelium radikal politisch und kämpfte für Frieden und soziale Gerechtigkeit.

b) Der Poet und inzwischen suspendierte katholische Priester Ernesto Cardenal (geb. 1925) erklärte, durch das Evangelium zum Marxisten geworden zu sein. Er gründete christliche Bauerngenossenschaften in Nicaragua (Solentiname), nahm 1979 an der Revolution der Sandinisten teil, wurde Kultusminister und startete eine Alphabetisierungskampagne.

c) Der brasilianische Bischof und Menschenrechtler Hélder Câmara (1909–99) gründete in den 1960er-Jahren die ersten christlichen Basisgemeinden, in denen die Armen ihr religiöses Leben weitgehend ohne Anleitung eines Priesters gestalteten und aus dem Evangelium Inspiration zu politischem Handeln zogen.

d) Der brasilianische Franziskanerpater Leonardo Boff (geb. 1938) ist einer der Hauptvertreter der Befreiungstheologie, die sich aus diesen Basisgemeinden heraus entwickelt hat. Er erhielt vom Vatikan Lehr- und Redeverbot. Teile der Befreiungstheologie wurden als kirchenfeindlich verurteilt.

Was bedeutet Laizismus?

- a) Stärkung von Laien in der Kirche
- b) Trennung von Kirche und Staat
- c) Aufhebung der Klöster
- d) Laienpriestertum

a) Als Laie (griech., zum Volk gehörend) werden in der christlichen Kirche alle Gläubigen bezeichnet, die keine geistlichen Weihen (Diakon, Priester, Bischof) haben. Die heute übliche Unterscheidung von Laie und Fachmann leitet sich davon ab. Während der Kirchengeschichte gab es immer wieder bedeutende Bewegungen von Laien bzw. Bewegungen, die für eine Stärkung der Laien eintraten.

b) Der Begriff „Laizismus" entstand im 19. Jh. in Frankreich aus einer Forderung, Schulunterricht nur von Laien, nicht von Pfarrern geben zu lassen. Heute meint Laizismus generell die Trennung von kirchlichen und staatlichen Organisationen. Der strenge Laizismus, der eine 100-prozentige Trennung fordert und zudem religiöses Leben aus der Öffentlichkeit verbannt, ist aber nur selten verwirklicht.

c) Die Aufhebung von Klöstern und anderen Kircheneinrichtungen, die vor allem Anfang des 19. Jh. stattfand, wird als Säkularisation bezeichnet, eine generelle Verweltlichung als Säkularisierung.

d) Das Laienpriestertum oder Priestertum aller Gläubigen ist ein Begriff aus der protestantischen Kirche. In einigen Freikirchen darf tatsächlich jeder Gläubige priesterliche Funktionen übernehmen, ohne zuvor die Weihe empfangen zu haben.

Wie werden erlaubte Speisen im Judentum bezeichnet?

- a) koscher
- b) halal
- c) Mazze
- d) geschächtet

a) In der Tora finden sich auch detaillierte Speisevorschriften und nur was diesen entspricht, gilt bei orthodoxen Juden als koscher (hebr., rein). Beispielsweise ist nur das Fleisch von Wiederkäuern mit gespaltenen Hufen sowie von bestimmten Vögeln und Fischen koscher. Außerdem dürfen Milch- und Fleischprodukte nicht in Berührung kommen, da es heißt, man solle ein Böcklein nicht in der Milch seiner Mutter kochen.

b) Halal (arab., rein) ist ein entsprechender Ausdruck im Islam. Hier gelten vor allem Schweinefleisch und Alkohol als unrein. Das Wort bezieht sich aber nicht nur auf Speisegesetze, sondern auch auf Taten, die unrein sein können.

c) Mazze sind dünne, ungesäuerte Fladenbrote, die zum jüdischen Pessach-Fest gegessen werden. Dabei muss nicht nur auf jegliches Treibmittel verzichtet werden, sondern das Brot innerhalb von 18 Minuten gebacken sein, damit ja keine Säure entsteht.

d) Das Schächten ist eine jüdische Schlachtmethode, bei der dem Tier die Halsschlagader aufgeschnitten wird. Danach muss es vollkommen ausbluten, da Blut als nicht koscher gilt. Ähnliche Schlachtvorschriften gibt es auch im Islam.

Wie nennt man den Glauben an nur einen Gott?

- ◯ a) Monotheismus
- ◯ b) Polytheismus
- ◯ c) Buchreligion
- ◯ d) Schamanismus

a) Monotheistisch nennt man eine Religion, die von der Existenz eines einzigen Gottes ausgeht. Welche die erste war, ist umstritten. Mögliche Kandidaten sind die Atonverehrung des Pharao Echnaton im 14. Jh. v. Chr. oder der Zoroastrismus, der wohl im 7. Jh. v. Chr. entstand. Etwa um diese Zeit könnte auch in Israel der Glaube eingesetzt haben, dass nicht nur ein Gott zu verehren ist, sondern auch nur einer existiert.

Echnaton

b) Als Polytheismus bezeichnet man den Glauben an mehrere Götter. Allerdings ist nicht jede scheinbare „Vielgötterei" echter Polytheismus. In vielen Naturreligionen, aber auch im Hinduismus gelten die verschiedenen Götter entweder als Ausdrucksformen oder als bloße Helfer eines einzigen Urgottes.

c) Als Buchreligionen werden die drei großen monotheistischen Weltreligionen Judentum, Christentum und Islam bezeichnet, da bei ihnen eine heilige Schrift die zentrale Quelle der göttlichen Offenbarung ist.

d) Unter Schamanismus versteht man Religionen, in denen Trance und religiöse Ekstase eine besondere Rolle spielen, vor allem indianische, afrikanische und sibirische Naturreligionen.

Welcher Philosoph gilt als Begründer der Volkswirtschaftslehre?

- ◯ a) Max Weber
- ◯ b) Francis Bacon
- ◯ c) Adam Smith
- ◯ d) Henri de Saint-Simon

a) Max Weber (1864–1920) war Professor für Nationalökonomie (Volkswirtschaft) und gilt als einer der Begründer der Soziologie. Damit wird das Funktionieren von Gesellschaften nicht mehr nur philosophisch, sondern auch empirisch wissenschaftlich (z. B. mit Datenerhebungen) untersucht. In seiner bekanntesten Arbeit stellt Weber dar, wie eine bestimmte protestantische Arbeitsethik die Ausbreitung des Kapitalismus vorangetrieben hat.

b) Francis Bacon (1561–1626) galt als einer der besten Schriftsteller seiner Zeit. Aber die Debatten der Philosophen waren ihm zu geschwätzig und zu wenig wirklichkeitsnah. Er gilt als Wegbereiter des Empirismus, der nur Erkenntnisse gelten lässt, die auf Sinneserfahrungen beruhen.

c) Der Schotte Adam Smith (1723–90) war eigentlich Moralphilosoph, entwickelte aber über die Frage, welchen Wert Arbeit und Wohlstand für den einzelnen Menschen haben, immer mehr Interesse an den volkswirtschaftlichen Zusammenhängen, die er in *Wohlstand der Nationen* beschrieb. Als Konsequenz trat er für einen freien Markt ein.

d) Der französische Adelige Henri de Saint-Simon (1760–1825) entwickelte nach der Französischen Revolution frühsozialistische Thesen.

Wer war der bedeutendste jüdische Philosoph der Aufklärung?

- a) Moses Mendelssohn
- b) Baruch Spinoza
- c) Judah Löw
- d) Michel de Montaigne

a) Moses Mendelssohn (1729–86) war ein Freund von Gotthold Ephraim Lessing (1729–81), der ihn als Vorbild für seinen Dramenhelden *Nathan der Weise* benutzte. Wie die christlichen Aufklärer auch, trat er für eine Säkularisierung des Lebens ein. Er begründete das deutsche Reformjudentum und war der Großvater der beiden bekannten Musiker Felix und Fanny Mendelssohn-Bartholdy.

b) Baruch de Spinoza (1632–77), der sich nach seinem Rauswurf aus der jüdischen Gemeinde Benedikt nannte, war einer der radikalsten Bibelkritiker seiner Zeit. Er ging davon aus, dass Gott und Natur eins seien und alles vorherbestimmt. Der Mensch lebe am glücklichsten, wenn er „unter dem Blickwinkel der Ewigkeit" seinen Platz in diesem göttlichen Naturgeschehen erkenne.

c) Judah Löw (um 1520–1609) lebte als Rabbi und Gelehrter in Prag, ist aber vor allem dafür bekannt, dass er der Legende nach den Golem, ein Wesen aus Lehm, zum Leben erweckte.

d) Michel de Montaigne (1533–92), Sohn eines Katholiken und einer Jüdin, legte in seinen Essays seine Skepsis gegenüber jeglichen Dogmen seiner Zeit dar und gilt sowohl als Vorläufer von Descartes als auch der französischen Aufklärer.

Welches Fest feiern die Juden im Winter?

- a) Bar-Mizwa
- b) Sabbat
- c) Chanukka
- d) Rosh ha-Schana

a) Bar-Mizwa (hebr., Sohn des Gebots) steht im Judentum für die Religionsmündigkeit, die mit dem 13. Geburtstag einsetzt. In der Regel am Sabbat danach wird dies mit dem Bar-Mizwa-Fest gefeiert, bei dem der Jugendliche zum ersten Mal in der Synagoge aus der Tora vorliest. Im 20. Jh. wurde auch ein entsprechendes Fest für Mädchen eingeführt.

b) Sabbat (hebr., Ruhepause) ist der heilige Tag der Juden, der dem christlichen Samstag entspricht. Er geht auf die biblische Schöpfungsgeschichte zurück, in der Gott am siebten Tage ruhte. Dabei wird das Ruhegebot teils sehr rigide ausgelegt.

c) Chanukka (hebr., Einweihung) ist ein achttägiges Lichterfest, das im November oder Dezember gefeiert wird und an die Wiedereinweihung des jüdischen Tempels im Jahr 164 v. Chr. erinnern soll. Wegen ähnlicher Bräuche (Geschenke, Gebäck, Kerzen) wird Chanukka oft mit dem christlichen Weihnachtsfest verglichen.

Chanukkaleuchter

d) Rosh ha-Schana (hebr., Kopf des Jahres) ist das jüdische Neujahrsfest, das im September oder Oktober gefeiert wird. In der Liturgie spielt das göttliche Gericht über die Sünder eine große Rolle.

Wo steht die Al-Aksa-Moschee?

- a) Mekka
- b) Medina
- c) Jerusalem
- d) Kerbela

a) In Mekka steht die Al-Haram-Moschee, mit fast 360.000 m^2 Grundfläche die größte Moschee der Welt. In ihrem Innenhof befindet sich die Kaaba, das zentrale Heiligtum des Islam. Das schwarze, würfelförmige Gebäude ist alljährlich Ziel von mehreren Millionen Pilgern. In allen Moscheen der Welt ist die Gebetsnische nach Mekka ausgerichtet.

b) In Medina befindet sich die Propheten-Moschee, die anstelle von Mohammeds Haus errichtet worden ist. Dort sind der Prophet und die ersten beiden Kalifen begraben.

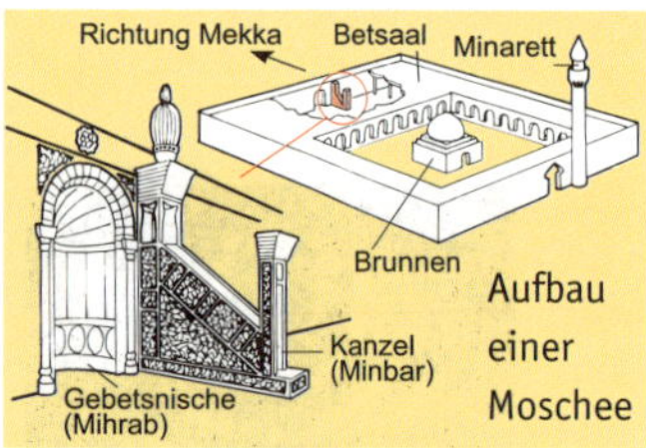

Aufbau einer Moschee

c) Die Al-Aksa-Moschee wurde Anfang des 8. Jh. auf dem Tempelberg in Jerusalem auf den Grundlagen einer christlichen Kirche errichtet. Daneben entstand Ende des 7. Jh. der Felsendom, ein Heiligtum über einem Felsen, von dem aus Mohammed in den Himmel aufgefahren sein soll. Moschee und Felsendom gelten zusammen als die drittheiligste Stätte des Islam.

d) In Kerbela im Irak befindet sich die Hussein-Moschee, in der Mohammeds Enkel Hussein begraben liegt, der 680 in der Schlacht bei Kerbela getötet wurde. Das Gedenken an diese Schlacht zelebrieren die Schiiten beim Aschura-Fest mit Trauerprozessionen.

Welcher Philosoph propagierte rücksichtslose Machtpolitik?

- a) John Locke
- b) Platon
- c) Michail Bakunin
- d) Niccolò Machiavelli

a) Der Brite John Locke (1632–1704) war einer der Philosophen, die sich am meisten um die Demokratie verdient gemacht haben. Er propagierte die Volkssouveränität, die unveräußerlichen Naturrechte eines Menschen, die kein Staat außer Kraft setzen darf, und die Machtkontrolle durch Gewaltenteilung.

b) In *Politeia (Der Staat)*, einem seiner Hauptwerke, entwarf Platon (427–347 v. Chr.) einen gerechten Musterstaat, in dem die Menschen je nach Fähigkeiten in Stände eingeteilt sind. Wie die meisten politischen Utopien ist dieser Staat allerdings eine gut gemeinte Diktatur.

c) Michail Bakunin (1814–76) gilt als „Vater" des antiautoritären Sozialismus. Er lehnte einen Staat ab und war der Meinung, die Arbeiter sollten ihre Angelegenheiten in Kollektiven selbst regeln. Aber niemand dürfe zur Teilnahme gezwungen werden.

d) Niccolò Machiavelli (1469–1527) wurde mit dem Buch *Il Principe (Der Fürst)* berüchtigt. Darin vertrat er die Auffassung, dass ein Fürst sich aller Mittel bedienen dürfe und sogar solle, solange sie dem Aufbau eines stabilen Staatswesens dienen. Machiavelli ist dafür oft angefeindet worden, war aber auch derjenige, der eine ehrliche Erörterung der Staatsräson einleitete.

Was bedeutet Blasphemie?

- ◯ a) Sünde
- ◯ b) Laster
- ◯ c) Abtrünnigkeit
- ◯ d) Gotteslästerung

a) Als Sünde wird ein bewusst und freiwillig begangenes Vergehen bezeichnet. Im Islam und im Judentum ist damit vor allem ein Übertreten der Gebote Gottes gemeint, die vielfach auch den Umgang der Menschen untereinander regeln. Die christlichen Evangelien kennen keinen derartigen Gebotekatalog, bewerten jedes Vergehen gegen einen Menschen aber auch als Sünde gegen Gott. Nicht auf die Bibel begründete, verbindliche Gebote gibt es nur in der katholischen, nicht aber in der protestantischen Kirche.

b) Als Laster gelten Charakteranlagen, die leicht zu Sünden führen. So werden die oft als sieben Todsünden bezeichneten Laster Hochmut, Geiz, Neid, Zorn, Wollust, Völlerei und Faulheit eigentlich nur als Ausgangspunkt für schwere Sünden gesehen.

c) Das bewusste Ablegen eines religiösen Glaubens – entweder, weil jemand Atheist geworden ist oder einen anderen Glauben angenommen hat – wird als Apostasie (griech., fernstehen) bezeichnet.

d) Als Blasphemie (griech., Rufschädigung) wird das Verhöhnen oder Beschimpfen von Gott oder religiösen Glaubensinhalten bezeichnet. In vielen Ländern stehen darauf schwere Strafen. In Deutschland ist Gotteslästerung verboten, wenn sie den öffentlichen Frieden stört.

Wie nennt man die Lehre vom Verstehen und Interpretieren?

- ◯ a) Deduktion
- ◯ b) Empirie
- ◯ c) Hermeneutik
- ◯ d) Rhetorik

a) Deduktion heißt Ableitung. Es ist eine Methode, die in der Mathematik, aber auch in der Philosophie benutzt wird, um Schlussfolgerungen zu ziehen. Man wendet allgemeine Regeln für einen besonderen Fall an und gewinnt dadurch neue Erkenntnisse über diesen Gegenstand.

b) Empirie (griech., Erfahrung) ist der Erkenntnisgewinn durch wissenschaftliche Methoden wie Messen oder Zählen. Empiriker glauben, dass dieses konkrete, sinnliche Erfassen von Dingen überhaupt der einzige Weg ist, zu gesicherten Erkenntnissen zu kommen.

c) Die Hermeneutik ist nach dem griechischen Götterboten Hermes benannt. In der Hermeneutik geht es darum, wie man zu einem möglichst umfassenden Verständnis bestehender Texte gelangt. Bekannt ist der hermeneutische Zirkel, der ein geistiges Wechselspiel zwischen dem Interpreten und dem Text beschreibt.

Hermes

d) Die Rhetorik, die Redekunst, war in der Antike eine vieldiskutierte Wissenschaft. Dabei ging es um Techniken, wie man welches Publikum in welcher Situation von seinen Anliegen überzeugt und letztendlich auch darum, mit welchen Mitteln man es am besten manipuliert.

Wie nennt man im Hinduismus die Priesterkaste?

- a) Gurus
- b) Parias
- c) Brahmanen
- d) Sikhs

a) Ein Guru (Sanskrit, gewichtig) ist im Hinduismus ein anerkannter, religiöser Lehrer. Dieser stammt meist, aber nicht immer aus der Priesterkaste. Einen solchen Lehrer zu haben gilt im Hinduismus für die eigene religiöse Entwicklung traditionell als absolut notwendig.

b) Als Parias oder Dalits (Sanskrit, Niedergetretene) oder „Unberührbare" wurden in Indien die Angehörigen der niedersten Kaste bezeichnet, die von allen anderen gemieden wurden. Obwohl die Einteilung in Kasten seit 1949 offiziell nicht mehr existiert, werden die Parias oft immer noch diskriminiert.

c) Die Brahmanen, deren Name sich von Brahman, der Weltseele, herleitet, waren im indischen Kastenwesen die höchste Kaste, aus der sich die Priester rekrutierten. Nur sie dürfen traditionell die religiösen Rituale und Opfer vollziehen.

Brahmane

d) Die Sikhs sind die Angehörigen einer indischen Religion, die im 15. Jh. in Nordindien entstand. Sie glauben wie die Hindus an Wiedergeburt und Erlösung, verehren aber nur einen einzigen unpersonellen Gott und lehnen das Kastensystem, den Einfluss der Priester und die große Bedeutung religiöser Rituale ab.

Welcher Begriff steht im Taoismus für Lebensenergie?

- a) Yin und Yang
- b) Qi (Chi)
- c) Feng-Shui
- d) I Ging

a) Yin und Yang sind ein Gegensatzpaar aus der chinesischen Philosophie, das im Taoismus eine besondere Rolle spielt. Anfangs könnten die beiden Begriffe für Nord und Süd gestanden haben, wurden mit der Zeit aber immer abstrakter und vieldeutiger interpretiert. Yin wurde dabei eher passiv und kalt, Yang eher warm und aktiv interpretiert. Entscheidend blieb dabei aber immer das Zusammenspiel beider Prinzipien.

b) Die Vorstellung von einer grundlegenden Lebensenergie namens Qi gewann im Taoismus etwa im 3. Jh. v. Chr. zentrale Bedeutung. Die Vorstellung vom Qi, das ungehindert im Menschen fließt, liegt auch der traditionellen, chinesischen Medizin und Körperübungen wie Qi Gong oder Tai Chi zugrunde.

c) Feng-Shui (chin., Wind und Wasser) ist eine alte chinesische Technik, Räume (Gebäude, Gärten und Landschaften) so zu gestalten, dass das Chi sich bestmöglich darin ausbreiten kann. Ab wann es praktiziert wurde, ist unbekannt.

d) Das *I Ging* (chin., *Buch der Wandlungen*) ist das älteste philosophische Buch Chinas, das vermutlich im 7. oder 6. Jh. v. Chr. entstand. Es wird teilweise Konfuzius zugeschrieben, enthält aber auch sehr viele taoistische Elemente und noch ältere schamanische Orakel.

Welcher Prophet wurde in die Löwengrube geworfen?

- a) Jesaja
- b) Jeremia
- c) Jona
- d) Daniel

a) Der Prophet Jesaja wirkte etwa zwischen 740 und 701 v. Chr., als das Königreich Juda von den Assyrern bedroht wurde. In dem nach ihm benannten Buch verkündet er ein Strafgericht Gottes, aber auch das Kommen eines Retters (Messias) und ein künftiges Reich des Friedens. Weil seine Prophezeiungen im Christentum auf Jesus übertragen werden, werden sie im Advent gelesen.

b) Der Prophet Jeremias lebte um 600 v. Chr. in Jerusalem und verkündete den baldigen Untergang der Stadt. Da er ausgiebig die Übel seiner Zeit wie Lug, Trug und Gotteslosigkeit beklagt, wird Jeremia auch als Klageprophet bezeichnet.

c) Jona ist einer der „kleineren" Propheten, dessen Geschichte im Zwölfprophetenbuch steht. Er erhält von Gott den Auftrag, die Stadt Ninive zur Buße aufzurufen, flieht aber. Auf dem Meer gerät er in Seenot und wird von einem Meeresungeheuer verschlungen, das ihn jedoch heil wieder ausspuckt.

d) Daniel wird im gleichnamigen biblischen Buch als Berater der persischen Könige Kyros II. und Darius I. dargestellt. Zweimal veranlassen neidische persische Wahrsager, dass er in eine Löwengrube geworfen wird, zweimal übersteht er das heil, worauf sich die beiden Könige angeblich zum jüdischen Gott bekehrt haben.

Was nennt man die Wiedergeburt?

- a) Inkarnation
- b) Reinkarnation
- c) Eschatologie
- d) Parusie

a) Inkarnation bedeutet Fleischwerdung und steht in der Theologie für den Gedanken, dass Gott sich in einem irdischen Wesen verkörpert, so wie z. B. die christliche Vorstellung, dass mit Jesus von Nazareth Gott Mensch wurde.

Dalai Lama

b) Die Reinkarnation bedeutet ein wiederholtes „Fleischwerden" eines Wesens, das schon einmal auf der Erde gelebt hat. Nach buddhistischem und hinduistischem Glauben wird jedes Wesen solange reinkarniert, also wiedergeboren, bis es sein irdisches Karma abgebaut hat. Im Lamaismus werden die Wiedergeburten bedeutender Lamas, wie des Dalai Lamas oder des Panchen Lamas, bewusst gesucht.

c) Unter Eschatologie (griech., Lehre von den letzten Dingen) versteht man die Beschäftigung mit den Erlösungsvorstellungen in den verschiedenen Religionen, z. B. dem Jüngsten Gericht im Christentum oder dem Eingehen ins Nirwana in Buddhismus und Hinduismus.

d) Parusie (griech., Zweite Erscheinung) ist die Vorstellung, dass ein Gott oder Prophet wieder erscheint. So glaubt das Christentum an eine Wiederkunft Jesu „am Ende der Zeiten" – jedoch als Gott und nicht als Mensch (und damit auch nicht als Reinkarnation).

Wie hieß Mohammeds Tochter?

- a) Aischa
- b) Fatima
- c) Kadidscha
- d) Amina

a) Aischa (613–678) war die Tochter von Mohammeds Weggefährten Abu Bakr und soll die Lieblingsfrau des Propheten gewesen sein. Einer Überlieferung nach soll sie erst neun Jahre alt gewesen sein, als er die Ehe mit ihr vollzog, was von vielen Muslimen aber bestritten wird. Nach Mohammeds Tod war Aischa eine vehemente Parteigängerin der Sunniten.

Mohammed, Fatima, Ali und Enkel

b) Die Zahl der Kinder Mohammeds ist umstritten, da nicht klar ist, ob einige Töchter seiner ersten Frau seine Kinder oder Stiefkinder waren. Eine größere Rolle spielte nur Fatima (606–32), die mit Ali, dem späteren vierten Kalifen verheiratet und Mutter der Söhne Hassan und Hussein war. Ihre Nachkommen werden von den Schiiten als Imame verehrt. Die „Hand der Fatima" ist ein beliebtes Schutzamulett.

c) Kadidscha (um 555–619) war die erste von neun Frauen des Propheten und Mutter Fatimas. Durch die Heirat mit der 15 Jahre älteren reichen Kaufmannswitwe sicherte sich Mohammed eine soziale Stellung. Kadidscha soll seine erste Anhängerin gewesen sein.

d) Amina war die Mutter Mohammeds, die starb, als er sechs Jahre alt war. Über sie ist kaum etwas bekannt.

Welcher Philosoph war wegen eines Haftbefehls auf der Flucht?

- a) Baruch de Spinoza
- b) René Descartes
- c) Jean-Jacques Rousseau
- d) Immanuel Kant

a) Spinoza (1632–77) wurde in Amsterdam als Nachfahre portugiesischer Einwanderer geboren und lebte sein ganzes Leben in den Niederlanden. Einen Ruf an die Universität Heidelberg lehnte er ab, um in Ruhe arbeiten zu können.

c) Der Franzose Descartes (1596–1650) war in seiner Jugend viel unterwegs, u. a. als Soldat in bayerischen Diensten. Mit 34 Jahren zog er dann in die Niederlande, weil dort die liberalste Zensur herrschte. Ein Jahr vor seinem Tod lud ihn Königin Christine von Schweden (1626–89) nach Stockholm ein, wo er einer Lungenentzündung (oder Arsen) zum Opfer fiel.

c) Rousseau (1712–78) verließ mit 16 Jahren seine Heimatstadt Genf spontan, weil nach einem Ausflug die Stadttore schon geschlossen waren. Es folgten diverse Stationen in Savoyen, der Schweiz und Frankreich. Ab 1762 hatte er die Obrigkeit mit seinen Schriften so verärgert, dass ihn sowohl Frankreich wie Genf mit Haftbefehl suchten und er ständig auf der Flucht war.

d) Bis auf ein paar Jahre als Hauslehrer auf adeligen Gütern in der Umgebung hat Kant (1724–1804) seine Heimatstadt Königsberg nie verlassen und mehrere Lehrstühle ausgeschlagen. Daneben war er äußerst pflichtbewusst und pünktlich, aber auch sehr unterhaltsam und gastfreundlich.

Welcher antike Philosoph war vor allem als Redner berühmt?

- a) Seneca
- b) Plutarch
- c) Cicero
- d) Lukrez

Wie nennt man die traditionelle indische Heilkunst?

- a) Yoga
- b) Ayurveda
- c) Tantra
- d) Kabbala

a) Lucius Annaeus Seneca der Jüngere (um 4 v. Chr.–65 n. Chr.) war ein römischer Politiker, der unter Kaiser Claudius verbannt und von seinem einstigen Schüler Nero zum Selbstmord gezwungen wurde. Daneben war er mit seinen Abhandlungen über die Lebensphilosophie der Stoiker ein viel gelesener Schriftsteller.

b) Der Grieche Plutarch (um 46–120) schrieb zahlreiche Biografien großer römischer und griechischer Staatsmänner, aber auch ein umfangreiches philosophisches Werk, in dem die praktisch angewandte Ethik (z. B. *Über das Zuhören*) eine große Rolle spielt.

c) Marcus Tullius Cicero (106–43 v. Chr.) war Anwalt und hielt als solcher Ansprachen, die ihn zum berühmtesten Redner der römischen Geschichte machten. Daneben schrieb er auch philosophische Dialoge über Themen wie Freundschaft, Pflicht, Tod oder die optimale Staatsverfassung. Er wurde nach dem Tod Caesars hingerichtet, obwohl er nicht an dessen Ermordung beteiligt war.

d) Titus Lucretius Carus (um 97–55 v. Chr.) verfasste eine sechsbändige, in Versen gehaltene Abhandlung der Naturphilosophie *De rerum naturum,* in der er die Auffassung vertrat, dass alles in der Welt auf natürlichen Prozessen und nichts auf dem Wirken der Götter beruht.

a) Yoga (Sanskrit, Anspannung) wird in den hinduistischen Veden zunächst als Meditations- und Atemtechnik beschrieben, die zu einem tieferen religiösen Bewusstsein führen soll. Später kamen auch körperliche Übungen (Ashanas) dazu.

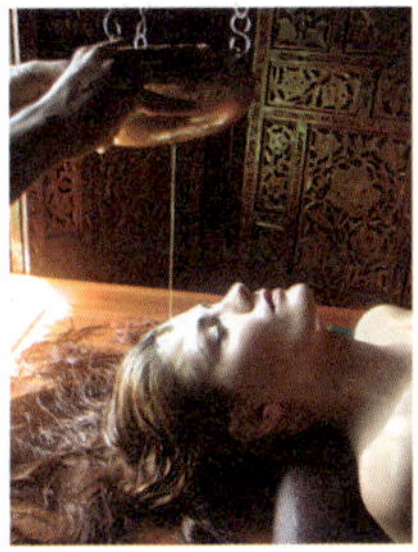

Ayurveda-Massage

b) Ayurveda (Sanskrit, Wissen vom Leben) ist eine indische Gesundheitslehre, die mindestens 3000 Jahre alt ist und ebenfalls in den Veden ihren Niederschlag gefunden hat. Ein wichtiger Bestandteil sind gesunde Ernährung, Massagen und Techniken, die den Körper „entschlacken" sollen. Dabei soll jedes Individuum seiner Konstitution entsprechend (Dosha) behandelt werden.

c) Tantra (Sanskrit, Zusammenhang) ist eine hinduistisch-buddhistische Lehre, die etwa im 7. Jh. entstand. Eine besondere Bedeutung spielt dabei die Beschäftigung mit Energiezentren (Chakren) im menschlichen Körper. Einige Tantra-Sekten praktizieren auch rituellen Geschlechtsverkehr.

d) Die Kabbala (hebr., Überlieferung) ist eine jüdische Lehre aus dem 1. Jh. n. Chr., in der eine mystische Begegnung mit göttlichen Kräften gesucht wird. Dabei spielen teilweise auch magische Praktiken sowie Wort- und Zahlensymbolik eine Rolle.

Welches religiöse Fest heißt auf Deutsch „Ankunft"?

- a) Advent
- b) Epiphanias
- c) Ramadan
- d) Kurban Bayrami

Adventskranz

a) Die vierwöchige Adventszeit – von lateinisch „adventus" (Ankunft) – gilt in der christlichen Kirche als Vorbereitungszeit auf das Weihnachtsfest, also auf die Ankunft Gottes auf Erden durch die Geburt von Jesus. Traditionell ist es eine Fastenzeit.

b) Epiphanias (griech., Erscheinung) ist der offizielle kirchliche Name für das Dreikönigsfest am 6. Januar. Der in der Bibel erwähnte Besuch der Magier gilt als Ereignis, durch das die Welt erstmals von Jesus Notiz genommen hat.

c) Der islamische Monat Ramadan ist kein religiöses Fest, sondern ein Fastenmonat, an dessen Ende das „Fest des Fastenbrechens" (arab.: Id al-Fitr) bzw. „Zuckerfest" (türk.: Şeker Bayramı) steht, zu dem jedoch nicht nur Süßigkeiten, sondern auch ein Moscheebesuch gehören.

d) Das Opferfest (türk.: Kurban Bayrami, arab.: Id ul-Adha) ist das höchste, islamische Fest. Es findet am 10. Tag des Wallfahrtsmonats Dhu al-hiddscha statt und ist gleichzeitig der Höhepunkt der Wallfahrt nach Mekka. In Gedenken an Abraham, der bereit war, Gott seinen Sohn zu opfern, schlachtet jede Familie ein Schaf.

Welcher Philosoph gehört der Frankfurter Schule an?

- a) Jürgen Habermas
- b) Peter Sloterdijk
- c) Jacques Derrida
- d) Michel Foucault

a) Jürgen Habermas (geb. 1929) gehört zur zweiten Generation der Frankfurter Schule. Er geht davon aus, dass erst Kommunikation menschliche Vernunft bildet und hat sich deshalb in seinem Hauptwerk *Theorie des kommunikativen Handelns* mit einer idealen, herrschaftsfreien Kommunikation beschäftigt.

b) Peter Sloterdijk (geb. 1947) ist als Moderator der ZDF-Sendung *Das Philosophische Quartett* und durch gelegentliche polemische öffentliche Äußerungen bekannt. In seinem Werk befasst er sich vor allem mit dem Funktionieren (bzw. Nichtfunktionieren) der Gesellschaft, z. B. mit der Rolle des Zynismus.

c) Der französische Philosoph Jacques Derrida (1930–2004) gilt als Begründer der Dekonstruktion, einer Art, Texte zu lesen und auseinanderzunehmen, indem man gerade auch auf das Ungesagte achtet und dem nachspürt, was der Autor unbewusst hat einfließen lassen.

d) Der französische Philosoph Michel Foucault (1926–84) beschäftigte sich vor allem mit Machtstrukturen und untersuchte im Zuge seiner Arbeiten u. a. den Strafvollzug, die Wissensvermittlung, die Sexualität und den Wahnsinn, den er eher für eine gesellschaftliche Definition als eine Krankheit hielt.

Was ist Kants kategorischer Imperativ?

- a) ein Dogma
- b) eine Richtschnur für moralische Entscheidungen
- c) eine Streitschrift
- d) ein gesellschaftliches Gebot

a) Es gibt kein Dogma in der Philosophie. Es ist ihr Wesen, alles zu hinterfragen – bis hin zur eigenen Existenz. Allerdings gibt es anerkannte Gesetzmäßigkeiten. Man kann z. B. nicht zu logischen Schlüssen kommen, wenn man die Regeln der Logik nicht beachtet.

b) Immanuel Kant (1724–1804) hat mehrere Varianten seines kategorischen Imperativs formuliert, der als Richtschnur für moralische Entscheidungen dient. Die bekannteste lautet: „Handle nur nach derjenigen Maxime, von der du zugleich wollen kannst, dass sie ein allgemeines Gesetz werde." Diese Forderung hat Ähnlichkeiten mit der Regel: „Was du nicht willst, das man dir tu, das füg auch keinem anderen zu." Kants Imperativ ist aber weniger subjektiv, da man sich nicht an individuellen Taten, sondern allgemeineren Regeln orientieren soll.

c) Kant verfasste keine dezidierten Streitschriften. Aber er nannte viele seiner Abhandlungen „Kritiken". Der kategorische Imperativ findet sich in der *Kritik der praktischen Vernunft*.

d) In der *Kritik der praktischen Vernunft* stellt Kant die Theorie auf, dass der Mensch eben nicht nur durch göttliche oder gesellschaftliche Gebote, sondern auch kraft seiner eigenen Vernunft zu einem moralischen Handeln kommen kann.

Welcher indische Gott wird mit Elefantenkopf dargestellt?

- a) Shiva
- b) Krishna
- c) Shakti
- d) Ganesha

a) Shiva (Sanskrit, der Gütige) ist neben Brahma und Vishnu einer der drei Hauptgötter des Hinduismus, die sich ab etwa 500 v. Chr. herausbildeten. Verschiedene hinduistische Richtungen verehren jeweils einen dieser drei Götter besonders. Shiva wird oft als vielarmiger Tänzer dargestellt, steht aber auch für Zerstörung, Askese und Rausch.

b) Die Helden Krishna und Rama sind in der hinduistischen Vorstellung keine Götter, sondern irdische Verkörperungen (Avatare) des Gottes Vishnu. Ihre farbigen Lebensläufe werden in den Epen Bhagavatapurana und Ramayana erzählt.

c) Shakti (Sanskrit, Kraft) ist die weibliche Urkraft des Universums und kann in Gestalt von verschiedenen Göttinnen auftreten wie z. B. Durga, der Kriegerin, Kali, der Totengöttin, Lakshmi, der Glücksgöttin, oder Parvati, der Mutter.

Ganesha

d) Ganesha war in der hinduistischen Legende ein Sohn Shivas und Parvatis. Weil sein Vater ihm eines Tages aus Versehen den Kopf abschlug, bekam er stattdessen einen Elefantenkopf. Die Statue des populären Gottes ist in Indien in vielen Häusern zu finden. Er steht für Weisheit und gutes Gelingen.

Wie werden im Islam Glaubenskämpfe genannt?

- a) Intifada
- b) Mandala
- c) Dschihad
- d) Haddsch

a) Als Intifada (arab., Erhebung) werden zwei Aufstände der Palästinenser gegen die israelische Besatzungsmacht bezeichnet. Der erste fand zwischen 1987 und 1991 statt und war vor allem durch passiven Widerstand und Steine werfende Jugendliche gekennzeichnet. Die zweite Intifada zwischen 2000 und 2005 war um ein Vielfaches brutaler. Von palästinensischer Seite gab es Anschläge gegen israelische Zivilisten, von israelischer Luftangriffe auf Wohngebiete und gezielte Tötungen führender Palästinenser.

b) Mandalas (Sanskrit, Kreis) sind auf ihre Mitte zentrierte runde oder quadratische Muster oder Bilder, die im Buddhismus und Hinduismus als Hilfe zum Meditieren benutzt werden.

Dschihad: „Krieg gegen Ungläubige"

c) Der Koran fordert von seinen Anhängern großen „Dschihad" für den Glauben, was ursprünglich Anstrengung oder Einsatz bedeutet. Das Wort wird aber oft im Sinne von „Krieg gegen Ungläubige" gebraucht, z. B. von der palästinensischen Terrororganisation Islamischer Dschihad.

d) Haddsch ist die Wallfahrt nach Mekka, die jeder Muslim einmal in seinem Leben machen soll. Dazu gehört unbedingt absolute Gewaltfreiheit.

In welchem Werk beschäftigte sich Rousseau mit der Erziehung?

- a) *Abhandlung über die Ungleichheit*
- b) *Julie oder Die neue Heloise*
- c) *Emile*
- d) *Bekenntnisse*

a) In seiner *Abhandlung über den Ursprung und die Grundlagen der Ungleichheit unter den Menschen* verfolgte der Genfer Philosoph Jean-Jacques Rousseau (1712–78) die Entstehung der sozialen und wirtschaftlichen Ungleichheit ausgehend von einem Naturzustand und wandte sich gegen die Auffassung, dass der herrschende Absolutismus „gottgewollt" sei.

b) *Julie oder Die neue Heloise* war ein Roman, den Rousseau 1761 schrieb und der zum Bestseller wurde. Er war als Briefwechsel zwischen der Heldin und ihrem einstigen Geliebten, den sie nicht heiraten durfte, angelegt. Rousseau flocht philosophische Erörterungen ein, brach aber vor allem eine Lanze für die Berechtigung authentischer Gefühle.

c) In *Emile* (1762) schilderte Rousseau die fiktive Erziehung eines Jungen. Er vertrat dabei die Ansicht, dass Erziehung vor allem die natürlichen guten Anlagen eines Kindes bewahren müsse, dass Kinder am besten aus Erfahrung lernen und sie nicht nur als künftige Erwachsene betrachtet werden dürfen.

d) In seiner posthum erschienenen Autobiografie *Bekenntnisse* schilderte Rousseau die Lebenserfahrungen, die seine Philosophie beeinflussten, inklusive aller Fehler, Irrtümer und intimer Details.

Welche biblische Heldin enthauptete den Holofernes?

- a) Ruth
- b) Judith
- c) Esther
- d) Salome

a) Die Heldin des biblischen Buches Ruth folgt ihrer Schwiegermutter Naomi nach dem Tod ihres Mannes in deren Heimat Bethlehem, anstatt sich einen neuen Mann zu suchen. Dort schlagen sich die beiden Frauen mühsam durch, bis Ruth am Ende dank ihrer eigenen Tugend und Naomis Geschick den reichen Boas heiraten kann. Sie gilt als Urgroßmutter König Davids.

b) Im Buch Judith, das sich nur in der katholischen Bibel findet, wird die Stadt Betulia vom assyrischen Heer belagert. Daraufhin kleidet sich die fromme Witwe Judith in ihre schönsten Gewänder, umgarnt den Heerführer Holofernes, macht ihn betrunken und schlägt ihm den Kopf ab. In der anschließenden Schlacht fliehen die führerlosen Assyrer.

c) Das Buch Esther spielt zur Zeit des Königs Xerxes I. (um 519–465 v. Chr.) am persischen Hof. Esther, eine Nebenfrau des Königs, kommt einem Komplott des Ministers Hamann gegen alle Juden auf die Spur und berichtet unter Einsatz ihres Lebens dem König davon, worauf die persischen Juden gerettet werden.

d) Salome ist eine Gestalt aus dem Neuen Testament, die auf Geheiß ihrer Mutter Herodias ihren Stiefvater Herodes Agrippa verführt und sich anschließend von ihm das abgeschlagene Haupt von Johannes dem Täufer wünscht.

Welche Formel bedeutet „So soll es sein"?

- a) Halleluja
- b) Hosanna
- c) Kyrie eleison
- d) Amen

a) Das hebräische Wort „Halleluja" bedeutet „Preiset Gott". Es findet sich in den Psalmen des Alten Testamentes oft. In der christlichen Kirche wird es vor allem als Jubelruf in der Osterzeit verwendet.

b) Die aramäische Wendung „Hosanna" (hebräisch: Hosianna) bedeutet „Hilf doch!". Mit diesem Ruf soll Jesus bei seinem Einzug in Jerusalem von der Menge begrüßt worden sein. In deutschen Übersetzungen steht jedoch meist „Hosanna dem Sohn Davids", was „Hosanna" wie eine Art Begrüßung wirken lässt.

c) „Kyrie eleison" ist eine altgriechische Redewendung, die „Herr, erbarme dich" bedeutet. Sie war schon in vorchristlicher Zeit als Bittruf an die Herrscher und Machthaber gebräuchlich. Im Gottesdienst wird nach dem Schuldbekenntnis meist der dreimalige Anruf „Kyrie eleison! Christe eleison! Kyrie eleison!" benutzt.

d) „Amen" ist ein hebräischer Ausdruck, den es so ähnlich (Amin) auch im Arabischen gibt. Er bedeutet eine Bekräftigung im Sinne von „So soll es sein" und kommt sowohl im Alten wie im Neuen Testament und im Koran vor und wird auch von allen drei Religionen liturgisch genutzt.

Amen – der Abschluss eines Gebets

Welche französischen Ketzer wurden 1244 vernichtet?

- ◯ a) Täufer
- ◯ b) Beginen
- ◯ c) Flagellanten
- ◯ d) Katharer

a) Die Täuferbewegung entstand im 16. Jh. als Folge der Reformation. Die Mitglieder lehnten die Kindertaufe ab und oft auch die Staatskirche. 1529 wurde das Täufertum in Deutschland unter Strafe gestellt. 1534–35 existierte in Münster ein diktatorisches „Täuferreich."

b) Das erste Beginenhaus wurde 1180 in Lüttich gegründet. Beginenhäuser waren selbstverwaltete Gemeinschaften unverheirateter Frauen, die teils klosterähnlich lebten, jedoch keinen Ordensregeln unterworfen waren und ihre Gemeinschaft wieder verlassen konnten. Die Kirche bedachte sie mit Misstrauen und verfolgte viele im 14. Jh. als Ketzer.

Selbstgeißelung, mittelalterlicher Holzschnitt

c) Die Flagellanten oder Geißler waren eine Volksbewegung, die um 1260 von Perugia aus um sich griff. Das massenhafte öffentliche Selbstgeißeln sollte Unheil abwehren. Während der Pest kam es 1348 zu einer neuen Geißlerwelle.

d) Die Bewegung der Katharer oder Albigenser verbreitete sich im 12. Jh. von Südfrankreich aus. Ihre Mitglieder bemühten sich um ein frommes, bibelgemäßes Leben und sahen sich als einzig wahre Christen an. Zwischen 1206 und 1244 wurden sie mit drei „Kreuzzügen" ausgerottet.

Was ist eine These?

- ◯ a) eine Annahme, auf der sich eine Schlussfolgerung aufbaut
- ◯ b) eine Behauptung, die plausibel, aber nicht zu beweisen ist
- ◯ c) eine Behauptung, die erst noch bewiesen werden muss
- ◯ d) eine Theorie

a) Eine Annahme, die als Voraussetzung für weitere Schlussfolgerungen dient, ist eine Prämisse (lat., das Vorausgesandte). Eine Prämisse kann, muss aber nicht wahr sein. Oft sind Prämissen auch nicht beweisbar, wie z. B.: „Gott ist das Vollkommenste, was existiert."

b) Ausgehend von der obigen Prämisse über Gott haben viele Philosophen den Schluss gezogen, dass unsere Welt auch die beste aller möglichen Welten sein müsse, da der vollkommene Gott keine Fehler mache. Dies kann selbstverständlich nie bewiesen werden, ist aber trotzdem Grundlage interessanter Diskussionen und wird als Postulat (lat., Forderung) bezeichnet.

c) Eine These ist eine Behauptung, die derjenige, der sie aufstellt, für wahr oder zumindest überprüfenswert hält. Sie muss jedoch erst noch bewiesen werden. Viele Thesen können auch nicht wirklich bewiesen, sondern nur untermauert werden, z. B.: „Demokratie ist die beste Staatsform."

d) Eine Theorie ist komplexer als eine These. Sie ist ein gedankliches Konstrukt aus mehreren Thesen und Prämissen, die miteinander in logischer Verbindung stehen.

Bei welcher Glaubensgemeinschaft spielen Persönlichkeitstests eine große Rolle?

- a) Zeugen Jehovas
- b) Scientology Church
- c) Engelwerk
- d) Opus Dei

a) Die Zeugen Jehovas, die im 19. Jh. in den USA gegründet wurden, orientieren sich nur an der Bibel. Zu ihren besonderen Merkmalen gehören ein sehr konservatives Ehe- und Familienverständnis, die Ablehnung von Blutspenden, Wehrdienstverweigerung und die Nichtteilnahme an Wahlen.

b) Die Scientology Church wurde 1954 in den USA gegründet. Ein gängiges Verfahren, neue Mitglieder zu werben, ist ein umfangreicher, kostenloser Persönlichkeitstest. Im Anschluss werden Kurse angeboten, die häufig immer teurer werden. Eine wichtige Rolle spielt das Auditing, Intensiv-Interviews, bei denen Körperreaktionen gemessen werden.

c) Das Engelwerk wurde 1949 gegründet und geht auf eine Privatoffenbarung zurück. Seine Anhänger glauben, dass in der Welt eine Vielzahl von Engeln und Dämonen am Werk ist, was zu äußerst rigiden Verhaltensvorschriften führt. Das Engelwerk hat Anhänger in der katholischen Kirche, ist aber von der Kirchenleitung weitgehend verboten.

d) Das Opus Dei (lat., Werk Gottes) wurde 1928 von dem Spanier Josemaría Escrivá (1902–75) gegründet. Es wird von Teilen der katholischen Kirche sehr geschätzt, während andere das geheimbund- und sektenähnliche Agieren anprangern.

Welche Farbe oder Farben stehen für die katholische Kirche?

- a) Grün
- b) Gelb und Weiß
- c) Violett
- d) Orange

a) Grün ist im religiösen Kontext vor allem die Farbe des Islam. Angeblich soll Mohammed die Farbe besonders geschätzt haben. Grün spielt deshalb in den Nationalflaggen vieler islamischer Staaten eine große Rolle. Traditionell durften auch nur Nachkommen Mohammeds grüne Turbane tragen. In Irland wird der katholische St. Patricks-Day (17. März) ganz in Grün gefeiert.

b) Rechts weiß, links gelb gefärbte Flaggen stehen für die katholische Kirche. Auf der Vatikanflagge ist auf der weißen Seite noch ein Emblem mit Papstkrone und gekreuzten Schlüsseln angebracht. Gelb und Weiß stehen eigentlich für Gold und Silber, die den Himmel und die Erde repräsentieren sollen. In der klassischen Heraldik sind Gold und Silber nebeneinander ansonsten verboten.

Vatikanflagge

c) Violett oder Weiß und Violett zusammen werden in Deutschland oft von der Evangelischen Kirche als Identifikationsfarben benutzt.

d) In Nordirland ist Orange die Farbe der Protestanten. Orange spielt auch im Buddhismus eine große Rolle, wo die Farbe für Buddhas Lehren steht. Die buddhistische Flagge jedoch setzt sich aus blauen, gelben, roten, weißen und orangen Streifen zusammen.

Wie nennt man die äußere Form eines Gottesdienstes?

- a) Sakrament
- b) Liturgie
- c) Stundengebet
- d) Messe

a) Ein Sakrament ist ein Ritus, der quasi automatisch ein ganz bestimmtes göttliches Wirken zur Folge haben soll, z. B. die Aufnahme eines Menschen in die christliche Gemeinschaft (Taufe) oder eine besondere Verbindung mit Jesus (Abendmahl). In der katholischen Kirche sind außerdem noch die Firmung, die Beichte, die Krankensalbung, die Priesterweihe und die Eheschließung Sakramente.

Katholischer Gottesdienst

b) Als Liturgie (griech., Öffentlicher Dienst) wird die gesamte Form eines Gottesdienstes bezeichnet: die Reihenfolge der Gebete, die symbolischen Handlungen, die Auswahl der Schriftstellen, die verwendeten Gewänder und Geräte usw.

c) Stundengebete, also die Gewohnheit, zu bestimmten Stunden des Tages zu beten, waren jüdischen Ursprungs und wurden von der christlichen Kirche übernommen. Ursprünglich gab es acht Gebetszeiten, die über Tag und Nacht verteilt wurden. Diese werden aber nur von besonders strengen Orden eingehalten. Im Islam sind fünf Gebete täglich vorgeschrieben, die in bestimmten Zeitspannen gebetet werden sollen.

d) Als Messe oder Heilige Messe wird ein Gottesdienst mit Abendmahlsfeier bezeichnet.

Welcher protestantische Theologe wurde während des Bauernkrieges hingerichtet?

- a) Johann Tetzel
- b) Philipp Melanchthon
- c) Thomas Müntzer
- d) Ulrich von Hutten

a) Johann Tetzel (1465–1519) war kein protestantischer Theologe, sondern jener Dominikanermönch, der durch seinen schnöden Ablasshandel („Wenn die Münze im Kasten klingt, die Seele in den Himmel springt") Martin Luther (1483–1546) dazu veranlasste, seine 95 Thesen zu verfassen.

b) Philipp Schwartzerdt (griech.: Melanchthon, 1497–1560) war ein akademisches Wunderkind und nahm 1518 eine Professur in Wittenberg an, nur um Luther kennenzulernen. Er wurde Luthers engster Mitarbeiter, entwickelte mit ihm die protestantische Theologie, formulierte das „Augsburger Bekenntnis", kämpfte um die Einheit der Protestanten und reformierte das Schulwesen.

c) Thomas Müntzer (um 1489–1525) verband den Protestantismus mit mystischen Elementen und allmählich immer radikaler werdender Sozialkritik. Als Pfarrer von Mühlhausen war er einer der Führer des Bauernkriegs in Thüringen und wurde nach der verlorenen Schlacht von Frankenhausen (15. Mai 1525) hingerichtet.

d) Ulrich von Hutten (1488–1523) war ein dezidiert antikatholischer, humanistischer Schriftsteller, der 1522 versuchte, einen Krieg der Reichsritter gegen die „Pfaffen" zu initiieren, daran aber scheiterte und im Exil starb.

Wer gründete die parsische Religion?

- a) Zarathustra
- b) Ahura Mazda
- c) Mithras
- d) Kyros II.

a) Wann der persische Religionsstifter Zarathustra lebte, darüber gehen die Lehrmeinungen weit auseinander und reichen von etwa 1800 bis 600 v. Chr. Zarathustra griff vermutlich altpersische Glaubensvorstellungen auf, machte daraus aber einen Glauben, der auch als „Zoroastrismus" bezeichnet wurde.

b) Ahura Mazda (pers., Weiser Herr) ist der Gott der Parsen. Er ist Schöpfer und Erhalter der ganzen Welt. Allerdings hat er einen Gegenspieler: Angra Mainyu (pers., Böser Geist) oder Ahriman. Dementsprechend müssen sich die Menschen für die Seite des Guten oder des Bösen entscheiden und werden nach ihrem Tod ähnlich wie im Christentum oder Islam nach ihren Taten gerichtet.

c) Obwohl Zarathustra nur einen Gott predigte, tauchten in späterer Zeit ältere persische Götter als Unter- oder Nebengötter wieder auf, darunter Mithra, der vermutlich früher für Recht und Verträge stand und später zum Sonnengott wurde. Im römischen Kaiserreich wurde der Mithras-Kult bei den Soldaten enorm populär.

d) Die persischen Könige Kyros II. (601–530 v. Chr.) und Dareios I. (550–486 v. Chr.) waren persönlich sehr fromme und engagierte Anhänger von Ahura Mazda, tolerierten in ihrem Reich aber auch alle anderen Religionen.

Welches Gebet stellt das christliche Glaubensbekenntnis dar?

- a) Credo
- b) Gloria
- c) Sanctus
- d) Agnus Dei

a) Credo („Ich glaube") ist der lateinischsprachige Anfang des Glaubensbekenntnisses. Der Text wurde auf dem Konzil von Nicäa im Jahr 325 erstmals formuliert und 381 auf dem Konzil von Konstantinopel leicht überarbeitet. In der Westkirche wird aber meist nur eine verkürzte Version (Apostolisches Glaubensbekenntnis) verwendet.

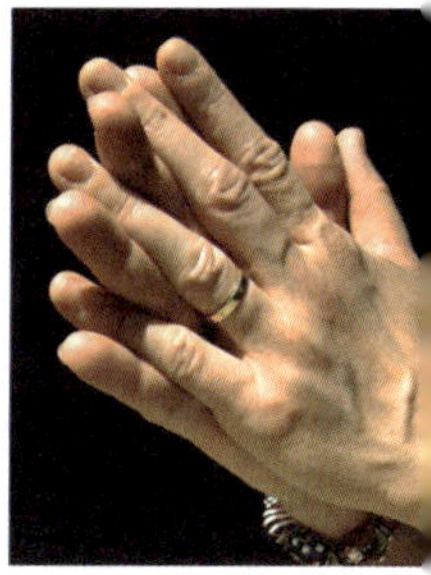

Hände eines Betenden

b) Gloria in excelsis deo (lat., Ehre sei Gott in der Höhe) sollen laut dem Lukas-Evangelium Engel in der Weihnachtsnacht gerufen haben. Seit dem 12. Jh. ist es als Jubelhymnus Teil der christlichen Messe.

c) Das Sanctus (lat., Heilig) ist ein Gebet, das in der Messe unmittelbar vor den Abendsmahlworten „Das ist mein Leib..." gesprochen wird. Es setzt sich aus einer Vision des Propheten Jesaja („Heilig, heilig, heilig, Gott, Herr aller Mächte und Gewalten") und dem Hosanna-Ruf zusammen.

d) „Seht das ist das Lamm Gottes (lat.: Agnus Dei), das hinweg nimmt die Sünde der Welt" soll laut dem Johannes-Evangelium Johannes der Täufer gesagt haben, als er Jesus zum ersten Mal begegnete. Dieser Ausruf wird mit dem Zusatz „Erbarme dich unser" in der Messe vor dem Empfang der Kommunion gesprochen.

Welcher Wochentag ist im Islam der Feiertag?

- ○ a) Freitag
- ○ b) Samstag
- ○ c) Sonntag
- ○ d) Keiner

a) Der erste Tag der muslimischen Zeitrechnung, der 16. Juli 622, war ein Freitag, weshalb diesem Tag im Islam eine besondere Bedeutung zukommt. Am Freitag um zwölf Uhr findet das vorgeschriebene Mittagsgebet mit anschließender Predigt in der Moschee statt.

b) Der Samstag (hebr.: Sabbat) ist der Ruhe- und Feiertag im Judentum. Obwohl die Sieben-Tage-Woche babylonischen Ursprungs ist, geht die Einrichtung eines Ruhetages am Ende der Woche wohl auf die Juden zurück. Biblische Begründung ist die Schöpfungsgeschichte, nach der Gott am siebten Tage ruhte. Traditionell beginnt der jüdische Sabbat am Freitagabend mit der Dämmerung.

Auferstehung Christi

c) Der Sonntag galt als Tag der Auferstehung Christi im Christentum von Anfang an als besonderer Tag, löste aber erst im 4. Jh. den Sabbat als Feiertag ab.

d) Im Hinduismus und Buddhismus gab es traditionell keinen derartigen Feiertag am Ende der Woche. Ethnologen glauben allerdings, dass in vielen Kulturen die (verschieden lange) Woche die Spanne zwischen zwei Markttagen darstellte. Damit hätte das Wochenende also eigentlich wirtschaftliche und nicht religiöse Wurzeln.

Was versteht man unter der christlichen Dreifaltigkeit?

- ○ a) die drei Gaben Glaube, Liebe, Hoffnung
- ○ b) die Drei-Reiche-Lehre
- ○ c) die Heilige Anna, Maria und Jesus
- ○ d) die Einheit von Gott, Jesus und dem Heiligen Geist

a) Thomas von Aquin (1225–74) ergänzte die vier Kardinaltugenden der antiken Philosophie – Gerechtigkeit, Weisheit, Tapferkeit und Mäßigkeit – um die bei Paulus erwähnten „christlichen Tugenden" Glaube, Liebe und Hoffnung.

b) Die Drei-Reiche-Lehre geht auf den mittelalterlichen Mystiker Joachim von Fiore (um 1130–1202) zurück. Er entwickelte die Vorstellung, die christliche Heilsgeschichte vollziehe sich in drei großen Etappen: dem alttestamentarischem Reich des Vaters, dem gegenwärtigen Reich des Sohnes und dem kommenden Reich des Heiligen Geistes.

c) Die in der christlichen Kunst beliebten Darstellungen von der heiligen Anna mit ihrer Tochter Maria und ihrem Enkel Jesus (Anna Selbdritt) sind ein Ausdruck der Volksfrömmigkeit. Die Mutter Marias kommt in der Bibel überhaupt nicht vor.

d) Nach der christlichen Dreifaltigkeitslehre (Trinitätslehre) sind der transzendente Gott, der historische Jesus und die für den Gläubigen spürbare Kraft Gottes (Heiliger Geist) ein einziges göttliches Wesen. Diese Vorstellung von verschiedenen Manifestationen eines Gottes findet sich auch in anderen Religionen.

Wo wurde Luther für vogelfrei erklärt?

- a) Reichstag zu Worms 1521
- b) Reichstag zu Speyer 1526
- c) Augsburger Bekenntnis 1530
- d) Augsburger Religionsfrieden 1555

a) Auf dem Reichstag zu Worms, ein Jahr nachdem Martin Luther (1483–1546) durch den Papst gebannt worden war, erklärte er sinngemäß: „Hier stehe ich und kann nicht anders." Daraufhin verhängte Kaiser Karl V. (1500–58) die Reichsacht über ihn. Doch der sächsische Kurfürst Friedrich der Weise (1463–1525) gewährte Luther Exil auf der Wartburg.

b) Angesichts des unmittelbar zuvor überstandenen Bauernkriegs und der anhaltenden Gefahr durch die Türken brauchte Karl V. die deutschen Fürsten. Deshalb ließ er sich auf dem Reichstag zu Speyer nötigen, das Wormser Edikt, das Luthers Schriften verbot, auszusetzen. Daraufhin begann der Aufbau der evangelischen Landeskirchen.

c) Als Karl V. die Beschlüsse von Speyer zurücknehmen wollte, legten fünf Fürsten und 14 Reichstädte 1530 auf dem Reichstag zu Augsburg mit dem „Augsburger Bekenntnis" Protest ein.

d) Nach dem Schmalkaldischen Krieg zwischen Kaiser und deutschen Protestanten 1546 vermittelte Karls Bruder Ferdinand I. (1503–64) auf einem weiteren Reichstag in Augsburg endlich eine Lösung: den Augsburger Religionsfrieden. Jeder Landesherr durfte seine Konfession frei wählen. Seine Untertanen mussten sich anpassen („Cuius regio eius religio").

Wer wurde auf dem Weg nach Damaskus bekehrt?

- a) der Apostel Paulus
- b) der Heilige Stephanus
- c) Flavius Josephus
- d) Jakobus der Gerechte

a) Sowohl die Apostelgeschichte als auch seine eigenen Briefe erzählen, dass Paulus (hebr.: Saul), der wohl wichtigste Missionar des frühen Christentums, anfangs ein fanatischer Gegner der jungen christlichen Gemeinde war. Angeblich wurde er auf dem Weg von Damaskus mit Blindheit geschlagen und von der Stimme Jesu zur Rede gestellt, woraufhin er Christ wurde.

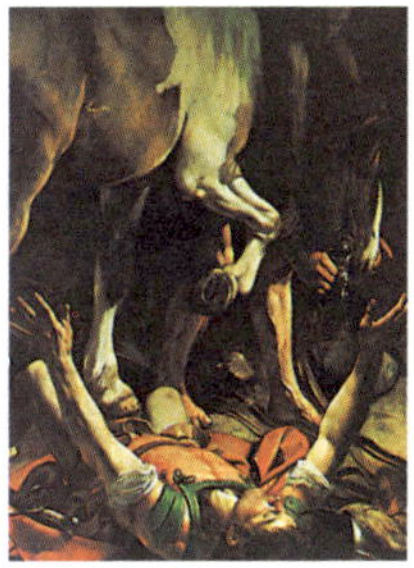

Caravaggio: *Die Bekehrung des Saulus,* 1601 (Rom, S. Maria del Popolo)

b) Der Diakon Stephanus war laut der Apostelgeschichte der erste Märtyrer der jungen christlichen Gemeinde, der von Mitgliedern des jüdischen Hohen Rates, darunter Paulus, gesteinigt wurde, vor seinem Tod aber Gott bat, den Mördern diese Schuld nicht anzurechnen.

c) Flavius Josephus (um 37–100) war ein bedeutender jüdischer Geschichtsschreiber, der für das Christentum eine besondere Rolle spielte, weil sich in seinen *Jüdischen Altertümern* zwei kurze Erwähnungen von Jesus und dessen Bruder Jakobus finden.

d) Jakobus der Gerechte, ein Bruder oder naher Verwandter von Jesus, spielte in den Evangelien noch keine Rolle, wurde aber laut der Apostelgeschichte nach Jesu Tod zusammen mit den Aposteln Petrus und Johannes einer der Führer der Jerusalemer Urgemeinde.

Wer darf den Papst wählen?

- a) Bischöfe
- b) Diakone
- c) Kardinäle
- d) Prälaten

a) Ein Bischof ist in den christlichen Kirchen das Oberhaupt der christlichen Gemeinden in einem bestimmten Gebiet. Je nach Kirche werden die Bischöfe entweder von den Gläubigen gewählt oder von einem Kirchenoberhaupt (z. B. Papst) ernannt.

b) Ein Diakon (griech., Diener) ist in den christlichen Kirchen ein geistlicher Würdenträger, der jedoch unter dem Pfarrer steht. Je nach Kirche darf er z. B. nicht predigen oder außer der Taufe kein Sakrament spenden. In der katholischen Kirche dürfen Diakone verheiratet sein.

c) In der katholischen Kirche hat der Papst das Recht, nach eigenem Gutdünken Bischöfe und (in Ausnahmefällen auch) Priester zu Kardinälen zu ernennen. Diese besitzen dann besondere Ehrenrechte, vor allem aber dürfen sie – sofern sie nicht über 80 Jahre alt sind – im Falle eines Falles den Papst wählen. Als Kurienkardinäle werden die Kardinäle bezeichnet, die Ämter innerhalb des Vatikans haben.

Fassade der Sixtinischen Kapelle; hier wird der Papst gewählt

d) Prälat ist ein ziemlich uneinheitlich gebrauchter Titel. In der katholischen Kirche bezeichnet er einige vatikanische Würdenträger, in manchen protestantischen die Stellvertreter eines Bischofs.

Was sind die fünf Säulen des Islam?

- a) fünf herausragende religiöse Führer
- b) fünf religiöse Zentren
- c) fünf Glaubenswahrheiten
- d) fünf religiöse Pflichten

a) Neben dem letzten Propheten Mohammed gelten auch Jesus und zahlreiche Figuren des Alten Testaments als Propheten, z. B. Adam, Abraham, Noah, Moses, David, Salomon oder Johannes der Täufer. Neben Mohammed nehmen die ersten vier Kalifen eine besondere Rolle ein, weil sie sowohl von Schiiten als auch Sunniten verehrt werden.

b) Die wichtigsten heiligen Städten des Islam sind Mekka, Medina und Jerusalem. Als bedeutendste theologische Einrichtung des Islam wird von den meisten sunnitischen Muslimen gegenwärtig die Azhar-Universität in Kairo betrachtet.

c) Das zentrale Glaubensbekenntnis des Islam lautet: „Es gibt keine Götter außer Allah. Mohammed ist der Gesandte Gottes." Der Koran fordert neben dem Glauben an Gott und seine Propheten auch den an Gottes Engel, seine Schriften und den jüngsten Tag.

d) Als die fünf Säulen des Islam werden fünf Pflichten eines gläubigen Muslims bezeichnet: das Aussprechen des Glaubensbekenntnisses, das Einhalten der fünf täglichen Gebetszeiten, die finanzielle Unterstützung bedürftiger Glaubensgenossen, das Fasten im Ramadan und mindestens eine Wallfahrt im Leben – wenn irgendwie machbar nach Mekka.

Wie nennt man im Buddhismus einen Erleuchteten?

- ◯ a) Siddartha Gautama
- ◯ b) Bodhisattva
- ◯ c) Sadhu
- ◯ d) Buddha

a) Siddharta Gautama war der Name des buddhistischen Religionsstifters, eines nepalesischen Prinzen, der wahrscheinlich im 5. und 6. Jh. v. Chr. gelebt hat. Er soll auf der Suche nach der Erleuchtung zunächst die traditionellen hinduistischen Wege ausprobiert und dann den des Buddhismus gefunden haben.

b) Als Bodhisattvas (sanskrit, erwachte Wesen) werden Wesen bezeichnet, die fähig zur Erleuchtung wären, aber trotzdem nicht in das Nirvana eingehen, bevor nicht alle anderen Wesen ebenfalls zur Erleuchtung gefunden haben. Diese Wesen werden teils irdisch, teils transzendental gedacht. Der Dalai-Lama gilt z. B. in Tibet als Inkarnation eines Bodhisattvas, der aus Mitgefühl freiwillig immer wieder geboren wird.

c) Als Sadhu (sanskrit, Guter) wird im Hinduismus ein Mensch bezeichnet, der sich dem weltlichen Leben weitgehend entzieht und nur bestrebt ist, die Erlösung vom irdischen Dasein zu erreichen. Viele Sadhus leben als radikale Asketen.

d) Als Buddha (sanskrit, Erwachter) wird im Buddhismus ein Wesen bezeichnet, das die Erleuchtung erlangt hat, damit vom Kreislauf der Widergeburten befreit ist und ins Nirvana eingehen kann. Dies soll bisher aber noch kaum jemand geschafft haben.

Was ist ein Rabbiner?

- ◯ a) Priester
- ◯ b) Schriftgelehrter
- ◯ c) Vorbeter
- ◯ d) Gemeindevorstand

a) Die jüdischen Priester (Kohen) vollzogen die Rituale und Opfer im Jerusalemer Tempel. An ihrer Spitze standen der Hohepriester und der Hohe Rat (Sanhedrin). Seit der Zerstörung des Tempels gelten die Nachkommen der damaligen Priester zwar immer noch als Kohen, doch ein wirkliches Priesteramt gibt es nicht mehr.

Schriftrolle der Tora

b) Ein Rabbi (hebr., Meister) ist ein Schriftgelehrter, der den Talmud und die Gesetze der Tora auslegen kann. Heute allerdings übernehmen viele Gemeinderabbiner auch verwaltungstechnische und seelsorgerische Aufgaben.

c) Rabbiner können als Leiter eines Gottesdienstes fungieren, traditionell ist dies jedoch die Aufgabe des Vorbeters (Chazzan), der eine entsprechende liturgische und musikalische Ausbildung hat. Rein rechtlich kann jedoch jeder Gläubige einen Gottesdienst leiten.

d) Die Mitglieder der jüdischen Gemeinden wählen einen Gemeinderat, der aus seiner Mitte wiederum den Gemeindevorstand bestimmt. Dieser vertritt die Gemeinde auch gegenüber höheren Laiengremien, wie etwa dem Zentralrat der Juden in Deutschland. Daneben gibt es regionale Rabbinerkonferenzen.

Welcher von Jesu Titeln bedeutet „Meister“?

- a) Christus
- b) Heiland
- c) Rabbi
- d) Kyrios

a) Christus ist das griechische Wort für den hebräischen Titel Messias (Gesalbter). So nannte man im Judentum einen Friedensfürsten, dessen Kommen viele Propheten (z. B. Jesaja) angekündigt hatten. Die Evangelien erzählen, dass Jesus öfters angesprochen worden sei, ob er dieser Messias sei. Nach jüdischer Vorstellung bringt der Messias jedoch ewigen Frieden, Gerechtigkeit und die Herrschaft Gottes über die ganze Welt mit sich.

b) Heiland ist eine alte deutsche Bezeichnung für den griechischen Titel Soter bzw. das lateinische Salvator (Erlöser). Die Vorstellung, dass Jesus die Menschen durch seinen Tod von der Erbsünde und damit der ewigen Verdammnis erlöst hat, findet sich in den Briefen des Paulus.

Darstellung Jesu

c) Mit dem jüdischen Titel Rabbi (hebr., Meister) wird Jesus in den Evangelien gewöhnlich angesprochen. Er wird damit als Schriftgelehrter und theologischer Lehrer anerkannt.

d) Das griechische Kyrios (Herr) meint in der Regel eher Gott, den Vater, als Jesus. Das deutsche Wort „Kirche“ leitet sich davon ab. Denn für die Gemeinschaft der an einen bestimmten Gott Glaubenden gab es im Germanischen keine Bezeichnung.

Wo lebten die Päpste im 14. Jh. im Exil?

- a) Cluny
- b) Avignon
- c) Engelsburg
- d) Castel Gandolfo

a) Die Benediktinerabtei von Cluny in Burgund war im 11. Jh. Ausgangspunkt einer bedeutenden religiösen Reform, die erst mehr Frömmigkeit in den Klöstern anmahnte und sich später gegen weltliche Einflüsse in der Kirche wandte, wie Ämterkauf oder Bischofsernennung durch Fürsten (Laieninvestitur). Gleichzeitig entstand in Cluny die damals größte Kirche der Welt.

b) 1305 wurde der südfranzösische Adelige Bertrand de Got als Clemens V. (1250/65–1314) Papst. Vier Jahre später floh er vor den rivalisierenden Adelscliquen in Rom und ließ sich in Avignon nieder. Nach seinem Tod wurde in Lyon wieder ein Franzose zum Papst gewählt. In der Folge bauten die Päpste ihren Palast in Avignon aus und beriefen immer mehr Franzosen in hohe Positionen. 1377 bewegte Katharina von Siena (1347–80) Gregor XI. (Pierre Roger de Beaufort, 1329–78) zur Rückkehr nach Rom.

c) Die Engelsburg ist ein von Kaiser Hadrian (76–138) errichtetes Mausoleum in Rom. Seit dem 13. Jh. war sie durch einen geheimen Gang mit dem Papstpalast verbunden und diente verschiedenen Päpsten immer wieder als kurzzeitige Zuflucht. Sie war aber auch Gefängnis und Folterkeller.

d) Das Castel Gandolfo, 20 km südlich von Rom, ist seit dem 19. Jh. die Sommerresidenz der Päpste.

Welcher Jesuit wurde von den Nazis hingerichtet?

- a) Alfred Delp
- b) Martin Niemöller
- c) Dietrich Bonhoeffer
- d) Paul Schneider

a) Der Jesuitenpater Alfred Delp (1907–45) war einer der führenden Köpfe im Kreisauer Kreis, einer Gruppe, die eine Neuordnung der Gesellschaft für die Zeit nach dem Nationalsozialismus vorzubereiten versuchte. Er wurde nach dem Stauffenberg-Attentat vom 20. Juni 1944 auf Hitler festgenommen und hingerichtet. Vorher bot ihm die Gestapo die Freiheit an, falls er aus seinem Orden austrete.

b) Martin Niemöller (1892–1984) war ein evangelischer Theologe, der sich vom Anhänger des Nationalsozialismus zum entschiedenen Gegner wandelte. Er war einer der Initiatoren der Bekennenden Kirche, die sich Eingriffen der Nazis in Kircheninterna widersetzte. Von 1937 bis Kriegsende war er im KZ interniert.

c) Dietrich Bonhoeffer (1906–45) war ein Pfarrer der Bekennenden Kirche, der ein bedeutendes theologisches Werk hinterließ. Ab 1938 war er zudem Mitglied der Widerstandsgruppe um Wilhelm Canaris (1887–1945) und Hans Oster (1888–1945) und wurde kurz vor Kriegsende hingerichtet.

d) Paul Schneider (1897–1939), ebenfalls Mitglied der Bekennenden Kirche und kämpferischer Pfarrer im Hunsrück, wurde 1937 ins KZ Buchenwald gebracht, wo er bis zu seiner Ermordung trotz ständiger Strafen als Prediger agierte.

Wo gibt es kein Zölibat?

- a) katholische Kirche
- b) orthodoxe Kirche
- c) protestantische Kirche
- d) Buddhismus

a) In der römisch-katholischen Kirche spielt das Zölibat, das Verbot einer Heirat oder jeder anderen sexuellen Beziehung, eine große Rolle. Sowohl Priester als auch Mönche und Nonnen müssen zölibatär leben. Konsequent durchgesetzt wurde diese Forderung allerdings erst seit dem 12. Jh.

b) In den orthodoxen (und auch den katholisch-unierten) Kirchen müssen nur Ordensleute und Bischöfe zölibatär leben. Priester dürfen verheiratet sein, aber nicht mehr nach ihrer Weihe heiraten. Das gilt nicht nur für Junggesellen, sondern auch für Witwer.

c) Martin Luther (1483–1546), der selbst Augustiner-Mönch gewesen war, schaffte sowohl die Klöster wie das Zölibat ab. Zwar gibt es auch innerhalb der protestantischen Kirchen Gemeinschaften, die klosterähnlich und zölibatär leben, jedoch handelt es sich dabei um freie Entscheidungen, nicht um Kirchenvorschriften.

Martin Luther

d) Auch im Buddhismus müssen Mönche und Nonnen zölibatär leben. Jedoch ist der Eintritt in ein Kloster nicht lebenslänglich bindend. In manchen buddhistischen Gemeinschaften sind kürzere Klosteraufenthalte sogar üblich.

Wo beten Muslime?

- ◯ a) Synagoge
- ◯ b) Medrese
- ◯ c) Moschee
- ◯ d) Minarett

a) Die Synagoge (griech., Versammlungshaus) ist das Gebetshaus der Juden. Eine Synagoge ist kein geweihter Raum wie eine christliche Kirche, sondern kann auch für Gemeindeversammlungen benutzt werden. Als heiliger Ort gilt allerdings der Schrein, in dem die Torarollen untergebracht sind.

b) Als Medrese oder Madrasa werden islamische Bildungsstätten bezeichnet, die oft zu einer Moschee gehören oder in deren Nachbarschaft entstanden. Aus solchen Medresen sind auch die islamischen Universitäten hervorgegangen.

Gebet in der Lahore-Moschee in Pakistan

c) Eine Moschee ist ein „Ort der Niederwerfung". Sie dient vor allem dem gemeinsamen Gebet, kann aber auch als Versammlungsraum genutzt werden. An der Stirnwand befindet sich die halbrunde Gebetsnische (Mihrab). Sie dient einerseits der vorgeschriebenen Ausrichtung nach Mekka, andererseits verstärkt sie die Worte des Vorbeters akustisch. Eine Freitagsmoschee zeichnet sich dadurch aus, dass sie eine Kanzel (Minbar) für Predigten hat.

d) Minarette sind die Türme der Moscheen, von denen aus der Muezzin (Ausrufer) traditionell fünfmal am Tag zum Gebet aufruft. Heute geschieht dies allerdings meist über Lautsprecher.

Welche Gemeinschaft gründete Mutter Teresa?

- ◯ a) Communauté de Taizé
- ◯ b) Missionarinnen der Nächstenliebe
- ◯ c) Salesianer
- ◯ d) Diakonissen

a) Der protestantische Schweizer Theologe Roger Schutz (1915–2005) versteckte im Ort Taizé in Burgund während des Zweiten Weltkrieges Flüchtlinge, betreute danach Kriegswaisen und gründete 1949 einen ökumenischen Männerorden. Diese Communauté de Taizé ist jedes Jahr Gastgeber für etwa 200.000 Christen, vor allem Jugendliche. Bekannt wurden auch die charakteristischen Lieder von Taizé.

b) Die Missionarinnen der Nächstenliebe sind der Orden, den die albanische Nonne Agnes Gonxha Bojaxhiu (1910–97), besser bekannt als Mutter Teresa, 1950 gründete. Vier Jahre zuvor hatte sie begonnen, sich um Sterbende und Leprakranke im indischen Kalkutta (Kolkata) zu kümmern.

c) Es gibt fast 40 Ordensgemeinschaften, die auf den französischen Mystiker Franz von Sales (1567–1622) zurückgehen. Die bedeutendste darunter sind die Salesianer Don Boscos (1815–88), die sich vor allem der Jugendseelsorge und Jugendsozialarbeit widmen.

d) Die Diakonissen sind protestantische, ordensähnliche Gemeinschaften, die Pfarrer Theodor Fliedner (1800–64) im Jahr 1836 gründete. Die Diakonissinnen arbeiten vor allem in der Krankenpflege. Sie sind Mitglied im Diakonischen Werk, dem Wohlfahrtsverband der evangelischen Kirche.

Welche Richtung des Buddhismus ist in Japan verbreitet?

- ○ a) Shaolin
- ○ b) Zen
- ○ c) Ikebana
- ○ d) Budo

a) Das Shaolin-Kloster ist ein Kloster in China. Dort soll im 6. Jh. ein indischer Mönch einen legendären Kampfstil erfunden haben – eigentlich nur, um die Mönche fit für die stundenlangen Meditationsübungen zu machen. In der Ming-Ära hatte das Kloster dann aber eine Armee mit mehreren Tausend Kämpfern.

b) Der japanische Zen-Buddhismus geht auf den chinesischen Chan-Buddhismus zurück, der auch im Kloster von Shaolin entstanden sein soll. Charakteristisch ist das stundenlange Meditieren, bei dem man alle Gedanken und Gefühle auslöschen soll. Zen wird – wie das indische Yoga – auch von Angehörigen anderer Religionen als Meditationstechnik genutzt.

c) Ikebana ist eine japanische Kunst des Blumenarrangierens, die sich vermutlich aus dem Schmücken der buddhistischen Tempel heraus entwickelt hat. Wie viele andere Elemente der japanischen Kultur – Teezeremonie, Kalligrafie, Flötenspiel, Gartengestaltung, Bogenschießen – wurde auch Ikebana als meditative Beschäftigung in den Zen-Buddhismus integriert.

d) Budo (Weg des Kriegers) ist ein Oberbegriff für alle japanischen Techniken der Kampfkunst, die einer inneren Philosophie folgen und auch als religiös-spirituelle Übung betrieben werden können.

Welcher Astronom wurde von der Kirche als Ketzer verbrannt?

- ○ a) Nikolaus Kopernikus
- ○ b) Giordano Bruno
- ○ c) Galileo Galilei
- ○ d) Johannes Kepler

a) Der Geistliche Nikolaus Kopernikus (1473–1543) stellte 1509 zum ersten Mal seit der Antike wieder die These auf, dass die Sonne Mittelpunkt des Planetensystems ist. Da er dies aber nicht beweisen konnte, musste er von Freunden – darunter auch Bischöfe – erst zur Veröffentlichung gedrängt werden.

b) Der Dominikanermönch Giordano Bruno (1548–1600) wurde in Rom verbrannt. Er bekannte sich aber nicht nur zum kopernikanisches Weltbild, sondern propagierte auch pantheistische Vorstellungen und lehnte kirchliche Dogmen ab, z. B. dass Jesus Gottes Sohn gewesen sei.

Giordano Bruno

c) Galileo Galilei (1564–1642) gelangen astronomische Beobachtungen, die Kopernikus' Weltbild untermauerten. Er wurde anfangs von der Kirche gefördert. Als er jedoch das kopernikanische Weltbild nicht mehr als These, sondern als Tatsache behandelte, wurde er 1632 zum Widerruf gezwungen und zu Hausarrest und Lehrverbot verurteilt.

d) Johannes Kepler (1571–1630) bewies durch seine Gesetze über die Planetenbahnen die Richtigkeit von Kopernikus' Weltbild. Dies führte auch zu Anfeindungen, die ihn mehrmals umziehen ließen.

Warum wurden Adam und Eva aus dem Paradies verjagt?

- a) Sie aßen vom Baum der Erkenntnis.
- b) Sie aßen vom Baum des Lebens.
- c) Sie waren nackt.
- d) Sie hatten Sex.

Was befand sich im Allerheiligsten des Jüdischen Tempels?

- a) Götterbild
- b) Reliquien
- c) Bundeslade
- d) Altar

a) Die Schöpfungsgeschichte berichtet, dass Gott Adam und Eva verbietet, vom Baum der Erkenntnis zu essen. Die Schlange verrät, warum. Wer von dem Baum isst, wird wie Gott, da er Gut und Böse unterscheiden kann. Adam und Eva wollen das und essen. In der christlichen Theologie gilt dies als Erbsünde, mit der alle Menschen behaftet sind, weil auch sie Gut und Böse unterscheiden können, damit zur Sünde fähig sind und zwangsläufig auch sündigen werden.

Lucas Cranach d. Ä.: *Adam und Eva im Garten Eden*

b) Der Baum des Lebens ist ein zweiter Baum im Paradies. Nach dem Sündenfall vertreibt Gott die Menschen aus dem Paradies, damit sie nicht auch noch vom Baum des Lebens essen und damit ewig leben.

c) Dass sie nackt sind, erkennen Adam und Eva erst nach dem Sündenfall und schämen sich plötzlich dafür. Damit stellen sie ihre Fähigkeit, Gut und Böse zu unterscheiden unter Beweis, denn Nacktheit ist im gesamten Alten Testament ein schweres Vergehen.

d) In der christlichen Tradition wurden immer wieder Verbindungen zwischen Erbsünde und Sex hergestellt. In der Bibel steht jedoch nichts dergleichen.

a) Das erste der Zehn Gebote verbietet nicht nur Götterbilder, sondern jegliche Abbilder „von dem, was droben im Himmel oder auf der Erde oder im Wasser oder unter der Erde ist." Im Gegensatz zum Christentum hat sich das Judentum – und später auch der Islam – weitgehend daran gehalten. Allerdings befanden sich im Allerheiligsten zwei Statuen von Cherubim (geflügelte Wächter).

b) Auch Reliquienverehrung gab es im Judentum nicht. Die Gewohnheit, Körperteile von Heiligen oder Gegenstände aus ihrem Besitz zu verehren, kennen die katholische und die orthodoxe Kirche, der Buddhismus und in geringem Ausmaß der Islam.

c) Im Buch Exodus erhält Moses von Gott eine detaillierte Bauanweisung für einen Zelttempel und eine goldene Bundeslade, die im Allerheiligsten stehen soll. In ihr sollen die Steintafeln mit den Zehn Geboten aufbewahrt werden. König Salomo ersetzte den Zelttempel durch einen Tempelbau. Bei der Eroberung Jerusalems durch die Babylonier im Jahr 586 v. Chr. soll die Lade verschollen sein.

d) Das Allerheiligste durfte nur der Hohepriester an Jom Kippur betreten. Rauchopfer wurden an einem Altar vor dem Allerheiligsten, Brandopfer im Vorhof des Tempels dargebracht.

Mit wem beging König David Ehebruch?

- ◯ a) Bathseba
- ◯ b) Susanna
- ◯ c) Königin von Saba
- ◯ d) Prinzessin Yezebel

a) König David, so erzählt die Bibel, habe Bathseba von seinem Palast aus beim Baden gesehen und ließ sie zu sich bringen. Anschließend sorgte er dafür, dass ihr Mann Uria im Krieg umkam. Als Strafe ließ Gott Davids und Bathsebas Kind sterben, schenkte ihnen aber, als sie bereuten, den Sohn Salomon.

b) Die schöne Susanna kommt im Buch Daniel vor. Zwei alte Männer wollen sie verführen. Als Susanna sich nicht darauf einlässt, erzählen sie, sie hätten Susanna mit einem jungen Mann Ehebruch begehen sehen. Der Prophet Daniel jedoch überführt die beiden im Kreuzverhör.

c) Laut biblischem Bericht besuchte die Königin von Saba – die eine historische Person sein könnte – König Salomo, um seine legendäre Weisheit kennenzulernen. Die Überlieferung hat den beiden eine Romanze angedichtet.

d) Yezebel (oder Isebel) war eine phönizische Prinzessin, Frau des Königs Ahab, der Israel vermutlich von 874 bis 852 v. Chr. regierte. Die Bibel berichtete, dass sie Ahab zur Verehrung phönizischer Götter verführte und auch darüber hinaus durch und durch schlecht gewesen sei. Ihr Name wurde zum Synonym für eine machtbesessene und skrupellose Frau und ihr Leichnam angeblich den Hunden zum Fraß vorgeworfen.

Welche religiöse Bewegung steht in enger Beziehung zur Reggae-Musik?

- ◯ a) Voodoo
- ◯ b) Rastafari
- ◯ c) Yoruba
- ◯ d) Synkretismus

a) Voodoo ist eine Religion, die ursprünglich aus Westafrika kommt, aber im Zeitalter der Sklaverei auch in der Karibik Fuß fasste und dort mit christlichen Elementen vermischt wurde. Eine große Rolle spielen schamanische Elemente wie Trance-Tänze, Opfer und magische Praktiken. Auf Haiti sind fast alle Einwohner sowohl Anhänger des Voodoo als auch der katholischen Kirche.

b) Die Rastafari-Bewegung auf Jamaika wurde durch die Krönung des äthiopischen Kaisers Haile Selassie (1892–1975) ausgelöst. Er wurde als der wiedergeborene Messias angesehen. Rastafari mischt Bibel und afrikanische Kultur. Im Roots-Reggae, den die Musiker um Bob Marley (1945–81) entwickelten, finden sich auch Elemente der Rastafari-Spiritualität.

Bob Marley

c) Die Yoruba leben vor allem in Nigeria. Ihre Religion übte einen großen Einfluss auf ganz Westafrika aus. Die Yoruba glauben an einen Schöpfergott, aber viele Geistwesen. Für ein gutes Leben ist ein möglichst intensiver Kontakt zu dieser transzendenten Sphäre wichtig.

d) Als Synkretismus bezeichnet man die Vermischung verschiedener Religionen, wie z. B. im Voodoo oder Rastafari.

Welche Bedeutung hat die Klagemauer für die Juden?

- ○ a) Hier fand ein Massenselbstmord statt.
- ○ b) Hier starb der Widerstandskämpfer Bar Kochba.
- ○ c) Sie stellt den letzten Rest des Tempels dar.
- ○ d) Hier fand der biblische Kindermord statt.

a) Ein Massenselbstmord fand im Jahr 73 in Massada südlich des Toten Meeres statt. In der von den Römern belagerten Festung brachten sich knapp 1000 Männer, Frauen und Kinder um. Sie waren die letzten Kämpfer des jüdischen Aufstandes gegen die Römer, der im Jahr 65 begonnen hatte.

b) Simon Bar Kochba war der Anführer eines weiteren Aufstandes gegen die Römer, der von 132 bis 135 dauerte. Er starb in einem belagerten Kastell südlich von Jerusalem. Die Römer zerstörten anschließend Hunderte von Dörfern und Städten, vertrieben alle Juden aus dem Land und nannten es um in Syria Palaestina.

Die Klagemauer

c) Im Jahr 70 eroberten die Römer Jerusalem und zerstörten sowohl die Stadt wie den Tempel. Übrig blieb nur ein Teil der Befestigungsmauer der Tempelanlage – die Klagemauer.

d) Den biblischen Kindermord hat es vermutlich nie gegeben. Außerdem ist er keine jüdische, sondern eine christliche Legende und soll in Bethlehem stattgefunden haben. Der angebliche Täter, Herodes der Große (um 73–4 v. Chr.), war als König von Roms Gnaden aber auch den Juden verhasst.

Welcher christliche Feiertag liegt neun Monate vor Weihnachten?

- ○ a) Johannisnacht
- ○ b) Wintersonnenwende
- ○ c) Ostern
- ○ d) Mariae Verkündigung

a) Der Evangelist Lukas erzählt, Johannes der Täufer sei ein Verwandter von Jesus gewesen und genau sechs Monate vor diesem auf die Welt gekommen. Deshalb wird das Johannisfest am 24. Juni gefeiert. Da dieser Tag nach dem alten Julianischen Kalender auch der Tag der Sommersonnenwende war, wurden vorchristliche Bräuche übernommen, wie die großen nächtlichen Feuer.

b) Nach dem Julianischen Kalender war der 24. Dezember mit der Wintersonnenwende identisch, weshalb Weihnachten in Skandinavien auch noch nach dem alten germanischen Wintersonnwendfest Jul heißt.

c) Ostern, das Fest von Christi Auferstehung, wird nicht an einem festen Termin gefeiert, sondern jedes Jahr am Sonntag nach dem jüdischen Pessachfest, wobei die Methoden von Christen und Juden, den Pessachtermin zu berechnen, inzwischen nicht mehr übereinstimmen.

d) Laut dem Lukas-Evangelium soll der Engel Gabriel Maria verkündet haben, dass sie durch den Heiligen Geist und damit durch Gott schwanger werde – was neun Monate vor der Geburt geschah. Das Fest Maria Empfängnis (8. Dezember) bezieht sich dagegen auf den Zeitpunkt, als Marias Mutter schwanger wurde, und findet deshalb neun Monate vor dem angeblichen Geburtstag Marias am 8. September statt.

Welche Inschrift soll sich auf Jesu Kreuz befunden haben?

- ◯ a) Ecce Homo
- ◯ b) INRI
- ◯ c) ein Monogramm aus Chi und Rho
- ◯ d) Alpha und Omega

a) „Ecce Homo" (lat., seht den Menschen), soll der römische Statthalter Pontius Pilatus laut dem Johannes-Evangelium gesagt haben, nachdem er Jesus von seinen Soldaten geißeln und mit purpurrotem Mantel und Dornenkrone hatte verhöhnen lassen. Die biblische Darstellung, dass Pilatus Jesus nur gedrängt vom Volk und dem Hohen Rat zum Tode verurteilen ließ, ist unter Historikern stark umstritten.

b) Genau genommen schreibt der Evangelist Johannes in der Bibel, Pilatus habe auf hebräisch, lateinisch und griechisch die Worte „Jesus der Nazoräer, König der Juden" auf einer Tafel am Kreuz anbringen lassen. INRI ist die Abkürzung für die lateinische Inschrift „Iesus Nazarenus Rex Iudaeorum".

c) Ein Monogramm aus den beiden griechischen Anfangsbuchstaben von Christus (Chi und Rho), die wie X und P aussehen, war in der verfolgten Urkirche ein Geheimzeichen für Christus. Ein anderes war der Fisch, aus dessen Namen sich auf Griechisch der Satz „Jesus Christus, Gottes Sohn, Erlöser" bilden ließ.

d) Der erste und der letzte Buchstabe des griechischen Alphabets gelten als christliches Gottessymbol, weil in der Offenbarung des Johannes steht: „Ich bin das Alpha und das Omega, spricht der Herr."

Mit wem war Abraham verheiratet?

- ◯ a) Debora
- ◯ b) Rebekka
- ◯ c) Sarah
- ◯ d) Miriam

a) Im alttestamentarischen Buch der Richter kommt mit Debora auch eine Richterin vor, die in der Vorkönigszeit zu den Führern des Volkes Israel gehörte und gleichzeitig eine Prophetin war. Sie hielt unter einer Palme im Gebirge Gerichtssitzungen ab und besiegte einen kanaanäischen König.

b) Rebekka ist in der biblischen Geschichte die Frau und Cousine von Abrahams Sohn Isaak. Im Gegensatz zu ihrem Mann liebt sie Jakob, den Jüngeren ihrer Zwillingssöhne, mehr und hilft ihm, sich den Erstgeburtssegen des Vaters zu erschleichen.

Julius Schnorr von Carolsfeld: *Drei Engel bei Abraham*

c) Die Bibel erzählt, dass Abraham fast 100 und Sarah nahezu 90 Jahre alt waren, als drei Engel ihnen verkündeten, dass sie demnächst einen Sohn haben würden. Sarah brach daraufhin in Gelächter aus, wurde aber von Gott zurechtgewiesen. Nach Isaaks Geburt nötigte Sarah ihren Mann, ihre Magd Hagar und deren Sohn von Abraham, Ismael, zu verjagen.

d) Miriam war die Schwester von Moses und Aaron. Sie wird in der Bibel als Prophetin bezeichnet. Sie ist im Alten Testament die einzige Frau mit diesem Namen, während in den Evangelien gleich vier Frauen auftauchen, die Miriam (lat. = Maria) heißen.

Auf welchem Berg strandete Noah mit seiner Arche?

- ◯ a) Horeb
- ◯ b) Karmel
- ◯ c) Nebo
- ◯ d) Ararat

a) Auf dem „Gottesberg“ Horeb soll Gott dem jungen Moses in einem brennenden Dornbusch begegnet sein und ihm seinen Namen Jahwe (Ich bin da) offenbart haben. Der Horeb wird oft mit dem Berg Sinai oder Mosesberg gleichgesetzt, auf dem Moses die Zehn Gebote erhalten haben soll. Doch die Bibel erzählt, der Horeb sei in Midian, das man östlich des Roten Meeres vermutet.

b) Der Karmel ist ein Gebirge in Israel rund um Haifa. Dort ließen sich im 12. Jh. Eremiten nieder, die mit den Kreuzfahrern ins Land gekommen waren, und gründeten später den Orden der Karmeliten. Ihre Klöster werden auch oft als Karmel bezeichnet.

c) Der Nebo oder Dschabal Nibu ist ein gut 800 m hoher Berg in Jordanien in der Nähe des Toten Meeres. Der Bibel nach soll Gott Moses kurz vor seinem Tod von dort das „Gelobte Land“ gezeigt haben, das die Israeliten unter seinem Nachfolger Josua anschließend eroberten.

d) Wegen ihrer Bosheit, so erzählt die Bibel, habe Gott die ganze Menschheit durch eine Sintflut vernichtet und nur den frommen Noah mit einer Arche gerettet, in der ein Paar von jeder Tierart überlebte. Nach fünf Monaten auf dem Wasser soll Noah auf dem über 5000 m hohen Ararat in der Osttürkei aufgelaufen sein.

Die Arche strandet am Berg Ararat

Wie nennt man die Offenbarung des Johannes noch?

- ◯ a) Jüngstes Gericht
- ◯ b) Armageddon
- ◯ c) Apokalypse
- ◯ d) Apokryphe

a) In der Offenbarung wird das Jüngste Gericht am Ende der Zeiten ausführlich beschrieben. Doch auch Jesus kündigte laut dem Matthäus-Evangelium an, dass Gott einmal alle Menschen sammeln und über sie Gericht halten werde. Dabei zähle, was der Mensch dem Geringsten seiner Brüder getan habe. Auf die Gerechten warte ewiges Leben, auf die Verfluchten ewige Strafe.

b) Die Offenbarung kündigt vor dem Jüngsten Gericht einen Endkampf des Bösen gegen Gott an. Es heißt, die Scharen des Bösen werden sich bei einem Ort versammeln, der auf Hebräisch Armageddon heißt. Das Wort steht deshalb für Weltuntergang oder Endkampf.

c) Apokalypse ist der griechische Begriff für Offenbarung. Die Bezeichnung der biblischen Johannes-Offenbarung mit ihrem Weltuntergangsszenario hat dafür gesorgt, dass apokalyptisch zu einem Synonym für welterschütternd geworden ist, obwohl keineswegs jede (angebliche) Offenbarung mit dem Weltuntergang zu tun haben muss.

d) Als Apokryphen (griech., verborgene Schriften) werden Texte bezeichnet, die für sich reklamieren, religiöse Wahrheiten zu enthalten, aber von der Kirche nicht in den biblischen Kanon aufgenommen wurden, z. B. das Thomas-Evangelium, die Paulus-Akten oder die Apokalypse des Petrus.

Welche Klostergemeinschaft begreift sich als autonome Republik?

- a) Meteora
- b) Athos
- c) Göreme
- d) Dharamsala

Nach welcher indischen Göttin wurde die Witwenverbrennung benannt?

- a) Maya
- b) Sati
- c) Kali
- d) Seppuku

a) Die Meteora-Klöster sind eine Anlage von 24 Klöstern und Einsiedeleien, die im griechischen Pindos-Gebirge auf spektakuläre Weise auf einen freistehenden Felsen gebaut wurden. Sie wurden im 10. oder 11. Jh. gegründet. Vorbild war die Klostergemeinschaft vom Athos. Heute können nur noch einige der Klöster bewohnt werden.

b) Die Mönchsrepublik auf dem Berg Athos genießt in Griechenland einen autonomen Status und darf überdies nicht von Frauen betreten werden. Hier wohnen etwa 2000 orthodoxe Mönche in 20 Klöstern, unter denen es allerdings interne Konflikte gibt. Dazu kommen einige Einsiedler.

c) Rund um Göreme im anatolischen Kappadokien befindet sich eine Landschaft aus weichem Tuffstein, in die etwa 200 unterirdische Siedlungen und noch mehr Höhlenkirchen und Höhlenklöster gegraben worden sind. In römischer Zeit war Kappadokien eine Zuflucht für die verfolgten Christen, später dienten die Höhlen als Schutz vor arabischen Überfällen oder ganz einfach vor der Sommerhitze.

d) Dharamsala ist ein kleiner Ort im Norden Indiens, wo seit 1959 der Dalai Lama und einige tausend Exiltibeter Zuflucht fanden. Seitdem entstanden in „Little Lhasa“ auch zahlreiche neue buddhistische Klöster.

a) Maya (Sanskrit, Illusion) bezeichnet im Hinduismus und im Buddhismus den Irrglauben, dass die sinnlich begreifbare Welt die Realität sei. Beide Religionen glauben, dass die wahre Realität nur durch Überwinden dieser Illusion gefunden werden kann. Im Hinduismus wird Maya als Göttin gesehen, die mit ihrem Schleier die Wahrheit verhüllt.

Witwenverbrennung in Indien

b) Als Sati (Sanskrit, die Wahre) wurde in Indien die etwa seit Beginn des 6. Jh. praktizierte, rituelle Selbstverbrennung von Witwen bezeichnet. Namensgeberin ist die Göttin Sati, die sich nach einem Streit zwischen ihrem Vater und ihrem Gatten Shiva aus Gram selbst verbrannt haben soll.

c) Kali (Sanskrit, die Schwarze) ist ein zerstörerischer Aspekt der indischen Muttergottheit Shakti. Kali wird meist mit einer Kette aus Schädeln und ähnlich makaberen Attributen in ihren vielen Händen dargestellt. Sie steht aber nicht nur für Raserei und Tod, sondern auch für die Wiedergeburt.

d) Seppuku ist keine Göttin, sondern der korrekte Begriff für den rituellen Selbstmord, der vor allem bei den japanischen Samurai üblich war, und im Westen unter dem Begriff „Harakiri“ bekannt ist.

Wie heißt in der griechischen Mythologie die „Insel der Seligen"?

- a) Eden
- b) Elysion
- c) Paradies
- d) Scheol

Was ist im Christen- und im Judentum mit Zion gemeint?

- a) Erfinder des Zionismus
- b) Israel
- c) Jerusalem
- d) Paradies

a) Die alttestamentarische Schöpfungsgeschichte erzählt, dass Gott für die ersten Menschen einen Garten in Eden anlegte. Was Eden bedeutet, ist strittig. Der Name könnte von einem hebräischen Wort für Wonne oder einem mesopotamischen für Steppe kommen.

Léon Bakst: *Elysium*, 1906

b) Elysion (griech., seliges Feld) wird in der griechischen Mythologie eine Insel am äußersten Rand der Welt genannt, auf der die besonderen Lieblinge der Götter auf immer mit allen Freuden leben dürfen.

c) Paradies ist ein persisches Wort für Garten. Es wurde in den griechischen Bibelübersetzungen für den Garten Eden benutzt. Im Koran wird das Paradies tatsächlich als ein Garten mit allen Annehmlichkeiten beschrieben. Die Beschreibungen des Himmelreichs in den christlichen Evangelien nehmen jedoch nicht auf das Bild vom Garten Bezug.

d) Scheol (hebr., nicht wahrnehmbar) ist das jüdische Totenreich. Es ist weder Himmel noch Hölle, sondern ein Ort, in dem die Toten als Schatten dahindämmern. Bei manchen jüdischen Gruppen wie den Pharisäern setzte sich deshalb die Überzeugung durch, der Scheol sei nur eine Zwischenstation vor der Auferstehung.

a) Unter Zionismus versteht man den Gedanken, dass die Juden aus aller Welt in das Land ihrer Vorfahren zurückkehren sollen. Er kam im 19. Jh. auf. Als Erfinder des Begriffes gilt der Wiener Journalist Nathan Birnbaum (1864–1937). Verbreitet hat die Idee vor allem sein Kollege Theodor Herzl (1860–1904).

b) Israel ist in der Bibel zunächst der Zweitname des Stammvaters Jakob, dessen Nachkommen als Israeliten oder Kinder Israels bezeichnet werden. Das historisch Kanaan genannte Land, in dem sie ab etwa dem 12. Jh. v. Chr. lebten, heißt auf Hebräisch Eretz Israel.

c) Zion hieß ursprünglich einer der Hügel Jerusalems. Der Name wurde später in religiösen Texten für die ganze Stadt Jerusalem als die Stadt des Tempels verwendet. Dabei wurde die Stadt oft personalisiert (Tochter Zion) und als Braut bezeichnet, die sich für Gott wie für einen Bräutigam schmückt, aber ihm auch immer wieder untreu wird.

d) Im Judentum ist das Paradies der Garten Eden aus der Schöpfungsgeschichte. Ein künftiges Paradies spielt im Allgemeinen keine große Rolle. Im Christentum wird das künftige Paradies nach einer Vision aus der Offenbarung des Johannes auch als Himmlisches oder Neues Jerusalem beschrieben.

Welche Philosophie vertrat Karl Marx?

- a) Idealismus
- b) Materialismus
- c) Realismus
- d) Relativismus

a) Idealismus ist in der Philosophie die Vorstellung, dass alle Dinge und Handlungen nur Abbilder von Ideen sind und diese Ideen das eigentlich Wirkliche. Platon (427–347 v. Chr.) z. B. meinte, dass hinter allen konkreten Pferden die „Idee" des Pferdes stehe – genauso wie hinter jeder guten Tat die Idee des „Guten".

b) Der Materialismus geht davon aus, dass alle Dinge und Vorgänge auf dieser Welt nur auf Materie beruhen. Radikale Materialisten meinen, dass auch alle Gedanken, Gefühle und Taten nur durch physikalische Vorgänge im menschlichen Organismus entstehen. Bei Marx (1818–83) diente der Materialismus aber vor allem dazu, die Menschheitsgeschichte als ein Produkt der materiellen Verhältnisse zu erklären und nicht als Produkt von hehren Ideen, wie z. B. sein Lehrer Hegel (1770–1831) das getan hatte.

c) Realismus bedeutet in der Philosophie die Überzeugung, dass es eine Realität gibt, die von menschlichen Vorstellungen und Handlungen unbeeinflusst ist. Er überschneidet sich damit mit dem Idealismus, dessen „Ideen" mit dieser absoluten Realität gleichgesetzt werden können.

d) Relativisten gehen davon aus, dass weder absolute Wahrheiten noch absolute Werte erkannt werden können, sondern beides immer von der aktuellen Situation abhängt.

Welcher Begriff steht im Buddhismus für das Ende von allem Irdischen?

- a) Nirwana
- b) Großes Fahrzeug
- c) Achtfacher Pfad
- d) Samadhi

a) Das Nirwana (Sanskrit, verwehen) ist das Ziel, zu dem Buddhisten durch die Erleuchtung gelangen möchten. Es wird oft als das „buddhistische Paradies" oder auch das „Nichts" bezeichnet. Für Buddhisten ist wichtig, dass es die Erlösung und das Ende von absolut allem Irdischen ist, auch von jeglichen menschlichen Gefühlen, sogar den positiven.

Meditierender Buddha

b) Großes Fahrzeug oder Mahayana wird eine der Hauptrichtungen des Buddhismus genannt, die im 1. Jh. entstand. Ihre Anhänger sind bestrebt, die Erlösung nicht nur für sich, sondern für alle Lebewesen zu erlangen. Schulen, die davon ausgehen, dass man nur sich selbst erlösen kann, bezeichnen sie als Kleines Fahrzeug.

c) Der Achtfache Pfad besteht aus rechter Erkenntnis, rechter Gesinnung, rechtem Wort, rechter Tat, rechtem Lebenserwerb, rechtem Streben, rechter Achtsamkeit und rechtem Sichversenken. Damit, so lehrte Siddhartha Gautama, könne man sein Begehren überwinden und zur Erleuchtung kommen.

d) Samadhi (Sanskrit, fixieren) bedeutet ein Meditieren bis zu dem Punkt, an dem das Bewusstsein in einem Zustand absoluter Ruhe ist.

Welcher Zweig der Philosophie beschäftigt sich mit der Leib-Seele-Problematik?

- a) Philosophie des Geistes
- b) Religionsphilosophie
- c) Ästhetik
- d) Naturphilosophie

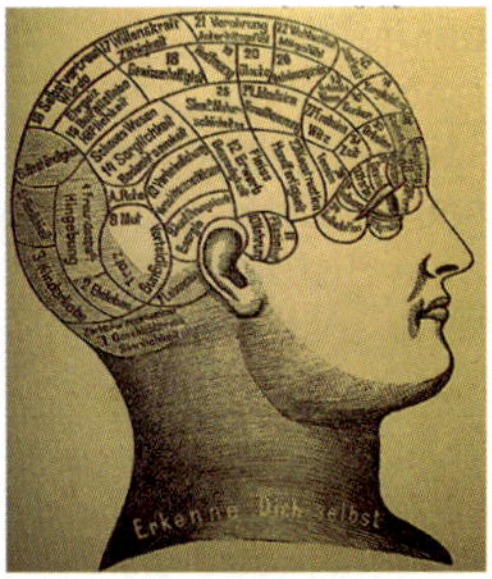

Phrenologische Abbildung geistiger Funktionen

a) Die Philosophie des Geistes ist eine Unterdisziplin der philosophischen Anthropologie, der Philosophie vom Menschen. Ihr zentrales Thema ist das Verhältnis des materiell existierenden Körpers zum nicht materiellen Geist (Seele, Psyche, Bewusstsein). Die Thesen reichen von einem in den Körper gesperrten, aber unabhängigen Geist bis hin zur Ansicht, dass der Geist nur Produkt chemischer und physikalischer Prozesse ist.

b) Religionsphilosophie ist die rationale Untersuchung des Phänomens „Religion". Sie beschäftigt sich z. B. mit der Entstehung von Religionen oder den Wechselwirkungen zwischen Lehre und Anhängern.

c) Ästhetik ist die Lehre der sinnlichen Anschauung. Sie beschäftigt sich vor allem mit der Rolle der Kunst, generell aber mit der Wechselwirkung zwischen Betrachter und betrachtetem Gegenstand.

d) In der Antike war Naturphilosophie der Versuch, die Vorgänge in der Natur mithilfe der Vernunft zu verstehen. Seit der Etablierung der Naturwissenschaften geht es vor allem um das Verhältnis von Mensch und Natur.

Welcher Philosoph war mit Xanthippe verheiratet?

- a) Diogenes
- b) Aristoteles
- c) Platon
- d) Sokrates

a) Ob Diogenes von Sinope (um 341–323 v. Chr.) sein Leben als bissiger, besitzloser Kynos (Hund) mit jemandem teilte, ist nicht bekannt. Auf jeden Fall war er unverheiratet, denn er lehnte die Ehe nicht nur für sich privat, sondern als gesellschaftliche Institution radikal ab.

b) Aristoteles (384–322 v. Chr.) war mit einer Nichte des Herrschers Hermias von Atarneus in der heutigen Türkei verheiratet. Seinem Sohn Nikomachos widmete er seine *Nikomachische Ethik*.

c) Platon (427–347 v. Chr.) entwickelte die bekannte These, dass geistiger Eros über dem körperlichen stehe. Dies zielte speziell auf die im antiken Griechenland üblichen homoerotischen Beziehungen zwischen älteren und jüngeren Männern ab. Über sein eigenes Liebesleben ist nichts bekannt.

d) Sokrates (470–399 v. Chr.) war mit der jüngeren Xanthippe verheiratet und hatte drei Söhne. Xenophon (um 426–355 v. Chr.) stellte sie später als unerträglich zänkisch dar. Verteidiger führen an, dass Sokrates kein Geld für seine Philosophie nahm und so seine Familie kaum ernähren konnte. Sokrates selbst äußerte sich über Frauen viel respektvoller als z. B. Aristoteles, für den Frauen und Nichtgriechen nur zu eingeschränkter Vernunft und Tugend fähig waren.

Welches Werk stammt von Platon?

a) *Also sprach Zarathustra*
b) *Das Kapital*
c) *Das Gastmahl*
d) *Der Untergang des Abendlandes*

a) *Also sprach Zarathustra* (1885) ist das Hauptwerk von Friedrich Nietzsche (1844–1900). Er legt darin seine Philosophie dem persischen Religionsgründer Zarathustra in den Mund, mit dessen Lehre sie jedoch nichts zu tun hat. Nietzsche ruft dazu auf, alle Beschränkungen, gängigen Moralvorstellungen und Schwächen hinter sich zu lassen und zum starken, kreativen und vollkommen ungebundenen Übermenschen zu werden.

b) *Das Kapital* (1895) ist das Hauptwerk von Karl Marx (1818–83). Er arbeitet darin detailliert aus, welch fundamentale Auswirkungen die kapitalistischen Produktionsmethoden für die Gesellschaft haben.

c) *Das Gastmahl* (Symposium, um 380 v. Chr.) ist dasjenige von Platons (427–347 v. Chr.) Werken, in dem er seine „Platonische Liebe" entwickelt. Dies geschieht durch ein Gespräch des Sokrates (470–399 v. Chr.) mit mehreren Schülern bei einem Gastmahl. In solchen Dialogen hat Platon zunächst die Lehren des Sokrates aufgeschrieben, um später seine eigene Philosophie in erfundenen Dialogen Sokrates in den Mund zu legen.

d) Im *Untergang des Abendlandes* (1922) legt der Kulturphilosoph Oswald Spengler (1880–1936) die Auffassung dar, Geschichte bewege sich in zyklischen Prozessen und die abendländische Kultur befinde sich in ihrer Endphase.

Wie hießen die jüdischen Widerstandskämpfer gegen die römische Besatzung?

- a) Pharisäer
- b) Sadduzäer
- c) Essener
- d) Zeloten

a) Die Pharisäer waren eine religiöse Gruppe. Sie werden in den Evangelien als selbstgerechte Heuchler angeprangert. Außerbiblische Quellen untermauern diese Aussage jedoch nicht, sodass viele Historiker davon ausgehen, dass sich hier spätere Streitigkeiten mit der christlichen Urgemeinde niedergeschlagen haben.

b) Sadduzäer werden in den Evangelien oft zusammen mit den Pharisäern erwähnt, obwohl sie historisch Gegner waren. Die Pharisäer riefen zur Frömmigkeit im Alltag auf, während die Sadduzäer meist Aristokraten waren und den Opferkult im Tempel als Mittelpunkt des Glaubens sahen.

Schriftrolle aus Qumran

c) Die Essener waren eine asketisch lebende Sekte, die glaubte, im Besitz der einzigen Wahrheit zu sein, und sich von anderen Menschen absonderte. Möglicherweise stammt ein Großteil der Schriften von Qumran von einer Essener-Gemeinde.

d) Die Zeloten (griech., Eiferer) waren eine militante Widerstandsgruppe. Mindestens einer von Jesu Jüngern (Simon) gehörte zu ihnen. Außerdem waren vermutlich oft Zeloten gemeint, wenn in den Evangelien von Räubern die Rede ist (z. B. die Leidensgenossen von Jesus bei der Kreuzigung).

Wie nannten die Algonkin-Indianer einen persönlichen Schutzgeist?

- a) Totem
- b) Manitu
- c) Talisman
- d) Tabu

a) Auch wenn der Begriff „Totem“ von den Algonkin-Indianern stammt, existierte ebenfalls in den meisten anderen animistischen Gesellschaften die Vorstellung, dass eine Person oder ein Clan eine besondere Beziehung zu einem Tier, einer Pflanze oder auch einem Berg oder einer Quelle hat. Meistens sah man darin die Manifestation eines Urahnen, der seine Nachkommen schützt.

Totempfahl nordamerikanischer Indianer

b) Als „Manitu“ (Geist) bezeichneten die Algonkin eine unpersönliche, spirituelle Kraft. Diese Kräfte waren Ausdruck von Kitchi-Manitu (Großer Geist), dem spirituellen Urprinzip und Schöpfer allen Lebens.

c) Als „Talisman“ (arab., Zauberbild) bezeichnet man einen Gegenstand, der entweder vor Bösem schützen oder Glück bringen soll. Solche Talismane waren gerade auch in den animistischen und schamanischen Kulturen verbreitet. Bei vielen Indianerstämmen z. B. hatte jeder einen „Medizinbeutel“ mit persönlichen Talismanen.

d) „Tabu“ kommt aus dem Polynesischen und bedeutet unantastbar. Das Prinzip, das bestimmte Dinge und Gegenstände verboten sind, findet sich in allen Kulturen. Indianer z. B. durften meist ihr Totemtier nicht töten.

Welcher Philosoph verfiel dem Wahnsinn?

- a) Sören Kierkegaard
- b) Friedrich Nietzsche
- c) Sokrates
- d) John Stuart Mill

a) Angst und Verzweiflung des Individuums waren Hauptthemen in Sören Kierkegaards (1813–55) Werk und quälten ihn auch sein Leben lang selbst. Er fühlte sich meilenweit distanziert von allen Menschen und löste seine Verlobung, weil er sich für unzumutbar hielt. Er starb nach einem Zusammenbruch.

b) Friedrich Nietzsche (1844–1900) war selbst weit davon entfernt, das Leben des vitalen, rücksichtslosen Übermenschen zu führen, das er immer propagierte. Er war zeitlebens kränklich, musste 1879 seine Professur in Basel aus Gesundheitsgründen aufgeben, lebte vor allem in Kurorten (Nizza, Sils-Maria) und verfiel 1889 in geistige Umnachtung.

c) Sokrates (470–399 v. Chr.) wurde wegen Gottlosigkeit und Verführung der Jugend im Jahr 399 v. Chr. gezwungen, sich mit Schierling selbst zu vergiften. In seiner *Apologie* schildert sein Schüler Platon (427–347 v. Chr.) Sokrates' Verteidigungsrede und die Inszenierung seines Sterbens im Kreis seiner Schüler.

d) Der Staatsphilosoph John Stuart Mill (1806–73), einer der liberalen Vordenker, hatte mit 21 Jahren einen psychischen Zusammenbruch und litt danach jahrelang an schweren Depressionen, die er jedoch mithilfe seiner Frau und Mitarbeiterin Harriet Taylor (1807–58) überwand.

Von welcher biblischen Figur leiten die Araber ihre Herkunft ab?

- a) Judas Makkabäus
- b) Ismael
- c) Aaron
- d) Goliath

a) Judas Makkabäus (aramäisch, der Hammer, gest. 161 v. Chr.) war ein jüdischer Revolutionär, der einen Aufstand gegen die Herrschaft der Seleukiden anführte. Nach seinem Tod folgten ihm seine Brüder Jonathan und Simeon, der um 140 v. Chr. Hoher Priester und Begründer der königlichen Dynastie der Hasmonäer wurde.

b) Die Bibel erzählt, dass der kinderlose Abraham auf Drängen seiner Frau Sara mit deren Magd Hagar den Sohn Ismael zeugt. Nach der Geburt Isaaks verstößt er die beiden. Doch Gott nimmt sich ihrer an. Ismael wird ein Wüstenbewohner. Er gilt als Stammvater der Araber. Die Muslime glauben zudem, dass Abraham ihn als den älteren Sohn und nicht Isaak Gott opfern wollte.

c) Aaron ist der Bruder des Moses. Während der Wanderung über den Sinai, so berichtet die Bibel, befiehlt Gott, dass Aaron und seine Nachkommen die künftigen jüdischen Priester sein sollen.

d) Der Riese Goliath, den König David mit einer Steinschleuder besiegt haben soll, war der Vorkämpfer der Philister. Diese lebten im 12 Jh. v. Chr. in Gaza und nördlich davon. Sie sind die Namensgeber Palästinas, hörten aber spätestens in der zweiten Hälfte des 1. Jt. v. Chr. auf, als Volk zu existieren.

Wie nennt man den Vorbeter in einer Moschee bei den Sunniten?

- a) Imam
- b) Derwisch
- c) Mufti
- d) Mullah

a) Imam (arab., Vorbild) ist bei den sunnitischen Muslimen eine Bezeichnung für den Vorbeter in einer Moschee. Meist hält er auch die Freitagspredigt. Bei den Schiiten werden die Nachfolger Mohammeds nicht als Kalifen, sondern als Imame bezeichnet.

b) Derwisch ist ein persischer Begriff für umherziehende Bettelmönche. Er wird vor allem im Westen für Sufi-Mönche gebraucht, im Besonderen für die Angehörigen des Mevlevi-Ordens, die ekstatische Tänze und Trance praktizieren.

Tanzende Derwische

c) Ein Mufti ist ein islamischer Rechtsgelehrter, der die Autorität hat, ein Gutachten (Fatwa) abzugeben. Allerdings gibt es verschiedene Rechtsschulen, und kein Mufti hat die Autorität, für alle Muslime zu sprechen. Viele Privatleute holen Fatwen bei Muftis ihres Vertrauens ein. Ein islamischer Richter wird als Kadi bezeichnet. Ulema (arab., Wissender) ist ein Oberbegriff für islamische Gelehrte, die als Mufti oder Kadi fungieren können.

d) Mullah (arab., Meister) ist ein Titel für islamische Gelehrte, der inzwischen vor allem bei den Schiiten gebraucht wird und alle Geistliche vom Studenten bis hin zum Großayatollah umfasst.

Wer besiegt in der Apokalypse den Teufel?

- a) die vier apokalyptischen Reiter
- b) Maria
- c) Erzengel Michael
- d) Antichrist

a) Die biblische Offenbarung des Johannes berichtet über eine Serie von Unheil, die über die Welt hereinbricht. Es beginnt mit den vier apokalyptischen Reitern, die erst Ruhmsucht, dann Krieg, daraus folgend Hungersnöte und schließlich Tod bringen. Danach rufen sieben Engel mit sieben Posaunen Feuer, Hagel, vergiftetes Wasser und ähnliche Katastrophen auf die Erde herab.

b) Nach den Katastrophen tritt eine mit Maria gleichgesetzte schwangere Frau auf, die auf dem Mond steht, mit der Sonne umkleidet ist und einen Kranz aus zwölf Sternen trägt. Sie wird vom Teufel in Gestalt eines Drachen bedroht.

c) Der Drache wird vom Engelsfürsten Michael und seinem Engelheer vom Himmel gestürzt. In ähnlicher Funktion tritt Michael schon im alttestamentarischen Buch Daniel auf.

Die Apokalypse nach Johannes

d) Als Antichrist wird in den biblischen Johannesbriefen ein falscher Prophet bezeichnet. In der Apokalypse ist von einem Tier die Rede, das eine Schreckensherrschaft auf der Erde errichtet, bevor es vom Lamm gestürzt wird. Dieses Tier setzte man mit dem Antichristen gleich und sah sein Erscheinen als Vorbote des Weltendes.

Welche Art von Glück bezeichnet das Wort „fortuna"?

- a) das Glück der Tüchtigen
- b) andauernde Glückseligkeit
- c) zufälliges Glück
- d) eine heitere, glückliche Stimmung

a) In der römischen Antike bezeichnete man Menschen, die mit ihrem Tun erfolgreich waren und vom Glück bzw. den Göttern begünstigt schienen, als „felix". Das deutsche Wort „Glück", das von Gelingen kommt, entspricht ursprünglich dieser Art von Glück.

b) Eudaimonia (griech.) oder Beatitudo (lat.) nannten die antiken Philosophen einen Dauerzustand von Glück und Zufriedenheit, der sich durch ein richtig geführtes Leben einstellt. Im Englischen gibt es dafür den Begriff Happiness. In der katholischen Kirche werden die Seliggesprochenen auf Latein als beati bezeichnet.

c) Fortuna war eigentlich die römische Schicksalsgöttin und sowohl für gutes als auch schlechtes Schicksal zuständig. Sie wurde mit einem Füllhorn dargestellt, aus dem sie wahllos verteilt und im Mittelalter auch mit einem Rad, das die Untenliegenden plötzlich in die Höhe bringt und die Mächtigen stürzt. Fortuna galt als wankelmütig und Verdienst spielte bei ihr absolut keine Rolle. Im Englischen hat sich diese Zwiespältigkeit mit den Begriffen „good luck – bad luck" erhalten.

d) Einen heiteren, glücklichen Gemütszustand bezeichnete man im alten Rom als „serenus".

Was bedeutet das lateinische Wort „caritas"?

- a) Wohlfahrt
- b) Nächstenliebe
- c) Heilung
- d) Frömmigkeit

a) Das alte Wort „Wohlfahrt" bedeutet in etwa angemessenes Leben und bezeichnet die Deckung der Grundbedürfnisse durch den Staat oder Institutionen. Die Caritas ist der Wohlfahrtsverband der katholischen Kirche. Daneben gibt es in Deutschland die protestantische Diakonie, die Arbeiterwohlfahrt, das Rote Kreuz, den Paritätischen und den jüdischen Wohlfahrtsverband.

b) Die griechische Philosophie unterschied Liebe in eros (körperliche, begehrende Liebe), philia (gegenseitige, freundschaftliche Liebe) und agape (gebende Nächstenliebe). Die lateinischen Entsprechungen sind: amor, amicitia und caritas.

c) Die lateinischen Ausdrücke für „heilen" lauten „curare" und „sanare", wovon sich Worte wie „kurieren" oder „Sanatorium" ableiten. Die katholische und anglikanische Kirche kennen den Titel eines Kuraten. Das sind Hilfspriester, die sich meist mehr um die Seelsorge kümmerten, während Gottesdienste eher Sache des eigentlichen Priesters waren.

d) „Frömmigkeit" heißt auf lateinisch „pia". Als pietistisch bezeichnet man religiöse Strömungen, die besonders fromm zu leben versuchen. Dabei geht es weniger um strenge Dogmatik, als um häufiges und intensives Beten und meistens auch starkes karitatives Engagement.

Welche Lebensweisheit stammt aus der griechischen Antike?

- a) Zeit ist Geld
- b) Wissen ist Macht
- c) Zurück zur Natur
- d) Nichts im Übermaß

a) Den Hinweis „Zeit ist Geld" gab Benjamin Franklin (1706–90) jungen Geschäftsleuten. Selbst beherzigte der umtriebige US-Amerikaner diese Maxime auch: Er arbeitete sich von der Unterschicht in die gesellschaftliche Elite vor, war einer der wichtigsten Politiker seines Landes und verfasste viele literarische und philosophische Werke.

b) Der Spruch „Wissen ist Macht" stammt von dem britischen Politiker und Philosophen Francis Bacon (1561–1626). Er trat vehement für eine Förderung der Naturwissenschaften und für den technischen Fortschritt ein.

c) Die Forderung „Zurück zur Natur" wird oft Jean-Jacques Rousseau (1712–78) zugeschrieben, ist aber nur ein Schlagwort, auf das seine Vorstellung später reduziert wurde. Anders als die meisten früheren Philosophen, die Zivilisation grundsätzlich als Fortschritt ansahen, ging Rousseau davon aus, dass der Mensch von Natur aus gut ist, aber durch gesellschaftliche Fehlentwicklungen verdorben wird.

Orakel von Delphi

d) „Meden agan" (griech., Nichts im Übermaß) warnte eine Inschrift im Orakelheiligtum von Delphi. Mäßigung und das richtige Maß in allen Dingen waren ein Hauptthema der griechischen Philosophie.

Welcher von Jakobs Söhnen wurde ein hoher Beamter in Ägypten?

- a) Levi
- b) Juda
- c) Joseph
- d) Benjamin

a) Levi ist in der biblischen Geschichte der dritte Sohn des Patriarchen Jakob. Zusammen mit seinem Bruder Simeon richtet er ein Massaker an, weil ein kanaanäischer Fürst ihre Schwester Dina vergewaltigt hat. Wegen ihrer maßlosen und zudem hinterhältigen Rache werden die beiden von Jakob verflucht. Nach dem Auszug aus Ägypten werden die Nachkommen Levis (Leviten) jedoch zur Priesterkaste des Volkes Israel erkoren.

b) Juda, der vierte Sohn Jakobs, ist in der Bibel der Stammvater des jüdischen Königshauses.

Joseph wird verkauft

c) Die Bibel erzählt, dass Jakobs Lieblingssohn Joseph von seinen Brüdern aus Neid nach Ägypten verkauft wird. Dort landet er im Gefängnis, weil die Frau des Beamten Potiphar ihn der sexuellen Belästigung beschuldigt. Als er aber einen Traum des Pharao von sieben fetten und sieben mageren Jahren richtig deutet, wird er zum obersten Verwalter gemacht.

d) Benjamin ist der jüngste Sohn Jakobs. Als die Brüder Josephs während einer Hungersnot nach Ägypten ziehen, um Korn zu kaufen, verlangt Joseph, dass sie auch Benjamin bringen, bevor er sich zu erkennen gibt und es zur Versöhnung kommt.

Wie nennt man eine Heiligenerzählung?

- a) Mythos
- b) Legende
- c) Gleichnis
- d) Enzyklika

a) Ein Mythos ist eine meist sehr alte Geschichte, deren Urheber niemand kennt und die immer wieder verändert wurde. In einem Mythos treten transzendente Wesen wie Götter als handelnde Personen auf und es geht nahezu immer um den Ursprung von Dingen und Erscheinungen, z. B. um die Erschaffung der Welt oder des Menschen.

b) Als Legende (lat., das zu Lesende) werden gemeinhin Geschichten über Heilige bezeichnet, die über sachliche Lebensbeschreibungen hinausgehen. Über den Wahrheitsgehalt von Legenden können nur Vermutungen angestellt werden; meistens kommen auch Wunder vor. Dementsprechend benutzt man den Begriff „moderne Legende" meist auch für Geschichten von zweifelhaftem Wahrheitsgehalt, die die deutliche Intention verfolgen, jemanden oder etwas zu glorifizieren – oder auch zu diffamieren.

c) Ein Gleichnis ist eine Geschichte, die einen Sachverhalt in einen anderen Kontext versetzt, um ihn zu verdeutlichen. Jesus erzählte z. B. viele Gleichnisse, in denen er das Himmelreich durch alltägliche Begebenheiten zu umschreiben versuchte.

d) Enzyklika (griech., Rundschreiben) ist ein spezieller Begriff für an die ganze katholische Kirche gerichtete Texte der Päpste, in denen sie sich zu bestimmten Sachverhalten äußern.

Welcher Philosoph erfand den Binärcode für den Computer?

- a) René Descartes
- b) Blaise Pascal
- c) Gottfried Wilhelm Leibniz
- d) Benjamin Franklin

a) René Descartes (1596–1650) wurde der Erfinder der analytischen Geometrie, indem er die Disziplinen Geometrie und Algebra verknüpfte und so einen Weg fand, geometrische Probleme rechnerisch lösen zu können.

b) Blaise Pascal (1623–62) ist vor allem für seine „Wette" bekannt. Er meinte, ein Gläubiger könne nichts verlieren, sondern im schlimmsten Fall – wenn es keinen Gott gibt – nichts gewinnen, während ein Ungläubiger einen Irrtum wohl büßen müsse. Er war aber auch Mathematiker und Naturwissenschaftler und konstruierte 1642 eine Rechenmaschine, weshalb ihm zu Ehren eine Programmiersprache Pascal genannt wurde.

c) Gottfried Wilhelm von Leibniz (1646–1716) gilt als einer der letzten Universalgelehrten. Als Philosoph entwickelte er die Idee von „der besten aller möglichen Welten". Als Mathematiker erfand er den Binärcode, der nur aus den Zahlen 0 und 1 besteht, und propagierte seinen Einsatz in Rechenmaschinen, was erst Konrad Zuse (1910–95) beherzigte.

d) Der US-Amerikaner Benjamin Franklin (1706–90) war außer Politiker, Unternehmer, Philosoph und Schriftsteller auch noch Erfinder. Seine wichtigste Leistung ist die Entwicklung des Blitzableiters.

Wo gründete Platon seine Akademie?

- a) Alexandria
- b) Samos
- c) Milet
- d) Athen

a) Die ägyptische Hafenstadt Alexandria wurde erst durch Alexander den Großen im Jahr 332 v. Chr. gegründet. Unter den ptolemäischen Königen entstanden in der Folge die größte Bibliothek der damaligen Zeit und eine Universität, die vor allem für ihre medizinische und naturwissenschaftliche Ausbildung berühmt war. Außerdem bildeten sich hier die philosophischen Richtungen des Neoplatonismus und der jüdisch-alexandrinische Philosophie.

b) Auf Samos errichtete der Philosoph und Mathematiker Pythagoras (um 570–500 v. Chr.) seine erste Schule, bevor er ins unteritalienische Kroton übersiedelte. Auch Epikur (um 341–271 v. Chr.) wurde auf Samos geboren.

c) In der anatolischen Handelsstadt Milet lebten mit Thales (um 625–547 v. Chr.) und seinen Schülern Anaximander und Anaximenes einige der bedeutendsten vorsokratischen Naturphilosophen.

d) In Athen gründete Platon (427–347 v. Chr.) seine Philosophenschule im Hain des Helden Akademos, weshalb sie Akademie genannt wurde. Auch die drei anderen Philosophenschulen der klassischen griechischen Zeit – die Säulenhalle der Stoiker, der Garten des Epikur und die Wandelhalle (Peripatos) des Aristoteles – befanden sich in Athen.

Platon in der Akademie

Wie lautet der Fachausdruck für die Interpretation religiöser Texte?

- a) Exegese
- b) Scholastik
- c) Teleologie
- d) Ontologie

Welcher Kirchenkritiker schrieb *Eunuchen für das Himmelreich*?

- a) Hans Küng
- b) Eugen Drewermann
- c) Uta Ranke-Heinemann
- d) Karlheinz Deschner

Heilige Schrift des Christentums

a) Das griechische Wort „Exegese" bedeutet Auslegung und wird vor allem im Zusammenhang mit den religiösen Schriften der drei Buchreligionen verwendet.

b) Die Scholastik (lat., Schulmeisterschaft) war der Versuch christlicher Theologen etwa ab dem 11. Jh., den Glauben mit Mitteln der Vernunft zu erfassen. Charakteristisch waren z. B. Gottesbeweise. Der Scholastik wurde oft der Vorwurf gemacht, zu abstrakt und spitzfindig zu sein.

c) Als teleologisch (griech., auf ein Ziel gerichtet) versteht man in der Philosophie, aber auch in anderen Wissenschaften alle Prozesse, die auf ein Endziel oder einen Nutzen hin ablaufen. Eine teleologische Sichtweise ist eine, die eine Sache vom Ergebnis her beurteilt, ein teleologisches Weltbild eines, das ein Ziel aller Entwicklung (z. B. religiöse Erlösung) annimmt.

d) Die Ontologie (griech., Lehre vom Sein) ist im Gegensatz zur Existenzphilosophie, die sich mit der konkreten menschlichen Existenz beschäftigt, ein Zweig der Philosophie, der sich allgemein mit dem Sein beschäftigt, z. B. welches Sein erst durch menschliche Projektion entsteht.

a) Hans Küng (geb. 1928) ist ein Schweizer Priester und katholischer Theologe, dem 1980 die kirchliche Lehrerlaubnis entzogen wurde. Küng kritisiert u. a. die Unfehlbarkeit des Papstes, das Zölibat, das Verbot der Empfängnisverhütung und den Ausschluss der Frauen vom Priesteramt.

b) Eugen Drewermann (geb. 1940) war katholischer Priester, ist aber aus der Kirche ausgetreten, nachdem ihm wegen abfälliger Äußerungen über das Zölibat und das Dogma der Jungfrauengeburt die Lehr- und Predigterlaubnis entzogen worden war. Er ist vor allem durch seine tiefenpsychologische Interpretation von Bibel- und Märchentexten bekannt.

c) Die weltweit erste Professorin für katholische Theologie Uta Ranke-Heinemann (geb. 1927), die Tochter des früheren Bundespräsidenten Gustav Heinemann (1899–1976), veröffentlichte 1988 *Eunuchen für das Himmelreich,* einen polemischen Bestseller gegen die katholische Sexuallehre. Bereits ein Jahr zuvor war sie exkommuniziert worden und hatte ihren Lehrstuhl verloren.

d) Karlheinz Deschner (geb. 1924) ist der Autor der bislang achtbändigen *Kriminalgeschichte des Christentums,* das er aufgrund seiner Geschichte als durch und durch verbrecherisch brandmarkt.

Welche Philosophen beurteilen ethische Handlungen nach ihrem Nutzen?

- ◯ a) Gesinnungsethiker
- ◯ b) Utilitaristen
- ◯ c) Sozialethiker
- ◯ d) Hedonisten

a) Die Gesinnungsethiker sind im Gegenteil davon überzeugt, dass das Ergebnis kein Maßstab für ethisches Verhalten sein darf. Ein radikaler Gesinnungsethiker war z. B. Immanuel Kant, der sagte, man dürfe auch dann nicht lügen, wenn man damit einen Verfolgten an seine Feinde ausliefert.

b) Die goldene Regel des Utilitarismus (lat. utilitas = Nutzen) lautet: „Handle so, dass das größtmögliche Maß an Glück entsteht!" Vordenker dieser Schule war der Brite Jeremy Bentham (1748–1832), der ganz radikal nur nach den Konsequenzen einer Tat fragte. Kritiker warfen ihm vor, dass es dann legitim sein könne, einen Einzelnen zum Nutzen einer Masse zu opfern. John Stuart Mill (1806–73) differenzierte das Prinzip.

c) Sozialethiker beschäftigen sich mit ethischen Regeln, die nicht für ein Individuum, sondern für größere Gemeinschaften gelten sollen. Einer der wichtigsten modernen Sozialethiker war John Rawls (1921–2002), der sich mit den Prinzipien einer fairen Gesellschaft beschäftigte.

d) Epikur, der Begründer des Hedonismus, war überzeugt, dass unethisches Verhalten nie zu wahrer Lust (Hedone) führen könne und das Streben nach Hedone deshalb automatisch ethisch sei.

Wer verleugnete Jesus vor seinem Tod?

- ◯ a) Judas Iskariot
- ◯ b) Simon von Kyrene
- ◯ c) seine Mutter Maria
- ◯ d) Petrus

a) Judas Iskariot war derjenige von Jesus Jüngern, der ihn den Häschern der jüdischen Priesterschaft auslieferte, indem er ihn mit einem Kuss identifizierte. Er bekam 30 Silberlinge dafür, bereute die Tat aber später und erhängte sich. Die Evangelisten beschreiben Judas als Werkzeug Satans.

b) Simon von Kyrene war ein jüdischer Bauer, der von den römischen Soldaten genötigt wurde, das Kreuz Jesu nach Golgotha zu tragen bzw. ihm dabei zu helfen.

c) Da Maria nicht mit Jesus herumzog, ist es unwahrscheinlich, dass sie bei seiner Kreuzigung in Jerusalem war. Drei der vier Evangelien erwähnen sie auch nicht, während Johannes behauptet, sie habe unter dem Kreuz gestanden und hätte vom sterbenden Jesus den Jünger Johannes als Ersatzsohn zugewiesen bekommen.

d) Beim letzten Abendmahl prophezeite Jesus seinem Jünger Petrus, er werde ihn dreimal verleugnen, bevor am Morgen der Hahn krähe. Petrus stritt dies entschieden ab. Als er jedoch vor dem Haus des Hohepriester Kajaphas als Parteigänger Jesu angesprochen wurde, bekam er Angst und leugnete dreimal, ihn zu kennen.

Petrus, Fresko

Welches protestantische Prinzip richtet sich gegen die Heiligenverehrung?

- a) sola gratia
- b) sola fide
- c) sola scriptura
- d) solus Christus

a) Während seiner Zeit als Augustinermönch rang Martin Luther (1483–1546) mit der Frage, wie er sich Gottes Gnade verdienen könne. In einem Turmerlebnis um das Jahr 1513 kam er zu der Überzeugung, dass der Mensch sich gar nichts verdienen könne, sondern „allein durch die Gnade (Gottes)“ (lat.: sola gratia) gerettet werde.

b) Damit einher ging die Überzeugung, dass der Christ sich nicht in erster Linie um gute Werke bemühen solle, sondern „allein der Glaube“ (lat.: sola fide) an diese Gnade zähle.

c) Mit dem Schlagwort „sola scriptura“ (lat.: nur die Schrift) wandten sich die Protestanten gegen die Bedeutung, die die kirchliche Tradition bei den Katholiken bekommen hatte. Sie akzeptieren nur Glaubenswahrheiten, die sich auf die Bibel zurückführen lassen.

Christus, der Mittler

d) Für Luther war „allein Christus“ (lat.: solus Christus) der Mittler zwischen Gott und den Menschen. Damit lehnte er sowohl die Anbetung der Heiligen als Fürsprecher bei Gott ab als auch den Glauben an die magische Wirkung von Reliquien und stellte auch die Vermittlung durch die Priester oder den Papst als unnötig dar.

Wer schrieb den Satz „Man sieht nur mit dem Herzen gut“?

- a) Khalil Gibran
- b) Jean-Paul Sartre
- c) Antoine de Saint-Exupéry
- d) Rabindranath Tagore

a) Das bekannteste Werk des libanesischen Dichters und Philosophen Khalil Gibran (1883–1931) ist *Der Prophet*. Der Titelheld zerlegt darin in poetischer Sprache alltägliche Lebensansichten. Er mahnt z. B., dass Kinder ihren Eltern nicht „gehören“ oder Streben nach Freiheit unfrei machen kann.

b) 1964 hätte Jean-Paul Sartre (1905–80) den Literatur-Nobelpreis bekommen sollen, schlug ihn aber aus. Wie er, so nutzten auch die anderen führenden Existenzialisten wie Simone de Beauvoir (1908–86) und Albert Camus (1913–60) die Literatur, um ihre Philosophie zu entwickeln. Sartres wohl bekanntestes Drama *Geschlossene Gesellschaft* kommt zu dem Schluss: „Die Hölle, das sind die anderen.“

c) „Man sieht nur mit dem Herzen gut. Das Wesentliche ist für die Augen unsichtbar.“ Das ist die zentrale Aussage des philosophischen Märchens *Der kleine Prinz* von Antoine de Saint-Exupéry (1900–44). Es geht darin um die Wechselwirkung zwischen einem selbst und den Dingen, denen man Bedeutung in seinem Leben einräumt.

d) In seinen literarischen Arbeiten, für die er 1913 den Nobelpreis erhielt, suchte Rabindranath Tagore (1861–1941) nach dem Kern der indischen Spiritualität und prangerte viele Traditionen und Missstände an.

Die Angehörigen welcher Religion werden auch Feueranbeter genannt?

- a) Jainisten
- b) Drusen
- c) Bahai
- d) Zarathustrier

a) Der Jainismus ist eine aus Indien stammende Religion mit etwa 6 Mio. Anhängern. Er wurde von einem gewissen Mahavira (ca. 599–527 v. Chr.) gegründet, entstand aus dem Hinduismus und setzt, ähnlich wie der Buddhismus, auf Selbsterlösung. Lüge, Gewalt und unnötiger Besitz sind verboten. Die Gewaltlosigkeit geht soweit, dass fromme Jainisten darauf achten, keine Insekten zu zertreten.

b) Die Drusen sind eine um das Jahr 1000 im Nahen Osten aus dem Islam heraus entstandene Religionsgemeinschaft mit etwa 800.000 Anhängern. Die Religionszugehörigkeit wird vererbt und die Lehren sind teilweise geheim. Von den Muslimen unterscheiden sie sich vor allem durch den Glauben an die Wiedergeburt.

c) Bahai ist eine im 19. Jh. im Iran entstandene Religion mit etwa 7,5 Mio. Anhängern. Ihr Gründer Mirza Husain Ali, genannt Bahaullah (1817–92), sah sich als göttlichen Propheten in der Nachfolge der alttestamentarischen Propheten sowie Jesus und Mohammed.

d) Die etwa 150.000 Zarathustrier, Anhänger der zoroastrischen Religion, von denen die größte Gruppe die indischen Parsen sind, betrachten Elemente wie Feuer, Wasser und Erde als heilig. Ein Großteil der Riten wird an Feueraltären oder in Feuertempeln vollzogen.

Welche Ermahnung wird Goldene Regel genannt?

- a) Erkenne dich selbst!
- b) Wage zu denken!
- c) Was du nicht willst, das man dir tu, das füg auch keinem anderen zu!
- d) Nutze den Tag!

a) Mit der Inschrift „Gnothi seauton“ (griech., Erkenne dich selbst) begrüßte in der Antike das Orakel von Delphi, das ja eher rätselhaft zu antworten beliebte, seine Besucher. Der Spruch war eine wichtige Maxime aller griechischen Philosophen.

b) „Sapere aude“ (lat., Wage zu denken), forderte der römische Dichter Horaz (65–8 v. Chr.) einen jungen Freund in einem Brief auf. Immanuel Kant (1724–1804) machte daraus das Schlagwort der Aufklärung. Jeder Mensch soll selbstständig denken und nicht einfach das übernehmen, was ein anderer – sei es eine allgemein anerkannte Autorität oder ein alternativer Guru – sagt.

c) So übersetzte Martin Luther (1483–1546) eine Stelle im alttestamentarischen Buch Tobit. Doch es gibt in fast allen Kulturen ganz ähnliche und teils ältere Aussprüche. Der Chinese Konfuzius (551–479 v. Chr.) hat diese Maxime ebenso aufgestellt, wie mehrere griechische Philosophen, Jesus von Nazareth oder buddhistische, hinduistische, jainistische und zoroastrische Denker.

Konfuzius

d) Die Maxime „Carpe diem!“ (lat., Nutze den Tag) stammt ebenfalls von Horaz, der ein Anhänger des Philosophen Epikur und seiner Lehre des Hedonismus war.

Welche Funktion hat eine Bilanz?

- ○ a) Gegenüberstellung von Vermögen und Kapital
- ○ b) Gegenüberstellung von Soll und Haben
- ○ c) Gegenüberstellung von Einnahmen und Ausgaben
- ○ d) Gegenüberstellung von Aufwendungen und Erträgen

bilancia = Waage

a) Vermögen (= Aktiva) und Kapital (= Passiva) eines Unternehmens werden in der Bilanz (ital. bilancia = Waage) zu einem bestimmten Zeitpunkt, meistens dem Bilanzstichtag (i. d. R. 31.12., 30.6. oder 30.9.), gegenübergestellt. Ziel ist die Darstellung der Vermögens- und Ertragslage des Unternehmens nach einem abgelaufenen Geschäftsjahr.

b) Soll und Haben kennzeichnen die Seiten eines sogenannten T-Kontos, das die Basis für die doppelte Buchführung ist. Als Soll wird die linke Seite bezeichnet; als Haben die rechte Seite.

c) Die Gegenüberstellung von Einnahmen und Ausgaben erfolgt in einer einfachen Einnahmen-Ausgaben-Rechnung, wie sie von Selbstständigen, Freiberuflern oder kleineren Personengesellschaften durchgeführt wird.

d) Die Gegenüberstellung von Aufwendungen und Erträgen erfolgt in der Gewinn- und Verlustrechnung und dient der Ermittlung des Erfolgs eines Unternehmens (Gewinn oder Verlust), der dann in die Bilanz übernommen wird. Aufwands- und Ertragskonten werden auch als Erfolgskonten bezeichnet.

Worauf bezieht sich der Begriff „Wirtschaftswunder“?

- ○ a) kontinuierliches Wachstum der Weltwirtschaft
- ○ b) Kursanstiege an der Börse
- ○ c) wirtschaftliche Erfolge eines Unternehmens
- ○ d) rascher Wiederaufbau im Nachkriegsdeutschland

a) In Aufschwungphasen der Weltwirtschaft oder auch der nationalen Volkswirtschaft spricht man von Expansion, den Höhepunkt eines solchen Konjunkturzyklus bezeichnet man als Boom.

b) Im Zusammenhang mit Kursanstiegen an der Börse wird mitunter von Hausse oder auch vom Bullenmarkt gesprochen.

c) Wirtschaftliche Erfolge eines Unternehmens werden in den Geschäftsberichten und Medien zwar meist positiv dargestellt, ein „Wunder“ stellen sie jedoch nicht dar.

d) Die Jahre des raschen Wiederaufbaus der westdeutschen Wirtschaft nach ihrer nahezu vollständigen Zerstörung im Zweiten Weltkrieg erhielten die Bezeichnung „Wirtschaftswunder“. Zu den wichtigsten Voraussetzungen zählen die Währungsreform des Jahres 1948, der von den USA ins Leben gerufene Marshall-Plan, der Wiederaufbau der zerstörten Produktionsstätten, die Einführung der sozialen Marktwirtschaft sowie letztlich auch der Konsummangel in den Kriegsjahren. Eng mit dem Wirtschaftswunder ist der Name Ludwig Erhard (1897–1977) verbunden, der zwischen 1949 und 1966 erst Bundeswirtschaftsminister und dann Bundeskanzler war.

Was versteht man unter Private Equity?

- ◯ a) Wagnis- oder Risikokapital
- ◯ b) gezeichnetes Kapital bei einer Kapitalgesellschaft
- ◯ c) von den Banken zur Verfügung gestelltes Kapital
- ◯ d) private Gesellschaftereinlage

a) Als Private Equity wird das Wagnis- oder Risikokapital bezeichnet, mit dem Unternehmen die letzte Phase vor dem Börsengang überbrücken oder mit dem interne oder fremde Manager eine Gesellschaft übernehmen. Letztlich stellt Private Equity eine Finanzierungsalternative zu den Krediten der Banken dar.

b) Gezeichnetes Kapital ist dasjenige Kapital, auf das die Haftung einer Kapitalgesellschaft wie einer AG oder einer GmbH beschränkt ist. Bei der AG wird es als Grundkapital, bei der GmbH als Stammkapital bezeichnet. Als Teil des Eigenkapitals steht es in der Bilanz auf der Passivseite. Voraussetzung für die Gründung einer GmbH sind 25.000 €, für die Gründung einer AG 50.000 €.

c) Von den Banken zur Verfügung gestelltes Kapital nennt man Fremdkapital oder Verbindlichkeiten. Das Geld wird dem Unternehmen als Darlehen überlassen und muss nach Ablauf bestimmter Fristen zurückgezahlt werden; außerdem fallen Darlehenszinsen an.

d) Nimmt ein Gesellschafter eine private Gesellschaftereinlage vor, handelt es sich nicht um Private Equity, sondern um zusätzliches Eigenkapital, das dem Unternehmen zur Verfügung gestellt wird.

Was versteht man unter Global Sourcing?

- ◯ a) Beschaffung ausschließlich bei einem einzigen Lieferanten
- ◯ b) Beschaffung auf internationalen Märkten
- ◯ c) internationales Beschaffungsmarketing
- ◯ d) Form der elektronischen Beschaffung

a) Die Beschaffung ausschließlich bei einem Lieferanten wird als Single Sourcing bezeichnet. Meist handelt es sich bei diesem Lieferanten um einen Systemlieferanten, der nicht nur einzelne Teile liefert, sondern ein ganzes System. Dieser Systemlieferant ist dann wiederum mit vielen weiteren Sublieferanten verbunden.

b) Global Sourcing bezieht sich auf die Konzentration der Beschaffungsaktivitäten auf internationalen Beschaffungsmärkten.

c) Aufgabe des internationalen Beschaffungsmarketings ist die internationale Suche nach geeigneten Lieferanten. Im Grunde handelt es sich hier um eine Vorstufe des Global Sourcing.

d) Formen der elektronischen Beschaffung werden als Electronic Procurement oder Electronic Sourcing bezeichnet. Prinzip ist die elektronische Unterstützung oder Abwicklung der Beschaffung vor allem über das Internet. Der Grund hierfür liegt in erzielbaren Kosten- und Rationalisierungseffekten.

Worum handelt es sich bei direkten Steuern?

- ◯ a) Steuern, die direkt beim Verkauf anfallen
- ◯ b) Steuern, die direkt beim Steuerpflichtigen anfallen
- ◯ c) Steuern, die direkt an den Staat gezahlt werden
- ◯ d) Steuern, die direkt in die Preise einbezogen werden

a) Steuern, die direkt beim Verkauf anfallen, sind z. B. die Umsatzsteuer, die Alkoholsteuer, die Tabaksteuer, die Biersteuer, die Zuckersteuer etc.

Einkommenssteuererklärung

b) Direkte Steuern fallen beim Steuerpflichtigen an. Dabei kann es sich um Einzelpersonen oder auch um Unternehmen handeln. Typische Beispiele sind die Körperschaftssteuer bei Kapitalgesellschaften, die Gewerbesteuer bei gewerbetreibenden Unternehmen oder auch die Einkommenssteuer und die Kirchensteuer.

c) Direkt an den Staat zahlt jeder Steuern – sowohl steuerpflichtige Personen und Unternehmen als auch Händler, die die Umsatzsteuer direkt an den Staat weiterleiten.

d) Steuern, die Unternehmen oder Händler in ihre Preise einbeziehen und die der Endverbraucher dann zahlt, werden als indirekte Steuern bezeichnet. Typische Beispiele hierfür sind die Mehrwertsteuer, die Tabaksteuer, die Versicherungssteuer oder die Mineralölsteuer.

Worum geht es beim Benchmarking?

- ◯ a) um eine Liquiditätsanalyse
- ◯ b) um einen Vergleich mit anderen Unternehmen
- ◯ c) typische Methode der Kennzahlenanalyse
- ◯ d) um die Erstellung einer Balanced Scorecard

a) Die Analyse der Liquidität erfolgt mithilfe von drei Liquiditätskennzahlen: Im ersten Grad werden die kurzfristigen Schulden mit den flüssigen Mittel verglichen, im zweiten Grad mit den flüssigen Mitteln sowie den Forderungen des Unternehmens; der dritte Grad stellt den kurzfristigen Schulden schließlich das gesamte Umlaufvermögen gegenüber.

b) Benchmarking steht für den kontinuierlichen Vergleich von bestimmten Größen, wie Kennzahlen, Leistungen, Prozessen und Methoden, mit anderen Unternehmen innerhalb oder außerhalb der Branche. Ziel ist es, die Lücke zum sogenannten Best Practice zu schließen, die durch das Unternehmen mit den effizientesten Prozessen, den kundenfreundlichsten Leistungen oder der geringsten Mitarbeiterfluktuation vorgegeben wird.

c) Das Benchmarking arbeitet zwar häufig mit Kennzahlen, stellt jedoch keine typische Methode der Kennzahlenanalyse dar.

d) Bei der Balanced Scorecard handelt es sich um ein Controlling-Instrument, mit dem versucht wird, aus der zugrunde liegenden Vision für Finanzen, Prozesse, Mitarbeiter und Kunden konkrete Strategien in ausgewogener Form zu entwickeln.

Was passiert bei einem Knebelvertrag?

- ○ a) Unternehmer schuldet Abnehmer Herstellung eines Werks
- ○ b) typischer Arbeitsvertrag
- ○ c) langfristige Bindung einer Vertragspartei
- ○ d) typischer Kaufvertrag

a) Schuldet der Auftragnehmer dem Auftraggeber die Herstellung eines Werks, wird auch von einem Werkvertrag gesprochen. Im Vordergrund steht hier die Herstellung eines bestimmten Erfolges. Gegenstand typischer Werkverträge sind Bauarbeiten, Reparaturarbeiten, handwerkliche Tätigkeiten (Möbelanfertigung, Installation, Tapezieren), Transportleistungen (beispielsweise Taxifahrt) oder die Erstellung von Gutachten und Plänen.

b) Der Arbeitsvertrag nach deutschem Recht ist ein Vertrag zur Begründung eines privatrechtlichen Schuldverhältnisses über die entgeltliche und persönliche Erbringung einer Dienstleistung.

c) Die langfristige Bindung einer Vertragspartei zu ungünstigen Bedingungen bezeichnet man auch als Knebelvertrag. Gemeint sind hier Vertragswerke, die darauf abzielen, eine Vertragspartei – zu für die andere Partei vorteilhaften Konditionen – möglichst lange in dem Vertragsverhältnis festzuhalten.

d) Der Kaufvertrag ist nach deutschem Schuldrecht ein gegenseitiger Vertrag, durch den sich der Verkäufer zur Übereignung und Übergabe der Kaufsache und der Käufer zur Bezahlung des Kaufpreises (auch Kaufsumme genannt) und zur Abnahme der Kaufsache verpflichtet.

Wann handelt es sich um Vorzugsaktien?

- ○ a) bei Aktien für das Management
- ○ b) bei Aktien mit vollen Stimmrechten
- ○ c) bei Aktien für bevorzugte Aktionäre, die namentlich im Aktienregister eingetragen sind
- ○ d) bei Aktien mit bestimmten Vorteilen

a) Das Management, also die Führungskräfte, erhalten häufig Aktien oder Optionen als variablen Bestandteil ihrer Entlohnung neben einem Fixgehalt. Prinzipiell kann es sich dabei um Stamm- oder Vorzugsaktien handeln.

b) Aktien mit vollen Stimmrechten und weiteren typischen Aktionärsrechten werden auch als Stammaktien bezeichnet. Letztlich handelt es sich hier um die gängigste Form der Aktie.

c) Werden Aktionäre namentlich im Aktienregister eingetragen, spricht man von Namensaktien. Eine Sonderform stellen sogenannte vinkulierte Namensaktien dar; zur Übertragung bedarf es hier der Zustimmung der Gesellschafter.

Aktie von Siemens & Halske, 1897

d) Vorzugsaktien haben im Gegensatz zu den gängigeren Stammaktien keine Stimmrechte, besitzen jedoch ganz bestimmte anderweitige Vorteile. Hierzu zählen z. B. eine bestimmte Mindestdividende, die Nachzahlung bei ausgefallenen Dividenden oder besondere Zuteilungsrechte, wenn Unternehmen eine Kapitalerhöhung vornehmen und weitere Aktien ausgeben.

Welches Ziel verfolgt das Relationship-Marketing?

- ◯ a) Aufbau von Beziehungen zum Lieferanten
- ◯ b) Gestaltung des Geschäftsabschlusses mit dem Kunden
- ◯ c) Verbesserung der Kundenbeziehung
- ◯ d) Motivation der Mitarbeiter

a) Der Aufbau von Beziehungen zu Lieferanten erfolgt im Rahmen des Supplier-Relationship-Management-System.

b) Der klassische Marketing-Ansatz, der auch als Transaktionsmarketing bezeichnet wird, stellt den Geschäftsabschluss in den Mittelpunkt. Primäres Ziel ist der Verkauf von Produkten bzw. der Abschluss von Verträgen.

Verschiedene Kundenkarten

c) Dagegen betont das Relationship-Marketing besonders die Kundenbeziehung. Jeder Verkauf oder Abschluss wird als Beginn einer andauernden Beziehung interpretiert, mit dem Ziel, den Kunden zu integrieren und stärker zu binden. Zum Relationship-Marketing-Konzept zählen Modelle der Kundenbindung, des Kundenverhaltens, der Kundenzufriedenheit sowie der Kundenloyalität.

d) Die Motivation der Mitarbeiter lässt sich durch bestimmte materielle und immaterielle Anreize erhöhen. In Bezug auf das Relationship-Marketing ist dies insofern wichtig, als zufriedene Mitarbeiter auch zu zufriedenen Kunden führen.

Worauf bezieht sich der Ausdruck „Swap"?

- ◯ a) auf den Kurswert einer Aktie an der Börse
- ◯ b) auf den schnellen Handel von Aktien und Wertpapieren zu Spekulationszwecken
- ◯ c) auf die Eigenaktien
- ◯ d) auf Tauschtransaktionen

a) Der Kurswert einer Aktie an der Börse wird durch das Zusammenspiel von Angebot dieser Aktien und Nachfrage nach diesen Aktien bestimmt. Fällt der Kurs, ist die Aktie an der Börse weniger wert; steigt der Kurs, ist sie mehr wert.

b) Der schnelle Handel von Aktien und Wertpapieren zu Spekulationszwecken wird auch als Day-Trading bezeichnet; Spekulanten kaufen und verkaufen Aktien häufig am selben Tag. Durch die neuen Internettechnologien haben sich die Möglichkeiten des Day-Tradings noch erweitert.

c) Als Eigenaktien bezeichnet man diejenigen Aktien einer Aktiengesellschaft, die in ihrem Besitz sind. Sie sind nicht zu verwechseln mit den Belegschaftsaktien, die die Mitarbeiter besitzen.

d) Swaps sind Tauschtransaktionen. Die Beteiligten vereinbaren, in der Zukunft Zahlungsströme auszutauschen. Swaps stellen eine Alternative zu direkten Finanzierungen, wie z. B. Anleihen an den internationalen Finanzierungsmärkten, dar. Zu unterscheiden sind Zins- und Währungsswaps, die beide für kostengünstiges festverzinsliches Fremdkapital stehen. Beim Zinsswap werden Zinszahlungsverpflichtungen in einer Währung für eine bestimmte Laufzeit ausgetauscht.

Was versteht man unter Autarkie?

- a) Entwicklung eines Landes nach innen
- b) Entscheidungsfreiheiten einzelner Abteilungen bzw. Bereiche
- c) unabhängige Existenz einer Organisationseinheit
- d) regionale Einheiten mit Selbstversorgung

a) Als Self-reliance (engl., Eigenständigkeit) bezeichnet man die Entwicklung eines Landes nach innen. Dies bedeutet, dass es Rohstoffe nicht exportiert, sondern im eigenen Land einsetzt. Die Förderung der eigenen inländischen Landwirtschaft soll vor allem dem Binnenmarkt zugute kommen. Die Industrie soll so aufgebaut werden, dass sie in erster Linie Güter für den täglichen Bedarf breiter Bevölkerungsschichten herstellt (also nicht Luxusgüter und Exportprodukte).

b) Im Zusammenhang mit der Entscheidungsfreiheit einzelner Abteilungen bzw. Betriebe wird meist von Autonomie gesprochen.

c) Unter einem autarken System oder Autarkie versteht man eine Organisationseinheit, die unabhängig von äußeren Einflüssen existieren und alles aus den eigenen Ressourcen herstellen kann.

d) Als Subsistenzwirtschaft wird eine Wirtschaftsform bezeichnet, die in der Regel in lokalen und regionalen Einheiten auf die Selbstversorgung und Erarbeitung des Lebensunterhalts ausgerichtet ist, dabei jedoch keineswegs in sich autark sein muss. Der Aspekt der Vernetzung spielt dabei eine wichtige Rolle.

Wofür steht der Bär an der Börse?

- a) Symbol für Pessimist an der Börse
- b) Symbol für Optimist an der Börse
- c) Symbol für stark fallende Kurse an der Börse
- d) Symbol für stark steigende Kurse an der Börse

a) Der Bär symbolisiert den Pessimisten an der Börse; er steht somit für den Abwärtstrend. Dieser muss allerdings noch nicht eingetreten sein. Hintergrund ist die Metapher, dass der Bär mit seinen Tatzen nach unten schlägt.

Bulle und Bär vor der Wertpapierbörse in Frankfurt a. M.

b) Dagegen stößt der Bulle mit seinen Hörnern nach oben. Daher symbolisiert der Bulle den Optimisten an der Börse und steht für einen Aufwärtstrend.

c) Bei stark fallenden Kursen an der Börse wird von einer Baisse gesprochen. Einen plötzlichen starken Kurseinbruch mit anhaltender Abwärtsentwicklung nennt man einen Crash. Findet er nicht blitzartig statt, sondern zieht sich über einen längeren Zeitraum hin, spricht man auch von einem Crash auf Raten.

d) Wenn die Aktienkurse an der Börse stark steigen, liegt dagegen eine Hausse vor. Wird eine Hausse erwartet, werden häufig Wertpapiere zu Spekulationszwecken gekauft. Gegenteil ist die Baisse. Läuft die Börse anhaltend gut, wird mitunter auch von einem Boom gesprochen.

Welche Aufgaben hat ein Callcenter?

- ◯ a) telefonische Annahme von Calls an der Börse
- ◯ b) Suche nach neuen Mitarbeitern
- ◯ c) Suche nach neuen Kooperationspartnern
- ◯ d) telefonische Abwicklung von bestimmten Dienstleistungen

a) Keine Verbindung haben Callcenter mit Calls, d. h. Kaufoptionen an der Börse. Die telefonische Annahme derartiger Calls erfolgt meist durch die Broker selbst oder automatisiert durch Computer.

b) Center für die Suche nach neuen Mitarbeitern können unternehmensintern als Personalabteilung existieren oder extern auch als Jobbörsen im Internet bzw. als Personalvermittlungen.

c) Plattformen für die Suche nach neuen Kooperationspartnern werden auch als Kooperationsbörsen verstanden, bei denen gezielt nach Anbietern bestimmter Kompetenzen oder Qualifikationen gesucht werden kann.

Callcenter

d) Callcenter sind Dienstleistungszentren, die telefonisch Auskunft geben, Bestellungen oder Aufträge entgegennehmen oder ähnliche Dienstleistungen ausführen. Sie sind entweder im Unternehmen selbst angesiedelt oder fungieren als selbstständige Dienstleister für mehrere Unternehmen. Nicht selten finden sich Callcenter für deutsche Unternehmen in Privatwohnungen oder in anderen Ländern.

Welches Ziel verfolgt der Shareholder-Value-Ansatz?

- ◯ a) Erhöhung des Marktwertes des Unternehmens
- ◯ b) Verfolgung der Interessen sämtlicher Betroffenen eines Unternehmens
- ◯ c) kontinuierliche Verbesserung aller Prozesse im Unternehmen
- ◯ d) Verfolgung gemeinnütziger Ziele

a) Der Shareholder-Value-Ansatz wurde 1986 von Alfred Rappaport (geb. 1932) entwickelt und kennzeichnet eine Unternehmenspolitik, deren primäres Ziel die Erhöhung des Marktwertes des Unternehmens und damit die Erhöhung der Rendite für die Anteilseigner wie z. B. die Aktionäre ist. Bei börsennotierten Unternehmen drückt sich der Shareholder Value im jeweiligen Kurs der Aktie aus.

b) Im Zusammenhang mit der Verfolgung der Interessen aller Betroffenen eines Unternehmens wird auch von Stakeholder-Ansatz gesprochen.

c) Das Konzept der kontinuierlichen Verbesserung aller Prozesse im Unternehmen wird auch als Kaizen bezeichnet und stellt einen wesentlichen Baustein des Prinzips des Total Quality Management dar. Ziel dieses Ansatzes ist die Optimierung der Qualität aller Produkte und Leistungen auf allen Ebenen durch alle Beteiligten.

d) Im Gegensatz zu gewinnorientierten Unternehmen, die den Shareholder-Value-Ansatz immer mehr realisieren, sind sogenannte Non-Profit-Organisationen nicht gewinnorientiert und verfolgen gemeinnützige Ziele.

Wann gilt ein Unternehmen als liquide?

- a) wenn das Unternehmen fällige Zahlungsverpflichtungen erfüllen kann
- b) wenn das Unternehmen über liquide Mittel verfügt
- c) wenn das Unternehmen Insolvenz anmeldet
- d) wenn das Unternehmen über ausreichend Eigenkapital verfügt

a) Liquidität bezeichnet die Fähigkeit eines Unternehmens, anstehende Zahlungsverpflichtungen erfüllen zu können. Insofern gilt ein Unternehmen als liquide, wenn es in der Lage ist, fällige Zahlungsverpflichtungen erfüllen zu können.

b) Verfügt ein Unternehmen über liquide Mittel, heißt dies noch nicht, dass es tatsächlich liquide ist. Hierzu muss geprüft werden, ob die existierenden liquiden Mittel ausreichen, die Schulden und Zahlungsverpflichtungen zu erfüllen. So kann das Unternehmen illiquide sein, wenn die anstehenden Zahlungsverpflichtungen höher sind als die existierenden flüssigen Mittel.

c) Unternehmen müssen Insolvenz beim Amtsgericht anmelden, wenn sie nicht mehr liquide sind und fällige Zahlungsverpflichtungen nicht mehr erfüllen können. Typisches Beispiel ist eine Fluggesellschaft, die das Benzin für den Betrieb der Flugzeuge nicht mehr bezahlen kann.

d) Verfügt ein Unternehmen über ausreichend Eigenkapital, spricht dies für eine günstige Finanzierung; es sagt jedoch noch nichts über die Liquidität im Sinne der Fähigkeit, Schulden zu begleichen, aus.

Was sind Derivate?

- a) typische Geschäfte an der Börse
- b) steigende Kurse
- c) fallende Kurse
- d) aus anderen Geschäften abgeleitete Finanzgeschäfte

a) Typische Geschäfte an der Börse werden auch als Handel von Aktien und Wertpapieren bezeichnet. Finden Kauf und Verkauf dabei an einem Tag statt, spricht man auch von Day-Trading. Ziel ist hier die Realisierung von Spekulationsgewinnen.

b) Steigen die Kurse, wird auch von einer Hausse gesprochen. Bleiben die Kurse andauernd hoch, handelt es sich um einen Boom.

c) Im Zusammenhang mit fallenden Kursen spricht man von einer Baisse; bei einem kurzfristigen Einbruch der Börse auch von einem Crash. Zieht sich dieser Einbruch über einen längeren Zeitraum hin, handelt es sich um einen Crash auf Raten.

d) Derivate sind Finanzgeschäfte, die aus anderen Geschäften abgeleitet werden. Beispiele sind Termingeschäfte, bei denen der Handel zu festgelegten Konditionen sofort abgeschlossen wird, die Leistung und Gegenleistung jedoch erst zu einem späteren Zeitpunkt erfolgt. Sie haben zwar indirekt mit der Börse zu tun, haben jedoch auf die Kurse keinen direkten Einfluss.

Wann spricht man von einer Deflation?

- ◯ a) Guthaben in ausländischer Währung im Inland
- ◯ b) Ausschüttungen an Aktionäre
- ◯ c) Zunahme des Geldwertes
- ◯ d) Abnahme des Geldwertes

a) Guthaben in ausländischer Währung im Inland werden als Devisen bezeichnet. Handelt es sich dabei um ausländische Münzen oder Banknoten, spricht man auch von Sorten.

b) Ausschüttungen an Aktionäre werden als Dividenden bezeichnet. Sie stellen letztlich eine Verzinsung des in Aktien investierten Kapitals dar.

Deflation: das Geld ist mehr wert

c) Deflation ist die Zunahme des Geldwertes infolges eines sinkenden Preisniveaus. Deflation ist das Gegenteil von Inflation. Bei der Deflation steigt das Realeinkommen, das Geld ist also mehr wert als es früher der Fall war. Im Vergleich zur Inflation tritt eine Deflation jedoch so gut wie gar nicht mehr auf, viel häufiger finden sich Anzeichen einer Inflation oder Stagflation. Stagflation bedeutet Inflation bei stagnierender Wirtschaft.

d) Tritt das Gegenteil ein und nimmt der Geldwert ab, herrscht Inflation. Der Grund ist meist ein steigendes Preisniveau entweder im eigenen Land oder im Ausland, das in das Inland übernommen wurde. In diesem Fall spricht man von einer importierten Inflation.

Wann spricht man von Hauptversammlung?

- ◯ a) Versammlung der Aktionäre einer Aktiengesellschaft
- ◯ b) Gesellschafterversammlung der GmbH
- ◯ c) Eigentümerversammlung
- ◯ d) Versammlung der Genossen einer Genossenschaft

a) Die Hauptversammlung ist die Versammlung der Aktionäre einer Aktiengesellschaft (AG) oder einer Kommanditgesellschaft auf Aktien (KGaA). Zusätzlich nehmen der Vorstand und der Aufsichtsrat teil. Sie findet mindestens einmal jährlich statt, die Einberufung erfolgt durch den Vorstand. In der Hauptversammlung entscheiden die Aktionäre über die Wahl der Mitglieder des Aufsichtsrates, die Verwendung des Bilanzgewinns (also die Ausschüttung einer Dividende) sowie die Entlastung von Vorstand und Aufsichtsrat.

b) Die Versammlung der Gesellschafter und damit der Eigentümer einer GmbH, einer KG oder einer OHG wird als Gesellschafterversammlung bezeichnet. Wie die Hauptversammlung muss sie einmal jährlich stattfinden.

c) Eine Eigentümerversammlung bezeichnet die Versammlung von Eigentümern z. B. eines Wohnhauses. Auf ihr werden wichtige, das Wohnhaus betreffende Fragen geklärt. Auch sie sollte einmal jährlich stattfinden.

d) Die Versammlung der Genossen einer Genossenschaft wird als Generalversammlung bezeichnet. Genau wie die Gesellschafter- oder die Hauptversammlung wird sie einmal jährlich einberufen.

Welche Philosophie verfolgt der Kapitalismus?

- a) Produktion, Preise und Mengen werden von einer staatlichen Planungsbehörde festgelegt
- b) Kapital und Produktionsfaktoren sind in privater Hand
- c) Konzept der sozialen Marktwirtschaft
- d) Unternehmen denken und handeln primär gemeinnützig

a) Der Gegensatz zum Kapitalismus ist die Planwirtschaft. Hier werden Produktionsabläufe, Preise etc. von einer staatlichen Planungsbehörde festgesetzt. Beispiel hierfür war nicht zuletzt die ehemalige DDR.

b) Kapitalismus steht für dasjenige Wirtschaftssystem, in dem sich Kapital und Produktionsfaktoren in privater Hand befinden. Die Unternehmen entscheiden selbstständig über ihre eigene Planung, streben nach Gewinn und stehen untereinander im Wettbewerb.

c) Soziale Marktwirtschaft ist eine Wirtschaftsform mit gewissen Regeln; maximal mögliche Freiheit wird mit sozialer Gerechtigkeit verbunden. Der Kapitalismus hingegen verfolgt die Idee der freien Marktkräfte, die nicht durch irgendwelche staatlichen Regelungen eingeschränkt oder behindert werden.

d) Neben dem staatlichen Sektor und dem privaten, gewinnorientierten Sektor existiert in Volkswirtschaften noch der gemeinnützige Sektor, in dem sogenannte Non-Profit-Organisationen wie die Caritas, das Rote Kreuz, das SOS-Kinderdorf etc. tätig sind. Ihr primäres Ziel ist nicht die Erzielung von Gewinnen.

Was sind Devisen?

- a) festverzinsliche Wertpapiere
- b) Guthaben in ausländischer Währung im Inland
- c) ausländische Münzen und Banknoten
- d) jährliche Auszahlungen an die Aktionäre

a) Festverzinsliche Wertpapiere sind Wertpapiere, die eine bestimmte Verzinsung garantieren. Dies unterscheidet sie z. B. von Aktien, bei denen beim Kauf nicht unbedingt feststeht, ob und in welcher Höhe diese Dividende ausgezahlt wird.

b) Devisen sind keine Wertpapiere, sondern Guthaben in ausländischer Währung im Inland, ausländische Wechsel und Schecks. Typisches Beispiel sind Dollar-Konten.

Dollarnoten

c) Ausländische Münzen und Banknoten werden auch als Sorten bezeichnet. Sortenkurse heißen die jeweiligen Umrechnungskurse.

d) Jährliche Auszahlungen an die Aktionäre nennt man Dividende. Durch den Kauf einer Stammaktie erhält jeder Aktionär das Recht auf diese Dividende, falls eine ausgezahlt wird. Ob und in welcher Höhe sie ausgezahlt wird, wird auf der Hauptversammlung entschieden, einer jährlich stattfindenden Versammlung der Aktionäre der Aktiengesellschaft. Vorzugsaktien verbriefen meist ein Recht auf eine höhere Dividende.

Auf welchen Wert bezieht sich der NASDAQ?

- ○ a) die größten Industrieunternehmen der USA
- ○ b) die 50 umsatzstärksten US-Technologiewerte
- ○ c) die 50 umsatzstärksten Unternehmen in Europa
- ○ d) die bedeutendsten Unternehmen in Deutschland

a) Die Werte der größten Industrieunternehmen der USA sind Bestandteil des Dow-Jones-Index. Genau genommen bezieht er sich auf 30 Industrie- und 20 Eisenbahnwerte sowie 15 Aktien von Versorgungsunternehmen an der New Yorker Börse.

b) NASDAQ steht für National Association of Securities Dealers Automated Quotations System und misst die Wertentwicklung der 50 umsatzstärksten Technologiewerte der USA. Es handelt sich um eine reine Computerbörse ohne Handel auf dem Parkett.

c) Die Werte der 50 umsatzstärksten Unternehmen Europas werden im Euro-Stoxx zusammengefasst. Er wird unabhängig vom DAX festgesetzt.

d) Die Werte der 30 bedeutendsten Unternehmens Deutschlands werden im DAX – Deutscher Aktienindex – wiedergegeben. Er wird an der Frankfurter Börse während der Börsenzeit jede Minute neu berechnet. Welche Unternehmen zum DAX gehören, hängt von der Erfüllung bestimmter Kriterien wie z. B. der Umsatzentwicklung ab.

Was steckt hinter dem Eisenhower-Prinzip?

- ○ a) Zerteilung von Aufgaben in kleine Schritte
- ○ b) Kategorisierung von Aufgaben nach Wichtigkeit und Dringlichkeit
- ○ c) Kategorisierung von Aufgaben nur nach Bedeutung
- ○ d) Überbegriff für ALPEN-Methode

a) Bei der Zerteilung von Aufgaben in kleine Schritte handelt es sich um eine typische Aufgabe des Zeitmanagements, also der strukturierten Zeitplanung für beispielsweise ein Projekt oder einen Arbeitstag, die auch als Salami-Technik bezeichnet wird.

b) Das Eisenhower-Prinzip wurde von US-Präsident und Alliierten-General Dwight D. Eisenhower (1890–1969) praktiziert. Alle Aufgaben werden anhand der Kriterien „wichtig"/„unwichtig" und „dringend"/„nicht dringend" in vier Quadranten verteilt. Alle Aufgaben im Quadrant „unwichtig und nicht dringend" fallen weg; handelt es sich um „wichtige und dringende" Aufgaben, müssen sie sofort erledigt werden; „wichtige, aber nicht dringende" Aufgaben werden entsprechend geplant; „dringende, aber nicht so wichtige" Aufgaben lassen sich gut delegieren.

c) Werden die Aufgaben nur nach der Bedeutung oder Relevanz kategorisiert, spricht man auch von ABC-Analyse. Danach sind A-Aufgaben eher wichtig, während C-Aufgaben eher weniger wichtig sind.

d) Die fünf Elemente der ALPEN-Methode sind: A: Aufgaben aufschreiben; L: Länge einschätzen; P: Pufferzeit einplanen; E: Entscheidungen treffen (weglassen, abkürzen, delegieren); N: Nachkontrolle.

Wodurch ist eine Inflation gekennzeichnet?

- ○ a) steigendes Preisniveau
- ○ b) fallendes Preisniveau
- ○ c) Übernahme des steigenden Preisniveaus im Ausland auf das Inland
- ○ d) steigendes Preisniveau bei stagnierender Wirtschaft

a) Bei einer Inflation steigen die Preise aller oder vieler Güter in einer Volkswirtschaft. Typische Gründe sind eine Zunahme der Geldmenge oder eine Übernachfrage am Markt. Findet eine zu starke Geldentwertung statt, so besteht die Gefahr der Flucht in andere Währungen oder in Sachwerte.

b) Fällt das Preisniveau, spricht man dagegen von einer Deflation. Deflation ist also das Gegenteil der Inflation. Die Realeinkommen steigen und somit auch die Kaufkraft der Konsumenten. Problematisch wird dies nur, wenn die Deflation sich selbst verstärkt und es zu einem Nachfrageeinbruch kommt.

c) Wird das steigende Preisniveau im Ausland auf das Inland übertragen, handelt es sich um eine importierte Inflation. Besonders bei festen Wechselkursen kann ein Land sich nicht gegen Inflation aus dem Ausland schützen.

d) Steigt das Preisniveau und stagniert gleichzeitig die Wirtschaft, wird auch von Stagflation gesprochen. Es handelt sich dabei um einen Kunstbegriff aus Stagnation und Inflation. Sie entsteht z. B. dann, wenn trotz Nullwachstum der Kampf um höhere Löhne weitergeführt wird und die erzielten Lohnsteigerungen zu Kostensteigerungen und damit zu Preiserhöhungen führen.

Worauf bezieht sich der Begriff der „New Economy“?

- ○ a) Bezeichnung für die durch das Internet geprägte Wirtschaft
- ○ b) Reagonomics
- ○ c) Handelssegment für Unternehmen aus Wachstumsbranchen
- ○ d) Wandel von der Industrie- zur Informations- und Wissensgesellschaft

a) Als Internet-Ökonomie wird die zunehmend durch das Internet geprägte Wirtschaft bezeichnet.

b) Der Begriff „Reagonomics“ steht für die angebotsorientierte Wirtschaftspolitik, bei der eine Förderung des Wirtschaftswachstums durch die Erhöhung des Angebotes an Gütern und Dienstleistungen angestrebt wird.

Reagonomics, benannt nach dem ehemaligen US-Präsidenten Ronald Reagan

c) Das mittlerweile nicht mehr existierende Handelssegment für Unternehmen aus Wachstumsbranchen wurde als Neuer Markt bezeichnet, der die Kurse widerspiegelnde Index als NEMAX 50.

d) New Economy kennzeichnet den gegenwärtig zu beobachtenden Wandel von der Industrie- zur Informations- und Wissensgesellschaft. Wirtschafts-, Unternehmens-, Markt- und Arbeitsstrukturen verändern sich zum Teil radikal. Typische Kennzeichen sind die zunehmende Durchdringung sämtlicher Lebens- und Arbeitsbereiche durch das Internet, die Veränderung klassischer Arbeits- und Lebensformen sowie die teilweise zu beobachtende Veränderung von Spielregeln auf Märkten.

Welche Idee verfolgen Investmentfonds?

- ◯ a) Verwaltung von Investitionen
- ◯ b) gemeinsame Verwaltung des Vermögens vieler Anleger
- ◯ c) Verwaltung des Vermögens einzelner Anleger
- ◯ d) Finanzierung von Investitionen

a) Die Verwaltung von Investitionen unterliegt den Unternehmen, die dafür meistens eine eigene Abteilung haben.

b) Investmentfonds verwalten das Vermögen vieler Anleger, das sie in Aktien, Renten oder Immobilien investieren, gemeinsam. Entsprechend unterscheidet man Aktien-, Renten-, Immobilien- oder gemischte Fonds. Der Anleger enthält Anteile – sogenannte Investmentzertifikate – und ist am Ertrag beteiligt. Kapitalgesellschaften, die einen Investmentfonds verwalten, werden üblicherweise als Investmentgesellschaft bezeichnet.

c) Im Zusammenhang mit der Verwaltung des Vermögens einzelner Anleger spricht man von Asset-Management. Der wesentliche Unterschied zu Investmentfonds liegt darin, dass hier die Vermögen von Einzelpersonen und nicht die Vermögen vieler Anleger verwaltet werden.

d) Die Finanzierung von Investitionen kann prinzipiell durch Eigen- oder Fremdkapital erfolgen; im ersten Fall greift das Unternehmen auf eigene Mittel zurück, im zweiten Fall stellt eine Bank einen Kredit zur Verfügung.

Wann spricht man von einem Crash?

- ◯ a) Kurseinbruch an der Börse
- ◯ b) Zahlungsfluss
- ◯ c) Einbruch des Aktienkurses eines Unternehmens
- ◯ d) Anmeldung zur Insolvenz

a) Von einem Crash spricht man bei einem plötzlichen starken Kurseinbruch an der Börse mit anhaltender Abwärtsentwicklung. Ursache kann eine Spekulationsblase sein, aber auch politische oder andere äußere Umstände, die das Vertrauen der Anleger untergraben und zu hektischen Verkäufen führen können.

b) Ein Zahlungsfluss wird auch als Cashflow bezeichnet. Er setzt sich zusammen aus Gewinn plus Abschreibungen plus Zuführungen zu den Rückstellungen. Er zeigt das tatsächlich zur Verfügung stehende Kapital im Unternehmen.

c) Bricht der Aktienkurs eines Unternehmens ein, handelt es sich nicht um einen Crash. Dieser bezieht sich immer nur auf die gesamte Börsensituation und nicht auf den Aktienkurs oder die Geschäftssituation eines einzelnen Unternehmens.

d) Der primäre Grund für die Anmeldung zur Insolvenz ist, dass ein Unternehmen über keine ausreichende Liquidität mehr verfügt, um die Geschäftsprozesse aufrechtzuerhalten. Ein Insolvenzverwalter übernimmt das Unternehmen und regelt die Forderungen der Gläubiger. Auch wenn es sich damit meist um das Ende eines Unternehmens handelt (außer bei einer Sanierung), spricht man hier nicht von einem Crash.

Was ist eine Neuemission?

- ◯ a) die erstmalige Ausgabe von Wertpapieren an der Börse
- ◯ b) die Suche von Mitarbeitern
- ◯ c) die Neugründung von Aktiengesellschaften
- ◯ d) die Eingliederung anderer Unternehmen

a) Eine Neuemission bezieht sich auf die erstmalige Ausgabe von Wertpapieren an der Börse. Dabei muss es sich nicht unbedingt um neu gegründete Aktiengesellschaften handeln; häufig wagen schon länger existierende Aktiengesellschaften den Schritt an die Börse. Mehrere Banken, das sogenannte Bankenkonsortium, betreuen den Börsengang, bei denen Aktionäre Aktien zeichnen und dann erwerben können.

b) Die Suche von Mitarbeitern erfolgt im Rahmen von Recruiting-Prozessen. Ziel ist die Einstellung geeigneter Mitarbeiter, um vakante Stellen zu besetzen. Wenn die freie Stelle nicht intern ausgeschrieben wird, ist auch die externe Suche möglich, bei der sich das Unternehmen entweder auf Initiativbewerbungen verlässt oder Jobbörsen bzw. Personalvermittler beauftragt.

c) Voraussetzung für die Neugründung einer Aktiengesellschaft ist die Bereitstellung von 50.000 € Grundkapital, das in einzelne Aktien zerlegt ist. Meist befinden sich diese Aktien in der Hand weniger Eigentümer. Erst, wenn die Aktiengesellschaft an die Börse geht, findet eine Neuemission statt.

d) Werden andere Unternehmen in das eigene Unternehmen eingegliedert, liegt meist eine Form der Fusion vor.

Worum handelt es sich beim Nennwert?

- ◯ a) um den Wert des gesamten Unternehmens
- ◯ b) um den tatsächlichen Wert eines Papiers an der Börse
- ◯ c) um den auf einem Wertpapier aufgedruckten Betrag
- ◯ d) um den Wert des gesamten Index

Aktienkurs

a) Der Wert des gesamten Unternehmens kann u. a. durch die Menge an existierenden Aktien multipliziert mit dem Kurswert errechnet werden. Der Nennwert spielt bei der Berechnung des sogenannten Marktwertes keine Rolle. Auch existieren noch andere, präzisere Methoden zur Ermittlung des Unternehmenswertes.

b) Der tatsächliche Wert eines Wertpapiers an der Börse wird durch den Kurswert ausgedrückt. Er unterliegt starken Schwankungen und spiegelt letztlich die tatsächliche Nachfrage nach diesem Wertpapier wider.

c) Der Nennwert ist der auf dem Wertpapier aufgedruckte Betrag, der meist vom tatsächlichen Preis für dieses Wertpapier – dem sogenannten Kurswert – abweicht. Der Nennwert ist immer auf das einzelne Wertpapier bezogen; er gibt nicht den Wert des gesamten Unternehmens an.

d) Ein Aktienindex enthält ausgewählte Aktien mit unterschiedlichen Gewichten. Der Wert des gesamten Index spiegelt den Wert des zugrunde liegenden Aktienpaketes wieder. Ausschlaggebend dabei ist der Kurswert und nicht der Nennwert.

Was ist ein Junk Bond?

- a) ein ganz normales Wertpapier
- b) ein Wertpapier mit hohem Risiko und hohen Zinsen
- c) ein festverzinsliches Wertpapier
- d) eine Bundesanleihe

Wertpapiere

a) Zu normalen Wertpapieren zählen Aktien, Anleihen, Pfandbriefe etc., die bestimmte Rechte verbriefen und in der Regel an der Börse gehandelt werden. Sind die Wertpapiere frei handelbar, handelt es sich um Effekten.

b) Junk Bonds sind Wertpapiere mit einem hohen Risiko und hohen Zinsen. Sie werden auch als Schrottanleihen oder High-Yield-Anleihen bezeichnet, da sie durch Ratingagenturen eine schlechte Bewertung erhalten haben.

c) Festverzinsliche Wertpapiere sind Wertpapiere, die im Gegensatz zu Aktien eine feste Verzinsung garantieren. Aktien verbriefen nur ein Recht auf eine Dividende, wenn diese auch tatsächlich ausgezahlt wird. Wird keine Dividende ausgezahlt, existiert entsprechend auch kein Anrecht.

d) Bundesanleihen sind festverzinsliche Wertpapiere mit einer Laufzeit zwischen zehn und 30 Jahren, die vom Staat ausgegeben werden. Diese auch Bundesobligationen genannten Papiere werden an der Börse gehandelt.

Worum handelt es sich bei einem Kartell?

- a) lose Formen der Kooperation zwischen Unternehmen
- b) freiwillige Zusammenschlüsse oder vertragliche Absprachen rechtlich selbstständiger Unternehmen
- c) Übernahme eines Unternehmens durch ein anderes Unternehmen
- d) aufgabenbezogener Zusammenschluss mehrerer Unternehmen, der sich nach Durchführung der Aufgabe wieder auflöst

a) Lose Formen der Kooperation zwischen Unternehmen werden je nach Intensität und Zielsetzung als strategische Allianzen, strategische Netzwerke, Kooperationen oder auch als Projektteams bezeichnet.

b) Kartelle sind freiwillige Zusammenschlüsse oder vertragliche Absprachen von Unternehmen, die sich zu einer Beschränkung des Wettbewerbs oder zu gemeinsamem Handel verpflichten und damit einen Teil ihrer wirtschaftlichen Selbstständigkeit aufgeben. Kartelle sind grundsätzlich verboten; Ausnahmegenehmigungen werden von den Kartellbehörden erteilt.

c) Wird ein Unternehmen von einem anderen Unternehmen übernommen, spricht man von Fusion; Beispiele sind Thomas Cook und MyTravel im Jahr 2007 oder AOL und Time Warner im Jahr 2000.

d) Schließen sich mehrere Unternehmen für die Abwicklung einer Aufgabe zusammen und lösen den Verbund nach erfolgter Abwicklung wieder auf, spricht man von sogenannten virtuellen Projektteams oder virtuellen Unternehmen.

Was stellt der Aktienindex dar?

- a) Entwicklung aller Aktien einer Volkswirtschaft
- b) Entwicklung der Geldmenge einer Volkswirtschaft
- c) Kursentwicklung von bestimmten Aktien
- d) Entwicklung des wirtschaftlichen Wachstums

a) Die Entwicklung aller Aktien in einem Index darzustellen, wäre kaum realisierbar. Daher existieren in der Regel verschiedene Aktienindizes, die sich jeweils auf bestimmte Aktiensegmente konzentrieren.

b) Die Entwicklung der Geldmenge einer Volkswirtschaft wird anhand von Kennzahlen bestimmt, die unterschiedliche Geldmengen bezeichnen; in Deutschland wird zwischen den Geldmengen M1 (Bargeldumlauf und Sichteinlagen), M2 (M1 + Termineinlagen) und M3 (M2 + Spareinlagen) unterschieden.

c) Der Aktienindex ist eine Kennziffer zur Darstellung der Kursentwicklung bestimmter Aktien. Seine Entwicklung ist von den Kursen der im Index enthaltenen Aktien sowie deren Gewichtung innerhalb des Aktienindexes abhängig. Prinzipiell können Aktienindizes aus wenigen Papieren bestehen – wie z. B. der DAX – oder aus mehreren hundert Aktien errechnet werden.

d) Die Entwicklung des wirtschaftlichen Wachstums wird meist anhand des Bruttoinlandsprodukts gemessen; es gibt alle zur Verfügung stehenden Waren und Dienstleistungen zu ihren aktuellen Marktpreisen an, die im Inland innerhalb einer definierten Periode hergestellt bzw. erbracht wurden.

Um welche Marktform handelt es sich bei einem Monopol?

- a) Ein Anbieter bzw. ein Nachfrager treten auf.
- b) Wenige Anbieter oder wenige Nachfrager treten auf.
- c) Es herrscht vollständige Konkurrenz mit vielen Anbietern und Nachfragern.
- d) Die Preisgestaltung erfolgt über den Markt.

a) Bei einem Monopol handelt es sich um eine Marktform, bei der ein Anbieter oder ein Nachfrager auftreten. Tritt nur ein Anbieter auf, spricht man von einem Angebotsmonopol, tritt nur ein Nachfrager auf, von einem Nachfragemonopol.

b) Treten auf einem Markt wenige Anbieter oder wenige Nachfrager auf, handelt es sich um ein Oligopol.

c) Bei vollständiger Konkurrenz mit vielen Anbietern und vielen Nachfragern liegt ein sogenanntes Polypol vor.

Breites Warenangebot

d) Bei einem Polypol, d. h. bei vollständiger Konkurrenz mit vielen Anbietern und vielen Nachfragern, erfolgt die Preisgestaltung über den Markt, genau genommen durch das Zusammentreffen von Angebot und Nachfrage. Steigt die Nachfrage gegenüber dem Angebot, steigen die Preise; steigt das Angebot gegenüber der Nachfrage, sinken die Preise. Dagegen erfolgt die Preisgestaltung beim Monopol durch den Monopolisten und beim Oligopol z. B. durch explizite und implizite Preisabsprachen.

Worum handelt es sich bei einer BGB-Gesellschaft?

- a) um eine Kapitalgesellschaft
- b) um eine kleine Aktiengesellschaft
- c) um eine Limited
- d) um eine Gesellschaft bürgerlichen Rechts

a) Kapitalgesellschaften sind juristische Personen. Zu ihnen zählen z. B. die Aktiengesellschaft (AG), die Gesellschaft mit beschränkter Haftung (GmbH) sowie die Kommanditgesellschaft auf Aktien (KGaA).

b) Eine kleine Aktiengesellschaft stellt ebenfalls eine Kapitalgesellschaft dar. Im Vergleich zur normalen Aktiengesellschaft ist bei ihr der Aufwand bei der Gründung sowie bei der Organisation und Verwaltung geringer.

c) Eine Limited ist eine englische Gesellschaftsform, die sich zur Zeit einer immer größeren Beliebtheit in Deutschland erfreut. Hintergrund ist der im Vergleich zur GmbH geringere Gründungs- und Verwaltungsaufwand. Voraussetzung ist allerdings eine Adresse in England.

d) Eine BGB-Gesellschaft stellt eine Gesellschaft bürgerlichen Rechts dar und gehört zu den Personengesellschaften. Im Unterschied zu den Kapitalgesellschaften haften die hinter der Gesellschaft stehenden Personen voll und mit ihrem gesamten Vermögen. Grundlage für die Gründung einer BGB-Gesellschaft ist das Bürgerliche Gesetzbuch.

Was ist eine Rezession?

- a) starker Kursrückgang an den Börsen
- b) Wirtschaftseinbruch
- c) sinkende Preise
- d) steigende Preise

a) Starke Kursrückgänge an der Börse über einen längeren Zeitraum nennt man Baisse. Viele Anleger nutzen die anhaltende Schwäche zum Einstieg zu günstigeren Preisen. Ist kein Ende abzusehen, kann es allerdings passieren, dass die Zinsen gesenkt werden, um die Baisse zu stoppen.

b) Ein Wirtschaftseinbruch wird in der Regel als Rezession bezeichnet. Typische Merkmale sind z. B. ein Rückgang der Nachfrage, sinkende Preise, steigende Arbeitslosigkeit und eine geringere Investitionstätigkeit der Unternehmen. Hält die wirtschaftliche Talfahrt an, kann es zu einer längeren Phase der Depression kommen.

c) Sinken die Preise, wird von einer Deflation gesprochen. Letztlich führt sie zu einer Erhöhung des Realeinkommens. Die letzte Deflation mit weltweiten Auswirkungen fand während der Weltwirtschaftskrise in den 1930er-Jahren statt. Ein sich schnell verringernder Geldumlauf, sinkende Löhne und Preise mit einer hohen Arbeitslosigkeit waren die Auswirkungen.

d) Steigen die Preise, spricht man von einer Inflation. Sie führt zu einer Senkung des Realeinkommens. Einer leichten Inflation (unter 5 %) bescheinigt man eine nachfragefördernde Wirkung. Steigt die Inflation sehr schnell, liegt eine Hyperinflation vor.

Was versteht man unter Product Placement?

- ◯ a) Nutzung elektronischer Märkte für Platzierung und Verkauf
- ◯ b) Platzierung von Produkten in Printmedien
- ◯ c) Entwicklung eines ansprechenden Produktdesigns
- ◯ d) Integration von Markenprodukten in die Handlung von Spielfilmen

a) Elektronische Märkte sind Plattformen, auf denen elektronischer Handel betrieben werden kann. Prinzipiell zu unterscheiden sind elektronische Märkte im Business-to-Consumer-Bereich, wie z. B. Amazon, und elektronische Märkte im Consumer-to-Consumer-Bereich, wie z. B. eBay.

b) Die Platzierung von Produkten in Printmedien stellt eine typische Form der Werbung oder auch Kommunikationspolitik dar.

c) Die Entwicklung eines ansprechenden Produktdesigns als wichtiges Marketinginstrument ist Aufgabe der Produktpolitik.

d) Beim Product Placement handelt es sich um eine neuere Form der Werbung, bei der Markenprodukte gezielt in die Handlung von Spielfilmen eingebaut werden, um eine hohe Werbewirkung zu erzielen. Voraussetzung ist, dass das Produkt für den Zuschauer erkennbar ist. Ein Beispiel wäre die deutliche Präsentation einer bestimmten Automarke in einem James-Bond-Film. In Deutschland ist nur die sogenannte Produktbereitstellung erlaubt: Unternehmen dürfen ihr Produkt für die Filmproduktion anbieten, die Platzierung in der Handlung jedoch nicht bezahlen.

Um welche Form der Beschaffung handelt es sich bei Just-in-time?

- ◯ a) Vorratsbeschaffung auf Lager
- ◯ b) produktionssynchrone Beschaffung
- ◯ c) andere Bezeichnung für Just-in-sequence
- ◯ d) andere Bezeichnung für Global Sourcing

a) Kennzeichen einer Vorratsbeschaffung auf Lager ist die Beschaffung der erforderlichen Materialien und Güter zur anschließenden Lagerung. Für die Produktion werden dann aus dem Lager die jeweils erforderlichen Materialien entnommen.

b) Dagegen handelt es sich bei Just-in-time um eine Form der produktionssynchronen Beschaffung. Dies bedeutet, dass die bestellten Materialien dann geliefert werden, wenn sie direkt in den Produktionsfluss eingebaut werden können. Beispiel ist die Lieferung von Autositzen eines Lieferanten direkt zu den Fließbändern des Herstellers.

Fließbandproduktion in der Automobilindustrie

c) Einen Schritt weiter als Just-in-time geht Just-in-sequence. Hier erfolgt die Lieferung der Materialien genau in der Reihenfolge, wie sie am Fließband des Abnehmers benötigt werden. Möglich ist dies z. B. durch eine entsprechende Anordnung der bestellten Materialien schon im LKW.

d) Global Sourcing ist eine Form der Beschaffung, bei der die erforderlichen Materialien bei weltweit beauftragten Lieferanten beschafft werden.

Was bedeutet Volatilität?

- ◯ a) Schwankungsstärke eines Wertpapiers oder Marktes
- ◯ b) Recht auf höhere Dividende
- ◯ c) Kurswert einer Aktie
- ◯ d) Marktwert des Unternehmens

Wofür steht die Bezeichnung DAX?

- ◯ a) Daily American Index der Wall Street
- ◯ b) Deutscher Aktienindex
- ◯ c) Deutscher Anlegerindex
- ◯ d) Deutscher Automobilindex

a) Volatilität bezeichnet die Schwankungsintensität eines Wertpapiers oder eines Marktes. Aktien mit geringer Volatilität haben eine relativ gleichmäßige Kursentwicklung; Aktien mit hoher Volatilität sind durch starke Aufwärts- und Abwärtsbewegungen gekennzeichnet.

Aktie

b) Ein Recht auf eine höhere Dividende wird durch Vorzugsaktien verbrieft. Sie existieren neben den Stammaktien, die die üblichen Rechte eines Aktionärs (vor allem das Stimmrecht sowie das Recht auf Dividenden) verbriefen.

c) Der Kurswert einer Aktie gibt den tatsächlichen Wert der Aktie an der Börse wieder. Er unterscheidet sich vom Nennwert, der denjenigen Wert darstellt, der auf der Aktie bzw. dem Wertpapier steht.

d) Der Wert des Unternehmens an der Börse spiegelt den Marktwert des Unternehmens wider. Man spricht auch von der Marktkapitalisierung des Unternehmens. Je geringer dieser Marktwert ist, desto höher ist die Gefahr einer Übernahme.

a) Den Namen Daily American Index der Wall Street gibt es so nicht. Die Wall Street ist eine Straße im New Yorker Stadtteil Manhattan, in der sich die nach ihr benannte New Yorker Börse befindet. Sie entstand 1792 und ist die bedeutendste Börse in der westlichen Welt. An der Wall Street wird der international stark beachtete Dow-Jones-Index notiert.

b) DAX steht für Deutscher Aktienindex. Er wurde 1988 ins Leben gerufen und wird an der Frankfurter Börse während der Börsenzeit jede Minute neu berechnet. Er basiert auf der Kursentwicklung von 30 führenden deutschen Aktien. Welche Unternehmen im DAX sind, ist abhängig von bestimmten Kriterien, wie z. B. der Umsatzentwicklung. Mehrmals jährlich wird über die Zusammensetzung neu entschieden. Die Zahl 1000 entspricht dem Jahresschlussstand von 1987.

c) Ein deutscher Anlegerindex, der die Struktur und Zusammensetzung der Anleger wiedergibt, existiert nicht.

d) Dasselbe gilt für einen Deutschen Automobilindex: Es gibt natürlich einzelne Kennzahlen, die die Neuzulassungen von Autos oder auch andere wichtige Entwicklungen wiedergeben; sie werden jedoch nicht unter der Bezeichnung „DAX“ zusammengefasst.

Welche Zielsetzung verfolgt das Total Quality Management?

- a) beste Qualität des Managements
- b) Realisierung einer stärkeren Prozessorientierung im Unternehmen
- c) ständige Verbesserung der Qualität von Produkten und Leistungen eines Unternehmens
- d) Einführung eines Qualitätsmanagementsystems

a) Das Konzept des umfassenden Qualitätsmanagements, Total Quality Management genannt, bezieht sich nicht ausschließlich auf das Management.

b) Basis für die Realisierung des TQM sind die im und zwischen Unternehmen vorherrschenden Prozesse. Insofern führt TQM zu einer stärkeren Prozessorientierung im Unternehmen; die Realisierung dieser Prozessorientierung stellt jedoch nicht das primäre Ziel dar.

c) Primäres Ziel von Total Quality Management ist dagegen die ständige Verbesserung und Optimierung der Qualität von Produkten und Leistungen eines Unternehmens in allen Funktionsbereichen und auf allen Ebenen. Letztlich ist somit sowohl das Management als auch jeder Mitarbeiter gefordert, das Ziel der Qualitätsverbesserung zu verfolgen.

d) Die Verfolgung eines TQM-Konzepts kann durch die Einführung eines Qualitätsmanagementsystems unterstützt werden. In ihm werden die zugrunde liegenden Prozesse, die Qualitätsziele sowie die durchzuführenden Maßnahmen konkretisiert und dokumentiert.

Welche Kompetenzen werden Kernkompetenzen genannt?

- a) standardisierbare Kompetenzen
- b) sämtliche Kompetenzen eines Unternehmens
- c) Kompetenzen, die die Erfolgspotenziale im Unternehmen ausmachen
- d) Kompetenzen externer Unternehmen

a) Standardisierbare, leicht austauschbare Kompetenzen werden mitunter als Peripheriekompetenzen bezeichnet, da sie die Erfolgspotenziale des Unternehmens nicht direkt bedingen, zur Unterstützung aber auch erforderlich sind.

b) Sämtliche im Unternehmen verfügbaren Kompetenzen werden häufig als Wissens- oder Qualifikationsbasis des Unternehmens bezeichnet.

c) Kernkompetenzen bezeichnen diejenigen Kompetenzen von Unternehmen, die die Erfolgspotenziale im Unternehmen ausmachen und die Wettbewerbsvorteile sowie die strategische Position des Unternehmens begründen. In jüngerer Zeit wird eine stärkere Konzentration auf Kernkompetenzen gefordert. In der Praxis bedeutet dies, dass sich die Unternehmen auf diejenigen Prozesse und Kompetenzen konzentrieren, mit denen sie strategische Wettbewerbsvorteile erzielen können.

d) Bei den Kompetenzen externer Unternehmen handelt es sich um die Kernkompetenzen dieser Unternehmen und nicht um die eigenen.

Welche Funktion übt ein Key-Account-Manager aus?

- ◯ a) Betreuung des Rechnungswesens
- ◯ b) Prüfung des Jahresabschlusses einer GmbH
- ◯ c) Betreuung der wichtigsten Kunden
- ◯ d) generelle Betreuung von Kunden

a) Die Betreuung des Rechnungswesens unterliegt in der Regel dem Finanzchef oder dem Chief Finance Officer.

b) Die Prüfung des Jahresabschlusses einer GmbH ist Aufgabe des Wirtschaftsprüfers. Er prüft sowohl den Prozess der Erstellung als auch das Ergebnis.

c) Der Key-Account-Manager ist diejenige Person oder Organisation im Unternehmen, die sich primär um Kunden mit einer Schlüsselposition für den Unternehmenserfolg kümmert. Diese Kunden werden auch als A-Kunden oder wichtigste Kunden bezeichnet. Damit dies gelingt, ist besonders die individuelle Ausrichtung marketingpolitischer Maßnahmen und Instrumente auf den Kunden erforderlich.

d) Die generelle, übergreifende Betreuung von Kunden ist meist Aufgabe von Außendienstmitarbeitern, die z. B. Kunden einer bestimmten Region in regelmäßigen oder unregelmäßigen Abständen besuchen. Sie richten nicht – wie der Key-Account-Manager – die gesamten Aktivitäten auf die Betreuung eines bestimmten Kunden bzw. Kundenkreises.

Was passiert bei der Abschreibung?

- ◯ a) für zukünftige Investitionen wird Geld zurückgelegt
- ◯ b) Anschaffungskosten eines Vermögensgegenstandes werden in einem Betrag als Aufwand geltend gemacht
- ◯ c) Anschaffungs- und Herstellungskosten eines Vermögensgegenstandes des Anlagevermögens werden auf die Nutzungsdauer verteilt
- ◯ d) unzufriedene Kunden werden abgeschrieben

a) Bei der Abschreibung selbst wird kein Geld für zukünftige Investitionen zurückgelegt; Abschreibungen mindern jedoch den zu versteuernden Gewinn, und so können sie indirekt dabei behilflich sein, Geld für zukünftige Investitionen zurückzulegen.

b) Geringwertige Wirtschaftsgüter mit einem Anschaffungspreis von höchstens 410 € netto können in einem Betrag als Aufwand geltend gemacht werden. In diesem Zusammenhang wird jedoch nicht von Abschreibung gesprochen.

c) Unter Abschreibung wird dagegen die Verteilung der Anschaffungs- und Herstellungskosten eines Anlagegegenstandes wie z. B. einer Maschine oder eines Fahrzeugs auf dessen Nutzungsdauer verstanden. Typisch ist die lineare Abschreibung mit gleichbleibenden Abschreibungsbeträgen.

d) Umgangssprachlich heißt es zwar mitunter, dass unzufriedene Kunden abgeschrieben werden oder als abgeschrieben gelten; mit dem eigentlichen Begriff der Abschreibung hat dies jedoch wenig zu tun.

Wen verbindet ein Extranet?

- ◯ a) Mitarbeiter innerhalb des Unternehmens
- ◯ b) Mitarbeiter verschiedener Unternehmen
- ◯ c) weltweit verteilte Mitarbeiter und Institutionen
- ◯ d) verschiedene Server einer Client-Server-Architektur

a) Ein Intranet ist ein Netzwerk, das auf der Basis der Internet-Technologie arbeitet und nur auf ein Unternehmen beschränkt ist, also nur die Mitarbeiter innerhalb dieses Unternehmens verbindet. Gegenüber herkömmlichen Netzwerken bieten Intranets eine Reihe von Vorteilen, sodass sie sich in Unternehmen mittlerweile durchgesetzt haben.

b) Eine Erweiterung des Intranets stellt das Extranet dar, das – wiederum auf der Basis der Internet-Technologie – Mitarbeiter und Geschäftspartner verschiedener, genau abgegrenzter Unternehmen verbindet und somit für einen sicheren Austausch von Daten und Informationen innerhalb dieses Netzwerks sorgt.

c) Dagegen erlaubt das Internet eine Verbindung zwischen zahlreichen weltweit verteilten Mitarbeitern und Institutionen, solange die jeweiligen Rechner mit dem World Wide Web verbunden sind.

d) Prinzip der Client-Server-Architektur ist die Existenz eines Servers, auf dem z. B. Daten oder Programme liegen und auf den mehrere Server, die durchaus auch an verschiedenen Standorten stehen können, zugreifen. Dies kann auf der Basis eines Extranets erfolgen, muss es aber nicht.

Wofür steht Electronic Government?

- ◯ a) für die elektronische Beschaffung eines Herstellers bei seinen Lieferanten
- ◯ b) für die Nutzung von eBay
- ◯ c) für Kauftransaktionen zwischen Konsumenten
- ◯ d) für die elektronische Abwicklung von Transaktionen zwischen Bürgern und der öffentlichen Verwaltung

a) Sämtliche Formen der elektronischen Beschaffung eines Abnehmers bei seinen Lieferanten werden als Electronic Procurement bezeichnet. Eingesetzt werden Desktop-Purchasing-Systeme, die alle für die Beschaffung erforderlichen Prozesse elektronisch unterstützen.

b) Unter Electronic Commerce versteht man jegliche Formen des Online-Kaufs auf elektronischen Plattformen wie beispielsweise Amazon oder eBay.

c) Elektronische Kauftransaktionen zwischen Konsumenten werden als Consumer-to-Consumer-Transaktionen bezeichnet. Typisches Beispiel ist auch hier eBay.

d) Electronic Government oder E-Government bezieht sich auf die elektronische Unterstützung bzw. Abwicklung sämtlicher Transaktionen zwischen Unternehmen oder Konsumenten und der öffentlichen Verwaltung. Beispiele sind die elektronische Abgabe der Steuererklärung oder die elektronische Anmeldung bei der Gemeinde.

Wer haftet bei Personengesellschaften für Schulden?

- a) jeder Aktionär
- b) alle persönlich haftenden Gesellschafter
- c) immer nur die Kommanditisten
- d) die Banken

a) Ein Aktionär hält Anteile an einer Aktiengesellschaft. Bei einer Aktiengesellschaft handelt es sich allerdings um eine Kapitalgesellschaft, nicht um eine Personengesellschaft. Der Aktionär haftet hier nur in Höhe seines Anteils.

b) Bei einer Personengesellschaft haften alle Gesellschafter sowohl mit ihrem Gesellschaftsanteil als auch mit ihrem Privatvermögen. Bei den meisten Gesellschaften liegt eine solidarische Haftung zugrunde. Dies bedeutet, dass jeder Gesellschafter auch für die Schulden oder die Fehler eines anderen Gesellschafters voll in Anspruch genommen werden kann.

c) Die Kommanditisten sind diejenigen Gesellschafter bei einer Kommanditgesellschaft, die sich nur in Höhe ihrer Einlage verpflichten; sie werden auch als Teilhafter bezeichnet. Bei den Vollhaftern spricht man von Komplementären.

d) Die Banken stellen den Gesellschaften kurz- und langfristige Kredite zur Verfügung, haften aber nicht für die Schulden einer Gesellschaft. Dies gilt sowohl für Personen- als auch für Kapitalgesellschaften.

Was versteht man unter Doppik?

- a) kameralistische Buchführung
- b) doppelte Buchführung
- c) US-GAAP
- d) IFRS

a) Die Kameralistik, auch kameralistische Buchführung genannt, betrachtet zwar Einnahmen und Ausgaben, jedoch nicht die Erträge und Aufwendungen. Zudem werden Planrechnungen nach dem Soll-Ist-Prinzip durchgeführt; hierbei werden ein Haushaltsplan (ein oder zwei Jahre) und die mittelfristige Finanzplanung (fünf Jahre) erstellt. Die Kameralistik ist das bei öffentlichen Haushalten übliche Verfahren.

b) Bei der doppelten Buchführung, auch als Doppik bezeichnet, wird jeder Geschäftsvorgang in Form einer Buchung auf zwei T-Konten festgehalten, und für jede dieser Buchungen wird ein Buchungssatz (Soll an Haben) erstellt. Zudem erfolgt die Ermittlung des Gewinns doppelt – zum einen über die Bilanz, zum anderen über die Gewinn- und Verlustrechnung. Sie ist die Basis für die Erstellung des Jahresabschlusses.

c) GAAP steht für Generally Accepted Accounting Principles und bezeichnet die US-amerikanischen Bilanzierungsvorschriften, die aus einer Vielzahl nicht kodifizierter Einzelfallregelungen bestehen.

d) Kapitalmarktorientierte Unternehmen müssen nicht nur die US-GAAP, sondern auch die IFRS – International Financial Reporting Standards – beachten. Da die Vorschriften zum Teil erheblich voneinander abweichen, müssen viele Unternehmen mehrere Abschlüsse parallel erstellen.

Welche Idee steckt hinter dem Konzept des Business Process Reengineering?

- a) Voraussetzung für die Gründung eines Unternehmens
- b) Neugestaltung des Vertriebsprozesses
- c) Analyse und Neugestaltung der Unternehmensorganisation
- d) Reorganisation der Branche

a) Voraussetzung für die Gründung eines Unternehmens ist die Erstellung eines Business-Plans. Dabei handelt es sich um eine schriftliche Zusammenfassung eines unternehmerischen Vorhabens. Basierend auf einer Geschäftsidee werden im Geschäftsplan Strategie und Ziele dargestellt.

b) Die Neugestaltung des Vertriebsprozesses, um z. B. den Nutzen für den Kunden zu erhöhen, ist ein wichtiger Baustein des Business Process Engineering, aber nicht der einzige. Hier werden u. a. Kundenwert- oder Zielgruppenanalysen eingesetzt, oft wird auch spezielle Software herangezogen.

c) Business Process Reengineering bezeichnet die Analyse und Neugestaltung der Unternehmensorganisation auf der Basis von Prozessen. Wesentliche Prinzipien sind die Konzentration auf Kernkompetenzen, die konsequente Auslagerung der übrigen Prozesse, die konsequente Markt- und Kundenorientierung sowie die durchgängige informationstechnische Vernetzung.

d) Die Reorganisation einer Branche ist kaum planbar; sie entwickelt sich von selbst und zieht sich in der Regel über einen längeren Zeitraum hin.

Was versteht man unter einem Käufermarkt?

- a) Endkonsumenten verkaufen an Endkonsumenten
- b) Verkäufer diktieren die Preise
- c) Käufer diktieren die Preise
- d) Ausrichtung der Unternehmensaktivitäten auf den Kunden

a) Verkaufen Endkonsumenten an Endkonsumenten liegt ein Consumer-to-Consumer-Business vor. Typische Ausprägungen im realen Leben sind der Flohmarkt oder auch eBay oder andere Communities bzw. elektronische Märkte im Internet.

Flohmarkttisch

b) Diktieren dagegen die Verkäufer die Preise und den Markt, wird von einem Verkäufermarkt gesprochen. In Deutschland war dies in der Nachkriegszeit zu beobachten. Die Verkäufer konnten entscheiden, wie die Produkte gestaltet und zu welchen Preisen sie verkauft wurden.

c) Von einem Käufermarkt spricht man dann, wenn die Käufer die Preise diktieren und auf dem Markt die größere Macht haben. Zu beobachten sind Käufermärkte in der jetzigen Zeit, in der die Käufer kritisch geworden sind und nicht jeden Preis, jedes Produkt und jede Qualität akzeptieren.

d) Die konsequente Ausrichtung der Unternehmensaktivitäten auf den Kunden, mit dem Ziel, ihn zu halten und zufriedenzustellen, ist eine Folge des Käufermarktes.

Wer darf das Kürzel ppa. verwenden?

- ◯ a) Handlungsbevollmächtigter
- ◯ b) Prokurist
- ◯ c) Geschäftsführer
- ◯ d) jeder Mitarbeiter im Unternehmen

a) Ein Handlungsbevollmächtigter ist vom Vorstand oder auch von der Geschäftsführung mit denjenigen Vollmachten ausgestattet, die zur Ausführung seiner Aufgaben im Unternehmen erforderlich sind. Ein Handlungsbevollmächtigter kann mit i. A. (im Auftrag) oder auch i. V. (in Vertretung) unterschreiben.

b) ppa. steht für „per procura" und bedeutet „in Vollmacht". Der Unterzeichner ist vom Vorstand bzw. der Geschäftsführung mit einer umfassenden Vollmacht ausgestattet und darf für die Firma als Prokurist unterzeichnen. Es handelt sich dabei aber nicht um eine Person des Managements. Der Prokurist muss im Handelsregister eingetragen werden.

c) Geschäftsführer unterschreiben ohne zusätzliche Kürzel. Aufgabe der Geschäftsführung ist die Vertretung des Unternehmens nach außen sowie die Führung des Unternehmens nach innen.

d) Jeder Mitarbeiter im Unternehmen ist mit bestimmten Handlungsvollmachten ausgestattet. Je nach hierarchischer Stellung kann es sich dabei um normale Handlungsvollmachten oder auch um die Prokura handeln, muss es aber nicht.

Worauf bezieht sich der Begriff „Schattenwirtschaft"?

- ◯ a) auf aus dem Ausland transportierte Güter und Dienstleistungen
- ◯ b) auf Aktivitäten kleiner und mittlerer Unternehmen
- ◯ c) auf nicht in der offiziellen Statistik ausgewiesene wirtschaftliche Aktivitäten
- ◯ d) auf Aufträge des Staates, die unter der Hand vergeben werden

a) Im Zusammenhang mit aus dem Ausland transportierten Gütern und Dienstleistungen wird von Import gesprochen im Gegensatz zum Export, der den Transport der im Inland produzierten Güter und Dienstleistungen ins Ausland bezeichnet.

b) Kleine und mittlere Unternehmen stellen ca. 96 % der gesamten Unternehmen dar und leisten einen ganz wesentlichen Beitrag zur volkswirtschaftlichen Gesamtleistung; ihre Aktivitäten werden jedoch nicht als Schattenwirtschaft bezeichnet.

c) Der Begriff „Schattenwirtschaft" bezieht sich auf sämtliche wirtschaftlichen Aktivitäten, die nicht in der offiziellen Statistik ausgewiesen sind, aber dennoch zur gesamtwirtschaftlichen Wertschöpfung beitragen. Typische Beispiele sind die auf den schwarzen Märkten gehandelten Güter und Dienstleistungen oder typische haushaltsnahe Dienstleistungen wie Haushälterin, Zugehfrau, Kindermädchen etc.

d) Aufträge des Staates, die unter der Hand vergeben werden, werden nicht extra gekennzeichnet.

Worum handelt es sich bei Subventionen?

- a) Leistungen der öffentlichen Hand an Unternehmen
- b) Leistungen von Unternehmen an bedürftige Mitarbeiter
- c) Leistungen des Staates an bestimmte Einwohner
- d) von Kapitalgesellschaften zu zahlende Steuern

Um was geht es beim Trading?

- a) elektronische Beschaffungsvorgänge
- b) kurzfristiges Kaufen und Verkaufen von Aktien
- c) Handel von bestimmten Gütern und Gegenständen
- d) Handel auf elektronischen Märkten

a) Subventionen sind Leistungen der öffentlichen Hand an Unternehmen, um einen bestimmten, meist im allgemeinen Interesse liegenden Zweck zu erreichen. Sie erfolgen ohne Gegenleistung an den Staat. Typische Beispiele sind Subventionen zur Erhaltung bestimmter Branchen und Arbeitsplätze (z. B. Kohle), Subventionen zur Anpassung von Unternehmen oder Branchen an neue Bedingungen und Subventionen zur Förderung bestimmter Unternehmen oder Regionen (z. B. die ehemalige Förderung der Zonenrandgebiete).

b) Leistungen von Unternehmen an bedürftige Mitarbeiter werden umgangssprachlich häufig auch als Subventionen bezeichnet, sind aber eigentlich nicht. Letztlich handelt es sich hier um gesetzlich erforderliche oder zusätzliche Sozialleistungen.

c) Unterstützt der Staat bestimmte Einwohnergruppen, handelt es sich nicht um Subventionen, sondern um Transferzahlungen.

d) Die von Kapitalgesellschaften wie einer AG oder GmbH zu zahlende Steuer ist die sogenannte Körperschaftssteuer. Im Grunde entspricht sie der Einkommensteuer der Privatpersonen.

a) Elektronische Beschaffungsvorgänge, die mittels verschiedener Verfahren und Technologien unterstützt und abgewickelt werden, werden auch Electronic Procurement genannt, nicht Trading.

b) Trading bedeutet kurzfristiges Kaufen und Verkaufen von Aktien, um Spekulationsgewinne zu realisieren. Es ist vor allem in den USA unter dem Begriff „Day-Trading" bekannt geworden, wenn Spekulanten am gleichen Tag kaufen und verkaufen.

Trading an der Börse in New York

c) Der Handel von bestimmten Gütern und Gegenständen kann zwar auch an einer Börse – typische Beispiele sind Rohstoffbörsen, Kaffeebörsen oder die Getreidebörse – und in kurzfristigen Transaktionen erfolgen. Er zählt es jedoch nicht zum Trading, da sich dieser Begriff nur auf den Aktienhandel bezieht.

d) Der Handel auf elektronischen Märkten wird nicht als Trading bezeichnet; er stellt eine Form des Electronic Commerce oder Electronic Business dar. Bei elektronischen Märkten handelt es sich um Internetplattformen, auf denen Angebot und Nachfrage von Gütern und auch Dienstleistungen erfolgen.

Welche Funktion hat ein CEO im Unternehmen?

- ◯ a) Führung des gesamten Unternehmens
- ◯ b) Management der Unternehmensmarken
- ◯ c) Leiter des IT-Bereichs
- ◯ d) Leiter des Qualitätsmanagements

a) Der aus dem amerikanischen stammende Begriff „CEO" steht für Chief Executive Officer und ist eine andere Bezeichnung für Management oder Unternehmensführung. In großen Unternehmen handelt es sich dabei um den Sprecher des Vorstands oder den Vorstandsvorsitzenden.

b) Das Management der vom Unternehmen produzierten Marken ist die Aufgabe des CBO, des Chief Branding Officer. Als Leiter der Marketingabteilung muss er die Marken des Unternehmens gut auf dem Markt positionieren, sie eventuell erweiteren oder verfestigen.

c) Dagegen wird der Leiter des IT-Bereichs im Unternehmen als Chief Information Officer oder CIO bezeichnet. In größeren Unternehmen kann es sich dabei um dasjenige Vorstandsmitglied handeln, das die IT verantwortet.

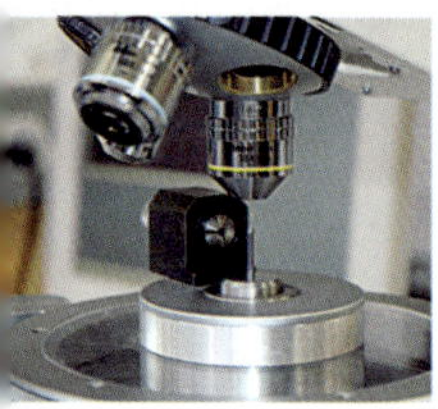

Qualitätskontrolle

d) Der Leiter des Qualitätsmanagements wird oft als CQO – Chief Quality Officer – bezeichnet. Seine primäre Aufgabe besteht in der Entwicklung, Realisierung, Prüfung und Weiterentwicklung eines geeigneten Qualitätsmanagementsystems. Ein solches System überwacht sowohl die Herstellung als auch die gleichbleibende Qualität des Endprodukts.

Was versteht man unter dem Marshall-Plan?

- ◯ a) staatliche Wirtschaftspolitik
- ◯ b) Stabilitätspakt
- ◯ c) Marketingkonzept
- ◯ d) wirtschaftliches Wiederaufbauprogramm der USA

a) Die Aufgabe der staatlichen Wirtschaftspolitik ist der regulierende Eingriff in die wirtschaftlichen und konjunkturellen Abläufe. So soll in einem Boom eher weniger investiert werden, während in einer Rezession versucht wird, die Produktion durch staatliche Investitionen anzukurbeln.

b) Im Gesetz zur Förderung der Stabilität und des Wachstums der Wirtschaft, dem sogenannten Stabilitätsgesetz, sind die wesentlichen gesamtwirtschaftlichen Ziele zusammengefasst: Vollbeschäftigung, stabiles Preisniveau, außenwirtschaftliches Gleichgewicht und angemessenes Wirtschaftswachstum.

c) Ziel einer Marketingkonzeption ist die Vermarktung der Produkte und Dienstleistungen. Das Konzept beinhaltet die Formulierung von Zielen, Strategien und Maßnahmen.

d) Der Marshall-Plan – offiziell European Recovery Program (ERP) – war das wichtigste wirtschaftliche Wiederaufbauprogramm der USA für das zerstörte Westeuropa nach dem Zweiten Weltkrieg. Benannt wurde das Programm nach dem US-Außenminister George C. Marshall (1880–1959), auf dessen Initiative es zurückging. Das Programm lief von 1947 bis 1951; in diesem Zeitraum verschaffte die USA den westeuropäischen Staaten Kredite, Rohstoffe, Lebensmittel und Waren.

Was versteht man unter strategischen Allianzen?

- ◯ a) enge Partnerschaften zwischen zwei oder mehreren Unternehmen
- ◯ b) Teamwork
- ◯ c) Zusammenarbeit zwischen Vorstand und Aufsichtsrat einer Aktiengesellschaft
- ◯ d) GbR-Gesellschaft

a) Strategische Allianzen stellen eine sehr enge Partnerschaft zwischen zwei oder mehreren rechtlich an sich selbstständigen Unternehmen dar, die sich für die gemeinsame Durchführung bestimmter Aufgaben zusammengeschlossen haben. Meist sind sie langfristig ausgerichtet und können entweder das gesamte Unternehmen oder einzelne Funktionsbereiche betreffen.

b) Teamarbeit ist inzwischen in vielen Unternehmen weit verbreitet. Da viele Aufgaben immer komplexer werden, ist dies in vielen Fällen eine sinnvolle Arbeitsstruktur. Auch sogenannte virtuelle Teams, die über nationale Grenzen hinweg zusammenarbeiten, sind im Zuge der Globalisierung entstanden.

c) Eine enge Zusammenarbeit zwischen Vorstand und Aufsichtsrat einer Aktiengesellschaft ist sinnvoll, damit Entscheidungen schnell getroffen werden können und der Informationsaustausch gewährleistet ist.

d) Eine GbR-Gesellschaft ist eine Gesellschaft des bürgerlichen Rechts, bei der sich zwei oder mehr Personen zusammenschließen, um gemeinsam ein Unternehmen oder ein Projekt zu realisieren. Letztlich ist GbR-Gesellschaft eine andere Bezeichnung für die BGB-Gesellschaft.

Worin liegt das wesentliche Kennzeichen einer KG?

- ◯ a) Das Kapital ist in Aktien zerlegt.
- ◯ b) Es gibt nur stille Gesellschafter.
- ◯ c) Es gibt mindestens einen Voll- und einen Teilhafter.
- ◯ d) Die GmbH stellt den Komplementär.

a) Wird das Kapital eines Unternehmens in Aktien zerlegt, handelt es sich um eine Aktiengesellschaft oder um eine Kommanditgesellschaft auf Aktien.

b) Eine stille Gesellschaft entsteht, wenn sich sogenannte stille Gesellschafter, die offiziell nicht erscheinen, an einem Unternehmen mit einer Einlage beteiligen.

c) Bei einer Kommanditgesellschaft oder einer KG handelt es sich um eine Personengesellschaft, bei er es mindestens einen Vollhafter, den sogenannten Komplementär, und einen Teilhafter, den sogenannten Kommanditisten, gibt. Während letzterer nur mit seiner Einlage einstehen muss, bürgt der Vollhafter auch mit seinem Privatvermögen.

d) Handelt es sich bei dem Komplementär einer KG um eine GmbH, entsteht eine GmbH & Co. KG. Rechtlich stellt die GmbH & Co. KG eine Personengesellschaft dar; faktisch handelt es sich um eine Kapitalgesellschaft, da der Vollhafter eine GmbH ist, die jedoch nur mit ihrem Gesellschaftsvermögen und nicht wie eine Privatperson haftet.

Was passiert bei einer Währungsreform?

- a) Investition in ausländisches Geld
- b) Neuordnung des Geldwesens eines Landes
- c) Erhöhung der Geldmengen
- d) Ausgabe neuer Aktien einer Aktiengesellschaft

a) In Abhängigkeit der zugrunde liegenden Wechselkurse wird häufig in ausländisches Geld investiert, um – steigende Wechselkurse vorausgesetzt – Gewinne erzielen zu können. In diesem Fall wird auch von Devisen gesprochen.

Währungsreform 1948: Blick in eine Wechselstube

b) Währungsreform bedeutet die völlige Neuordnung des Geldwesens eines Landes, die meist als Folge einer zurückgestauten Inflation notwendig wird, um den überhöhten Bestand an Geldmitteln in einer Volkswirtschaft abzuschöpfen. In Deutschland wird mit der Währungsreform die Einführung der Deutschen Mark in Westdeutschland am 21. Juni 1948 verbunden, die als Auslöser für das Nachkriegs-Wirtschaftswunder in Deutschland gilt.

c) Als Geldmenge wird der gesamte Bestand an Geld verstanden, der in einer Volkswirtschaft zur Verfügung steht. Eine Erhöhung der Geldmenge führt nicht zu einer Währungsreform.

d) Die Ausgabe neuer Aktien einer Aktiengesellschaft wird auch als Neuemission bezeichnet. Dabei kann es sich um bereits existierende oder auch um neue AGs handeln.

Welche Funktionen zählen zum Marketing-Mix?

- a) Werbung
- b) Scoring-Modell
- c) Gestaltung der Preisuntergrenzen
- d) Produktgestaltung, Kommunikation, Preisgestaltung und Distribution

a) Aufgabe der Werbung oder auch der Kommunikationspolitik ist die Unterstützung der Vermarktung der erstellten Produkte und Dienstleistungen. Typische Werbeträger sind klassische Printmedien wie Zeitungen und Zeitschriften, das Radio oder auch immer mehr das Internet. Gegenwärtig wird geprüft, inwieweit sich Web 2.0 oder *Second Life* als Werbemedien eignen.

b) Das Scoring-Modell, auch Punktwertverfahren, ist ein Verfahren zur Ermittlung des Kundenwerts. Alle Transaktionen, wie Zahlungen, Vertragsabschlüsse oder Mahnbescheide, werden mit positiven oder negativen Punkten bewertet, und der Kunde erhält einen Gesamtscore.

c) Die Preisuntergrenze gibt den Preis an, der aus Kostengründen nicht unterschritten werden darf. Die kurzfristige Preisuntergrenze bemisst sich nach den variablen Stückkosten; die langfristige nach den gesamt entstehenden Kosten pro Stück, den sogenannten Vollkosten.

d) Aufgabe des Marketing-Mix ist die Unterstützung des Marketings. Zum Marketing-Mix zählen Produktgestaltung, Kommunikation und Werbung, die Gestaltung der Preise sowie Fragen der Distribution der Waren zu den Kunden.

Worauf bezieht sich die EAN?

- a) individuelle Artikelnummer von Unternehmen
- b) einheitliche europäische Artikelnummer
- c) Arbeitsplatznummerierung
- d) elektronischer Marktplatz

a) Jedes Unternehmen bestimmt für seine Produkte eigene Artikelnummern, die die Identifikation der Artikel im Unternehmen ermöglichen. Dies führt dazu, dass derselbe Artikel von verschiedenen Unternehmen unterschiedliche Artikelnummern hat.

b) Aus diesem Grund wurde die EAN eingeführt. EAN steht für die 13-stellige Europäische Artikelnummer, die als Code von optischen Scannergeräten an der Ladenkasse gelesen werden kann. Ziel sind hohe Rationalisierungsvorteile für Handel und Produzenten, da die elektronischen Scannerkassen direkt an die Computer der Handelsbetriebe angeschlossen sind und somit stets vollständige Informationen über Lagerbestände, Verkaufsmengen etc. vorliegen. Die EAN setzt sich wie folgt zusammen: zweistelliges Länderkennzeichen, fünfstellige Betriebsnummer des Herstellers, fünfstellige Artikelnummer des Herstellers, eine Prüfziffer.

c) In großen Unternehmen hat jeder Arbeitsplatz oder jede Stelle eine Nummer. Die Charakterisierung der bei diesem Arbeitsplatz erforderlichen Tätigkeiten und Aufgaben erfolgt in der Stellenbeschreibung.

d) Ein elektronischer Marktplatz ist eine elektronische Einkaufsplattform im Internet, auf der Angebot und Nachfrage zusammenkommen.

Was bedeutet Jobsharing?

- a) Erweiterung des Arbeitsplatzes
- b) Wechsel des Arbeitsplatzes innerhalb des Unternehmens
- c) Teilen des Arbeitsplatzes
- d) mehr Verantwortung am Arbeitsplatz

Arbeitsplätze in einem Büroturm

a) Wird der Arbeitsplatz erweitert, indem zusätzliche Aufgaben auf demselben Anforderungsniveau hinzukommen, nennt man das Job Enlargement. Man spricht in diesem Zusammenhang auch von einer Maßnahme der horizontalen Umstrukturierung. Ziel des Job Enlargements ist es, psychische und physische Eintönigkeit zu vermeiden.

b) Tauschen die Mitarbeiter mit ihren Kollegen den Arbeitsplatz, indem sie jeweils für eine bestimmte Zeit deren Aufgaben übernehmen, handelt es sich um Jobrotation.

c) Beim Jobsharing teilen sich mindestens zwei Arbeitskräfte einen Arbeitsplatz. Typisches Beispiel ist die Aufteilung eines Arbeitsplatzes im Sekretariat auf eine Vormittags- und eine Nachmittagskraft.

d) Übernehmen die Mitarbeiter mehr Verantwortung, wird auch von Job Enrichment gesprochen. Im Gegensatz zum Job Enlargement handelt es sich hierbei um eine vertikale Umstrukturierung. Voraussetzung ist die entsprechende Weiterbildung des Mitarbeiters, damit er auch verantwortlichere Aufgaben übernehmen kann.

Was versteht man unter Supply-Chain-Management?

- a) Steuerung der Zulieferkette vom Hersteller aus
- b) Betreuung der Schlüsselkunden
- c) Realisierung einer Zuliefer-hierarchie
- d) Management der internen Produktionskette

a) Der Begriff „Supply Chain" oder auch Liefer- bzw. Zulieferkette bezeichnet die Kette der Aktivitäten, die für die Erstellung und den Vertrieb eines Produktes oder einer Leistung erforderlich sind. Die zunehmende inner- und zwischenbetriebliche informations- und kommunikationstechnische Durchdringung führt zu einer immer stärkeren Vernetzung der beteiligten Lieferanten. Die Steuerung erfolgt durch das Unternehmen, das das Endprodukt herstellt.

b) Die Betreuung der Schlüsselkunden ist die Aufgabe des Key-Account-Managers.

c) Ausgehend vom Hersteller bilden sich – z. B. auch in Folge von Supply-Chain-Management – Zulieferketten. Die beteiligten Zulieferer werden dabei in Systemlieferanten, die ganze Systeme liefern, und Sub- oder Teillieferanten untergliedert.

d) Das Management der internen Produktionsprozesse ist Aufgabe der intern angesiedelten Produktionsplanung und Produktionssteuerung.

Automobilproduktion

Was steckt hinter dem sogenannten Warenkorb?

- a) Anreiz für bewährte Mitarbeiter
- b) Zusammenstellung einer möglichst repräsentativen Anzahl von Gütern
- c) Weihnachtsgeschenk für den Kunden
- d) Andere Bezeichnung für Warentermingeschäft

a) Anreize oder auch sogenannte Incentives sind Sachprämien, Veranstaltungen oder Reisen, mit denen Mitarbeiter, Kunden, Händler sowie Entscheidungsbeeinflusser wie Politiker und Journalisten von Unternehmen motiviert und belohnt werden.

b) Unter einem sogenannten Warenkorb versteht man auf dem Gebiet der Wirtschaftswissenschaften die Zusammenstellung einer möglichst repräsentativen Anzahl verschiedener Güter zur Ermittlung des Preisindex und der Inflation. Die Preisentwicklung der enthaltenen Güter wird dabei über eine bestimmte Zeit (z. B. vier Jahre) mit einer konstanten Gewichtung der einzelnen Positionen ermittelt.

c) Werbegeschenke (im Gegensatz zu Werbeartikeln) im eigentlichen Sinne oder auch Prämien sollen bei Kunden Dank für die Treue ausdrücken und allgemein zur Pflege geschäftlicher Beziehungen dienen.

d) Bei Warentermingeschäften werden statt der Ware Optionsscheine (eine Art vordatierte Kaufverträge) gehandelt. An die Stelle der materiellen Güter treten Wertpapiere, da die gehandelte Ware selbst noch nicht existiert oder für den Handel noch nicht verfügbar ist.

Welche Aussage macht der EBIT?

- a) Anteil des Eigenkapitals am Gesamtkapital
- b) Gewinn vor Steuern
- c) Gewinn vor Steuern und Zinsen
- d) Gewinn vor Steuern, Zinsen und Abschreibungen

a) Der Anteil des Eigenkapitals am Gesamtkapital wird durch die Eigenkapitalquote ausgedrückt. Sie ist eine wichtige Kennzahl, wenn es um die Genehmigung neuer Kredite für das Unternehmen geht.

b) Der Gewinn vor Steuern wird durch die Gegenüberstellung sämtlicher Erträge und Aufwendungen in der Gewinn- und Verlustrechnung ermittelt. In der amerikanischen Schreibweise wird die Kennzahl auch als EBT oder auch Earnings before taxes bezeichnet.

c) Werden bei der Gewinnermittlung sowohl die Steuern als auch die Zinsen für Fremdkapital nicht einberechnet, ergibt sich der EBIT oder auch Earnings before interests and taxes. Im Vergleich zum Gewinn vor Steuern erlaubt er einen besseren Vergleich verschiedener Unternehmen, da die Zinskonditionen ja doch sehr unterschiedlich sind.

d) Werden zusätzlich auch die Abschreibungen nicht einberechnet, ergibt sich der sogenannte EBITDA oder auch Earnings before interests, taxes and depreciation amortization. Seine Anwendung macht ebenfalls einen fundierteren Vergleich möglich, da die Abschreibungskonditionen der einzelnen Unternehmen sehr unterschiedlich sein können.

Wie setzt sich der Umsatz zusammen?

- a) abgesetzte Menge multipliziert mit den Preisen abzüglich der Kosten
- b) abgesetzte Menge multipliziert mit den Preisen
- c) Gegenüberstellung von Aufwendungen und Erträgen
- d) Gewinne plus Abschreibungen

a) Der Umsatz eines Unternehmens ist nicht mit dem Gewinn eines Unternehmens zu verwechseln. Dieser ergibt sich, wenn vom Umsatz die Kosten für die Erstellung der Produkte und Leistungen abgezogen werden.

b) Der Umsatz eines Unternehmens erhält man, wen man die abgesetzte Menge mit den erzielten Preisen multipliziert.

c) Die Ermittlung des Gewinns erfolgt entweder durch die Gegenüberstellung von Einnahmen und Ausgaben oder durch die Gegenüberstellung von Aufwendungen und Erträgen in der Gewinn- und Verlustrechnung. Neben den Umsatzerlösen werden dabei auch Erträge aus Finanzgeschäften sowie außerordentliche Erträge berücksichtigt.

d) Die Höhe des Cashflows eines Unternehmens sagt aus, wie viel Geld dem Unternehmen tatsächlich zur Verfügung steht, um Schulden zu bezahlen oder Investitionen zu tätigen. Er ergibt sich aus der einfachen Formel: Gewinne plus Abschreibungen plus Zustellung zu den Rückstellungen.

Was versteht man generell unter einem Markt?

- a) Zusammentreffen von Angebot und Nachfrage
- b) Zusammentreffen von Anbietern und Nachfragern nach Kapital
- c) Angebot von Produkten z. B. im Internet
- d) Gesamtheit der Kunden

Obst auf dem Wochenmarkt

a) In der Ökonomie bezeichnet der Begriff „Markt" den realen – z. B. auf dem Wochenmarkt – oder virtuellen – z. B. im Computer – Ort des Zusammentreffens von Angebot und Nachfrage nach einem Gut. Stimmen Angebot und Nachfrage nach einem Gut überein, so spricht man von Marktgleichgewicht. Es ist charakterisiert durch den sogenannten Gleichgewichtspreis – den Marktpreis – und die durch ihn bestimmte Gleichgewichtsmenge. Das so definierte Funktionieren des Marktes ist eine wesentliche Grundlage der (sozialen) Marktwirtschaft.

b) Treffen Anbieter, wie Banken, und Nachfrager nach Kapital, wie Privatpersonen, zusammen, spricht man von einem Kapitalmarkt.

c) Das Angebot von Produkten – z. B. im Internet – alleine stellt lediglich eine Komponente des Marktes dar und zwar die Angebotsseite. Markttransaktionen kommen erst zustande, wenn auch Nachfrager existieren.

d) Auch die Kunden alleine stellen noch keinen Markt dar; sie repräsentieren lediglich eine Marktseite, und zwar die der Nachfrager.

Welche Aufgabe hat das Controlling?

- a) Steuerung des Unternehmens
- b) Kontrolle des Vorstands einer AG
- c) Kontrolle durch den Wirtschaftsprüfer
- d) Kontrolle durch die interne Revisionsabteilung

a) Controlling bedeutet Steuerung des Unternehmens. Im Einzelnen zählen dazu die Planung, die Umsetzung, die Kontrolle und die Information. Diese vier wichtigen Aufgaben werden auch als Controlling-Aktivitäten-Viereck bezeichnet. Controlling bezieht sich also nicht – wie es in der herkömmlichen Meinung oft verstanden wird – rein auf die Kontrolle, meist steht das Sammeln und Analysieren von Daten für die Vorbereitung von Entscheidungen im Vordergrund.

b) Die Kontrolle des Vorstands einer AG ist eine wichtige Aufgabe des Aufsichtsrates, der auch die Mitglieder des Vorstands rekrutiert. Der Aufsichtsrat vertritt damit die Interessen der Aktionäre, die ihn auf der Hauptversammlung bestellt haben.

c) Jeder Jahresabschluss muss durch einen Wirtschaftsprüfer geprüft werden. Dabei geht es nicht nur um die Ergebnisse, sondern auch um den Prozess der Erstellung. Erst wenn der Wirtschaftsprüfer den Jahresabschluss geprüft und zertifiziert hat, ist er gültig.

d) Aufgabe der internen Revisionsabteilung ist die Prüfung interner Prozesse, Strukturen und Abläufe. Beispiel ist das durchgeführte Projekt, dessen Prozesse und vor allem Kosten nach der Durchführung durch die interne Revision geprüft werden.

Was passiert bei einer Stagflation?

- ◯ a) Preise stagnieren
- ◯ b) stagnierendes Wirtschaftswachstum
- ◯ c) stagnierendes Wirtschaftswachstum und Inflation
- ◯ d) sehr schnelle Erhöhung der Preise

a) Stagnieren die Preise, so herrscht weder Inflation noch Deflation; das Preisniveau bleibt gleich.

b) Stagniert das Wirtschaftswachstum, wird von einer Stagnation gesprochen. Dies bedeutet, dass einzelne Größen wie das Bruttoinlandsprodukt, der Konsum oder die Investitionstätigkeiten kein Wachstum erfahren.

c) Stagflation kennzeichnet eine Situation, in der gleichzeitig Stagnation, also stagnierendes Wirtschaftswachstum, und Inflation, d. h. ein steigendes Preisniveau, gegeben sind. Eine Stagflation entsteht z. B. dann, wenn trotz Nullwachstum der Kampf um höhere Löhne weitergeführt wird und die erzielten Lohnsteigerungen zu Kostensteigerungen und damit zu Preiserhöhungen führen.

d) Hyperinflation ist eine Form der Inflation, bei der sich das Preisniveau sehr schnell erhöht. Es gibt keine allgemein akzeptierte Definition, aber eine verbreitete Daumenregel besagt, dass man von einer Hyperinflation ab einer monatlichen Inflationsrate von 50 % spricht. Einfach gesagt, ist eine Hyperinflation eine unkontrollierbare Inflation mit extrem hoher monatlicher Rate. Viele Hyperinflationen enden in einer Währungsreform.

Welches Prinzip verbirgt sich hinter dem Pareto-Prinzip?

- ◯ a) Prinzip der sozialen Marktwirtschaft
- ◯ b) 80-zu-20-Regel
- ◯ c) Preisbildung beim Monopol
- ◯ d) Gestaltung der Preise durch Angebot und Nachfrage

a) Die soziale Marktwirtschaft überlässt den Markt dem freien Spiel der Marktkräfte, besteht aber auf einem Staat, der über die Funktionsfähigkeit des Marktes wacht.

Symbolfigur der sozialen Marktwirtschaft: Ludwig Erhard

b) Das von Vilfredo Pareto (1848–1923) entwickelte Pareto-Prinzip basiert auf der Pareto-Verteilung, einem statistischen Prinzip, nach dem eine kleine Anzahl von hohen Werten einer Menge – z. B. von Materialien – mehr zum Gesamtwert beiträgt als die hohe Anzahl der kleinen Werte dieser Menge. Hintergrund war eine Untersuchung des italienischen Volksvermögens, bei der Pareto herausfand, dass ca. 20 % der Familien ca. 80 % des Vermögens besitzen. Hieraus entwickelte sich die 80-zu-20-Regel: 80 % der Aufgaben lassen sich in 20 % der Zeit realisieren; 80 % der Kunden machen 20 % Umsatz; 80 % des Umsatzes werden von den restlichen 20 % gemacht.

c) Bei einem Monopol bestimmen die Monopolisten die Preise.

d) Erfolgt die Preisgestaltung durch das Zusammenkommen von Angebot und Nachfrage, herrscht vollkommene Konkurrenz oder ein Polypol vor.

Worum handelt es sich bei Rentenpapieren?

- ◯ a) um die betriebliche Altersversorgung
- ◯ b) um eine bestimmte Form von Wertpapieren
- ◯ c) um Aktien
- ◯ d) um Bundesanleihen

a) Die betriebliche Altersversorgung umfasst sämtliche Leistungen, die der Arbeitnehmer zusätzlich zu den Leistungen der gesetzlichen Rentenversicherung erhält. Sie tritt somit nicht an die Stelle der gesetzlichen Rentenzahlungen, sondern wird vom Arbeitgeber finanziert, wobei der Arbeitnehmer auch beteiligt sein kann. Für die konkrete Ausgestaltung stehen unterschiedliche Formen zur Verfügung.

b) Bei Rentenpapieren handelt es sich dagegen um eine bestimmte Form von Wertpapieren, bei denen die Zinserträge und Auszahlungstermine auch über lange Zeiträume genau festgelegt sind und sich die Zahlungen somit wie regelmäßige Renten verhalten. Hintergrund sind festverzinsliche Wertpapiere.

Aktienindex Euro Stoxx 50

c) Aktien sind Anteils- und Teilhaberscheine am Grundkapital einer Aktiengesellschaft.

d) Bundesanleihen sind vom Bund ausgegebene festverzinsliche Wertpapiere mit einer langen Laufzeit, die an der Börse gehandelt werden und die der Beschaffung langfristiger Mittel für den Staat dienen.

Welche Aufgabe verfolgt die Schufa?

- ◯ a) Bereitstellung von geschäftsbezogenen Informationen potenzieller Geschäftspartner
- ◯ b) Gewährung von Schutzvorrichtungen für Angestellte
- ◯ c) Bereitstellung von Informationen über Einkommen und Vermögen potenzieller Kreditnehmer
- ◯ d) Bereitstellung von Daten über die Bonität potenzieller Kreditnehmer und Geschäftspartner

a) Die Bereitstellung von geschäftsbezogenen Informationen über potenzielle Geschäftspartner ist eine typische Aufgabe von Auskunfteien, wie beispielsweise der Creditreform.

b) Die Gewährung von Schutzvorrichtungen für Angestellte ist Aufgabe eines integrierten Managementsystems, hat mit der Schufa jedoch nichts zu tun.

c) Informationen über Einkommen und Vermögen potenzieller Kreditnehmer werden von der Schufa gerade nicht zur Verfügung gestellt, auch wenn die öffentliche Meinung mitunter hiervon ausgeht. Basis sind Daten, die die Erfüllung bisheriger Zahlungsverpflichtungen betreffen.

d) Bei der Schufa handelt es sich um die 1927 gegründete Schutzgemeinschaft für allgemeine Kreditsicherung. Sie stellt ihren Mitgliedern – meist Banken und Versandhäuser – Daten über die Bonität potenzieller Kreditnehmer und Geschäftspartner zur Verfügung. Basis hierfür sind wiederum die bonitätsrelevanten Daten, die ihre Mitglieder über ihre Kunden erfassen.

Was passiert bei einem Embargo?

- ◯ a) Unterbindung des Exports und Imports
- ◯ b) Sperrfrist für die Veröffentlichung einer Nachricht
- ◯ c) Zuteilung nur beschränkt vorhandener Güter und Dienstleistungen
- ◯ d) Einschleusung illegalen Geldes in den legalen Geld- und Güterfluss

a) Die Unterbindung des Exports und Imports von Waren oder Rohstoffen in und aus einem bestimmten Land wird Embargo (span. embargar = in Beschlag nehmen, behindern) genannt. In der internationalen Politik wird ein Embargo von einem Zusammenschluss mehrerer Länder gegen ein bestimmtes Land ausgesprochen. So soll auf die jeweilige Regierung Druck ausgeübt werden, da die aus dem Embargo folgenden wirtschaftlichen Probleme zu innenpolitischen Schwierigkeiten führen können. Der UN-Sicherheitsrat verwendet manchmal Embargos als Druckmittel gegen Länder, die gegen Völkerrecht verstoßen.

b) Die Sperrfrist für die Veröffentlichung einer Nachricht oder einer Information wird vor allem im englischsprachigen Raum mitunter auch als Embargo bezeichnet.

c) Bei der Zuteilung nur beschränkt vorhandener Güter oder Dienstleistungen spricht man von Rationierung. Beispielsweise werden Lebensmittel in Notzeiten rationiert an die Bevölkerung ausgeteilt.

d) Im Zusammenhang mit der Einschleusung illegalen Geldes in den legalen Geld- und Güterflusses wird von Geldwäsche gesprochen.

Was ist Mobile Commerce?

- ◯ a) jede Form des elektronischen Handels
- ◯ b) Verkauf mobiler Endgeräte
- ◯ c) eine Form der elektronischen Beschaffung
- ◯ d) Formen des mobilen elektronischen Handels

a) Electronic Commerce bezeichnet jede Form des elektronischen Handels, d. h. des Kaufs und Verkaufs von Produkten und Dienstleistungen über elektronische Infrastrukturen wie das Internet.

b) Der Verkauf mobiler Endgeräte nimmt zwar gegenwärtig stark zu; er kann aber sowohl online im Internet-Handel als auch offline im realen Handel erfolgen. Insofern handelt es sich hierbei nicht um eine Form des Mobile Commerce.

c) Sämtliche Formen der elektronischen Beschaffung werden auch als Electronic Procurement bezeichnet. Sie stellen quasi den Gegenpool im Einkauf zu den Electronic-Commerce-Aktivitäten im Verkauf des Unternehmens dar.

d) Finden diese elektronischen Transaktionen mithilfe mobiler Endgeräte wie einem Handy, einem Mobile Digital Assistant (MDA) oder einem Blackberry statt, spricht man auch von Mobile Commerce. Mobile Commerce stellt somit einen Teilbereich des Electronic Commerce dar.

Welche Unternehmensgliederung nennt man Spartenorganisation?

- ◯ a) nach Funktionen
- ◯ b) nach Prozessen
- ◯ c) nach Geschäftsbereichen
- ◯ d) nach Projekten

a) Die organisatorische Strukturierung von Unternehmen kann unterschiedlich aussehen: Von Funktionsorientierung spricht man, wenn der Betrieb nach seinen Funktionsbereichen gegliedert ist, es also z. B. einzelne Bereiche für Entwicklung, Beschaffung, Marketing, Produktion und Verwaltung gibt.

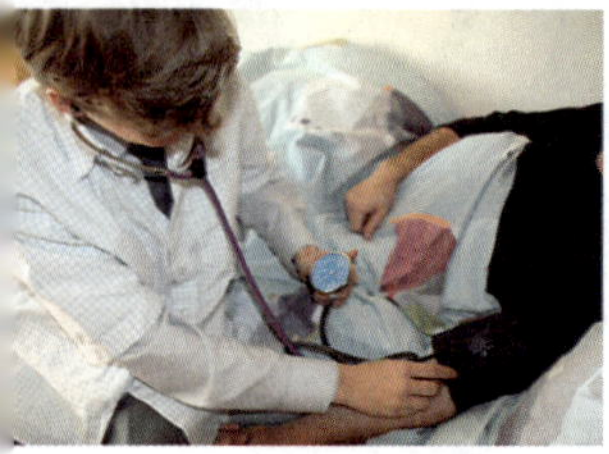

Blutdruckmessung im Krankenhaus

b) Von Prozessorganisation wird gesprochen, wenn die Strukturierung nach den zugrunde liegenden Kernprozessen erfolgt. Hier tritt der Aufbau der Organisation in den Hintergrund, um den Fokus auf Abläufe und kundenorientierte Prozesse zu richten, beispielsweise die Genesung eines Patienten im Krankenhaus.

c) Erfolgt die Strukturierung des Unternehmens nach Geschäftsbereichen oder auch Sparten, entsteht eine Spartenorganisation. Die Einteilung der Sparten erfolgt beispielsweise nach Produkten, Kunden oder auch Regionen.

d) Wird das Unternehmen nach den anstehenden Projekten strukturiert, entsteht eine Projektorganisation, die sehr flexibel gestaltet sein kann und sich daher für komplexe Einzelaufgaben eignet.

Welche wirtschaftstheoretische Idee geht auf Adam Smith zurück?

- ◯ a) nachfrageorientierte Wirtschaftspolitik
- ◯ b) angebotsorientierte Wirtschaftspolitik
- ◯ c) schöpferischer Zerstörer
- ◯ d) Konstrukt der unsichtbaren Hand

a) Ziel der nachfrageorientierten Wirtschaftspolitik ist die Förderung der Wirtschaft durch eine Unterstützung der Nachfrage mittels Steuererleichterungen oder gezielten Staatsausgaben. Sie ist mit dem Namen John Maynard Keynes (1883–1946) verbunden.

b) Ziel der angebotsorientierten Wirtschaftspolitik ist die Unterstützung der Angebotsseite durch gesetzliche Regeln, die z. B. die Abschreibungen oder die Bildung von Rücklagen bei Investitionen betreffen. Sie wird oft auch als Reagonomics bezeichnet, da sie ihren Höhepunkt während der Präsidentschaft von Ronald Reagan (1911–2004) in Amerika hatte.

c) Die Idee des schöpferischen Unternehmers geht auf Joseph Alois Schumpeter (1883–1950) zurück, dem zufolge diejenigen Unternehmer erfolgreich sind, denen es gelingt, existierende Strukturen aufzubrechen und Innovationen zu realisieren.

d) Der englische Wirtschaftswissenschaftler Adam Smith (1723–1790) war der Urheber des Konstrukts der „unsichtbaren Hand", das die Steuerung aller Wirtschaftskräfte durch den Markt vorsieht. So werden Angebot und Nachfrage sowie die Preise hierfür durch eine unsichtbare Hand gelenkt.

Um was handelt es sich bei einer GmbH?

- ○ a) um eine Gesellschaft mit beschränkter Haftung
- ○ b) um eine offene Handelsgesellschaft
- ○ c) um eine Form der Aktiengesellschaft
- ○ d) um eine typische Personengesellschaft

a) Bei einer GmbH handelt es sich um eine Gesellschaft mit beschränkter Haftung. Dies bedeutet, dass für Verbindlichkeiten lediglich die GmbH mit dem zur Verfügung stehenden Gesellschaftervermögen haftet, die Gesellschafter als Eigentümer der GmbH jedoch nicht. Sie haften lediglich mit ihren Gesellschaftereinlagen, die man auch als Stammkapital bezeichnet.

b) Bei der offenen Handelsgesellschaft oder auch OHG handelt es sich um eine Personengesellschaft. Gegründet wird sie durch mindestens zwei Gesellschafter, die gemeinsam ein Handelsgewerbe treiben möchten. Beide haften mit ihrem gesamten Privatvermögen und solidarisch, d. h. einer für alle.

c) Bei einer Aktiengesellschaft handelt es sich – wie bei der GmbH – um eine Kapitalgesellschaft; die Mitglieder sind hier jedoch Aktionäre und keine Gesellschafter. Eine AG wird durch eine oder mehrere Personen gegründet, das Mindestgrundkapital beträgt 50.000 €.

d) Personengesellschaften sind dadurch charakterisiert, dass keine eigene juristische Person wie bei der Kapitalgesellschaft gegründet wird, sondern dass die dahinter stehenden Personen voll mit ihrem Privatvermögen haften.

Mit welchen Märkten sind Unternehmen typischerweise verflochten?

- ○ a) mit dem Arbeitsmarkt
- ○ b) mit Kapitalmärkten
- ○ c) mit Absatzmärkten
- ○ d) mit Kapital-, Absatz-, Beschaffungs- und Arbeitsmärkten

a) Auf dem Arbeitsmarkt kommen Angebot und Nachfrage von bzw. nach Arbeit zusammen; Unternehmen akquirieren als Nachfrager neue Mitarbeiter; diese stellen als Anbieter ihre Qualifikationen zur Verfügung.

b) Auf den Kapitalmärkten kommen Angebot und Nachfrage von bzw. nach Kapital zusammen; Unternehmen und Privatpersonen fragen Kredite und Eigenkapital nach; Banken, Investoren, Private-Equity-Gesellschaften und auch immer mehr Privatpersonen bieten Kapital an.

c) Auf den Absatzmärkten kommen Angebot und Nachfrage von bzw. nach Produkten und Dienstleistungen zusammen. Meist fungieren Unternehmen als Anbieter, Endkunden als Nachfrager. Bei Consumer-to-Consumer-Märkten gibt es Endkonsumenten als Anbieter und Nachfrager.

d) Unternehmen sind typischerweise mit all den genannten Märkten sowie zusätzlich noch dem Beschaffungsmarkt verbunden. Hier treten Unternehmen als Nachfrager nach Materialien und Dienstleistungen auf; Anbieter sind z. B. Lieferanten oder externe Dienstleister.

Worum handelt es sich bei den sogenannten Economies of Scale?

- ◯ a) Größenvorteile
- ◯ b) Verbundvorteile
- ◯ c) Dividenden
- ◯ d) Zinsen für Kredite

Automatisierung in einer Buchbinderei

a) Economies of Scale sind Größenvorteile, die dann auftreten, wenn bei wachsender Unternehmensgröße oder wachsender Produktionsmenge der Anteil der Fixkosten je produzierter Einheit immer kleiner wird. Sie sind häufig eine Ursache für Spezialisierung, Automatisierung und Konzentration. In diesem Zusammenhang wird häufig auch vom Gesetz der Massenproduktion gesprochen.

b) Bei Economies of Scope handelt es sich dagegen um Verbundvorteile, die dann entstehen, wenn die Nutzung der Ressourcen durch den Zusammenschluss von Unternehmen günstiger wird als bei getrennt agierenden Unternehmen.

c) Dividenden werden an Aktionäre als Zinsen für ihr eingesetztes Kapital ausgezahlt.

d) Zinsen zahlen Unternehmen und Privatpersonen, wenn sie bei Banken, Privatpersonen oder anderen Institutionen Kredite aufnehmen. Die Zinszahlungen fallen zusätzlich zu der Zurückzahlung, d. h. der Tilgung des Kredites, an und sind als Kosten für die Bereitstellung von Kapital zu verstehen.

Welches gezeichnete Kapital wird als Grundkapital bezeichnet?

- ◯ a) gezeichnetes Kapital einer GmbH
- ◯ b) Gesellschaftervermögen einer BGB-Gesellschaft
- ◯ c) gezeichnetes Kapital einer Aktiengesellschaft
- ◯ d) Gesellschaftervermögen einer OHG

a) Das gezeichnete Kapital einer GmbH, einer Gesellschaft mit beschränkter Haftung, wird Stammkapital genannt; es besteht aus der Stammeinlage jedes Gesellschafters. Zur Gründung ist ein Mindestkapital von 25.000 € erforderlich, wovon die Hälfte auch in Form von Sachwerten zur Verfügung gestellt werden kann.

b) Das Gesellschaftervermögen einer BGB-Gesellschaft setzt sich nur aus den Einlagen der Gesellschafter zusammen. Da es sich hier um eine Personengesellschaft handelt und die Mitglieder mit ihrem gesamten Vermögen haften, existieren keine rechtlichen Vorgaben.

c) Das gezeichnete Kapital einer AG wird als Grundkapital bezeichnet. Es stellt – wie bei der GmbH – dasjenige Kapital dar, mit dem die AG nach außen haftet. Zur Gründung einer AG ist ein Mindestgrundkapital von 50.000 € erforderlich, das in Aktien zerlegt wird.

d) Dasselbe gilt für die OHG, d. h. die Offene Handelsgesellschaft. Auch bei ihr handelt es sich um eine Personengesellschaft, bei der es bezüglich der Einlagen oder Zusammensetzung des Gesellschaftervermögens keine gesetzlichen Vorgaben gibt.

Auf welchem Prinzip basiert die soziale Marktwirtschaft?

- a) freie Marktkräfte; Staat wacht über die Funktionsfähigkeit der Märkte
- b) Staat gibt sämtliche Produktions- und Konsumpläne vor
- c) freie Marktkräfte ohne irgendeinen staatlichen Einfluss
- d) Märkte werden sozial überwacht

a) Die freie Marktwirtschaft überlässt den Markt dem freien Spiel der Marktkräfte, setzt aber einen Staat entgegen, der über die Funktionsfähigkeit der Märkte wacht. In Deutschland passiert dies z. B. durch eine Rechtsordnung, die Machtmissbrauch verhindern und die Belange der Partner angemessen berücksichtigen soll.

b) Macht der Staat genaue Vorgaben, welche Produkte in welcher Menge von welchen Unternehmen produziert werden sollen, handelt es sich um Planwirtschaft. Hier existiert eine zentrale Planungsbehörde, die die Pläne der einzelnen Unternehmen festlegt.

c) Wird der Markt nur durch die Gesetze des Wettbewerbs gelenkt und existiert gar kein staatlicher Einfluss mehr, spricht man auch von Liberalismus. Prinzipiell kann dies funktionieren; es kann aber auch zu sozialen Härten führen. Dies zu verhindern ist eine wesentliche Aufgabe der sozialen Marktwirtschaft.

d) Eine soziale Überwachung von Märkten findet generell nicht statt; der Staat kann zwar die Rahmenbedingungen festlegen, das marktliche Geschehen aber kaum überwachen.

Was versteht man unter einem unfriendly Takeover?

- a) Auslagerung bestimmter Dienstleistungen
- b) Spionage bei anderen Unternehmen
- c) fristlose Kündigung
- d) Aufkauf von Unternehmen gegen ihren Willen

a) Die Auslagerung bestimmter Dienstleistungen wird auch als Outsourcing bezeichnet.

b) Die Spionage bei anderen Unternehmen ist auch ein unfreundlicher Akt, wird aber nicht als unfriendly Takeover bezeichnet. Von Wirtschaftsspionage spricht man z. B. dann, wenn gezielt Informationen bei Mitarbeitern oder in den Unterlagen anderer Unternehmen ausgekundschaftet werden.

c) Eine fristlose oder außerordentliche Kündigung nennt man die sofortige Aufhebung eines Arbeitsvertrags. In diesem Fall besteht kein Recht auf Abfindung; auch Arbeitslosenunterstützung wird unter Umständen nicht sofort geleistet.

d) Die Gefahr des unfriendly Takeover bzw. der unfreundlichen oder feindlichen Übernahme besteht dann, wenn Unternehmen gegen den Willen ihres Managements von anderen Unternehmen aufgekauft werden sollen und sich die Kaufinteressenten direkt an die Aktionäre wenden. Berühmtes Beispiel in jüngster Zeit ist die Übernahme der Mannesmann AG durch Vodafone Airtouch.

Plakat an der Mannesmann-Zentrale in Düsseldorf während der Übernahmeschlacht

Wann handelt es sich um einen Mini-Job?

- ◯ a) bei einem Monatsverdienst von höchstens 400 €
- ◯ b) bei einem Monatsverdienst von höchstens 800 €
- ◯ c) bei Tätigkeit in einer Ich-AG
- ◯ d) bei freiberuflichen Tätigkeiten

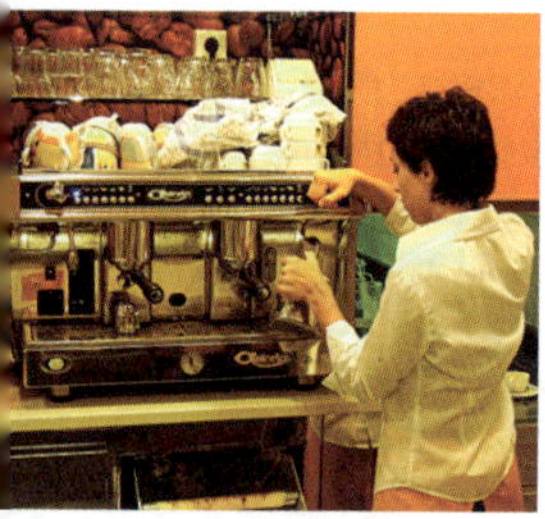

Viele Mini-Jobs sind in der Gastronomie zu finden.

a) Bei einer Beschäftigung unter 15 Stunden wöchentlich und einem Monatsverdienst von höchstens 400 € spricht man von einem Mini-Job. Der Arbeitgeber zahlt einen Pauschalbetrag, der Renten-, Krankenversicherungsbeiträge sowie die Steuer umfasst; für Arbeitnehmer sind Mini-Jobs steuer- und abgabenfrei.

b) Jobs zwischen 401 € und 800 € bezeichnet man als Midi-Job. Die an die Sozialversicherung zu zahlenden Beiträge werden hier schrittweise erhöht, bis sie ab 800 € den vollen Sätzen entsprechen.

c) Ich-AG war die Bezeichnung für einen dreijährigen steuerfreien monatlichen Zuschuss, den die Bundesagentur für Arbeit Arbeitslosen, die eine selbstständige Tätigkeit aufgenommen hatten, gewährt hat. Die Ich-AG existiert in dieser Form mittlerweile nicht mehr.

d) Freiberufliche Tätigkeiten unterliegen nicht der Gewerbeordnung. In erster Linie betreffen sie wissenschaftliche, künstlerische, schriftstellerische, unterrichtende oder erzieherische Tätigkeiten.

Welcher Unternehmer galt zu seiner Zeit als reichster Mann der Welt?

- ◯ a) Albert Freiherr von Rothschild
- ◯ b) Emil Quandt
- ◯ c) John Davison Rockefeller
- ◯ d) Friedrich Flick

a) Albert Freiherr von Rothschild (1844–1911) übernahm 1874 das Bankhaus Rothschild in Wien von seinem Vater. Um 1910 galt er als reichster Europäer. Neben zahlreichen Ländereien und Immobilien besaß er auch eine umfangreiche Kunstsammlung.

b) Emil Quandt (1849–1914) war ein Tuchfabrikant aus Pritzwalk. Ihm gehörten mehrere Textilfabriken, mit denen er den Grundstein für die Industriedynastie der Quandts legte. 1956 übernahm sein Enkel Harald Quandt (1910–82) die Vorherrschaft bei BMW.

c) Der US-amerikanische Unternehmer John Davison Rockefeller (1839–1937) war Mitbegründer der Standard Oil Company. Außerdem war er u. a. Besitzer zahlreicher Eisenminen und einiger Transportschiffe. Zu seiner Zeit galt er als reichster Mann der Welt; außerdem ist er wahrscheinlich einer der wohlhabendsten Männer, die je gelebt haben.

d) Friedrich Flick (1883–1972) galt nach dem Zweiten Weltkrieg als reichster Deutscher. Während des Dritten Reiches spielte er eine fragwürdige Rolle als Magnat in der Kohle- und Stahlindustrie. Nach einer Verurteilung in den Nürnberger Prozessen und anschließender Begnadigung konnte er seinen Konzern jedoch schnell wieder aufbauen.

Wofür steht Bonität?

- ◯ a) Kreditwürdigkeit eines Schuldners
- ◯ b) Lieferfähigkeit eines Unternehmens
- ◯ c) Existenz von Eigenkapital in Unternehmen
- ◯ d) Existenz liquider Mittel in Unternehmen

a) Aus der Bonität lassen sich Aussagen über die Kreditwürdigkeit eines Schuldners gewinnen. Sie ist besonders bei der Prüfung einer Kreditgewährung wichtig. Im Privatkundenbereich spielen Vermögensverhältnisse, Einkommen, Höhe und Art der Schulden eine Rolle; im Firmenkundengeschäft interessieren vor allem der Geschäftsverlauf, die Wettbewerbsposition, der Kundenstamm und die Branchensituation.

b) Die Lieferfähigkeit eines Unternehmens sagt aus, bis wann das Unternehmen welche Leistungen tatsächlich erbringen kann. Sie gibt kaum Hinweise auf die Bonität, ist höchstens indirekt mit ihr verbunden.

c) Je mehr Eigenkapital im Unternehmen vorhanden ist, desto gesünder ist die Finanzierung und desto eher erhalten Unternehmen einen Kredit. Über die Fähigkeit dieser Unternehmen, die Kredite samt Kreditzinsen zurückzuzahlen, also die Bonität, sagt dies allerdings nicht so viel aus.

d) Ähnlich verhält es sich mit der Existenz liquider Mittel: Erst wenn diese den Schulden des Unternehmens gegenübergestellt werden, lassen sich Aussagen über die Liquidität des Unternehmens machen. Die Bonität hängt damit jedoch nicht zusammen.

Was steckt hinter dem Begriff Outplacement?

- ◯ a) Form der Personalentlassung von Führungskräften
- ◯ b) Auslagerung an externe Unternehmen
- ◯ c) Eingliederung von externen Unternehmen
- ◯ d) Veränderung der zugrunde liegenden Strategie

a) Bei Outplacement handelt es sich um eine Form der Personalentlassung von Führungskräften unter Einschaltung externer Berater. Ihre Aufgabe ist die Suche nach neuen Aufgabenfeldern sowie die Stabilisierung des Selbstwertgefühls. Die Kosten werden meist vom ehemaligen Arbeitgeber übernommen.

Eberhard von Rundstedt, Geschäftsführer einer der führenden Outplacement-Beratungen in Deutschland

b) Im Zusammenhang mit der Auslagerung an externe Unternehmen wird auch von Outsourcing gesprochen. Es kann sich beispielsweise auf einzelne Prozesse, aber auch auf ganze Funktionsbereiche beziehen.

c) Werden extern durchgeführte Aufgaben wieder in das Unternehmen eingegliedert, so spricht man auch von Insourcing.

d) Outpacing bezeichnet dagegen die Veränderung der zugrunde liegenden Strategie aufgrund marktpolitischer oder wettbewerbsstrategischer Überlegungen oder auch aufgrund von externen Entwicklungen. Beispiel ist der Rückzug aus dem amerikanischen Markt wegen der dort herrschenden institutionellen Rahmenbedingungen.

Wofür steht Copyright?

- ◯ a) für das Recht, am Arbeitsplatz für private Zwecke zu kopieren
- ◯ b) für Urheberrechte
- ◯ c) für das Recht, Wettbewerbsspionage durchzuführen
- ◯ d) für die Strategie des Imitators

a) Ein Recht, am Arbeitsplatz für private Zwecke zu kopieren, besteht zunächst nicht. Es kann jedoch im Arbeitsvertrag oder auch durch kulantes Handeln des Arbeitgebers gegeben sein.

b) Copyright oder auch Kopierrecht ist die amerikanische Bezeichnung für Urheberrechte an Werken der Literatur, Tonkunst, bildenden Kunst oder Fotografie. Meist ist ein Vermerk „Copyright" oder auch © evtl. auch mit der Jahresangabe der ersten Veröffentlichung vorhanden.

c) Das Recht, aus Wettbewerbsgründen Spionagetätigkeiten durchzuführen, besteht nicht. Im Gegenteil, Spionage gilt als unfreundlicher Akt und ist zum Teil auch strafbar.

d) Im Zusammenhang mit der Gründung von Unternehmen wird der Innovator mit ganz neuen Ideen vom Imitator unterschieden, der diese neuen Ideen imitiert. Im Endeffekt kann er sogar erfolgreicher sein als der Innovator. So gilt Microsoft in Bezug auf den Internet Explorer als Imitator von Netscape bzw. Mosaik, die den Internet Browser ursprünglich erfunden haben.

Wie nennt man die Übernahme eines Unternehmens durch das Management?

- ◯ a) Fusion
- ◯ b) Management-Buy-out
- ◯ c) Neuemission
- ◯ d) virtuelle Zusammenarbeit

a) Fusion nennt man die Verschmelzung von zwei Gesellschaften oder Unternehmen. Entweder wird eine Gesellschaft in eine andere Gesellschaft aufgenommen oder beide Gesellschaften lösen sich auf und gründen zusammen eine neue Kapitalgesellschaft. Dabei kann es sich um Fusionen in gegenseitigem Einvernehmen oder um Formen der unfreundlichen Übernahme handeln.

b) Ein Management-Buy-out ist die Übernahme eines Unternehmens oder von Teilen davon durch das in diesem Betrieb tätige Management. Besonders bei der Nachfolgeregelung im Erbfall ist es häufig erwünscht, dass die neue Unternehmensführung mit den Geschäftsvorgängen bereits vertraut ist. Auch bei wirtschaftlichen Problemen kann besonders in kleineren und mittleren Firmen als Sanierungsmaßnahme ein Management-Buy-out stattfinden.

c) Im Zusammenhang mit der Ausgabe neuer bzw. junger Aktien wird auch von einer Neuemission gesprochen. Es kann sich entweder um schon bestehende oder um neue Aktiengesellschaften handeln.

d) Als virtuelle Formen der Zusammenarbeit werden aufgabenbezogene Kooperationen von Unternehmen bezeichnet. Nach der Durchführung der Aufgabe löst sich der Verbund wieder auf.

Worauf bezieht sich Franchising?

- ◯ a) Form der Absatzorganisation
- ◯ b) Übernahme von Forderungen für Andere
- ◯ c) Verschmelzung von zwei Unternehmen
- ◯ d) Form der Vermietung

a) Franchising (franz. franchisé = Konzessionsinhaber, früher die königliche Erlaubnis z. B. zum Betrieb einer Mühle) ist eine Form der Absatzorganisation, bei der ein Hersteller, der sogenannte Franchise-Geber, einen Vertrag mit einer Anzahl von Händlern bzw. rechtlich selbstständigen Unternehmen, den sogenannten Franchise-Nehmern, schließt. Der Franchise-Geber liefert Waren, stellt Namen und Warenzeichen und betreibt Werbung; der Franchise-Nehmer verpflichtet sich, ausschließlich die Produkte des Franchise-Gebers zu führen und die Franchise-Gebühr abzuführen. Beispiele sind Burger King, Edeka, Obi oder Bennetton.

b) Die Übernahme von Forderungen wird als Factoring bezeichnet. Hier werden die ausstehenden Forderungen an eine Factoring-Gesellschaft verkauft, die damit das Risiko übernimmt und ihrem Kunden wieder Liquidität verschafft.

c) Bei der Verschmelzung von zwei Unternehmen spricht man von einer Fusion. Meist handelt es sich hierbei um Kapitalgesellschaften.

d) Eine bestimmte Form der Vermietung wird auch als Leasing bezeichnet. Hier werden vom Hersteller oder einer Leasing-Gesellschaft Güter an Privatpersonen oder Unternehmen vermietet, wie z. B. beim Auto-Leasing.

Was ist ein Mindestlohn?

- ◯ a) Pauschalentlohnung
- ◯ b) zusätzlich zum Fixum zu zahlender variabler Lohnanteil
- ◯ c) kleinstes rechtlich zulässiges Arbeitsentgelt
- ◯ d) Akkordlohn

a) Eine Pauschalentlohnung liegt dann vor, wenn ein ganzes Projekt unabhängig von der Arbeitsdauer mit einem Gesamtbetrag entlohnt wird.

b) Häufig wird meist zusätzlich zu einem Grundgehalt (Fixum) ein bestimmter Prozentsatz des erzielten Umsatzes bezahlt. In diesem Zusammenhang wird auch von Provisionsentlohnung gesprochen. Sie soll den Mitarbeitern den Anreiz geben, sich für den Unternehmenserfolg zu engagieren.

c) Mindestlöhne sind die kleinsten rechtlich zulässigen Löhne, die durch eine gesetzliche Regelung oder einen Tarifvertrag festgelegt sind. Sie sollen Beschäftigten im Niedriglohnsektor ein Einkommen über dem Existenzminimum sichern. Manche Ökonomen sind der Meinung, dass Mindestlöhne besonders im gering qualifizierten Bereich zu Arbeitsplatzabbau führen. Ist der Mindestlohn hingegen sehr niedrig, sind auch die sozialpolitischen Effekte nur minimal.

d) Beim Akkordlohn richtet sich das Entgelt nach den fertiggestellten Stückzahlen. Urlaubs- und Feiertage werden mit einem Durchschnitt entlohnt.

Was ist ein Binnenmarkt?

- ◯ a) Austausch innerhalb einer Region
- ◯ b) Austausch innerhalb der Grenzen eines bestimmten Wirtschaftsgebietes
- ◯ c) Austausch innerhalb Europas
- ◯ d) Austausch im Internet

a) Findet der marktliche Austausch innerhalb einer Region statt, handelt es sich um einen typischen regionalen Markt. Anbieter und Nachfrager wohnen in derselben Region.

b) Der Binnenmarkt umfasst dagegen das gesamte Zusammentreffen von Angebot und Nachfrage innerhalb der Grenzen eines bestimmten Wirtschaftsgebietes. Dabei kann es sich um ein Land oder auch um ein Konglomerat mehrerer Länder handeln. Der Handel, der innerhalb der jeweils definierten Grenzen stattfindet, wird als Binnenhandel bezeichnet. Für den Binnenmarkt bzw. -handel gelten dann spezielle Regelungen.

Zölle grenzen den Binnenmarkt nach außen ab

c) Der marktliche Austausch innerhalb Europas wird auch als europäischer Binnenmarkt bezeichnet. Er ist dabei nur ein Beispiel für einen Binnenmarkt neben weiteren Märkten wie Japan oder auch den USA.

d) Der Austausch von Waren und Dienstleistungen im Internet wird auch als elektronischer Markt bezeichnet. Grundlegendes Prinzip ist das elektronische Zusammentreffen von Angebot und Nachfrage.

Was bedeutet das Magische Viereck?

- ◯ a) geldpolitische Ziele der Zentralbank
- ◯ b) im Stabilitätsgesetz festgelegte gesamtwirtschaftliche Ziele
- ◯ c) Ziele des Projektmanagements
- ◯ d) unternehmerische Hauptziele

a) Die geldpolitischen Ziele der Zentralbank betreffen Fragen der Preissteigerung, d. h. der Inflation, und die Steuerung der Geldmengen. Die Unterstützung der Wirtschaftspolitik folgt als nachrangiges Ziel. In der Europäischen Wirtschafts- und Währungsunion übernimmt diese Aufgabe die Europäische Zentralbank.

b) Das Magische Viereck ist die Bezeichnung für die vier im Stabilitätsgesetz (Gesetz zur Förderung der Stabilität und des Wachstums der Wirtschaft) genannten gesamtwirtschaftlichen Ziele: Vollbeschäftigung, stabiles Preisniveau, außenwirtschaftliches Gleichgewicht und angemessenes Wirtschaftswachstum. Die gleichzeitige Realisierung aller vier Ziele ist schwierig.

c) Projektmanagement ist die Planung, Realisierung und Kontrolle von Projekten. Zu den wesentlichen Erfolgsfaktoren des Projektmanagements zählen Flexibilität, Kosten, Qualität und Termine.

d) Das Magische Viereck ist nicht zu verwechseln mit den im Unternehmen oft eine wichtige Rolle spielenden Zielen der Gewinnmaximierung, Umsatz- und Marktanteilssteigerung sowie Kostensenkung. Diese beziehen sich nur auf das Unternehmen und nicht auf die gesamtwirtschaftliche Lage.

Worum handelt es sich bei Stock Options?

- a) Aktienoptionen für Mitarbeiter
- b) Optionen auf Aktien für Aktionäre und Anteilseigner
- c) Optionen auf festverzinsliche Wertpapiere
- d) Optionen auf den Bilanzgewinn

a) Bei Stock Options werden den Mitarbeitern anstelle einer direkten Auszahlung Optionsrechte auf eine bestimmte Anzahl von Aktien des Unternehmens gewährt. Diese Aktienoptionen berechtigen während einer festgelegten Zeitspanne (in der Regel langfristig – bis zu 15 Jahren) zum Erwerb der Aktien zu einem festen Bezugspreis. Damit werden die Mitarbeiter zu potenziellen Eigenkapitalgebern, was den Anreiz erhöhen soll, ihr Handeln verstärkt auf die langfristige Steigerung des Ertrags- und Marktwertes des Unternehmens auszurichten.

b) Auch Aktionäre und Anteilseigner können Optionen erhalten bzw. erwerben, die sie – ähnlich wie bei den Stock Options – berechtigen, innerhalb eines bestimmten Zeitraums Aktien zu einem festen Bezugspreis zu erwerben.

c) Wird ein festverzinsliches Wertpapier mit einer Option im Sinne eines festen Bezugsrechts kombiniert, spricht man von einer Optionsanleihe. Wird das Recht ausgeübt oder die Option verkauft, läuft die Anleihe bis zum Ende weiter.

d) Optionen auf den Bilanzgewinn existieren nicht. Der nicht den Gewinnrücklagen zugeführte Bilanzgewinn wird in Form von Aktien oder Tantiemen ausgeschüttet.

Wofür steht der Ausdruck „billigst"?

- a) Materialien möglichst billig zu beschaffen
- b) Aktien oder Wertpapiere zum Nennwert zu kaufen oder zu verkaufen
- c) Aktien oder Wertpapiere zum niedrigstmöglichen Kurs zu kaufen
- d) Aktien oder Wertpapiere zum höchstmöglichen Kurs zu verkaufen

a) Billigst bezieht sich nur auf das Aktien- und Wertpapiergeschäft und gilt nicht für Beschaffungsprozesse. Im Zusammenhang mit einem Auftrag, Materialien möglichst günstig zu beschaffen, verwendet man daher nicht den Ausdruck „billigst".

b) Beim Nennwert handelt es sich um den Wert, der auf der Aktienurkunde steht. Dieser Nennwert spielt beim Aktienhandel keine Rolle mehr; weder Kauf noch Verkauf sind zum zugrunde liegenden Nennwert möglich. Relevant ist jeweils der Kurswert.

c) Billigst steht für den Zusatz beim Auftrag an ein Kreditinstitut, Aktien oder Wertpapiere zum niedrigstmöglichen Kurs zu kaufen.

d) Gegensatz von billigst ist der Ausdruck „bestens". Dabei handelt es sich um den Auftrag, Aktien oder Wertpapiere zum höchstmöglichen Kurs zu verkaufen.

Börse in Tokio

Worum handelt es sich bei Transaktionskosten?

- a) Kosten, die durch die Erstellung einer zusätzlichen Einheit entstehen
- b) Vollkosten
- c) beschäftigungsabhängige Kosten
- d) Kosten, die im Rahmen von Vertragsverhandlungen entstehen

a) Als Grenzkosten werden die Kosten verstanden, die durch die Erstellung einer zusätzlichen Einheit entstehen. In den meisten Fällen handelt es sich um die Kosten für zusätzlich benötigtes Material oder die Kosten für zusätzlich investierte Arbeitszeit.

b) Als Vollkosten werden die Herstell- oder Selbstkosten eines Produktes bezeichnet, bei deren Ermittlung sämtliche entstandenen Kosten zugrunde gelegt werden.

c) Variable Kosten sind die sogenannten beschäftigungsabhängigen Kosten; je höher die Ausbringungs- und Produktionsmenge, desto höher die Kosten.

Vertragsabschluss

d) Die Kosten, die bei der Aushandlung eines als gerecht empfundenen Vertrages entstehen, werden als Transaktionskosten bezeichnet. In der Regel handelt es sich um Informations- und Koordinationskosten, aber auch um Opportunitätskosten. Beispiele sind die investierte Zeit für die Suche eines geeigneten Produktes oder die Kosten für die Erstellung eines Vertrags.

Welches Ziel verfolgt die Wertanalyse?

- a) Bewertung der Positionen in der Bilanz
- b) Erhöhung des Wertes von Produkten für den Kunden
- c) Ermittlung von Einsparungspotenzialen in der Verwaltung
- d) Instrument der marktwertorientierten Unternehmensführung

a) Die Bewertung der Positionen in der Bilanz erfolgt durch Bewertungsregeln und -vorgaben, die zumeist im Steuergesetz sowie im Handelsgesetzbuch geregelt sind.

b) Die Wertanalyse verfolgt dagegen das Ziel, den Wert eines Produktes bzw. einer Leistung für den Kunden sowie die Qualität zu erhöhen oder auch die Materialkosten zu reduzieren, ohne den Wert oder die Qualität aus der Sicht des Kunden zu verringern. Bei der Wertanalyse erfolgt eine Analyse der Funktionen eines Produktes oder einer Leistung aus der Sicht des Kunden.

c) Um Einsparungspotenziale in der Verwaltung ermitteln zu können, wird häufig auf das Instrument der Gemeinkostenwertanalyse zurückgegriffen. Dabei werden die Leistungen der einzelnen Verwaltungsbereiche aus der Sicht der Empfänger dieser Leistungen analysiert und auf Einsparungspotenziale hin überprüft.

d) Ziel der marktwertorientierten Unternehmensführung ist, den Marktwert des Eigenkapitals – unter Berücksichtigung der Gewinnausschüttung – zu steigern. Dabei muss auch auf aktuelle und globale Marktentwicklungen Rücksicht genommen werden.

Welcher Teil des Kapitals wird bei Unternehmen als Eigenkapital bezeichnet?

- ◯ a) der im Unternehmen bar entnommen werden kann
- ◯ b) der den Gesellschaftern oder Aktionären ausgeschüttet wird
- ◯ c) der durch Gesellschafter zur Verfügung gestellt wird
- ◯ d) der von Banken als Kredit zur Verfügung gestellt wird

a) Eigenkapital kann grundsätzlich nicht in bar entnommen werden, da es in den Vermögensgegenständen auf der Aktivseite gebunden ist. Es ist also beispielsweise angelegt in Grundstücken, Maschinen und anderen Produktionsfaktoren, die zuerst liquidiert werden müssen, um den Barbestand zu erhöhen.

b) Der Teil des Gewinns eines Unternehmens, der nicht in Gewinnrücklagen zugeführt wird, wird an die Aktionäre in Form von Dividenden und an die Gesellschafter in Form von Tantiemen ausgeschüttet.

c) Als Eigenkapital wird der Teil des Vermögens bezeichnet, der dem Unternehmen entweder von außen durch die Gesellschafter (z. B. in Form von Gesellschafteranteilen oder in Form von Aktien) überlassen oder durch nicht ausgeschüttete Gewinne gebildet wird. Er steht dann dem Unternehmen zur Finanzierung seiner Geschäftstätigkeit zur Verfügung.

d) Von den Banken oder anderen externen Geldgebern als Kredit bereitgestelltes Kapital wird dagegen als Fremdkapital bezeichnet. Für das Fremdkapital müssen die Unternehmen Zinsen zahlen.

Was bezweckt das sogenannte Target Costing?

- ◯ a) Ermittlung des Deckungsbeitrags
- ◯ b) Bestimmung der langfristigen Preise
- ◯ c) Ermittlung der erlaubten Kosten
- ◯ d) Bestimmung eines Zielpreises

a) Deckungsbeiträge geben denjenigen Teil des Umsatzes an, der zur Deckung der Fixkosten im Unternehmen zur Verfügung steht. Ihre Ermittlung erfolgt im Rahmen der Deckungsbeitragsrechnung, die auch als Teilkosten- oder Grenzkostenrechnung bezeichnet wird.

b) Die Bestimmung der langfristigen Preisuntergrenze erfolgt nicht auf der Basis der Deckungsbeiträge, sondern auf der Basis der gesamten Selbst- und Herstellkosten, die bei der Erstellung der Produkte und Leistungen entstanden sind. Diese Kosten werden auch als Vollkosten bezeichnet.

c) Ziel des Target Costing ist die Ermittlung der sogenannten erlaubten Kosten, d. h. derjenigen Kosten, die die Erstellung eines Produktes oder einer Leistung tatsächlich kosten darf. Die Ermittlung erfolgt ausgehend von dem Preis, den der Kunde zu bezahlen bereit ist.

Der Endpreis bestimmt die erlaubten Kosten.

d) Dieser Zielpreis wird auch als Target Price, seine Ermittlung als Target Pricing bezeichnet. Mitunter wird er jedoch einfach nur vom Kunden vorgegeben.

Was ist unter Schlüsselqualifikationen zu verstehen?

- a) Kompetenz zur Betreuung von Schlüsselkunden
- b) methodische und soziale Kompetenzen
- c) Qualifikation zur strategischen Führung
- d) Kompetenzen in mehreren Fremdsprachen

a) Schlüsselqualifikationen helfen zwar wesentlich zur Betreuung der wichtigsten Kunden; sie sind jedoch nicht nur auf diesen Bereich fixiert.

b) Schlüsselqualifikationen umfassen Kompetenzen und Qualifikationen, die über den fachlichen Bereich hinausgehen. Zu ihnen zählen methodische Kompetenzen wie Projektmanagementfähigkeiten, Kreativitätstechniken sowie Moderations- und Präsentationstechniken, aber auch soziale Kompetenzen wie Konfliktfähigkeit und konstruktive Kommunikationsfähigkeiten. Allgemein wird häufig unterschieden zwischen fachlichen, methodischen und kommunikativen Kompetenzen.

c) Auch für das strategische Management sind Schlüsselqualifikationen unentbehrlich; sie spielen aber mittlerweile auch in allen anderen Bereichen des Unternehmens eine ganz wesentliche Rolle.

d) Auch wenn Kompetenzen in mehreren Fremdsprachen immer wichtiger sind, zählen sie nicht unbedingt zu den Schlüsselqualifikationen. Sie gelten zunehmend als selbstverständlich.

Was sind die sogenannten Tigerstaaten?

- a) Industrieländer
- b) Entwicklungsländer
- c) Schwellenländer
- d) Transformationsländer

a) Industrieländer sind Staaten, die aufgrund ihrer weit fortgeschrittenen Entwicklung eine gute ökonomische Wertschöpfung haben und daher zu den reichen Ländern gehören. Relevante Kennzahlen sind beispielsweise eine niedrige Arbeitslosigkeit, ein hohes Bruttosozialprodukt oder auch demografische Kriterien, wie die Lebenserwartung oder der Bildungsstand.

b) Im Gegensatz dazu stehen die Entwicklungsländer. Obwohl der Begriff nach dem Ende des Kalten Kriegs eigentlich veraltet war, bezeichnet man diese Länder heute oft noch als Dritte Welt.

c) Tigerstaaten nennt man einige asiatische Schwellenländer, wie Südkorea, Taiwan oder Singapur, die aufgrund ihres rasanten Wirtschaftswachstums nicht mehr als Entwicklungsland gelten können. Das schnelle Wachstum führt aber auch zu sozialen Ungleichgewichten, die durch Landflucht, infrastrukturelle Engpässe oder durch die Niedriglohnindustrie entstehen.

d) Transformationsländer befinden sich im Übergang von einer zentral gelenkten Planwirtschaft zu einem freien Marktwirtschaftssystem. Nach dem Fall der Mauer und dem Ende des real existierenden Sozialismus versuchten die Länder des ehemaligen Ostblocks dies mit unterschiedlichem Erfolg.

Wofür steht der Ausdruck „Put“?

- a) Verkaufsoption
- b) Kaufoption
- c) Push-Strategie
- d) Pull-Strategie

a) Put steht für eine Verkaufsoption. Der Käufer einer Put-Option erwirbt mit ihr das Recht, Güter oder Wertpapiere innerhalb einer bestimmten Frist zu einem im Voraus vereinbarten Preis zu verkaufen. Üblich ist dies beispielsweise bei landwirtschaftlichen Produkten, wo sich die Erzeuger gegen Preisverfälle bis zur Erntezeit absichern.

b) Gegensatz ist die Call-Option, bei der der Käufer das Recht erwirbt, Wertpapiere innerhalb einer bestimmten Frist zu einem im Voraus bestimmten Preis zu kaufen. Put- und Call-Optionen werden ihrerseits an der Börse gehandelt.

c) Die Push-Strategie stellt ein Konzept dar, das im Marketing und im Bereich der Informationsversorgung in Unternehmen zur Anwendung kommt. Im Marketing muss jeder einzelne Abnehmer von der Qualität und dem Nutzen des Produktes überzeugt werden; im Zusammenhang mit der Informationsversorgung muss jeder Mitarbeiter oder jeder Betroffene mit den erforderlichen Informationen versorgt werden.

d) Dagegen investieren Unternehmen bei der Pull-Strategie immens in Werbung, um beim Verbraucher eine Nachfrage nach ihren Produkten zu schaffen; im Bereich der Informationsversorgung muss sich jeder Mitarbeiter oder jeder Betroffene selbst um die Informationen kümmern.

Auf welchen Ort beziehen sich Börsenplätze?

- a) Orte, an denen die Orders gegeben werden
- b) Orte, an denen Börsengeschäfte stattfinden
- c) Computer beim Computerhandel
- d) physischer Ort beim Präsenzhandel

a) Orders zum Kauf oder Verkauf können von unterschiedlichen Plätzen aus gegeben werden. Es kann sich um Unternehmen, Banken, Privatwohnungen und -häuser handeln.

b) Börsenplätze beziehen sich auf diejenigen Orte, an denen die Börsengeschäfte durchgeführt werden. Die wichtigste Börse in Deutschland ist die Frankfurter Wertpapierbörse, die bereits 1585 gegründet wurde. Trägerin ist die Deutsche Börse AG. Weitere Börsenplätze finden sich in Stuttgart, München, Hamburg, Düsseldorf, Hannover, Berlin und Bremen. Diese werden auch als Regionalbörsen bezeichnet.

Frankfurter Börse

c) Beim Computerhandel erfolgen Festsetzung der Preise und Durchführung der Transaktionen über ein Computersystem wie z. B. XETRA. In der Regel ist dieses einem bestimmten Börsenplatz, wie bei XETRA Frankfurt, zugeordnet.

d) Im Gegensatz zum Computerhandel finden beim Präsenzhandel die Transaktionen physisch statt. Börsenmakler sind tatsächlich am Handelsplatz anwesend und kaufen bzw. verkaufen über Zurufe oder Handzeichen. Diese Handelsform findet man besonders noch in Regionalbörsen.

Um welchen Handel geht es beim Telefonhandel?

- ◯ a) Handel von Wertpapieren
- ◯ b) Handel von Wertpapieren außerhalb der Börse
- ◯ c) Handel von Verbrauchsgütern auf elektronischen Märkten
- ◯ d) Verkauf im Rahmen des Versandhandels

a) Beim telefonischen Handel von Wertpapieren handelt es sich um das an der Börse typische Verfahren. Über das Telefon erfolgen Kauf und Verkauf von Aktien und Wertpapieren.

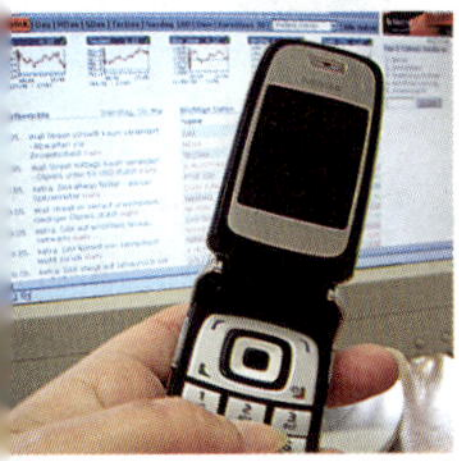

b) Als Telefonhandel wird der telefonische Wertpapierhandel außerhalb der Börse bezeichnet. Da er zum ungeregelten Freiverkehr gehört, gelten auch keine gesetzlichen Vorschriften oder Börsenzeiten. Der Telefonhandel ist grundsätzlich bei allen Wertpapieren möglich; allerdings gibt es zahlreiche Kurse, die ausschließlich über den Telefonhandel gebildet werden. In diesem Zusammenhang spricht man auch von Telefonpapieren oder Telefonwerten.

c) Bei elektronischen Märkten handelt es sich um elektronische Plattformen, auf denen Angebot und Nachfrage zusammentreffen, um z. B. Verbrauchsgüter zu verkaufen. Der Handel auf elektronischen Märkten erfolgt in der Regel über das Internet.

d) Der Versandhandel erfolgt meist mithilfe des telefonischen Verkaufs; es handelt sich hier jedoch nicht um die typische Form des Telefonhandels.

Was versteht man unter Management-by-Techniken?

- ◯ a) Führungsprinzipien
- ◯ b) Assessment-Center für Manager
- ◯ c) Arbeitstechniken für das Management
- ◯ d) Führungsstile

a) Management-by-Techniken sind Führungsprinzipien, die aus der Erfahrung von Führungskräften abgeleitet wurden und verständlich sowie einfach zu handhaben sind. Die Zahl der existierenden Techniken ist mittlerweile kaum mehr übersehbar. Typische Beispiele sind Management by Delegation (Delegation von Aufgaben an Mitarbeiter), by Exception (Einschaltung der Führungskräfte nur in Ausnahmefällen) oder by Objectives (Vereinbarung der zu erreichenden Ziele).

b) Bei einem Assessment-Center handelt es sich um ein Verfahren, das vor allem bei der Einstellung von Managern eingesetzt wird. Ziel ist zu prüfen, wie sich Führungskräfte in realen Situation im Unternehmen verhalten. Bis zu drei Tagen kann ein Assessment-Center dauern und z. B. Postkorbübungen oder Rollenspiele beinhalten.

c) Speziell für das Management entwickelte Arbeitstechniken umfassen z. B. strategische und operative Planungs- und Controllingtools wie die Portfolio-Analyse, bei der die eigenen Geschäftsfelder eingeordnet werden, um auf dieser Basis Normstrategien zu entwickeln.

d) Führungsstile verdeutlichen, wie sich das Management zu seinen Mitarbeitern verhält. Grundsätzlich können sie entweder autoritär oder kooperativ ausfallen.

Wann wird von einer importierten Inflation gesprochen?

- ◯ a) wenn die Inflation anderer Länder höher ist als die Inflation des eigenen Landes
- ◯ b) wenn sich die Inflation eines Landes auf ein anderes überträgt
- ◯ c) beim Export teurer Waren und Dienstleistungen
- ◯ d) beim Transport fremder Erzeugnisse in das eigene Land

a) Wenn die Inflation in anderen Ländern höher ist als die Inflation des eigenen Landes heißt dies lediglich, dass Preisniveau und Preissteigerung in einem Land höher sind als im eigenen Land. Dies muss sich aber nicht auf das eigene Land auswirken.

b) Von importierter Inflation wird gesprochen, wenn sich die Inflation eines Landes auf ein anderes überträgt. Dies passiert z. B. dann, wenn eine Preissteigerung bei aus dem Ausland importierten Produktionssystemen und Maschinen zu einer Erhöhung der Herstellkosten und damit zu einer Erhöhung der Preise führt. Es passiert jedoch nicht einfach automatisch, nur weil das Preisniveau anderer Länder höher ist als das eigene.

c) Der Export teurerer Waren und Dienstleistungen in andere Länder kann dazu führen, dass es in einem anderen Land zu einer importierten Inflation kommt; auf das eigene Preisniveau hat dies jedoch keine Auswirkungen.

d) Im Zusammenhang mit dem Transport fremder Erzeugnisse in das eigene Land spricht man von Import.

Was ist der XETRA-Handel?

- ◯ a) Handel mit XETRA-Aktien
- ◯ b) Computerhandelssystem der Deutschen Börse
- ◯ c) Handel mit ausländischen Unternehmen
- ◯ d) Handel mit Non-Profit-Unternehmen

a) XETRA ist nicht der Name eines Unternehmens, dessen Aktien über die Börse gehandelt werden.

b) Vielmehr handelt es sich um ein Computerhandelssystem der Deutschen Börse, das parallel zum Parketthandel und nach Börsenschluss läuft. Mittlerweile wird ein Großteil des Handels mit deutschen Aktien über XETRA abgewickelt. Der Zentralrechner steht in Frankfurt; weltweit können sich Clients oder dezentrale Systeme anbinden. Die XETRA-Preise sind auch die Basis für die Ermittlung des DAX.

c) Handeln Unternehmen viel mit ausländischen Unternehmen, gelten sie als international oder global orientiert. Gerade im Zuge der Globalisierung nehmen internationale Geschäfts- und Handelsaktivitäten stark zu.

d) Bei Non-Profit-Unternehmen handelt es sich um gemeinnützige Unternehmen, deren primäres Ziel nicht die Erzielung von Gewinnen, sondern die Realisierung des gemeinnützigen Zwecks darstellt. Für den Handel mit Non-Profit-Unternehmen existiert keine eigene Bezeichnung.

Eine Non-Profit-Organisation für den Umweltschutz: der WWF

Auf welche Transaktionen bezieht sich der Begriff „Business-to-Business“?

- ◯ a) zwischen Unternehmen und Endkonsumenten
- ◯ b) zwischen Unternehmen und Unternehmen
- ◯ c) zwischen Unternehmen und dem Staat
- ◯ d) zwischen Endkonsumenten und Endkonsumenten

Blick in einen Baumarkt

a) Geschäfte zwischen Unternehmen und Endkonsumenten werden Business-to-Consumer-Transaktionen genannt. Häufig findet man auch Abkürzungen wie B2C oder BtC.

b) Geschäfte zwischen Unternehmen und Unternehmen bezeichnet man als Business-to-Business-Transaktionen; in diesem Fall handelt es sich sowohl beim Anbieter als auch beim Nachfrager um Unternehmen. Ein Beispiel ist der Verkauf vom PKW-Hersteller an den PKW-Händler. Abgekürzt werden sie B2B oder BtB.

c) Transaktionen zwischen Unternehmen und Staat werden dagegen als Business-to-Government- oder Business-to-Administration-Transaktionen bezeichnet bzw. auch BtG oder BtA.

d) Transaktionen zwischen Endkonsumenten laufen unter der Bezeichnung Consumer-to-Consumer bzw. CtC oder auch C2C. Sie nehmen sowohl im realen Geschäftsleben als auch im Internet stark zu.

Was ist eine Holding?

- ◯ a) Beteiligungsgesellschaft, die als Dachgesellschaft mehrerer Gesellschaften fungiert
- ◯ b) Personalvermittlungsgesellschaft
- ◯ c) Zusammenschluss zweier Aktiengesellschaften unter einem neuen Namen
- ◯ d) Offene Handelsgesellschaft

a) Eine Holding ist eine Beteiligungsgesellschaft, die nicht selbst produziert, sondern als Dachgesellschaft fungiert, indem sie Geschäftsanteile oder Aktien von abhängigen Unternehmen verwaltet. Die rechtliche Selbstständigkeit dieser Unternehmen bleibt zumindest nach außen hin bestehen, die wirtschaftliche Selbstständigkeit geht hinsichtlich der Finanzierung zum Teil, hinsichtlich der Unternehmenspolitik völlig auf die Holding-Gesellschaft über. Zu unterscheiden sind die Finanz-Holding, mit der Aufgabe der Finanzierung, und die Management-Holding, mit den Aufgaben Finanzierung und Management bzw. Steuerung.

b) Eine Personalvermittlungsgesellschaft bringt potenzielle Mitarbeiter und Unternehmen zusammen. Beispiele sind Personalberatungen oder auch Zeitarbeitsfirmen.

c) Schließen sich zwei Aktiengesellschaften unter einem neuen Namen zusammen, spricht man von einer Fusion.

d) Eine Offene Handelsgesellschaft oder auch OHG ist eine Personengesellschaft, bei der sich zwei oder mehrere Gesellschafter zusammenschließen, um ein Handelsgewerbe zu betreiben.

Wer steckt hinter den fünf Weisen?

- ◯ a) Management der Unternehmen
- ◯ b) Aufsichtsrat einer AG
- ◯ c) Beirat einer GmbH
- ◯ d) unabhängige Sachverständige, die jährlich ein Gutachten zur gesamtwirtschaftlichen Entwicklung in Deutschland erstellen müssen

a) Das Management von Unternehmen wird bei Aktiengesellschaften als Vorstand, bei der GmbH und anderen Gesellschaften als Geschäftsführer bezeichnet. Zu den wesentlichen Aufgaben zählen die Vertretung des Unternehmens nach außen sowie die Führung des Unternehmens nach innen.

b) Beim Aufsichtsrat einer AG handelt es sich um ein wichtiges Organ der Aktiengesellschaft, dessen primäre Aufgabe die Prüfung und die Bestellung des Vorstandes ist. Gewählt wird der Aufsichtsrat durch die Versammlung der Aktionäre.

c) Aufgabe des Beirats einer GmbH ist die fachliche Unterstützung der Arbeit des Managements der GmbH. Die Bestellung dieses Beirats ist grundsätzlich freiwillig, für seine Einrichtung gibt es unterschiedliche Motive, wie den Bedarf an Beratung, Streitschlichtung oder die Nachfolgeregelung.

d) Bei den fünf Weisen handelt es sich um unabhängige Sachverständige, die jährlich ein Gutachten zur gesamtwirtschaftlichen Entwicklung in Deutschland vorlegen müssen. Dieses Gutachten wird auch als Sachverständigengutachten bezeichnet. Bei den fünf Weisen handelt es sich meist um renommierte Wirtschaftsprofessoren.

Welchen Wert gibt der Cashflow an?

- ◯ a) Geldfluss (Einnahmen und Ausgaben) des Staates
- ◯ b) einem Unternehmen zur Verfügung stehender finanzieller Überschuss
- ◯ c) einem Unternehmen zufließende Einnahmen
- ◯ d) liquide Mittel eines Unternehmens

a) Der Cashflow ist eine wichtige Kennzahl für Unternehmen und nicht für den Staat. Einnahmen und Ausgaben des Staates werden im öffentlichen Haushalt gegenübergestellt.

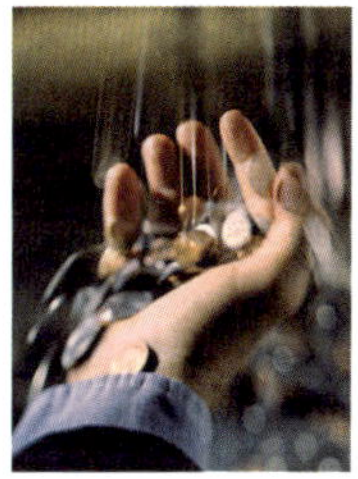

b) Als Cashflow wird hingegen der einem Unternehmen tatsächlich zur Verfügung stehende finanzielle Überschuss bezeichnet. Er errechnet sich aus Gewinn bzw. Jahresüberschuss des Unternehmens plus Abschreibungen plus Zuführungen zu den Rückstellungen. Im Gegensatz zum Gewinn spiegelt er denjenigen Betrag wider, der dem Unternehmen tatsächlich für Investitionen, Lohnzahlungen etc. zur Verfügung steht.

c) Bei den einem Unternehmen zufließenden Einnahmen handelt es sich um die Umsatzerlöse, Erlöse aus dem Finanzgeschäft und außerordentliche Erlöse, die z. B. aus dem Verkauf eines Gebäudes oder einer Lagerhalle resultieren.

d) Die liquiden Mittel eines Unternehmens sind die Mittel, die in der Kasse oder auf Bankkonten zur Verfügung stehen. Sie zeigen lediglich, wie liquide ein Unternehmen ist; sie spiegeln nicht die tatsächlichen Zahlungsüberschüsse wider.

Was versteht man unter der Tarifautonomie?

- a) Recht der Tarifpartner zum Aushandeln von Tarifverträgen
- b) autonomes Handeln der Tarifpartner
- c) Festlegung der Bedingungen für das Management
- d) autonome Festsetzung von Steuertarifen

Welches Ziel verfolgen Genossenschaften?

- a) Realisierung von strategischen Allianzen
- b) Förderung des Erwerbs oder der Wirtschaft ihrer Mitglieder
- c) Unterstützung von Neuemissionen
- d) Gründung einer GmbH

Teil der Tarifautonomie: Streik

a) Tarifautonomie bezeichnet das grundsätzlich geschützte Recht der Tarifpartner – Gewerkschaften und Arbeitgeberverbände – durch freie Vereinbarungen Tarifverträge über die Arbeitsbedingungen auszuhandeln, ohne dass eine staatliche Stelle mitwirkt oder sich einmischt. Zur Tarifautonomie zählen auch das Streik- und das Aussperrungsrecht als Arbeitskampfmittel von Gewerkschaften und den Arbeitgeberverbänden. Hat man sich geeinigt und sind Tarifverträge geschlossen, gelten sie nur zwischen den jeweiligen Mitgliedern der Tarifparteien.

b) Die Aushandlung von Tarifverträgen erfolgt zwischen den beiden Vertragspartnern, d. h. Gewerkschaften und Arbeitgeberverbänden; die Inhalte können nicht durch einen der beiden autonom festgelegt werden.

c) Beim Management handelt es sich in der Regel um außertarifliche Angestellte, für die die Tarifverträge nicht gelten.

d) Die Festsetzung von Steuertarifen erfolgt durch den Bund auf der Basis von Gesetzesentwürfen und den erforderlichen Gesetzgebungsprozessen von Bundestag und Bundesrat.

a) Unternehmen gehen strategische Allianzen ein, um gemeinsam bestimmte Projekte und Vorhaben zu realisieren, die sie alleine nicht so gut abwickeln können. Typisches Beispiel sind strategische Allianzen im Bereich von Forschung und Entwicklung oder Vertrieb.

b) Genossenschaften sind Gesellschaften mit freier und wechselnder Mitgliedschaft, deren Ziel die Förderung des Erwerbs oder der Wirtschaft ihrer Mitglieder durch einen gemeinschaftlichen Geschäftszweck ist. Die Mitglieder haften nicht persönlich; Organe sind Vorstand, Aufsichtsrat und Generalversammlung. Typische Formen sind Erwerbsgenossenschaften, wie z. B. Einkaufs-, Wirtschafts- oder Kreditgenossenschaften.

c) Plant eine Aktiengesellschaft den Gang an die Börse, wird sie in der Regel von einem Konsortium mehrerer Banken unterstützt. Interessierte Aktionäre können hier zeichnen und erhalten dann von den Banken aus eine Zuteilung, wenn sie Aktien bekommen. Das Konsortium bestimmt auch den Ausgabepreis der Aktien.

d) Die Gründung einer GmbH erfolgt durch einen oder mehrere Gesellschafter und nicht durch Genossen.

Wie ist die Haftung in Kommanditgesellschaften geregelt?

- a) Jeder Gesellschafter haftet gleichberechtigt und voll.
- b) Die Haftung ist auf den Komplementär beschränkt; der Kommanditist haftet nicht.
- c) Die Gesellschaft haftet nur mit dem Eigenkapital.
- d) Alle Aktionäre haften.

a) Bei allen Personengesellschaften bis auf die Kommanditgesellschaft haftet jeder Gesellschafter gleichberechtigt und in voller Höhe, d. h. auch mit seinem Privatvermögen. Typische Beispiele sind die Offene Handelsgesellschaft (OHG), die Partnergesellschaft oder auch die BGB-Gesellschaft.

b) Kennzeichen einer Kommanditgesellschaft (KG) ist die Existenz eines sogenannten Komplementärs, der voll haftet, und eines Kommanditisten, der nur mit seiner Einlage haftet. Die Geschäftsführung unterliegt hier meistens dem Komplementär, der Kommanditist hat jedoch neben den üblichen Ansprüchen auf Gewinnausschüttung das Recht auf Einsicht der Bücher.

c) Im Gegensatz zu Personengesellschaften haften Kapitalgesellschaften nur mit dem Eigenkapital. Dabei handelt es sich um das von den Eigentümern zur Verfügung gestellte und von der Gesellschaft erwirtschaftete Kapital.

d) Aktionäre sind Anteilseigner an einer Aktiengesellschaft (AG). Da es sich bei einer AG um eine Kapitalgesellschaft handelt, haften die Aktionäre nur mit ihrem Anteil, d. h. der Aktie.

Was sagt die Umsatzrendite aus?

- a) Verzinsung des eingesetzten Eigenkapitals
- b) Verzinsung des eingesetzten Gesamtkapitals
- c) Anteil des Umsatzes, der als Gewinn übrig bleibt
- d) tatsächlich zur Verfügung stehende Mittel

a) Die Eigenkapitalrendite (Gewinn · 100 / Eigenkapital) drückt die Verzinsung des eingesetzten Eigenkapitals aus. Vergleichsmaßstab sind meist die auf den Kapitalmärkten herrschenden Zinsbedingungen.

b) Die Gesamtkapitalrendite (Gewinn + Fremdkapitalzinsen / 100 : Gesamtkapital) drückt die Verzinsung des eingesetzten Kapitals aus.

c) Die Umsatzrendite (Gewinn · 100 / Umsatz) drückt die Verzinsung der Umsätze aus und gibt den Anteil des Umsatzes an, der tatsächlich als Gewinn übrig bleibt. So bedeutet eine Umsatzrendite von 5 %, dass pro 100 € Umsatz 5 € als Gewinn bleiben; eine Umsatzrendite von 20 % sagt dagegen aus, dass pro 100 € Umsatz 20 € Gewinn darstellen. Hier gilt einfach: je höher, desto besser.

d) Die im Unternehmen tatsächlich zur Verfügung stehenden finanziellen Mitteln werden durch den Cashflow (einfache Berechnung: Gewinn + Abschreibungen + Zuführung zu Rückstellungen) ermittelt.

Was versteht man unter Corporate Identity?

- ◯ a) Produktpolitik
- ◯ b) Identität des Unternehmens
- ◯ c) Managementtechnik
- ◯ d) Betreuung der wichtigsten Kunden

a) Die Produktpolitik, die sich mit der Gestaltung des Produktes befasst, zählt zum sogenannten Marketing-Mix. Außerdem zählen zum Marketing-Mix auch die Konditionenpolitik, die sich mit der Gestaltung von Preisen und der übrigen Konditionen beschäftigt, die Kommunikationspolitik, bei der es um Werbung geht, sowie die Distributionspolitik, bei der die Art der Verteilung der Produkte an die Kunden im Vordergrund steht.

b) Corporate Identity oder auch CI steht für Unternehmensidentität und umfasst sämtliche Maßnahmen eines Unternehmens, ein einheitliches und einprägsames Erscheinungsbild in der Öffentlichkeit zu generieren. Hierzu gehören z. B. das Firmenlogo, das Produktdesign, Denkmuster, Überzeugungen oder auch Verhaltensweisen. Ziel ist die eindeutige Identifikation eines Unternehmens und die Abgrenzung von anderen Unternehmen.

Das Logo: wichtiger Bestandteil der Corporate Identity

c) Corporate Identity ist zwar ein wichtiges Konzept; allerdings keine typische Managementtechnik. Managementtechniken sind Methoden und Instrumente zur Steuerung von Problemlösungsmechanismen.

d) Die Betreuung der wichtigsten Kunden ist die Aufgabe des Key-Account-Managers.

Welches Ziel verfolgt die OECD?

- ◯ a) Förderung einer optimalen Wirtschaftsentwicklung in ihren Mitgliedsstaaten
- ◯ b) Regelung von Handels- und Wirtschaftsbeziehungen
- ◯ c) Förderung der internationalen Zusammenarbeit in der Währungspolitik
- ◯ d) Gedankenaustausch zu international relevanten politischen Fragen

a) Die OECD (Organisation for Economic Cooperation and Development) ist eine internationale Organisation mit Sitz in Paris, deren ca. 30 Mitgliedsstaaten Industrieländer sind. Ihre wichtigsten Ziele sind eine optimale Wirtschaftsentwicklung und ein steigender Lebensstandard in den Mitgliedsländern, die Förderung des Wirtschaftswachstums in den Entwicklungsländern sowie eine Ausweitung des Welthandels.

b) Bei der Welthandelsorganisation (engl. Word Trade Organization) oder WTO handelt es sich um eine internationale Organisation mit Sitz in Genf, die sich mit der Regelung von Handels- und Wirtschaftsbeziehungen beschäftigt.

c) Zu den wichtigsten Aufgaben des internationalen Währungsfonds – IWF – zählt die Förderung der internationalen Zusammenarbeit in der Währungspolitik.

d) Die Idee des Club of Rome ist der globale Gedankenaustausch zu verschiedenen international relevanten politischen Themen. Seine Mitglieder sind ausgewählte Wirtschaftswissenschaftler und Industrielle, allerdings keine hochrangigen Politiker.

Welche Erfindung ist auf Henry Ford zurückzuführen?

- ◯ a) Fließband
- ◯ b) Taylorismus
- ◯ c) Spinning Jenny
- ◯ d) Automobil

a) Der nordamerikanische Automobilhersteller Henry Ford (1883–1947) erfand das Fließband. Am 1. Oktober 1908 stellte er sein Automobil „Modell T" der Öffentlichkeit vor. Durch das Fließband gelang es, ein einfaches, billiges, aber auch zuverlässiges Automobil für eine breite Käuferschaft zu produzieren.

b) Der Taylorismus oder das Scientific Management (= wissenschaftliche Betriebsführung bzw. Geschäftsführung) geht zurück auf den US-Amerikaner Frederick Winslow Taylor (1856–1915). Taylor glaubte daran, Management, Arbeit und Unternehmen mit einer rein wissenschaftlichen Herangehensweise optimieren, damit soziale Probleme lösen und „Wohlstand für alle" erreichen zu können. Letztlich war der Taylorismus die Basis für die Fließbandarbeit.

c) Spinning Jenny ist der Name der ersten industriellen Maschine zum Verspinnen von Wolle zu Garn. Der Erfinder der Spinning Jenny war der Weber James Hargreaves (1720–1778) aus England. Seine Erfindung im Jahr 1764 ermöglichte eine erhebliche Steigerung der Produktivität des Spinnprozesses.

d) Die Entwicklung der heutigen Autos begann 1886 in Deutschland durch Personen wie Carl Benz, Gottlieb Daimler und Wilhelm Maybach sowie Siegfried Marcus in Wien.

Was ist eine Courtage?

- ◯ a) Ausschüttung an Aktionäre einer AG
- ◯ b) Ausschüttung an Gesellschafter einer GmbH
- ◯ c) Provision des Börsenmaklers
- ◯ d) Guthaben in ausländischer Währung im Inland

a) Ausschüttungen an Aktionäre einer AG werden als Dividenden bezeichnet. Basis für die Ausschüttung ist der Bilanzgewinn; ihre Höhe wird in der Hauptversammlung bestimmt. Ein Recht auf Auszahlung einer Dividende existiert jedoch nicht. Steht das Geschäft nicht gut, werden auch keine Dividenden ausgezahlt, was man besonders in den letzten Jahren beobachten konnte.

b) Ausschüttungen an Gesellschafter einer GmbH werden als Tantiemen bezeichnet. Basis für die Ausschüttung ist auch hier der Bilanzgewinn; über ihre Höhe wird in der Gesellschafterversammlung befunden. Auch hier existiert kein Anrecht auf Auszahlung. Es ist durchaus möglich, dass die Gesellschafter – je nach Geschäftssituation – keine Tantiemen erhalten.

Wall Street, Sitz der New Yorker Börse

c) Die Provision, die ein Börsenmakler für die Vermittlung von Wertpapiergeschäften erhält, wird Courtage genannt. Sie wird prozentual am Geschäftsumfang errechnet. Sie stellt letztlich einen Verkaufsanreiz dar.

d) Guthaben in ausländischer Währung im Inland werden als Devisen bezeichnet.

Welches Unternehmen gründete Steven Jobs im Jahr 1976?

- a) IBM
- b) Apple Inc.
- c) Microsoft
- d) Hewlett-Packard

a) IBM ist eines der ältesten noch existierenden IT-Unternehmen und geht zurück auf die 1896 von Herman Hollerith (1860–1929) gegründete Tabulating Machine Company. Nach dem Ausstieg aus der PC-Sparte gehört heute neben dem Softwarebereich auch die größte Unternehmensberatung der Welt, IBM Global Business Services, zum Unternehmen.

Steven Jobs

b) Steven Jobs (geb. 1955) gründete 1976 zusammen mit Steve Wozniak (geb. 1950) und Ronald Wayne (geb. 1934) das Unternehmen Apple Inc., das als einer der ersten PC-Hersteller überhaupt gilt. Das Unternehmen produziert sowohl Hardware als auch Software; ihm kommt u. a. bei der Entwicklung der Maus eine Vorreiterrolle zu.

c) Microsoft wurde 1975, also ein Jahr vor Apple Inc., von Bill Gates (geb. 1955) und Paul Allen (geb. 1953) ins Leben gerufen. Heute ist das Betriebssystem von Microsoft Marktführer, das Unternehmen gilt außerdem als eines der bedeutendsten der Welt.

d) Hewlett-Packard ist der größte Computerhersteller der Welt. 1929 gründeten William Hewlett (1913–2001) und David Packard (1912–1996) das Unternehmen in einer Garage in Palo Alto.

Was versteht man unter Merkantilismus?

- a) Bildung von Monopolen
- b) Staatswissenschaft
- c) Marketinginstrument
- d) Bezeichnung für ein bestimmtes Wirtschaftssystem

a) Unter einem Monopol wird eine bestimmte Marktform verstanden, bei der ein einziger Anbieter (Angebotsmonopol) oder ein einziger Nachfrager (Nachfragemonopol) auftreten. Aufgrund der Monopol-Situation können die Preise auf diesen Märkten diktiert werden.

b) Die Staatswissenschaft entwickelte sich zur Zeit des deutschen Merkantilismus als theoretische Konzeption. Um 1850 differenzierte sich die sogenannte Nationalökonomie. Heute ist das Fach ein interdisziplinärer Studiengang, der Verwaltungs-, Rechts- und Wirtschaftswissenschaften zusammenfasst.

c) Marketinginstrumente umfassen alle Instrumente zur Förderung des Verkaufs von Produkten und Leistungen. Zu unterscheiden sind Produkt-, Preis-, Kommunikations- und Distributionspolitik.

d) Der Begriff „merkantiles System" wurde von Marquis de Mirabeau (1749–91) geprägt und von Adam Smith (1723–90) allgemein verbreitet. Ursprünglich stammt das Wort aus dem Lateinischen (mercari = Handel treiben) bzw. aus dem Französischen (mercantile = kaufmännisch). Der Merkantilismus bezeichnet das Wirtschaftssystem im Absolutismus (16.–18. Jh.), das verschiedene geldpolitische, finanzwirtschaftliche und kaufmännische Ansätze verband.

Was bedeutet das ökonomische Prinzip?

- ◯ a) Aufbau von Kernkompetenzen
- ◯ b) mit geringstmöglichem Mitteleinsatz den höchstmöglichen Ertrag zu erzielen
- ◯ c) mit gegebenen Mitteln einen möglichst großen Ertrag zu erzielen
- ◯ d) ökonomisches Handeln

a) Der Aufbau von Kernkompetenzen stellt eine wichtige Aufgabe von Unternehmen dar; die Konzentration auf diese Kompetenzen kann Wettbewerbsvorteile sichern. Dieses Handeln ist wirtschaftlich sinnvoll, wird jedoch nicht als ökonomisches Prinzip bezeichnet.

b) Als Minimalisten werden die Akteure bezeichnet, die versuchen, mit einem möglichst geringen Mitteleinsatz den höchstmöglichen Ertrag zu erzielen. Dies kann in der Schule noch gelingen; im Geschäftsleben oder für Unternehmen ist es kaum realisierbar.

c) Das ökonomische Prinzip lässt sich am besten über seine beiden Ausprägungen erklären: Entweder soll mit gegebenen Mitteln ein möglichst hoher Ertrag erzielt werden oder ein bestimmter Ertrag bzw. ein bestimmtes Ergebnis soll mit möglichst geringem Aufwand erledigt werden. Beispielsweise sind in einer gegebenen Zeit von zwei Stunden möglichst viele Hemden zu bügeln oder für das Bügeln einer gegebenen Anzahl von Hemden soll möglichst wenig Zeit in Anspruch genommen werden.

d) Ökonomisches Handeln bedeutet, möglichst wirtschaftlich, effizient und kostenbewusst zu handeln.

Bei welchen Rechtsformen wird eine juristische Person gegründet?

- ◯ a) bei Personengesellschaften
- ◯ b) bei Kapitalgesellschaften
- ◯ c) eingetragener Kaufmann
- ◯ d) bei einer Partnergesellschaft

a) Personengesellschaften sind eng an die Namen der Gesellschafter gekoppelt; eine eigene juristische Person wird hier nicht gegründet.

b) Bei Kapitalgesellschaften wird eine juristische Person gegründet. Diese juristischen Personen besitzen eine eigene Rechtspersönlichkeit, die als Unternehmen Vermögen besitzen, Klagen einreichen und verklagt werden kann. Grundlage hierbei ist das Gesellschaftervermögen, das bei der Gründung von den Gesellschaftern eingebracht wird.

c) Die Bezeichnung „eingetragener Kaufmann" (e. K., e. Kfm.) oder „eingetragene Kauffrau" (e. K., e. Kfr.) gibt an, dass ein Einzelunternehmer als Kaufmann bzw. Kauffrau im Handelsregister eingetragen ist.

d) Eine besondere Form der Personengesellschaft ist die Partnergesellschaft, in der sich Angehörige freier Berufe (z. B. Ärzte, Juristen, Architekten) zur Ausübung ihrer Berufe zusammenschließen. Im Unterschied zur KG oder OHG können Angehörige einer Partnergesellschaft auch nur natürliche Personen sein; eine bloße Kapitalbeteiligung einer anderen Gesellschaft ist nicht möglich.

Was drückt die Erwerbsquote aus?

- ◯ a) Anteil der fremdbezogenen Leistungen
- ◯ b) Anteil des Eigenkapitals am Gesamtkapital
- ◯ c) Anteil der Erwerbsfähigen an der Gesamtbevölkerung
- ◯ d) Arbeitslosenquote

a) Je mehr Aufgaben Unternehmen ausgliedern und je weniger im Unternehmen selbst produziert wird, desto geringer ist die Leistungs- oder Fertigungstiefe. Eine hohe Fertigungstiefe bedeutet, dass die Leistungserstellung primär im Unternehmen erfolgt; eine niedrige, dass die Leistungserstellung primär bei Lieferanten und anderen Unternehmen erfolgt. In der Automobilbranche wurde die Leistungstiefe in den letzten Jahren von ca. 90 % auf ca. 20 % verringert.

b) Der prozentuale Anteil des Eigenkapitals am Gesamtkapital wird als Eigenkapitalquote bezeichnet. Sie ist ein Maßstab für die Vergabe von Krediten. Je höher sie ist, desto besser die Position bei Kreditverhandlungen.

c) Die Erwerbsquote ist eine Maßzahl der amtlichen Bevölkerungs- und Erwerbstätigenstatistik. Sie gibt nicht die Anzahl der tatsächlichen oder potenziellen Erwerbstätigen an, sondern beschreibt die Beteiligung der Gesamtbevölkerung oder bestimmter Teilgruppen am Erwerbsleben.

d) Die Arbeitslosenquote gibt den Anteil der Arbeitslosen bzw. Arbeit Suchenden an der Gesamtbevölkerung an.

Wie werden Nettolöhne ermittelt?

- ◯ a) Löhne vor Abzug von Steuern und Sozialversicherungsbeiträgen
- ◯ b) Löhne nach Abzug von Steuern und Sozialversicherungsbeiträgen
- ◯ c) Löhne plus Arbeitgeberanteile für Sozialversicherung
- ◯ d) Löhne nach Abzug von Darlehenszinsen

a) Sind noch keine Steuern und Sozialversicherungsbeiträge abgezogen, handelt es sich um Bruttolöhne. In der Regel stehen sie im Arbeitsvertrag.

b) Werden von diesen Bruttolöhnen die Steuern und die Sozialversicherungsbeiträge abgezogen, erhält man die Nettolöhne. Der Abzug der Steuern richtet sich nach der zugrunde liegenden Steuerklasse (I bis VI) sowie den eingetragenen Freibeträgen; die Höhe der Sozialversicherungsbeiträge ist von der jeweiligen Krankenkasse sowie den geltenden Sätzen abhängig. Dies ist der Teil des Lohns, der tatsächlich ausgezahlt wird.

c) Werden weder Steuern noch Sozialversicherungsbeiträge abgezogen, sondern die Arbeitgeberanteile für die Sozialversicherung dazuaddiert, ergeben sich die Arbeitskosten, d. h. die Kosten, die der Arbeitgeber für den Mitarbeiter tatsächlich zahlt.

d) In sehr seltenen Fällen werden von den Löhnen nicht nur die Steuern und Sozialversicherungsbeiträge, sondern auch noch fällige Darlehenszinsen abgezogen. Dies ist z. B. dann der Fall, wenn der Arbeitnehmer mit der Rückzahlung eines Kredites stark in Verzug geraten ist.

Welche Funktion hat ein Prokurist?

- ◯ a) Führung des Unternehmens
- ◯ b) Gründung einer AG oder einer GmbH
- ◯ c) Ausführung aller erforderlichen gerichtlichen und außergerichtlichen Handlungen
- ◯ d) Verwaltung der Insolvenz

a) Für die Leitung des Unternehmens ist bei der Aktiengesellschaft der Vorstand, bei der GmbH und bei den Personengesellschaften die Geschäftsführung verantwortlich. Der Vorstand wird vom Aufsichtsrat bestimmt, die Geschäftsführung von den Gesellschaftern.

b) Die Gründung einer AG oder einer GmbH kann prinzipiell durch jede Person erfolgen. Voraussetzung ist die Bereitstellung eines Mindestkapitals von 25.000 € bei der GmbH und 50.000 € bei der AG sowie die Beachtung bestimmter formaler Voraussetzungen.

c) Ein Prokurist ist zur Ausführung aller gerichtlichen und außergerichtlichen Handlungen berechtigt, die für gewöhnlich mit dem Betrieb eines Handelsgewerbes verbunden sind. Ausgenommen sind Grundstücksgeschäfte. Zu unterscheiden ist die Einzelprokura, die eine alleinige Zeichnungsberechtigung darstellt, von der Gesamtprokura, bei der die Zeichnungsberechtigung nur zusammen mit anderen gilt.

d) Die Verwaltung der Insolvenz eines Unternehmens ist Aufgabe eines Insolvenzverwalters. Dieser wird vom Amtsgericht bestellt, nachdem ein Unternehmen Insolvenz angemeldet hat.

Was ist ein Girokonto?

- ◯ a) Nummernkonto
- ◯ b) Konto zur Anlage kurzfristig benötigter Mittel
- ◯ c) Konto zur Abwicklung von Kreditgeschäften
- ◯ d) Konto zur Abwicklung des Zahlungsverkehrs

a) Ein Nummernkonto (Nummerndepot) ist ein Konto, das anstelle des Namens des Inhabers lediglich eine Nummer einsetzt. Die Anlage oder Führung eines Nummernkontos ist in Deutschland juristisch nicht erlaubt. Bekannt für die Führung von Nummernkonten sind die Länder Schweiz oder Liechtenstein.

b) Konten zur Anlage kurzfristig zur Verfügung stehender Mittel werden auch als Tagesgeldkonten oder Termingeldkonten bezeichnet. Im Vergleich zum Girokonto zahlen sie mehr Zinsen aus.

c) Für die Abwicklung von Krediten werden meist eigene Kreditkonten eingerichtet.

d) Das Girokonto (ital. il giro = Kreis, wegen der Möglichkeit, das Geld „kreisen" zu lassen) ist ein Bankkonto zur Abwicklung des bargeldlosen Zahlungsverkehrs. Zahlungen werden zugunsten und zulasten des Girokontos gebucht. Bei Unternehmen werden Girokonten meist als Kontokorrentkonten bezeichnet. Schon 1906 boten die Post-, Telefon- und Telegrafenbetriebe der Schweiz Girokonten unter der Bezeichnung „Postscheckdienst" an.

Mit der Maestro-Karte kann vom Girokonto Bargeld abgehoben werden.

Was versteht man unter Gemeinkosten?

- ◯ a) direkt dem Produkt oder der Leistung zurechenbare Kosten
- ◯ b) abhängig von der Ausbringungsmenge entstehende Kosten
- ◯ c) nicht direkt auf das Produkt zurechenbare Kosten
- ◯ d) Selbst- bzw. Herstellkosten

a) Kosten, die direkt dem Produkt oder der Leistung zugerechnet werden können, bezeichnet man als Einzelkosten. Typisches Beispiel sind Materialkosten.

b) Kosten, deren Entstehung und Höhe abhängig von der Ausbringungs- bzw. Produktionsmenge ist, werden auch variable Kosten genannt.

Stromkosten zählen zu den Allgemeinkosten

c) Kosten, die nicht direkt einem Produkt oder einer Leistung zugerechnet, sondern nur auf mehrere Produkte und Leistungen verrechnet werden können, werden auch als Gemeinkosten bezeichnet. Typische Beispiele sind die Kosten für Miete, Energie, Rechnungswartung, Verwaltung, Kantine, Kindergarten, Reinigungsdienste etc.

d) Selbst- bzw. Herstellkosten umfassen sämtliche Kosten, die bei der Erstellung eines Produktes oder einer Dienstleistung anfallen. Sie setzen sich zusammen aus den Materialkosten (z. B. Ziegel für ein Haus) und den Fertigungskosten (z. B. Lohn des Maurers).

Was bezeichnet der Begriff „Konjunktur“?

- ◯ a) in Schwankungen verlaufende wirtschaftliche Aktivitäten
- ◯ b) gut gehende Produkte
- ◯ c) florierende Wirtschaft
- ◯ d) Art der Wirtschaftspolitik

a) Der Begriff Konjunktur bezieht sich auf die in Schwankungen verlaufenden wirtschaftlichen Aktivitäten. Die typischen Konjunkturzyklen verlaufen über sieben bis zehn Jahre und gliedern sich in die Phasen Aufschwung, Hochkonjunktur oder Boom, Abschwung oder Rezession, Tiefstand oder Depression. Zur Feststellung des vorherrschenden oder sich zukünftig abzeichnenden Verlaufs bedient man sich sogenannter Konjunkturprognosen.

b) Werden Produkte oder Dienstleistungen vom Markt gut angenommen, wird oft davon gesprochen, dass sie „eine gute Konjunktur haben“ oder schlicht „Konjunktur haben“. Dies ist dann eine umgangssprachliche Reduzierung des Begriffs auf einen Einzelfall.

c) Floriert die Wirtschaft, befindet sie sich im Aufschwung oder in einer Hochkonjunkturphase bzw. einem Boom. Typische Kennzeichen sind eine verstärkte Nachfrage der Konsumenten, verstärkte Investitionstätigkeiten und volle Auftragsbücher der Anbieter; oft sind aber auch steigende Preise und Inflationstendenzen zu beobachten.

d) Die Art der Wirtschaftspolitik kann eine Rezession oder eine Aufschwungphase zwar beeinflussen, zählt aber nicht selbst zur Konjunktur.

Was versteht man unter dem tertiären Sektor?

- a) Landwirtschaft
- b) Industrialisierung
- c) Dienstleistungen
- d) Informationszeitalter

a) Land- und Forstwirtschaft oder auch Agrarwirtschaft werden häufig auch unter dem Begriff „primärer Sektor" zusammengefasst. Wichtige Etappen bei der Herausbildung des primären Sektors waren die Entwicklung des Eisenpflugs, die Verbreitung der Dreifelderwirtschaft, die Verbesserung der Eisenverarbeitung sowie großflächige und gezielte Rodungen.

b) Als Industrialisierung oder auch industrielle Revolution bezeichnet man den durch die Erfindung der Dampfmaschine und der „Spinning Jenny" ausgelösten Prozess, der Ende des 18. Jh. in England seinen Anfang nahm. Hauptkennzeichen der Industrialisierung war die wirtschaftliche Entwicklung vom Agrar- zum Industriesektor, die durch eine starke Zunahme der gewerblichen Gütererzeugung mit wachsendem Einsatz von Maschinen und damit der Entstehung der Massenproduktion geprägt war. Dieser produzierende Sektor wird auch als Sekundärsektor bezeichnet.

c) Als tertiärer Sektor wird der Bereich der Wirtschaft verstanden, der im Gegensatz zur produzierenden Wirtschaft keine Sachgüter herstellt, sondern Dienstleistungen zur Verfügung stellt.

d) Als quartärer Sektor wird schließlich das Informationszeitalter bezeichnet, das durch die starke Bedeutung von Information und Wissen geprägt ist.

Welche Aufgabe hat ein Chief Financial Officer?

- a) Verkaufsleitung
- b) Verantwortung für die finanzielle Situation
- c) Risikomanagement
- d) Verantwortung für das Controlling

a) Die Verkaufsleitung eines Unternehmens ist Aufgabe des Vertriebsleiters bzw. Marketingleiters oder Chief Marketing Officers (CMO). Er kümmert sich um die Preispolitik und um alle Angelegenheiten der Distribution. Außerdem ist er zuständig für Öffentlichkeitsarbeit, Marktforschung und Kundendienst.

b) Die Verantwortung für die finanzielle Situation des Unternehmens liegt meist beim Leiter des Finanzbereichs oder dem Finanzvorstand, der auch als Chief Finance Officer bzw. CFO bezeichnet wird. In den USA gibt es diesen Posten mittlerweile auch in öffentlichen Einrichtungen.

Helmut Perlet, CFO der Allianz AG

c) Der Chief Risk Officer (CRO) oder auch Risikomanager muss das Risiko eventuell auftretender Schäden für ein Unternehmen abschätzen. Dies spielt vor allem im Zusammenhang mit Versicherungen eine große Rolle.

d) Die Verantwortung für das Controlling trägt meist der Controlling-Leiter oder der Leiter der Controlling-Abteilung. Je nach Bedeutung des Controllings im Unternehmen stellt es mitunter auch ein Teilbereich des Finanzbereichs oder des Rechnungswesens dar.

Was versteht man unter einer Liquidation?

- a) Auflösung eines Unternehmens
- b) liquide Mittel
- c) Ermittlung der Liquidität
- d) Auszahlung von Dividenden in liquiden Mitteln

Versteigerung im ehemaligen BenQ Mobile-Werk

a) Liquidation wird die Auflösung eines Unternehmens genannt, bei der noch die laufenden Geschäfte zu Ende geführt werden und das Vermögen verkauft wird, um die Schulden der Gläubiger zu begleichen. Verbleibt nach alledem noch ein Rest, wird dieser auf die Eigentümer verteilt.

b) Als liquide Mittel gelten diejenigen finanziellen Mittel, die in verfügbarer Form vorhanden sind, wie z. B. Kassen- oder Bankguthaben, oder die kurzfristig liquide gemacht werden können, wie z. B. Aktien oder Wertpapiere.

c) Liquidität bezeichnet die Fähigkeit, die kurzfristigen Verbindlichkeiten mit den vorhandenen liquiden Mitteln erfüllen zu können. Wichtige Kennzahlen zur Ermittlung der Liquidität stellen die drei Liquiditätsgrade dar.

d) Die Auszahlung von Dividenden erfolgt in Form einer Banküberweisung meist über diejenige Bank, bei der das Depot liegt. Früher besaßen viele Aktionäre noch Aktien mit Coupons und konnten sich die Dividenden dann direkt am Bankschalter auszahlen lassen.

Worauf ist der Begriff „Schwarzer Freitag" zurückzuführen?

- a) Übergang von der Agrar- zur Industriewirtschaft
- b) Zusammenbruch der Börsen
- c) Anmeldung vieler Insolvenzen an einem Freitag
- d) erhöhter Krankenstand der Arbeitnehmer am Freitag

a) Der Übergang von der Agrar- zur Industriewirtschaft fand nicht an einem Tag statt, sondern erstreckte sich über einen längeren Zeitraum, der durch eine zunehmende Automatisierung und Industrialisierung der Produktionsprozesse charakterisiert war.

b) Der Begriff „Schwarzer Freitag" bezeichnet eine schwere Krise der Wirtschaft, der Börse und des Bankensystems. Zufällig fielen derartige Krisen bisher immer auf einen Freitag: Der erste Börsenkrach fand am 24. September 1869 statt, am 9. Mai 1873 folgte der sogenannte Gründerkrach, am 25. Oktober 1929 ereignete sich der berüchtigte Kurssturz an der Wall Street in New York, der den Beginn der Weltwirtschaftskrise anzeigte.

c) Die Anzahl der angemeldeten Insolvenzen hängt nicht vom Wochentag, sondern von der allgemeinen wirtschaftlichen Lage ab. Je schlechter sie ist, desto mehr Insolvenzen gibt es.

d) Auch der Krankenstand der Arbeitnehmer hängt in erster Linie von der wirtschaftlichen Lage ab: Bei angespannter Situation auf dem Arbeitsmarkt geht die Zahl der erkrankungsbedingten Fehltage meist zurück.

Woher kommt der Begriff „Ökonomie“?

- ◯ a) aus dem Zeitalter der Industrialisierung
- ◯ b) aus dem Griechischen
- ◯ c) aus der Betriebswirtschaftslehre
- ◯ d) aus der Chremastik

a) Das Zeitalter der Industrialisierung ist durch den Einsatz effizienter Produktionsanlagen, den Einsatz des Fließbandes sowie den Taylorismus, also die wissenschaftliche Betriebsführung, geprägt.

b) Die griechischen Wörter „oikos“ und „oikonomia“ wurden das erste Mal im 4. Jh. vor Christus verwendet. Unter „oikos“ – übersetzt Haus – wird dabei die geschlossene Hauswirtschaft, unter „oikonomia“ wurde die Haushaltsführungskunst verstanden, d. h. die Lehre vom ganzen Haus – worunter vor allem die Regelung der Sozialbeziehungen und der Produktionsplanung subsumiert wurde.

c) Mit zunehmender gesellschaftlicher Arbeitsteilung, der Ausdehnung von Marktbeziehungen, der Auflösung des ganzen Hauses, der Trennung von Haushalt und Betrieb sowie letztlich dem Entstehen von Nationalstaaten entwickelten sich dann die Volkswirtschaftslehre sowie die Betriebswirtschaftslehre.

d) Die Chremastik wurde in Abgrenzung zur Ökonomie als Erwerbskunst oder Kunst des Gelderwerbs definiert. Sie ist – im Gegensatz zur Ökonomie – nicht naturgemäß erworben, sondern künstlich angeeignet und nur auf der Basis von Erfahrung möglich.

Was ist die Globalisierung?

- ◯ a) Beschaffung der erforderlichen Güter bei weltweit verteilten Lieferanten
- ◯ b) zunehmende internationale Verflechtung in allen Bereichen
- ◯ c) verstärkte Reisetätigkeiten in das internationale Ausland
- ◯ d) importierte Inflation

a) Die Beschaffung der erforderlichen Güter und Materialien bei weltweit verteilten Lieferanten wird auch als Global Sourcing bezeichnet. Dies ist sicherlich eine Folge der Globalisierung, aber auch nur ein Teilaspekt des gesamten Prozesses.

b) Globalisierung bezeichnet den Prozess der zunehmenden internationalen Verflechtung in allen Bereichen – Wirtschaft, Politik, Kultur, Umwelt, Kommunikation etc. – der sich gegenwärtig auf den Ebenen von Individuen, Gesellschaften, Institutionen und Staat vollzieht. Als wesentliche Treiber der Globalisierung gelten der technische Fortschritt – vor allem in den Kommunikations- und Transporttechniken – sowie die politischen Entscheidungen zur Liberalisierung des Welthandels.

c) Verstärkte Reisetätigkeiten in das internationale Ausland lassen sich als eine von vielen Folgen der Globalisierung erkennen.

d) Von importierter Inflation spricht man dann, wenn die hohen Preissteigerungsraten aus dem Ausland auch im Inland zu einer Preissteigerung führen.

Welche Aufgabe verfolgt die Volkswirtschaftslehre?

- ◯ a) Erklärung der Entscheidungen einzelner Unternehmen
- ◯ b) Analyse der wirtschaftlichen Prozesse aus einer ganzheitlichen Perspektive
- ◯ c) Kontrolle der Funktionsfähigkeit der Märkte
- ◯ d) Durchführung der Wirtschaftspolitik

a) Die Erklärung und Analyse der Entscheidungen einzelner Unternehmen ist Aufgabe der Betriebswirtschaftslehre.

b) Die Volkswirtschaftslehre analysiert wirtschaftliche Prozesse aus einer Gesamtperspektive. Sie untersucht das Problem der Knappheit von Gütern und ihrer Verteilung. Diese Knappheit erfordert ein Haushalten der Wirtschaftssubjekte, um ihre individuellen Bedürfnisse befriedigen zu können. Dies betrifft Unternehmen wie Konsumenten und auch den Staat. Sie müssen entscheiden, wie sie die verfügbaren Ressourcen, wie Arbeitseinsatz und finanzielle Mittel, einsetzen. Wie diese Entscheidungen gesamtwirtschaftlich zusammenhängen, wird in der Volkswirtschaftslehre erforscht und dargestellt.

John Locke: Frühe volkswirtschaftliche Erkenntnisse finden sich in seinem Werk

c) Die Kontrolle der Funktionsfähigkeit der Märkte wird in der sozialen Marktwirtschaft als eine wichtige Aufgabe des Staates angesehen.

d) Unter Wirtschaftspolitik versteht man die Gesamtheit der Maßnahmen, mit denen der Staat regelnd und gestaltend in die Wirtschaft eingreift.

Welches Konzept verfolgt die Human-Relations-Bewegung?

- ◯ a) Entstehung informaler Beziehungen zwischen Mitarbeitern
- ◯ b) Verstärkung der Beziehungen zum Kunden
- ◯ c) Intensivierung der Beziehungen zu Lieferanten
- ◯ d) stärkere Einbeziehung der Mitarbeiter in das Unternehmen

a) Entwickeln sich zwischen Mitarbeitern informale Strukturen, die nicht durch organisatorische Vorgaben oder Prozesse determiniert sind, bezeichnet man dies als Entstehung informeller Gruppen.

b) Die Verstärkung der Beziehungen zu den Kunden ist Aufgabe des Customer-Relationship-Management. Ziel ist es, die Kundenorientierung zu erhöhen und die Abwanderung von Kunden zu vermeiden.

c) Die Verbesserung der Beziehungen zu Lieferanten ist Aufgabe des Supplier-Relationship-Management. Primäre Aufgabe ist die Suche geeigneter Lieferanten in Abhängigkeit der zu beschaffenden Materialien sowie Aufbau und Weiterentwicklung der Lieferantenbeziehungen.

d) Bei der Human-Relations-Bewegung handelt es sich um einen ökonomischen Denkansatz, der die Mitarbeiter stärker einbezieht. Ausgangspunkt hierfür waren die deutlich sichtbaren Missstände in stark rationalisierten Betrieben. Ausdruck fand die Human-Relations-Bewegung in der Entwicklung verhaltenswissenschaftlicher Ansätze und in Motivationstheorien, die bis heute eine zentrale Rolle spielen.

Was versteht man unter dem Homo oeconomicus?

- a) ökologisch denkender Mensch
- b) Mensch als soziales Wesen
- c) klassisches Menschenbild der Volks- und Betriebswirtschaftslehre
- d) Mensch als begrenzt rationales Wesen

a) Der Homo oecologicus ist das idealtypische Menschenbild des perfekt ökologisch denkenden und handelnden Menschen. Er gilt als konzeptuelle Ergänzung des Homo oeconomicus.

b) Homo sociologicus ist ein für die Soziologie geprägter Begriff, um den Menschen als gesellschaftliches Wesen zu analysieren. Er geht auf Ralf Dahrendorf (geb. 1929) zurück, wurde bewusst in Abgrenzung zum Homo oeconomicus definiert und sieht den Menschen als Resultate seiner sozialen Rollen nach Ralf Dahrendorf.

c) Lange Zeit galt in der Volks- und Betriebswirtschaftslehre das Menschenbild des Homo oeconomicus. Hier hat der Mensch unterschiedliche Präferenzen, anhand derer er unter Ausnutzung aller verfügbaren Informationen seine Entscheidungen trifft. Jede Handlung des Homo oeconomicus wird allein durch das Ziel bestimmt, den persönlichen Nutzen zu maximieren.

d) In der Volks- und Betriebswirtschaftslehre wurde das Menschenbild mittlerweile weiterentwickelt. Ausgegangen wird von dem Menschen als begrenzt rationalem Wesen, das unter Umständen auch opportunistisch seinen individuellen Nutzen verfolgt.

Welche Aufgabe hat ein Wirtschaftsprüfer?

- a) Durchführung der Buchhaltung im Unternehmen
- b) Prüfung des Jahresabschlusses von Unternehmen
- c) interne Prüfung von Projekten und Prozessen
- d) Zertifizierung der Unternehmen

a) Die Durchführung der Buchhaltung im Unternehmen erfolgt je nach organisatorischer Zuordnung und Eingliederung durch das Rechnungswesen, die Finanzabteilung oder die Buchhaltung. Viele Unternehmen gliedern die Buchhaltung mittlerweile an externe, hierfür spezialisierte Dienstleister aus.

b) Die Prüfung und Zertifizierung des Jahresabschlusses von Unternehmen stellt die wesentliche Aufgabe eines Wirtschaftsprüfers dar. Dabei prüft er sowohl die Erstellung des Jahresabschlusses als auch das fertige Ergebnis.

c) Die interne Prüfung von Projekten und Prozessen ist Aufgabe der internen Revisionsabteilung, die meist nach Abschluss der Projekte alles im Hinblick auf Einhaltung des Budgets, der Termine und inhaltlicher Faktoren untersucht.

d) Viele Unternehmen lassen sich gegenwärtig z. B. in Bezug auf ihre zugrunde liegenden Prozesse und Strukturen zertifizieren. Die Zertifizierung erfolgt hier durch sogenannte Zertifizierungsinstitutionen, wie z. B. den TÜV.

Welche Aufgabe verfolgt das strategische Management?

- a) Kontrolle des operativen Geschäfts
- b) Entwicklung langfristiger Strategien und Visionen
- c) „die Dinge richtig zu tun“
- d) Steuerung und Kontrolle der finanziellen Prozesse

a) Management kommt aus dem Lateinischen (manum agere = an der Hand führen) und bezeichnet sämtliche Personen, die in einem Unternehmen Führungsaufgaben wahrnehmen. Aufgabe des operativen Managements ist die konkrete Umsetzung bestimmter Vorgaben, entsprechende Maßnahmen zu planen, zu koordinieren sowie deren Ausführung zu kontrollieren.

b) Aufgabe des strategischen Managements ist dagegen die Entwicklung von Leitsätzen sowie langfristigen Strategien und Visionen, mit denen das Unternehmen dauerhaft auf dem Markt Erfolg haben wird. Es ist damit dem operativen Management vorgeordnet.

c) Operativ bedeutet, „die Dinge richtig tun“. Hier geht es darum, die geplanten Maßnahmen möglichst effizient zu realisieren. Dagegen bedeutet strategisch, „die richtigen Dinge tun“, also die Pläne zu entwickeln und umzusetzen, mit denen das Unternehmen langfristig auf dem Markt Erfolg haben wird – in diesem Zusammenhang wird auch von effektiv gesprochen.

d) Die Steuerung und Kontrolle der finanziellen Prozesse ist eine Teilaufgabe des Finanzmanagements.

Welche Aufgabe verfolgt das Marketing?

- a) Planung und Durchführung der auf den Absatzmarkt ausgerichteten Aktivitäten
- b) Planung und Durchführung der auf den Beschaffungsmarkt ausgerichteten Aktivitäten
- c) andere Bezeichnung für Werbung
- d) andere Bezeichnung für Vertrieb

a) Unter Marketing wird die Planung, Koordination und Kontrolle aller auf den Absatzmarkt ausgerichteten Unternehmensaktivitäten verstanden, die das Ziel verfolgen, die Kundenbedürfnisse dauerhaft zu befriedigen und damit die Unternehmensziele zu erfüllen. Marketing lässt sich somit als das marktorientierte Denken oder das Denken aus der Sicht des Kunden interpretieren. Zum Marketing gehört auch, neue Märkte zu erschließen oder vorhandene Märkte zu erweitern.

b) Aktivitäten, die auf den Beschaffungsmarkt ausgerichtet sind, werden häufig als Beschaffungsmarketing oder auch Supplier-Relationship-Management bezeichnet.

c) Werbung ist ein wichtiger Teilbereich des Marketings. Werbung dient der gezielten und bewussten Beeinflussung des Menschen zu zumeist kommerziellen Zwecken. Der Werbende spricht Bedürfnisse durch teils emotionale, teils informierende Werbebotschaften zum Zweck der Handlungsmotivation an. Werbung appelliert, vergleicht, macht betroffen oder neugierig.

d) Primäre Aufgabe des Vertriebs ist die Distribution, also die Verteilung der Produkte an die Kunden.

Welche Idee verfolgt Kaizen?

- a) Steuerung der Produktion
- b) betriebliches Vorschlagswesen
- c) fertigungssynchrone Beschaffung
- d) permanenter Verbesserungsprozess

a) Kanban (japan., Karte, Tafel, Beleg) ist eine Methode der Steuerung des Produktionsablaufs nach dem Pull-Prinzip (auch Holprinzip oder Zurufprinzip) und orientiert sich ausschließlich am aktuellen Bedarf einer verbrauchenden Stelle im Fertigungsablauf.

b) Im Rahmen des betrieblichen Vorschlagswesens können Mitarbeiter Verbesserungsvorschläge einreichen und erhalten dafür einen Teil der dadurch erzielten Einsparungen als Prämie. Das betriebliche Vorschlagswesen kann so zu einem Teil von Kaizen auf der Mitarbeiterseite werden.

c) Das Prinzip der fertigungssynchronen Beschaffung bezeichnet man als Just-In-Time. Die Idee ist, die erforderlichen Materialien und Halbfertigprodukte erst dann zu liefern, wenn sie im Produktionsprozess des Herstellers tatsächlich auch benötigt werden. Die Folge ist eine Reduzierung der Bestände und damit eine Verlegung der Lagerhaltung auf die Straße.

d) Kaizen (Kai = Veränderung, Wandel; Zen = zum Besseren) ist ein Konzept der japanischen Produktionstechnik und beinhaltet einen permanenten Verbesserungsprozess sämtlicher Vorgänge im Unternehmen. Basis ist eine intensive Kommunikation mit allen Beteiligten.

Was versteht man unter Opportunitätskosten?

- a) Kosten für den entgangenen Nutzen bei einer durchgeführten Entscheidung
- b) Fixkosten
- c) variable Kosten
- d) Kosten, die nicht mehr beeinflussbar sind

a) Als Opportunitätskosten wird der Nutzenentgang bezeichnet, der bei mehreren Alternativen durch die Entscheidung für die eine und gegen die andere Möglichkeit besteht. So entstehen z. B. Opportunitätskosten in Form nicht erhaltener Zinszahlungen, wenn angespartes Geld ausgegeben und nicht angelegt wird. Opportunitätskosten stellen somit keine Kosten im eigentlichen Sinne dar.

b) Als Fixkosten bezeichnet man die Kosten, die immer gleich sind, egal ob das Unternehmen 10 Stück oder 100 Stück produziert. Man spricht auch von Strukturkosten. Typische Beispiele sind Personalkosten oder die Kosten für die Miete.

c) Variable Kosten sind Kosten, die von der produzierten Menge abhängen. Typischerweise handelt es sich um Materialkosten. Sie steigen mit zunehmender Menge an produzierten Gütern.

d) Versunkene Kosten oder sunk costs sind Kosten, die bereits in der Vergangenheit entstanden sind oder deren gegenwärtiges bzw. zukünftiges Anfallen durch vergangene Entscheidungen unwiderruflich festgelegt ist, sodass sie nicht mehr beeinflussbar sind.

Welche Form des Business ist mit E-Business gemeint?

- ◯ a) Akquisition
- ◯ b) elektronischer Business-Laden im Internet
- ◯ c) elektronische Abwicklung von Geschäften
- ◯ d) Verkauf elektronischer Geräte

a) Akquisition ist im Vertrieb die Bezeichnung für die Gewinnung von Kunden und Aufträgen vor allem durch kundenindividuelle Angebote. Auf der strategischen Ebene kann mit Akquisitionen manchmal auch der Kauf eines Unternehmens gemeint sein.

b) Der Vertrieb der Produkte über das Internet erfolgt auf der Basis eines Online-Shops. Es handelt sich dabei um eine Art Software, die zum einen die erforderlichen Funktionalitäten des Vertriebs zur Verfügung stellt und andererseits die erforderliche Vernetzung zu den internen Datenbanken realisiert.

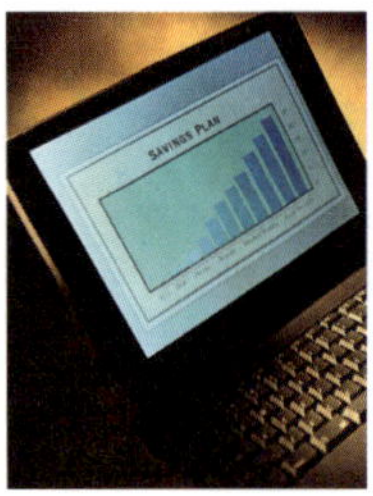

c) Als E-Business oder Electronic Business wird die elektronische Abwicklung von Geschäften bezeichnet. E-Business umfasst dabei sämtliche Spielarten einer computertechnischen Unterstützung oder Abwicklung inner- und zwischenbetrieblicher Prozesse und Abläufe wie z. B. Warenwirtschaftssysteme.

d) Beim Verkauf elektronischer Geräte handelt es sich um einen normalen Business-Vorgang, der entweder elektronisch bzw. online oder auch offline im realen Handel abgewickelt wird.

Womit beschäftigt sich die Makroökonomie?

- ◯ a) mit gesamtwirtschaftlichen Zusammenhängen
- ◯ b) mit einzelwirtschaftlichen Zusammenhängen
- ◯ c) mit Fragen eines großen Unternehmens
- ◯ d) mit Fragen der Wirtschaftspolitik

a) Die Makroökonomie untersucht Fragen nach dem Verhalten der Wirtschaft insgesamt – z. B. Änderungen des Gesamteinkommens oder des Beschäftigungsgrades, der Inflationsrate oder Konjunkturschwankungen. Dabei versucht sie, Erklärungen für diese Schwankungen zu finden und die relevanten Steuergrößen und Abhängigkeiten zu ermitteln.

b) Gegenstand der Mikroökonomie ist dagegen das wirtschaftliche Verhalten einzelner Konsumenten und Unternehmen. Die Individuen werden als Quelle der Arbeitskraft und des Kapitals angesehen sowie als Verbraucher produzierter Güter, die sie mit dem Ziel der Nutzenmaximierung konsumieren; die Betriebe setzen die Produktionsfaktoren Arbeit, Boden und Kapital mit dem Ziel der Gewinnmaximierung ein.

c) Die Betriebswirtschaftslehre befasst sich dagegen mit den Fragen einzelner kleiner und großer Unternehmen und nimmt dabei die Binnenperspektive ein.

d) Die Wirtschaftspolitik ist Aufgabe des Staates. Er schafft Rahmenbedingungen und kann u. a. durch seine Fiskalpolitik oder über die Geldmenge bzw. den Leitzins auch aktiv ins Wirtschaftsgeschehen eingreifen.

Mit welcher Gesellschaftsform setzte sich Karl Marx intensiv auseinander?

- a) mit dem Kapitalismus
- b) mit dem Sozialismus und der Planwirtschaft
- c) mit dem Liberalismus
- d) mit dem Neoliberalismus

a) Karl Marx (1818–1883) analysierte und kritisierte den Kapitalismus und entwickelte die Theorie einer kommunistischen Gesellschaft. Unter Kapitalismus wird ein Wirtschaftssystem verstanden, in dem sich Kapital und Produktionsfaktoren in privater Hand befinden. Die Unternehmen entscheiden selbstständig, streben nach Gewinn und stehen im Wettbewerb.

b) Planwirtschaft bezeichnet eine Wirtschaftsordnung, in der das gesamte wirtschaftliche Geschehen von einer zentralen Stelle aus geplant, gelenkt und verwaltet wird. Bekannt ist die Planwirtschaft aus den Zeiten des real existierenden Sozialismus; sie trat vor allem in der DDR und in der Sowjetunion auf.

c) Als Liberalismus wird eine auf einer freiheitlichen Gesinnung basierende Weltanschauung verstanden. Im Zentrum steht das Individuum, dessen Freiheit zu sichern und zu verteidigen die oberste Aufgabe des Staates ist. Marktprozesse werden durch die „unsichtbare Hand" gesteuert und müssen nicht staatlich reguliert werden.

d) Der Neoliberalismus strebt eine vorwiegend marktwirtschaftliche Wirtschaftsordnung an; der Staat soll lediglich regulatorisch einwirken, wenn das freie Spiel der Märkte nicht mehr funktioniert.

Welches Ziel verfolgt das Customer-Relationship-Management?

- a) Verbesserung der Lieferantenbeziehungen
- b) Verbesserung der Kundenbeziehungen
- c) Steuerung der Zulieferkette
- d) Betreuung der Schlüsselkunden

a) Verbesserungen der Beziehungen zum Beschaffungsmarkt und zu den Lieferanten werden als Supplier-Relationship-Management bezeichnet.

b) Customer-Relationship-Management verfolgt die Organisation und Verbesserung der Beziehungen zum Kunden, um langfristige Kundenbeziehungen aufzubauen, zu pflegen und dadurch möglichst stabil zu halten. Denn Kundenbindung wird immer wichtiger, da die Gewinnung von Neukunden ca. fünfmal teurer ist als die Pflege des Kundenstamms. Ein wichtiges Element ist die individuelle Ansprache auf der Basis gespeicherter Kundendaten.

Langfristige Kundenbeziehungen sind wichtig

c) Die Steuerung der Zulieferkette wird als Supply-Chain-Management bezeichnet. Ziel ist die informations- und kommunikationstechnische Vernetzung der Prozesse des Herstellers sowie seiner Zulieferer, um die Logistik möglichst reibungslos zu gestalten und so Kosten zu vermeiden bzw. zu senken.

d) Die Betreuung der Schlüsselkunden ist Aufgabe des Key-Account-Managements, das sicherlich eine wichtige Ergänzung zum Customer-Relationship-Management darstellt.

Wer hat den Begriff der „unsichtbaren Hand" geprägt?

- a) Joseph Alois Schumpeter
- b) Bill Gates
- c) Adam Smith
- d) John Davison Rockefeller

a) Auf Joseph Alois Schumpeter (1883–1950) geht der innovative Unternehmer zurück, der durch seine Innovationen existierende Strukturen und Prozesse aufbricht und zu neuen, innovativen Strukturen und Prozessen führt.

b) Bill Gates (geb. 1955) entwickelte das weltweit sehr verbreitete Betriebssystem MS-DOS für den ersten IBM-Personal-Computer und schuf damit die Basis für die Computerfirma Microsoft Corporation, die mit der Entwicklung von Windows und den darauf aufbauenden Programmen mittlerweile eine Art Standard gesetzt hat.

Adam Smith

c) Den Begriff der „unsichtbaren Hand" hat Adam Smith (1723–90) geprägt, der davon ausging, dass Angebot und Nachfrage auf Märkten durch eine unsichtbare Hand gesteuert werden und kein regulierendes Einschreiten des Staates erforderlich ist.

d) John Davison Rockefeller (1839–1937) war ein amerikanischer Industrieller, der seine Karriere in einem Kommissionsunternehmen begann und mit 31 Jahren an der Spitze der von ihm mitgegründeten Standard Oil Company stand. Er gründete große Stiftungen für Wissenschaften und Wohlfahrt, wie z. B. die Rockefeller Foundation in New York.

Wo taucht der Bilanzgewinn in der Bilanz auf?

- a) unter dem Eigenkapital auf der Passivseite
- b) unter dem Fremdkapital auf der Passivseite
- c) als Position des Anlagevermögens auf der Aktivseite
- d) als Position des Umlaufvermögens auf der Aktivseite

a) Als Bilanzgewinn bezeichnet man den vom Unternehmen ausgewiesenen Gewinn im Jahresabschluss. In der Bilanz steht er unter dem Eigenkapital auf der Passivseite. Der Bilanzgewinn ist die Basis für die Bildung von Rücklagen sowie die Ausschüttung von Gewinnen.

b) Unter dem Fremdkapital auf der Passivseite erscheinen langfristige und kurzfristige Verbindlichkeiten des Unternehmens bei Banken und anderen Kreditgebern, aber auch bei Lieferanten in Form der noch nicht bezahlten Rechnungen.

c) Die Positionen des Anlagevermögens auf der Aktivseite enthalten sämtliche Vermögensgegenstände, die dem Unternehmen langfristig zur Verfügung stehen und die Basis für die Erstellung von Produkten und Leistungen darstellen. Prinzipiell lassen sich immaterielle Anlagegegenstände, Finanzanlagen und Sachanlagen unterscheiden.

d) Die Positionen des Umlaufvermögens auf der Aktivseite enthalten sämtliche Vermögensgegenstände, die dem Unternehmen kurzfristig zur Verfügung stehen und im Rahmen der Erstellung von Produkten und Leistungen verbraucht werden.

Wofür steht Human Resources Management?

- ◯ a) andere Bezeichnung für Controlling
- ◯ b) Ausrichtung sämtlicher Aktivitäten auf den Markt hin
- ◯ c) Personalwesen
- ◯ d) Betreuung der A-Kunden

a) Controlling bedeutet Steuerung des Unternehmens und umfasst im wesentlichen Planung, Steuerung, Kontrolle und Information. Wichtige Aufgaben des Controllings werden in der Steuerung, der Gegensteuerung bei Abweichungen sowie der Bereitstellung entscheidungsrelevanter Informationen gesehen.

b) Im Zusammenhang mit der Ausrichtung sämtlicher Aktivitäten auf den Markt hin spricht man von Marketing.

c) Human Resources Management oder HRM ist eine Bezeichnung für das Personalwesen, die sich in den Unternehmen immer mehr durchsetzt. HRM umfasst somit sämtliche Aufgaben, die die Personalplanung, -suche, -auswahl, -einstellung und -ausstellung umfassen.

d) Als A-Kunden werden die Kunden bezeichnet, die vergleichsweise den größten Umsatz generieren, von der Menge oft aber gar nicht so viele sind. Um die A-Kunden nicht zu verlieren, werden häufig spezielle Mitarbeiter eingesetzt, deren Hauptaufgabe die Betreuung dieser A-Kunden ist. C-Kunden stellen dagegen oft eine große Anzahl dar, generieren aber insgesamt wenig Umsatz. Bei B-Kunden wird überlegt, wie man sie dazu bewegen kann, A-Kunden zu werden.

Was sind Headhunter?

- ◯ a) Eintreiber von Schulden
- ◯ b) Personalberater, die Führungskräfte suchen
- ◯ c) Berufsberater
- ◯ d) Kunden-Akquisitoren

a) Ein Inkassobüro ist ein Dienstleistungsunternehmen, das Gläubigern dazu verhilft, das ihnen geschuldete Geld einzutreiben. Juristisch ausgedrückt handelt es sich dabei um die „gewerbsmäßige Einziehung von Forderungen".

b) Headhunter sind Personalberater, die im Auftrag eines (bis fast zum Schluss) ungenannten Unternehmens auf verschiedenen Wegen, z. B. über Kontakte oder per Telefon Führungskräfte suchen. Sie überprüfen die Kompatibilität zur suchenden Firma, testen die Kandidatin bzw. den Kandidaten nach diversen Kriterien und treffen eine Art Vorentscheidung.

Daniel Meiland, CEO einer der führenden Headhunter-Agenturen

c) Berufsberater sind dagegen Personen, die Ratsuchenden Hilfe zur Selbsthilfe anbieten und ihnen Tipps zum eigenverantwortlichen Handeln geben. Angesprochen sind Jugendliche und Erwachsene, die eine neue Berufsperspektive entwickeln wollen. Bei beruflicher Weiterbildung, Berufswechsel, drohender Arbeitslosigkeit ist es oft sinnvoll, sich an einen Berufsberater zu wenden.

d) Headhunting heißt zwar wörtlich übersetzt Kopfjäger, Kunden werden aber nicht von Headhuntern akquiriert. Meist geschieht dies vielmehr in persönlichen Verkaufsgesprächen.

Wer zählt zu den Non-Profit-Unternehmen?

- ◯ a) alle Unternehmen in Deutschland
- ◯ b) die Konsumenten
- ◯ c) die staatlichen Einrichtungen
- ◯ d) nicht erwerbswirtschaftlich agierende Organisationen

a) Alle Unternehmen in Deutschland werden grob danach eingeteilt, ob es sich um staatliche, gewinnorientierte, gemeinnützige oder nicht gewinnorientierte Unternehmen handelt.

Konsumtempel

b) Aus volkswirtschaftlicher Sicht stellen die Konsumenten neben dem Staat und den Unternehmen das dritte Wirtschaftssubjekt dar, das die wirtschaftlichen Prozesse durch seine Entscheidungen beeinflusst.

c) Neben dem gewinnorientierten Sektor und dem gemeinnützigen Sektor gibt es auch den staatlichen Sektor, der aus staatlichen Einrichtungen und Organisationen besteht.

d) Nicht erwerbswirtschaftlich oder gewinnorientiert agierende Unternehmen und Organisationen werden auch als Non-Profit-Organisationen bezeichnet. Meistens sind sie in Form eines Vereins organisiert, dessen primärer Zweck die Realisierung gemeinnütziger Ziele ist. Je mehr sich der staatliche Sektor zurückzieht, desto wichtiger ist der Non-Profit-Sektor. Er ist allerdings stark auf das ehrenamtliche Engagement sowie auf Spenden angewiesen.

Welches Konzept verfolgen Factory Outlets?

- ◯ a) Verkaufsstätten der Händler direkt an die Endkunden
- ◯ b) Fabrikverkauf nur für Händler
- ◯ c) Fabriken für Outdoor-Kleidung
- ◯ d) Außenstellen von Fabriken

a) Factory Outlet steht für Fabrikverkauf. Gemeint sind damit Verkaufsstätten der Hersteller bestimmter Produkte, in denen direkt und zu günstigeren Preisen an den Endkunden verkauft wird. Sie befinden sich meistens außerhalb der Städte und sind teilweise umstritten, da befürchtet wird, dass sie dem Einzelhandel das Wasser abgraben und diese neue Art der Einkaufsinfrastruktur ökologisch unverträglich ist.

b) Es handelt sich somit nicht um einen Fabrikverkauf nur für Händler – im Gegenteil, durch Factory Outlets wird der Handel umgangen.

c) Fabriken für Outdoor-Kleidung haben mit Factory Outlets gar nichts zu tun. Ihre primäre Aufgabe ist die Produktion von Outdoor-Kleidung. Prinzipiell kann es sich dabei um unternehmensintern angesiedelte Abteilungen großer Bekleidungsfirmen bzw. deren auf die Produktion spezialisierte Außenstellen handeln. Oder es sind die Produktionsstätten von Unternehmen, die meist unter bekannten Marken ausschließlich Outdoor-Kleidung verkaufen.

d) Dasselbe gilt für Außenstellen von Fabriken. Auch wenn sie an unterschiedlichen Standorten angesiedelt sind, kann es sich um unternehmensinterne Produktionsbereiche oder externe Produktionsstätten handeln.

Wann wird ein Betriebsrat bestimmt?

- a) in Unternehmen mit mehr als fünf festen Arbeitnehmern
- b) in öffentlichen Unternehmen
- c) nur in Konzernen
- d) nur in Gewerkschaften

a) Der Betriebsrat ist das gesetzliche Organ zur Vertretung der Arbeitnehmerinteressen und zur Wahrung der betrieblichen Mitbestimmung gegenüber dem Arbeitgeber in privaten, gewinnorientierten Unternehmen. Gegründet werden kann er in Unternehmen mit mindestens fünf fest angestellten Arbeitnehmern. Leitende Angestellte zählen nicht dazu.

b) Auch in öffentlichen Unternehmen kann eine Vertretung für die Mitarbeiter gewählt werden. In diesem Zusammenhang spricht man jedoch von einem Personalrat.

c) Bestehen in einem Unternehmen mehrere Betriebsräte, ist ein Gesamtbetriebsrat zu errichten. In Konzernen können darüber hinaus Konzernbetriebsräte errichtet werden, die für die Behandlung von Angelegenheiten zuständig sind, die den Konzern oder mehrere Konzernunternehmen betreffen und nicht durch die einzelnen Gesamtbetriebsräte innerhalb ihrer Unternehmung geregelt werden können.

d) Oft unterstützen Gewerkschaften Arbeitnehmer bei der Gründung von Betriebsräten. Falls die Betriebsräte einer Gewerkschaft angehören, müssen sie sich an ihre Richtlinien und Regelungen halten. Allerdings ist die Mitgliedschaft in einer Gewerkschaft nicht Voraussetzung für einen Betriebsrat.

Was versteht man unter Import?

- a) Transport im Inland produzierter Produkte und Leistungen in fremde Länder
- b) Transport fremder Produkte und Leistungen in das eigene Land
- c) Preissteigerung greift aus dem Ausland auf das Inland über
- d) Investitionen ausländischer Unternehmen im Inland

a) Werden im Inland produzierte Produkte und Leistungen in fremde Länder oder fremde Wirtschaftsräume transportiert oder verkauft, wird von Export gesprochen. Typisches Beispiel ist der Verkauf von BMWs in den USA oder der Verkauf von inländischem Stahl an ausländische Unternehmen. In Deutschland hat in den letzten Jahren der starke Export die schwache inländische Nachfrage ausgeglichen.

b) Import findet dagegen statt, wenn in fremden Ländern erstellte Produkte oder Leistungen in das eigene Land transportiert werden. Typische Beispiele sind Kaffee aus Südamerika, Obst und Gemüse aus Griechenland oder Schuhe aus Italien.

Wichtige Importware: Bohnen für das beliebteste Getränk der Deutschen

c) Greift eine starke Preissteigerung im Ausland auf das Inland über, wird von importierter Inflation gesprochen.

d) Investieren ausländische Unternehmen im Inland, indem sie z. B. inländische Unternehmen kaufen, nennt man dies Direktinvestitionen. Sie haben mit Import oder Export nichts zu tun.

Welche Idee steckt hinter dem Cash-Management?

- a) Management des Bargelds eines Unternehmens
- b) Ermittlung der Aufwendungen und Erträge eines Unternehmens
- c) Informationssysteme zur Unterstützung des Finanzmanagements eines Unternehmens
- d) Kassensystem bei Händlern

a) Cash-Management hat zunächst nichts mit dem Management des Bargelds des Unternehmens zu tun. Dies bedeutet aber nicht, dass die Kontrolle des Bargeldbestands nicht auch wichtig für das gesamte Cash-Management ist. Im Gegenteil: So wird die Liquidität geprüft.

b) Die Ermittlung der Aufwendungen und Erträge eines Unternehmens erfolgt im Rahmen der Gewinn- und Verlustrechnung.

Cash-Mangement bedeutet NICHT Management des Bargelds

c) Cash-Management bezeichnet elektronische Informationssysteme, die dem Finanzmanagement eines Unternehmens einen aktuellen Überblick über sämtliche Konten geben, z. B. Kontostände und Umsätze. Mittlerweile haben sich Cash-Management-Systeme zu einem wichtigen Instrument der Liquiditäts- und Rentabilitätssteuerung entwickelt.

d) Im Zusammenhang mit Kassensystemen beim Händler spricht man von Scanner-Kassen. Mit ihrer Hilfe lässt sich der Barcode der gekauften Ware automatisch erfassen und der Lagerbestand abgleichen sowie prüfen.

Worauf bezieht sich der Begriff „Volkswirtschaft"?

- a) die Entscheidungen innerhalb eines Unternehmens
- b) die wirtschaftlichen Prozesse innerhalb eines Staates
- c) die Wertschöpfung des Volkes
- d) eine bestimmte Anzahl von Wirtschaftssubjekten, die ein gemeinsames Ziel verfolgen

a) Die Entscheidungen innerhalb eines Unternehmens spielen aus der Sicht der Volkswirtschaftslehre nur eine geringfügige Rolle; sie stehen eher im Mittelpunkt der Betriebswirtschaftslehre. Allerdings sind Unternehmen auch Protagonisten einer Volkswirtschaft.

b) Die wirtschaftlichen Prozesse innerhalb eines Staates werden von der Volkswirtschaftslehre zwar mitbetrachtet; sie stellen jedoch nur ein Element dar.

c) Die Wertschöpfung eines Volkes stellen diejenigen Leistungen und Produkte dar, die innerhalb eines bestimmten Zeitraums erwirtschaftet wurden. Je nach Abgrenzung wird in diesem Zusammenhang von Bruttosozialprodukt oder auch von Bruttoinlandsprodukt gesprochen.

d) Der Begriff „Volkswirtschaft" bezieht sich auf eine bestimmte Anzahl von Wirtschaftssubjekten wie Unternehmen, Haushalte oder Staat, die miteinander in wirtschaftlichen Beziehungen stehen und durch gezieltes Handeln ein gemeinsames wirtschaftliches Ziel verfolgen. Zur Erreichung dieses Ziels bedienen sie sich bestimmter Produktionsfaktoren wie Arbeit, Boden, Kapital oder Information und Wissen.

Welche Aufgabe hat der Vorstand einer Aktiengesellschaft?

- a) Geschäftsführung und Vertretung
- b) Kontrolle der Geschäftsführung
- c) Ansprechpartner für Aktionäre
- d) Eigentümer der Aktiengesellschaft

a) Der Vorstand ist das bei jeder Aktiengesellschaft zwingend erforderliche Geschäftsführungs- und Vertretungsorgan. Prinzipiell kann er aus einer oder mehreren natürlichen Personen bestehen: Übersteigt das Grundkapital einer Aktiengesellschaft einen Wert von drei Mio. Euro, müssen es mindestens zwei Vorstandsmitglieder sein. Dann wird außerdem ein Vorstandsvorsitzender ernannt, der oft auch als Sprecher des Vorstands bezeichnet wird.

b) Die Kontrolle der Geschäftsführung obliegt dem Aufsichtsrat, der wiederum von den Eigentümern einer Aktiengesellschaft, d. h. den Aktionären, auf der Hauptversammlung gewählt wird. Er bestimmt die Mitglieder des Vorstands. Scheidet der Vorstandsvorsitzende aus, übernimmt der Aufsichtsrat die Geschäfte.

c) Ansprechpartner für Aktionäre ist ebenfalls der Aufsichtsrat, der die Belange der Aktionäre vertritt. Er bestimmt und überwacht den Vorstand, prüft den Jahresabschluss und den Geschäftsbericht und berichtet darüber auf der Hauptversammlung.

d) Eigentümer einer Aktiengesellschaft sind die Aktionäre, die auf der Hauptversammlung den Aufsichtrat als oberstes Organ der Aktiengesellschaft wählen.

Wer war John M. Keynes?

- a) der Erfinder des Fließbandes
- b) der Erfinder des Computers
- c) ein berühmter britischer Nationalökonom
- d) der Vater des Wirtschaftswunders

a) Der Erfinder des Fließbandes war der nordamerikanische Automobilhersteller Henry Ford (1863–1947), der am 1. Oktober 1908 sein Automobil „Modell T" der Öffentlichkeit vorstellte. Durch das Fließband gelang es, ein einfaches, billiges, aber zuverlässiges Automobil für die breite Käuferschaft herzustellen. Im ersten Jahr wurden schon 19.000 Exemplare produziert.

b) Als Erfinder des Computers gilt Konrad Zuse (1910–1995). Die Zuse Z3 war die erste digitale Rechenmaschine der Welt.

c) Lord John Maynard Keynes (1883–1946) war der berühmteste britische Nationalökonom. Er begründete eine neue Richtung in der Nationalökonomie, den sogenannten Keynesianismus und prägte damit die Wirtschaftspolitik der westlichen Länder insbesondere in den 1960er- und 1970er-Jahren.

John Maynard Keynes

d) Als Vater des Wirtschaftswunders gilt Ludwig Erhard (1897–1977), der von 1949–1963 Bundeswirtschaftsminister war. Wenn man vom Wirtschaftswunder spricht, meint man dabei den raschen Wiederaufbau der westdeutschen Wirtschaft nach ihrer nahezu vollständigen Zerstörung im Zweiten Weltkrieg.

Was bedeutet Fixing?

- ◯ a) staatliche Fixierung eines bestimmten Preisniveaus
- ◯ b) Bestimmung von Fixkosten
- ◯ c) Festlegung eines bestimmten Preises
- ◯ d) Feststellung des offiziellen Tageskurses bei Devisen, Gold oder Silber

a) In einer sozialen Marktwirtschaft wie sie in Deutschland vorherrscht, kann das Preisniveau nicht staatlich fixiert werden. Es ergibt sich durch das Zusammentreffen von Angebot und Nachfrage. Eventuell inflationäre oder deflationäre Tendenzen lassen sich durch regulatorische oder wirtschaftspolitische Maßnahmen beeinflussen.

b) Bei den Fixkosten handelt es sich um diejenigen Kosten, die unabhängig von der Produktions- und Ausbringungsmenge entstehen, z. B. Gebäudemieten.

c) Die Festlegung eines bestimmten Preises für die angebotenen Produkte und Dienstleistungen erfolgt im Rahmen der Preispolitik. Beim klassischen Ansatz ergibt sich der Preis auf der Basis der entstandenen Herstell- oder Selbstkosten plus einer festgesetzten Marge. Der sich so ergebende Preis lässt sich jedoch nicht immer verlangen, sodass häufig zunächst ein sogenannter Zielpreis ermittelt wird.

d) Der Begriff Fixing bedeutet die Feststellung des offiziellen Tageskurses bei Devisen, Gold oder Silber.

Goldbarren

Welches Ziel verfolgt das Outsourcing?

- ◯ a) Auslagerung von Funktionen und Ressourcen auf andere Unternehmen
- ◯ b) Hereinnahme von Funktionen und Prozessen von anderen Unternehmen
- ◯ c) Veränderung der zugrunde liegenden Strategie
- ◯ d) Unterstützung der Mitarbeiter beim Verlassen des Unternehmens

a) Outsourcing zielt auf die Auslagerung von Wertschöpfungsaktivitäten und -prozessen auf andere Unternehmen. Typische Beispiele sind das Outsourcing von Fertigungsstufen auf Lieferanten, das Outsourcing der EDV-Abteilung auf dafür spezialisierte Rechenzentren oder das Outsourcing bestimmter Verwaltungsaufgaben auf externe Unternehmen.

b) Das Gegenteil vom Outsourcing ist das sogenannte Insourcing. Hier werden Funktionen oder Prozesse anderer Unternehmen wieder vom eigenen Unternehmen durchgeführt.

c) Outpacing bezeichnet eine Veränderung der zugrunde liegenden Strategie aufgrund von wettbewerbsstrategischen Überlegungen. Beispiel sind Qualitätsanpassungen von reinen Kosten- und Preisführern aufgrund von Marktveränderungen oder einer veränderten Käuferstruktur.

d) Von Outplacement spricht man bei einer bestimmten Form der Personalentlassung von Führungskräften unter Einschaltung externer Berater. Aufgabe der Outplacement-Berater ist die Suche nach neuen Aufgabenfeldern sowie die Stabilisierung des Selbstwertgefühls ihrer Klienten.

Welche Theorie vertrat Joseph Alois Schumpeter?

- a) Theorie der angebotsorientierten Wirtschaftspolitik
- b) Theorie der nachfrageorientierten Wirtschaftspolitik
- c) Theorie vom schöpferischen Zerstörer
- d) Theorie vom findigen Unternehmer

a) Das Prinzip der angebotsorientierten Wirtschaftspolitik ist die Unterstützung der Angebotsseite durch die Förderung von Investitionen. Typisches Beispiel sind Abschreibungen. Die angebotsorientierte Wirtschaftspolitik wird auch als Reagonomics bezeichnet.

b) Die Idee der nachfrageorientierten Wirtschaftspolitik, die mit dem Namen John Maynard Keynes (1883–1946) in Verbindung gebracht wird, ist die Förderung der Nachfrageseite durch die Senkung von Steuern oder die Erhöhung der Staatsausgaben.

c) Der schöpferische Zerstörer ist in der Lage, durch Innovationen und neue Technologien bestehende Technologien und Prozesse überflüssig zu machen. Der österreichisch-amerikanische Volkswirtschaftler Joseph Alois Schumpeter (1883–1950) maß dem schöpferischen Unternehmertum eine entscheidende Rolle im Ablauf von Konjunkturen zu. Unternehmen können einen Konjunkturaufschwung herbeiführen, wenn sie alte Strukturen zerstören, Innovationen durchsetzen und Investitionen tätigen.

d) Im Gegensatz dazu ist der findige Unternehmer in der Kirzner-Hayek-Theorie ein lernender Unternehmer, der ständig auf der Suche nach neuen Ideen ist.

Welche Idee verfolgt der Stakeholder-Ansatz?

- a) Erhöhung des Marktwertes des Unternehmens
- b) Berücksichtigung der Interessen aller von einem Unternehmen betroffenen Personen und Institutionen
- c) Berücksichtigung der Interessen der Aktionäre
- d) Berücksichtigung der Interessen der Mitarbeiter

a) Die Erhöhung des Marktwertes des Unternehmens ist das primäre Ziel der marktwertorientierten Unternehmensführung. Der Marktwert stellt dabei den Wert des Unternehmens an der Börse dar. Er wird durch Multiplikation der Anzahl der Aktien mit dem Kurswert ermittelt.

b) Der Stakeholder-Ansatz bezeichnet einen Ansatz, der die Interessen sämtlicher von einer Unternehmung betroffenen Personen und Institutionen berücksichtigt. Zu den Stakeholdern zählen Kunden, Aktionäre und Anteilseigner, Mitarbeiter, Partner, Lieferanten, aber auch die Öffentlichkeit, wenn es z. B. um Umweltbelastungen oder die Arbeitsplatzsicherheit an einem bestimmten Standort geht.

Umweltbelastungen müssen im Interesse der Öffentlichkeit vermieden werden

c) Der Shareholder-Ansatz verfolgt dagegen zuerst die Interessen der Aktionäre. Primäres Ziel ist damit die Erhöhung des Kurswertes.

d) Mitarbeiter sind wichtige Stakeholder, sodass ihre Berücksichtigung und die Wahrung ihrer Interessen ein wichtiges Teilgebiet des Stakeholder-Ansatzes ist.

Was steckt hinter dem sogenannten Branding?

- ◯ a) Schutz einer Marke
- ◯ b) Aufbau eines beziehungsorientierten Marketings
- ◯ c) Aufbau und Stärkung der Marke eines Unternehmens
- ◯ d) Bannerwerbung

a) Marken lassen sich durch die Anmeldung eines Patentes, eines Geschmacksmusters oder eines Gebrauchsmusters schützen. Die Anmeldung erfolgt beim Patentamt. Ein Patent gibt seinem Inhaber das Recht, anderen zu untersagen, die patentierte Erfindung zu verwenden.

b) Der Aufbau eines beziehungsorientierten Marketings im Gegensatz zum klassischen Transaktionsansatz ist die Philosophie des Customer-Relationship-Marketings (CRM).

c) Branding umfasst sämtliche Maßnahmen zum Aufbau und zur Stärkung der Marke eines Unternehmens. Hierzu zählen z. B. die Auswahl einer bestimmten Marke, die Bekanntmachung, die Pflege, der Aufbau des Images usw. Ideal ist es, Wenn Produkt- und Markenname verschmelzen, wie es z. B. Tempo oder Coca Cola gelungen ist.

d) Bei Bannerwerbung handelt es sich um eine spezielle Form der Werbung im Internet. Die Werbebotschaften werden hier auf sogenannten Bannern dargestellt. Auf diese Form der Werbung greifen mittlerweile viele Unternehmen zurück.

Welche Produktionsfaktoren werden in der Volkswirtschaft unterschieden?

- ◯ a) Arbeit, Boden und Kapital
- ◯ b) Roh-, Hilfs- und Betriebsstoffe
- ◯ c) dispositiver und ausführender Faktor
- ◯ d) Information und Wissen

a) Unter Produktionsfaktoren versteht man alle materiellen und immateriellen Mittel und Leistungen, die an der Bereitstellung von Gütern mitwirken. In der klassischen Volkswirtschaft werden Arbeit, Boden und Kapital unterschieden.

b) Dagegen unterscheidet die Betriebswirtschaftslehre zwischen Betriebsmitteln (Grundstücke, Gebäude, Anlagen, Maschinen, Einrichtungen und Geldmittel) und Werkstoffen (alle Roh-, Hilfs- und Betriebsstoffe, Halb- und Fertigerzeugnisse, die als Bestandteil in die Erzeugnisse eingehen oder, wie Energie und Schmiermittel, zum Betrieb von Betriebsmitteln erforderlich sind).

c) Der volkswirtschaftliche Faktor Arbeit wird in der Betriebswirtschaftslehre untergliedert in dispositive Arbeit (Planung, Organisation, Kontrollen etc.) und objektbezogene Arbeit (Arbeit am Erzeugnis).

d) Aufgrund ihrer zunehmenden Bedeutung in allen Prozessen der Leistungserstellung werden – sowohl in der Volkswirtschaftslehre als auch in der Betriebswirtschaftslehre – in den letzten Jahren Information und Wissen als zusätzliche Produktionsfaktoren abgegrenzt. Wissensmanagement spielt hierbei eine immer wichtigere Rolle.

Welchen Wert gibt der Kurswert an?

- ◯ a) den jeweiligen Börsenpreis eines Wertpapiers
- ◯ b) den Wert einer neuen Aktie
- ◯ c) den Wert eines Unternehmens an der Börse
- ◯ d) den ursprünglichen Wert einer Aktie

a) Der Kurswert gibt den jeweiligen Börsenpreis eines Wertpapiers an. Er ergibt sich aus Angebot und Nachfrage. Wird der Kurs während der Börsenstunden nur einmal ermittelt, wird er als Einheitskurs bezeichnet, wird er laufend ermittelt, spricht man von einem variablen Kurs.

b) Der Wert einer neuen oder jungen Aktie ist der Wert, den neue Aktien bei der Ausgabe haben. Durch die Emission neuer Aktien wird eine Kapitalerhöhung in einer AG vorgenommen. Bis zur Dividendenberechtigung, also dem Beschluss einer Gewinnausschüttung auf der Hauptversammlung der AG, werden diese jungen Aktien noch getrennt von den alten notiert.

c) Der Wert eines Unternehmens an der Börse wird auch als Marktwert bezeichnet. Er ergibt sich aus der Multiplikation des Kurswertes mit der Zahl der ausgegebenen Aktien.

d) Der ursprüngliche Wert einer Aktie wird auch als Nennwert bezeichnet. Letztlich ist er der auf dem Wertpapier aufgedruckte Betrag, der in der Regel vom Kurswert als tatsächlichem Wert abweicht. Der Nennwert ist jedoch immer auf das einzelne Wertpapier bezogen und gibt nicht den Wert des gesamten Unternehmens an.

Welche Aufgabe hat der Aufsichtsrat?

- ◯ a) Prüfung der internen Projekte
- ◯ b) Prüfung des Jahresabschlusses
- ◯ c) Durchführung der Geschäftsführung
- ◯ d) Prüfung der Geschäftsführung

a) Die interne Prüfung der Projekte erfolgt durch die interne Revision. Ihre primäre Aufgabe ist die Überprüfung der ordnungsgemäßen Erledigung der im Unternehmen anfallenden Tätigkeiten.

b) Aufgabe des externen Wirtschaftsprüfers ist die Prüfung und Zertifizierung des Jahresabschlusses. Wirtschaftsprüfer sind öffentlich bestellt, wenn bestimmte persönliche und fachliche Qualifikationen nachgewiesen sind. Zu ihren Hauptaufgaben zählt neben der Prüfung und Zertifizierung auch die Beratung in steuerlichen Angelegenheiten.

c) Die Durchführung der Geschäftsführung obliegt dem Management, bei der AG dem Vorstand und bei anderen Gesellschaftsformen den Geschäftsführern.

d) Der Aufsichtsrat ist das gesetzlich vorgeschriebene Kontrollorgan der Aktiengesellschaft und der Genossenschaft; bei der GmbH kann er wahlweise eingesetzt werden. Der Aufsichtsrat überwacht die Geschäftsführung und berichtet über Jahresabschluss und Geschäftsbericht auf der Hauptversammlung, die ihn wählt. Außerdem setzt er auch den Vorstand ein.

Hermann Josef Abs, langjähriger Aufsichtsratsvorsitzender der Deutschen Bank

Wer gründete das Bauhaus?

- a) Walter Gropius
- b) Mies van der Rohe
- c) Wassily Kandinsky
- d) Lyonel Feininger

Walter Gropius

a) Der Architekt Walter Gropius (1883–1969) gründete das Bauhaus 1919 in Weimar. Die Schule für Gestaltung, die zum Ziel hatte, gleichermaßen funktionale wie formschöne Objekte zu fördern, zog 1925 von Weimar nach Dessau. Aus ihr gingen viele bekannte Maler und Architekten hervor.

b) Unter der Leitung von Mies van der Rohe (1886–1969) zog das Bauhaus 1932 von Dessau nach Berlin. Der amerikanische Architekt deutscher Herkunft emigrierte 1937 in die USA, wo unter seinem Einfluss in den 1940er-Jahren die Second School of Chicago entstand.

c) Der Maler Wassily Kandinsky (1866–1944) gilt als Urvater der abstrakten Kunst. Seine *Kompositionen* sollten vergleichbar zur Musik eine Art „klingender Kosmos" sein. Kandinsky lehrte von 1922–32 am Bauhaus.

d) Lyonel Feininger (1871–1956) lehrte wie Kandinsky am Bauhaus. Der Maler, der zu den Gründungsmitgliedern der „Blauen Vier" gehörte, war vom Kubismus beeinflusst. Bekannt wurde Feininger durch seine Architekturansichten, für die er seine Objekte in farblich miteinander harmonierenden Flächen darstellte.

Welcher Maler war nicht an der Ausmalung der Sixtinischen Kapelle in Rom beteiligt?

- a) Michelangelo Buonarroti
- b) Sandro Botticelli
- c) Perugino
- d) Giotto di Bondone

a) Von Michelangelo Buonarroti (1475–1564) stammen die Fresken an der Decke und der Altarwand der Sixtinischen Kapelle. Die Altarwand stellt das Jüngste Gericht dar, wobei die monumentale Nacktheit der Figuren seinerzeit einen Skandal auslöste.

b) Der florentinische Maler Sandro Botticelli (1445–1510) ist für seine zarten Frauengestalten bekannt. Er galt lange Zeit als der bedeutendste Vertreter der italienischen Renaissance. 1481/82 wirkte Botticelli auch an der Freskierung der Sixtinischen Kapelle mit.

c) Perugino (um 1448–1523) ging vor allem als Lehrer Raffaels (1483–1520) in die Kunstgeschichte ein. Seine Wand- und Tafelbilder nehmen den klaren Bildaufbau und die Anmut der Figuren Raffaels vorweg. *Die Schlüsselübergabe an Petrus* (um 1482) ist das einzige von ihm erhaltende Fresko in der Sixtinischen Kapelle.

d) Giotto di Bondone (um 1267–1337) war einer der bedeutendsten Maler der Gotik in Italien. Zu seinen frühen Werken gehört die Ausmalung der Arenakapelle in Padua, die bereits den Versuch zeigt, mittels der Malerei Räumlichkeit herzustellen. Mit dem Freskenzyklus in der Oberkirche von San Francesco in Assisi schuf Giotto eines der umfangreichsten Freskenprogramme in Italien überhaupt.

Wem ist es zu verdanken, dass das Werk Franz Kafkas nach dessen Tod nicht in Vergessenheit geriet?

- a) Max Brod
- b) Max Frisch
- c) Hermann Hesse
- d) Ödön von Horváth

a) Franz Kafka (1883–1924) wurde zeit seines Lebens von großen Selbstzweifeln geplagt. Sein düsteres und zum Teil surreales Werk sollte nach Kafkas Willen nach seinem Tod vernichtet werden. Kafkas Freund Max Brod (1884–1968) setzte sich jedoch über den Wunsch des Autors hinweg und gab viele von Kafkas Werken gegen dessen Willen heraus.

b) Der Schweizer Schriftsteller Max Frisch (1911–91) war auch als Journalist und Architekt tätig. In seinem Frühwerk geht es um Fragen der Identitätsfindung, Frischs späteres Werk behandelt die Nachkriegszeit mit ihren aktuellen Problemen. Frisch war zeitweise mit der Schriftstellerin Ingeborg Bachmann (1926–73) liiert.

c) Hermann Hesse (1877–1962) zählt zu den bedeutendsten deutschen Schriftstellern. Internationale Anerkennung erhielt er durch seinen 1927 erschienenen Roman *Der Steppenwolf*. Hesses Werk kreist thematisch um den Konflikt zwischen Geist und Leben.

d) Der durch einen Unfall früh verstorbene Ödön von Horváth (1901–38) schrieb Romane und Bühnenstücke. Der österreichische Schriftsteller beschäftigte sich mit sozialkritischen Themen am Beispiel von Einzelschicksalen. Sein bekanntestes Werk sind die *Geschichten aus dem Wienerwald*.

Was ist der „Blaue Reiter"?

- a) ein abstraktes Gemälde
- b) ein Reiterstandbild
- c) ein Bild von Picasso
- d) eine Künstlergruppe

a) Ausgehend von Wassily Kandinsky (1866–1944) entstanden die ersten abstrakten Gemälde seit etwa 1910. In der abstrakten Kunst wird die figürliche oder gegenständliche Darstellungswelt zugunsten einer eigenen Bildwirklichkeit vermieden.

b) Das Reiterstandbild ist eine seit der Antike gebräuchliche Form der Herrscherdarstellung. Reiterstandbilder sind in der Regel aus Bronze. Seit der Frührenaissance erfreute sich die lebensgroße Darstellung des Herrschers zu Pferde auch in der Malerei großer Beliebtheit (z. B. *Reiterstandbild des John Hawkwood* von Paolo Uccello; um 1397–1475).

c) Bis 1904 malte Pablo Picasso (1881–1973) in verschiedenen Blautönen. Die zur sogenannten blauen Periode gehörenden Bilder zeichnen sich durch eine melancholische Grundstimmung aus. Picasso verarbeitete in diesen Bildern den Tod eines engen Freundes.

Kunstwerk von Kandinsky

d) Der Blaue Reiter ist eine Künstlergruppe, die 1911 von Wassily Kandinsky (1866–1944) und Franz Marc (1880–1916) gegründet wurde. Der Name geht auf einen Almanach zurück, den Kandinsky und Marc herausgaben. Typisch für die Malweise der Gruppe ist ein expressiver Stil von starker Farbigkeit.

Welcher Künstler gilt als führender Vertreter der Pop-Art?

- ◯ a) Andy Warhol
- ◯ b) Joseph Beuys
- ◯ c) Marcel Duchamp
- ◯ d) Christo

Andy Warhol

a) Der amerikanische Maler, Grafiker und Filmemacher Andy Warhol (1928–87) verwendete für seine Bilder alltägliche Motive. Für die in der Technik des Siebdrucks produzierten Gemälde bediente sich Warhol bereits vorhandener Bilder, die er von Assistenten in Serie produzieren ließ.

b) Joseph Beuys (1921–86) revolutionierte mit seinem erweiterten Kunstbegriff die deutsche Kunstlandschaft. In spektakulären Aktionen, Zeichnungen und Objekten forderte Beuys ein kreatives Denken gemäß seinem Leitspruch „Jeder Mensch ist ein Künstler".

c) Der in Frankreich geborene Marcel Duchamp (1887–1968) gab der Pop-Art zwar bedeutende Impulse, lässt sich darüber hinaus aber kaum einer Kunstrichtung eindeutig zuordnen. Indem Duchamp die Urheberschaft von Kunstwerken infrage stellte, wandte er sich gegen herkömmliche Wertbegriffe in der Kunst.

d) Christo verpackt zusammen mit seiner Frau Jeanne-Claude (beide geb. 1935) Objekte, Monumente und Gebäude (*Wrapped Reichstag*, Berlin 1971–95). Die Aktionen, die von vorübergehender Dauer sind, werden oft in Collagen und Zeichnungen jahrelang vorbereitet.

Welches Gebäude ist nicht von Antoni Gaudí?

- ◯ a) Palais Güell
- ◯ b) Casa Milá
- ◯ c) Sagrada Familia
- ◯ d) Majolikahaus

a) Antoni Gaudí (1852–1926) prägte mit seinen Bauten wesentlich das Stadtbild von Barcelona. Neben einzelnen Häusern und der Kathedrale schuf er dort auch das Palais Güell. Die Parkanlage konnte er allerdings nicht mehr vollenden.

b) Die Casa Milá ist ein Apartmenthaus, dem man auf den ersten Blick seinen exzentrischen Baumeister ansieht. Hinter einer gewellten Fassade und einem gewölbten Dach verbirgt sich ein Stahlgerüst, das mit Backstein und Betonpfeilern verstärkt ist.

c) Die Kathedrale Sagrada Familia in der Altstadt von Barcelona ist eine römisch-katholische Basilika. Sie gehört zu den wichtigsten Werken des spanischen Architekten Antoni Gaudí. Seinem Grundriss nach ist der Kirchenbau ein Bau der Gotik, Gaudí reicherte ihn aber mit einer Ornamentik an, die am ehesten dem Jugendstil zuzuordnen ist. Die Kathedrale blieb unvollendet, da der Architekt während der Bauarbeiten ums Leben kam.

d) Otto Wagner (1841–1918) entwarf das Majolikahaus in Wien 1899. Der ungewöhnliche Name stammt von den bunten Fayenceplatten an der Fassade des ansonsten nüchternen Wohnhauses. Wagner, dem das Haus selbst gehörte, zog mit dem Gebäude die Kritik zahlreicher Bürger auf sich.

Welcher Maler verarbeitete Comic-Motive in seinen Bildern?

- a) Roy Lichtenstein
- b) Jasper Johns
- c) Morris Louis
- d) Bruce Nauman

a) Roy Lichtenstein (1923–97) gehört zu den wichtigsten Vertretern der Pop-Art. In den 1960er-Jahren fing er an, Comic-Motive in seine Malerei aufzunehmen. Die monumental vergrößerten Darstellungen füllte er mit Rasterpunkten aus, die charakteristisch für sein Werk sind. Lichtenstein setzte sich darüber hinaus immer wieder mit anderen Malern auseinander.

b) Jasper Johns (geb. 1930) gehört wie Lichtenstein zu den Vertretern der Pop-Art. Auch Johns arbeitet bewusst mit banalen Motiven. Zu seinem Werk gehören in Bronze gegossene Alltagsgegenstände, Flaggen-, Zahlen- und Schießscheibenbilder.

c) Der Amerikaner Morris Louis (1912–62) war der führende Vertreter der sogenannten Post-Painterly-Abstraction. In seiner Bildserie *Unfurled* ließ Louis Farbe auf ungrundierter Leinwand zerlaufen, sodass sich seitlich fließende Farbbänder ergaben. Durch Kippen oder Drehen der Leinwand erreichte Louis somit eine dynamische wirkende Malerei.

d) Bruce Nauman (geb. 1941) ist Konzept- und Videokünstler. Nauman geht es in seinen heterogen wirkenden Arbeiten vor allem um die Wahrnehmung von Kunst und die Frage, „was Kunst sein könnte“. In den 1960er-Jahren arbeitete Nauman oft körperbezogen, später nutzte er Video und Neonröhren für seine raumgreifenden Installationen.

Wer malte die *Mona Lisa*?

- a) Raffael
- b) Leonardo da Vinci
- c) Michelangelo Buonarroti
- d) Tizian

a) Raffael (1483–1520) gehört mit seinen Madonnenbildern und Freskenmalereien (u. a. *Die Schule von Athen*) zu den bedeutendsten Malern der italienischen Hochrenaissance. Charakteristisch für seine Malerei ist eine zarte, abgeklärte Stimmung.

b) Leonardo da Vincis (1452–1519) *Gioconda*, wie die *Mona Lisa* auch genannt wird, ist das berühmteste Porträt der Kunstgeschichte. Er malte das Frauenbildnis um 1503–06. Das Gesicht der Frau ist wie die Landschaft im Hintergrund in Sfumato ausgeführt, eine Malweise, die die Konturen in farbige Übergänge auflöst.

Mona Lisa

c) Michelangelo (1475–1564) gehört zu den großen Genies des 16. Jh. Als Maler, Bildhauer und Architekt tätig, schuf er ein Werk von beeindruckender Vielfalt. Allein seine Fresken für die Sixtinische Kapelle in Rom waren richtungsweisend für die europäische Malerei.

d) Tizian, eigentlich Tiziano Vecellio (zwischen 1485 und 1490–1576), gehört zu den großen Meistern der italienischen Hochrenaissance. Vorwiegend in Venedig tätig, entwickelte er dort u. a. eine tonige Farbigkeit, die charakteristisch für die venezianische Malerei ist.

Welche antike Stadt wurde von einem Vulkan in Schutt und Asche gelegt?

- ◯ a) Troja
- ◯ b) Pompeji
- ◯ c) die Akropolis von Athen
- ◯ d) Ravenna

a) Die in der *Ilias* von Homer beschriebene Stadt Troja liegt im Nordwesten Kleinasiens. Der deutsche Archäologe Heinrich Schliemann (1822–90) entdeckte die Reste der Stadt im 19. Jh. Bis heute ist die Zuschreibung der Stadt als Schauplatz des griechischen Mythos umstritten.

Funde in Pompeji

b) 79 v. Chr. wurde Pompeji durch einen Ausbruch des Vesuv vollkommen zerstört. 1748 begann man mit ersten Ausgrabungen der unter einer Asche- und Lavaschicht begrabenen Stadt. Seit dem 19. Jh. systematisierte man die Grabungen, sodass Pompeji heute über das antike Leben umfassend Auskunft geben kann.

c) Die Akropolis von Athen wurde mehrfach zerstört, u. a. 480 v. Chr. durch die Perser. Aus dieser Zerstörung ging der sogenannte Perserschutt hervor, d. h. dass Reste aus archaischer Zeit erneut als Baumaterial eingesetzt wurden. Die Akropolis war ein bedeutendes Heiligtum.

d) Die italienische Stadt Ravenna war als einstige Hafenstadt Standort der römischen Adriaflotte. Im 6. Jh. entstanden in Ravenna bedeutende byzantinische Bauwerke.

Welcher Maler des Barock ist berühmt für seine Hell-Dunkel-Malerei?

- ◯ a) Caravaggio
- ◯ b) Diego Velázquez
- ◯ c) Giovanni Battista Tiepolo
- ◯ d) Peter Paul Rubens

a) Caravaggio (1571–1610) ist der bedeutendste unter den italienischen Barockmalern. Charakteristisch für seine Malerei ist die naturalistische Darstellungsweise sowie besonders kunstvolle Hell-Dunkel-Effekte. Seine schonungslos realistische Darstellung von Heiligen erregte häufig Anstoß. Caravaggio war vor allem in Rom und Neapel tätig.

b) Der spanische Maler Diego Velázquez (1599–1660) war seit 1623 Hofmaler am Hof Philips IV. In der ersten Zeit malte er höfische Porträts von vornehmer Zurückhaltung und gedeckter Farbigkeit, später hellte sich seine Palette zunehmend auf. Eine Italienreise gab dem Maler entscheidende Impulse.

c) Der venezianische Maler Giovanni Battista Tiepolo (1696–1770) ist in Deutschland vor allem für die Ausmalung der Würzburger Residenz bekannt. Charakteristisch für Tiepolo sind helle Farben und ein zarter Pinselstrich.

d) Peter Paul Rubens (1577–1640) gehört zu den bedeutendsten Vertretern barocker Malerei. Ab 1608 unterhielt Rubens eine große Malerwerkstatt in Antwerpen, die eine eindeutige Zuschreibung seiner Werke heute schwierig macht. Ab 1609 war er als Hofmaler des spanischen Statthalterpaares Albert und Isabella tätig.

Welcher italienische Regisseur gehört nicht zur Bewegung des Neorealismus?

- a) Roberto Rossellini
- b) Luchino Visconti
- c) Roberto Benigni
- d) Federico Fellini

a) Roberto Rossellini (1906–77) begründete seinen Ruf als Regisseur mit dem Film *Rom – offene Stadt*. Rossellini, der mit der Schauspielerin Ingrid Bergman (1915–82) verheiratet war, gehört zu den wichtigsten Vertretern des Neorealismus. Sein Spätwerk besteht vor allem aus Filmen mit historischen Themen.

b) Der italienische Filmregisseur Luchino Visconti (1906–76) war auch Schriftsteller und Theaterregisseur. Der aus der angesehenen adligen Familie der Visconti stammende Regisseur war einige Zeit Assistent von Jean Renoir (1894–1979). Viscontis Film *Besessenheit* von 1943 gehört zu den ersten Filmen des italienischen Neorealismus.

c) Der italienische Schauspieler und Regisseur Roberto Benigni (geb. 1952) wurde einem breiteren Publikum durch seinen tragikomischen Film *Das Leben ist schön* von 1997 bekannt. Als Schauspieler wirkte Benigni in mehreren Filmen von Jim Jarmusch (geb. 1953) mit.

d) Der italienische Regisseur Federico Fellini (1920–93) arbeitete in seiner Jugend als Karikaturist und Zeichner, seine Karriere als Regisseur begann er in den 1950er-Jahren. Fellini drehte viele Filme mit seiner Frau Giulietta Masina (1921–94). Sein Film *La dolce vita* gehört zu den bekanntesten italienischen Filmen überhaupt.

Von wem stammt die erste erhaltene Fotografie?

- a) Eugène Atget
- b) Man Ray
- c) Alfred Stieglitz
- d) Nicéphore Niepce

a) Der französische Fotograf Eugène Atget (1857–1926) begann Mitte der 1880er-Jahre zu fotografieren. Ursprünglich als Motivaufnahmen für Künstler gedacht, repräsentieren seine Fotografien heute eine umfangreiche Dokumentation des historischen Paris.

b) Der amerikanische Fotograf und Objektkünstler Man Ray (1890–1976) stand der Kunst des Surrealismus nahe. In seinen Porträts wandte er eine eigene Technik an, mit der er der Kunstfotografie ganz neue Ausdrucksmöglichkeiten erschloss. Man Ray gilt zudem als einer der Erfinder des Fotogramms, das er nach seinem Namen als „Rayogramm" bezeichnete.

c) Der in New York und Berlin tätige Alfred Stieglitz (1864–1946) war nicht nur selbst Fotograf, sondern er etablierte die Fotografie auch als eigenständige Gattung zeitgenössischer Kunst. Als Herausgeber von Fotojournalen und Betreiber einer Galerie kam er mit zahlreichen bedeutenden Fotografen zusammen.

d) Nicéphore Niepce (1765–1833) gilt zusammen mit Louis Daguerre (1789–1851) als der Erfinder der Fotografie. Seine 1824 mit einer Camera Obscura aufgenommene Ansicht von Dachschrägen gilt allgemein als die erste noch erhaltene Fotografie.

Louis Daguerre

Mit welchem Maler war die mexikanische Künstlerin Frida Kahlo verheiratet?

- a) Diego Rivera
- b) Fernando Botero
- c) Amedeo Modigliani
- d) Roberto Matta

Werk von Frida Kahlo

a) Die Ehe zwischen Frida Kahlo (1907–54) und Mexikos bekanntestem Maler Diego Rivera (1886–1957) galt als schwierig. Die exzentrische Malerin beschäftigte sich wie ihr Mann mit Mexiko und seiner indigenen Bevölkerung.

b) Der kolumbianische Maler und Bildhauer Fernando Botero (geb. 1932) ist bekannt für seine dickleibigen Figuren, die er in altmeisterlicher Technik auf die Leinwand bannt. Die oft als Karikatur missverstandene Malerei erinnert an die Formensprache des Barock.

c) Die Malerei des italienischen Malers Amedeo Modigliani (1884–1920) ist vom Kubismus beeinflusst. In toniger Farbigkeit malte Modigliani Aktgemälde, Stillleben und Porträts, u. a. auch eines von Frida Kahlos Mann, Diego Rivera.

d) Der chilenische Maler Roberto Matta (1911–2002) hatte in den 1930er-Jahren Kontakt zu den französischen Surrealisten, die ihn später aber aus ihrer Gemeinschaft ausschlossen. Matta war u. a. in Frankreich, den USA und in Italien tätig.

Welcher Film von Federico Fellini galt als Huldigung an das Weibliche schlechthin und kam doch nur unter großem Protest von Frauengruppen in die Kinos?

- a) *Das süße Leben*
- b) *Stadt der Frauen*
- c) *La Strada*
- d) *Ginger und Fred*

a) Der zeitkritische Film *Das süße Leben* erzählt in mehreren Episoden von der High Society und ihrem sinnentleerten Leben. Marcello Mastroianni (1924–96) führt in der Rolle des Journalisten Marcello als Beobachter durch die verschiedenen Episoden des Films.

b) Mit *Stadt der Frauen* verfilmte Federico Fellini (1920–93) die absurde Geschichte des Dr. Guillermo Snaporez (Marcello Mastroianni), der durch einen Eroberungsversuch in ein Hotel mit dort tagenden Frauenrechtlerinnen gerät. Der Film bewegt sich zwischen Traum und Wirklichkeit.

c) *La Strada* wurde von Publikum und Kritik begeistert aufgenommen. Fellini erzählt in dem düsteren-melancholischen Film die Geschichte des Kettensprengers Zampano, der die schüchterne Gelsomina ihrer Mutter abkauft und bei sich aufnimmt. Giulietta Masina (1921–94) hatte in dem Film eine ihrer größten Rollen.

d) *Ginger und Fred* erzählt die Geschichte eines alternden Tanzpaares, das für eine Fernsehproduktion noch einmal zusammen auftritt. Der 1985 entstandene Film mit Marcello Mastroianni und Giulietta Masina ist eine Abrechnung mit dem Medium Fernsehen.

Mediziner schwören auch heute noch den Eid des

- a) Asklepios
- b) Hippokrates
- c) Dionysos
- d) Apoll

a) In der griechischen Mythologie stellt Asklepios (auch Äskulap) den Gott der Heilkunde dar. Äskulap war Sohn des Apoll und der Koronis, sein Beiwerk ist der Äskulapstab, um den sich eine Schlange windet. Der Stab steht auch heute noch als Sinnbild für den Heilberuf.

b) Hippokrates (um 460–um 370 v. Chr.) war ein antiker griechischer Arzt, über dessen Leben wenig bekannt ist. Er gilt als Begründer der Medizin als einer Erfahrungswissenschaft. Mit Ablegen des hippokratischen Eides verpflichten sich Mediziner, ihr ärztliches Handeln einem ethischen Verantwortungsbewusstsein zu unterstellen.

c) Der griechische Gott Dionysos wird auch Bakchos bzw. im Lateinischen Bacchus genannt. Er ist der Gott der Fruchtbarkeit und des Weines und Sohn von Zeus und Semele. Im Zusammenhang mit Dionysos steht auch der orgiastisch-ekstatische Zug, im Mittelpunkt des Dionysoskultes stand eine phallische Prozession. Dionysos wurde von den Mänaden verehrt und von Satyrn, Silenen und Nymphen begleitet.

d) Apoll stellt in der griechischen Mythologie den jungen, schönen Gott des Lichts dar. Er ist der Sohn von Zeus und Leto und der Zwillingsbruder der Jagdgöttin Artemis. Sein Beiwerk ist häufig die Leier, weil er nicht nur als Heil- und Sühnegott, sondern auch als Gott des Gesangs galt.

Welche Gattung ist untypisch für das Biedermeier?

- a) Genremalerei
- b) Landschaftsmalerei
- c) Idylle
- d) Heiligendarstellung

Typisches Biedermeierbild

a) Die Kunst des Biedermeier bevorzugte vor allem private Motive, darunter auch die Genremalerei. Als künstlerischer Stil wird das Biedermeier auf die Zeit zwischen 1815 und 1845 datiert, die Zeit nach den Befreiungskriegen gegen Napoleon. Vertreter des Biedermeier sind Carl Spitzweg (1808–85) oder Ferdinand Georg Waldmüller (1793–1865).

b) Die Landschaftsmalerei etablierte sich bereits im 17. Jh. als eigenständiges Genre der Malerei. In der Kunst des Biedermeier wurden Landschaften häufig als beschauliche Idyllen mit detailgetreuem Realismus dargestellt.

c) Unter einer Idylle versteht man die Darstellung der harmonischen Existenz des Menschen in der Natur. Im Biedermeier griff man dabei auf Hirten- oder Schäferszenen zurück, die den Menschen im Einklang mit der Tierwelt zeigen.

d) Die Heiligendarstellung ist aus der europäischen Kunst nicht wegzudenken. Bereits in der frühchristlichen Kunst gibt es erste Heiligendarstellungen, bei denen die Heiligen einen Nimbus (Heiligenschein) tragen. Im Mittelalter erzählte man die Legende der Heiligen und zeigte sie mit ihren jeweiligen Attributen.

Welche Stilrichtung gehört nicht zur abstrakten Kunst?

- ◯ a) Drip-Painting
- ◯ b) Minimal Art
- ◯ c) Color-Field-Painting
- ◯ d) Pop-Art

Jackson Pollock

a) Das von Jackson Pollock (1912–56) entwickelte Drip-Painting (auch Action Painting genannt) ist eine Malweise, bei der die Farbe direkt auf die Leinwand geschleudert, geschüttet oder getropft wird. Pollock begann in den 1940er-Jahren mit dem Drip-Painting.

b) Wie schon der Name vermuten lässt, arbeitet die Minimal Art mit minimalen Ausdrucksmitteln. Die in den 1960er-Jahren entstandene Kunstrichtung verfolgt die absolute Identität der Form mit sich selbst. Vertreter der Minimal Art sind u. a. Carl Andre (geb. 1935), Sol Le Witt (1928–2007) und Dan Flavin (1933–96).

c) Das Color-Field-Painting (Farbfeldmalerei) entstand Ende der 1950er-Jahre in den USA. Die Künstler dieser Kunstrichtung beschränken sich auf das Malen reiner Farbflächen ohne raum- oder figurenillusionistische Wirkung. Bekannte Vertreter sind u. a. Frank Stella (geb. 1936) und Barnett Newman (1905–70).

d) Die Pop-Art entstand Mitte der 1950er-Jahre als Reaktion auf die abstrakte Kunst. Ihre Motive entnahmen die Künstler der Welt des Konsums und des Alltags. Häufig wurden alltägliche Motive monumentalisiert oder in Serie produziert.

Was ist ein Atrium?

- ◯ a) der zentrale Innenhof eines Wohnhauses
- ◯ b) ein Gewölbe
- ◯ c) eine Säulenordnung
- ◯ d) ein dreiteiliges Bild

a) In der Antike stellte das Atrium eine Art Küchen- und Wohnzimmer dar. In der Regel befand sich darin der Herd. Das Atrium war nach oben hin offen und hatte in der Mitte ein Becken, in dem das Regenwasser gesammelt wurde. In der Kirchenbaukunst ist das Atrium ein von Säulenhallen umgebener Hof.

b) Das Gewölbe ist eine aus Natur- oder Backstein oder aus Beton bestehende bogenförmige Konstruktion zur Überdachung eines Raumes. In der Regel im Kirchenbau eingesetzt, unterscheidet man zwischen Tonnen-, Kreuzgrat- und Kreuzrippengewölbe.

c) Eine Säulenordnung ist der architektonische Aufbau aus Stütze (Säule) und Gebälk. Der römische Gelehrte Vitruv (84 v. Chr.–27 n. Chr.) unterschied zudem zwischen drei Hauptordnungen, der ionischen, der dorischen und der korinthischen Ordnung, ein System, das bis heute Gültigkeit hat.

d) Ein dreiteiliges Bild oder Triptychon findet sich vor allem an mittelalterlichen Flügelaltären. Triptychen bestehen zumeist aus einem Mittelbild und zwei Seitenflügeln. Diese sind auf beiden Seiten geschmückt und wurden meist nur an besonderen Feiertagen geöffnet. Somit war das Hauptbild des Altars die meiste Zeit des Jahres nicht sichtbar.

Welches Bauwerk steht nicht in Dresden?

- a) Zwinger
- b) Semper-Oper
- c) Frauenkirche
- d) Amalienburg

Wer gilt als Vater der Videokunst?

- a) Bruce Nauman
- b) Nam June Paik
- c) Joseph Beuys
- d) Bill Viola

a) Der Zwinger sollte in seiner ursprünglichen Funktion die Kunstsammlung Augusts des Starken beherbergen und als Feststätte für Turniere dienen. Matthäus Daniel Pöppelmann (1662–1736) schuf mit dem prachtvollen Bau eine Anlage von größter Harmonie, die wesentlich zur Entwicklung des Rokoko in Deutschland beitrug.

b) Der Architekt Gottfried Semper (1803–79) war für kurze Zeit Leiter der Bauschule an der Dresdner Kunstakademie. Auf ihn geht die Semper-Oper, die Hof- und Staatsoper Sachsens, sowie die Platzanlage rund um die Oper zurück.

c) Die Dresdner Frauenkirche von George Bähr (1666–1738) ist die bedeutendste protestantische Predigtkirche in Deutschland. Der Zentralbau mit Kuppel und Emporen gehört zu den Wahrzeichen der Stadt Dresden. Nach ihrer Zerstörung wurde die Frauenkirche unter Mithilfe zahlreicher Dresdener Bürger von 1994–2005 wieder aufgebaut. Ihre feierliche Weihe fand am 30. Oktober 2005 statt.

d) Die Amalienburg ist Teil der Nymphenburger Schlossanlage in München. Ihr Bauherr, François de Cuvilliés (1695–1768), steht gleichermaßen für eine Bauweise des Barock und des Rokoko. Charakteristisch für die Amalienburg sind der ovalförmige Raum, verspiegelte Wände und üppigen Stuckdekorationen an den Wänden.

a) Bruce Nauman (geb. 1941) ist einer der ersten Künstler, der für seine Kunst Neonröhren verwendete. Seine oft martialisch wirkenden Skulpturen verweisen auf Wortwitz und Irritationen der Gewohnheit. Nauman ist auch ein wichtiger Vertreter der Videokunst.

Neonröhre

b) Der Koreaner Nam June Paik (1932–2006) begann bereits in den 1960er-Jahren, mit Fernsehmonitoren zu arbeiten. Charakteristisch für sein Werk sind Videoskulpturen und -installationen. Oftmals gehen seine Videoarbeiten auch auf Performances zurück.

c) Joseph Beuys (1921–86) gehört zu den bedeutendsten Künstlern der Nachkriegszeit. In seinen Performances und Installationen forderte er die Gleichsetzung von Kunst und Leben. Sein Werk, das er mit Elementen aus der Mythologie und der Wissenschaften zu untermauern versuchte, gründet sich auf die Vorstellung vom „ganzen Menschen“. Beuys war Vertreter der Fluxusbewegung.

d) Der amerikanische Künstler Bill Viola (geb. 1951) arbeitet bereits seit den 1970er-Jahren mit Videokunst. Ebenfalls in den 1970er-Jahren entdeckte er die Interaktivität für seine oft raumgreifenden Videoinstallationen mit philosophischem Hintergrund.

Von wem ist das berühmte Gemälde *Schwarzes Quadrat auf weißem Grund*?

- a) Kasimir Malewitsch
- b) Wladimir Tatlin
- c) El Lissitzky
- d) Piet Mondrian

Schwarzes Quadrat auf weißem Grund: Der Name ist Programm

a) Kasimir Malewitsch (1878–1935) entwickelte die Malerei der Konstruktivisten weiter, indem er sie auf die reine Form beschränkte. Sein Gemälde *Schwarzes Quadrat auf weißem Grund* von 1915 reduziert sich auf eine elementare Form, die zugleich die Abkehr vom Gegenständlichen bedeutet.

b) Wladimir Tatlin (1885–1953) begründete mit Aleksandr Rodtschenko (1891–1956), El Lissitzky und anderen den Konstruktivismus. Diese Richtung der modernen Malerei beruht auf geometrischen Formen, die im Bild, in der Skulptur oder der Fotografie miteinander verschmelzen.

c) El Lissitzky (1890–1941) war Maler und Architekt. Wie Tatlin gehörte er zu den Begründern des Konstruktivismus, der auch aus einer großen Technikbegeisterung heraus entstand. El Lissitzky stand dem Bauhaus in Deutschland und der De Stijl-Bewegung in den Niederlanden nahe.

d) Der niederländische Maler Piet Mondrian (1872–1944) gehörte zu den Begründern der De Stijl-Bewegung. Wie bei den Konstruktivisten haben in der Malerei der De Stijl-Gruppe geometrische Formen und klare Farben den Vorrang.

Was ist ein Kuros?

- a) ein Reiterstandbild
- b) eine antike Vase
- c) eine Grabstele
- d) eine Jünglingsstatue

a) Das Reiterstandbild ist eine seit der Antike gebräuchliche Form der Herrscherdarstellung. In der Frührenaissance erfreute sich die lebensgroße Darstellung des Herrschers zu Pferde großer Beliebtheit. Die italienischen Bildhauer Donatello (um 1386–1466) und Andrea del Verrocchio (1435–88) schufen mit den Heerführern Gattamelata und Colleoni bronzene Denkmäler von beeindruckender Größe.

b) Unter den antiken Gefäßen aus gebranntem Ton gibt es verschiedene Formen. Die bekannteste Vase ist die Amphora, daneben waren die Hydria, der Krater und der Kantharos sehr verbreitet. Man unterscheidet neben der Form auch zwischen rot- oder schwarzfigurigem Gefäß. Vasen dienten als Gebrauchsgeschirr oder als Grabbeigaben.

c) Die seit der Antike bekannte Grabstele dient der Bekrönung eines Grabes. Grabstelen wurden in der Antike häufig mit menschlichen Figuren verziert, die an den Verstorbenen erinnern. Auch Pflanzenmotive oder häusliche Gegenstände können die Reliefs verzieren, ebenso Inschriften oder Tiere.

d) Als Kuros wird in der Archäologie die freiplastisch gearbeitete Jünglings- oder Männerstatue bezeichnet. In der Archaik konnte der Kuros mit einer Größe von mehreren Metern monumentale Ausmaße annehmen. Das weibliche Pendant zum Kuros ist die Kore.

Welcher Film ist nicht von Rainer Werner Fassbinder?

- a) *Die Ehe der Maria Braun*
- b) *Berlin Alexanderplatz*
- c) *Angst essen Seele auf*
- d) *Die verlorene Ehre der Katharina Blum*

a) Der im Nachkriegsdeutschland angesiedelte Film *Die Ehe der Maria Braun* richtet sein Augenmerk auf die Gesellschaft der 1950er-Jahre. Fassbinder (1945–82) hat den 1979 entstandenen Film als den ersten Teil einer Trilogie verfilmt (zusammen mit *Lola* und *Die Sehnsucht der Veronika Voss*).

b) Der 14-teilige Fernsehfilm *Berlin Alexanderplatz* (nach Alfred Döblin; 1878–1957) gilt als das Hauptwerk Fassbinders. Günter Lamprecht (geb. 1930) spielt die Hauptrolle in der 1980 entstandenen Literaturverfilmung.

c) Das Melodram *Angst essen Seele auf* von der verwitweten Putzfrau, die sich in den Marokkaner Ali verliebt, gehört zu den wichtigsten Filmen des streitbaren Regisseurs. Fassbinder drehte die Geschichte, die ein typisches Gastarbeiterschicksal in Deutschland widerspiegelt, 1973. Der Film gewann den Deutschen Filmpreis für die beste Hauptdarstellerin.

d) Volker Schlöndorff (geb. 1939) drehte 1975 das Drama der Katharina Blum, die Opfer der Verleumdungskampagne einer Boulevardzeitung wird. Der nach dem Roman von Heinrich Böll (1917–85) gedrehte Film sorgte mitten in der Terrorismusdebatte in Deutschland für große Aufmerksamkeit.

Welches bekannte Orchesterstück komponierte Maurice Ravel?

- a) *Der Zauberlehrling*
- b) *Sinfonie Nr. 3*
- c) *Bolero*
- d) *La Mer*

a) Der Franzose Paul Dukas (1865–1935) komponierte den *Zauberlehrling* als Orchesterstück. Das Stück erlangte u. a. durch den Walt Disney-Film *Fantasia* von 1940 große Berühmtheit. Es erzählt von der eifrigen Tätigkeit eines Besens, der für einen Zauberlehrling Wasser holen soll.

b) Albert Roussel (1869–1937) komponierte die *Sinfonie Nr. 3* als lebhaft fröhliche Sinfonie in traditioneller viersätziger Form und erweckte damit die bis dato todgeweihte Gattung zu neuem Leben. Er war vor seiner Karriere als Musiker bei der Marine.

c) In dem Orchesterstück *Bolero* steigert Maurice Ravel (1875–1937) eine 18-taktige Melodie, die von einem Bolero-Rhythmus begleitet wird. Ravel ist Vertreter eines typisch französischen Stils. Bezeichnend für seine Kompositionen sind satztechnische Präzision und formale Strenge sowie eine klare Linie vor allem in den späteren Werken.

Maurice Ravel

d) Das Orchesterwerk *La Mer* des französischen Komponisten Claude Debussy (1862–1918) erzählt in drei sinfonischen Skizzen von der Stimmung am Meer, beginnend mit dem Morgengrauen über die verschiedenen Lichter des Wassers hin zur untergehenden Sonne.

Was ist kein Blechblasinstrument?

- a) Trompete
- b) Horn
- c) Spinett
- d) Serpent

a) Lange Zeit diente die Trompete als Signalinstrument, mit dem nur vier Naturtöne gespielt werden konnten. Erst im 18. und 19. Jh. wurde die Trompete dahingehend weiterentwickelt, dass sich ihre Tonskala erweiterte. Heute gehört sie zu den beliebtesten Blechblasinstrumenten.

b) Ähnlich wie die Trompete konnten auch die Hörner anfangs nur Naturtöne erzeugen. So wurde das Horn etwa für die Jagd eingesetzt. Durch zusätzlich angesetzte Stimmbögen ließ sich die Stimmung des Horns variieren. Charakteristisch für das Horn ist die kreisrunde Röhre.

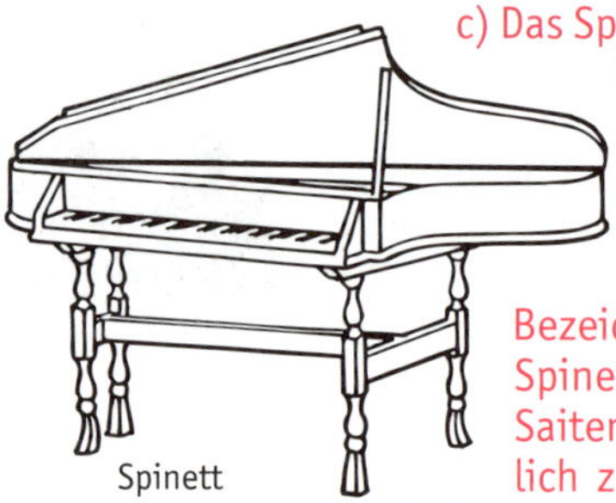
Spinett

c) Das Spinett ist ein Tasteninstrument, dessen Saiten von kleinen Kielen angezupft werden. Bezeichnend für das Spinett ist, dass die Saiten schräg-seitlich zur Tastatur verlaufen. In der Regel wird das Spinett als Hausinstrument eingesetzt.

d) Der schlangenförmig gewundene Serpent wurde im 18. und 19. Jh. bevorzugt als Bassinstrument in Militärkapellen oder in der Kirchenmusik eingesetzt. Er ist ein historisches Musikinstrument, das heute in der Regel durch die Tuba ersetzt wird.

Auf welchen Autor geht die Novelle *Der Tod in Venedig* zurück?

- a) Heinrich Mann
- b) Thomas Mann
- c) Gerhart Hauptmann
- d) Wolfgang Koeppen

a) Heinrich Mann (1871–1950) verfasste wie sein Bruder Thomas zahlreiche Romane, Novellen und Dramen. 1933 emigriert, verstand sich Heinrich Mann als politisch engagierter Schriftsteller. Zu seinen bedeutendsten Werken gehört der Roman *Der Untertan*, der 1918 erschien.

b) Die 1912 entstandene Novelle *Der Tod in Venedig* von Thomas Mann (1875–1955) war u. a. Vorbild für die viel diskutierte Filmversion von Luchino Visconti (1906–76). Mann zeichnet darin ein Bild der langsam versinkenden Lagunenstadt, in der der Schriftsteller Aschenbach der Erotik eines engelhaften Jungen verfällt.

c) Die Tragödien und Dramen des Dichters Gerhart Hauptmann (1862–1946) weisen dem Naturalismus in Deutschland seinen Weg. Hauptmann behandelt bürgerlich-gesellschaftliche Konflikte oder setzt sich wie in seinem Drama *Die Weber* (1892) kritisch mit sozialen Missständen auseinander.

d) Wolfgang Koeppen (1906–96) verfasste 1954 den Roman *Der Tod in Rom*. Anders als in Manns Novelle geht es bei Koeppen um die verborgenen Krankheiten der deutschen Seele in der Nachkriegszeit. Opfer und Täter treffen in der Ewigen Stadt zusammen und offenbaren beklemmende Lebenseinsichten.

Welcher Film von Alfred Hitchcock wurde nicht für einen Regie-Oscar nominiert?

- a) *Rebecca*
- b) *Psycho*
- c) *Ich kämpfe um Dich*
- d) *Die Vögel*

a) *Rebecca* war Hitchcocks erster US-amerikanischer Film. Der Film basiert auf dem Roman *Rebecca* von Daphne du Maurier (1907–89). Alfred Hitchcock (1899–1980) gehörte zweifellos zu den Regisseuren mit den meisten Oscar-Nominierungen.

b) Alfred Hitchcock drehte *Psycho*, der zu den berühmtesten der Filmgeschichte überhaupt zählt, 1960. Hitchcock erzählt die Geschichte des Psychopathen Norman Bates (Anthony Perkins; 1932–92), der „im Auftrag" seiner toten Mutter mordet. Obwohl der Film für vier Oscars nominiert war, gewann er in keiner Kategorie.

c) *Ich kämpfe um Dich* gehört zu den schauspielerischen Meisterleistungen von Ingrid Bergman (1915–82) und Gregory Peck (1916–2003). Alfred Hitchcock hat sich in diesem Film mit der Psychoanalyse Sigmund Freuds beschäftigt. Wie in fast allen seiner Filme hatte Hitchcock auch in *Ich kämpfe um Dich* einen kurzen Auftritt als Statist.

d) *Die Vögel* von 1963 wurde lediglich in der Kategorie „Beste visuelle Effekte" für einen Oscar nominiert, nicht aber für die Regie. Der Horrorfilm spielt mit einer Weltuntergangsstimmung, verbreitet durch Vogelschwärme, die die Menschen attackieren.

Wer ist der Bauherr der Florentiner Domkuppel?

- a) Donato Bramante
- b) Leon Battista Alberti
- c) Filippo Brunelleschi
- d) Michelangelo Buonarroti

a) Donato Bramante (1444–1514) war der einflussreichste Baumeister der italienischen Hochrenaissance. Sein Tempietto di San Pietro in Montorio in Rom von 1502 weist Elemente der antiken Architektur auf und gilt zugleich als Vorbild für die Kuppel des Petersdoms.

b) Der Universalgelehrte Leon Battista Alberti (1404–72) verfasste mit seinem Traktat *De re aedificatoria* die erste wichtige Architekturabhandlung der Renaissance. Alberti war auch als Baumeister tätig und beschäftigte sich mit Malerei.

Die Kuppel des Florentiner Doms

c) Auch Filippo Brunelleschi (1377–1446) war wie viele Persönlichkeiten der italienischen Renaissance ein Universalgenie, der als Bildhauer und Goldschmied ebenso Bedeutendes schuf wie als Baumeister. Seine Kuppel des Florentiner Doms ist die erste doppelschalige Kuppel überhaupt.

d) Michelangelo Buonarroti (1475–1564) entwarf noch als über Siebzigjähriger die Kuppel des Petersdoms in Rom, konnte ihre Fertigstellung (1591) aber nicht mehr miterleben. Wie die Florentiner Kuppel von Brunelleschi ist sie zweischalig und überspannt eine Länge von 42 m.

Welcher Bau stammt nicht von Andrea Palladio?

- a) Teatro Olimpico
- b) Il Redentore
- c) San Giorgio Maggiore
- d) Palazzo del Te

a) Das Teatro Olimpico in Vicenza von 1585 hat Andrea Palladio (1508–80) einem römischen Theater nachempfunden. Palladio gehört zu den bedeutendsten Baumeistern der italienischen Renaissance, sein Einfluss ist noch weit über Italien hinaus sichtbar.

b) Die weiße Steinfassade von Il Redentore in Venedig ist weithin sichtbar. Wie viele Bauten Palladios ist die Fassade von antikisierendem Blendwerk geprägt, das der Kirche zusammen mit der Vierungskuppel eine geometrische Strenge verleiht.

c) San Giorgio Maggiore wurde erst 20 Jahre nach Palladios Tod vollendet. Die venezianische Kirche steht zwar auf einer Insel, ist aber von Venedigs Stadtzentrum aus gut sichtbar. Die Fassade nimmt das Innere der dreischiffigen Basilika auf und ist wie Il Redentore mit antikisierendem Blendwerk verziert.

San Giorgio Maggiore

d) Der Palazzo del Te, die riesige Sommerresidenz des Herzogs von Gonzaga in Mantua, wurde von Giulio Romano (um 1499–1546) geschaffen. Der Bau ist zwar auf einfachem Grundriss gebaut, die einzelnen Zimmer sind aber bereits im Stil des beginnenden Manierismus gehalten.

Welches ist die letzte Oper von Wolfgang Amadeus Mozart?

- a) *Die Zauberflöte*
- b) *Die Hochzeit des Figaro*
- c) *Don Giovanni*
- d) *Così fan tutte*

a) *Die Zauberflöte* war die letzte Oper von Wolfgang Amadeus Mozart (1756–91) und zugleich einer der Höhepunkte in seiner Karriere als Komponist. Sie wurde 1791 in Wien uraufgeführt. Das fast dreistündige Werk wurde von Emanuel Schikaneder (1751–1812) in Auftrag gegeben mit der Auflage, „im Geschmack des heutigen Wiener Publikums" zu sein.

b) Die Opera buffa *Die Hochzeit des Figaro* sollte zu einem Misserfolg in Mozarts Leben als Komponist werden. Nach ihrer Uraufführung 1786 in Wien verschlechterte sich Mozarts wirtschaftliche Lage, die Kritik am Adel und das Verwirrspiel um Liebe und Erotik kam beim Publikum nicht besonders gut an.

c) Das Drama *Don Giovanni* in zwei Akten gehört zu den Meisterwerken der Operngeschichte. Die Geschichte erzählt von dem jungen Edelmann Don Giovanni, dem erst die Statue des toten Komturs zum Verhängnis wird. Mozart schrieb die Oper für das Prager Nationaltheater.

d) Für die Oper *Così fan tutte* arbeitete Mozart wie schon beim *Don Giovanni* mit dem Librettisten Lorenzo da Ponte (1749–1838) zusammen. Die Oper, die von der Flatterhaftigkeit des weiblichen Geschlechts erzählt, wurde 1790 in Wien uraufgeführt. Sie gehört auch heute noch zu den häufig gespielten Opern.

Welcher Schriftsteller übte auch den Beruf des Architekten aus?

- a) Friedrich Dürrenmatt
- b) Max Frisch
- c) Hermann Hesse
- d) Heinrich Böll

a) Der Schweizer Schriftsteller Friedrich Dürrenmatt (1921–90) arbeitete auch als Zeichner und Theaterkritiker. Unter dem Einfluss von Frank Wedekind, Bertold Brecht u. a. verfasste er Dramen, die zum Teil dem grotesken Theater nahestehen. Bekannt ist Dürrenmatt für seine Komödie *Die Physiker*.

b) Der Schweizer Schriftsteller Max Frisch (1911–1991) war auch als Architekt tätig. Frisch setzte sich in seinem Werk mit Problemen der Nachkriegszeit auseinander. Seine Werke *Stiller, Andorra, Homo Faber* und *Mein Name sei Gantenbein* finden sich häufig auf den Listen schulischer Pflichtlektüre.

c) Der Schriftsteller Hermann Hesse (1877–1962) erhielt 1946 den Nobelpreis für Literatur und 1955 den Friedenspreis des Deutschen Buchhandels. Sein Frühwerk lässt sich am ehesten der Neuromantik zuordnen, in seinen späteren Werken klingt die Erfahrung des Ersten Weltkriegs an. Zu seinen Themen gehört auch die Konfrontation von Geist und Leben.

d) Heinrich Böll (1917–85) gehört zu den wichtigsten Schriftstellern der Nachkriegszeit. Sein literarisches Werk ist eng an die Entwicklung der Bundesrepublik Deutschland gebunden, vor allem an die Erfahrungen des Kriegsendes, an den Wiederaufbau, aber auch an die Terrorismusdebatte der 1970er-Jahre.

Welches Saiteninstrument ist am größten?

- a) Violine
- b) Kontrabass
- c) Bratsche
- d) Violoncello

a) Violinen lassen sich bereits im 16. Jh. nachweisen. Ab 1550 gehörten Cremona und Brescia zu den Zentren der Geigenbaukunst. Auch der weltbekannte Geigenbauer Antonio Stradivari (1644–1737) stammte aus Cremona. Charakteristisch für die Violine sind vier Saiten, die im Quintabstand gestimmt sind.

Kontrabass

b) Der Kontrabass ist das tiefste und größte der Saiteninstrumente. Er stammt aus der Familie der Violen, wobei die früheren Kontrabässe mitunter auch sechs anstatt wie heute vier Saiten besitzen konnten. Charakteristisch für den Kontrabass ist auch ein kurzer, kräftiger Bogen.

c) Die Bratsche ist eine Quinte tiefer als die Violine gestimmt. Sie ist das Alt-Instrument der Violinfamilie. Die Bratsche stand lange Zeit im Schatten der Violine und des Violoncellos, sodass es entsprechend wenige Solostücke für dieses Instrument gibt.

d) Das Violoncello (umgangssprachlich auch Cello genannt) ist eine Oktave tiefer als die Bratsche. Es entspricht der Stimmlage von Tenor und Bass. Wie die anderen Streichinstrumente wird es mit dem Bogen gestrichen, wobei es im Unterschied zur Geige und Bratsche aufrecht steht.

An wen wurde 1941 die erste Goldene Schallplatte verliehen?

- a) Louis Armstrong
- b) Glenn Miller
- c) Frank Sinatra
- d) Johnny Cash

a) Der begnadete Jazz-Trompeter und Sänger Louis Armstrong (1901–71) hat unzählige Musiker mit seinem charakteristischen Stil beeinflusst. Seine stilistischen Wurzeln liegen im New Orleans Jazz. Armstrong wirkte auch bei einigen Hollywood-Produktionen mit.

b) Der Jazz-Musiker Glenn Miller (1904–44) erhielt am 10. Februar 1941 für seinen Song *Chattanooga Choo Choo* die erste Goldene Schallplatte. Miller ging 1942 zur US-Luftwaffe, wo er unter nicht geklärten Umständen zu Tode kam.

Glenn Miller

c) Frank Sinatra (1915–98) wurde aufgrund seiner tiefen, klangvollen Stimme auch „The Voice“ genannt. Neben seiner Karriere als Sänger war Sinatra auch in zahlreichen Spielfilmen mit von der Partie. Mit der Vertonung von *Strangers In The Night* gelang Sinatra einer der größten kommerziellen Erfolge der Musikgeschichte überhaupt.

d) Johnny Cash (1932–2003) gehört mit etwa 500 selbst verfassten Songs zu den populärsten Countrysängern überhaupt. In den 1950er-Jahren erlebte er den Höhepunkt seiner Karriere. Zur gleichen Zeit lernte er auch seine spätere Ehefrau kennen, die Sängerin June Carter (1929–2003).

Was ist ein Minnesang?

- a) ein Märchen
- b) Liebeslyrik
- c) ein Essay
- d) eine Erzählung

a) Das Märchen ist eine fantastische Erzählung, die normalerweise mündlich überliefert wird. Zu den berühmtesten Märchenerzählungen gehört die Märchensammlung Tausendundeine Nacht sowie die Märchen, die die Brüder Grimm zusammengetragen haben.

b) Der Minnesang ist Liebeslyrik und entwickelte sich im 12. Jh. Er geht u. a. auf die frühmittelalterliche arabische Hoflyrik und die lateinische Vagantendichtung zurück. Das Besondere am Minnesang ist u. a. seine spezielle Liebesauffassung. Hier geht es immer um die ritterliche Liebe zu einer „Angebeteten“, die nicht selten überhöht dargestellt wird. Häufig ist diese Liebe natürlich ganz und gar vergeblich und stürzt den schmachtenden Ritter in unbeschreibliche Seelenpein, aber auch in waghalsige Abenteuer.

c) Der Essay ist eine Abhandlung, in der kulturelle oder gesellschaftliche Phänomene untersucht werden. Der Essay hat zwar einen hohen stilistischen und gedanklichen Anspruch, ist aber an keine bestimmte Form gebunden. Als Gattung hat der Essay seinen Ursprung im 16. Jh.

d) Eine Erzählung kann in Prosa oder Versform geschrieben sein, im weitesten Sinn bezeichnet der Begriff alle Formen des Erzählens. Im engeren Sinn handelt es sich bei der Erzählung um eine Untergattung der Epik.

Wer entwarf das Guggenheim-Museum in Bilbao?

- a) Daniel Libeskind
- b) Frank O. Gehry
- c) Renzo Piano
- d) Herzog & de Meuron

a) Daniel Libeskind (geb. 1946) gehört zusammen mit Frank O. Gehry zu den Vertretern des Dekonstruktivismus. Von seinen preisgekrönten Entwürfen wurde erstmals der Bau des Jüdischen Museums in Berlin ausgeführt. Das bereits zwei Jahre vor seiner Eröffnung (2001) fertiggestellte Haus wurde von dem Architekten „Between the Lines" genannt. Von Libeskind stammen u. a. die Erweiterungsbauten des Denver Art Museum und des Victoria and Albert Museum in London.

b) Der gebürtige Kanadier Frank O. Gehry (geb. 1929) entwarf das im Hafen von Bilbao gelegene Guggenheim-Museum. Der Bau erinnert durch seine ineinander verschränkten Baukörper an eine monumentale Skulptur. Einen besonderen Blickfang bildet zudem die Außenhaut aus Titan.

c) Der italienische Architekt Renzo Piano (geb. 1937) entwarf zusammen mit dem Ingenieur Peter Rice (1935–92) und dem Architekten Richard Rogers (geb. 1933) das Kulturzentrum Centre Pompidou in Paris. 2000 wurde das Haus umfassend saniert und umgebaut.

d) Das Architektenduo Pierre de Meuron (geb. 1950) und Jacques Herzog (geb. 1950) hat bereits eine Reihe von Museumsbauten realisiert. Zu ihren bekanntesten Bauten gehört die Tate Modern in London, für die ein ehemaliges Kraftwerk am Ufer der Themse umgebaut wurde.

Wer war nicht Bandmitglied bei den Rolling Stones?

- a) Keith Richards
- b) Rod Stewart
- c) Brian Jones
- d) Ron Wood

a) Keith Richards (geb. 1943) gehörte zusammen mit Mick Jagger (geb. 1943), Bill Wyman (geb. 1936), Charlie Watts (geb. 1941) und Brian Jones zu den Gründungsmitgliedern der Band. Die Rolling Stones gründeten sich 1962 in London. Der Gitarrist Richards machte auch immer wieder durch Alkohol- und Drogenexzesse von sich reden.

Die Rolling Stones

b) Rod Stewart (geb. 1945) war einer der größten Rockstars der 1970er-Jahre. 1969 veröffentlichte Stewart sein erstes Soloalbum, zwei Jahre später eroberte er dauerhaft die Charts. Ursprünglich wollte Stewart Profifußballer werden.

c) Brian Jones (1942–69) gehörte 1962 zwar zu den Gründungsmitgliedern der Rolling Stones, verließ die Band aber schon 1969 wieder. Kurz darauf ertrank er im Swimmingpool seines Hauses. Bis heute gibt es Spekulationen darüber, dass es sich dabei um Mord gehandelt haben könnte.

d) Ron Wood (geb. 1947) spielte seit 1975 in der Band, nach Mick Taylor (geb. 1948), der wiederum Brian Jones abgelöst hatte. Zuvor hatte er schon an einem Stones-Song mitgewirkt, und Mick Jagger und Keith Richards hatten ihn bei einem Soloalbum unterstützt.

Wer trat nicht beim legendären Woodstock-Festival 1969 auf?

- ◯ a) Janis Joplin
- ◯ b) Jimi Hendrix
- ◯ c) The Who
- ◯ d) Bob Dylan

a) Die amerikanische Sängerin Janis Joplin (1943–70) gehört zu den zentralen Figuren der Flower-Power-Bewegung. Mit ihrer charakteristischen rauchigen Stimme besang Janis Joplin die Themen ihrer Zeit. Die Sängerin starb an den Folgen von übermäßigem Alkohol- und Drogenkonsum.

b) Jimi Hendrix (1942–70) gilt bis heute als einer der einflussreichsten Gitarristen der Rockmusik. Sein Durchbruch kam 1966 u. a. mit dem Hit *Hey Joe*. Wie Janis Joplin starb Jimi Hendrix an den Folgen von übermäßigem Alkohol- und Drogenkonsum.

c) Die 1964 in England gegründete Band The Who trennte sich 1983 offiziell, kam aber seitdem gelegentlich für Konzerte noch einmal zusammen. Zu den Bandmitgliedern gehörten Roger Daltrey (geb. 1944), Pete Townshend (geb. 1945), John Entwistle (1944–2002), Keith Moon (1946–78) und Kenny Jones (geb. 1948).

Bob Dylan

d) Ein Motorradunfall im Jahr 1966 veranlasste zunächst Bob Dylans (geb. 1941) Rückzug ins Privatleben. Heute ist Dylan immer wieder auf Tour, nimmt immer wieder neue Alben auf und ist auch sonst recht umtriebig. Auf dem Woodstock-Festival jedoch war er nicht vertreten.

Was ist eine Hydria?

- ◯ a) ein Meeresungeheuer
- ◯ b) ein antikes Metallgefäß
- ◯ c) ein Grabgefäß
- ◯ d) menschlicher Übermut

a) Die Hydra, ein neunköpfiges Meeresungeheuer aus der griechischen Mythologie, spielt vor allem in der Geschichte des Heroen Herakles eine Rolle. Der Sage nach wuchsen ihre Köpfe doppelt nach, sobald sie abgeschlagen wurden, dennoch konnte Herakles die Bestie besiegen. Mit der Galle der Hydra, mit der er seine Pfeile bestrich, konnte er unheilbare Wunden verursachen.

b) Hydria ist eine antike Vasenform, die sowohl aus gebranntem Ton als auch aus Metall sein kann. Kennzeichnend für die Hydria sind zwei waagerechte und ein senkrechter Henkel, der auf einem dickwangigen Bauch sitzt. Oft ist die Hydria Bildträger für Geschichten aus der griechischen Mythologie.

c) Durch Grabgefäße, Stelen oder Statuen wurden in der Antike die einfachen Gräber kenntlich gemacht. Zu den Gefäßen gehört etwa die Lekythos, ein längliches Gefäß mit dünner Öffnung zur Aufbewahrung von Öl. Die weißgrundigen Lekythen sind zum Teil sehr aufwendig bemalt.

d) Der menschliche Übermut wird im Griechischen als Hybris bezeichnet. In der griechischen Sagenwelt spielte die Hybris eine große Rolle, wenn sich etwa die Menschen gegen die Götter auflehnten und von diesen wieder in ihre Schranken gewiesen wurden. Hybris führte somit meist zum schnellen Sturz nach einer Phase des Glücks.

Welcher Film des amerikanischen Regisseurs Robert Altman wurde als Fernsehserie fortgesetzt?

- a) *Nashville*
- b) *Short Cuts*
- c) *The Player*
- d) *M.A.S.H.*

a) Der zweieinhalbstündige Film *Nashville* von Robert Altman (1925–2006) aus dem Jahr 1975 ist eine bitterböse Parabel über das Leben der Amerikaner. Altmans Film wurde zwar seinerzeit von der Kritik als Meisterwerk bejubelt, kam aber trotzdem beim Publikum weniger gut an.

b) *Short Cuts* ist ein Episodenfilm aus dem Jahr 1993. In vielen verschiedenen Geschichten erzählt Altman vom Schicksal unterschiedlichster Menschen, deren Wege sich zum Teil kreuzen. *Short Cuts* weist mit Schauspielern wie Tim Robbins (geb. 1958), Andie MacDowell (geb. 1958) oder Tom Waits (geb. 1949) eine Starbesetzung auf.

c) *The Player* setzt sich ironisch mit der Filmindustrie Hollywoods auseinander. Die Handlung kreist um den Produzenten Mill (Tim Robbins; geb. 1958), der mit einem Mord Karriere macht. Altman drehte den Film 1992.

d) Die satirische Komödie *M.A.S.H.* von 1970 handelt von drei Ärzten zur Zeit des Koreakriegs. Die drei schlagfertigen Mediziner sind in einem Feldlazarett tätig, in dem sie sämtliche Grausamkeiten des Kriegs miterleben, die sie mit viel Humor parieren. *M.A.S.H.* wurde später mit anderer Besatzung als Fernsehserie fortgesetzt.

Welche Epoche der Architektur wurde mit der Florentiner Domkuppel eingeleitet?

- a) Romanik
- b) Gotik
- c) Renaissance
- d) Barock

a) Der romanische Kirchenbau knüpft durch den Grundriss der römischen Basilika an die Antike an. Charakteristisch für die Romanik sind außerdem Chorumgänge, monumentale Steinmauern, Halbbogenfenster sowie massive Steingewölbe, die den Kirchen häufig etwas Düsteres verleihen.

b) Die Bauweise der Gotik ist vor allem durch die monumentalen Kathedralbauten des 12. und 13. Jh. geprägt. In die Höhe ragende Gewölbe und Türme symbolisierten die Nähe zu Gott, buntfarbige Fenster schufen lichterfüllte Kircheninnenräume.

Blick auf die Florentiner Domkuppel

c) Die Kuppel des Florentiner Doms von Filippo Brunelleschi (1377–1446) ist die erste doppelschalige Kuppel überhaupt. Ihre Klarheit und Eleganz markiert den Übergang von der Gotik zur Renaissance, für den auch der namentlich bekannte Bauherr als eigenständiger Künstler steht.

d) Der Baukunst des Barock haftet etwas Dramatisches und Unregelmäßiges an. In der Architektur versuchte man, die Skulptur oder die Malerei in den Baukörper mit einzubinden, häufig setzte man auf ungewöhnliche Lichteffekte.

Welches Buch ist nicht von Heinrich Böll?

- a) *Wo warst du, Adam?*
- b) *Deutschstunde*
- c) *Die verlorene Ehre der Katharina Blum*
- d) *Ansichten eines Clowns*

a) Der Kurzroman *Wo warst du, Adam?* von Heinrich Böll (1917–85) handelt von den Erfahrungen des Kriegsendes. Als einer der großen deutschen Nachkriegsschriftsteller erhielt Böll 1972 den Nobelpreis für Literatur. Böll war zeitweise Präsident des P.E.N.-Zentrums der Bundesrepublik Deutschland.

Heinrich Böll

b) In seinem Roman *Deutschstunde* von 1968 hat sich Siegfried Lenz (geb. 1926) mit der nationalsozialistischen Vergangenheit Deutschlands auseinandergesetzt, wobei er diese kritische Haltung im späteren Werk fortführte. Für *Deutschstunde* erhielt Lenz auch internationale Anerkennung.

c) *Die verlorene Ehre der Katharina Blum* erzählt die Geschichte einer Frau, die von einer Boulevardzeitung diffamiert wird. Die Erzählung, die zu Bölls Spätwerk gehört, zeichnet ein düsteres Bild der Bundesrepublik Deutschland in der Nachkriegszeit.

d) In *Ansichten eines Clowns* rechnet Heinrich Böll mit der Wohlstandsgesellschaft ab, der er Scheinmoral und Oberflächlichkeit vorwirft. Das 1963 erschienene Buch rief bei Publikum und Kritikern heftige Reaktionen hervor.

Welcher berühmte Schriftsteller war mit Marilyn Monroe verheiratet?

- a) Arthur Miller
- b) F. Scott Fitzgerald
- c) T. S. Eliot
- d) Ernest Hemingway

a) Zu Arthur Millers (1915–2005) bekanntesten Dramen gehört *Tod eines Handlungsreisenden*, der das Scheitern des amerikanischen Traums thematisiert. Über seinen literarischen Nachlass hinaus erlangte Miller auch durch seine Ehe mit Marilyn Monroe (1926–62) Berühmtheit, die allerdings nur fünf Jahre währte.

b) F. Scott Fitzgerald (1896–1940) gehört zu den Hauptvertretern der sogenannten Lost generation. Nach seinem großen Erfolg mit *Der große Gatsby* lebte Fitzgerald in den 1920er-Jahren mit seiner Ehefrau, der Schriftstellerin Zelda Sayre (1900–48), ein exzentrisches Leben, das ihn schließlich dem Alkohol verfallen ließ.

c) Der amerikanische Schriftsteller T. S. Eliot (1888–1965) übersiedelte bereits 1914 nach London, wo er die anglo-amerikanische Literatur entscheidend mitprägte. Sein literarischer Ruhm wurde u. a. durch die Dichtung *Das wüste Land* von 1922 begründet.

d) Ernest Hemingway (1899–1961) gehört ebenfalls zu den Vertretern der sogenannten Lost generation. Hemingway lebte lange Zeit in Europa, wo er u. a. Kriegsberichterstatter im Zweiten Weltkrieg war. Sein Drama *Wem die Stunde schlägt* handelt vom Kampf gegen den Faschismus und wurde mit Ingrid Bergman (1915–82) in der Hauptrolle verfilmt.

Mit welchem Film begann die Zusammenarbeit des Regisseurs Werner Herzog mit dem Schauspieler Klaus Kinski?

- a) *Woyzeck*
- b) *Aguirre, der Zorn Gottes*
- c) *Nosferatu – Phantom der Nacht*
- d) *Fitzcarraldo*

a) *Woyzeck* war der dritte gemeinsame Film von Werner Herzog (geb. 1942) und Klaus Kinski (1926–91). Kinski spielte in dem Drama neben Eva Mattes (geb. 1954) und Willy Semmelrogge (1923–84). Vorlage für den Film ist das Dramenfragment *Woyzeck* von Georg Büchner (1813–37).

b) Mit *Aguirre, der Zorn Gottes*, ihrem ersten gemeinsamen Film, begann die oftmals schwierige Beziehung zwischen Herzog und dem exzentrischen Kinski. Kinski spielt in dem 1972 gedrehten Film die Rolle des wahnsinnigen spanischen Eroberers Aguirre.

c) Mit *Nosferatu – Phantom der Nacht* drehte Herzog, der auch als Autorenfilmer und Vertreter des Neuen Deutschen Films bekannt ist, einen Horrorfilm. Der Film, der eine Hommage an Friedrich Wilhelm Murnaus (1888–1931) *Nosferatu* darstellt, hatte mit Isabelle Adjani (geb. 1955), Klaus Kinski und Bruno Ganz (geb. 1941) eine Starbesetzung.

d) In dem 1982 gedrehten Film *Fitzcarraldo* spielte abermals Klaus Kinski die Hauptrolle, diesmal an der Seite von Claudia Cardinale (geb. 1938) und Peter Berling (geb. 1934). Die Dreharbeiten gestalteten sich äußerst schwierig, u. a. weil Herzog ein echtes Schiff über einen Bergrücken ziehen ließ.

Was ist eine Novelle?

- a) ein Märchen
- b) eine Satire
- c) ein Gedicht
- d) eine Erzählung

Die Brüder Grimm

a) Das Märchen erzählt anders als die Novelle von fantastischen oder wunderbaren Begebenheiten. Man unterscheidet zwischen Kunst- und Volksmärchen, wobei Letztere vor allem durch die Märchensammlung der Brüder Grimm repräsentiert werden. Die Märchenerzählung wird häufig mündlich überliefert.

b) Die Merkmale einer Satire sind Spott, Ironie und Übertreibung. Meist werden damit bestimmte Personen oder Umstände kritisiert. Die Satire ist in fast allen Gattungen zu finden. Mit der Satire verwandt sind die Parodie und die Travestie.

c) Das Gedicht gehört zur Gattung der Lyrik, die neben dem Drama und der Epik eine der drei literarischen Hauptgattungen darstellt. Ursprünglich bezeichnete der Begriff alles schriftlich Abgefasste, heute wird „Gedicht" in der Regel für eine kürzere Form der Lyrik gebraucht.

d) Eine Novelle ist eine Erzählung und kann in Prosa oder Versform geschrieben sein. Die Novelle (ital., „kleine Neuigkeit") wird nach Goethes Definition durch etwas Neues, Unerhörtes gekennzeichnet. Die Handlung der Novelle, die meist einen zentralen Konflikt beinhaltet, ist in der Regel real vorstellbar.

Wer war der Erbauer der berühmten Wieskirche im Pfaffenwinkel?

- a) Egid und Cosmas Asam
- b) Dominikus und Johann Baptist Zimmermann
- c) Johann Balthasar Neumann
- d) François de Cuvilliés

a) Egid Quirin (1692–1759) und Cosmas Damian (1686–1739) Asam prägten das Bild des bayerischen Barock. Als Maler, Bildhauer und Architekten schufen sie Gesamtkunstwerke einer barocken Bauweise, u. a. die Asamkirche in München.

Blick ins Innere der Wieskirche

b) Die prächtig barocke Wallfahrtskirche im Pfaffenwinkel ist ein Werk der Brüder Zimmermann (1685–1766 und 1680–1758). In der Außenansicht vermittelt die Wieskirche einen eher schlichten Eindruck, das Kircheninnere zeigt hingegen barocke Fülle mit buntfarbigen Deckenmalereien und goldverzierten Marmorsäulen.

c) Johann Balthasar Neumann (1687–1753) ist vor allem als Erbauer der Würzburger Residenz bekannt. Das Treppenhaus mit den Fresken von Giovanni Battista Tiepolo (1696–1770) und der Kaisersaal gehören zu den Meisterwerken barocker Architektur.

d) François de Cuvilliés (1695–1768) war Baumeister und Dekorateur. Seit 1725 war er Hofbaumeister in München, wo er das berühmte Jagdschlösschen Amalienburg erbaute. Cuvilliés verband den Stil des bayerischen Barock mit der vornehmeren Bauweise des französischen Rokoko.

Welches Theaterstück von William Shakespeare wurde mit Leonardo DiCaprio in der Hauptrolle verfilmt?

- a) *Hamlet*
- b) *Romeo und Julia*
- c) *König Lear*
- d) *Ein Sommernachtstraum*

a) *Hamlet* gehört wie *König Lear* zu Shakespeares (1564–1616) Macht- und Rachetragödien. Das Stück *Hamlet, Prinz von Dänemark* ist eines der am meisten gespielten Theaterstücke weltweit. *Hamlet* beginnt im 3. Aufzug einen Monolog mit „Sein oder Nichtsein, das ist hier die Frage", einem sehr häufig zitierten Satz der Weltliteratur.

b) Die Tragödie *Romeo und Julia* erzählt die Geschichte zweier verfeindeter Familien, deren Sprösslinge sich ineinander verlieben. Das Drama mit tödlichem Ausgang wurde 1996 mit Leonardo DiCaprio (geb. 1974) und Claire Danes (geb. 1979) in den Hauptrollen verfilmt.

c) *König Lear* gehört zusammen mit *Othello*, *Macbeth* und *Hamlet* zu den großen Tragödien Shakespeares. Entstanden ist das Stück vermutlich 1605, die Uraufführung fand 1606 statt. *König Lear* handelt von einem alternden Herrscher, der sein Reich unter seinen Töchtern aufteilt.

d) Das 1597/96 entstandene Werk *Ein Sommernachtstraum* gehört zu Shakespeares Komödien der mittleren Schaffenszeit. Es diente als Vorlage für zahlreiche Opern, Ballettinszenierungen und Filme. Häufig wird das Stück auch in Schul- oder Laientheatern aufgeführt.

Wer gehört nicht zur Neuen Deutschen Welle?

- a) Nena
- b) Falco
- c) Element of Crime
- d) Ideal

Wer schrieb den Roman *Krieg und Frieden*?

- a) Lew Tolstoi
- b) Fjodor Dostojewski
- c) Iwan Gontscharow
- d) Nikolaj Gogol

a) Nena (geb. 1960) wurde mit ihrem Hit *99 Luftballons* von 1983 zum Inbegriff der Neuen Deutschen Welle. Mit ihren Liedern landete sie auch international in den Charts. 1987 trennte sich Nena von ihrer Band und begann u. a. als Interpretin von Kinderliedern eine neue Karriere.

b) Der österreichische Sänger und Musiker Falco (1957–98) gehörte mit seinem Voralpen-Rap *Der Kommissar* zu den Begründern der Neuen Deutschen Welle. Falcos Karriere als Musiker festigte sich auch durch Hits wie *Rock Me Amadeus* und *Jeanny*. *Rock Me Amadeus* ist bis heute der einzige deutschsprachige Song, der es an die Spitze der US-Charts geschafft hat.

c) Die 1985 gegründete Band Element of Crime um den Sänger, Texter und Schriftsteller Sven Regner (geb. 1961) sang zunächst englischsprachig. Anfang der 1990er-Jahre wechselte sie vom Englischen ins Deutsche und wurde damit zum Vorreiter des deutschen Pop. 2001 erschien Regners erster Roman *Herr Lehmann*, der später von Leander Haußmann auch verfilmt worden ist.

d) Die Berliner Band Ideal gründete sich 1980. Die Band um die Sängerin Annette Humpe (geb. 1950) landete Hits wie *Blaue Augen*, *Monotonie* oder *Eiszeit*. Bereits 1983 löste sich die Band wieder auf, bis dahin hatte Ideal zwei Alben produziert.

a) Lew Tolstoi (1828–1910) schrieb das mehrbändige Geschichts- und Gesellschaftspanorama vor dem Hintergrund der napoleonischen Kriege. Die Familienchronik schildert das bewegte Leben zweier alter russischer Adelsfamilien. Der Einfluss von *Krieg und Frieden* auf den realistischen Roman ist unermesslich.

Lew Tolstoi

b) Fjodor Dostojewski (1821–81) gehört neben Tolstoi zu den großen Erzählern des russischen Realismus. Mit *Schuld und Sühne* und *Die Brüder Karamasow* schuf Dostojewski Standardwerke der Weltliteratur.

c) Iwan Gontscharow (1812–91) gehört wie Dostojewski und Tolstoi zu den Hauptvertretern des russischen Realismus. In seinem Hauptwerk *Oblomow* schildert Gontscharow den Niedergang des Titelhelden Oblomow, der durch seine Schläfrigkeit und Passivität zugrunde geht.

d) Der russische Schriftsteller Nikolaj Gogol (1809–52) steht mit seinem literarischen Schaffen zwischen Romantik und Realismus. Anders als bei den großen russischen Realisten übersteigert sich sein Realismus häufig ins Groteske. So zählt seine Novelle *Die Nase* zu den Hauptwerken grotesker Erzählkunst.

Welcher antike Philosoph prägte den Ausdruck „Eine Schwalbe macht noch keinen Sommer“?

- a) Aristoteles
- b) Platon
- c) Heraklit
- d) Parmenides

Aritstoteles

a) Der antike Philosoph Aristoteles (384–322 v. Chr.) ist zusammen mit Platon und Sokrates (470–399 v. Chr.) einer der wichtigsten griechischen Philosophen. Aristoteles war Schüler von Platon und gründete später in Athen eine eigene Schule, das Lykeion. Erhalten sind von Aristoteles nur dreißig Werke, darunter die *Metaphysik*, die aus vierzehn Büchern besteht.

b) Platon (um 427–347 v. Chr.) hat die abendländische Philosophie bis in die Gegenwart entscheidend beeinflusst. Sein umfassendes Werk ist vor allem in der Form von Dialogen erhalten, zu denen u. a. Protagoras, Kriton, Phaidon, Symposium gehören. Platon war Schüler von Sokrates.

c) Der antike Philosoph Heraklit (um 550–um 480 v. Chr.) wurde auch „der Dunkle“ genannt, weil er eine verrätselte Sprache benutzte. Von seinem Leben ist wenig bekannt, für seine Philosophie ist der Begriff des „logos“ maßgeblich.

d) Der griechische Philosoph Parmenides (um 515–445 v. Chr.) gehört zu den sogenannten Vorsokratikern. Seine Philosophie ist in Form des hexametrischen Lehrgedichts *Über die Natur* überliefert.

Wer war kein Künstler des Impressionismus?

- a) Pierre-Auguste Renoir
- b) Camille Pissarro
- c) Gustave Courbet
- d) Edgar Degas

a) Pierre-Auguste Renoir (1841–1919) gehört zu den bedeutendsten Vertretern des Impressionismus. Zu seinen Hauptthemen zählten allerdings nicht die Landschaft, sondern das Großstadtleben und die weibliche Gestalt. Seit 1913 fast völlig gelähmt, schuf er unter Mitwirkung von Gehilfen fast ausschließlich Skulpturen.

b) Camille Pissarro (1830–1903) wurde erst durch die Bekanntschaft mit Édouard Manet zum Freilichtmaler, entwickelte sich dann aber zu einem der wichtigsten Vertreter des Impressionismus. Große Bedeutung hatte er auch als Lehrmeister. Zu seinen Schülern zählten u. a. Paul Gauguin und Paul Cézanne.

c) Die Gemälde des Franzosen Gustave Courbet (1819–77) waren stilbildend für den Realismus. Courbet wandte sich gegen eine idealisierende Darstellungsweise, indem er profane Motive in seiner Malerei aufnahm. Auch in der Ausführung seiner Gemälde richtete er sich gegen vorherrschende Darstellungsmuster.

d) Edgar Degas (1834–1917) kam ebenfalls durch die Bekanntschaft mit Édouard Manet zum Impressionismus. Sein Hauptthema war allerdings nicht die Landschaft, sondern die Darstellung der menschlichen Gestalt. Hochberühmt sind seine zahlreichen Bilder aus der Welt des Balletts und des Theaters.

Wer ist einer der Hauptvertreter des absurden Theaters?

- a) Eugène Ionesco
- b) Bertolt Brecht
- c) Dario Fo
- d) Anton Tschechow

a) Der französische Dramatiker Eugène Ionesco (1909–1994) gehört zu den Hauptvertretern des absurden Theaters. Ähnlich wie Beckett verarbeitete auch er Fragen des Existenzialismus in seinen Stücken, die weitgehend auf herkömmliche Formen des Theaters verzichten. Beispielhaft für das absurde Theater ist Ionescos Komödie *Die Nashörner*.

b) Der Schriftsteller und Regisseur Bertolt Brecht (1898–1956) gehört zu den wichtigsten Vertretern des Theaters des 20. Jh. 1929 wurde sein Stück *Dreigroschenoper* uraufgeführt, das ihn als Autor einer jungen, radikalen Generation auszeichnete. Nach dem Krieg gründete Brecht mit seiner Frau Helene Weigel (1900–71) das Berliner Ensemble.

c) Die Stücke von Dario Fo (geb. 1926) zeichnen sich vor allem durch Satire und Humor aus. Der italienische Dramatiker und Schauspieler arbeitet oft mit seiner Frau, Franca Rame (geb. 1929), zusammen. Zu den in Deutschland häufig gespielten Stücken von Dario Fo gehört *Offene Zweierbeziehung* von 1983.

d) Anton Tschechow (1860–1904) war eigentlich Arzt, der sich sein Studium mit der Schriftstellerei verdiente. Tschechows Dramen (z. B. *Drei Schwestern*) zeichnen sich durch realistische Züge aus, vermischt mit impressionistischen und symbolistischen Anklängen.

Wie bezeichnet man den Textvorsager im Theater?

- a) als Statist
- b) als Souffleur
- c) als Prinzipal
- d) als Protagonist

a) Der Statist im Theater oder im Film übernimmt eine Rolle ohne oder mit wenig Text. Statisten, auch Kleindarsteller oder Komparsen genannt, tragen nicht zum Fortgang der Handlung bei. Für Monumentalfilme ist häufig eine große Anzahl an Statisten nötig (z. B. *Herr der Ringe*).

b) Der Souffleur befindet sich oft in einem eigenen Raum unter der Bühne, von wo aus er den Schauspielern ihren Text einflüstern kann. Er verfolgt ein Theaterstück mit dem Textbuch in der Hand und hilft dort aus, wo die Schauspieler ihren Text vergessen haben. Für das Publikum ist der Souffleur nicht zu sehen.

Souffleur an seinem Arbeitsplatz

c) Als Prinzipal bezeichnet man den Leiter einer Wandertruppe. Häufig ist er Unternehmer, Geschäftsführer und Schauspieler in einem.

d) Ursprünglich bezeichnete der Begriff „Protagonist“ den Darsteller der ersten Rolle in der griechischen Tragödie. Heute wird die Bezeichnung auch in der Literatur verwendet. „Protagonist“ bedeutet in diesem Fall Hauptfigur eines Romans. Auch in den modernen Medien findet der Begriff Anwendung.

Wer war der Architekt der Dresdner Frauenkirche?

- a) George Bähr
- b) Gottfried Semper
- c) Karl Friedrich Schinkel
- d) Friedrich von Gärtner

a) George Bähr (1666–1738) schuf mit der Dresdner Frauenkirche die bedeutendste protestantische Predigtkirche Deutschlands. Die 1945 zerstörte Frauenkirche wurde unter Verwendung von historischem Baumaterial von 1994–2005 wieder aufgebaut.

Blick auf die Frauenkirche

b) Gottfried Semper (1803–79) vertrat als Architekt das Ideal der italienischen Renaissance. Das von ihm entworfene Opernhaus in Dresden weist entsprechend ausgewogene Proportionen auf. Nachdem Semper für kurze Zeit Leiter der Bauschule an der Dresdner Kunstakademie war, emigrierte er zunächst nach Paris und später nach Wien, wo er u. a. das Burgtheater und den Neubau der Hofburg entwarf.

c) Karl Friedrich Schinkel (1781–1841) etablierte als Architekt und Maler einen klassizistischen Stil. Auf ihn gehen u. a. die Neue Wache, das Schauspielhaus am Gendarmenmarkt und das Alte Museum in Berlin zurück.

d) Friedrich von Gärtner (1792–1847) gestaltete als Hofarchitekt König Ludwigs I. (1825–48) die Münchner Ludwigstraße mit der Ludwigskirche, der Staatsbibliothek, der Universität, der Feldherrnhalle und dem Siegestor. Seine Bauten weisen architektonische Merkmale der Renaissance und des Mittelalters auf.

Welchen Film drehte Luis Buñuel zusammen mit Salvador Dalí?

- a) *Der diskrete Charme der Bourgeoisie*
- b) *Belle de Jour*
- c) *Ein andalusischer Hund*
- d) *Tristana*

a) *Der diskrete Charme der Bourgeoisie* von 1972 manövriert eine Gruppe vornehmer Bürger während eines Diners durch eine Kette gesellschaftlicher Peinlichkeiten. Dem Film liegen wie vielen Filmen Luis Buñuels (1900–83) psychoanalytische Deutungsmuster zugrunde, die der Regisseur mit viel Humor auf der Leinwand festhält.

b) *Belle de Jour* mit Catherine Deneuve (geb. 1943) in der Hauptrolle gehört zu Buñuels kommerziell erfolgreichsten Filmen. Der in Frankreich gedrehte Film spielt mit den erotischen Fantasien einer Hausfrau.

c) Der von irrationalen Bildern geprägte Film *Ein andalusischer Hund* entstand 1928 in enger Zusammenarbeit von Salvador Dalí (1904–89) und Luis Buñuel. In einer unvermittelten Einstellung zeigt der Film den Schnitt eines Messers durch ein (menschliches) Auge. Viele Bilder des Films verweisen auf eine von Sexualität und Frustration aufgeladene Atmosphäre.

d) In dem 1970 entstandenen Film *Tristana* spielt Catherine Deneuve die körperlich behinderte Heldin. Mit Witz und Ironie führt Buñuel die Figur des liebeshungrigen Alten ein, über den sich die schöne Hauptdarstellerin lustig macht. Der Film zeigt Buñuels Vorliebe für das Obskure und Widernatürliche.

Welcher Kunststil gehört nicht zum Jugendstil?

- a) Modern Style
- b) Art nouveau
- c) Sezessionsstil
- d) Futurismus

a) Das englische Pendant zum Jugendstil, der Modern Style, geht auf die Präraffaeliten und die Arts-and-Crafts-Bewegung zurück. Wie auch in anderen Ländern fand der Kunststil vor allem in den angewandten Künsten Anwendung, etwa in der Buchkunst. Merkmale sind eine florale Ornamentik und Symbole aus der Pflanzenwelt.

b) Der französische Jugendstil, der Art nouveau, gelangte in der Glas- und Schmuckkunst, vor allem in den Arbeiten René Laliques (1860–1945) zu höchster Vollendung. In der Malerei entwickelte sich der Jugendstil als Gegenbewegung zum Impressionismus, zu seinen Vertretern gehörte etwa Henri Toulouse-Lautrec (1864–1901).

c) Der österreichische Sezessionsstil ist vor allem bekannt durch Gustav Klimt (1862–1918) und seine goldverzierten Porträts. Aber auch in Österreich wirkte der Kunststil nicht nur in der Malerei, sondern erfasste auch Bereiche wie die Möbelherstellung oder die Kleinkünste.

d) Die Künstler des in Italien entstandenen Futurismus proklamierten einen radikalen Bruch mit der traditionellen Malerei. Gegenstände sollten nicht mehr in einem einzigen Zustand abgebildet werden, sondern in verschiedenen Zuständen und Erlebnisphasen (Dynamik, Geschwindigkeit). Hauptvertreter der futuristischen Malerei war Umberto Boccioni (1882–1916).

Wer ist kein Vertreter des Sturm und Drang?

- a) Gerhart Hauptmann
- b) Johann Wolfgang von Goethe
- c) Friedrich von Schiller
- d) Johann Gottfried von Herder

a) Der Dichter Gerhart Hauptmann (1862–1946) gehört zu den wichtigsten Vertretern des Naturalismus in Deutschland. Sein heterogenes Werk behandelt soziale, religiöse, psychologische und autobiografische Themen. In seinem Spätwerk findet sich auch ein Interesse an historischen Themen.

Gerhart Hauptmann

b) Johann Wolfgang von Goethe (1749–1832) verfasste mit *Götz von Berlichingen* und *Die Leiden des jungen Werthers* zwei Standardwerke des Sturm und Drang. Dabei begründete der Briefroman vom jungen Werther seinen literarischen Ruhm.

c) Friedrich von Schiller (1759–1805) gehört mit seinem Frühwerk zu den wichtigsten Vertretern des Sturm und Drang, sein Spätwerk zeichnet ihn als Dichter der Aufklärung aus. Schiller behandelte in seinem Werk die Frage nach dem Zusammenhang von Ästhetik und Moral. Zusammen mit Johann Wolfgang von Goethe (1749–1832) prägte er wesentlich die Weimarer Klassik.

d) Der Philosoph und Schriftsteller Johann Gottfried von Herder (1744–1803) ist vor allem auf dem Gebiet der Sprachphilosophie von herausragender Bedeutung. Seine theoretischen Schriften spielten für die Bewegung des Sturm und Drang eine äußerst wichtige Rolle.

Wer verfasste die Bildergeschichte *Max und Moritz*?

- ◯ a) Astrid Lindgren
- ◯ b) Erich Kästner
- ◯ c) Wilhelm Busch
- ◯ d) Jakob und Wilhelm Grimm

a) Die schwedische Autorin Astrid Lindgren (1907–2002) verfasste mit *Pippi Langstrumpf* (1945) eines der beliebtesten Kinderbücher überhaupt. *Pippi Langstrumpf* wurde mehrfach verfilmt und in zahlreiche Sprachen übersetzt.

b) Bezeichnend für Erich Kästners (1899–1974) Kindergeschichten ist, dass die Kinder auch als Helden in Erscheinung treten (z. B. *Emil und die Detektive*). Neben Kinderliteratur schrieb Kästner auch politisch-satirische Gedichte, Kabaretttexte und Theaterstücke. Außerdem war er als Feuilletonist tätig.

Zeichnung aus *Max und Moritz*

c) Mit *Max und Moritz* verfasste Wilhelm Busch (1832–1908) eine der ersten Bildergeschichten für Kinder. Buschs Werke enthalten häufig satirische Züge. Der Autor, der auch als Karikaturist und Maler tätig war, gilt als einer der volkstümlichsten Humoristen überhaupt.

d) Die Germanisten Jakob (1785–1863) und Wilhelm Grimm (1786–1859) gaben gemeinsam die *Kinder- und Hausmärchen* (1812–15) heraus, die der Märchengattung zu größtem Ansehen verhalfen. Die Märchensammlung erfreut sich bis heute größter Beliebtheit.

Welcher Regisseur drehte das düstere Vietnamepos *Apocalypse Now*?

- ◯ a) Stanley Kubrick
- ◯ b) Michael Cimino
- ◯ c) Francis Coppola
- ◯ d) Milos Forman

a) Stanley Kubricks Film *Shining* entstand 1979, im gleichen Jahr wie *Apocalypse Now*. Kubrick (1928–99) erzählt in *Shining* die Geschichte eines Familienvaters, der in einem einsam gelegenen Hotel zum Wahnsinnigen wird und versucht, Frau und Sohn zu ermorden.

b) Mit *Die durch die Hölle gehen* (1973) drehte Michael Cimino (geb. 1943) einen Antikriegsfilm, der wie *Apocalypse Now* nicht nur den Krieg zeigt, sondern auch die Menschen, die darin untergehen. Die Tragödie mit Robert de Niro (geb. 1943) gehörte zu den ersten Filmen, die das Trauma des Vietnamkriegs filmisch zu bewältigen suchten.

c) Francis Coppola (geb. 1939) drehte 1979 den Film *Apocalypse Now*, dessen Produktion mit 30,5 Mio. Dollar zwar extrem aufwendig war, der aber als einer der größten Antikriegsfilme in die Filmgeschichte eingehen sollte. Marlon Brando (1924–2004) spielt darin den gleichermaßen wahnsinnigen wie grausamen Oberst Kurtz.

d) Auch wenn der Held Claude Bukowski aus Milos Formans (geb. 1932) Film im Vietnamkrieg fällt, ist *Hair* anders als *Apocalypse Now* oder *Die durch die Hölle gehen* kein klassischer Antikriegsfilm. *Hair* gehört vielmehr zum Genre der amerikanischen Musikkomödie.

Für welche Stilrichtung steht die Malerei Georges Seurats?

- a) Impressionismus
- b) Pointillismus
- c) Expressionismus
- d) Dadaismus

Für den Namen welcher Filmfigur stand ein Ornithologe Pate?

- a) James Bond
- b) Rocky Balboa
- c) Indiana Jones
- d) Dr. Schiwago

a) Der Impressionismus nahm mit einem Gemälde Claude Monets (1840–1926) 1874 in Paris seinen Anfang. Die Impressionisten versuchten, in ihrer Malerei den Eindruck von Licht und Farbe festzuhalten, womit sie sich gegen die akademische Malweise wandten, die nach einer möglichst naturgetreuen Abbildung strebte.

b) Georges Seurat (1859–91) überwand den Impressionismus durch Weiterentwicklung seiner Grundidee zum Pointillismus. Nicht nur in der Form, sondern auch in der Farbe sollte die Malerei die optische Erscheinung der Wirklichkeit wiedergeben. Um den Farbwert eines Gegenstandes genau zu treffen, zerlegte er seine Motive in Punkte.

c) Anders als im Impressionismus geht es im Expressionismus um den Ausdruck des Gefühlslebens. Um zu einer ausdrucksstarken Kunst zu gelangen, verwendeten die Expressionisten viel Schwarz, das sie mit kräftigen Farbtönen kombinierten.

d) Die internationale Kunstrichtung des Dadaismus manifestierte sich erstmals 1916 in Zürich und erstreckte sich nicht nur auf die bildende Kunst, sondern bezog auch die Literatur und die Musik mit ein. Die Dadaisten prangerten mithilfe von sinnleerer Unlogik, Banalität und spielerischer Provokation die fragwürdigen Werte des Spießbürgertums ihrer Zeit an.

a) Die Figur des Geheimagenten James Bond alias 007 wurde von dem Schriftsteller Ian Fleming (1908–64) erfunden. Für Bonds Name stand dabei ein Ornithologe Pate. In dem James Bond-Film *Stirb an einem anderen Tag* von 2002 erinnert eine kurze Filmszene an den relativ unbekannten Namensgeber.

Ian Fleming

b) Der von Sylvester Stallone (geb. 1946) verkörperte Rocky Balboa kämpfte sich als Boxchampion durch mehrere Filmfolgen. Der erste Rocky-Film von 1976 erhielt den Oscar für den besten Film, der jüngste Rocky-Streifen mit Sylvester Stallone wurde 2006 abgedreht. Stallone schrieb auch das Drehbuch für die Rocky-Filme.

c) Die in den 1980er-Jahren unter der Regie von Steven Spielberg (geb. 1947) gedrehten Filme über den Archäologen Indiana Jones, der in turbulente Abenteuer verwickelt wird, gelten heute als Kult. In allen drei bisher entstandenen Filmen spielt Harrison Ford (geb. 1942) die Hauptrolle.

d) Das Drama *Doktor Schiwago* wurde 1965 mit Omar Sharif (geb. 1932) in der Hauptrolle gedreht. Sharif verkörpert den Arzt Doktor Schiwago, der sich zwischen zwei Frauen hin- und hergerissen fühlt. Der von David Lean (1908–91) gedrehte Film erhielt fünf Oscars.

In welchem Historienfilm spielt Elizabeth Taylor die Hauptrolle?

- ○ a) *Spartacus*
- ○ b) *Lawrence von Arabien*
- ○ c) *Quo Vadis*
- ○ d) *Cleopatra*

a) Stanley Kubrick (1928–99) verfilmte 1960 die Geschichte des Sklaven Spartacus. Die mit Kirk Douglas (geb. 1916) besetzte Rolle des Spartacus beruht dabei vor allem auf fiktiven Begebenheiten, da über die historische Figur des Spartacus nur wenig bekannt ist. Der Film erhielt 1961 vier Oscars.

b) Die mit Peter O'Toole (geb. 1932) und Omar Sharif (geb. 1932) verfilmte Geschichte des Engländers Lawrence, der auf die arabische Halbinsel gesandt wird, erhielt 1963 sieben Oscars. Beiden Schauspielern verhalf der Film zu ihrem internationalen Durchbruch. Regie führte David Lean (1908–91).

c) Der Film von Mervyn Le Roy (1900–87) aus dem Jahr 1951 basiert auf dem Roman *Quo Vadis* von Henryk Sienkiewicz (1846–1916). Erzählt wird die Geschichte eines römischen Generals zur Zeit der Christenverfolgung durch Kaiser Nero.

d) Elizabeth Taylor (geb. 1932) drehte 1963 den Historienfilm *Cleopatra*. Bei den Dreharbeiten lernte sie Richard Burton (1925–84) kennen, mit dem sie die folgenden Jahre eine dramatische Liebesbeziehung verband. Ihre Ehe sorgte lange Zeit für Gesprächsstoff in Hollywood.

Elizabeth Taylor in einer Filmszene mit Richard Burton

Welcher dieser Filme machte Jean Paul Belmondo berühmt?

- ○ a) *Außer Atem*
- ○ b) *Fahrstuhl zum Schafott*
- ○ c) *Nur die Sonne war Zeuge*
- ○ d) *Jules und Jim*

a) In *Außer Atem* spielt Jean Paul Belmondo (geb. 1933) den jungen Gangster Michel, der, obwohl er sich auf der Flucht vor der Polizei befindet, eine Affäre mit der jungen Amerikanerin Patricia (Jean Seberg; 1938–79) beginnt. Jean-Luc Godard (geb. 1930) führte in dem 1959 gedrehten Film Regie.

b) *Fahrstuhl zum Schafott* ist das Erstlingswerk des französischen Regisseurs Louis Malle (1932–95). In eindrucksvollen Bildern erzählt der Film die Geschichte eines „perfekten Verbrechens", das letztlich doch misslingt, weil der Mörder im Fahrstuhl stecken bleibt.

c) Auch René Clément (1913–96) drehte 1960 einen Film über das beinahe perfekte Verbrechen. Die Literaturverfilmung *Nur die Sonne war Zeuge* mit Alain Delon (geb. 1935) nach einem Roman von Patricia Highsmith (1921–95) wurde 1999 unter dem Titel *Der talentierte Mr. Ripley* nochmals verfilmt.

d) François Truffaut (1932–84) führte Regie in dem Ehe- und Liebesdrama *Jules und Jim* mit Jeanne Moreau (geb. 1928) in der Hauptrolle. Der Film, der von der Liebe zweier Freunde zu einer Frau handelt, erhielt mehrere auch internationale Preise, u. a. den Étoile de Cristal als bester französischer Film.

Welcher berühmte Maler des Impressionismus malte Hunderte von Seerosenbildern?

- ◯ a) Claude Monet
- ◯ b) Édouard Manet
- ◯ c) William Turner
- ◯ d) Max Liebermann

Welchen dieser Regisseure rechnet man nicht zur Bewegung der Nouvelle Vague?

- ◯ a) Claude Chabrol
- ◯ b) François Truffaut
- ◯ c) Jean-Luc Godard
- ◯ d) Luc Besson

a) Der französische Maler Claude Monet (1840–1926) beschäftigte sich in den letzten 25 Jahren seines Lebens intensiv mit dem Motiv der Seerosen. Angeregt durch einen Seerosenteich im Garten seines Hauses in Giverny perfektionierte er das Bild der bewegten Wasseroberfläche auf großformatigen Leinwänden und zahlreichen Skizzen.

b) Édouard Manet (1832–83) war ein Wegbereiter des Impressionismus. Seine Bilder sind oft von provozierender Thematik, weshalb sie mehrmals von der Jury des offiziellen Pariser Salons zurückgewiesen wurden. So rief etwa das Gemälde *Frühstück im Grünen* bei vielen Zuschauern einen Sturm der Entrüstung hervor.

c) Die Bilder des englischen Malers William Turner (1775–1851) weisen zwar bereits auf den Impressionismus hin, gehören aber zur Epoche der Romantik. In zahlreichen Ölbildern hielt Turner neben natürlichen Phänomenen wie Licht oder Wasser auch Motive der zunehmenden Industrialisierung fest.

d) Max Liebermann (1847–1935) ist der bedeutendste deutsche Vertreter des Impressionismus. Seine frühen Bilder sind von dunklen Tönen und einer naturalistischen Darstellungsweise gekennzeichnet, später hellt sich seine Farbpalette auf.

a) Claude Chabrol (geb. 1930) gehört zu den bedeutendsten Autoren der Nouvelle Vague. Er drehte bereits 1958 seinen ersten Film *(Schrei, wenn du kannst)*. Seine jüngste Produktion – *Geheime Staatsaffären* – stammt aus dem Jahr 2006.

Claude Chabrol

b) François Truffaut (1932–84) war nicht nur als Regisseur, sondern auch als Schauspieler und Kritiker tätig. Zu seinen wichtigsten filmischen Arbeiten gehören *Sie küssten und sie schlugen ihn*, *Jules und Jim*, *Das Geheimnis der falschen Braut* sowie *Die letzte Metro*.

c) Mit *Außer Atem* schuf Jean-Luc Godard (geb. 1930) einen Kultfilm des französischen Kinos. Vor allem in seinen Filmen aus den 1960er-Jahren äußerte Godard radikale Gesellschaftskritik. Charakteristisch für seine Filme und die Bewegung der Nouvelle Vague ist der freie, experimentelle Stil.

d) Auf Luc Besson (geb. 1959) gehen gleich mehrere Klassiker des französischen Kinos zurück, darunter *Im Rausch der Tiefe* von 1987 und *Leon der Profi* (1994). Mit *Das fünfte Element* (1997) schuf Besson einen vielgelobten Science-Fiction-Film.

Was ist ein Prolog?

- a) eine Vorrede
- b) ein Abschluss
- c) ein Theatron
- d) eine Premiere

a) Der Prolog ist eine Art Vorrede zu einem Theaterstück. In der Regel spricht der Autor einleitende Worte, die den Zuschauer in die Handlung einführen und ihn auf diese vorbereiten. Der Prolog kann als Dialog oder Monolog geführt sein.

b) Das Gegenstück zum Prolog ist der Epilog, der den Abschluss eines Theaterstücks bildet. Häufig handelt es sich bei diesem Abschluss um eine an die Zuschauer gerichtete Schlussrede. Außerhalb der Theaterwelt können Epilog und Prolog auch die Abschluss- bzw. Auftaktetappe eines Fahrradrennens bezeichnen.

Theatron in Chemnitz

c) Im antiken Theaterbau bezeichnete der Begriff „Theatron" den Zuschauerraum. In der zeitgenössischen Architektur umfasst das Theatron neben den Zuschauerplätzen oder -rängen auch die Bühne (z. B. das Theatron im Münchner Olympiapark).

d) Die Premiere ist die erste Vorstellung einer neuen Inszenierung. Besonders bei Opern sind die Premieren beliebte gesellschaftliche Ereignisse. Häufig entscheidet die Reaktion des Publikums bei einer Premiere über die Art, wie ein Theaterstück während seiner Laufzeit angenommen wird.

Von wem stammt das Theaterstück *Warten auf Godot*?

- a) Jean Genet
- b) Eugène Ionesco
- c) William Shakespeare
- d) Samuel Beckett

a) Jean Genet (1910–86) steht wie Samuel Beckett oder Eugène Ionesco dem französischen Existenzialismus nahe. Als gesellschaftlicher Außenseiter prangert er Machtmissbrauch und hierarchische Sozialstrukturen an. Teile seines Werks entstanden im Gefängnis.

b) Der französische Dramatiker rumänischer Herkunft Eugène Ionesco (1909–94) gehört zu einer neuen Generation von Dramatikern, denen die Opposition gegen das reine Dialogtheater gemeinsam war. Ionesco war Vertreter des absurden Theaters, das auch als Anti-Theater bezeichnet werden kann. In Ionescos Stücken regiert nicht das Individuum, sondern der sozial manipulierte Kleinbürger.

c) Der Dramatiker und Dichter William Shakespeare (1564–1616) kann wohl als die bedeutendste literarische Gestalt Englands bezeichnet werden. Seine Tragödien und Komödien werden heute noch aufgeführt, mit *Romeo und Julia* schuf er das bekannteste Liebespaar der Welt. Von Shakespeare sind mindestens 35 dramatische Stücke überliefert.

d) Der Ire Samuel Beckett (1906–89) wurde mit dem Theaterstück *Warten auf Godot* über Nacht berühmt. Das Stück von 1953 markiert das Ende des absurden Theaters und ist zugleich Ausdruck des von Jean-Paul Sartre (1905–80) propagierten Existenzialismus.

Welche architektonischen Stilelemente sind typisch für das Rokoko?

- a) Fialen
- b) Pilaster
- c) Blattfries
- d) Stuckaturen

Von welchem Roman Goethes gibt es eine zeitgenössische Adaption?

- a) *Wahlverwandtschaften*
- b) *Wilhelm Meisters Lehrjahre*
- c) *Die Leiden des jungen Werthers*
- d) *Novelle*

a) Die Fiale ist eine architektonische Zierform, die besonders an Kirchen der Gotik zu finden ist, z. B. als Zierde von Strebepfeilern. Über einem lang gezogenen Leib erhebt sich eine pyramidenförmige Spitze, die mit sogenannten Krabben verziert ist und von einer Kreuzblume bekrönt wird. Mit zahlreichen Fialen ist beispielsweise der Kölner Dom versehen.

b) Pilaster sind Wandpfeiler auf eckigem Grundriss, die anders als die Säule keine Verjüngung haben. In der Renaissance nutzte man den Pilaster zur Wandgliederung, beispielsweise an Fassaden oder im Kircheninnenraum.

c) Als architektonisches Ornament fand der Blattfries schon in der Antike Verwendung. Vereinfachte Blätter laufen in einer Reihung nebeneinander und sind mitunter noch zusätzlich mit Ranken verziert. Blattfriese finden sich häufig in der Baukunst der Romanik und der Gotik.

d) Stuckaturen sind das bedeutendste Kennzeichen der Baukunst des Rokoko. In vielen Kirchen finden sich Stuckaturen als rahmende Elemente von Fresken oder Medaillons bzw. gibt es ganze Innenräume, die mit Stuck überzogen sind. Zu den markantesten Beispielen zählen die Amalienburg im Nymphenburger Schlosspark in München oder die Wieskirche im Pfaffenwinkel.

a) Die *Wahlverwandtschaften* von 1809 sind zum Teil von persönlichen Erfahrungen geprägt. Johann Wolfgang von Goethe (1749–1832) schildert in dem Roman die Tragödie zweier Paare, die zwischen subjektiven Wünschen und gesellschaftlicher Moral hin- und hergerissen sind.

Goethe

b) Der 1796 erschienene Roman *Wilhelm Meisters Lehrjahre* ist der Prototyp des Bildungsromans. Der Roman, der aus acht Büchern besteht, hatte auch großen Einfluss auf den Entwicklungsroman und wurde von zahlreichen Autoren rezipiert.

c) Ulrich Plenzdorf (1934–2007) knüpfte mit seiner Erzählung *Die neuen Leiden des jungen W.* an Goethes Briefroman *Die Leiden des jungen Werthers* an. Goethes Werk ist 1774 als Erstausgabe erschienen und löste seinerzeit eine regelrechte Werther-Mode aus.

d) *Novelle* ist der Höhepunkt von Goethes epischem Alterswerk. Ursprünglich als Epos konzipiert, griff Goethe den Stoff der Jagd erst 1826 wieder auf und verfasste ihn in Prosaform neu. *Novelle* ist ein weniger bekanntes Werk Goethes.

Wer entwarf den deutschen Pavillon für die Weltausstellung in Barcelona?

- a) Adolf Loos
- b) Ludwig Mies van der Rohe
- c) Walter Gropius
- d) Peter Behrens

a) Der österreichische Architekt Adolf Loos (1870–1933) gehört zu den Pionieren der modernen Architektur. Loos war auch Architekturtheoretiker, auf ihn geht u. a. die Publikation *Ornament und Verbrechen* zurück.

Ludwig Mies van der Rohe

b) Ludwig Mies van der Rohe (1886–1969) entwarf den von großer Sachlichkeit geprägten deutschen Pavillon für die Weltausstellung 1929. Van der Rohe benutzte einfache Materialien wie Marmor, Stahl und Glas und entwarf auch die schlichte Ausstattung des Pavillons mit den berühmten Barcelona-Sesseln.

c) Walter Gropius (1883–1969) war Architekt und Industriedesigner sowie Gründungsdirektor des Bauhauses in Weimar. Auf ihn gehen einige der bedeutendsten Industriebauten zurück, u. a. das Faguswerk in Alfeld. Vorübergehend stand Gropius auch dem Expressionismus nahe.

d) Der deutsche Architekt Peter Behrens (1868–1940) war Mitbegründer des Deutschen Werkbundes und damit Vertreter eines sehr sachlichen Stils. Behrens zählt auch zu den ersten Industriedesignern und Erfindern des Corporate Design.

Welche Kirche ist ein bedeutendes Beispiel byzantinischer Architektur?

- a) Hagia Sophia
- b) Dom von Pisa
- c) Sagrada Familia
- d) Kathedrale von Durham

a) Die Hagia Sophia in Istanbul wurde unter Justinian 537 vollendet. Zur ihren Wahrzeichen gehören die 56 m große Kuppel sowie mehrere Nebenkuppeln. Beeindruckend sind auch die Mosaiken aus byzantinischer Zeit.

b) Der Dom von Pisa ist vor allem wegen des benachbarten Campanile berühmt, besser bekannt unter dem Namen „schiefer Turm von Pisa". Der Architekturkomplex mit Dom, Baptisterium und Turm wurde in der Romanik begonnen, allerdings später immer wieder umgebaut. Alle drei Gebäude sind mit weißem Marmor verkleidet.

c) Die Kathedrale Sagrada Familia in der Altstadt von Barcelona ist das Hauptwerk Antoni Gaudís (1852–1926). Charakteristisch für die aus dem 19. Jh. stammende Kirche sind ihre monumentalen Türme, für die Gaudí eine Verzierung mit Glas und Mosaiken geplant hatte. Während der Arbeiten an dem Bau kam der Architekt bei einem Verkehrsunfall ums Leben, sodass der Bau unvollendet blieb.

d) Die Kathedrale von Durham ist einer der wenigen Bauten in England aus romanischer Zeit. Sie wurde nach 1093 vollendet und 1133 geweiht. Ihr monumentales Rippengewölbe zeugt von der großen technischen Versiertheit der anglo-normannischen Baumeister. In vielem deutet die Kathedrale schon die beginnende Gotik an.

Welche gotische Kathedrale hat zwei ungleiche Türme?

- a) Notre-Dame in Paris
- b) Kathedrale von Chartres
- c) Kölner Dom
- d) Kathedrale von Siena

a) Die Kathedrale Notre-Dame in Paris gehört zu den Frühwerken gotischer Sakralarchitektur. Sie wurde ab 1163 erbaut und später noch einmal erweitert. Besonders beeindruckend ist die monumental wirkende Fassade mit ihrem umfassenden Skulpturenprogramm und einer riesigen Fensterrose.

b) Die Kathedrale von Chartres gehört zu den wenigen gotischen Kathedralen mit zwei ungleichen Türmen. Sie wurde Anfang des 13. Jh. vollendet. Besonders berühmt ist die Kathedrale aufgrund ihres sogenannten Königsportals, einem Portal mit reichem Skulpturenschmuck.

c) Der Kölner Dom stammt aus der Mitte des 13. Jh., mit Ausnahme seiner beiden Türme, die erst im 19. Jh. vollendet wurden. Der Dom entstand unter dem Einfluss französischer Kathedralen, ist aber heute ein eigenständiges Wahrzeichen der Stadt Köln.

d) Die Kathedrale von Siena weist große Unterschiede, beispielsweise in der horizontalen Gliederung der Fassade, zu den klassischen gotischen Kathedralen auf. Der italienische Kirchenbau entwickelte sich unbeeindruckt von den Neuerungen aus Frankreich. Marmorstreifen ziehen sich rund um den Bau und verleihen dem Dom einen ganz eigenen Charakter.

Wodurch wurde die blaue Periode bei Picasso abgelöst?

- a) die rosa Periode
- b) den Kubismus
- c) die Abstraktion
- d) den Surrealismus

a) Die blaue Periode Pablo Picassos (1881–1973) wurde 1904 von der rosa Periode abgelöst. Picasso hellte seine Farbpalette auf, blieb zunächst aber den melancholischen Themen der blauen Periode verhaftet. Viele Bilder aus der rosa Periode zeigen Zirkusmotive.

Pablo Picasso

b) Picassos berühmtes Gemälde *Les Demoiselles d'Avignon* von 1907 weist dem Kubismus bereits seinen Weg. Die Figuren und der Hintergrund werden in einzelne Flächen zerlegt, die miteinander verzahnt sind. Von großem Einfluss für Picassos kubistische Malweise waren afrikanische Masken.

c) Picassos kubistischer Phase folgten Bilder der Abstraktion. Anders als die meisten abstrakten Maler gab Picasso allerdings das Gegenständliche nie ganz auf. Zum Teil abstrahierte er figürliche Motive, indem er etwa Gesichter in verschiedenfarbige Flächen zerlegte.

d) Wie viele Maler seiner Zeit fühlte sich Picasso auch zur surrealistischen Malweise hingezogen. In den 1920er-Jahren entstanden eine Reihe von Radierungen unter dem Einfluss des Surrealismus. Vor allem die psychoanalytische Deutungsweise kennzeichnet diese Werke als surrealistisch.

Welches Gebäude bildete den Auftakt zur Ära der Wolkenkratzer?

- ◯ a) Eiffelturm
- ◯ b) Flatiron Building
- ◯ c) Woolworth Building
- ◯ d) Chrysler Building

Von welchem Architekt stammt der Umbau des Reichstags in Berlin?

- ◯ a) Richard Meier
- ◯ b) Norman Foster
- ◯ c) Daniel Libeskind
- ◯ d) Frank O. Gehry

a) Der Eiffelturm von Gustave Eiffel (1832–1923) und Stephen Sauvestre (1874–1919) ist ein klassisches Bauwerk des Industriezeitalters. Der 300 m hohe Turm galt als technisches Wunderwerk auf der Weltausstellung von 1889. Auch heute noch beeindruckt er Hunderttausende von Paris-Besuchern.

Flatiron Building

b) Das von Daniel Burnham (1846–1912) in New York entworfene Flatiron Building begeistert durch seine ungewöhnliche Dreiecksform. Der 22 Stockwerke umfassende Bau war lange Zeit das höchste Bürogebäude. Für das 1902 fertiggestellte Hochhaus verwendete Burnham ein Stahlskelett und aufwendige Fahrstühle.

c) Das Woolworth Building in New York ist eine Mischung aus neuer Technik und alter Bauweise. Lange Zeit war das Bauwerk das höchste Gebäude der Welt. Seine moderne Technik verbirgt es hinter einer neugotischen Hülle, die der mittelalterlichen gotischen Baupraxis alle Ehre macht.

d) Das Chrysler Building von William Van Alen (1882–1954) lässt sich auch als Hommage an das Automobil verstehen. Metallverkleidungen, Paneele aus Stahl und ein Wasserspeier in der Form eines Kühlers zeugen von einer extravaganten Bauweise.

a) Die Bauten von Richard Meier (geb. 1934) unterliegen meist einem strengen Rastersystem und sind von großer Nüchternheit. Meier hat u. a. das Getty Center in Los Angeles und das Museum für Kunsthandwerk in Frankfurt a. M. entworfen.

b) 1994 wurde der Umbau des Reichstags durch Norman Foster (geb. 1935) vom Deutschen Bundestag bewilligt. Foster ersetzte die meisten alten Einbauten und bekrönte den Reichstag mit einer gläsernen, begehbaren Halbkugel. Charakteristisch für den heutigen Bau sind Transparenz und Leichtigkeit.

c) Daniel Libeskind (geb. 1946) fand internationale Anerkennung durch den Bau des Jüdischen Museums in Berlin und durch das vergleichbare Felix Nussbaum Museum in Osnabrück. Das Jüdische Museum beeindruckt vor allem durch seinen zickzackförmigen Grundriss.

d) Der amerikanische Architekt und Designer Frank O. Gehry (geb. 1929) entwarf u. a. das Vitra Design Museum in Weil am Rhein und das im Hafen von Bilbao gelegene Guggenheim-Museum. Gehry gilt als führender Vertreter des Dekonstruktivismus, einer Mitte der 1980er-Jahre aufgekommenen Richtung der modernen Architektur, in der versucht wird, die traditionellen statischen Verhältnisse aufzulösen.

Welcher Film geht nicht auf einen Roman der Kriminalautorin Agatha Christie zurück?

- a) *Tod auf dem Nil*
- b) *Mord im Orientexpress*
- c) *The Purple Rose of Cairo*
- d) *Zeugin der Anklage*

a) *Tod auf dem Nil* ist eines der umfangreichsten Bücher der englischen Kriminalautorin Agatha Christie (1890–1976). Wie in dem drei Jahre zuvor gedrehten Film *Mord im Orientexpress* weist auch die Verfilmung von Regisseur John Guillermin (geb. 1925) eine Starbesetzung auf.

b) *Mord im Orientexpress* wurde 1974 von Sidney Lumet (geb. 1924) mit Starbesetzung verfilmt, obwohl keiner der Schauspieler eine eigentliche Hauptrolle hat. Hollywood-Stars wie Sean Connery (geb. 1930), Ingrid Bergman (1915–82) und Lauren Bacall (geb. 1924) spielten in Nebenrollen Personen, die verdächtigt werden, in einem Waggon des Orientexpress einen amerikanischen Millionär umgebracht zu haben.

c) Woody Allen (geb. 1935) drehte *The Purple Rose of Cairo* 1984. Der Film ist ein Reigen um reale Figuren und Leinwandhelden, deren Schicksal der Regisseur gekonnt miteinander verwebt.

d) *Zeugin der Anklage* wurde 1957 von Billy Wilder (1906–2002) mit Marlene Dietrich (1901–92) in der Hauptrolle verfilmt. Die Geschichte der schönen Zeugin, die ihren Ehemann zu retten versucht, geht auf das Buch *The Witness for the Prosecution* von Agatha Christie zurück.

Was ist ein Obelisk?

- a) ein Steinpfeiler
- b) ein Strebepfeiler
- c) ein Schlussstein
- d) eine Triumphsäule

a) Ein Obelisk ist ein Steinpfeiler auf quadratischem Grundriss, der nach oben hin von einer kleinen Pyramide abgeschlossen wird. Oft ist der Obelisk mit Hieroglyphen beschriftet. Im alten Ägypten war der Obelisk Kultsymbol des Sonnengottes.

Obelisk Thutmosis' I.

b) Ein Strebepfeiler ist, hauptsächlich in der gotischen Baukunst, ein Teil des Strebewerks, das zur Ableitung von Gewölbeschüben dient, die über einen meist leicht ausgebildeten Strebebogen über den massiven Strebepfeiler auf die Fundamente abgeleitet werden.

c) Ein Schlussstein oder Scheitelstein ist der Stein am Scheitelpunkt eines Bogens oder am Hauptknotenpunkt der Rippen eines Gewölbes, der als Knauf oder abhängender Knauf (Abhängling) ausgebildet sein kann.

d) Die Triumphsäule ist frei stehend mit spiralförmig angeordneten Reliefs. Sie diente, ähnlich wie der Triumphbogen, der Ehrung eines Kaisers. Eine der am besten erhaltenen Triumphsäulen steht in Rom und wurde zu Ehren Kaiser Trajans (53–117) errichtet.

Welcher Film brachte das Orchesterstück *Bolero* von Maurice Ravel einem breiten Publikum nahe?

- ◯ a) *Blow Up*
- ◯ b) *Die Traumfrau*
- ◯ c) *Kramer gegen Kramer*
- ◯ d) *In der Glut des Südens*

a) *Blow Up* ist der erste weltweit vermarktete Film des italienischen Regisseurs Michelangelo Antonioni (1912–2007). Der im London der „Swinging Sixties" spielende Film dokumentiert in eindrucksvollen Szenen die Faszination des Bildes und dessen trügerische Wirkung.

Szene mit Bo Derek aus dem Film *Die Traumfrau*

b) Durch den amerikanischen Spielfilm *Die Traumfrau* von Blake Edwards (geb. 1922) mit Bo Derek (geb. 1956) in der Hauptrolle erlangte *Bolero* große Popularität. In dem Orchesterstück lässt Maurice Ravel (1875–1937) eine 18-taktige Melodie von einem Bolero-Rhythmus begleiten.

c) *Kramer gegen Kramer* gehörte in den USA zu einem der erfolgreichsten Filme überhaupt. Das Scheidungsdrama mit Meryl Streep (geb. 1949) und Dustin Hoffman (geb. 1937) in den Hauptrollen bekam mehrere Oscars, u. a. für die Regie von Robert Benton (geb. 1932).

d) In dem Film *In der Glut des Südens* spielte Richard Gere (geb. 1949) eine seiner ersten großen Rollen. Das amerikanische Melodrama von Terrence Malick (geb. 1943) beeindruckt u. a. durch überwältigende Landschaftsaufnahmen.

Welcher Film ist nicht von Woody Allen?

- ◯ a) *Der Stadtneurotiker*
- ◯ b) *Das Leben ist schön*
- ◯ c) *Hannah und ihre Schwestern*
- ◯ d) *The Purple Rose of Cairo*

a) *Der Stadtneurotiker*, im englischen als *Annie Hall* bekannt, gehört zu Woody Allens (geb. 1935) frühen romantischen Komödien. Woody Allen schildert in dem Film von 1977 das Leben der Schickeria, insbesondere des neurotischen Komikers Alvy Singer. Der Film wurde mit vier Oscars ausgezeichnet.

b) Der tragikomische Film *Das Leben ist schön* von 1997 entstand unter der Regie von Roberto Benigni (geb. 1952). Der Film wurde als bester fremdsprachiger Film mit einem Oscar ausgezeichnet. Benigni wirkte auch als Schauspieler in diesem und zahlreichen anderen Filmen mit.

c) *Hannah und ihre Schwestern* wurde 1985 gedreht. Wie viele Filme Woody Allens zeigt er die Schicksale mehrerer Personen, die durch das Leben und die Liebe miteinander verwoben sind. Der Film beginnt mit einem Familientreffen am Thanksgiving-Tag und zeigt anschließend in vielen Einzelepisoden die Geschicke und Missgeschicke der unterschiedlichen Protagonisten. Der Film gewann den Oscar für das beste Drehbuch.

d) *The Purple Rose of Cairo* ist ein Verwirrspiel um reale Figuren und Leinwandhelden, deren Schicksal Woody Allen gekonnt miteinander verwebt. Der 1984 entstandene Film ist auch als Hommage an das Kino zu verstehen, das als Ersatz für das Leben dienen kann.

Welcher Film von Wim Wenders wurde für einen Oscar nominiert?

- a) *Paris, Texas*
- b) *Der Himmel über Berlin*
- c) *Buena Vista Social Club*
- d) *Million Dollar Hotel*

a) Für das in Frankreich gedrehte Roadmovie *Paris, Texas* bekam Wim Wenders (geb. 1945) die Goldene Palme in Cannes. Der Film von 1984 dreht sich um den Helden Travis, der an der vermeintlichen Untreue seiner Ehefrau (Nastassja Kinski; geb. 1961) fast zugrunde geht. Der Name Paris bezieht sich auf ein kleines Nest im Südwesten der USA.

b) *Der Himmel über Berlin* von 1987 zeigt Wim Wenders als einen Meister des poetischen Films. Zwei Engel beobachten das Geschehen auf der Erde, bis sich einer der beiden verliebt und seine Unsterblichkeit aufgibt. Der Film wurde 1998 als Remake mit Meg Ryan (geb. 1961) und Nicolas Cage (geb. 1964) neu verfilmt.

c) *Buena Vista Social Club* wurde als bester Dokumentarfilm für einen Oscar nominiert. Der Titel des Films bezieht sich auf einen Club in Havanna, in dem der amerikanische Musiker Ry Cooder (geb. 1947) eine CD mit kubanischen Musikern aufgenommen hat. Im Film beschreiben die Musiker ihr Leben und ihren Werdegang. Daneben werden Fahrten durch Havanna gezeigt.

d) *Million Dollar Hotel* mit Mel Gibson (geb. 1956) und Milla Jovovich (geb. 1975) spielt im Jahr 2000. Die Geschichte erzählt von dem geistig zurückgebliebenen Jungen Tom Tom, der sich am Ende des Films von einem Hoteldach stürzt.

Welcher italienische Regisseur verfilmte sowohl das *1. Evangelium – Matthäus* als auch *Die 120 Tage von Sodom*?

- a) Federico Fellini
- b) Luchino Visconti
- c) Roberto Rossellini
- d) Pier Paolo Pasolini

a) Federico Fellini (1920–93) ist einem breiten Publikum durch seine Filme *La Strada, Das süße Leben* und *Ginger und Fred* bekannt. Viele seiner Filme erhielten Auszeichnungen, Fellini selbst bekam 1993 den Oscar für sein Lebenswerk.

b) Auf den italienischen Filmregisseur Luchino Visconti (1906–76) gehen einige der wichtigsten italienischen Filme zurück, darunter *Der Leopard* und *Ludwig II*.

c) Roberto Rossellini (1906–77) begründete seinen Ruf als Regisseur und Mitbegründer der Bewegung des Neorealismus mit dem Film *Rom – offene Stadt*. Rossellini war mit der Schauspielerin Ingrid Bergman (1915–82) verheiratet, ihre Beziehung begann bei den Dreharbeiten zu *Stromboli*. Aus der Ehe ging die gemeinsame Tochter Isabella Rossellini (geb. 1952) hervor.

d) Der italienische Skandalregisseur Pier Paolo Pasolini (1922–75) gehört zu den Meistern des sozialkritischen Films. Pasolini, der auch als Dichter und Publizist tätig war, wurde ermordet, jedoch konnte der Mord nie eindeutig geklärt werden.

Pier Paolo Pasolini

Welcher Film von Steven Spielberg war der erste seiner großen Erfolgsfilme?

- a) *Indiana Jones*
- b) *Der weiße Hai*
- c) *Jurassic Park*
- d) *E. T. – Der Außerirdische*

a) Die in den 1980er-Jahren unter der Regie von Steven Spielberg (geb. 1946) gedrehten Filme über den Archäologen *Indiana Jones*, der in turbulente Abenteuer verwickelt wird, gelten heute als Kult. In den drei bisher entstandenen Filmen spielt Harrison Ford die Hauptrolle.

b) Obwohl *Der weiße Hai* mit nur 7 Mio. Dollar produziert wurde, spielte er mehr als 470 Mio. Dollar ein. Damit gehört der 1975 produzierte Film auch heute noch zu den größten Erfolgsfilmen aller Zeiten. Der Film über das Küstenstädtchen Amity, das von einer mörderischen Bestie heimgesucht wird, erhielt insgesamt drei Oscars.

c) Auch mit dem 1992 gedrehten Film *Jurassic Park* gelang Steven Spielberg ein großer kommerzieller Erfolg. Die Geschichte der geklonten Dinosaurier, die ein reicher Geschäftsmann auf einer Insel züchtet, überzeugte das Publikum vor allem durch die beeindruckenden Animationseffekte.

d) Steven Spielberg drehte den Film *E. T. – Der Außerirdische* 1982. Die Geschichte des Außerirdischen, der sich mit den Kindern einer amerikanischen Vorstadtfamilie anfreundet, rührte ein Millionenpublikum zu Tränen.

Szene aus *E.T.*

Welcher Film von Sydney Pollack wurde mit sieben Oscars ausgezeichnet?

- a) Nur Pferden gibt man den Gnadenschuss
- b) *Tootsie*
- c) *Jenseits von Afrika*
- d) *Die Firma*

a) Das Drama *Nur Pferden gibt man den Gnadenschuss* mit Jane Fonda (geb. 1937) in der Hauptrolle spielt zur Zeit der großen Depression in Amerika. Sydney Pollack (geb. 1934) drehte den gleichermaßen faszinierenden wie schwermütigen Film 1969 nach einem Roman von Horace McCoy (1897–1955).

b) *Tootsie* mit Dustin Hoffman (geb. 1937) in der Hauptrolle ist eine heitere Komödie von 1982. Hoffman spielt einen Schauspieler, der sich aufgrund fehlender Engagements als Frau verkleidet und damit in allerlei Verwicklungen gerät. Der Film wurde für insgesamt zehn Oscars nominiert.

c) Das fast dreistündige Melodram *Jenseits von Afrika* um die dänische Autorin Karen Blixen (Meryl Streep; geb. 1949), die in Afrika auf ihre große Liebe Denys (Robert Redford; geb. 1937) trifft, brachte Regisseur Sydney Pollack insgesamt sieben Oscars ein. Der preisgekrönte Film von 1985 verhalf der Karriere von Robert Redford zu einem neuerlichen Aufschwung.

d) *Die Firma* mit Schauspieler Tom Cruise (geb. 1962) wurde nach dem gleichnamigen Roman von John Grisham (geb. 1955) gedreht. Sydney Pollack nahm in diesem 1993 gedrehten Polit-Thriller viele Elemente des US-Kinos auf, von der Mafiageschichte bis hin zu Betrugs- und Gerichtsszenen.

Von wem ist das berühmte Gemälde *Die Nachtwache*?

- a) Peter Paul Rubens
- b) Rembrandt
- c) Diego Velázquez
- d) Caravaggio

a) Peter Paul Rubens (1577–1640) ist einer der bedeutendsten Vertreter der barocken Malerei. Seine meist großformatigen Bilder zeigen vielfach mythologische oder biblische Themen. Rubens, der auch am Hof von Vincenzo Gonzaga in Mantua beschäftigt war, unterhielt in Antwerpen eine große Malerwerkstatt.

b) Der Niederländer Rembrandt Harmensz van Rijn (1606–69) war einer der gefragtesten Maler seiner Zeit. *Die Nachtwache* entstand um 1642. Kennzeichnend für seine Malerei sind dunkle, erdige Töne und ein oftmals starker Hell-Dunkel-Kontrast. Zu seinen Themen gehörten mythologische und biblische Szenen. Außerdem malte Rembrandt viele Porträts, darunter auch eine große Anzahl Selbstporträts.

c) Der spanische Maler Diego Velázquez (1599–1660) ist vor allem für seine Porträts vom spanischen Hof bekannt, darunter sein berühmtestes Gemälde *Las Meninas* von 1656. Seine Malweise lässt den Einfluss der venezianischen Malerei, insbesondere hinsichtlich des Kolorits erkennen.

d) Caravaggio (1571–1610) gilt als Begründer der italienischen Barockmalerei. Der Maler ist aber nicht nur für seinen großen Realismus und kunstvolle Hell-Dunkel-Effekte bekannt, sondern auch für sein bewegtes Leben, das mehrfach verfilmt wurde.

Bei welchem Film führte Roman Polanski nicht Regie?

- a) *Rosemary's Baby*
- b) *Tanz der Vampire*
- c) *Tess*
- d) *Die unschuldigen Zauberer*

a) Mit dem Horrorfilm *Rosemary's Baby* erlangte Roman Polanski (geb. 1933) den Ruf als Meister des Okkulten. In dem Film von 1968 spielt Mia Farrow (geb. 1945) die Hauptrolle, zusammen mit John Cassavetes (1929–89) in der Rolle ihres Ehemannes.

Roman Polanski

b) Polanskis erste Großproduktion *Tanz der Vampire* wurde zu einem Kultfilm, der später auch an verschiedenen Theatern als Musical aufgeführt wurde. Sharon Tate (1943–69) spielt in dem 1967 gedrehten Film neben Polanski, Jack MacGowran (1918–73) und Ferdy Mayne (1916–98). *Tanz der Vampire* ist auch eine Hommage an das Genre des alten Horrorkinos.

c) Der 1979 gedrehte Film *Tess* von Roman Polanski verhalf Nastassja Kinski (geb. 1961) zu ihrem internationalen Durchbruch. Die einfühlsam gedrehte Liebesgeschichte mit dramatischem Ausgang geht auf Thomas Hardys (1840–1928) Roman *Tess of the d'Urbervilles* zurück. Polanski wich in Tess von der Brutalität seiner übrigen Filme etwas ab.

d) In dem Film *Die unschuldigen Zauberer* führte Polanski nicht Regie, sondern spielte nur selbst als Schauspieler mit. Der polnische Spielfilm von 1960 stammt von dem polnischen Regisseur Andrzej Wajda (geb. 1926).

Welcher Stil folgte der Renaissance?

- ○ a) Historismus
- ○ b) Manierismus
- ○ c) Klassizismus
- ○ d) Rokoko

a) Als Stilepoche wird der Historismus zwischen 1750 und 1900 datiert. Merkmal des Historismus ist der Rückgriff auf vergangene Stilepochen, die zu einem neuen Stil zusammengefügt werden. Im Historismus findet sich sowohl der Formenkanon der Gotik als auch der der Antike.

Parmigianino: *Madonna mit dem langen Hals*

b) Der Manierismus ist vor allem in der Malerei anzutreffen. Als europäische Stilphase wird der Manierismus etwa zwischen 1510 und 1600 datiert. Zu seinen Merkmalen gehören die heftige Bewegung, sich windende Figuren in der Malerei oder Skulptur sowie ungewöhnliche perspektivische Verkürzungen.

c) Im Klassizismus bemühen sich die Künstler um die Wiederbelebung der klassischen griechischen Formensprache. Klassizistische Phasen hat es bereits in der römischen Kunst gegeben, als Stilbegriff wird in der europäischen Kunst die Zeit zwischen 1770 und 1830 als Klassizismus bezeichnet.

d) Das Rokoko ist genau genommen eine Spätphase des Barock, die etwa zwischen 1730 und 1760 datiert wird, gelegentlich auch noch später. Formen des Rokoko finden sich besonders in Frankreich und Deutschland, meist im dekorativen Bereich der Innenarchitektur, etwa in der Verzierung mit Stuckelementen.

Welcher der folgenden Begriffe steht nicht dem Expressionismus nahe?

- ○ a) „Blauer Reiter"
- ○ b) „Die Brücke"
- ○ c) Fauvismus
- ○ d) Japonismus

a) Die Künstlergruppe „Der Blaue Reiter" bildete sich 1911 in München. Neben den Gründungsmitgliedern Wassily Kandinsky (1866–1944) und Franz Marc (1880–1916) gehörten u. a. Gabriele Münter, Alexej von Jawlensky und Marianne Werefkin zu den Malern dieser Gruppe. Die Maler lebten zeitweise in Murnau.

b) Die Künstlergruppe „Die Brücke" wurde von vier Architekturstudenten 1905 in Dresden gegründet. Sie ist neben dem „Blauen Reiter" die zweite große Vereinigung des Expressionismus. Charakteristisch für die Malerei der „Brücke" sind ein flächiger Zeichenstil und kräftige Farben. Die „Brücke"-Mitglieder nutzten außerdem das Medium des Holzschnitts.

c) Bezeichnend für den Fauvismus ist die Verwendung von kräftigen Farben und großen Flächen. Die um Henry Matisse (1869–1954) tätige Gruppe der „Fauves" trat um 1905 in Erscheinung und hatte in Paris ihren Ausgangspunkt.

d) Nach der politischen Öffnung Japans erwachte bei vielen Malern großes Interesse an der japanischen Kunst. Vor allem die Impressionisten übernahmen Anregungen aus der fremdartigen Malweise und imitierten z. B. die flächig wirkenden Bildräume oder die besondere Farbigkeit. Vertreter des Japonismus ist beispielsweise Paul Gauguin (1848–1903).

Wo befinden sich die sogenannten Elgin Marbles?

- ◯ a) im British Museum in London
- ◯ b) in der Glyptothek in München
- ◯ c) im Pergamonmuseum in Berlin
- ◯ d) in der Ny Carlsberg Glyptothek in Kopenhagen

a) Die nach Thomas Bruce Earl of Elgin (1766–1841) benannten Marmorskulpturen wurden 1816 vom britischen Staat angekauft und stehen nun im British Museum in London. Elgin entdeckte die Skulpturen zwischen 1801 und 1803 auf der Akropolis in Athen. Der Transport der Skulpturen nach England galt lange Zeit als umstritten.

b) Die Münchner Glyptothek verfügt über die Ägineten, eine Skulpturengruppe vom Ost- und vom Westgiebel des Tempels von Ägina (um 500 v. Chr.). Sie gehören neben den Giebelgruppen des Zeustempels von Olympia zu den am besten erhaltenen vielfigurigen Marmorgruppen der griechischen Tempelbaukunst.

c) Mit dem Pergamonaltar (2. Jh. v. Chr.) beherbergt das Pergamonmuseum in Berlin einen der umfangreichsten Friese, die aus antiker Zeit erhalten sind. Das Museum wurde eigens zur Präsentation des im letzten Viertel des 19. Jh. freigelegten Altars gebaut. Die Friese zeigen die Gigantomachie, den Kampf der Götter gegen die Kinder der Urgöttin Gaia.

d) Namensgeber für das Kopenhagener Museums war die Brauerei Carlsberg. Neben antiken Skulpturen beherbergt die Sammlung auch dänische und französische Kunst aus dem 19. und 20. Jh.

Wer erfand das Drip-Painting?

- ◯ a) Andy Warhol
- ◯ b) Sigmar Polke
- ◯ c) Jackson Pollock
- ◯ d) Yves Klein

a) Andy Warhol (1928–87) ist der führende Vertreter der Pop-Art. Für seine Kunst verwendete er Motive aus der Werbung und aus den Massenmedien, die er in seiner „Factory", einem Künstlerkollektiv in Manhattan, reproduzieren ließ. Warhol war auch als Filmemacher tätig.

b) Die Bilder von Sigmar Polke (geb. 1941) zeichnen sich oft durch großen Witz und Originalität aus. Die in den unterschiedlichsten Techniken entstandenen Gemälde brechen ironisch mit dem Erhabenen der bildenden Kunst. Polke gilt als Vertreter des Kapitalistischen Realismus.

c) Der Amerikaner Jackson Pollock (1912–56) ist einer der Begründer des Abstrakten Expressionismus. In den 1940er-Jahren entwickelte er die für ihn charakteristische Malweise des Drip-Painting. Die so entstandenen Bilder folgen einem eigenen malerischen Rhythmus.

Drip-Painting-Kunstwerk

d) Der früh verstorbene Franzose Yves Klein (1928–62) war Maler und Konzeptkünstler. Berühmt ist die von ihm entwickelte Farbe Blau (als „International Klein Blue" patentiert), die er in verschiedenen Formen auf die Leinwand brachte, so u. a. mit in blauer Farbe getränkten Frauenkörpern.

Welches Bauwerk ist nicht römischen Ursprungs?

- a) das Pantheon
- b) der Parthenon
- c) das Aquädukt
- d) das Kolosseum

a) Das Pantheon war ein den Göttern geweihtes Heiligtum. Das bekannteste Pantheon befindet sich in Rom. Der prachtvolle Kuppelbau, der im 7. Jh. zur christlichen Kirche umfunktioniert wurde (Santa Maria ad Martyres), gehört zu den architektonischen Besonderheiten der ewigen Stadt.

Der Parthenon

b) Der Parthenon war ein der Göttin Athena geweihter Tempel im antiken Athen. Er wurde 448–438 v. Chr. gebaut und beherbergte die berühmten Parthenon-Skulpturen, die sich heute im British Museum in London befinden.

c) Aquädukte, also Wasserleitungen in Gestalt einer Bogenbrücke, gehören zu den hervorragendsten Leistungen der römischen Ingenieurskunst. Aquädukte werden zum Teil noch heute benutzt. Eines der bekanntesten ist der Pont du Gard bei Nîmes (einer früheren römischen Provinz).

d) Das Kolosseum in Rom, ursprünglich „Amphiteatrum Flavium", ist das größte Amphitheater der antiken Welt. Es fasst etwa 50.000 Menschen. Es wurde 79/80 n. Chr. eingeweiht und diente in seiner ursprünglichen Funktion als Kulisse für Gladiatorenkämpfe oder Tierhetzen.

Wie heißt der bedeutendste deutsche Künstler der Renaissance?

- a) Albrecht Dürer
- b) Hans Holbein d. J.
- c) Adam Elsheimer
- d) Meister Bertram

a) Albrecht Dürers (1471–1528) Ausbildung, die er bei dem Maler Michael Wolgemut (1434–1519) genoss, war noch ganz der Malerei der Gotik verhaftet. Auf einer Reise nach Venedig kam er mit der italienischen Renaissancemalerei in Berührung, die ihm entscheidende Impulse für eine neue Malweise gab. Dürer war auch als Kupferstecher sehr aktiv.

b) Hans Holbein d. J. (1497/98–1543) reifste Leistungen liegen auf dem Gebiet der Porträtmalerei und er gilt als einer der bedeutendsten deutschen Porträtisten überhaupt. Als Zeichner und vor allem als Holzschneider gelangen ihm, trotz des oft sehr kleinen Formats, eindrucksvolle Werke von monumentaler Wirkung.

c) Der Frankfurter Maler Adam Elsheimer (1578–1610) erfuhr vor allem für seine Lichtbehandlung große Anerkennung. So malte er etwa in kleinformatigen Nachtszenen verschiedene Lichtquellen, die einen Einfluss Caravaggios (1571–1610) und seiner Hell-Dunkel-Malerei nahelegen.

d) Meister Bertram (um 1340–1414/15) gehört zu den wenigen mittelalterlichen Malern, deren Werdegang sich gut rekonstruieren lässt. Die meisten seiner Werke entstanden in Hamburg, darunter auch sein Hauptwerk, der große Flügelaltar für die Hamburger Petrikirche.

Was versteht man unter Dadaismus?

- a) eine internationale Bewegung
- b) abstrakte Kunst
- c) naive Malerei
- d) Volkskunst

a) Der Dadaismus war eine internationale Bewegung zwischen 1916 und 1930, die bürgerlich-konservative Vorstellungen von Kunst und Gesellschaft infrage stellte. Ausgangspunkt des Dadaismus war das *Cabaret Voltaire* in Zürich. Künstler des Dadaismus sind u. a. Marcel Duchamp (1887–1968), Raoul Hausmann (1887–1971), Hannah Höch (1889–1978) und Kurt Schwitters (1887–1948).

b) Die abstrakte Kunst ging von Wassily Kandinsky (1866–1944) und seinen Kompositionen aus. In der abstrakten Kunst wird die figürliche oder gegenständliche Darstellungswelt zugunsten einer eigenen Bildwirklichkeit vermieden. Dabei können verschiedene Stilrichtungen als abstrakt gelten.

c) Naive Malerei ist zeitlich und räumlich schwer zu fassen, da sie außerhalb der kunstgeschichtlichen Stilrichtungen entsteht. Sie wird von autodidaktisch geschulten Laien praktiziert, die neben ihrem Beruf als Künstler tätig sind. Ein bekannter Vertreter der naiven Malerei ist der Franzose Henri Rousseau (1844–1910).

d) Unter Volkskunst versteht man die künstlerischen Produkte von Bauern und Handwerkern. Dazu können Möbel, Kleider, Trachten, Glasmalereien oder Ähnliches gehören. Die Volkskunst, die meist an bestimmte Traditionen gebunden ist, unterscheidet sich von Region zu Region.

Welcher französische Maler des Postimpressionismus lebte eine Zeit lang auf einer Südseeinsel?

- a) Georges Braque
- b) Robert Delaunay
- c) Paul Gauguin
- d) Henri Matisse

a) Georges Braque (1882–1963) gehört zusammen mit Pablo Picasso (1881–1973) zu den Schöpfern und Hauptmeistern des Kubismus. Sein Werk zeichnet sich vor allem durch ausgeglichene, ruhige Stillleben in maßvoll eingesetzter Farbe aus. Braque war auch einer der ersten Künstler, der Collagen herstellte.

b) Robert Delaunay (1885–1941) war der Hauptvertreter des von dem Dichter Guillaume Apollinaire geprägten Orphismus, einer Stilrichtung, die sich durch poetische Farborchestrierung auszeichnet. Prismatische Farbgefüge genießen dabei absoluten Vorrang vor der Form.

Südseeelemente in einem Werk Gauguins

c) Paul Gauguin (1848–1903) lebte u. a. auf Martinique, in Arles (bei Vincent van Gogh), auf Tahiti und auf den Marquesainseln. In seinem Frühwerk zeigt sich noch der Einfluss des Impressionismus, später nimmt er auch Eindrücke der Südsee in seiner Malerei auf.

d) Henri Matisse (1869–1954) gehört zu den Begründern des Fauvismus. Die Gruppe der Fauves trat um 1905 in Erscheinung und hatte in Paris ihren Ausgangspunkt. Matisse selbst lebte meist in Nizza.

Welcher Künstler war kein Surrealist?

- ◯ a) Man Ray
- ◯ b) Salvador Dalí
- ◯ c) Piet Mondrian
- ◯ d) Henri Matisse

a) Man Ray (1890–1976) schuf neben zahlreichen Porträts Objektcollagen, die seine Nähe zur Kunst des Surrealismus erkennen lassen. Vor allem ist der amerikanische Fotograf aber für seine sogenannten Rayogramme bekannt, auf speziellem Wege belichtete Fotografien, die die Konturen ihrer Objekte besonders hervorheben.

b) Der exzentrische Künstler Salvador Dalí (1904–89) ist einer der Hauptvertreter des Surrealismus. In seinen Bildern verschmelzen Traummotive mit illusionistischen Landschaften zu einer Welt der Irrationalität. Dalí selbst nannte seine Malweise die „paranoisch-kritische Methode".

c) Piet Mondrian (1872–1944) war der Mitbegründer der Künstlergruppe „De Stijl". Seine abstrakten Hauptwerke beschränken sich auf senkrechte und waagrechte Linien und den elementaren Gegensatz von blauen, roten, gelben und nichtfarbigen Flächen.

d) Der französische Maler Henri Matisse (1869–1954) war der führende Vertreter des Fauvismus. Seine collagenhaften Bilder zeichnen sich durch eine starke Flächigkeit und kräftige Farben aus. Motivisch bevorzugte Matisse das Stillleben.

Werk von Henri Matisse

Welcher italienische Maler hielt erstmals einen zentralperspektivisch gestalteten Bildraum fest?

- ◯ a) Masaccio
- ◯ b) Michelangelo Buonarroti
- ◯ c) Leonardo da Vinci
- ◯ d) Giotto di Bondone

a) Das sogenannte Trinitätsfresko in Florenz von Masaccio (1401–29) gehört zu den Meisterwerken der Kunst, da es erstmals einen Bildraum mit mathematisch genau berechneten perspektivischen Mitteln wiedergibt. Vor dem Hintergrund eines tonnengewölbten Kapellenraums steht das Kreuz Christi mit Gottvater, dem Heiligen Geist, Maria und Johannes sowie zwei Stiftern.

b) Michelangelo (1475–1564) gehört zu den großen Genies des 16. Jh. Seine Fresken für die Sixtinische Kapelle in Rom zeigen einen virtuosen Umgang mit der illusionistischen Wirkung der Perspektive.

c) Leonardo da Vinci (1452–1519) gilt in vielerlei Hinsicht als Universalgenie der Kunst. Neben Studien zur Farb- und Luftperspektive beschäftigte sich Leonardo auch mit naturwissenschaftlichen und geografischen Fragen sowie der Maschinenbaukunst oder Plänen für Kriegsgeräte.

d) Giotto di Bondone (um 1267–1337) gehört zu den Malern der frühen Neuzeit. In seinem Werk deuten sich perspektivische Räume an, die aber noch nicht exakt berechnet sind. Einzigartig sind Giottos Freskenzyklen in der Arenakapelle in Padua (1303–05) und in der Oberkirche von San Francesco in Assisi.

Welcher Maler porträtierte sich mit abgeschnittenem Ohr?

- a) Joseph Beuys
- b) Francisco de Goya
- c) Vincent van Gogh
- d) Paul Cézanne

a) Joseph Beuys (1921–1986) gehört zu den einflussreichsten Künstlern in der zweiten Hälfte des 20. Jh. Seine Vorstellungen eines erweiterten Kunstbegriffs (hin zu einer anthropologischen Kunst) in Verbindung mit dem Begriff der „sozialen Plastik" legte er in unzähligen Aktionen, Happenings und Zeichnungen dar.

b) Francisco de Goya (1746–1828) begann als Maler des späten Rokoko. Unter dem Einfluss von Velázquez erhielten seine bedeutendsten Werke einen immer romantischeren, impressionistischeren Ausdruck. Goya ist aber auch durch seine eindringlichen, dämonischen, bis zur Hässlichkeit gesteigerten Darstellungen berühmt.

c) Die farbenprächtigen Bilder des niederländischen Malers Vincent van Gogh (1853–90) gehören heute zu den teuersten Werken der Malerei. Als Künstler lange Zeit verkannt, litt van Gogh wiederholt an Zusammenbrüchen und Anfällen von Selbstverstümmelung. Nach einem solchen Anfall entstand das Gemälde *Selbstporträt mit abgeschnittenem Ohr*.

d) Das Werk von Paul Cézanne (1839–1906) ist von großer Bedeutung für den Kubismus. In seinen Naturstudien und Stillleben beschäftigte sich der Maler schon sehr früh mit der Vielansichtigkeit von Objekten und ihrer Position im Bildraum.

Welche antike Sagenfigur verwandelt sich kurzzeitig in einen Stier?

- a) Herakles
- b) Zeus
- c) Poseidon
- d) Dionysos

a) Herakles war ein griechischer Heros, der erst am Ende seines Lebens in den Olymp der Götter gehoben wurde. In der Kunst wurden vielfach die zwölf Taten des Herakles dargestellt, die der Held ausführen musste, um Unsterblichkeit zu erlangen. Herakles trägt dabei fast immer ein Löwenfell und eine Keule.

b) Zeus, der mächtigste der griechischen Götter, gilt als Vater der Götter und der Menschen. Weil die eifersüchtige Hera ihrem Gemahl häufig nachstellt, muss sich Zeus in verschiedene Tiere verwandeln, um seinen Geliebten nahekommen zu können, darunter auch in einen Stier.

Zeus

c) Poseidon ist der griechische Gott des Meeres und aller Gewässer. Wie der Göttervater Zeus ist er ein Sohn des Kronos. Der Gott war oft mit einem Stier oder Ross verbunden. In der bildenden Kunst ist er in der Regel nackt und mit einem Dreizack dargestellt.

d) Dionysos ist in der griechischen Mythologie der Gott der Fruchtbarkeit und des Weines. Er ist der Sohn von Zeus und Semele, die Dionysos dem Mythos nach in den Schenkeln ausgetragen hat. Begleitet wird Dionysos, der in der Kunst häufig für das Wilde und Unbezähmbare steht, von Satyrn und Nymphen.

Bei welchem antiken Autor kann man viele der griechischen und römischen Sagengeschichten nachlesen?

- ◯ a) Ovid
- ◯ b) Homer
- ◯ c) Vergil
- ◯ d) Horaz

Ovid

a) Die *Metamorphosen* des Ovid (43 v. Chr.–17 n. Chr.) enthalten etwas 250 Sagen aus der Welt der griechischen und römischen Götter und Heroen. Merkmal der ovidschen *Metamorphosen* ist die Verwandlung, die in unterschiedlicher Form die Götter, Helden oder sterblichen Wesen trifft. Ovids Werk hatte auf die Kunst großen Einfluss.

b) Von Homer sind vor allem zwei Sagengeschichten überliefert, die *Ilias* und die *Odyssee*. Homer, der vermutlich im 8. Jh. v. Chr. lebte, prägte die älteste literarische Gattung der Griechen, das Heldenepos.

c) Der römische Dichter Vergil (70–19. v. Chr.) schrieb Gedichtsammlungen und Handbücher, etwa für die Landwirtschaft und die Vieh- oder Bienenzucht. Sein bedeutendstes Werk ist das Epos *Aeneis*, in dem das Schicksal des Aeneas nach der Eroberung Trojas beschrieben wird.

d) Horaz (65 v. Chr.–8 v. Chr.) war römischer Lyriker und Sohn eines Freigelassenen. Er schrieb zahlreiche Gedichte und Satiren. Viele seiner Gedichte verherrlichen den römischen Kaiser Augustus.

Wer schrieb den Roman *Don Quijote*?

- ◯ a) Federico García Lorca
- ◯ b) Javier Marías
- ◯ c) Miguel de Cervantes Saveedra
- ◯ d) Lope de Vega

a) Der spanische Dramatiker Federico García Lorca (1898–1936) ist einer der bekanntesten spanischen Autoren. Seine Theaterstücke gehören heute zum Standardrepertoire großer Schauspielhäuser. García Lorca war auch als Dichter, Zeichner und Musiker tätig.

b) Javier Marías (geb. 1951) schrieb seinen ersten Roman im Alter von 17 Jahren und verbrachte die folgenden Jahre als Dozent an verschiedenen Universitäten im In- und Ausland. Mit dem Roman *Mein Herz so weiß* gelang im schließlich 1992 der internationale Durchbruch. Heute zählt er zu den bedeutendsten zeitgenössischen Schriftstellern Spaniens.

c) Miguel de Cervantes Saveedra (1547–1616), kurz Cervantes genannt, verfasste den Roman *Don Quijote* als Parodie auf die zu seiner Zeit beliebten Ritterromane. Die tragikomische Geschichte über den verarmten Adeligen Don Quijote, der einem Traum vom Rittertum nachhängt, gehört zu den Meisterwerken der Weltliteratur.

d) Lope de Vega (1562–1635) ist für das spanische Theater von großer Bedeutung. Seine Dramen richten sich gegen den klassischen aristotelischen Aufbau des Dramas, der die Einheit von Zeit, Ort und Handlung vorsieht. Für Lope de Vega stand die Einführung einer komischen Figur im Vordergrund.

Welcher Regisseur schaffte mit dem Streifen *Platoon* den internationalen Durchbruch?

- a) Jim Jarmusch
- b) Martin Scorsese
- c) Oliver Stone
- d) David Lynch

a) Der Independent-Regisseur Jim Jarmusch (geb. 1953) erhielt 1984 die Goldene Palme von Cannes für *Stranger Than Paradise*. Es folgten u. a. *Down by Law* (1986), *Night on Earth* (1991), *Dead Man* (1995) und 2005 *Broken Flowers*, für den er den Großen Preis der Jury in Cannes erhielt.

b) Obwohl Martin Scorsese (geb. 1942) mit Filmen wie *Taxi Driver* (1976), *Wie ein wilder Stier* (1980), *Gangs of New York* (2002) schon lange zu den weltweit wichtigsten Regisseuren gezählt wurde, dauerte es bis 2007, bis ihm der lang ersehnte Regie-Oscar für *Departed – Unter Feinden* zugesprochen wurde.

c) Oliver Stone (geb. 1946) gehört zu den innovativsten, aber auch kontroversesten zeitgenössischen Filmemachern. Den Durchbruch schaffte er mit dem 1986 erschienenen, oscarprämierten Antikriegsfilm *Platoon*, in dem Stone seine Erfahrungen als Vietnam-Veteran verarbeitete.

d) David Lynch (geb. 1946) zählt zu den absoluten Kultregisseuren des amerikanischen Kinos. Seine oft schwer verständlichen Streifen wie *Blue Velvet* (1986), *Wild at Heart* (1990), *Twin Peaks* (1992), *Lost Highway* (1996), *Mullholland Drive* (2001) stellen einer idyllischen Welt deren erschreckende, oft auch perverse Kehrseite gegenüber.

Von wem stammt der Song *The End*, mit dem das Vietnamepos *Apocalypse Now* beginnt?

- a) The Doors
- b) Bruce Springsteen
- c) Pink Floyd
- d) Queen

a) Die amerikanische Rockband The Doors mit Jim Morrison (1943–71) an ihrer Spitze löste sich 1973 auf. Mit ihrem Debütalbum von 1967 gelangen der Band gleich zwei Welthits, darunter *The End*.

b) Der amerikanische Rockmusiker Bruce Springsteen (geb. 1949) hat bereits mehr als 60 Mio. Alben verkauft. Seinen Durchbruch als Musiker erlebte Springsteen mit dem Album *Born to Run* von 1975.

Bruce Springsteen

c) Die englische Band Pink Floyd wurde 1965 gegründet. Nach mehreren Auflösungen kam es 2005 zu einem – vorläufig letzten – Wiedervereinigungskonzert. Von Pink Floyd stammen einige Meisterwerke der Rockmusik wie *Dark Side of The Moon* oder *The Wall*.

d) Die englische Rockband Queen wurde 1970 von Freddie Mercury (1946–91), Brian May (geb. 1947) und Roger Taylor (geb. 1949) gegründet. Mit Stücken wie *We Are the Champions* und *We Will Rock You* schrieb die Band in den 1970er-Jahren Musikgeschichte. Queen gehörte auch zu den ersten Bands, die ein kommerziell erfolgreiches Musikvideo drehten.

Welche Technik der Wandmalerei wird auch heute noch häufig verwendet?

- ○ a) Seccomalerei
- ○ b) Sgraffito
- ○ c) Graffiti
- ○ d) Freskomalerei

a) Seccomalerei wird im Gegensatz zur Freskomalerei auf trockenen Grund, d.h. auf abgetrockneten Kalk gemalt. Seccomalereien finden sich vor allem in Wand- oder Deckenmalereien der italienischen Renaissance.

b) Sgraffito ist eine Kratztechnik. Auf Rauputz wird Kratzputz aufgetragen, auf den anschließend die gewünschte Darstellung geritzt wird. Der Kratzgrund ist dabei meist farbig, sodass die Umrisse auch farbig hervortreten. Die Technik war in der Renaissance vor allem in Oberitalien sehr beliebt.

c) Genau genommen gibt es Graffiti schon seit der Antike oder noch früher. Texte oder Zeichen werden in Mauern oder Felsen eingeritzt oder aufgekritzelt. In den 1970er-Jahren wurde Graffiti sehr populär, als zumeist Jugendliche die Wandmalerei als Zeichen des politischen Protestes nutzten.

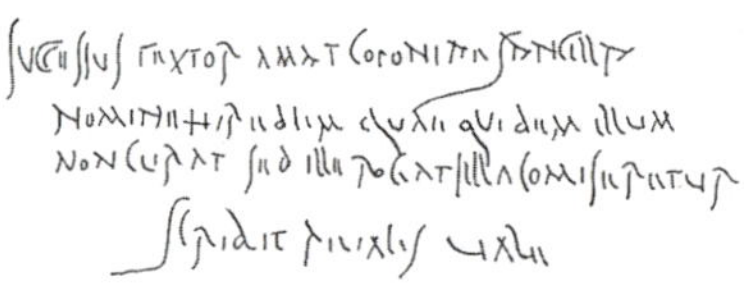

Römisches Graffiti

d) Die italienische Kunst der Renaissance ist ohne Freskomalerei kaum vorstellbar. Die Farbe wird auf den feuchten Putz aufgetragen, weshalb die Maler in der Regel tageweise vorgehen. Große Wand- oder Deckenflächen werden daher auf einem sogenannten Karton entworfen, der dann auf den Malgrund übertragen wird.

Welcher spanischsprachige Autor ist nicht zeitgenössisch?

- ○ a) Gabriel García Márquez
- ○ b) Luis de Góngora y Argote
- ○ c) Mario Vargas Llosa
- ○ d) Isabel Allende

a) Der kolumbianische Schriftsteller Gabriel García Márquez (geb. 1927) verhalf der lateinamerikanischen Literatur zu internationaler Beachtung. Seine Romane kreisen häufig um Lateinamerika und die dortigen politischen Probleme.

b) Der in Deutschland wenig bekannte Luis de Góngora y Argote (1561–1627) war für die spanische Literatur von großem Einfluss. Unter der Bezeichnung „Generation von 27" bildete sich 1927 eine Gruppe junger Autoren, die Góngoras Werk aus Bewunderung für den Schriftsteller wieder aufleben ließ.

c) Als politisch engagierter Schriftsteller bewarb sich Mario Vargas Llosa (geb. 1936) um das Amt des peruanischen Präsidenten. Vargas Llosas literarisches Werk weist eine große stilistische Vielfalt auf. Neben grotesk-humoristischen Elementen arbeitet der Autor auch mit Mitteln des Kriminalromans oder der Autobiografie.

d) Isabel Allende (geb. 1942) die Nichte des ehemaligen chilenischen Staatspräsidenten Salvador Allende (1908–73), wurde mit ihrem ersten Roman, *Das Geisterhaus* (1993), weltberühmt. Die Schriftstellerin setzt sich in ihren Romanen mit der chilenischen Militärdiktatur auseinander, wobei sie die politischen Ereignisse mit Liebes- und Lebensgeschichten verknüpft.

Wer war der Begründer des bürgerlichen Trauerspiels?

- a) Friedrich von Schiller
- b) Frank Wedekind
- c) Gotthold Ephraim Lessing
- d) Thomas Bernhard

a) Friedrich von Schiller (1759–1805) zählt neben Goethe (1749–1832) zu den bedeutendsten Dichtern der deutschen Literatur. Seine früheren Werke zeichnen ihn als Vertreter des Sturm und Drang aus, sein Spätwerk ist eher der Aufklärung bzw. der Weimarer Klassik zuzuordnen.

b) Der deutsche Schriftsteller Frank Wedekind (1864–1918) studierte zunächst Jura, bevor er an der satirischen Zeitschrift *Simplicissimus* mitarbeitete. Wedekinds Theaterstücke wiesen dem Theater in Deutschland einen neuen Weg, bis heute gehört sein Stück *Frühlingserwachen* zu den am häufigsten aufgeführten Dramen.

c) Gotthold Ephraim Lessing (1729–81), der auch selbst als Dramaturg tätig war und Lustspiele schrieb (u. a. *Minna von Barnhelm*), setzte sich in seinem theoretischen Werk mit dem Theater, insbesondere mit der Tragödie und der Komödie, auseinander. Das 1755 erstmals aufgeführte Stück *Miss Sara Sampson* gilt als erstes bürgerliches Trauerspiel.

d) Das Werk Thomas Bernhards (1931–1989) zeichnet sich durch eine pessimistische Weltsicht und grotesken Humor aus. Seine harsche Kritik am „nationalsozialistisch-katholischen" Bürgertum Österreichs sorgte mehrmals für nationale Skandale, Bürgerproteste und Prozesse.

Welcher Philosoph verfasste *Die Geburt der Tragödie aus dem Geiste der Musik*?

- a) Martin Heidegger
- b) Friedrich Nietzsche
- c) Jean-Paul Sartre
- d) Sören Kierkegaard

a) Zu Martin Heideggers (1898–1976) wichtigsten Werken gehört *Sein und Zeit*, das für die Philosophie des 20. Jh. von grundlegender Bedeutung ist. Der deutsche Philosoph Heidegger ist aufgrund seiner zweifelhaften Vergangenheit im nationalsozialistischen Regime bis heute umstritten.

Friedrich Nietzsche

b) Das Frühwerk Friedrich Nietzsches (1844–1900), der die deutsche Literatur maßgeblich beeinflusste, war von der wagnerschen Idee des Gesamtkunstwerks geprägt. *Die Geburt der Tragödie aus dem Geiste der Musik* unterscheidet zwischen dem Rationalen (dem Apollinischen) und dem Emotionalen (dem Dionysischen).

c) Der französische Philosoph Jean-Paul Sartre (1905–80) ist der bedeutendste Vertreter des Existenzialismus. Seine theoretischen Schriften behandeln das Problem der menschlichen Freiheit und der Verantwortlichkeit des Einzelnen.

d) Der Philosoph Sören Kierkegaard (1813–55) studierte Theologie und Philosophie. Er wandte sich zunächst gegen das Christentum und setzte sich mit der Dialektik Hegels auseinander. Prägend für sein Werk ist die Frage nach der persönlichen Schuld.

Welcher Roman begründete die Gattung des Schelmenromans?

- a) *Don Quijote*
- b) *Lazarillo de Tormes*
- c) *Der Zauberberg*
- d) *Der Mann ohne Eigenschaften*

Welcher Roman repräsentiert den deutschen Barockroman?

- a) *Simplicissimus*
- b) *Frost*
- c) *Der Untertan*
- d) *Die Geschichte des Agathon*

a) Cervantes (1547–1616) verfasste den Roman *Don Quijote* als Parodie auf die zu seiner Zeit beliebten Ritterromane. Die tragikomische Geschichte von dem verarmten Adeligen Don Quijote und seinem Knappen Sancho Pansa gehört zu den Meisterwerken der Weltliteratur.

Honoré Daumier: *Don Quijote*

b) Die fiktive Autobiografie *Lazarillo de Tormes* eines anonymen Autors wird als der erste Schelmenroman bezeichnet. Der Titelheld, Lazarillo de Tormes, ist Diener vieler Herren, die ihm mehr oder weniger großes Leid zufügen. Der spanische Roman, der auch satirische Züge trägt, erschien 1554.

c) *Der Zauberberg* von Thomas Mann (1875–1955) führt die Tradition des deutschen Bildungsromans fort. Mann zeichnet in seinem opulenten Werk den Werdegang des lungenkranken Hans Castorp nach, der während eines Aufenthalts in einem Schweizer Sanatorium einen Reifeprozess erlebt.

d) Der unvollendete Roman *Der Mann ohne Eigenschaften* von Robert Musil (1880–1942) zeigt die Entfremdung einer bürgerlichen Intellektuellenschicht im modernen Industriezeitalter auf. Musils Hauptwerk ist einer der wichtigsten Romane der europäischen Literatur des 20. Jh.

a) *Der Abentheurliche Simplicissimus Teutsch* ist das Hauptwerk von Johann Jakob Christoffel von Grimmelshausen (1621–76) und zugleich prägend für den deutschen Barockroman. Grimmelshausen verarbeitete im *Simplicissimus* viele literarische Vorlagen, u. a. den spanischen Schelmenroman.

b) *Frost*, der Debütroman von Thomas Bernhard (1931–1989), beschreibt die Absurdität der Welt und das unmenschliche Leben in der österreichischen Provinz. Das 1963 erschienene Buch, das den Wahnsinn als einzig mögliche Antwort auf ein sinnloses Dasein beschreibt, katapultierte den bisher eher unbekannten Bernhard an die Spitze der zeitgenössischen deutschsprachigen Literatur.

c) In dem 1918 erschienenen Roman *Der Untertan* karikiert Heinrich Mann (1871–1950) in der Hauptfigur des Diederich Heßling den Prototyp des autoritätsgläubigen deutschen Spießertums des Wilhelminismus.

d) Mit der *Geschichte des Agathon* verfasste Christoph Martin Wieland (1733–1813) einen der ersten großen Bildungs- und Erziehungsromane der deutschen Literatur überhaupt. Wieland prägte die Weimarer Klassik mit und stand der Tradition der Aufklärung nahe.

Welche griechische Sagenfigur stürzte ins Meer, weil sie zu nah an die Sonne geflogen war?

- a) Ikarus
- b) Dädalus
- c) Theseus
- d) Aigeus

a) Im griechischen Mythos ist Ikarus der Sohn des Dädalus. Dädalus hat Ikarus Flügel aus Wachs gefertigt. Dem Mythos nach warnte er seinen Sohn, nicht zu nah an die Sonne zu fliegen, aber Ikarus überhörte den Rat seines Vaters und stürzte infolge der geschmolzenen Flügel ins Meer.

b) In der Mythologie gilt Dädalus als erfindungsreicher Künstler und Baumeister. Er baute zum Beispiel das Labyrinth des Minotaurus. Für seine Flucht aus Kreta entwarf er für sich und seinen Sohn Ikarus Flügel aus Wachs und Federn.

c) Die mythische Sagengestalt Theseus ist der Nationalheros Athens. Theseus bezwang mit Ariadnes Hilfe den Minotaurus und bestand viele andere Heldentaten, darunter den Kampf gegen die Zentauren oder die Entführung der Persephone. Die Geschichte des Theseus wurde in der Antike häufig auf Vasen oder Friesen dargestellt.

d) Aigeus ist in der griechischen Mythologie der Vater des Theseus. Nachdem Theseus den Minotaurus getötet hatte, sollte er auf seinem Schiff weiße Segel setzen. Da Theseus aber versehentlich schwarze Segel setzte, stürzte sich sein Vater vor Kummer über den vermeintlichen Tod seines Sohnes ins Meer.

Wer komponierte die Oper *Aida*?

- a) Richard Wagner
- b) Giuseppe Verdi
- c) Johannes Brahms
- d) Giacomo Puccini

a) Der deutsche Komponist Richard Wagner (1813–83) wurde 1843 zum Königlich-Sächsischen Kapellmeister an der Dresdner Oper ernannt. Später komponierte Wagner u. a. in Bayreuth, wo er 1871 erstmals die Festspiele ankündigte. Bekannt ist Wagner für seine Opern *Lohengrin*, *Der Ring des Nibelungen* und *Tristan und Isolde*.

Szene aus *Aida*

b) *Aida* wurde am 24. Dezember 1871 in Kairo uraufgeführt. Antonio Ghislanzoni (1824–93) verfasste den Text zu der von Giuseppe Verdi (1813–1901) komponierten Oper um die nubische Königstochter Aida. Sie war beim Publikum von Anfang an ein großer Erfolg und gehört bis heute zu den meistgespielten Opern.

c) Johannes Brahms (1833–97) zählt zu den bedeutendsten Komponisten der zweiten Hälfte des 19. Jh. Sein musikalisches Werk wird der Romantik zugeordnet. Zu seinem Œuvre gehört Klaviermusik ebenso wie Kammermusik und Chor- und Orgelwerke.

d) Der italienische Komponist Giacomo Puccini (1858–1924) komponierte das Meisterwerk *La Bohème*, das zu einem Urbild der italienischen Oper wurde. In Puccinis Opern vermischt sich italienische Melodik mit musikalischen Neuerungen des französischen Impressionismus.

Welcher Komponist markiert den Übergang von der Renaissance zum Barock?

- ◯ a) Gustav Mahler
- ◯ b) Claudio Monteverdi
- ◯ c) Franz Liszt
- ◯ d) Frédéric Chopin

a) Der österreichische Komponist Gustav Mahler (1860–1911) markiert den Übergang von der Spätromantik zur Moderne. Seine Musik beeinflusste v. a. die Wiener Schule um Arnold Schönberg (1874–1951). Neben der Tätigkeit als Komponist war er auch als Dirigent bekannt.

Claudio Monteverdi

b) Claudio Monteverdi (1567–1643) war u. a. Musiker am Hof des Herzogs von Mantua und gilt als Vollender des Madrigals. Seine Oper *L'Orfeo* repräsentiert viele verschiedene musikalische Formen wie die Arie, den Chor oder das instrumentale Zwischenspiel. Nicht zuletzt deswegen markiert sie den Beginn einer neuen Ära.

c) Der österreichisch-ungarische Komponist Franz Liszt (1811–86) war selbst ein begnadeter Musiker. Er gehörte zu den Ersten, die als Pianist ohne Orchester auftraten. Liszt gilt als zentrale Figur der romantischen Bewegung.

d) Der gebürtige Pole Frédéric Chopin (1810–49) war nicht nur für seine Werke, sondern auch für sein außergewöhnliches Klavierspiel beliebt und bekannt. In den Pariser Salons des 19. Jh. genoss er zudem durch sein elegantes Auftreten großes Ansehen.

Wer schuf mit dem Monumentalgemälde *Guernica* ein bedeutendes Mahnmal für den Frieden?

- ◯ a) Max Ernst
- ◯ b) René Magritte
- ◯ c) Pablo Picasso
- ◯ d) Joan Miró

a) Im Werk des surrealistischen Künstlers Max Ernst (1891–1976) finden sich bisweilen auch Anklänge an politische Ereignisse, meistens sind seine Motive aber der Welt der Träume entnommen. Ernst, der als Maler und Bildhauer tätig war, emigrierte 1941 in die USA.

b) René Magritte (1898–1967) beschäftigte sich in seiner Malerei mit banalen Dingen, die er zwar naturalistisch, aber in irrationalem Zusammenhang auf der Leinwand wiederzugeben versuchte. Politische Themen sind in seiner Malerei kaum zu finden.

c) Der spanischstämmige Maler Pablo Picasso (1881–1973) gilt als das Jahrhundertgenie der Malerei. Seine Themen umspannen eine große Bandbreite, von der Aktmalerei über Stierkampf bis zu politischen Ereignissen, darunter auch das Bild *Guernica*, das die Bombardierung der spanischen Stadt Guernica durch die deutsche Luftwaffe zum Gegenstand hat.

d) Joan Miró (1893–83) ist mit seiner Malerei schwer einzuordnen. Zwar steht er dem Surrealismus nahe, jedoch hat er mit seinen spielerisch-poetischen Motiven eine ganz eigene Bildsprache gefunden. Seine Bilder verweisen auf eine Welt des Unsichtbaren, in der magische und mystische Zeichen dominieren.

Wer schrieb das Bühnenmusical *West Side Story*?

- a) George Gershwin
- b) Leonard Bernstein
- c) Bernard Herrmann
- d) Arnold Schönberg

a) George Gershwin (1898–1937) komponierte sowohl Stücke für den Broadway als auch klassische Musik. Einige seiner Stücke wurden als Filmmusik verwendet, andere wurden von berühmten Jazzmusikern interpretiert. In Hollywood komponierte Gershwin das Bühnenmusical *Porgy and Bess*.

b) Leonard Bernstein (1918–90) arbeitete wie viele andere Komponisten seiner Zeit auch am Broadway, um dort ein Bühnenmusical zu komponieren. Das Musical *West Side Story*, das die Geschichte zweier rivalisierender Banden schildert, wurde 1957 uraufgeführt und basiert auf der Tragödie *Romeo und Julia* von William Shakespeare (1564–1616).

c) Der amerikanische Dirigent und Komponist Bernard Herrmann (1911–75) ist vielen durch die Filmmusik zu Alfred Hitchcocks berühmtesten Film *Psycho* bekannt. Darüber hinaus schrieb Herrmann die Musik für weitere Hitchcock-Filme und für *Citizen Kane*.

d) Arnold Schönberg (1874–1951) gehört zu den bedeutendsten, aber auch umstrittensten Komponisten des 20. Jh. Musikalisch brach er zwar einerseits mit der Vergangenheit, verstand sich aber andererseits als Teil der deutschen Musiktradition. Schönberg war mit vielen Künstlern und Schriftstellern bekannt.

Mit welchem Komponisten war die französische Schriftstellerin George Sand liiert?

- a) Frédéric Chopin
- b) Robert Schumann
- c) Anton Bruckner
- d) Gustav Mahler

a) Frédéric Chopin (1810–49) war für seine Kompositionen und sein außergewöhnliches Klavierspiel bekannt. Der Komponist lebte neun Jahre mit George Sand (1804–76) zusammen. In diese Zeit fallen seine wichtigsten Werke, u. a. die *Préludes op. 28*.

George Sand

b) Robert Schumann (1810–56) komponierte Stücke von großem Tiefsinn und feiner Sensibilität. In seiner Musik fing er den Geist der frühen deutschen Literatur der Romantik ein. Er ist auch der Gründer der *Neuen Zeitschrift für Musik* und gilt als Förderer anderer Komponisten. Schumann war mit der Pianistin Clara Schumann (1819–96) verheiratet.

c) Der österreichische Komponist Anton Bruckner (1824–96) gehört mit seiner Musik am ehesten zur Epoche der Spätromantik. Bruckner war ein frommer Katholik, was sich auch in seinem Werk widerspiegelt.

d) Gustav Mahler (1860–1911) war gleichermaßen als Komponist wie als Dirigent bekannt. Zu seinem kompositorischen Schaffen gehören vor allem Lieder und Sinfonien. Ab 1907 war er als Kapellmeister an der New Yorker Metropolitan Oper tätig.

Welcher Beatles-Song ist nicht von dem Duo John Lennon/Paul McCartney komponiert?

- ◯ a) *All Together Now*
- ◯ b) *Strawberry Fields Forever*
- ◯ c) *I Me Mine*
- ◯ d) *Can't Buy Me Love*

a) *All Together Now* entstand wie viele Beatles-Lieder als Gemeinschaftsproduktion von Paul McCartney (geb. 1942) und John Lennon (1940–80). Das 1967 produzierte Lied gehört zur LP *Yellow Submarine,* es zeichnet sich durch einen sehr einfachen Text und Refrain aus.

b) „Strawberry Field" war der Name eines Waisenhauses bei Liverpool, in dessen Nähe John Lennon aufgewachsen war. Der Liedtext ist surreal gehalten, weshalb der Song für viele auch als Inbegriff psychedelischer Popmusik gilt. *Strawberry Fields Forever* wurde 1967 veröffentlicht.

The Beatles

c) *I Me Mine* wurde von dem Beatles-Mitglied George Harrison (1943–2001) komponiert und war die letzte Aufnahme der Beatles. Der Song wurde auf dem Album *Let It Be* veröffentlicht. Harrison war der Leadgitarrist der Beatles.

d) *Can't Buy Me Love* entstand 1964 auf dem Höhepunkt des Beatles-Erfolges. Zu diesem Zeitpunkt belegten fünf Lieder der Beatles die ersten Plätze der Charts. Das Lied ist eines der wenigen, die ausschließlich von Paul McCartney gesungen wurden. Produziert wurde der Song in Paris.

Wer spielte nie bei der New-Wave-Band The Police?

- ◯ a) Stewart Copeland
- ◯ b) Freddie Mercury
- ◯ c) Andy Summers
- ◯ d) Sting

a) Stewart Copeland (geb. 1952) ist der Schlagzeuger der erfolgreichen New-Wave-Band The Police. Die Band wurde häufig aufgrund ihrer hervorragenden Musiker gelobt. The Police wurde 1977 gegründet und gab 2007 anlässlich der Grammy-Verleihung ihr Comeback bekannt.

b) Der exzentrische Rocksänger Freddie Mercury (1946–91) wurde vor allem als Kopf der Rockband Queen bekannt. Seit 1970 spielte Mercury mit Queen, später verfolgte er auch eine Solokarriere. 1992 gaben die verbleibenden Mitglieder von Queen für ihren an AIDS verstorbenen Leadsänger ein „Freddie Mercury Tribute Concert For Aids Awareness".

c) Andy Summers (geb. 1942) ist der Gitarrist von The Police. Summers gab aber auch immer wieder Solokonzerte, vor allem als Instrumentalmusiker. Mit The Police produzierte Summers zahlreiche Studioalben, von denen viele lange Zeit auf Platz eins der Charts standen.

d) Sting (geb. 1951) ist Sänger und Kopf der englischen Band The Police. Nach ihrer vorläufigen Trennung realisierte Sting viele eigene Projekte und veröffentlichte mehrere Soloalben. Der Sänger und Bassist wirkte auch als Schauspieler in verschiedenen Filmen mit und trat häufig gemeinsam mit anderen Musikern auf.

Mit welchem Film wurde der Schauspieler Tom Cruise bekannt?

- a) *Eyes Wide Shut*
- b) *Rain Man*
- c) *Top Gun*
- d) *Mission: Impossible*

a) *Eyes Wide Shut* gehörte zu den letzten Filmen des Regisseurs Stanley Kubrick (1928–99). Die Geschichte von dem Ehemann auf Abwegen hatte die *Traumnovelle* von Arthur Schnitzler (1862–1931) zum Vorbild. Cruise (geb. 1962) spielte in dem Film gemeinsam mit seiner damaligen Ehefrau Nicole Kidman (geb. 1967).

b) *Rain Man* gehört zu den stilleren Filmen des Schauspielers Tom Cruise. Er spielt den Bruder des autistischen Raymond (Dustin Hoffman, geb. 1937), den er auf einer Reise durch Kalifornien begleitet. Der Film von Barry Levinson (geb. 1942) wurde für insgesamt acht Oscars nominiert und bekam schließlich vier.

c) Der 1986 von Tony Scott (geb. 1944) gedrehte Film *Top Gun* handelt von einer Eliteschule für Kampfpiloten. Tom Cruise wurde in der Rolle des Piloten Maverick sozusagen über Nacht berühmt. Der mit nur 15 Mio. Dollar produzierte Film spielte 344 Mio. Dollar an den Kinokassen ein.

d) Der Actionfilm *Mission: Impossible* von Brian de Palma (geb. 1940) handelt von Verrätern in den Reihen der CIA. Tom Cruise spielt an der Seite von Jean Reno (geb. 1948) und Emmanuelle Béart (geb. 1965) den Helden, der seine Unschuld beweisen muss. Legendär ist die Szene, in der sich Cruise aus einem explodierenden Restaurant rettet.

Wer erfand *Asterix und Obelix*?

- a) Hergé
- b) René Goscinny und Albert Uderzo
- c) Morris
- d) Charles M. Schulz.

a) Der Belgier Hergé (1907–83) erfand die Geschichten von *Tim & Struppi* (im belgischen Original *Les Aventures de Tintin*). In insgesamt 23 Comicalben wird von dem Reporter Tim erzählt, der auf Reisen überall in der Welt mit seinem kleinen weißen Hund in aufsehenerregende Abenteuer verwickelt wird.

b) Der Autor René Goscinny (1926–77) schuf in Zusammenarbeit mit dem Zeichner Albert Uderzo (geb. 1927) die Figuren von *Asterix und Obelix*. Die Comicserie um das ungleiche Paar beginnt stets in einem kleinen gallischen Dorf und ist bisher in 32 Alben erschienen. Einige der Geschichten wurden auch verfilmt.

c) Der Belgier Morris (1923–2001) ist der Erfinder des einsamen Cowboys *Lucky Luke*. Ursprünglich schrieb der Zeichner Morris auch die Texte zu seiner Comicserie, nach dessen Tod übernahm u. a. der Autor René Goscinny diese Aufgabe.

d) Charles M. Schulz (1922–2000) war der Erfinder der Comicserie *Die Peanuts*. Die bis zum Tod des Autors erschienene Serie, in deren Mittelpunkt Charlie Brown und sein kleiner Hund Snoopy stehen, handelt von amerikanischen Vorstadtkindern.

Welcher Comic-Held ist der Erste der sogenannten Superhelden?

- a) *Superman*
- b) *Spider-Man*
- c) *Batman*
- d) *Daredevil*

Superman

a) Die Comicfigur *Superman* erfüllt alle Bedingungen eines Superhelden. Er hat eine Geheimidentität, übermenschliche Kräfte und ein auffälliges Kostüm mit einem Brustsymbol. Superman lebte bereits 1938 in einem Comic auf und gilt auch als Namensgeber für den Begriff Superheld.

b) Bezeichnend für die Figur des *Spider-Man* ist, dass er als „normaler" Mensch keineswegs fehlerfrei ist. Vielmehr ist er ungeschickt und lässt sich leicht in die Widrigkeiten des Alltags verwickeln. *Spider-Man* wurde 1962 von Stan Lee (geb. 1922) und Steve Ditko (geb. 1927) erschaffen.

c) Die Comicfigur *Batman* entspricht nicht der exakten Definition eines Superhelden, da sie über keine übermenschlichen Fähigkeiten verfügt. Vielmehr gehen *Batmans* Taten auf seine Willenskraft, seine Intelligenz und seine ungewöhnlichen technischen Hilfsmittel zurück. Batman wurde 1939 erschaffen.

d) *Daredevil* wurde wie u. a. *Spider-Man* von Stan Lee erschaffen. In Deutschland ist der seit seiner Kindheit erblindete Superheld seit den 1970er-Jahren bekannt. *Daredevil* trägt ein für ihn charakteristisches rotes Kostüm und „lebt" in New York. 2003 wurde der Comic auch verfilmt.

Wie heißt die einzige Oper von Ludwig van Beethoven?

- a) *Die Hochzeit des Figaro*
- b) *Fidelio*
- c) *Salome*
- d) *Tristan und Isolde*

a) Wolfgang Amadeus Mozart (1756–91) schrieb *Die Hochzeit des Figaro*, die 1786 am Wiener Burgtheater uraufgeführt wurde. Die Oper basiert auf der Komödie *La Folle Journée, ou Le Marriage de Figaro* von Pierre Augustin Caron de Beaumarchais (1732–99).

b) *Fidelio oder Die Eheliche Liebe* ist die einzige Oper Ludwig van Beethovens (1770–1827). Die zweieinhalbstündige Oper in zwei Akten spielt in einem Gefängnis. Sie wurde 1805 in einer ersten Fassung uraufgeführt, die beim Publikum aber nicht besonders gut ankam. Beethoven arbeitete die Oper daraufhin noch mehrfach um.

c) Der deutsche Komponist Richard Strauss (1864–1949) schrieb die Oper *Salome*, die 1905 in Dresden ihre Uraufführung erlebte. Strauss fand mit seinen Opern *Salome* und *Elektra* zu einem eigenen ausgereiften Stil, der von Leitmotivdichte und sprachgestischer Prägnanz geprägt ist.

d) *Tristan und Isolde* ist eine Oper des deutschen Komponisten Richard Wagner (1813–83). Wagner wurde dazu zum einen durch Gottfried von Straßburgs Versepos *Tristan* inspiriert und zum anderen durch seine eigenen Lebensumstände, nämlich die Liebe zu der Frau seines Förderers Wesendonck. Die Oper in drei Akten erlebte ihre Uraufführung 1865 in München.

Welcher zeitgenössische Autor verfasste die *New York-Trilogie*?

- a) Paul Auster
- b) T. C. Boyle
- c) Stephen King
- d) Ian McEwan

a) Die aus den drei Romanen *Stadt aus Glas* (1985), *Schlagschatten* (1986) und *Hinter verschlossenen Türen* (1986) bestehende *New York-Trilogie* von Paul Auster (geb. 1947) wurde nach ihrem Erscheinen zur literarischen Sensation erklärt. Austers Romane sind häufig wie klassische Kriminalromane aufgebaut, deren Erwartungen sie dann aber absichtsvoll nicht erfüllen. Paul Auster ist mit der Schriftstellerin Siri Hustvedt (geb. 1955) verheiratet.

b) T. C. Boyle (geb. 1949) gehört zu den bedeutendsten Autoren zeitgenössischer amerikanischer Literatur. Seine Erzählungen und Romane basieren häufig auf dem Leben real existierender Personen.

c) Der Amerikaner Stephen King (geb. 1947) gehört zu den kommerziell erfolgreichsten Autoren der Gegenwart. Seine fantastischen Horrorgeschichten erzählen häufig von Übernatürlichem oder Unheimlichem. Viele seiner Romane wurden bereits verfilmt, wie z. B. 1990 *Mysery (Sie)*, der Kathy Bates ihren ersten Oscar einbrachte.

d) Der englische Autor Ian McEwan (geb. 1948) wurde 1988 mit dem Booker-Preis ausgezeichnet, der bedeutendsten Auszeichnung für englischsprachige Literatur. In McEwans Romanen geht es häufig um ein prägendes Ereignis, das den Alltag der Protagonisten durcheinanderbringt.

Wer schuf den Stuhl-Klassiker „Ameise"?

- a) Arne Jacobsen
- b) Alvar Aalto
- c) Hans J. Wegner
- d) Marcel Breuer

a) Arne Jacobsen (1902–71) entwarf für die Firma Fritz Hansen den Stuhl „Ameise". Dieser Stuhl war einer der ersten Stühle dänischen Ursprungs, der in Massenproduktion hergestellt wurde. Der Stuhl wird auch heute noch in vielen Farben produziert und verkauft.

Alvar Aalto: Kongresshalle in Helsinki

b) Alvar Aalto (1898–1976) war wie Arne Jacobsen Architekt und Designer. Charakteristisch für seine Entwürfe und Bauten ist eine organische Form. Ein Klassiker unter seinen Objekten ist die Aalto-Vase, die auch heute noch in unterschiedlichen Größen hergestellt wird.

c) Der dänische Architekt und Designer Hans J. Wegner (1914–2007) ist vor allem für seine Stühle aus Teakholz bekannt. Sein Stuhl „JH 501" ist zum Symbol des skandinavischen Sitzmöbels schlechthin geworden.

d) Der in Ungarn geborene Architekt und Designer Marcel Breuer (1902–81) entwarf verschiedene öffentliche Gebäude und Privathäuser. Zu seinen bekanntesten Entwürfen im Bereich des Designs gehört der sogenannte Wassily-Stuhl. Breuer arbeitete u. a. für den Möbelhersteller Thonet.

Welcher antike Philosoph wurde von einem Volksgericht zum Tode verurteilt?

- a) Platon
- b) Sokrates
- c) Aristoteles
- d) Seneca

a) Platon (427–348/347 v. Chr.) war Begründer einer Athener Schule, dem Ursprung der heutigen Akademie. Zu seinen Schülern gehörte Aristoteles, er selbst war Schüler von Sokrates. Platons umfassendes Werk ist in der Form von Dialogen erhalten, zu denen u. a. *Politeia, Kriton* und *Phaidon* gehören.

Sokrates leert den Schierlingsbecher

b) Sokrates (470–399 v. Chr.) hinterließ keine Schriften, seine Philosophie ist vor allem durch die Dialoge seines Schülers Platon überliefert. Sokrates wurde zum Tod durch Gift verurteilt, weil er angeblich mit seinen Reden die Jugend verführte und die Staatsgötter leugnete.

c) Der antike Philosoph Aristoteles (384–322 v. Chr.) ist von grundlegender Bedeutung für die abendländische Philosophie. In seinen Schriften behandelt er die Gebiete Logik, Erkenntnistheorie, Wissenschaftstheorie und Metaphysik. Vor allem für die Metaphysik gilt er als Vordenker.

d) Seneca (4–65 n. Chr.) war römischer Staatsmann und Philosoph. Nach einer Zeit der Verbannung war er als Erzieher des jungen Nero (37–68) tätig, der ihn später zum Selbstmord zwang. Der Tod des Seneca wurde häufiger in der bildenden Kunst dargestellt, u. a. von Peter Paul Rubens (1577–1640).

Welcher Schauspieler spielte nie den Mephisto in Johann Wolfgang Goethes Drama *Faust*?

- a) Gustav Gründgens
- b) Ernst Busch
- c) Klaus Maria Brandauer
- d) Will Quadflieg

a) Gustav Gründgens (1899–1963), der unter großen Intendanten wie Max Reinhardt (1873–1943) spielte, ist der berühmteste aller Mephisto-Darsteller. Gründgens war auch selbst als Regisseur und Intendant tätig. Er war mit Erika Mann (1905–69) und Marianne Hoppe (1909–2002) verheiratet.

b) Der Sänger, Schauspieler und Regisseur Ernst Busch (1900–80) spielte 1954 am Deutschen Theater in Berlin die Rolle des Mephisto. Busch wurde von den Nationalsozialisten verhaftet und entging nur durch das Eingreifen von Gustav Gründgens der Todesstrafe. Busch war auch Sänger und Interpret von Arbeiterliedern.

c) Klaus Maria Brandauer (geb. 1943) spielte nicht den Mephisto in Goethes Drama, sondern in dem Film *Mephisto* von 1981, der nach dem gleichnamigen Buch von Klaus Mann (1906–49) gedreht wurde. Der österreichische Schauspieler ist auch Professor am Max-Reinhardt-Seminar in Wien.

d) Der Theaterschauspieler Will Quadflieg (1914–2003) spielte in verschiedenen Inszenierungen des *Faust* sowohl den Faust als auch Mephisto. Quadflieg, der vor allem ein Sprechkünstler war und Theater auch als klassische Sprechbühne auffasste, wirkte in vielen klassischen Stücken mit.

Welcher amerikanische Schriftsteller kämpfte im spanischen Bürgerkrieg mit?

- a) Truman Capote
- b) Ernest Hemingway
- c) Arthur Miller
- d) F. Scott Fitzgerald

a) Der exzentrische Schriftsteller Truman Capote (1924–84) schrieb Erzählungen und Romane. Sein Werk *Kaltblütig* von 1966 gilt als richtungsweisend für den New Journalism, eine amerikanische Stilrichtung, in der reale Ereignisse mit Fiktion verschmelzen. Teile des Buchs wurden 2005 in dem Film *Capote* mit Philipp Seymour Hoffman (geb. 1967) in der Hauptrolle verarbeitet.

b) Ernest Hemingway (1899–1961) machte nicht nur durch seine Romane und Erzählungen, sondern auch durch seinen ungewöhnlichen Lebensstil von sich reden. Im spanischen Bürgerkrieg engagierte er sich für die Republikaner. Zu seinen Hauptwerken gehört *Der Alte Mann und das Meer.*

c) Der amerikanische Dramatiker Arthur Miller (1915–2005) behandelte in seinem literarischen Werk sozial- und zeitkritische Themen, darunter auch das Scheitern des amerikanischen Traums. Viele der Stücke von Miller werden bis heute aufgeführt.

d) Bei F. Scott Fitzgerald (1896–1940) geht es wie in Arthur Millers Werk ebenfalls um das Scheitern des amerikanischen Traums. Mit *Der große Gatsby* schuf Fitzgerald ein Standardwerk der amerikanischen Literatur, das auch vielfach verfilmt wurde.

Auf welchen Autor geht der Begriff des epischen Dramas zurück?

- a) Bertolt Brecht
- b) Pierre Corneille
- c) Molière
- d) Jean-Paul Sartre

a) Bertolt Brecht (1898–1956) gilt als einflussreichster Dramatiker des 20. Jh. Seine bedeutendsten Stücke, darunter *Der gute Mensch von Sezuan* oder *Mutter Courage*, schrieb er zwischen 1938 und 1945 im Exil. Entscheidend für seine Auffassung vom Theater ist die Interaktion zwischen Zuschauern und Akteuren.

Bertolt Brecht

b) Der französische Dramatiker Pierre Corneille (1606–84) galt als erster Vollender des klassischen französischen Dramas. Zu seinen Hauptwerken gehört die Tragikomödie *Le Cid*, in der es um Liebe, Schuld, Ehre und Vergebung geht.

c) Molière (1622–73) schrieb nicht nur Theaterstücke, sondern war auch selbst Schauspieler. Auf Reisen durch die französische Provinz führte er Komödien auf, 1666 fand die Uraufführung seiner Komödie *Der Menschenfeind* statt.

d) Der französische Philosoph und Schriftsteller Jean-Paul Sartre (1905–80) schrieb auch Theaterstücke. Seine Dramen, u. a. *Die Fliegen* (1943) und *Hinter geschlossenen Türen* (1944), behandeln das Problem der menschlichen Freiheit und der Verantwortlichkeit des Einzelnen.

Wer gehörte nicht zu den Existenzialisten?

- a) Jean-Paul Sartre
- b) Simone de Beauvoir
- c) André Gide
- d) Albert Camus

a) Jean-Paul Sartre (1905–80) verband in seinem Werk Literatur mit Philosophie. Zusammen mit Albert Camus ist er der bedeutendste Vertreter des Existenzialismus. Sartre arbeitete in der Widerstandsbewegung Résistance und sympathisierte später mit dem Kommunismus. *Der Ekel* von 1938 war sein erster Roman.

b) Simone de Beauvoir (1908–86) war die Lebensgefährtin von Jean-Paul Sartre und eine bedeutende Vertreterin des Feminismus. In ihren Romanen und Erzählungen führte sie grundlegende Gedanken Sartres fort, vermischt mit autobiografischen Elementen. Zu ihrem Hauptwerk gehört der Roman *Die Mandarins von Paris*.

André Gide

c) Der Nobelpreisträger für Literatur André Gide (1869–1951) verfasste u. a. Romane, Erzählungen und Reiseberichte. Sein bekanntestes Werk, *Die Falschmünzer* (1925) thematisiert den Vorgang des Schreibens selbst. Das Buch gilt als wichtiger Beitrag zur Entwicklung des modernen Romans.

d) Albert Camus (1913–60) gehörte mit seinen Dramen, Erzählungen und zwei Romanen neben Jean-Paul Sartre zu den Hauptvertretern des Existenzialismus. Camus war auch Philosoph, der sich ausführlich mit Absurdität und Revolte beschäftigte.

Welcher Kinderbuchautor startete seine Karriere als Schauspieler?

- a) Erich Kästner
- b) Janosch
- c) James Krüss
- d) Michael Ende

a) Erich Kästner (1899–1974) verfasste mit *Emil und die Detektive* sowie *Pünktchen und Anton* zwei der berühmtesten Kindergeschichten. Bezeichnend für seine Kinderbücher ist, dass er spannende Geschichten mit erzieherischen Tendenzen verband. Kästner schrieb auch Feuilletonartikel und Theaterstücke.

b) Der deutsche Schriftsteller Janosch (geb. 1931) ist nicht nur für seine Bücher bekannt, sondern auch für die liebevollen Zeichnungen, mit denen er seine Werke illustriert. Zu seinen Hauptfiguren gehören Tiger und Bär, die etwa in *Oh, wie schön ist Panama* eine Hauptrolle spielen. Die Ente ist zwar immer dabei, spielt aber nie eine tragende Rolle. Der Schriftsteller lebt auf Teneriffa.

c) Der weniger bekannte Schriftsteller James Krüss (1926–97) verfasste zahlreiche Hörspiele, Kindergedichte und Kinderbücher. Zu seinen bekanntesten Werken gehört die fantastisch-nachdenkliche Erzählung *Timm Thaler oder das verkaufte Lachen*, die auch verfilmt wurde.

d) In den 1950er-Jahren war Michael Ende (1929–95) als Schauspieler und Kabarettautor tätig. 1960 erschien die erste seiner bekannten Jim Knopf-Erzählungen. Berühmtheit erlangte Ende aber vor allem durch seine fantastisch-märchenhaften Romane *Momo* sowie *Die unendliche Geschichte*.

In welchem umfangreichen Roman wird der Verlauf eines einzigen Tages geschildert?

- a) *Ulysses*
- b) *Der Mann ohne Eigenschaften*
- c) *Der Zauberberg*
- d) *Der Idiot*

a) *Ulysses*, das Hauptwerk des irischen Schriftstellers James Joyce (1882–1941), erzählt in 18 Kapiteln vom Verlauf des 16. Juni 1904. Joyce verwendet in dem Roman eine experimentierfreudige Erzähltechnik, die zum Teil auch die vorgegebenen zeitlichen und räumlichen Grenzen überschreitet.

b) Der unvollendete Roman *Der Mann ohne Eigenschaften* von Robert Musil (1880–1942) wird häufig mit James Joyce' *Ulysses* verglichen. Der Roman schildert den Zeitraum von 1913 bis 1914, in dem sich die Akteure um die Hauptfigur Ulrich auf den Schrecken des Krieges zubewegen.

c) Das opulente Werk *Der Zauberberg* von Thomas Mann (1875–1955) wird auch als Zeitroman im doppelten Sinne bezeichnet. Zum einen schildert *Der Zauberberg* historisch das Bild der Epoche der europäischen Vorkriegszeit, zum anderen ist die Zeit selbst Gegenstand des Romans.

d) *Der Idiot* von 1868 gehört zu den Hauptwerken des russischen Schriftstellers Fjodor Dostojewski (1821–81). Dostojewski erzählt in dem Roman von der tragikomischen Figur Fürst Myschkin, der in der Gesellschaft scheitert. Neben Tolstoi (1828–1910) gehört Dostojewski zu den großen Erzählern des russischen Realismus.

Welche Oper ist nicht von Richard Wagner?

- a) *Lohengrin*
- b) *Tristan und Isolde*
- c) *Parsifal*
- d) *Salome*

a) *Lohengrin*, eine Oper in drei Akten, wurde 1850 in Weimar uraufgeführt. Die Oper veranlasste den jungen Ludwig II. von Bayern (1864–86) zu seiner lebenslangen Begeisterung für Richard Wagner (1813–83) und seine Opern. Schließlich ließ Ludwig II. auch das Schloss Neuschwanstein in Bayern nach Szenen aus *Lohengrin* ausmalen.

b) Die fast vierstündige Oper *Tristan und Isolde* konzentriert sich in ihrer Handlung auf die Gefühle und Konflikte ihrer Personen. Die Oper, die 1865 in München uraufgeführt wurde, begeisterte abermals Ludwig II.

c) *Parsifal*, die letzte der großen Wagner-Opern, wird auch als „Bühnenweihfestspiel" in drei Akten bezeichnet. Die 1882 in Bayreuth uraufgeführte Oper ist von einer religiösen Stimmung geprägt. Sie spielt an mythischen Orten mit der doppelgesichtigen Figur der Kundry als Protagonistin, die Büßerin und Verführerin zugleich ist.

Gustave Moreau: *Salome*

d) *Salome*, eine Oper in drei Akten von Richard Strauss (1864–1949) wurde 1905 in Dresden uraufgeführt. Strauss konzentrierte seine Oper auf die Figur der Salome, die für ihren „Tanz der sieben Schleier" das Haupt von Johannes dem Täufer fordert. Strauss schrieb die Oper nach Oscar Wildes (1854–1900) gleichnamiger Dichtung.

Was ist ein Choral?

- ◯ a) ein mittelalterlicher Kirchengesang
- ◯ b) ein Singstück
- ◯ c) ein Nachtstück
- ◯ d) ein kurzes Stück in freiem Stil

Mittelalterliche Choralnotenschrift

a) Der Begriff Choral bezeichnete ursprünglich einen einstimmigen mittelalterlichen, Kirchengesang mit einfachen Melodien. Erst seit der Reformation versteht man unter Choral auch das mehrstimmige Kirchenlied der evangelischen Kirche.

b) Das Singstück, auch Kantate genannt, ist ein für Singstimmen und Orchester geschriebenes Stück, das in vielem der Oper ähnlich ist. Man unterscheidet zwischen weltlicher (Kammerkantate) und geistlicher Kantate (Kirchenkantate).

c) Das Nachtstück (Notturno) entwickelte sich in der romantischen Klaviermusik des 19. Jh. Unter Notturno versteht man auch allgemein eine Nacht- oder Abendmusik für drei, vier oder mehrere einfach besetzte Instrumente.

d) Ähnlich wie in der bildenden Kunst ist auch das musikalische Capriccio von freiem, spielerischem und oft scherzhaftem Charakter. Es orientiert sich so gut wie gar nicht an gegebenen musikalischen Formen. Bekannte Capriccios schrieben Johann Sebastian Bach (1685–1750), Johannes Brahms (1833–97) und Niccolò Paganini (1782–1840).

Von welchem Autor stammt der Roman *Die Blechtrommel*?

- ◯ a) Alfred Döblin
- ◯ b) Franz Werfel
- ◯ c) Günter Grass
- ◯ d) Heinrich Böll

a) Alfred Döblin (1878–1957) war sowohl als Schriftsteller, als Berater und auch als Arzt tätig. Sein Frühwerk wird dem Expressionismus, sein Spätwerk der Neuen Sachlichkeit zugeschrieben. Döblin ist vor allem durch seinen Großstadtroman *Berlin Alexanderplatz* von 1929 bekannt, der mehrfach verfilmt wurde, u. a. von Rainer Werner Fassbinder (1945–82).

b) Der österreichische Schriftsteller Franz Werfel (1890–1945) gehörte dem Prager Kreis an und war u. a. mit Franz Kafka (1883–1924) befreundet. Werfel schrieb Gedichte, Lyrik und Romane sowie Essays über das Verhältnis von Judentum und Christentum.

c) Günter Grass (geb. 1927) schrieb seinen ersten Roman, *Die Blechtrommel*, 1959 und verhalf damit der deutschen Literatur zu großem internationalen Ansehen. Der Autor, der in den Kulturfeuilletons häufig für große Kontroversen sorgt, engagiert sich in seinen Werken oft politisch.

d) Heinrich Böll (1917–85) gehörte wie Günter Grass und Max Frisch (1911–91) zu den wichtigsten Schriftstellern der Nachkriegszeit. Sein literarisches Werk ist eng an die Entwicklung der Bundesrepublik Deutschland gebunden, vor allem an die Erfahrungen des Kriegsendes, an den Wiederaufbau, aber auch an die Terrorismusdebatte der 1970er-Jahre.

Welche deutsche Gegenwartsautorin schrieb die Erzählung *Der geteilte Himmel*?

- a) Luise Rinser
- b) Marie Luise Kaschnitz
- c) Christa Wolf
- d) Gabriele Wohmann

a) Die deutsche Autorin Luise Rinser (1911–2002) beschäftigte sich in ihren Erzählungen und Romanen häufig mit dem Schicksal junger Mädchen und Frauen. Ihr erster Roman erschien 1940 *(Die gläsernen Ringe)*, danach erhielt sie unter dem nationalsozialistischen Regime Berufsverbot.

b) Marie Luise Kaschnitz (1901–74) begann 1933 ihre literarische Laufbahn. Kaschnitz schrieb Gedichte, Liebesgeschichten und Nacherzählungen griechischer Mythologien, die von ihrem persönlichen Stil geprägt sind. Kaschnitz lebte u. a. in Rom, Griechenland und der Türkei.

c) Bevor Christa Wolf (geb. 1929) als Autorin reüssierte, arbeitete sie als Lektorin, Redakteurin und Kritikerin. Mit ihrer Erzählung *Der geteilte Himmel* äußerte sie erstmals eine kritische Haltung gegenüber dem Sozialismus und dem DDR-Regime. Aber trotz ihrer Absage an den Sozialismus war sie eine der wenigen Autorinnen, deren Werke in der DDR gedruckt wurden.

d) Die deutsche Schriftstellerin Gabriele Wohmann (geb. 1932) war zeitweise in der Gruppe 47 tätig. Sie veröffentlichte seit den 1970er-Jahren zahlreiche Romane und wurde mit vielen Preisen ausgezeichnet. Thema ihre Romane ist häufig die menschliche Unfähigkeit, miteinander zu kommunizieren.

Wer gehört nicht zur Epoche des Realismus?

- a) Gustave Flaubert
- b) Gottfried Keller
- c) Lew Tolstoi
- d) Alfred Döblin

a) Der Franzose Gustave Flaubert (1821–80) verfasste mit dem Roman *Madame Bovary* ein Werk von großer erzählerischer Distanz. Flaubert schildert in einem fast wissenschaftlichen Ton das Schicksal der jungen Emma Bovary, die an ihren eigenen Träumen und Illusionen in einer weitgehend emotionslosen Gesellschaft zugrunde geht.

b) Gottfried Keller (1819–90) gilt als Vertreter des sogenannten poetischen Realismus. Mit dem Roman *Der grüne Heinrich* schuf er ein autobiografisch geprägtes Werk, das an seine eigene Kindheit in einer kleinbürgerlichen Schweizer Umgebung erinnert.

Lew Tolstoi

c) Lew Tolstoi (1828–1910) war einer der großen realistischen Erzähler, und sein Roman *Krieg und Frieden* gilt als Hauptwerk des Realismus. Tolstoi erzählt darin u. a. von historischen Schlachten, die er mit dem Leben seiner Romanfiguren verbindet. Seine Schilderungen sind äußerst präzise und facettenreich.

d) Alfred Döblin (1878–1957) reüssierte als Schriftsteller vor allem mit seinem Großstadtroman *Berlin Alexanderplatz* von 1929. Der auch als Mediziner tätige Autor verfasste auch Erzählungen und philosophische Essays. Stilistisch gehört Döblin zur Epoche der Neuen Sachlichkeit.

Mit welchem Album schrieben die Beatles 1966 Popgeschichte?

- a) *A Hard Day's Night*
- b) *Yellow Submarine*
- c) *Sgt. Pepper's Loneley Hearts Club Band*
- d) *Let It Be*

a) *A Hard Day's Night* ist das dritte Album der Beatles. Es erschien 1964 als Soundtrack zu dem Beatles-Film *Yeah Yeah Yeah*. Das von George Martin (geb. 1926) produzierte Album enthielt zum ersten Mal ausschließlich Eigenkompositionen der beiden Songwriter John Lennon (1940–80) und Paul McCartney (geb. 1942).

The Beatles

b) *Yellow Submarine*. das elfte Album der Beatles, enthielt die Filmmusik zu dem gleichnamigen Zeichentrickfilm. Das Album, das 1969 veröffentlicht wurde, enthält viele Stücke, die bereits zuvor schon veröffentlicht waren.

c) Das 1966 in der Londoner Abbey Road aufgenommene Album *Sgt. Pepper's Loneley Hearts Club Band* wird auch heute noch häufig als das bedeutendste Album aller Zeiten bezeichnet. Eine Neuheit war nicht nur die abwechslungsreiche Musik, sondern auch das aufwendig gestaltete Cover, bei dem erstmalig alle Songtexte auf der Plattenhülle abgedruckt waren.

d) *Let It Be*, das letzte Album der Beatles, erschien 1970 zum gleichnamigen Film. Anders als die meisten Beatles-Alben wurde es nicht von George Martin produziert, sondern von Phil Spector (geb. 1940). 2003 erschien eine Art Remake des Albums.

Mit welchem Film gelang Ingmar Bergman der Durchbruch zum Kinopublikum?

- a) *Fanny und Alexander*
- b) *Herbstsonate*
- c) *Das Schlangenei*
- d) *Szenen einer Ehe*

a) *Fanny und Alexander* entstand 1982 als Koproduktion der Länder Schweden, Deutschland und Frankreich. Der Film von Ingmar Bergman (1918–2007) erzählt die Geschichte des Geschwisterpaares Fanny und Alexander, die in schwierigen Verhältnissen aufwachsen.

b) Ingmar Bergman drehte *Herbstsonate* 1978 mit Liv Ullmann (geb. 1938) und Ingrid Bergman (1915–82) in den Hauptrollen. Der Film erzählt die bewegende Geschichte eines Mutter-Tochter-Konflikts. Ingrid Bergman drehte mit *Herbstsonate* in der Rolle der Mutter ihren letzten Film.

c) *Das Schlangenei* spielt im Berlin der 1920er-Jahre im Zirkus- und Artistenmilieu. Der Titel bezieht sich auf die politische Situation, in der wie beim Schlangenei das entstehende Reptil (gemeint ist Hitler) bereits erkennbar ist. *Das Schlangenei* ist der 40. Film von Ingmar Bergman.

d) *Szenen einer Ehe* spielt in den 1970er-Jahren, als man begann, Beziehungen analytisch zu durchleuchten. Ingmar Bergman zeigt in dem Film die scheinbar glückliche Ehe des Paares Marianne (Liv Ullmann) und Johann (Erland Josephson, geb. 1923), die sich bei genauerer Betrachtung als zerrüttet herausstellt.

Welcher Komponist gehört zur Epoche der Klassik?

- a) Joseph Haydn
- b) Johannes Brahms
- c) Robert Schumann
- d) Gustav Mahler

a) Joseph Haydn (1732–1809) ist einer der bedeutendsten Vertreter der Wiener Klassik. Haydn komponierte vor allem Instrumentalmusik wie Sinfonien oder Streichquartette, aber auch Orchesterwerke. Der österreichische Komponist war zudem mit Mozart (1756–91) befreundet, dessen Einflüsse in seinem Werk mitunter spürbar sind.

b) Der deutsche Komponist Johannes Brahms (1833–97) wird der Romantik zugeordnet. Brahms' Kompositionen sind von der Wiener Klassik geprägt, insbesondere durch die Musik von Beethoven (1770–1827). Im Mittelpunkt seines Werkes steht die Kammermusik.

c) Robert Schumann (1810–56) studierte zunächst Jura, bevor er sich ganz der Musik widmete. Seine Werke werden der deutschen Hochromantik zugeordnet. Wie der Komponist Brahms setzte sich auch Schumann mit Beethoven auseinander, dessen Einfluss in seiner Sinfonik spürbar ist.

d) Der Österreicher Gustav Mahler (1860–1911) gehörte zu den wenigen Musikern, die dirigierten und komponierten. Bekannt sind vor allem seine neun Sinfonien. Insgesamt ist sein Werk zwischen Romantik und Avantgarde anzusiedeln. Mahler war zwischen 1897 und 1907 Direktor der Wiener Hofoper, später war er als Kapellmeister an der Metropolitan Opera in New York tätig.

Von wem stammt das Album *Ziggy Stardust*?

- a) David Bowie
- b) Iggy Pop
- c) The Who
- d) Led Zeppelin

a) David Bowie (geb. 1947) schrieb *Ziggy Stardust* 1972. Das Album wurde von der Zeitschrift Melody Maker zum wichtigsten Album der 1970er-Jahre gekürt. Erzählt wird die Geschichte des exzentrischen Rockstars Ziggy Stardust, die auch Vorlage für einen Dokumentarfilm von D. A. Pennebaker (geb. 1925) war.

David Bowie

b) Die Ikone der Punkmusik, Iggy Pop (geb. 1947), gilt als bedeutender Wegbereiter des Punkrock. Iggy Pop war bereits früh für seine exzentrischen Konzerte und seinen ausschweifenden Lebensstil bekannt. Mit seiner Band The Stooges gab der Musiker legendäre Konzerte, später trat er vor allem allein auf.

c) The Who ist eine der wichtigsten Rockbands der 1960er- und 1970er-Jahre. Die Band schrieb Musikgeschichte mit ihrer Rockoper *Tommy*. Bis heute ist The Who musikalisch aktiv, allerdings nur noch mit zwei der einstigen Gründungsmitglieder, Pete Townshend (geb. 1945) und Roger Daltrey (geb. 1944).

d) Die englische Band Led Zeppelin gilt als wichtigster Vertreter von Hard Rock und Heavy Metal. Die Band wurde 1968 gegründet, löste sich aber 1980 bereits wieder auf. Legendär sind die Konzerte der Rockband, bei denen es mehrmals zu unvorhergesehenen Ereignissen kam.

Wer gehört nicht mehr zur Epoche des Rokoko?

- ◯ a) Antoine Watteau
- ◯ b) Jean-Siméon Chardin
- ◯ c) Jean-Honoré Fragonard
- ◯ d) William Turner

a) Der französische Maler Antoine Watteau (1684–1721) ist einer der wichtigsten Vertreter des Rokoko. Watteau malte Genre- und Theaterszenen und gilt als Erfinder einer eigenen Bildgattung, der sogenannten Fêtes galantes (Galante Feste).

b) Die Stillleben des französischen Malers Jean-Siméon Chardin (1699–1779) sind aufgrund ihrer zarten Farbgebung charakteristisch für die Malerei des Rokoko. Chardins dezente Motiv- und Farbwahl steht zudem für einen bürgerlichen und sittsamen Lebensstil, der seinerzeit hoch geachtet war.

c) Jean-Honoré Fragonard (1732–1806), Schüler von Francois Boucher (1703–70), gehört neben seinem Lehrer und Antoine Watteau zu den drei Hauptmeistern des französischen Rokoko. Typisch für seine reife Zeit ist die fast impressionistisch zu nennende lichte Farbigkeit seiner Bilder.

William Turner: *Regen, Dampf und Geschwindigkeit – die große Eisenbahn nach Westen*

d) Der englische Maler William Turner (1775–1851) ist ein Vertreter der Romantik. Turner schuf bereits ab 1796 Ölbilder, die zunächst noch von der französischen und venezianischen Malerei geprägt waren. Später fand er zu einem eigenständigen Stil, bei dem die Auflösung der Formen in Licht im Vordergrund steht.

Welcher Fotograf prägte den Ausdruck des „entscheidenden Augenblicks"?

- ◯ a) Garry Winogrand
- ◯ b) Henri Cartier-Bresson
- ◯ c) Brassaï
- ◯ d) Weegee

a) Garry Winogrand (1928–84) gehört zu den bedeutendsten Vertretern der amerikanischen Street Photography. Mitte der 1960er-Jahre widmete sich Winogrand gesellschaftspolitischen Themen wie Versammlungen oder Demonstrationen. Häufig weisen seine Bilder eine Schnappschuss-Ästhetik auf.

b) Henri Cartier-Bresson (1908–2004) prägte den für die Theorie der Fotografie entscheidenden Ausdruck des „entscheidenden Augenblicks". Er meinte damit, dass es darauf ankommt im richtigen Augenblick abzudrücken, damit eine Aufnahme gut wird. Cartier-Bresson war auch Gründungsmitglied der Bildagentur Magnum.

c) Der ungarische Fotograf Brassaï (1899–1984) ging bereits früh nach Paris, um dort als Journalist zu arbeiten. In Paris machte er zahlreiche Aufnahmen bei Nacht, u. a. von Graffiti an den Häuserwänden oder von seinen Künstlerfreunden. Seine Porträts zeugen oft von großem Humor und einer Liebe für den Menschen.

d) Weegee (1899–1968) nutzte für seine Aufnahmen häufig den Polizeifunk, der ihm erlaubte im richtigen Augenblick am richtigen Ort zu sein. In seinen ereignisreichen Fotografien erzählt er oft mit voyeuristischem Blick von den Menschen New Yorks und ihrer Lebensfreude, aber auch von ihrem Unglück.

Wer gehört nicht zur Neuen Sachlichkeit?

- a) August Sander
- b) George Grosz
- c) Otto Dix
- d) Max Ernst

a) Das Werk von August Sander (1876–1964) war lange Zeit relativ unbekannt. Als Vertreter der Neuen Sachlichkeit hielt Sander verschiedene Berufsbilder, Landschaften, Pflanzen und Architektur in schlichten Schwarz-Weiß-Fotografien fest. Sein Hauptwerk ist die Sammelmappe *Menschen des 20. Jahrhunderts*.

b) Die Karikaturen des deutschen Malers George Grosz (1893–1959) waren bereits zu ihrer Entstehungszeit gefürchtet und verfemt. In häufig drastischer Darstellungsweise entlarvte Grosz in seiner Malerei Missstände der Weimarer Republik. Grosz ist einer der Hauptvertreter der Neuen Sachlichkeit.

c) Ähnlich wie George Grosz rief Otto Dix (1891–1969) mit seinen Bildern und Grafiken häufig den Unmut der Obrigkeit hervor. Inspiriert durch eigene negative Kriegserfahrungen beschäftigte sich Dix in seiner Malerei vor allem mit den Randfiguren der Gesellschaft.

d) Die Motive des Malers und Bildhauers Max Ernst (1891–1976) sind einer surrealen Welt entnommen. Ernst gilt als Erfinder der Frottage, einer Technik, bei der der Malgrund auf prägende Gegenstände gelegt wird, die sich dann auf dem Untergrund durchdrücken. Die Technik unterstützte das Vorhaben einer unbewussten Malerei.

Welches ist der älteste Jazzstil?

- a) Cool Jazz
- b) New-Orleans Jazz
- c) Chicago Stil
- d) Free Jazz

a) Der Cool Jazz bildete sich in 1950er-Jahren aus, als Folge des Bebop. Anders als die meisten Jazzstile wurde der Cool Jazz vorwiegend von weißen Musikern praktiziert. Wie der Name andeutet, ist der Cool Jazz eine eher kühle Musik, die häufig auch als Gegensatz zum hektischen Bepop betrachtet wird.

Louis Armstrong

b) Der New-Orleans-Jazz ist der erste voll ausgebildete Jazzstil. Er ist benannt nach dem Ort seines Entstehens, New Orleans. Der New-Orleans-Jazz hat sich aus verschiedenen Musikrichtungen entwickelt, darunter vor allem die afroamerikanische Volksmusik, vermischt mit der Tradition von Marschkapellen. Vertreter sind u. a. Louis Armstrong (1901–71), King Oliver (1885–1938) oder Jelly Roll Morton (1889–1941).

c) Wiederum benannt nach dem Ort seiner Entstehung, verbindet der Chicaco-Stil den Swing mit den klassischen Jazzstilen. Der Chicago-Stil entstand etwa in den 1920er-Jahren.

d) Der Free Jazz stellte alle herkömmlichen Gestaltungsprinzipien des Jazz infrage und führte damit zum entscheidenden Bruch in der Geschichte des Jazz. In der Regel wird unter Free Jazz das freie Improvisationsspiel verstanden. Der Free Jazz entstand Ende der 1950er-Jahre.

Wer gilt als Erneuerer des italienischen Lustspiels?

- a) Carlo Goldoni
- b) Molière
- c) Johann Christoph Gottsched
- d) Pierre Corneille

Carlo Goldoni

a) Der italienische Dramatiker Carlo Goldoni (1707–93) kritisierte die herkömmliche Commedia dell'Arte. Er strebte eine Reformation der Komödie durch differenziertere Handlungen und größere Themenvielfalt an. Zu seinem Werk gehört die burleske Komödie ebenso wie Intrigenstücke, Charakter- oder Sittenkomödien.

b) Der Franzose Molière (1622–73) schrieb Theaterstücke und war auch selbst als Schauspieler tätig. Er zählt zu den großen französischen Klassikern, u. a. weil er die Gattung der Komödie gegenüber der Tragödie erhöhte. Seine bekannteste Komödie ist das Stück *Der Menschenfeind*.

c) Johann Christoph Gottsched (1700–66) gilt in Deutschland als Erneuerer des Dramas und der Komödie. Ähnlich wie Goldoni war Gottsched bestrebt, die Komödie in eine kultivierte Form des Theaters zu bringen, fernab von plumpen Späßen und einer einfachen Handlung.

d) Pierre Corneille (1606–84), der französische Dramatiker und Zeitgenosse Molières, verfasste zunächst Verwechslungs- und Intrigenkomödien, bevor er mit seiner Tragikkomödie *Le Cid* großen Erfolg hatte. *Le Cid* rief aber auch Proteste seitens der französischen Akademie hervor.

Von welchem Designer stammt die bekannte Alessi-Zitronenpresse *Juicy Salif*?

- a) Matteo Thun
- b) Ettore Sottsass
- c) Mart Stam
- d) Philippe Starck

a) Der italienische Designer Matteo Thun (geb. 1952) studierte in Salzburg und Florenz Design und Architektur. Er war Professor an der Hochschule für angewandte Kunst in Wien. Zu den von ihm entworfenen Gegenständen gehören Uhren, Brillen, Porzellan und Möbel.

b) Ettore Sottsass (geb. 1917) gehört zu den einflussreichsten Persönlichkeiten des internationalen Designs. Auf ihn geht eine Neubewertung des Designs zurück, insofern er Farben und Formen als Ausdrucksträger neu definierte. Sottsass ist Mitbegründer der Gruppe Memphis.

c) Der weniger bekannte Designer und Architekt Mart Stam (1899–1986) entwarf u. a. die Stuhlform des sogenannten Freischwingers, der dann später von Marcel Breuer (1902–81) weiterentwickelt wurde. Außerdem war Stam auf dem Gebiet der Stadtplanung tätig.

d) Der ebenso bekannte wie umstrittene Designer Philippe Starck (geb. 1949) gehört zu den wenigen Designern, die der Öffentlichkeit namentlich bekannt sind. Starck hat für viele Firmen entworfen, darunter Alessi, Microsoft oder Alain Mikli. Seine Zitronenpresse *Juicy Salif* erhebt sich insofern über gängiges Design, da im Vordergrund ihre Schönheit und nicht ihr Gebrauchswert steht.

Wer ist kein Künstler des Jugendstils?

- a) Gustav Klimt
- b) Alfons Mucha
- c) Edvard Munch
- d) Oskar Kokoschka

a) Der österreichische Maler Gustav Klimt (1862–1918) erlangte Berühmtheit durch seine goldverzierten Figurenbilder. In ihnen verband er einen mosaikartigen Stil mit flächenhaften Ornamenten, die zum Teil an byzantinische Ikonen erinnern. Klimt porträtierte zudem viele Frauen der gehobenen österreichischen Gesellschaftsschicht.

b) Alfons Mucha (1860–1939) war ein sehr vielseitiger Künstler, der nicht nur malte, sondern auch Plakate, Buchschmuck und ganze Innendekorationen entwarf. Seine zum Teil auf der Weltausstellung in Paris gezeigten Arbeiten gehören zu den Meisterwerken des Jugendstils.

c) Edvard Munch (1863–1944) hat in seiner Malerei viele Einflüsse verarbeitet; darunter gibt es in seinem Frühwerk auch Anregungen des Jugendstils. Daneben gilt Munch aber vor allem als Vertreter des Expressionismus, da viele seiner Werke farblich sehr intensiv sind und von großen Gefühlen sprechen.

d) Oskar Kokoschka (1886–1980) war wie Gustav Klimt Österreicher und studierte an der von Klimt beeinflussten Wiener Kunstgewerbeschule. Anders als Klimt malte er aber im expressionistischen Stil. Seine Porträts sind von großem psychologischem Ausdruck und weisen trotz des zum Teil sehr groben Pinselstrichs eine fein herausgearbeitete Physiognomie auf.

Welcher Fotograf lebte noch nicht vor 1900?

- a) Eugène Atget
- b) Henri Cartier-Bresson
- c) Alfred Stieglitz
- d) Lewis Hine

a) Der Franzose Eugène Atget (1857–1927) begann Mitte der 1880er-Jahre zu fotografieren. Seine in Schwarz-Weiß aufgenommenen Fotografien, die ursprünglich als Motivaufnahmen für Künstler gedacht waren, zeigen das historische Paris.

b) Henri Cartier-Bresson (1908–2004) fotografierte zwar noch in Schwarz-Weiß, gehört aber aufgrund seiner Schnappschussästhetik stilistisch bereits eindeutig ins 20. Jh. Cartier-Bresson war auch Gründungsmitglied der Bildagentur Magnum, die noch heute zu den größten Agenturen der Welt zählt.

Fotografie von Henri Cartier-Bresson aus dem Jahr 1948

c) Der in New York und Berlin tätige Alfred Stieglitz (1864–1946) war nicht nur selbst Fotograf, sondern er etablierte die Fotografie auch als eigenständige Gattung zeitgenössischer Kunst. Als Herausgeber von Fotojournalen und Betreiber einer Galerie kam er mit zahlreichen bedeutenden Fotografen zusammen.

d) Der Amerikaner Lewis Hine (1874–1940) gehört zu den Pionieren der sozialdokumentarischen Fotografie. Hine fotografierte zunächst Immigranten auf Ellis Island. Später dokumentierte er Kinder bei der Arbeit und arbeitete mit dem National Child Labour Committee zusammen.

Welche Pop-Band gewann 1974 mit dem Hit *Waterloo* den europäischen Song-Contest?

- a) Abba
- b) Boney M.
- c) Boy George
- d) Hot Chocolate

a) Die schwedische Band Abba landete seit ihrem Sieg bei dem Chanson-Wettstreit einen Hit nach dem anderen (u. a. *S.O.S.*, *Take A Chance On Me*, *Dancing Queen*). Bis zu ihrer Trennung 1982 gehörte sie zu den erfolgreichsten Popgruppen aller Zeiten.

b) Ende der 1970er-Jahre landete die legendäre Gruppe Boney M. einen Chart-Erfolg nach dem anderen. Mit Hits wie *Daddy Cool*, *Ma Baker* oder *Rivers of Babylon* gaben Boney M. lange Zeit die Musik der europäischen Disco-Szene vor. Produziert wurde Boney M. von Frank Farian (geb. 1941).

c) Boy George (geb. 1961) feierte sowohl als Solosänger wie auch als Gründer und Kopf der Popgruppe Culture Club große Erfolge. Der exzentrische Brite prägte die Musik der 1980er-Jahre mit seiner hellen Stimme und seinen Pop-Rhythmen entscheidend mit.

d) Bereits 1969 gründete sich die Band Hot Chocolate. Seit Mitte der 1970er-Jahre produzierte Hot Chocolate einen Disco-Klassiker nach dem anderen, u. a. *You Sexy Thing* oder *Emma*. Als der Sänger Errol Brown (geb. 1948) die Gruppe 1987 verließ, um eine Solokarriere zu starten, ging es mit der Band bergab.

Wer malte den *Mönch am Meer*?

- a) William Blake
- b) Caspar David Friedrich
- c) Johann Heinrich Füssli
- d) Carl Gustav Carus

a) William Blake (1757–1827) war Mystiker, Dichter, Maler und Grafiker. Er war eng mit dem Maler Johann Heinrich Füssli befreundet, mit dem er die Vorliebe für mystische Motive teilte. Blake gehört zu den frühen Vertretern der englischen Romantik, später wurde er auch für den Jugendstil bedeutend.

b) Caspar David Friedrich (1774–1840) ist der bedeutendste Vertreter der deutschen Romantik. Er war lange Zeit in Vergessenheit geraten und wurde erst um 1900 für die Kunstgeschichte wiederentdeckt. Zu Friedrichs bevorzugten Motiven gehören Wanderer, Ruinen, Friedhöfe, Kirchen, Schiffe und das Meer.

c) Johann Heinrich Füssli (1741–1825) war gebürtiger Schweizer, wurde aber später Engländer. Die Bedeutung seines Werks liegt u. a. darin, dass erstmalig in der Malerei versucht wurde, das menschliche Unterbewusstsein sichtbar zu machen. In seinem berühmten Bild *Nachtmahr* von 1793 etwa stellt Füssli Wesen aus der Welt der Albträume dar.

d) Carl Gustav Carus (1789–1869) war eigentlich Arzt und Psychologe, u. a. auch Leibarzt des sächsischen Königs. Carus war mit Caspar David Friedrich eng befreundet und wurde auch entsprechend stark von ihm beeinflusst. Als Maler war Carus Autodidakt.

Welcher Bildhauer erschuf die Monumentalplastik *Die Bürger von Calais*?

- a) Antonio Canova
- b) Bertel Thorvaldsen
- c) Jean-Baptiste Carpeaux
- d) Auguste Rodin

a) Der italienische Bildhauer Antonio Canova (1757–1822) schuf mit seiner lebensgroßen Statue *Perseus* von 1797 ein Paradestück der klassizistischen Skulptur. Anders als in der Renaissance diente hier die Antike nicht nur als Vorbild für ein Schönheitsideal, sondern sie wurde gleichsam imitiert.

b) Der dänische Bildhauer Bertel Thorvaldsen (1770–1844) vertrat wie Antonio Canova die klassizistische Richtung der Bildhauerei. Thorvaldsen, der eine Zeit lang in Rom lebte, hinterließ ein riesiges Werk. Viele seiner Arbeiten sind heute im Thorvaldsen Museum in Kopenhagen versammelt.

c) Jean-Bapiste Carpeaux (1827–75) gilt als Überwinder der klassizistischen Richtung in der Skulptur. Seine 1869 gegossene Bronzegruppe *Der Tanz* an der Pariser Oper beeindruckt durch ihren realistischen Ausdruck, der den Figuren etwas Lebendiges verleiht.

d) Die von Auguste Rodin (1840–1917) in den 1880er-Jahren geschaffene Bronzegruppe *Die Bürger von Calais* könnte in ihrer Darstellung kaum realistischer sein. Rodin hat für die Darstellung eines historischen Ereignisses verschiedene Auffassungen der Menschen in Erwartung ihres Todes modelliert.

Wer schuf die Kolonnaden für den Petersplatz in Rom?

- a) Michelangelo Buonarroti
- b) Giovanni Lorenzo Bernini
- c) Francesco Borromini
- d) Carlo Rainaldi

a) Die Werke von Michelangelo Buonarroti (1475–1564) sind Meisterwerke der europäischen Kunst. Als Maler, Bildhauer und Architekt prägte er wesentlich den Stil seiner Zeit, insbesondere mit der Ausmalung der Sixtinischen Kapelle in Rom. 1546 übernahm er die Bauleitung für die Peterskirche.

Petersdom mit Kolonnaden

b) Giovanni Lorenzo Bernini (1598–1680) war ähnlich wie Michelangelo ein Universalgenie. Als Bildhauer, Architekt, Maler und Autor tätig, gehörte er zu den führenden Persönlichkeiten im Italien des 17. Jh. Seine Skulpturen sind von großer Bewegtheit gekennzeichnet, als Architekt prägte er wesentlich das Bild des barocken Rom.

c) Als Hauptwerk des italienischen Architekten Francesco Borromini (1599–1667) kann die kleine Kirche S. Ivo in Rom bezeichnet werden. Der 1642 begonnene Zentralbau beeindruckt durch seine Plastizität und die organische Einheit von Material und Architektur.

d) Der italienische Baumeister Carlo Rainaldi (1611–1691) wirkte an mehreren italienischen Kirchenbauten mit. Sein Hauptwerk, Santa Maria in Campitelli in Rom, steht für den römischen Hochbarock.

Wer schuf die berühmten gotischen Statuen Ekkehard und Uta?

- a) der Bamberger Meister
- b) der Naumburger Meister
- c) Niccolò Pisano
- d) Giovanni Pisano

a) Der Bamberger Meister erhielt seinen Namen aufgrund seiner Figuren im Bamberger Dom. Die Figur der Elisabeth (um 1232 entstanden) und der berühmte Bamberger Reiter sind bedeutende Werke der deutschen Bildhauerkunst.

Ekkehard und Uta

b) Über den Naumberger Meister ist wenig überliefert, seine Ausbildung genoss er wahrscheinlich in Frankreich. Obwohl seine Bildnisse von Ekkehard und Uta im Naumburger Dom von größter Individualität gekennzeichnet sind, handelt es sich bei den Statuen doch nicht um Porträts. Die Figuren wurden auch durch die Aufnahmen des deutschen Fotografen Walter Hege (1893–1955) bekannt.

c) Was der Bamberger und der Naumburger Meister für die deutsche Bildhauerkunst leisteten, vollbrachten Niccolò (um 1225–1278/84) und Giovanni Pisano in Italien. Auf Niccolò Pisano geht das berühmte Baptisterium in Pisa zurück.

d) Giovanni Pisano (um 1250–nach 1314) führte die Skulpturenkunst seines Vaters, Niccolò Pisano, in Pisa fort. Vermutlich erhielt Giovanni Pisano seine Ausbildung in Reims und Paris. Ein gemeinsames Werk von Vater und Sohn Pisano ist die Fontana Maggiore in Perugia.

Wer malte den Isenheimer Altar in Colmar?

- a) Albrecht Dürer
- b) Mathias Grünewald
- c) Hieronymus Bosch
- d) Albrecht Altdorfer

a) Der Nürnberger Maler Albrecht Dürer (1471–1528) darf wohl zu Recht als der bedeutendste deutsche Künstler der Renaissance bezeichnet werden. Sein Werk wurde vor allem durch Kupferstiche verbreitet, zu deren bekanntesten die *Vier apokalyptischen Reiter* gehören. Nach einer Italienreise brachte Dürer auch italienische Einflüsse nach Deutschland.

b) Die Malweise Mathias Grünewalds (um 1475/80–1528) ist vor allem durch sein Hauptwerk, den Isenheimer Altar, überliefert. Der Altar besticht durch seinen emotionalen Ausdruck, der das Leiden Jesu verbildlicht. Von Grünewald sind kaum biografische Daten bekannt.

c) Der Niederländer Hieronymus Bosch (um 1450–1516) ist bekannt für seine fantasievollen Altarwerke, die häufig eine rätselhafte Symbolik aufweisen. Aufgrund unzähliger kleiner Figürchen, die häufig von abstrusem Charakter sind, erinnern Boschs Gemälde mitunter an die mittelalterliche Miniaturmalerei.

d) Der Maler, Kupferstecher und Baumeister Albrecht Altdorfer (1480–1538) führte mit seinem Gemälde *Alexanderschlacht* die deutsche Malerei zu einem vorläufigen Höhepunkt. Bezeichnend für das 1529 entstandene Bild ist, dass es kein religiöses, sondern ein weltliches Thema darstellt, die Schlacht Alexanders des Großen gegen Darius.

Von welchem Maler ist das Revolutionsbildnis *Der Tod des Marat*?

- a) Gustave Courbet
- b) Théodore Géricault
- c) Jean Auguste Dominique Ingres
- d) Jacques-Louis David

a) Gustave Courbet (1819–77) gilt als der Realist unter den französischen Malern. Nach den Epochen des Klassizismus und der Romantik verfolgte Courbet eine größere Lebensnähe, die sich u. a. in seinem Meisterwerk *Ein Begräbnis in Ornans* zeigt.

b) Théodore Géricault (1791–1824) war Vertreter der französischen Romantik, die im Widerstreit zu dem von David und Ingres vertretenen Klassizismus stand. Sein berühmtes Gemälde *Das Floß der Medusa* bezog sich ursprünglich auf einen realen Schiffbruch, wurde aber auch als Anklage gegen die korrupte Regierung Frankreichs verstanden.

c) Jean Auguste Dominique Ingres (1780–1867) lernte sowohl in Italien bei den alten Meistern als auch bei seinem zeitweiligen Lehrer Jacques-Louis David. Ingres ging es weniger um den Ausdruck als um die Schönheit der Linie, der Farbe und der Form. Berühmt ist sein Frauenakt *Große Odaliske* von 1814.

d) Die Malerei von Jacques-Louis David (1748–1825) ist kennzeichnend für die französische Malerei des Klassizismus. David erhebt seinen Freund Jean-Paul Marat (1743–93) in dem Bildnis *Der Tod des Marat* zum Märtyrer der Revolution, der durch die Hand der jungen Republikanerin Charlotte Corday (1768–93) sterben musste.

Welche Kirche war Vorbild für zahlreiche Kirchenbauten im 17. und 18. Jh.?

- a) Il Gesù in Rom
- b) S. Agnese in Rom
- c) Karlskirche in Wien
- d) S. Ivo in Rom

a) Il Gesù in Rom wurde von dem römischen Architekten Vignola (1507–73) entworfen. Vignola plante für die Jesuitenkirche einen Zentralbau mit Vierungskuppel, dem er einen Saalraum mit Seitenkapellen vorlegte. Die Tiefenwirkung der Kirche mit lichterfüllter Kuppel sollte für die Architektur der folgenden zwei Jahrhunderte wegweisend werden.

Innenansicht von Il Gesù

b) S. Agnese befindet sich an der Westwand der Piazza Navona in Rom, wo sie als Kulisse für Giovanni Lorenzo Berninis (1598–1680) Vierströmebrunnen wirkt. Die Kirche wurde von Carlo Rainaldi (1611–1691) begonnen und von Francesco Borromini (1599–1667) weitergeführt.

c) Die von Johann Fischer von Erlach (1656–1723) erbaute Karl-Borromäus-Kirche (Karlskirche) in Wien ist eine Synthese aus Renaissance- und Barockbaukunst. Charakteristisch für die Kirche sind die zwei Triumphsäulen, die vor der Fassade stehen.

d) Die von Francesco Borromini (1599–1667) entworfene Kirche S. Ivo in Rom steht für die fantasievolle Bauweise des Barock. Borromini kombinierte Dreieck und Kreis als Ausgangsform für den kleinen Kirchenbau, der schon zu seiner Zeit als umstritten galt.

Welcher Künstler gehört nicht zur Richtung des Color-Field-Painting?

- a) Ellsworth Kelly
- b) Barnett Newman
- c) Robert Motherwell
- d) Carl Andre

a) Ellsworth Kelly (geb. 1923) gehört zu den wichtigsten Vertretern der amerikanischen Nachkriegsmalerei. Anstelle eines Bildgrundes fungiert die Wand als Grund, in manchen Objekten bezieht Kelly auch den Boden ein. Neben Gemälden entstehen auch Plastiken und Reliefs in geometrischen und organischen Formen.

Barnett Newman

b) Der amerikanische Künstler Barnett Newman (1905–70) ist für seine monochromen Malereien bekannt, auf denen keine Pinselspuren mehr erkennbar sind. Newman entwickelte einen eigenen kunstphilosophischen Ansatz, in dem der Begriff des Erhabenen eine bedeutende Rolle spielt.

c) Die Malerei von Robert Motherwell (1915–91) wird durch dominante schwarze Flächen bestimmt, die auf sein Grundthema, Leben und Tod, verweisen. Motherwell gilt auch als Vertreter des Abstrakten Expressionismus und des Action-Painting.

Robert Motherwell

d) Carl Andre (geb. 1935) gehört neben Sol Le Witt (1928–2007) zu den führenden Vertretern der Minimal Art. Bezeichnend für seine Arbeiten ist die Verwendung von vorgefertigten, gleichartigen Teilen, die er zu begehbaren Bodenskulpturen verarbeitet.

Welcher Künstler erklärte einen Flaschentrockner zum Kunstwerk?

- a) Kurt Schwitters
- b) Hans Arp
- c) Marcel Duchamp
- d) Jean Dubuffet

a) Kurt Schwitters (1887–1948) war Maler, Bildhauer, Grafiker und Verfasser von Gedichten. Er gehörte zeitweise der Bewegung des Dada an, lässt sich darüber hinaus aber kaum einem Kunststil eindeutig zuordnen. Viele seiner Bilder sind Collagen aus Papierfragmenten.

b) Der Künstler Hans Arp (1886–1966) gehörte ebenfalls zeitweise zur Bewegung des Dada. Sein Bemühen lag darin, das herkömmliche Tafelbild infrage zu stellen. Mit seiner Frau Sophie Taeuber-Arp (1889–1943) arbeitete er an Collagen und reliefhaften Objekten, wobei er seine Position als Künstler ironisch hinterfragte.

c) Marcel Duchamp (1887–1968) gilt als Erfinder des Readymade. Der *Porte-bouteilles* (Flaschentrockner) gilt als das erste Readymade in der Geschichte der Kunst. Mit dem ohne ästhetische Wertmaßstäbe ausgesuchten Alltagsobjekt thematisierte Duchamp das Verhältnis von Kunst und öffentlichem Wertungsprozess.

d) Der Franzose Jean Dubuffet (1901–85) ist Vertreter der Art Brut. Dubuffet entschloss sich 1945, die gewöhnliche Ölmalerei aufzugeben und fortan mit ungewöhnlichen Materialien wie Teer, Sand, Asche oder Kalk, das heißt „rohen" Materialien, zu arbeiten.

Was ist das Goldene Vlies?

- ◯ a) ein antiker Teppich
- ◯ b) ein Zeitalter
- ◯ c) eine Goldschmiedearbeit
- ◯ d) das goldene Fell eines Widders

a) Ob es in der Antike Teppiche gegeben hat, kann heute nicht mit Sicherheit nachgewiesen werden. Da es in der antiken Dichtung aber Hinweise auf Teppiche gibt, gilt ihr Vorkommen als wahrscheinlich. Vermutlich ähnelten ihre Motive denen von Mosaiken.

b) In der orientalischen und griechischen Sage wird zwischen vier Zeitaltern unterschieden, deren Namen sich je nach ihrer Wertigkeit nach Metallen richteten. Das Goldene Zeitalter ist das erste der Zeitalter, in dem die Menschen ohne Krankheit, Kampf und Arbeit lebten. Dem Goldenen Zeitalter folgte das Silberne, Bronzene und Eiserne Zeitalter.

c) Die Goldschmiedearbeit wurde bereits bei den alten Griechen praktiziert. Man unterscheidet zwischen Münzprägungen, Schmuck oder Tafelgeschirr mit aufwendig gearbeiteten Reliefs. Zur Goldschmiedearbeit zählen Ornamente ebenso wie figürliche Darstellungen, etwa aus der griechischen Mythologie.

d) Das Goldene Vlies kommt in der griechischen Mythologie vor. Laut der Sage wurde ein Widder mit goldenem Fell dem Gott Zeus geopfert. Das Fell des Widders wurde in einem Hain des Ares aufgehängt, wo es ein Drache bewachte. Später spielte das Fell bei Iason und den Argonauten eine wichtige Rolle, die das Fell entwendeten und nach Iolkos zu Pelias brachten.

Wie heißt in der griechischen Mythologie der Gott des Krieges?

- ◯ a) Ares
- ◯ b) Kronos
- ◯ c) Hermes
- ◯ d) Pan

a) Ares war ursprünglich der Gott des Ackerbaus bzw. der Fruchtbarkeit. Ares ist der Sohn des Zeus und der Hera und der Geliebte von Aphrodite. Als wilder, ungezügelter Gott war er sogar bei den Göttern unbeliebt, anders als sein römisches Pendant, der Gott Mars.

Lysipp: Ares

b) Kronos ist der Vater vieler bedeutender Götter, u. a. von Zeus, Hera und Poseidon. Da ihm vorausgesagt wurde, dass einer seiner Söhne ihn stürzen würde, verschlang er seine Kinder direkt nach der Geburt. Zeus konnte seinen Vater später besiegen und wurde zum Göttervater.

c) Hermes ist der Sohn des Gottes Zeus und der Maia. Er ist ein besonders vielseitiger Gott, dem viele Eigenschaften zugeschrieben werden. Als Gott des Handels und des Marktes schützte er die Kaufleute, als Götterbote geleitete er die Götter.

d) Pan ist in der griechischen Mythologie der Schutzgott der Hirten und des Viehs. Oft ist er im Umfeld des Weingottes Dionysos anzutreffen, wo er den Nymphen nachstellt. Er ist immer mit Bocksbeinen und Hörnern dargestellt, häufig trägt er eine Hirtenflöte bei sich, als deren Erfinder er gilt.

Was ist ein Retabel?

- a) eine Dachform
- b) ein Ornament
- c) ein Reisealtar
- d) ein Altaraufsatz

a) Dachformen bilden sich aus der Anordnung der Dachflächen zueinander. Man unterscheidet zwischen verschiedenen Dachformen, von denen das Sattel- oder Giebeldach das häufigste ist. Weitere Dachformen sind das Pultdach, das Walm- oder Grabendach, seltener findet man das Hängedach.

b) Ornamente sind Einzelmotive einer Verzierung. Sie können in den unterschiedlichsten Ausprägungen existieren, etwa als Beiwerk in der Malerei, als architektonische Verzierung oder als Motive auf Keramik, Schmuck, Teppichen oder anderen Stoffen. Die Gesamtheit der Ornamentformen bezeichnet man als Ornamentik.

c) Kleine portable Reisealtäre erfreuten sich in der Renaissance großer Beliebtheit. Häufig bestanden sie aus einer größeren Bildtafel und zwei kleinen Tafeln, die sich zusammenklappen ließen. Reisealtäre dienten der persönlichen Andacht.

Matthias Grünewald: Isenheimer Altar

d) In der Geschichte der Kunst wurden Altarretabel ganz unterschiedlich gestaltet. In der Romanik waren die Altaraufsätze meist aus Holz, Stein oder Metall, die Gotik bevorzugte architektonisch aufwendig gestaltete Zierrahmenwerke mit mehreren Bildtafeln. Altaraufsätze sind seit dem 11. Jh. nachweisbar.

In welchem Film von Quentin Tarantino erlebte John Travolta sein Comeback als Kultschauspieler?

- a) *Kill Bill*
- b) *Jackie Brown*
- c) *Pulp Fiction*
- d) *Reservoir Dogs*

a) In *Kill Bill* reüssierte die Schauspielerin Uma Thurman (geb. 1970) als schonungslose Kämpferin, die an ihrem einstigen Partner Rache nimmt. Die in zwei Filmen erzählte Geschichte erinnert an den fernöstlichen Actionfilm, da Thurman zum Einsatz ihres Vorhabens den traditionellen Schwertkampf ausübt. *Kill Bill* kam 2003 bzw. 2004 in die Kinos.

b) Der 1997 gedrehte Film *Jackie Brown* ist ein klassischer Gangsterfilm. Tarantino (geb. 1963) hat den Film dem Kino der 1970er-Jahre verpflichtet, sowohl hinsichtlich der Ausstattung als auch in Bezug auf die Schauspieler, allen voran der Filmikone Pam Grier (geb. 1949), die Jackie Brown spielt.

c) *Pulp Fiction* von 1994 weist mit Bruce Willis (geb. 1955), Uma Thurman, John Travolta (geb. 1954), Harvey Keitel (geb. 1939) und Samuel L. Jackson (geb. 1948) eine Starbesetzung auf. Der Film, der drei Geschichten parallel erzählt, die aber jeweils ineinander verwoben sind, wurde über Nacht zum Kultfilm der 1990er-Jahre.

d) *Reservoir Dogs* ist der erste Kinofilm von Quentin Tarantino. Der in mehreren Zeitebenen erzählte Film handelt von einem gescheiterten Raubüberfall. Tarantino, der auch das Drehbuch geschrieben hat, spielt in dem Film selbst eine Nebenrolle.

Mit welchem Film wurde der spanische Regisseur Pedro Almodóvar berühmt?

- a) *Frauen am Rande des Nervenzusammenbruchs*
- b) *Fessle mich!*
- c) *Mein blühendes Geheimnis*
- d) *Alles über meine Mutter*

a) Der humorvolle Film *Frauen am Rande des Nervenzusammenbruchs* aus dem Jahr 1987 verhalf Almodóvar (geb. 1951) zum internationalen Durchbruch. Zugleich war der Film einer seiner ersten großen kommerziellen Erfolge.

b) In dem 1989 entstandenen Film *Fessle mich!* spielen Antonio Banderas (geb. 1960) und Victoria Abril (geb. 1959) die Hauptrollen. Die absurde Geschichte von dem Verbrecher Rickey, der die Liebe der jungen, drogensüchtigen Schauspielerin Marina gewinnt, ist typisch für die bizarren Geschichten des spanischen Regisseurs.

c) *Mein blühendes Geheimnis*, die verworrene Geschichte um die Schriftstellerin Leo Macias, die unter einem Pseudonym Liebesromane schreibt, ist bezeichnend für die heterogene Erzähltechnik Almodóvars. Der 1995 entstandene Film wird mitunter auch als Vorläufer von Almodóvars Film *Volver* bezeichnet.

d) Der Film *Alles über meine Mutter* gibt einen Einblick in die Welt der Transsexuellen, in der die Darsteller mit viel Humor und Witz, aber auch als tragische Figuren agieren. Almodóvar, der als Ikone der schwulen Subkultur Spaniens gilt, huldigt mit diesem Film der Frau und der Mutter im Besonderen.

Was ist eine Mandorla?

- a) ein Leidenswerkzeug Christi
- b) eine thronende Madonna
- c) ein Christusbild
- d) ein Strahlenkranz

a) Die Leidenswerkzeuge Christi, auch Arma Christi genannt, sind Symbole des Leidens Christi, die mit dem Vorgang der Kreuzigung zusammenhängen. In der Malerei und der Plastik findet man über dreißig Leidenswerkzeuge, darunter die Dornenkrone, drei Nägel, Zange, drei Würfel oder die Geißel.

b) Die Darstellung der thronenden Madonna wird auch Maestà genannt. Sie kommt vor allem auf großformatigen Gemälden der italienischen Kunst des 13. und 14. Jh. vor. Häufig ist die Madonna dabei von Engeln oder Heiligen umgeben, manchmal auch von den Stiftern des Bildes.

c) Das Christusbild gehört zu den zentralen Darstellungen der christlichen Kunst. Christus wird je nach Epoche als triumphierender menschlicher Gott oder als leidender Gottessohn dargestellt. Das nicht von menschlicher Hand gezeichnete Christusbild auf dem Schweißtuch der Veronika wird auch Mandylion genannt.

Christus in der Mandorla, Tympanon des Westportals von St.-Lazare in Autun

d) Eine Mandorla ist ein Strahlenkranz in Form einer Mandel, der nur den thronenden Christi in Darstellungen des Jüngsten Gerichts oder die Madonna umgibt. In der Malerei weist die Mandorla häufig die Regenbogenfarben auf oder die Farben Blau, Rot, Grün und Gelb.

Von wem stammt *4'33*, ein Stück von absoluter Stille?

- a) Kurt Weill
- b) Karlheinz Stockhausen
- c) Leonard Bernstein
- d) John Cage

a) Der deutsche Komponist Kurt Weill (1900–50) ist vor allem durch seine Zusammenarbeit mit Bertolt Brecht (1898–1956) bekannt. Ihr erstes gemeinsames Bühnenprojekt war die *Dreigroschenoper*, die zugleich Weills bekannteste Komposition ist.

b) Karlheinz Stockhausen (geb. 1928) sprengt ähnlich wie John Cage die Grenzen klassischer Musik. Besonders berühmt wurde sein Helikopter-Quartett, ein Streichquartett, das von vier Hubschraubern im Flug gespielt wird. Stockhausen war auch einer der ersten Komponisten, der mit elektronischer Musik arbeitete.

c) Der Harvard-Absolvent Leonard Bernstein (1918–90) war nicht nur Pianist und Dirigent, sondern auch ein erfolgreicher Komponist. Bezeichnend für seine Musik ist die Kombination von ernster Musik und Unterhaltungsmusik.

d) Der Amerikaner John Cage (1912–92) übte auf viele Musiker des 20. Jh. großen Einfluss aus. Charakteristisch für seine Musik sind Prozesse der Reduktion und der Verfremdung. *4'33* basiert auf dem Prinzip des Zufalls, da nur die Zuschauer die Geräusche der „Musik" machen.

John Cage

Wer schrieb *Die Göttliche Komödie*?

- a) Francesco Petrarca
- b) Dante Alighieri
- c) Giovanni Boccaccio
- d) Torquato Tasso

a) Francesco Petrarcas (1304–74) *Canzoniere* gehört zu den frühesten und berühmtesten Liebesdichtungen. Die Dichtung des italienischen Humanisten kreist um die Geliebte Laura, deren Identität aber nicht wirklich greifbar ist. Die Figur der Laura inspirierte auch zahlreiche Maler für ihr Werk.

b) Dante Alighieri (1265–1321) ist der bekannteste Dichter Italiens. Sein Hauptwerk, *Die Göttliche Komödie*, schildert den Gang eines sündigen Menschen durch die Hölle, das Fegefeuer und das Paradies, begleitet von dem Philosophen Vergil und der Figur der Beatrice als Sinnbild der Offenbarung. Neben der Dichtkunst hat sich Alghieri auch mit der Philosophie befasst.

c) Der italienische Humanist und Dichter Giovanni Boccaccio (1313–75) prägte mit seinem Hauptwerk *Das Dekameron* maßgeblich die Gattung der Novelle. *Das Dekameron* ist eine Sammlung von hundert Novellen, die in eine Rahmenhandlung eingebettet sind.

d) Torquato Tasso (1544–95) war ein bedeutender Dichter der Renaissance, der u. a. am Hof der Este in Ferrara tätig war. Sein pastorales Drama *Aminta* war richtungsweisend für die Gattung des Schäferromans. Tasso hat ein sehr umfangreiches Werk, bestehend aus Lyrik, Dramen und Prosaschriften, hinterlassen.

Auf welchen Maler trifft der Begriff der Pittura metafisica zu?

- ◯ a) Giorgio des Chirico
- ◯ b) Joan Miró
- ◯ c) Giorgio Morandi
- ◯ d) Salvador Dalí

a) Die italienischen Maler Giorgio de Chirico (1888–1978) und Carlo Carrà (1881–1966) führten 1917 den Begriff der Pittura metafisica ein. Die Pittura metafisica zeichnet sich durch eine plastische Darstellungsweise aus, bei der die Bildobjekte oft auf poetische Weise miteinander verbunden sind.

b) Der katalanische Künstler Joan Miró (1893–83) war als Maler, Bildhauer und Grafiker tätig. Seine Bilder weisen eine eigene Symbolik auf, die auf Zustände wie Angst, Aggression oder Unbehagen hindeuten. Stilistisch ist Miró am ehesten dem Surrealismus zuzuordnen.

c) Im Werk von Giorgio Morandi (1890–1964) fließen mehrere Kunststile zusammen, u. a. beschäftigte sich Morandi mit dem Kubismus und dem Futurismus. Seine Stillleben mit wenigen alltäglichen Gegenständen wie Krügen oder Flaschen lassen auch den Einfluss Paul Cézannes (1839–1906) erkennen.

d) Die Malerei des spanischen Künstlers Salvador Dalí (1904–89) ließe sich genaugenommen in Einzelfällen auch der Pittura metafisica zuordnen. Dalí selbst nannte seine Malweise allerdings „paranoisch-kritische Methode". Seine Bilder zeigen irrationale Zustände oder Gegenstände in einem perfekten Illusionismus.

Welche Sängerin begann ihre Karriere Anfang der 1980er-Jahre?

- ◯ a) Cyndi Lauper
- ◯ b) Madonna
- ◯ c) Whitney Houston
- ◯ d) Cher

a) Die New Yorker Sängerin Cindy Lauper (geb. 1953) bestimmte lange Zeit den New Wave mit ihrem Gesang und ihrem exzentrischen Äußeren. Ihre Karriere begann bereits 1974, ihre größten Hits hatte sie in den 1980er-Jahren *(Girls Just Want To Have Fun, Time After Time)*.

b) Madonna (geb. 1958) gehört zu den größten weiblichen Superstars der Musikszene. Seit Beginn der 1980er-Jahre landet sie einen Hit nach dem anderen und gilt sowohl in der Musik als auch in der Mode oder anderen Bereichen als Vorreiterin und Trendsetterin. Auch durch ihr Privatleben mit zwei Ehen und vielen Skandalen geriet sie immer wieder in die Schlagzeilen.

Madonna

c) Das ehemalige Fotomodell Whitney Houston (geb. 1963) begann ihre Karriere Mitte der 1980er-Jahre. Mit einer Mischung aus Soul, Pop und Rhythm'n'Blues gelangen ihr Hits wie *How Will I Know* oder *One Moment In Time*.

d) Die exzentrische Sängerin und Schauspielerin Cher (geb. 1946) landete ihren ersten Solohit bereits 1966 mit *Bang Bang*. Zuvor sang sie in dem Duo Sonny & Cher. Cher spielte auch in mehreren Filmen mit, u. a. in *Die Hexen von Eastwick*. 1987 gewann sie sogar einen Oscar.

Wie groß ist der Durchmesser der Erde?

- a) 4878 km
- b) 6800 km
- c) 12.104 km
- d) 12.756 km

a) Mit 4878 km Durchmesser ist der Merkur der kleinste der acht Planeten unseres Sonnensystems. Kleiner ist nur noch der Zwergplanet Pluto, mit einem Durchmesser von 2200 km. Bis zum August 2006 galt Pluto als der neunte Planet.

b) 6800 km misst der Durchmesser des Mars. Er ist der zweitkleinste Planet und von einer relativ dünnen Atmosphäre umgeben.

c) 12.104 km beträgt der Durchmesser der Venus. Dennoch erscheint uns ihre Scheibe am Himmel sehr klein, da sie sich fast immer, von der Erde aus betrachtet, hinter der Sonne und somit sehr weit von der Erde entfernt befindet. Durchgänge der Venus vor der Sonne finden etwa zweimal im Jahrhundert statt, das nächste Mal im Juni 2012.

Erde

d) 12.756,34 km beträgt der Durchmesser der Erde am Äquator, zwischen den (abgeflachten) Polen beträgt er 12.713,54 km, also 42,8 km weniger. Entsprechend ist auch der Erdumfang am Äquator mit 40.076,5 km um 67,9 km größer als der Meridianumfang (der Erdumfang entlang eines Längengrades). Die Erdoberfläche beträgt 510.100.000 km^2, wovon etwa 70,8 % von Wasser bedeckt sind. Die Erde ist der fünftgrößte der Planeten.

Wem gelang die erste Weltumseglung?

- a) Sir Francis Drake
- b) Christoph Kolumbus
- c) Ferdinand Magellan
- d) Sir Robert McClure

a) Sir Francis Drake (1540–96) machte sich vor allem als Freibeuter im Auftrag von Elisabeth I. (1533–1603) einen Namen. Er ist jedoch auch der erste Engländer, dem eine Weltumsegelung gelang (1577–80).

b) Christoph Kolumbus (1451–1506) glaubte zwar, bis nach Asien gekommen zu sein, er hatte am 12. Oktober 1492 jedoch „nur“ Amerika entdeckt.

c) Der Portugiese Ferdinand Magellan (1480–1521) gilt als der erste Weltumsegler. Im Dienst des spanischen Königs Karl I. (1500–58) brach er 1519 mit fünf Schiffen auf, um eine Westroute zu den Molukken zu suchen. Er entdeckte die Durchfahrt zwischen der Südspitze Südamerikas und Feuerland, überquerte den Pazifischen Ozean und wurde 1521 von Einheimischen auf der philippinischen Insel Mactan getötet. Nur ein einziges Schiff kehrte unter dem Kommando von Juan Sebastián Elcano (1487–1526) 1522 nach Sevilla zurück. Da Magellan auf früheren Reisen den westlichsten Punkt dieser Fahrt überquert hatte, hat er, wenn auch auf zwei Etappen, die Welt umsegelt.

d) Dem Iren Sir Robert McClure (1807–73) gelang es erstmals, eine Durchfahrt nördlich des amerikanischen Kontinents, die legendäre Nordwestpassage, zu finden. Die Fahrt dauerte von 1850–54, da seine Schiffe mehrere Winter im Eis feststeckten.

Welches ist der längste Fluss Europas?

- a) die Donau
- b) die Loire
- c) der Rhein
- d) die Wolga

a) Die Donau ist der zweitlängste Fluss Europas. Ihre Quellflüsse Brigach und Breg entspringen im Schwarzwald. Auf dem Weg zum Schwarzen Meer durchfließt sie auf 2850 km Deutschland, Österreich, die Slowakei, Ungarn, Kroatien, Jugoslawien, Rumänien und Bulgarien. Die Donau ist auf etwa 2600 km bis Kelheim schiffbar und einer der wichtigsten Handelswege Europas.

b) Die Loire ist mit 1020 km der längste Fluss Frankreichs. Sie entspringt in den Cevennen und fließt u. a. durch Orléans, Tours und Nantes und mündet bei Saint-Nazaire in den Atlantik.

c) Der 1320 km lange Rhein ist der längste Fluss Deutschlands (867 km) und die wichtigste Wasserstraße Westeuropas. Er entspringt bei Chur in der Schweiz und durchfließt Liechtenstein, Österreich und den Bodensee, bevor er Frankreich und Deutschland passiert. In den Niederlanden teilt er sich in die zwei parallelen Arme Lek und Waal, die bei Rotterdam in die Nordsee münden.

d) Die Wolga ist der längste Fluss Europas. Sie entspringt nordwestlich von Moskau in den Waldai-Höhen, durchfließt Nishnij Nowgorod und Wolgograd und mündet nach etwa 3534 km in das Kaspische Meer. Ihre durchschnittliche Abflussmenge beträgt 8 Mio. Liter pro Sekunde bzw. 252.000 Mrd. Liter im Jahr.

Welches Gebiet hat das größte Kohlevorkommen?

- a) Südafrika
- b) Mittlerer Osten
- c) USA
- d) Brasilien

a) In Südafrika liegen die größten Diamantenfelder der Welt.

b) Im Mittleren Osten liegen knapp 62 % der weltweiten Erdölreserven, die nach verschiedenen Prognosen noch für etwa 50 Jahre ausreichen werden.

c) In den USA lagern 27 % der weltweit vorhandenen förderfähigen Kohlereserven, die bei geschätzten 909 Mrd. Tonnen SKE (Steinkohleeinheiten) liegen, 16 % in Russland und jeweils 12 % in China und Indien. Bei gleichbleibendem Bedarf würde dies für die nächsten 155 Jahre ausreichen. Ein Kilogramm SKE entspricht der Energiemenge, die beim Verbrennen von einem Kilogramm Steinkohle freigesetzt wird (7000 kcal bzw. 8,141 kWh).

Steinkohleförderung

d) Im Bergland von Carajás in Brasilien liegt das größte Eisenerzvorkommen, einer der wichtigsten Rohstoffe, das vor allem für die Stahlherstellung benötigt wird. 40 % der Erde bestehen aus Eisen, wovon 90 % im Erdkern und 4,7 % in der Erdkruste enthalten sind. Die wichtigsten Eisenerze sind Pyrit, Magnetit, Eisenglanz, Brauneisen und Eisenspat. Weltweit werden jährlich 160–170 Mio. Tonnen Eisenerz gefördert, die wichtigsten Förderländer sind China, Brasilien und Australien.

Welches ist der höchste Berg der Alpen?

- a) die Zugspitze
- b) die Jungfrau
- c) der Montblanc
- d) der Großglockner

a) Die Zugspitze ist der höchste Berg Deutschlands. Sie ist 2962 m hoch und liegt südwestlich von Garmisch-Partenkirchen am Rand des Wettersteingebirges. Vom Eibsee aus ist ihr Gipfel durch eine Seilschwebebahn, vom österreichischen Ehrwald durch eine Kabinenseilbahn erreichbar.

b) Die Jungfrau ist ein Teil der Berner Alpen und liegt in der Nähe von Interlaken. Ihr Gipfel ist 4185 m hoch und wurde 1811 erstmals bestiegen. Seit Beginn des 20. Jh. führt eine elektrische Zahnradbahn, die höchste in Europa, bis auf eine Höhe von 3455 m zum Jungfraujoch.

Montblanc

c) Der Montblanc, der „Weiße Berg", der bis auf eine Höhe von 3000 m hinunter das ganze Jahr über von Eis und Schnee bedeckt ist, ist der höchste Berg der Alpen. Er erhebt sich im Südosten Frankreichs und ist 4807 m hoch. 1786 wurde er erstmals von Jacques Balmat (1762–1834) und Michel Paccard (1757–1827) bestiegen.

d) Der Großglockner, der zu den Hohen Tauern gehört, ist mit 3797 m der höchste Berg Österreichs. An seiner Ostseite befindet sich die 10 km lange Pasterze, der größte Gletscher der Ostalpen.

In welchem Land hat die UNESCO kein Welterbe benannt?

- a) Andorra
- b) Bahrain
- c) Bhutan
- d) Island

a) Seit 2004 ist das in Andorra liegende, 4,247 Hektar große Vall del Madriu-Perafita-Claror Teil der Welterbeliste. Aufnahmekriterium für das Tal, das etwa 10 % der Fläche Andorras einnimmt, war, dass hier wie in einem Mikrokosmos die Lebensweise der Menschen im Einklang mit den kargen Bedingungen der Pyrenäen während der letzten 700 Jahre noch immer erkennbar ist.

b) 2005 wurde die archäologische Stätte Qal'at al-Bahrain in die Welterbeliste aufgenommen. Unter portugiesischer Herrschaft wurden hier im 16. Jh. der Burgberg und das Fort erbaut, doch war Qal'at al-Bahrain auch Hauptstadt der Hochkultur von Dilmun, die um 3000 v. Chr. entstand.

c) Bhutan gehört zu den 183 Unterzeichnern der UNESCO-Konvention, hat aber im eigenen Land keine Welterbestätte. Bisher beinhaltet die 1972 ins Leben gerufene Welterbeliste der UNESCO 830 Denkmäler in 138 Ländern. 644 von ihnen sind Kulturdenkmäler, 162 Naturdenkmäler und 24 können beiden Kategorien zugerechnet werden.

d) Auch in Island hat die UNESCO einen Ort zum Welterbe ernannt. Es ist jedoch keines der vielen Naturwunder, an denen das Land so reich ist, sondern der Nationalpark Thingvellir, der alte geschichtsträchtige Ort der Volks- und Ratsversammlungen der Wikinger.

Welcher Kontinent hat die größte Fläche?

- a) Australien
- b) Afrika
- c) Amerika
- d) Asien

a) Australien ist mit einer Fläche von 8.500.000 km² der kleinste Kontinent. Er umfasst neben dem Land Australien mit 7.692.000 km² und Neuseeland noch zwölf weitere Inselstaaten (u. a. Fidschi, Tonga und die Salomonen) sowie etliche abhängige Bereiche wie die Cookinseln, Neukaledonien oder die Nördlichen Marianen. Auch der US-Bundesstaat Hawaii zählt zum Kontinent Australien.

b) Afrika hat eine Fläche von 30.330.000 km². Das entspricht 22 % der Landfläche der Erde.

c) Der amerikanische Doppelkontinent ist mit 42.000.000 km² der zweitgrößte Kontinent. Der größere Teil entfällt dabei mit 23.400.000 km² auf Nordamerika, 18.000.000 km² auf Südamerika, der Rest auf Mittelamerika.

d) Asien ist mit 44.400.000 km² der größte Kontinent und nimmt etwa ein Drittel der Landfläche der Erde ein. Seine westliche Grenze verläuft vom Ural über das Kaspische Meer und das Mittelmeer bis zum Roten Meer, im Osten erstreckt es sich bis zum Pazifischen Ozean, im Norden bis zum Polarmeer und im Süden bis zum Indischen Ozean. Das Landesinnere ist geprägt von gewaltigen Gebirgsmassen (u. a. Himalaya und Hindukusch) und von den weiten Flächen Sibiriens, vor der Pazifikküste liegt die südostasiatische Inselwelt (u. a. Japan und Indonesien).

Welcher Planet hat die meisten Monde?

- a) Jupiter
- b) Saturn
- c) Venus
- d) Mars

a) Der Jupiter hat mindestens 62 Monde bzw. Satelliten, von denen bis zum Jahr 2000 erst 17 bekannt waren. Bereits 1610 wurden die vier größten Monde (mit einem Durchmesser von 3600 bis 5270 km) – Europa, Callisto, Io und Ganymed – von Galileo Galilei entdeckt, der ihnen die Namen der mythologischen Geliebten des Göttervaters Jupiter gab. Diese Tradition wurde zunächst auch bei der Namensgebung der später entdeckten Monde beibehalten (Leda, Sinope, Lysithea ...), bei den jüngsten Entdeckungen jedoch zugunsten wissenschaftlicher Bezeichnungen (S/2003 J23) aufgegeben.

b) Insgesamt 59 Saturnmonde wurden bis zum Jahr 2007 entdeckt und zunächst nach den Titanen, den mythologischen Geschwistern des Saturn, benannt (Rhea, Tethys, Titan ...). Die Monde haben einen Durchmesser von etwa 10 bis 5150 km und bestehen aus verschiedenem gefrorenem Material.

Venus

c) Die Venus hat ebenso wie der Merkur keinen Mond.

d) Der Mars, der nach dem römischen Kriegsgott benannt ist, hat zwei kleine Monde mit einem Durchmesser von 21 bzw. 12 km: Phobos (altgriechisch „Furcht“) und Deimos („Schrecken“).

Welches ist das größte Land der Erde?

- a) USA
- b) Russland
- c) China
- d) Kanada

a) Die Vereinigten Staaten von Amerika sind das drittgrößte Land der Welt und haben eine Fläche von 9.809.155 km². Auch mit ihrer Einwohnerzahl von etwa 296 Mio. (30 je km²) liegen die USA auf Rang drei.

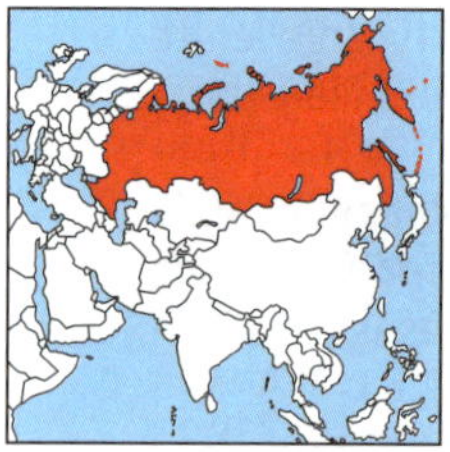
Russland

b) Die Russische Föderation ist trotz der Landverluste im Zuge der Auflösung der Sowjetunion noch immer mit Abstand das größte Land der Erde. 17.075.400 km² beträgt die Fläche seines Staatsgebietes auch heute noch, da es sich von Europa über den Ural und Sibirien bis hinüber zum Pazifischen Ozean erstreckt. Mit etwa 143 Mio. Einwohnern (acht pro km²) liegt Russland in der Bevölkerungsstatistik auf Platz acht.

c) Obwohl die Volksrepublik China mit ca. 1,3 Mrd. Menschen die meisten Einwohner der Welt hat, nimmt sie flächenmäßig nur den vierten Rang ein. Sie hat 9.572.419 km² Fläche, die Einwohnerdichte liegt damit bei 137 Einwohnern je km².

d) Kanada ist mit einer Fläche von 9.984.670 km² das zweitgrößte Land der Erde. Es hat allerdings aufgrund seiner geografischen Lage, die weit über den nördlichen Polarkreis hinausreicht, nur etwa 32 Mio. Einwohner, seine Einwohnerdichte liegt damit bei nur drei Einwohnern pro km².

Welches ist das höchste Gebäude der Welt?

- a) der CN Tower
- b) das Empire State Building
- c) das Taipei 101
- d) die Petronas Twin Towers

a) Der CN Tower in Toronto ist mit 553 m noch immer das höchste Bauwerk der Welt. Er gilt jedoch laut den Richtlinien des „Council of Tall Buildings and Urban Habitat" aufgrund der fehlenden Rahmenstruktur mit Wänden und Stockwerken nicht als Gebäude, sondern lediglich als Bauwerk.

b) Das Empire State Building in New York war mit 381 m von 1931 bis 1972 das höchste Gebäude der Welt, heute nimmt es immerhin noch den neunten Rang ein.

c) Das Taipei 101 wurde Ende 2004 in der taiwanesischen Hauptstadt eingeweiht, seitdem hält es mit 508 m den Rekord des höchsten Gebäudes der Welt. Das von dem Architekten C. Y. Lee (geb. 1938) entworfene 101-stöckige Gebäude ist einer chinesischen Pagode nachempfunden. Die acht sich nach oben öffnenden Abschnitte symbolisieren die chinesische Glückszahl. Derzeit ist jedoch in Dubai ein Gebäude in Bau, das das Taipei 101 weit übertreffen soll: das Burj Dubai (der „Turm von Dubai") dessen geplante Höhe noch nicht bekannt ist. Man spricht von 560–706 m, das Bauende ist für 2008 geplant.

d) Die Petronas Towers in Kuala Lumpur waren 1997–2004 mit 452 m das höchste Gebäude der Welt. Eine Besonderheit ist die Brücke, die die beiden Zwillingstürme auf Höhe des 41. und 42. Stockwerks verbindet.

Welche Vulkanform ist die häufigste?

- a) Schildvulkan
- b) Schichtvulkan
- c) Maar
- d) Caldera

Was wurde früher Batavia genannt?

- a) Gewürzinseln
- b) Thailand
- c) Jakarta
- d) Myanmar

a) Weltweit gibt es 107 Schildvulkane, sie stellen 90 % der heute noch aktiven Vulkane. Sie sind gekennzeichnet durch die äußerst niedrige Neigung ihrer Hänge (höchstens 10 %) und entstehen durch besonders dünnflüssige Lava, die gleichmäßig nach allen Seiten abfließt. Zu den bekanntesten Schildvulkanen gehören der Ätna und der Mauna Kea auf Hawaii.

b) Schicht- oder Stratovulkane sind die häufigsten Vulkane. Durch den abwechselnden Ausstoß von dickflüssigem Magma und Asche oder lockerem Gestein entsteht ein relativ steiler, spitzer Kegel. Schichtvulkane sind u. a. der Vesuv und der Fujijama.

c) Maare sind die zweithäufigste Vulkanform, obwohl sie außerhalb der Eifel, der Schwäbischen Alb und der Auvergne nur selten anzutreffen sind. Sie entstehen durch eine Explosion, die durch das Aufeinandertreffen von aufsteigendem Magma und Grundwasser ausgelöst wird. Die unterirdische Wasserkammer stürzt ein und bildet einen Trichter, der sich dann meist mit Wasser füllt.

d) Calderen sind die kraterähnlichen Überreste eines Vulkans, dessen entleerte Magmakammer eingestürzt ist oder bei einer Eruption weggesprengt wurde. Sie haben meist einen Durchmesser von mehreren Kilometern und können mit Magma oder Wasser gefüllt sein.

a) Unter dem Namen „Gewürzinseln" waren früher die Molukken, eine indonesische Inselgruppe zwischen Celebes, Neuguinea und den Philippinen, bekannt. Heute ist der Gewürzanbau zurückgegangen, 1519 war die Suche nach einem neuen Schifffahrtsweg hierher jedoch der Auslöser für die erste Weltumsegelung durch Ferdinand Magellan.

b) Bis 1939 und 1946–49 war Siam der amtliche Name des Königreichs Thailand. Seine Hauptstadt ist Bangkok, und es ist das einzige Land Südostasiens, das nie kolonisiert wurde.

Jakarta

c) Batavia war bis 1950 der Name des heutigen Jakarta, der Hauptstadt Indonesiens, das bis 1945 niederländische Kolonie war. Es liegt auf der Insel Java und hat heute 8,5 Mio. Einwohner. Nach der Wiedererlangung der Unabhängigkeit wurde die Stadt umbenannt in Anlehnung daran, wie sie bei ihrer Gründung 1527 geheißen hatte: Jayakarta – „Großer Sieg".

d) Seit 1989 ist Myanmar der amtliche Name des früheren Birma oder Burma. Es liegt am Golf von Bengalen zwischen Indien, China, Laos und Thailand, seine Hauptstadt ist Rangun. Da die Umbenennung durch die Militärdiktatur vorgenommen wurde, wird der neue Name nicht überall akzeptiert.

Was ist kein Teil des Mittelmeeres?

- a) die Adria
- b) die Ägäis
- c) das Tyrrhenische Meer
- d) das Marmarameer

a) Als Adria bezeichnet man den Teil des Mittelmeeres, der sich zwischen der Ostküste Italiens und der Balkanhalbinsel erstreckt. Es reicht vom Golf von Triest bis zur Straße von Otranto zwischen Albanien und Apulien, die die Adria mit dem Ionischen Meer verbindet.

b) Die Ägäis ist der inselreichste Teil des Mittelmeeres. Sie wird von der Türkei im Osten, vom griechischen Festland im Norden und Westen und von der Insel Kreta im Süden begrenzt.

c) Das Tyrrhenische Meer liegt im Südwesten der italienischen Halbinsel unterhalb von Elba, östlich von Korsika und Sardinien und nördlich von Sizilien. Sein Name leitet sich von dem griechischen Wort für das Volk der Etrusker her.

Marmarameer

d) Das Marmarameer ist ein Binnenmeer südwestlich von Istanbul. Es ist 11.500 km² groß und hat eine Tiefe von 1355 m. Die 65 km lange und 1,3–6 km breite Meerenge der Dardanellen, die in der Antike den Namen „Hellespont" trugen, verbindet es mit der Ägäis und der 30 km lange Bosporus mit dem Schwarzen Meer. Hier verläuft auch ein Teil der innereurasischen Grenze, der Grenze zwischen Europa und Asien.

Welches ist der höchste Berg Amerikas?

- a) Mount McKinley
- b) Cerro Aconcagua
- c) Mount Cook
- d) Kilimandscharo

a) Der 6198 m hohe Mount McKinley im Süden Alaskas ist der höchste Berg Nordamerikas. Benannt wurde er nach William McKinley (1843–1901), dem 25. Präsidenten der USA. 1913 erfolgte seine Erstbesteigung durch Hudson Stuck (1865–1920).

b) Der Cerro Aconcagua liegt an der westlichen Grenze Argentiniens, ca. 100 km nordöstlich von Santiago de Chile. Mit 6958 m ist er der höchste Gipfel der Anden und des ganzen amerikanischen Kontinents. Er besteht aus vulkanischem Gestein, ohne jedoch selbst ein Vulkan zu sein. 1897 wurde er von Matthias Zurbriggen (1856–1917) bestiegen, archäologische Funde lassen jedoch darauf schließen, dass bereits die Inkas den Cerro Aconcagua und die benachbarten Gipfel als Grabstätten benutzten.

c) Der Mount Cook erhebt sich in der Mitte der Südinsel Neuseelands. Er ist mit 3754 m der höchste Berg von Australien und Neuseeland und wurde 1894 erstmals bestiegen.

d) Der Kilimandscharo ist der höchste Berg Afrikas. Er liegt im Nordosten Tansanias und ist für seinen Pflanzenreichtum berühmt. Er ist ein Schildvulkan, der aus drei Vulkanen zusammengewachsen ist. Sein höchster Gipfel Kibo ist 5895 m hoch. Seine erste dokumentierte Besteigung fand 1889 durch den Deutschen Hans Meyer (1858–1929) und den Österreicher Ludwig Purtscheller (1849–1900) statt.

Wie nennt man die baumlose Steppe jenseits der polaren Baumgrenze?

- ○ a) Taiga
- ○ b) Tundra
- ○ c) Pampa
- ○ d) Sahelzone

a) Die Taiga bezeichnet die endlosen Nadelwälder Russlands, die sich vom Weißen bis hin zum Ochotskischen Meer teilweise auf sumpfigem Erdreich oder Permafrostboden erstrecken. Die Taiga ist das größte Waldgebiet der Erde mit einer Länge von 4800 und einer Breite von 1000 km.

b) Die Tundra ist die baumlose Kältesteppe jenseits der polaren Baumgrenze. Man findet sie in Nordsibirien zwischen der arktischen Kältewüste und der nördlichen Taiga, aber auch in Amerika jenseits des Polarkreises und in Feuerland. Die höchsten Temperaturen liegen bei 10° C im Monatsmittel, die Vegetationsperiode beträgt nur zwei bis vier Monate. Außer der arktischen Tundra gibt es noch die alpine Tundra, z. B. im Hochland von Tibet. Die vorherrschenden Pflanzen sind Moose, Flechten und Zwergsträucher.

c) Die Pampa bezeichnet die baumlose aber feuchte Steppe Argentiniens, die sich über 1600 km zwischen den Trockenwäldern des Gran Chaco und der Trockensteppe Patagoniens erstreckt. Sie ist das landwirtschaftlich bedeutendste Gebiet Argentiniens mit Getreideanbau und Viehzucht.

d) Die 3.000.000 km² große Sahelzone liegt südlich der Sahara und ist geprägt von großer Trockenheit. Dornensavannen sind der vorherrschende Landschaftstyp.

Wie heißt Deutschlands größte Insel?

- ○ a) Rügen
- ○ b) Usedom
- ○ c) Fehmarn
- ○ d) Sylt

Kreidefelsen auf Rügen

a) Die in der Ostsee gelegene mecklenburg-vorpommersche Insel Rügen ist mit 926 km² die größte Insel Deutschlands. Die Hauptstadt der Insel, die über einen Eisenbahn- und Straßendamm mit der Hansestadt Stralsund auf dem Festland verbunden ist, ist die Kreisstadt Bergen. Die Insel ist durch zahlreiche tief eingeschnittene Buchten stark zergliedert. Bekannt ist sie vor allem durch das Seebad Binz, die schönen Sandstrände und die Kreidefelsen im Norden. Etwa 70.000 Menschen leben hier in 24 Gemeinden.

b) Usedom gehört ebenso wie Rügen auch zu den vorpommerschen Inseln. Die Insel ist teilweise polnisch. Sie hat eine Gesamtfläche von 445 km², 373 davon gehören zu Deutschland.

c) Die drittgrößte deutsche Insel ist das ebenfalls in der Ostsee gelegene schleswig-holsteinische Fehmarn mit 185,4 km².

d) Sylt ist mit 99,2 km² die größte deutsche Nordseeinsel und zugleich die viertgrößte deutsche Insel. Sylt gehört ebenso wie Föhr und Amrum zu den Nordfriesischen Inseln, während Borkum und Norderney zu den Ostfriesischen Inseln gehören.

Welcher ist der größte der acht Planeten?

- a) Saturn
- b) Jupiter
- c) Neptun
- d) Uranus

a) Der Saturn ist der zweitgrößte Planet unseres Sonnensystems. Er hat einen Durchmesser von 120.536 km, der Durchmesser seines Ringsystems beträgt sogar 275.000 km. Die Ringe bestehen vermutlich aus Stein, Eis und gefrorenen Gasen, wobei die Größe der einzelnen Teile zwischen 0,005 mm und 10 m liegt.

b) Der Jupiter ist mit 142.800 km der größte der acht Planeten. Sein Durchmesser beträgt damit das 11,2-fache des Erddurchmessers. Sein Volumen ist 1400-mal so groß wie das der Erde, seine Masse jedoch beträgt aufgrund seiner wesentlich niedrigeren Dichte – der Jupiter ist im Gegensatz zur Erde kein Gesteinsplanet, sondern besteht vorwiegend aus verdichteten Gasen – nur das 318-fache vom Gewicht der Erde (1900 Trillionen Tonnen).

Jupiter

c) Der Neptun hat einen Durchmesser von 49.000 km. Sein Volumen beträgt das 72-fache der Erde, seine Masse jedoch nur das 17-fache.

d) Der Uranus ist mit einem Durchmesser von 51.118 km der drittgrößte Planet. Er besitzt vermutlich einen Gesteinskern von der Größe der Erde, der von Gasen umgeben ist, sodass seine mittlere Dichte nur etwa ein Fünftel der mittleren Erddichte beträgt.

Wer entdeckte den Nordpol?

- a) Fridtjof Nansen
- b) Richard Evelyn Byrd
- c) Robert Edwin Peary
- d) Frederick Albert Cook

a) Der Norweger Fridtjof Nansen (1861–1930) durchquerte nicht nur als Erster zu Fuß das Packeis Grönlands, er ließ sich auch von 1893 bis 1896 in dem eigens dafür konstruierten Schiff Fram im Eis einfrieren, um so die Eisdrift des Nordpolarmeers zu beweisen.

b) Richard Evelyn Byrd (1888–1957) unternahm als Erster Flüge über den Nord- (1926) und den Südpol (1929).

c) Der in Panama geborene Robert Edwin Peary (1856–1920) gilt als der Entdecker des Nordpols. Auf seinen Grönlandexpeditionen eignete er sich die Überlebenstechniken der Eskimos an und entwickelte das sogenannte Peary-System, die Vorauserrichtung von Nachschublagern, das maßgeblich für Polarexpeditionen wurde. Nach drei vergeblichen Versuchen brach er im Juli 1908 erneut zum Nordpol auf. Zusammen mit seinem Assistenten Matthew Henson und vier Eskimos erreichte Peary am 6. April 1909 den Pol oder wenigstens seine unmittelbare Nähe.

d) Frederick Albert Cook (1865–1940) nahm als Stabsarzt an mehreren Expeditionen nach Grönland und in die Antarktis teil. Er behauptete nach Pearys Nordpolexpedition, bereits 1908 dort gewesen zu sein, was von der Washingtoner National Geographic Society aber nicht anerkannt wurde. 1925–30 war er wegen betrügerischer Ölgeschäfte im Gefängnis.

Wie oft pro Jahrhundert findet eine Sonnenfinsternis statt?

- a) 150-mal
- b) 14-mal
- c) 2-mal
- d) 240-mal

a) Mondfinsternisse finden etwa 150-mal innerhalb von 100 Jahren statt. Sie entstehen, wenn Sonne, Erde und Mond auf einer Linie stehen. Dies ist eigentlich die Konstellation bei jedem Vollmond. Da aber die Umlaufbahn des Mondes um die Erde nicht genau auf der Umlaufbahn der Erde um die Sonne liegt, sind Mondfinsternisse entsprechend seltener.

b) 14-mal im Jahrhundert kommt es zu einem Merkurtransit, einem Durchgang des Merkur vor der Sonne. Merkurtransite finden im Mai oder November in Abständen zwischen drei und 13 Jahren statt, ähnliche Durchgänge wiederholen sich nach 46 Jahren.

c) Der Venustransit findet innerhalb von 120 Jahren 2-mal in einem Abstand von acht Jahren statt. Er ist der zweite Planetendurchgang, der von der Erde aus beobachtet werden kann.

d) Im 20. Jh. haben 242 Sonnenfinsternisse stattgefunden. Sonnenfinsternisse sind wesentlich häufiger als Mondfinsternisse, obwohl letztere wesentlich häufiger zu beobachten sind. Erklärbar ist dieses Paradoxon dadurch, dass eine Mondfinsternis gleichzeitig von allen Stellen der Erde, von denen aus der Mond gerade sichtbar ist, beobachtet werden kann. Eine Sonnenfinsternis jedoch ist nur regional begrenzt zu beobachten, da der Mond genau zwischen dem Betrachter und der Sonne stehen muss, um sie zu verdecken.

Welches Bundesland hat die meisten Einwohner?

- a) Bayern
- b) Baden-Württemberg
- c) Nordrhein-Westfalen
- d) Sachsen

a) Bayern hat nach den neuesten Angaben des Statistischen Bundesamtes vom 30. September 2006 eine Einwohnerzahl von 12.488.392 Menschen. Wie in allen übrigen Bundesländern überwiegt auch hier der Frauenanteil: 6.371.206 Personen sind weiblich, 6.117.186 männlich. Die Bevölkerungsdichte ist hier mit 177 Einwohnern pro Quadratkilometern relativ niedrig, nur in den neuen Bundesländern und in Niedersachsen (168) ist sie geringer.

b) Die Einwohnerzahl von Baden-Württemberg liegt bei 10.742.344 (5.465.439 weiblich, 5.276.905 männlich).

c) Nordrhein-Westfalen ist mit 18.035.527 Einwohnern das einwohnerreichste Bundesland Deutschlands, obwohl es nicht die größte Fläche hat. Aufgrund der vielen Großstädte hat es nach den Stadtstaaten mit 530 Einwohnern pro km^2 die höchste Bevölkerungsdichte.

Rheinbrücke in Düsseldorf, der Hauptstadt Nordrhein-Westfalens

d) Mit 4.254.840 Einwohnern ist Sachsen das einwohnerreichste Land der neuen Bundesländer. 2.179.171 Personen davon sind weiblich, 2.075.669 männlich. Wie bei den vier anderen neuen Bundesländern ist auch hier ein kontinuierlicher Trend der Abwanderung nach Berlin bzw. in die alten Bundesländer erkennbar.

Welches Land gehört nicht zur Europäischen Union?

- a) Griechenland
- b) Zypern
- c) Schweiz
- d) Rumänien

a) Griechenland gehört bereits seit 1981 zur Europäischen Union.

b) Zypern gehört seit dem Jahr 2004 der Europäischen Union an. Ebenfalls 2004 traten die Länder Estland, Lettland, Litauen, Malta, Polen, die Slowakische Republik, Slowenien, die Tschechische Republik und Ungarn bei.

Zürich in der Schweiz

c) Aus der 1958 mit der Unterzeichnung der Römischen Verträge gegründeten Europäischen Wirtschaftsgemeinschaft EWG wurde später die EU. Zu den Gründungsmitgliedern gehörten Belgien, Deutschland, Frankreich, Italien, Luxemburg und die Niederlande. Mittlerweile sind es 27 Mitgliedsstaaten. Die Schweiz dagegen, die sogar während des Zweiten Weltkriegs ihre Unabhängigkeit und Neutralität bewahren konnte, gehört nicht zur EU. Sie wird sich auch in Zukunft nicht um eine Mitgliedschaft bewerben, da die Bewahrung ihrer Unabhängigkeit das oberste Ziel der Schweizer Außenpolitik ist.

d) Rumänien und Bulgarien sind seit dem 1. Januar 2007 Mitgliedsländer der EU. Weitere Länder, deren Bewerbung zur Aufnahme in die Europäische Union derzeit noch geprüft werden, sind die Türkei, Kroatien und die ehemalige jugoslawische Republik Mazedonien.

Auf welchem Breitengrad liegt der Wendekreis des Krebses?

- a) 90° nördlicher Breite
- b) 0°
- c) 23,5° nördlicher Breite
- d) 66,67° südlicher Breite

a) Zur besseren geografischen Bestimmung wurde die Oberfläche der Erde in ein gleichmäßiges Netz von Längen- und Breitengraden unterteilt. 360 gleich lange Längenkreise (Meridiane) durchlaufen Nord- und Südpol, die am Äquator 111,31 km voneinander entfernt sind. Der Nullmeridian führt seit 1883 nach allgemeiner Übereinkunft durch die Sternwarte von Greenwich bei London, von hier aus zählt man je 180 Grade östlicher bzw. westlicher Länge. Die Breitenkreise verlaufen parallel um die Erde, sie haben deshalb unterschiedliche Längen. Es gibt 89 Richtung Nord- bzw. Südpol kleiner werdende Breitengrade, der 90. ist jeweils der Pol, seine Länge ist deshalb gleich Null.

b) Der nullte Breitengrad ist der Äquator, der die Erde in eine Nordhalbkugel und eine Südhalbkugel teilt. Im Gegensatz zum nullten Längengrad ist er nicht willkürlich gesetzt, sondern definiert sich durch die Umlaufbahn der Erde um die Sonne.

c) Der Wendekreis des Krebses liegt auf 23,5° nördlicher Breite. Hier steht die Sonne zur Zeit der Sommersonnwende am 21./22. Juni im Zenit. 5212 km südlicher liegt der Wendekreis des Steinbocks.

d) Auf 66,67° südlicher Breite verläuft der südliche Polarkreis.

Was liegt in Kambodscha?

- a) Tadsch Mahal
- b) Kathmandu
- c) Angkor Vat
- d) River Kwai

a) Der Tadsch Mahal wurde 1631–48 von dem indischen Großmogul Shah Jahan (1592–1666) als Grabmal für seine Lieblingsfrau Mumtaz Mahal erbaut, die bei der Geburt ihres 14. Kindes gestorben war. Mit seinen Kuppeln und Minaretten, dem 18 Hektar großen Garten und den zahlreichen Wasserbecken wurde das Mausoleum zum Inbegriff des märchenhaften Indien.

b) Kathmandu, Bhaktapur und Patan heißen die drei Königsstädte in Nepal am Fuße des Himalaja, in denen Tausende von hinduistischen und buddhistischen Tempeln und Pagoden eine einmalige Einheit bilden.

c) Das in Kambodscha gelegene Angkor Vat ist die größte Tempelanlage der Welt. Der riesige Tempelkomplex aus der Blütezeit der Khmerkultur ist von einem 200 m breiten Wassergraben umgeben. Er wurde von König Suryavarman II. (1113–50), dem „Schützling des Sonnengottes“, als Abbild des himmlischen Kosmos auf Erden erbaut. Der Himmlische Palast, dessen fünf Türme sich auf einer dreistufigen Pyramide erheben, war der Mittelpunkt der Anlage und des ganzen Reiches.

d) Der Kwai ist vor allem durch den britischen Film *Die Brücke am Kwai* bekannt, der über den Bau der Brücke und der Bahnstrecke 1944/45 von Thailand nach Burma unter unmenschlichen Bedingungen berichtet.

Wie heißt die Hauptstadt von Australien?

- a) Melbourne
- b) Sydney
- c) Canberra
- d) Perth

a) Melbourne ist die Hauptstadt des kleinen Bundesstaates Victoria im südlichsten Ende Australiens. Rund 3,3 Mio. Menschen leben hier. Es ist die zweitgrößte Stadt Australiens und gilt als seine heimliche Hauptstadt.

Opernhaus von Sydney

b) Sydney ist die Hauptstadt von New South Wales. Es wurde 1788 als englische Strafkolonie gegründet. Heute leben hier 3,77 Mio. Menschen, im Großraum Sydney sind es sogar 4,4 Mio. Im Hafen von Sydney befindet sich das Opernhaus, das berühmteste Gebäude des Kontinents.

c) Die Hauptstadt Australiens ist Canberra, das wie die meisten größeren Städte im Südosten des Landes liegt. Canberra hat 325.000 Einwohner. Es liegt 150 km im Landesinneren im Australischen Bergland im kleinsten Bundesstaat Australian Capital Territory auf einer Höhe von 571 m über dem Pazifischen Ozean. Der Name leitet sich von „Kamberra“ („Versammlungsplatz“) aus der Sprache der Ureinwohner ab.

d) Perth ist die Hauptstadt von Westaustralien, dem größten der neun Bundesstaaten. Es wurde 1829 von James Stirling (1791–1868) gegründet. Im Großraum Perth leben die meisten der 1,8 Mio. Einwohner Westaustraliens.

Welches Gebirge gilt als Grenze zwischen Europa und Asien?

- a) der Ural
- b) der Kaukasus
- c) der Altai
- d) die Karpaten

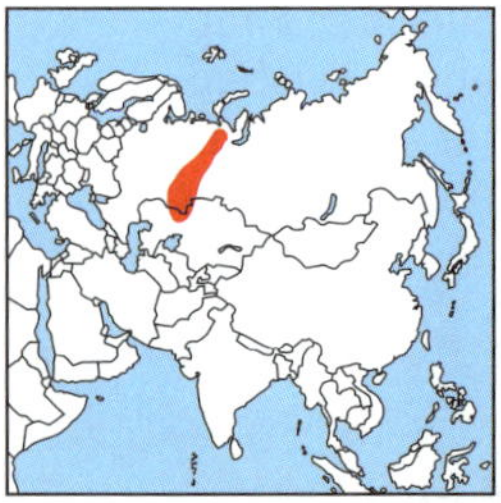
Ural

a) Der Ural bildet auf mehr als 2000 km die natürliche Grenze zwischen Europa und Asien. Er ist ein relativ niedriges Gebirge, dessen höchster Gipfel mit 1895 m die Narodnaja ist. Wirtschaftlich bedeutend sind vor allem seine reichen Erz- und Malachitvorkommen.

b) Der Kaukasus erstreckt sich vom Kaspischen zum Schwarzen Meer und bildet die Grenze zwischen Russland im Norden und Aserbaidschan und Georgien. Der Elbrus mit seinen 5642 m ist der höchste Berg Russlands. Die 300 Jahre alte Stadt Rostow am Don gilt als das Tor zum Kaukasus.

c) Der Altai ist ein mittelasiatisches Hochgebirge, das sich über eine Länge von 2100 km im Grenzgebiet von Kasachstan, Russland, der Mongolei und China erstreckt. Sein höchster Gipfel ist der Belucha mit 4506 m. Das regionale Zentrum ist die 1730 gegründete Stadt Barnaul, die aufgrund ihrer prunkvollen Bauten als europäischste Stadt Sibiriens gilt.

d) Die Karpaten ziehen sich auf 1300 km Länge bogenförmig von Polen und der Slowakei über die Ukraine bis hinein nach Rumänien. Die Hohe Tatra ist der höchste Teil des Gebirgszuges.

Wie viele Bundesstaaten haben die USA?

- a) 4
- b) 13
- c) 11
- d) 50

a) Vier europäische Länder waren es, die in Nordamerika um die Vormachtstellung kämpften. Nachdem die Niederlande und bald auch Spanien nur noch wenig Einfluss hatten, waren es Frankreich und Großbritannien, die sich in jahrzehntelangen Kriegen bekämpften, bis Großbritannien 1763 als Sieger hervorging. Die Namen vieler Städte und Bundesstaaten lassen noch heute auf die Herkunft ihrer ersten Siedler schließen (New Orleans und Louisiana, Los Angeles und San Francisco, New Jersey und New Hampshire; New York allerdings wurde als Nieuw Amsterdam gegründet.).

b) Die 13 Streifen auf der amerikanischen Flagge erinnern noch heute an die 13 britischen Kolonien, die sich 1774 zu den Vereinigten Staaten von Amerika zusammenschlossen und 1776 die Unabhängigkeitserklärung unterschrieben.

c) Elf Südstaaten traten aufgrund der Sklavenfrage 1860/61 wieder aus dem inzwischen stark angewachsenen Bund aus und gründeten die Konföderierten Staaten von Amerika, die mit dem Ende des Sezessionskrieges wieder an die Vereinigten Staaten zurückfielen.

d) Heute umfassen die USA 50 Bundesstaaten und einen Bundesdistrikt (District of Columbia). Zwei von ihnen, Alaska und Hawaii, sind nicht mit dem Kernland verbunden. Jeder wird durch einen Stern auf der Flagge symbolisiert.

Welche deutsche Stadt wurde nicht von den Römern gegründet?

- a) Regensburg
- b) Trier
- c) Nürnberg
- d) Augsburg

Welcher Kanal verbindet den Atlantik mit dem Pazifik?

- a) der Kanal von Korinth
- b) der Suezkanal
- c) der Panamakanal
- d) der Wellandkanal

a) Castra Regina, das heutige Regensburg, wurde im Jahr 179 von Kaiser Mark Aurel (121–180) an der Donau als Militärstützpunkt errichtet, von dem bis heute das nördliche Tor, die Porta Praetoria, erhalten geblieben ist.

b) Trier wurde 16 v. Chr. im Gebiet des keltischen Stammes der Treverer („Augusta Treverorum", „Kaiserstadt der Treverer") gegründet. Bis heute sind viele der Gebäude, vor allem aus der späten Kaiserzeit, erhalten geblieben und geben ein eindrucksvolles Bild von der Pracht und der Baukunst der Römer: u. a. die schon von Tacitus erwähnte erste Moselbrücke, das Amphitheater mit 25.000 Plätzen, die Porta Nigra und die Kaiserthermen.

c) Das an der Pegnitz in Franken gelegene Nürnberg wurde 1050 zum ersten Mal urkundlich erwähnt („Norenberg"). In den folgenden Jahrhunderten wurde es zu einer der wichtigsten Kaiserresidenzen. Den Höhepunkt seiner wirtschaftlichen und kulturellen Blüte erlebte es im 15. und 16. Jh., als Künstler wie Albert Dürer (1471–1528) und Veit Stoß (1447–1533) hier lebten.

d) Augsburg gehört zusammen mit Trier und Kempten (Campodunum) zu den drei ältesten Städten Deutschlands. Es wurde im Jahr 15 v. Chr. unter dem Namen Augusta Vindelicum als römisches Militärlager gegründet.

a) Der Kanal von Korinth wurde 1881–93 als Verbindung zwischen der Adria und Athen erbaut. Der 26 m breite und 8 m tiefe Wasserweg wurde mitten durch die bis zu 75 m hohen Felsen gesprengt. Er hat eine Länge von 6,3 km und erspart den Schiffen den Weg um den Peloponnes.

b) Der 163 km lange Suezkanal bildet seit 1869 die Verbindung zwischen dem Mittelmeer und dem Roten Meer und somit auch mit dem Indischen Ozean. Bereits zur Zeit der Pharaonen und Römer gab es hier einen Kanal, der jedoch später verschüttet wurde.

c) Seit 1914 verbindet der Panamakanal den Atlantischen mit dem Pazifischen Ozean. Er ist nur 82 km lang, verkürzt aber den Seeweg von New York nach San Francisco um 15.000 km. Obwohl der Höhenunterschied zwischen den beiden Meeren nur 24 cm beträgt, muss mithilfe von drei Schleusenanlagen die kontinentale Wasserscheide und der Stausee von Gabun auf 26 m Höhe überwunden werden.

Panamakanal

d) Der 67 km lange Wellandkanal verbindet den Ontario- mit dem Eriesee und umschifft so mithilfe von 37 Schleusen die Niagarafälle.

Wie groß ist der Atlantische Ozean?

- a) 75 Mio. km²
- b) 181 Mio. km²
- c) 107 Mio. km²
- d) 361 Mio. km²

a) Der Indische Ozean ist 75 Mio. km² groß. Er liegt zwischen Afrika, Asien, Australien und der Antarktis. Seine tiefste Stelle befindet sich im Sundagraben und misst 7455 m.

b) Der Pazifische Ozean ist das größte der drei Weltmeere. Er erstreckt sich zwischen Asien und Amerika und hat mit seinen Nebenmeeren eine Fläche von 181 Mio. km². Hier befindet sich auch die tiefste Stelle, der Marianengraben mit 11.034 m.

c) Der Atlantische Ozean hat eine Fläche von 107 Mio. km² und wird im Westen von Amerika und im Osten von Europa und Afrika begrenzt. Seine tiefste Stelle misst 9219 m.

d) 361 Mio. km² der Erdoberfläche, also etwa 71 %, werden von Wasser eingenommen. Die durchschnittliche Meerestiefe beträgt 3795 m, die Meere umfassen 96,5 % des gesamten Wasservorkommens der Erde. Das Meer ist der am wenigsten erforschte Lebensraum der Erde, dennoch ist bereits jetzt bekannt, dass dort mehr Tier- und Pflanzenarten vorkommen als auf dem Land. Zugleich sind das Meer und seine Ressourcen in besonderem Maße durch Umweltverschmutzung und Ausbeutung bedroht.

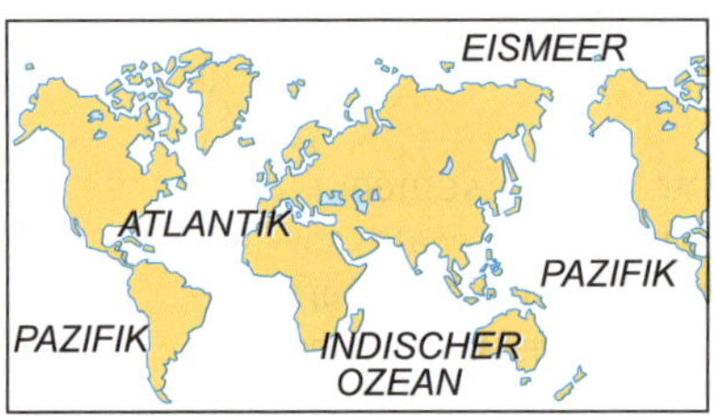

Die Weltmeere

Welche Stadt zählt nicht zum Welterbe der UNESCO?

- a) Timbuktu
- b) Brasilia
- c)Le Havre
- d) Madrid

a) Timbuktu, die „Goldene Stadt", wurde 1988 in die Welterbeliste der UNESCO aufgenommen. Um das Jahr 1000 erstmals als Tuareglager erwähnt, entwickelte sich die in Mali im Überschwemmungsland des Niger gelegene Stadt bald zur Universitätsstadt und zum religiösen und wirtschaftlichen Zentrum. Der als Ungläubiger von den Mächtigen des Landes verfolgte deutsche Afrikaforscher Heinrich Barth (1821–65) lebte 1853/54 in Timbuktu und öffnete die Stadt durch seine Berichte dem Rest der Welt.

b) Brasilia, die nach Entwürfen von Lucio Costa und Oscar Niemeyer (geb. 1907) 1922–24 im brasilianischen Hinterland als neue Hauptstadt erbaute „Stadt der Moderne", wurde bereits 1987 in die Welterbeliste aufgenommen.

c) 1944 wurde die ehemalige Auswandererstadt Le Havre, die seit 1940 von den Deutschen besetzt und einer ihrer wichtigsten Marinestützpunkte war, von englischen Bombern dem Erdboden gleichgemacht. Mit einem Team von 60 Architekten begann Auguste Perret (1874–1954) 1945, hier eine komplett neu gestaltete Stadt aus farbig leuchtendem Beton zu erbauen, die 2005 zum Welterbe ernannt wurde.

d) In Madrid steht, ebenso wie in vielen anderen kulturell bedeutenden Großstädten auch, kein Gebäude unter dem besonderen Schutz der UNESCO.

Welches südamerikanische Land grenzt nicht an Brasilien?

- a) Surinam
- b) Uruguay
- c) Kolumbien
- d) Ecuador

a) Surinam liegt an der Nordostküste Südamerikas zwischen Guyana, Französisch-Guyana und Brasilien. Es hat eine Fläche von 164.000 km² und 493.000 Einwohner, seine Hauptstadt ist Paramaribo.

b) Uruguay liegt am südlichen Ende von Brasilien. Seine Grenze zu Argentinien wird durch die Flüsse Uruguay und Rio de la Plata gebildet. Es hat eine Fläche von 176.220 km² und 3,314 Mio. Einwohner. Die Hauptstadt ist Montevideo.

c) Kolumbien liegt im Nordwesten Südamerikas am Übergang nach Mittelamerika und grenzt deshalb sowohl an den Pazifik als auch an die Karibik. Seine Nachbarländer sind Panama, Venezuela, Brasilien, Peru und Ecuador. Die Hauptstadt Kolumbiens ist Bogotá, seine Fläche beträgt 1.141.000 km².

d) Obwohl Brasilien an der Ostküste Südamerikas liegt und somit beinahe zur Hälfte an den Atlantischen Ozean angrenzt, hat es doch auch aufgrund seiner Größe gemeinsame Landesgrenzen mit fast allen südamerikanischen Staaten. Die beiden einzigen Ausnahmen bilden Ecuador, das von Kolumbien und Peru begrenzt wird, und Chile, das sich über mehr als 6000 km zwischen dem Pazifik und den Anden erstreckt und von Peru, Bolivien und Argentinien begrenzt wird.

Wie heißt der zweithöchste Berg Deutschlands?

- a) Höllentalspitze
- b) Großer Arber
- c) Watzmann
- d) Feldberg

a) Die 2745 m hohe Höllentalspitze liegt genau wie der höchste Berg Deutschlands, die Zugspitze (2962 m), auch im Wettersteingebirge. Die 1855 erbaute, auf einer Höhe von 2052 m gelegene Knorrhütte gilt als idealer Ausgangspunkt für eine Tour auf die Höllentalspitze, für die allerdings absolute Trittsicherheit und Schwindelfreiheit erforderlich ist.

b) Der Große Arber ist mit 1456 m der höchste Berg des Bayerischen Waldes.

c) Der Watzmann ist 2713 m hoch und nimmt damit den dritten Rang unter den deutschen Bergen ein. Er liegt in den Berchtesgadener Alpen und ist damit ebenso wie Zugspitze und Höllentalspitze Teil der Nördlichen Kalkalpen. Die letzten beiden der insgesamt fünf Zweitausender Deutschlands liegen im Ammergebirge in den oberbayerisch-schwäbischen Voralpen: die Kreuzspitze (2185 m) und der Säuling (2047 m).

Watzmann

d) Der Feldberg mit 1493 m ist nicht nur die höchste Erhebung im Schwarzwald, sondern der höchste Berg aller deutschen Mittelgebirge. Er ist der siebthöchste Berg Deutschlands.

Wann entstand die Erde?

- ◯ a) vor 15 Mrd. Jahren
- ◯ b) vor 4,6 Mrd. Jahren
- ◯ c) vor 4 Mrd. Jahren
- ◯ d) vor 2,5 Mrd. Jahren

a) Vor 15 Mrd. Jahren fand wissenschaftlichen Theorien zufolge der Urknall statt, als durch die Umwandlung von ungeheurer Energie in Materie aus dem Nichts das Universum entstand.

b) Die Erde und unser ganzes Sonnensystem ist etwa 4,6 Mrd. Jahre alt. Anhand der ältesten bisher entdeckten Gesteinsproben vom Mond und einigen Meteoriten konnte diese Entstehungszeit bestätigt werden. Die erste Phase der Erdgeschichte (vor 4,6–2,5 Mrd. Jahren) wird Archaikum genannt und ist Teil des Präkambriums (vor 4,6 Mrd.–560 Mio. Jahren). Zu dieser Zeit bildeten sich die erste, noch nicht geschlossene Erdkruste und das „Urmeer".

c) Die ältesten bekannten Gesteine der Erde sind 4 Mrd. Jahre alt. Es handelt sich um Gesteine, die von amerikanischen Forschern im Norden Kanadas gefunden wurden.

d) Vor 2,5 Mrd. Jahren begann das Proterozoikum, die zweite Hälfte des Präkambriums. Die großen Meeresbecken und die ersten Faltengebirge bildeten sich ebenso wie die ersten Kontinente. Auch die Entstehung der ersten Lebewesen mit Zellkern und der ersten mehrzelligen Tiere fällt in diese geologische Phase.

Welcher indianische Stamm lebt in Südamerika?

- ◯ a) Guaraní
- ◯ b) Apachen
- ◯ c) Hopi
- ◯ d) Huronen

a) Die Guaraní sind eine Sprach- und Stämmegruppe der Tupi-Indianer in Südamerika. In Paraguay gehört 1 % der Bevölkerung zu den Guaraní, aufgrund des relativ freundlichen Verhaltens der ersten Eroberer gegenüber den Eingeborenen und aufgrund des Engagements der Jesuiten hat ein großer Teil der Bevölkerung Guaraní-Vorfahren, ohne jedoch diesem Volk zugerechnet zu werden. Guaraní ist hier neben Spanisch sogar Amtssprache und wird von 80 % der Bevölkerung gesprochen.

b) Nur noch 0,9 % der nordamerikanischen Bevölkerung sind Indianer, da die Ureinwohner von den Einwanderern systematisch ausgerottet oder in Reservate mit teilweise sehr schlechten Lebensbedingungen gesperrt wurden. Zwei der bekanntesten Häuptlinge, die sich dagegen zur Wehr setzten, waren die Apachen Cochise (1810/23–74) und Geronimo (1823/29–1909), die an der mexikanischen Grenze beheimatet waren.

c) Die Hopi gehören zur Gruppe der Pueblo-Indianer, die den Südwesten Nordamerikas besiedelten.

d) Im Nordosten Nordamerikas lebten die Huronen oder Wyandot. Der einst mächtige Stammesbund siedelte in der Gegend um den Huronensee. Durch Kämpfe und Seuchen aufgerieben, leben heute nur noch wenige Stammesangehörige in Quebec und in einem Reservat in Oklahoma.

Was bewirkt die Corioliskraft?

- ◯ a) die Erdanziehung
- ◯ b) den Gezeitenwechsel
- ◯ c) die Drehrichtung der Wirbelstürme
- ◯ d) die Entstehung von Hagel

a) Die Gravitation ist die Ursache für die Erdanziehung. Sie bestimmt aber ebenso die Planetenbahnen oder die Anziehungskraft eines Raumschiffes im All auf kleinere Objekte.

b) Der Gezeitenwechsel, also der Wechsel von Ebbe und Flut, wird durch die Anziehungskraft des Mondes hervorgerufen.

c) Die Corioliskraft beeinflusst die Drehrichtung der Wirbelstürme. Sie ist eine Trägheitskraft, die durch die Erdrotation erzeugt wird. Sie bewirkt, dass ein Körper, der sich genau parallel zu einem Längengrad nach Süden oder Norden bewegt, eine Ablenkung von seiner Bahn erfährt. Auf der Südhalbkugel geschieht diese Ablenkung im Uhrzeigersinn, auf der Nordhalbkugel umgekehrt. Ihre Wirkung ist umso größer, je weiter sie vom Äquator entfernt sind. Dies ist auch der Grund, warum es bis zum sechsten Breitengrad nördlich und südlich vom Äquator keine Wirbelstürme gibt, da die Corioliskraft hier noch zu schwach ist.

d) Hagelkörner entstehen in Cumulonimbuswolken, die bis in 10.000 m Höhe hinaufreichen. Kleine Graupelkörnchen werden mehrfach von warmen Aufwinden in die Höhe getragen und dabei angeschmolzen und wieder gefroren, wodurch sie durch die Anlagerung von Wasserdampf immer größer werden.

Wo liegt das „Tal der Wale"?

- ◯ a) in Ägypten
- ◯ b) im „Meer der Stille"
- ◯ c) im Golf von Kalifornien
- ◯ d) im Amazonas

a) Das „Tal der Wale" ist ein Trockental im Westen Ägyptens, das 2005 in die Liste des Welterbes der UNESCO aufgenommen wurde. Ca. 250 Skelette der im Eozän lebenden Walgattung Basilosaurus wurden im Wadi Al-Hitan bisher entdeckt, denn vor 40 Mio. Jahren befand sich hier das Thetysmeer, das durch tektonische Veränderungen zwei Mio. Jahren später wieder verschwand. In den Sedimentablagerungen des 8 km^2 großen Gebietes wurden außerdem Überreste von Muscheln, Korallen u. a. gefunden.

b) Das „Meer der Stille" wurde erstmals von Neil Armstrong (geb. 1930) betreten, als er 1969 als erster Mensch den Mond betrat.

c) Während die meisten Walarten über beinahe alle Meere verbreitet sind, gibt es auch einige regional begrenzte Arten. So lebt der Kalifornische Schweinswal nur in einem kleinen Teil des Golfs von Kalifornien.

Schweinswal

d) Obwohl normalerweise das Salzwasser der Lebensraum der Wale ist, gibt es auch vier Arten von Zahnwalen, die im Süßwasser leben, die sogenannten Flussdelfine: Neben dem Amazonasdelfin sind dies der La-Plata-Delfin, der Gangesdelfin und der Chinesische Flussdelfin.

Welches mittelamerikanische Land liegt nicht am Pazifik?

- a) Panama
- b) Nicaragua
- c) El Salvador
- d) Belize

a) Panama liegt sowohl am Pazifik als auch am Atlantik. Hier ist die schmalste Stelle Mittelamerikas, und deshalb wurde hier der Panamakanal gebaut, der die beiden Ozeane miteinander verbindet.

b) Nicaragua ist mit 130.700 km^2 das größte Land Mittelamerikas. Es hat 5,5 Mio. Einwohner, seine Hauptstadt ist Managua.

c) El Salvador ist das einzige der sieben Länder auf dem mittelamerikanischen Festland, das nur an den Pazifischen Ozean grenzt. Mit 21.040 km^2 ist es das kleinste dieser Länder. Seine Nachbarländer sind Guatemala und Honduras, seine Hauptstadt ist San Salvador.

Mittelamerika

d) Belize liegt an der Ostküste Mittelamerikas und damit an der Karibik. Im Norden wird es von Mexiko und im Westen und Süden von Guatemala begrenzt. Die Hauptstadt des knapp 23.000 km^2 großen Landes, das erst 1981 seine Unabhängigkeit von Großbritannien erhielt, ist Belmopan mit 8000 Einwohnern. Die frühere Hauptstadt Belize-City ist weiterhin das wirtschaftliche Zentrum. Die meisten mittelamerikanischen Staaten liegen übrigens nicht auf dem Festland, sondern sind Inselstaaten in der zum Atlantischen Ozean gehörenden Karibik.

Welcher Europäer gelangte als Erster nach China?

- a) Paul Peillot
- b) Herodot
- c) Marco Polo
- d) Sven Hedin

a) Der französische Archäologe Paul Peillot (1878–1945) entdeckte in den Grotten von Touen-Houang die größte Sammlung chinesischer Handschriften der Geschichte.

b) Der griechische Geschichtsschreiber Herodot (484–424 v. Chr.) unternahm ausgedehnte Reisen u. a. nach Persien, Ägypten und ans Schwarze Meer.

c) Der Venezianer Marco Polo (1254–1324) gilt als der erste Europäer, der nach China gelangte. Bereits sein Vater und sein Onkel, Niccolo und Matteo Polo, hatten Reisen nach Asien unternommen, und so brachen sie 1271 zu dritt in das Reich Kublai Khans auf. Ihre Reise führte über Akko und Jerusalem durch die Wüste Gobi bis zu seiner Residenz im chinesischen Schangdu. 16 Jahre verbrachten die Polos im Dienst des Khans, bis sie auf dem Seeweg nach Venedig zurückkehrten. Dort geriet Marco Polo für drei Jahre in die Gefangenschaft der Genueser, wo er einem Mitgefangenen seine Reiseerlebnisse diktieren konnte. Allerdings gibt es Kritiker, die seine Berichte anzweifeln, da er nirgends die Chinesische Mauer erwähnt und auch selbst in der chinesischen Geschichtsschreibung nicht erwähnt wird.

d) Der Schwede Sven Hedin (1865–1952) bereiste 50 Jahre lang Asien und entdeckte dabei die Quellen von Indus und Brahmaputra und den Transhimalaja.

Wie hieß die Demokratische Republik Kongo früher?

- a) Hispaniola
- b) Chennai
- c) Edo
- d) Zaire

a) Hispaniola ist die zweitgrößte der Westindischen Inseln östlich von Kuba. Die Insel ist in zwei Teile unterteilt, im Westteil liegt Haiti mit der Hauptstadt Port-au-Prince, im Osten die Dominikanische Republik mit der Hauptstadt Santo Domingo. Auf Hispaniola landete Kolumbus auf seiner ersten Amerikareise am 5. Dezember 1492.

b) Chennai ist seit 1996 der offizielle tamilische Name von Madras, der mit über 4 Mio. Einwohnern fünftgrößten Stadt Indiens, doch wird der alte Name weiterhin verwendet. Es liegt an der Pazifikküste und hat sich seit 2000 zu einem Zentrum der indischen IT-Branche mit bedeutender Computer- und Softwareherstellung entwickelt.

c) Bis 1868 hieß Tokyo Edo. Erst als der japanische Kaiser seine Residenz hierher verlegte, erhielt die Stadt den Namen Tokyo.

d) Republik Zaire, benannt nach dem Bantu-Wort für Wasser, war von 1971–97 der Name der Demokratischen Republik Kongo, mit 2,34 Mio. km^2 das zwölftgrößte Land der Welt. Es erlangte 1960 seine Unabhängigkeit von Belgien. Seine Hauptstadt ist Kinshasa, 80 % der 60 Mio. Einwohner sind Bantu. Den Großteil des Landes bildet das Kongobecken mit seinen tropischen Regenwäldern, das ringsum von bis zu 4800 m hohen Schwellen und Gebirgszügen umgeben ist.

Wie dick ist die Atmosphäre?

- a) 100 km
- b) 350–400 km
- c) 25 km
- d) 10.000 km

a) Es ist sehr schwer zu sagen, wie dick genau die Atmosphäre ist, da alle Angaben eine relativ willkürliche Festlegung sind. Man kann aber sagen, dass das meiste, das sich innerhalb der Atmosphäre abspielt, unterhalb von 100 km stattfindet.

Atmosphäre der Erde

b) In 350–400 km Höhe umkreist die Internationale Raumstation ISS die Erde. Auch hier sind noch genug Luftteilchen vorhanden, um den Flug der Raumstation abzubremsen, sodass sie immer wieder auf eine höhere Umlaufbahn gehoben werden muss.

c) In 25 km Höhe hat die Ozonschicht, die sich etwa in einem Bereich zwischen 12 und 50 km befindet, ihre höchste Konzentration. Doch selbst hier kommt nur eine Menge von zehn Ozonmolekülen auf 1 Mio. andere Teilchen.

d) In einer Höhe von etwa 500–1000 km beginnt die äußerste Schicht der Erdatmosphäre, die sogenannte Exosphäre. Ihre äußere Grenze, die wegen der immer geringer werdenden Anzahl der Gasteilchen nur sehr schwer festzulegen ist, liegt ungefähr 10.000 km über der Erde. Der Übergang in den luftleeren Raum des Weltalls ist fließend.

Welche Inselgruppe bezeichnet man auch als „Inseln über dem Winde"?

- a) die Kanalinseln
- b) die Hebriden
- c) die Kykladen
- d) die Kleinen Antillen

a) Die Kanalinseln liegen im Ärmelkanal vor der französischen Küste im Golf von St. Malo, gehören aber als Kronbesitz zu Großbritannien. Die bekanntesten der 14 teilweise weniger als 1 km^2 großen Inseln sind Jersey, Guernsey und Alderney.

b) Die Hebriden liegen vor der schottischen Westküste und werden in Innere und Äußere Hebriden unterteilt. Es sind mehr als 500 Inseln, von denen jedoch nur etwa 70 bewohnt sind.

c) Die Kykladen sind eine Inselgruppe im griechischen Teil der Ägäis. Sie liegen südöstlich von Athen. Zu ihnen gehören u. a. Santorin, Naxos, Paros und Mykonos.

„Insel über dem Wind": Martinique

d) Als „Inseln über dem Winde" wird der nördliche Teil der Kleinen Antillen vor der Küste Venezuelas im Karibischen Meer bezeichnet. Der Name bezieht sich auf den Passatwind, der hier gleichmäßig das ganze Jahr über aus Nordosten weht. Zu den „Inseln über dem Winde" gehören u. a. Antigua und Barbuda, die Jungferninseln, Guadeloupe und Dominica. Der südliche Teil der Kleinen Antillen, zu denen Curaçao und Aruba gehören, werden auch als „Inseln unter dem Winde" bezeichnet.

Wie wird die äußerste, feste Schicht der Erde genannt?

- a) Erdkruste
- b) Lithosphäre
- c) Asthenosphäre
- d) Erdmantel

a) Der Schalenaufbau der Erde ist seit Anfang des 20. Jh. aufgrund bahnbrechender geophysikalischer Untersuchungen Gewissheit. Die feste, äußerste Schicht der Erde mit der Erdoberfläche ist die Erdkruste. Man unterscheidet die ozeanische und die kontinentale Kruste. Die relativ dünne ozeanische Kruste wird ständig durch aufsteigendes Magma neu gebildet. Alljährlich entsteht so auf dem Meeresgrund neue Erdkruste mit einem Volumen von 17 Mrd. m^3 Basalt. Die kontinentale Kruste hat eine Dicke von 35–40 km, unterhalb von Hochgebirgen kann sie auch bis zu 70 km betragen. Sie besteht vorwiegend aus kristallinem Gestein.

b) Die Lithosphäre („Gesteinshülle") besteht aus den Kontinentalplatten und reicht bis in eine Tiefe von 120 km. Sie umfasst sowohl die Erdkruste als auch den obersten Teil des Erdmantels und die Mohorovičić-Diskontinuität, eine Unstetigkeitsfläche zwischen ihnen, an der die Dichte des Gesteins schlagartig zunimmt.

c) Die mehrere hundert Kilometer dicke, zähflüssige Asthenosphäre, auf der sich die Kontinentalplatten bewegen, befindet sich unterhalb der Lithosphäre.

d) Der Erdmantel ist die dickste Schicht der Erde und reicht bis in eine Tiefe von etwa 2650 km.

Welches ist der südlichste aktive Vulkan der Erde?

- ◯ a) Mount Erebus
- ◯ b) Hekla
- ◯ c) Mount Saint Helens
- ◯ d) Olympus Mons

a) Der 3794 m hohe Mount Erebus liegt auf der Ross-Insel in der Antarktis. Er wurde 1841 von dem britischen Forscher Sir James Clark Ross (1800–62) entdeckt. Seit 1974 ist der Vulkan fast ununterbrochen aktiv.

b) Der Vulkan Hekla erhebt sich im Süden Islands auf eine Höhe von 1491 m. Der erst vor etwa 6600 Jahren entstandene Vulkan ist regelmäßig aktiv, wobei seine Ausbrüche vor allem durch starken Ascheregen gekennzeichnet sind. Seine letzten Ausbrüche fanden 1970, 1980 und 2000 statt.

c) Der Mount Saint Helens liegt im Staat Washington im Westen der USA. Nach dem letzten großen Ausbruch 1980, bei dem in einem Umkreis von 20 bis 30 km alles dem Erdboden gleichgemacht wurde, wird der Vulkan ständig überwacht. Seit Ende 2004 ist er wieder aktiv. Sein Krater, der ständig neues Magma produziert, wird derzeit noch von einem kontinuierlich wachsenden Gesteinspfropfen verschlossen, der bereits die Größe eines Wohnblocks hat. Wie lange dieser Zustand noch gehalten wird, ist ungewiss.

d) Der Olympus Mons ist der größte bekannte Vulkan unseres Sonnensystems. Er ist nicht mehr aktiv, befindet sich auf der Nordhälfte des Mars und hat eine Höhe von 27 km. Der Durchmesser seiner Basis beträgt 600 km.

Wo liegt der geografische Mittelpunkt Europas?

- ◯ a) in der Oberpfalz
- ◯ b) in Litauen
- ◯ c) in Thüringen
- ◯ d) in der Ukraine

a) In der Gemeinde Neualbenreuth in der Oberpfalz soll Napoleon (1769–1821) 1813 unterhalb des Tillenberges auf einem Stein den „Mittelpunkt Europas" markiert haben.

b) In der Nähe des litauischen Dorfes Purnuskes, 30 km nordöstlich von Wilna, liegt der geografische Mittelpunkt Europas. Dies ergab 1989 eine Vermessung Europas durch das französische Nationale Geografische Institut. Die genauen geografischen Koordinaten sind 54°54′ nördlicher Breite und 25°19′ östlicher Länge. Als Grenzen Europas wurden für diese Berechnung Spitzbergen, der Ural, die Kanarischen Inseln und die Azoren herangezogen.

Litauen

c) 500 m nördlich des thüringischen Ortes Niederdorla befindet sich bei 51°10′ nördlicher Breite und 10°27′ östlicher Länge der geografische Mittelpunkt Deutschlands, der 1990 festgelegt wurde.

d) In der ukrainischen Grenzstadt Rachiw glaubten die zuständigen Ingenieure bei Vermessungsarbeiten für eine Eisenbahnlinie zur Zeit der österreichisch-ungarischen Monarchie, den Mittelpunkt Europas gefunden zu haben und errichteten 1887 dort einen Gedenkstein.

Mit welcher Geschwindigkeit bewegt sich die Erde durch das Weltall?

- a) 107.000 km/h
- b) 1670 km/h
- c) 810.000 km/h
- d) 3683 km/h

a) 107.208 km/h oder 29.780 m/s ist die durchschnittliche Geschwindigkeit der Erde um die Sonne. In einem Jahr legt sie so eine Strecke von 942 Mio. km zurück.

Sonnensystem

b) Die Erdrotation am Äquator beträgt 1670 km/h, d. h. jeder Punkt auf dem Äquator bewegt sich mit einer Geschwindigkeit von 1670 km/h bzw. 4,636 km/s ständig im Kreis um die Erdachse herum. Zu den Polen hin verlangsamt sich die Rotationsgeschwindigkeit, da die in der gleichen Zeit zurückgelegte Strecke immer kleiner wird, je kürzer der jeweilige Breitengrad ist. Die Erdrotation an Nord- und Südpol ist damit gleich Null.

c) Mit einer Geschwindigkeit von 810.000 km/h oder 225 km/s dreht sich unsere Sonne, und mit ihr auch alle Planeten, um das Zentrum der Milchstraße.

d) Der Mond hat eine Geschwindigkeit von 3682,8 km/h, d. h. er legt pro Sekunde 1023 m zurück, während er die Erde umkreist. Die Umlaufzeit um die Erde beträgt genau 27,32166 Tage, der Mond umkreist die Erde also 13-mal im Jahr.

Wann gab es zuletzt eine sogenannte kleine Eiszeit?

- a) vor 65 Mio. Jahren
- b) vor 18.000 Jahren
- c) 1450–1850
- d) 1815/16

a) Vor 65 Mio. Jahren war es auf der Erde so warm, dass es sogar in der Antarktis kein Eis gab, wovon versteinerte Pflanzen und die Überreste von Dinosauriern zeugen. Die antarktische Vereisung begann erst vor 45 Mio. Jahren.

b) Die letzte Eiszeit war vor ca. 18.000 Jahren. Seit etwa 2,7 Mio. Jahren herrscht auf der Erde ein Eiszeitalter, das durch die Vereisung beider Pole definiert ist. Dabei gibt es einen natürlichen Wechsel zwischen Eis- und Warmzeiten, deren Durchschnittstemperaturen nur um etwa 7° C differieren.

c) Von 1450–1850 waren die Temperaturen etwa 1,5° C niedriger als heute. Die Gletscher reichten weiter ins Tal, kalte Winter und nasse Sommer gingen einher mit Missernten und Hungersnöten. Eine solche „kleine Eiszeit“ ist ein Zeitabschnitt, in dem die globale Durchschnittstemperatur nach einer warmen Phase um einige Grade abfällt. Als Ursache gelten eine geringere Sonnenstrahlung und erhöhte vulkanische Aktivität.

d) Als 1815 in Indonesien der Tambora ausbrach, hatte dies Auswirkungen auf das gesamte Erdklima. 80 km^3 vulkanisches Material gelangten teilweise bis über die Wolkengrenze hinaus und verdunkelten lange Zeit die Atmosphäre. Beinahe 100.000 Menschen starben durch die Folgen dieses „Jahres ohne Sommer“.

Was ist keine Folge der Erderwärmung?

- ◯ a) Verschiebung der Jahreszeiten
- ◯ b) erhöhte Zerstörungskraft der Wirbelstürme
- ◯ c) Waldsterben
- ◯ d) Anstieg des Meeresspiegels

a) Durch die Verschiebung der Jahreszeiten beginnt das Frühjahr in Europa mittlerweile um etwa acht bis zehn Tage früher als noch vor 30 Jahren. Dies wurde durch Untersuchungen von der Münchner Klimatologin Annette Menzel anhand von Datenreihen von 550 verschiedenen Pflanzen belegt.

b) Die erhöhte Zerstörungskraft tropischer Wirbelstürme durch Häufigkeit, Dauer und Geschwindigkeit haben in den letzten 50 Jahren um etwa 50 % zugenommen. Dies ist eine Folge der Erwärmung der Meere, da die tropischen Wirbelstürme für ihre Entstehung eine Wassertemperatur von mindestens 27 ° C benötigen, da sie ihre Energie aus dem aufsteigenden Wasserdampf beziehen.

c) Das Waldsterben ist eine Folge der Umweltverschmutzung, besonders von Luftverschmutzung und saurem Regen. Zwei Drittel des deutschen Waldes sind bereits geschädigt.

d) In den letzten 3000 Jahren stieg der Meeresspiegel um etwa 0,1–0,2 mm pro Jahr, seit Beginn des 20. Jh. hat sich der Anstieg beinahe verzehnfacht. Dies ist jedoch momentan weniger auf das Abschmelzen der Polkappen zurückzuführen; vielmehr dehnt sich das Wasser bei steigenden Temperaturen langsam aus, und das Wasser der Ozeane bekommt so selbst bei gleichbleibender Menge ein größeres Volumen.

Was ist kein Kennzeichen eines Planeten?

- ◯ a) das Vorhandensein eines Mondes
- ◯ b) die Umlaufbahn um die Sonne
- ◯ c) eine eigene Umlaufbahn um die Sonne
- ◯ d) durch das Eigengewicht entstandene kugelförmige Gestalt

a) Das Vorhandensein eines Mondes ist keine Bedingung für die Klassifizierung eines Planeten. So besitzen die Planeten Venus und Merkur keinen Mond, während der jetzige Zwergplanet Pluto gleich drei von ihnen (Charon, Nix und Hydra) besitzt.

Macht die Erde noch nicht zum Planeten: unser Mond

b) Alle Planeten (und Planetoiden) kreisen um die Sonne.

c) Da durch die ständige Verbesserung der Teleskope immer mehr Objekte im Weltraum entdeckt werden, die große Ähnlichkeiten mit Planeten haben, wurden auf der Versammlung der Internationalen Astronomischen Vereinigung 2006 genaue Richtlinien vereinbart, nach denen Planeten von Planetoiden („Planetenähnlichen“) unterschieden werden können. Eine von ihnen ist, dass der Orbit eines Planeten frei sein muss von anderen Himmelskörpern (abgesehen von Monden), dass er gewissermaßen durch die Anziehungskraft des Planeten „gesäubert“ sein muss. Diese Bedingung konnte Pluto nicht erfüllen.

d) Planeten (und Zwergplaneten) haben so viel Masse, dass sie durch die eigene Schwerkraft ihre kugelförmige Gestalt erhalten.

Was bezeichnet keinen Gasaustritt infolge vulkanischer Aktivität?

- ◯ a) Fumarolen
- ◯ b) Mofetten
- ◯ c) Solfataren
- ◯ d) Geysire

a) Fumarolen sind heiße Gas- und Dampfausströmungen mit Temperaturen zwischen 200° und 900° C, manchmal sogar bis 1000°. Neben den sichtbaren Erscheinungen wie Lava oder Ascheregen treten bei vulkanischer Aktivität oft auch Gase aus. Meist sind diese Gase giftig, die häufigsten sind Wasserstoff, Kohlendioxid, Schwefeldioxid und Chlorgas. Die Temperatur der austretenden Gase ist unterschiedlich.

b) Mofetten sind kühle, oftmals kohlendioxidreiche Gasaustritte. Sie kommen meist an Stellen vor, an denen die vulkanische Aktivität im Abklingen begriffen ist, in Deutschland z. B. in der Eifel und am Vogelsberg.

c) Das Kennzeichen der meist niedrig temperierten Solfataren sind die gelben Schwefelablagerungen und der typische Schwefelgeruch.

Old Faithful im Yellowstone-Nationalpark

d) Geysire sind heiße Springquellen, die in unterschiedlichen Intervallen als Wasser- oder Dampffontänen hochsteigen. Sie können dabei Höhen von über 100 m erreichen. Der Name stammt von der berühmtesten heißen Springquelle Europas, dem „Großen Geysir" auf Island. Einer der bekanntesten Geysire ist der Old Faithful im Yellowstone-Nationalpark in den USA.

Welches Sternbild kann man auf der Nordhalbkugel nicht beobachten?

- ◯ a) Sextant
- ◯ b) Kleiner Bär
- ◯ c) Kreuz des Südens
- ◯ d) Skorpion

a) Der Sextant steht am nördlichen Himmel. Die Namen der meisten Sternbilder entstanden bereits in der Antike, doch im 18. Jh. fügte Nicolas Louis de Lacaille (1713–62) noch einmal 15 Sternbilder dazu, die er nach wissenschaftlichen Instrumenten benannte.

b) Der Kleine Bär ist ebenso wie der Große Bär (Große Wagen) oder die Kassiopeia auf der Nordhalbkugel immer zu sehen, da er zu den zirkumpolaren Sternbildern gehört. Diese befinden sich so nahe am Himmelspol, dass sie nie unter dem Horizont verschwinden. Für Deutschland, das zwischen dem 47. und 55. Grad nördlicher Breite liegt, sind dies alle Sternbilder, die weniger als 47–55 Grad vom Polarstern entfernt sind. Der Polarstern, der den Himmelsnordpol bildet, ist Teil des Kleinen Bären.

c) Das Kreuz des Südens diente wie im Norden der Polarstern früher den Seefahrern als wichtigste Orientierungshilfe. 58 der 88 Sternbilder sind von Deutschland aus zu beobachten, das Kreuz des Südens jedoch steht so weit südlich, dass es hier niemals zu sehen ist.

d) Der Skorpion befindet sich so weit südlich, dass hier nur im Sommer sein oberer Teil zu sehen ist. Dabei ist der Skorpion ein sehr beeindruckendes Sternbild, dessen Hauptstern ein sogenannter Überriese ist.

Wo liegt der höchste Wasserfall der Welt ?

- a) in Kanada
- b) in Venezuela
- c) in Island
- d) in Brasilien

a) Zwischen Kanada und den USA liegen die weltbekannten Niagarafälle, die im Gegensatz zu vielen anderen (z. B. den Victoriafällen) leicht zugänglich sind.

b) Der Salto Angel in Venezuela ist der höchste einstufige Wasserfall der Welt. Er wird durch die Regenfälle gespeist, die auf dem Auyan Tepui, einem Tafelberg mit 700 km^2 Fläche, niedergehen, und stürzt von ihm 978 m weit in die Tiefe. Während der Trockenzeit führt der Salto Angel relativ wenig Wasser.

c) Island, das „Land aus Feuer und Eis", ist auch berühmt für seine Wasserfälle. Die berühmtesten sind der Dettifoss, neben dem Rheinfall bei Schaffhausen der größte Wasserfall Europas, der zweistufige Gulfoss und der Godafoss, der „Götterfall", in den nach der Anerkennung des Christentums die letzten Götterbilder geworfen wurden.

d) Die Cataratas do Iguacu zwischen Brasilien und Argentinien gehören zu den schönsten und mächtigsten Wasserfällen der Welt. Kurz vor seiner Mündung in den Paraná stürzt der Río Iguacu in 270 einzelnen Kaskaden auf einer Breite von 2,7 km bis zu 82 m tief in den Teufelsrachen („Garganta do Diablo"), eine 150 m breite U-förmige Schlucht. Die beste Aussicht auf die Fälle hat man von der brasilianischen Seite aus.

Auf welchem Breiten- oder Längengrad gibt es kein Land?

- a) auf dem 180. Längengrad
- b) auf dem 90. Grad nördlicher Breite
- c) auf dem 90. Grad südlicher Breite
- d) auf dem 90. Grad westlicher Länge

a) Mehr oder weniger auf dem 180. Längengrad verläuft die Datumsgrenze. Abweichungen von dieser Linie gibt es immer dann, wenn Inseln oder Teile des Festlandes sinngemäß zu einem bestimmten Gebiet dazugehören, jedoch auf der anderen Seite des 180. Breitengrades liegen (z. B. Russlands Nordostspitze oder die zu den USA gehörenden Aleuten).

b) Am 90. Grad nördlicher Breite liegt der Nordpol. Die Arktis besteht allerdings nicht aus Land, sondern ist ein zugefrorenes Meer.

Die Pole auf dem 90. Grad nördlicher und südlicher Breite

c) Am 90. Grad südlicher Breite liegt der Südpol. Er ist vom Südpolarmeer umgeben und gilt als eigener Kontinent. Die gesamte Landmasse der Antarktis ist etwa doppelt so groß wie Australien und das ganze Jahr über von Schnee und Eis bedeckt, das an manchen Stellen mehr als 3500 m dick ist. Die Antarktis ist die kälteste Region der Erde.

d) Der 90. Grad westlicher Länge verläuft mitten durch Asien und den Himalaja.Es gibt keinen einzigen Längengrad, auf dem kein Land liegt, da alle Längengrade durch den Südpol führen.

Wie lang ist die Grenze zwischen Deutschland und Frankreich?

- a) 784 km
- b) 451 km
- c) 577 km
- d) 68 km

a) Die längste Grenze, 784 km, hat Deutschland mit Österreich gemeinsam. Sie reicht etwa von Passau im Osten bis zum Bodensee. Beinahe ebenso lang mit 811 km ist die Grenze zur Tschechischen Republik zwischen Passau und Görlitz. Deutschland ist seit seiner Wiedervereinigung bei einer Grenzlänge von 3621 km von insgesamt neun Ländern umgeben.

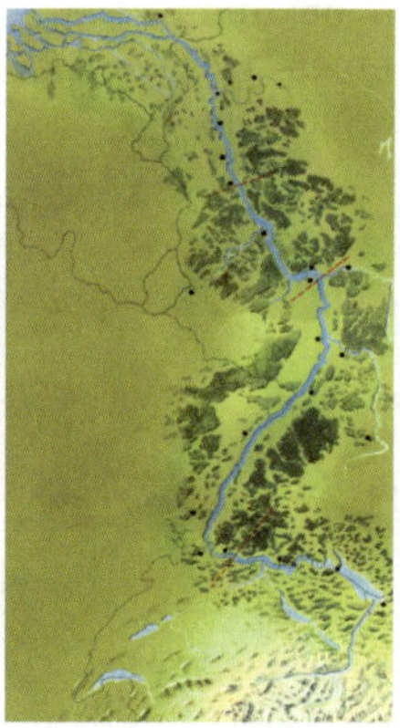

Der Rhein: natürliche Grenze zwischen Frankreich und Deutschland

b) 451 km beträgt die Grenze zwischen Deutschland und Frankreich. Beinahe genau so lang ist die Grenze zu Polen: Sie hat eine Länge von 442 km und zieht sich von der Ostsee an Oder und Neiße entlang bis unterhalb von Görlitz.

c) 577 km Grenze trennen Deutschland und die Niederlande zwischen der Nordsee und Aachen. Südlich davon schließen sich die Grenzen zu Belgien (157 km) und Luxemburg (138 km) an. Die Schweizer Grenze zwischen Bodensee und Basel ist 316 km lang.

d) Lediglich 68 km, wenn man die Seegrenze nicht mitrechnet, beträgt die mit Abstand kürzeste Grenze Deutschlands im Norden Schleswig-Holsteins, die es mit Dänemark gemeinsam hat.

Wie wird der Urkontinent genannt, aus dem die heutigen Kontinente entstanden?

- a) Pangäa
- b) Gondwana
- c) Thetys
- d) Laurasia

a) Bereits 1912 formulierte Alfred Wegener (1880–1930) seine Theorie von der Kontinentaldrift, die er unter dem Titel *Die Entstehung der Kontinente und Ozeane* veröffentlichte. Aufgrund der Küstenlinien der Kontinente ging Wegener davon aus, dass sie einst ein einziger, zusammenhängender Kontinent gewesen sein mussten, der durch die Bewegungen der Erdkruste auseinandergerissen worden war und dessen Teile sich im Lauf von Millionen Jahren verschoben hatten. Diesen Urkontinent nannte er Pangäa (griech., ganze Erde). Er existierte zwischen Karbon und Jura (vor 300–150 Mio. Jahren). Wegeners zunächst umstrittene Theorie wurde zur Grundlage der Theorie der Plattentektonik.

b) Gondwana entstand auf der Südhalbkugel, als Pangäa in zwei Teile zerbrach. Es verband bis zum Mesozoikum Südamerika, Afrika, Vorderindien, Australien und die Antarktis.

c) Pangäa war von einem einzigen großen Meer umgeben, dem Panthalassa (griech., ganzes Meer). Auf der Ostseite von Pangäa bildete es eine große Bucht, das Thetys-Meer. Aus ihm entstanden später die meisten Faltengebirge Eurasiens. Ein Überrest von Thetys ist das Mittelmeer.

d) Laurasia verband auf der Nordhalbkugel Nordamerika, Europa und Asien.

Welches deutsche Bundesland ist das größte?

- a) Bayern
- b) Baden-Württemberg
- c) Niedersachsen
- d) Sachsen-Anhalt

Welche Wüste befindet sich nicht in Afrika?

- a) Sahara
- b) Kalahari
- c) Gobi
- d) Namib

a) Das mit Abstand größte Bundesland ist der Freistaat Bayern mit 70.547 km². Im Südosten Deutschlands erstreckt er sich von den Alpen über Donau und Main nordwärts bis zu den Mittelgebirgen Spessart, Rhön und Thüringer Wald. Im Osten grenzt Bayern an die Tschechische Republik, im Süden an Österreich. Die Landeshauptstadt ist München, weitere bedeutende Städte sind u. a. Nürnberg, Augsburg, Regensburg und Würzburg.

b) Baden-Württemberg ist mit 35.751,65 km² das drittgrößte Bundesland. Es grenzt im Westen an Frankreich und im Süden an den Bodensee. Die wichtigsten Städte sind Stuttgart als Landeshauptstadt, Mannheim, Karlsruhe und Freiburg.

c) Das zweitgrößte Bundesland ist Niedersachsen mit 47.618 km². Es erstreckt sich südlich der Elbe von den Ostfriesischen Inseln bis zum Harz und von der Lüneburger Heide bis ins Emsland an der holländischen Grenze. Die wichtigsten Städte sind Hannover, Wolfsburg, Oldenburg und Osnabrück.

d) Mit 29.478,61 km² ist Brandenburg das größte der neuen Bundesländer. Es umgibt Berlin und erstreckt sich von der Uckermark im Norden über das Havelland bis zur Elbe-Elster-Niederung und zum Spreewald im Süden. Die wichtigsten Städte sind Potsdam, Cottbus und Frankfurt/Oder.

a) Die Sahara im Norden Afrikas ist die größte Wüste der Welt. Sie ist etwa 6000 km breit, reicht vom Atlantik bis zum Roten Meer und bedeckt eine Fläche von rund 8,7 Mio. km².

b) Die Kalahari ist eine 800.000 km² große Beckenlandschaft auf dem Gebiet von Namibia, Botswana und Südafrika, zu der die Etoschapfanne und das Sumpfgebiet des Okawango mit ihrem großen Wildreichtum gehören.

Nomaden in der Wüste Gobi

c) Die Wüste Gobi („Gobi" ist das mongolische Wort für „Wüste", während sie von den Chinesen „Schamo" genannt wird) liegt im Osten Zentralasiens. Sie erstreckt sich auf einer Höhe von etwa 1000 m über 1 Mio. km² und ist von einem starken Kontinentalklima geprägt. Im Südwesten ist sie eine reine Sandwüste, während sie im Osten Steppencharakter hat. An ihrem Südrand liegen die Oasen der alten Karawanenstraßen.

d) Die Namibwüste erstreckt sich auf einem Gebiet von 50.000 km² entlang der Westküste Afrikas. Sie reicht von Angola über das gesamte Küstengebiet Namibias bis ins Kapland hinein. Die äußerst geringe Niederschlagsmenge und die häufigen Nebel sind eine Folge des kalten Benguelastroms.

Welche Temperatur hat der Innere Erdkern?

- a) 14° C
- b) 2700° C
- c) 4000° C
- d) 6500° C

Wie heißt die Hauptstadt von Lettland?

- a) Riga
- b) Tallinn
- c) Minsk
- d) Vilnius

a) An der Erdoberfläche beträgt die Temperatur im Mittel 14° C. Die höchste gemessene Temperatur liegt bei 57,7° C in Libyen, die niedrigste bei –91,5° C in der Antarktis.

b) Die Erdtemperatur nimmt von außen nach innen kontinuierlich zu. Im unteren Rand des Erdmantels erreicht sie eine Höhe von 2700° C. Den höchsten Temperatursprung, von 2700° auf 5000°, gibt es jedoch in der nur 200 km dicken D"-Schicht, die Erdmantel und Erdkern voneinander trennt.

c) Der Äußere Erdkern hat eine Temperatur von etwa 3000–4500° C und besteht aus flüssigem Metall, das beinahe die Konsistenz von Wasser hat.

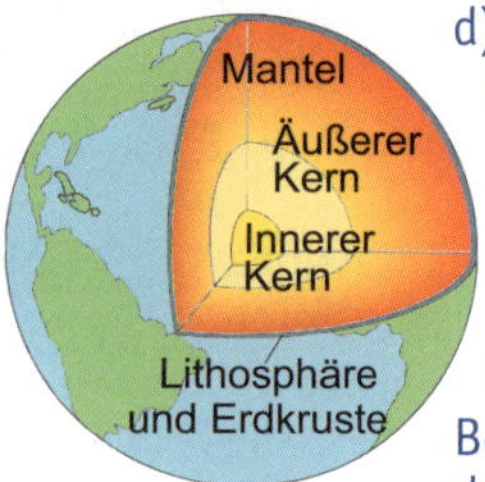

Aufbau der Erde

d) Im Inneren Erdkern, der einen Durchmesser von 2500 km hat, herrscht eine Temperatur von 6500° C. Dennoch ist der Erdkern fest, obwohl er vorwiegend aus Eisen und Nickel besteht, die sich unter diesen Bedingungen an der Erdoberfläche längst als Gase verflüchtigt hätten. Im Erdinneren herrscht jedoch ein Druck von 3,5 Mio. Bar, der den Erdkern zu einer festen Kugel zusammenpresst. Die gewaltige Hitze wird durch den radioaktiven Zerfall von Elementen erzeugt und bildet so den Auslöser für die Bewegungen im Erdinneren, die u. a. Vulkanausbrüche und Erdbeben verursachen.

a) Die Hauptstadt von Lettland ist Riga. Die Stadt wurde von Bremer Kaufleuten an der Mündung der Düna in die Ostsee gegründet und diente ihnen als Ausgangspunkt für die Eroberung des Baltikums. Bereits 1211 begann man mit dem Bau des Doms und 1282 trat Riga der Hanse bei. Heute ist Riga mit 726.000 Einwohnern die größte Stadt des Baltikums. Sein Stadtbild ist geprägt vom Einfluss verschiedenster Nationalitäten, was zu einer Mischung lettischer, deutscher, russischer und polnischer Elemente führte.

b) Tallinn ist seit 1918 die Hauptstadt von Estland. Die Stadt mit ihren knapp 400.000 Einwohnern, deren deutscher Name Reval ist, war ab 1284 der nordöstlichste Punkt der Hanse mit umfangreichen Handelsprivilegien, die den Wohlstand der Stadt sicherten.

c) Minsk ist seit 1918 die Hauptstadt von Weißrussland. Es ist eine der ältesten Städte Russlands, wurde 1067 als Festung erwähnt, fiel 1326 an Litauen und 1793 an Russland und hat heute gut 1,7 Mio. Einwohner.

d) Vilnius bzw. Wilna ist die Hauptstadt von Litauen. Es hat etwa 553.000 Einwohner und liegt am Ufer der Neris. Ihr Mittelpunkt ist die Altstadt mit dem Burgberg und der Kathedrale, mit Bauwerken aus der frühen Gotik, der Renaissance, dem Barock und dem Klassizismus.

Wie wird das Zweistromland noch genannt?

- a) Pandschab
- b) Mesopotamien
- c) Kalimantan
- d) Formosa

a) Das (oder der) Pandschab (engl.: *Punjab*) ist das Fünfstromland im Grenzgebiet von Indien und Pakistan. Es wird von den fünf linksseitigen Zuflüssen des Indus (Jhelum, Chenab, Ravi, Beas und Sutley) gebildet, die hier fächerförmig zusammenlaufen. Durch ein ausgedehntes Bewässerungssystem aus Kanälen und Stauwerken wurde das einst steppenhafte Land in der britischen Kolonialzeit zum besten Weizen- und Baumwollanbaugebiet Südasiens, das mittlerweile jedoch von Versalzung und Versumpfung bedroht ist.

b) Die Griechen nannten es „Mesopotamia“, das „Zwischenstromland“. Das Zweistromland ist das Land zwischen Euphrat und Tigris auf dem Gebiet des heutigen Irak. Im Altertum war es eine der bedeutendsten Kulturlandschaften und gilt heute als „Wiege der Zivilisation“. Hier lagen die Reiche der Sumerer, Babylonier und Assyrer, und hier wurde im 4. Jt. v. Chr. die Keilschrift entwickelt. Im Spätmittelalter, vor allem seit der Plünderung Bagdads durch die Mongolen 1258, verödete es zunehmend.

c) Kalimantan ist der indonesische Name von Borneo, der größten Sundainsel im Malaiischen Archipel. Drei Länder haben Anteil an Borneo: Brunei, Indonesien und Malaysia.

d) Formosa ist der portugiesische Name von Taiwan.

Wo liegt das höchste Gebäude Europas?

- a) in Frankfurt a. M.
- b) in London
- c) in Moskau
- d) in Paris

a) In Frankfurt a. M. erheben sich das zweit- und das dritthöchste Gebäude Europas. Die Commerzbank mit 259 m war seit 1997 das höchste Gebäude und hatte damals den 257 m hohen, 1990 fertiggestellten Messeturm abgelöst. Die Commerzbank war das erste Frankfurter Hochhaus mit reiner Stahl-Skelett-Bauweise und wurde als Niedrig-Energie-Haus konzipiert. Sie ist damit weltweit der erste ökonomische Wolkenkratzer.

b) 1989–91 wurde in London das 235 m hohe Canaray Wharf (One Canada Square) des Architekten Cesar Pelli erbaut. Es ist die Nummer fünf in Europa.

c) Mit 264 m ist seit 2005 der Triumphpalast in Moskau das höchste Gebäude Europas. Das 54-stöckige Gebäude ist den in den 1950er-Jahren im stalinistischen Zuckerbäckerstil erbauten Sieben Schwestern (u. a. Lomonossow-Universität und Außenministerium) nachempfunden und trägt deshalb auch den Spitznamen „Stalin's 8th Sister“. Auch das vierthöchste Gebäude Europas steht in Moskau (die Moskauer Staatsuniversität, 240 m).

Lomonossow-Universität in Moskau

d) Als in Paris 1973 der Tour de Montparnasse fertiggestellt wurde, war er mit 210 m das höchste Gebäude Europas.

Wer entdeckte Australien?

- a) Matthew Flinders
- b) Willem Janszoon
- c) James Cook
- d) Arthur Phillip

a) 1801–03 umsegelte Matthew Flinders (1774–1814) von England aus den australischen Kontinent, um dessen Küste zu kartografieren. Er führte den Namen „Australien" für den neuen Erdteil ein. Seine Erlebnisse beschrieb er in dem Buch *Die erste Umsegelung Australiens*.

b) Bereits 1606 entdeckte der Niederländer Willem Janszoon (1571–1638) das schon seit der Antike gesuchte „Unbekannte Südland" („Terra Australis Incognita"). Er nannte es „Nieu Zelant" und segelte mehrere Tage an seiner Küste entlang. Ein Landeversuch scheiterte. Janszoons Entdeckung wurde zwar in die Karten der niederländischen Ost-Indien-Niederlassung auf Indonesien eingetragen, es wurde ihnen aber keine Bedeutung beigemessen.

James Cook

c) Am 19. April 1770 erreichte der Brite James Cook (1728–79) mit seinem Schiff „Endeavour" die Ostküste Australiens. Er ankerte zunächst in der Botany Bay südlich des heutigen Sydney und reklamierte den Ostteil des Landes als New South Wales für die englische Krone.

d) 1788 erreichte Arthur Phillip (1738–1814) mit elf Schiffen die Botany Bay. Er brachte 1000 Menschen als erste Siedler nach Australien. Ein Viertel von ihnen waren Strafgefangene. Sydney wurde gegründet.

Wie heißt Griechenland in der Landessprache?

- a) Hrvatska
- b) Suomi
- c) Eire
- d) Hellas

a) Hrvatska ist der Name Kroatiens in der Landessprache. Das Land liegt an der östlichen Adriaküste, ist großteils gebirgig oder hügelig und gehörte seit 1945 zu Jugoslawien. Seit 1995 ist Kroatien unabhängige Republik mit Zagreb als Hauptstadt. Es ist knapp 57.000 km² groß und hat 4,4 Mio. Einwohner; die Tendenz ist aufgrund der hohen Auswanderungsrate abnehmend.

b) Suomi ist die landessprachliche Bezeichnung von Finnland. Das siebtgrößte Land Europas mit der Hauptstadt Helsinki hat eine Größe von 338.145 km² und 5,3 Mio. Einwohner. Es reicht bis über den nördlichen Polarkreis hinaus. 69 % des Landes sind von Wäldern bedeckt, 10 % von Wasser, nur 8 % können für die Landwirtschaft genutzt werden.

c) Eire ist der Name Irlands. Die „Grüne Insel" im Westen Großbritanniens ist zweigeteilt, neben der Republik Irland mit gut 70.000 km² liegt im Nordosten das 14.000 km² große, zu Großbritannien gehörende Nordirland.

d) In der Antike war Hellas der Name für das gesamte von Griechen (Hellenen) besiedelte Gebiet, seit der Proklamation seiner Unabhängigkeit 1822 ist es der Name des neugriechischen Staates, der heute 132.000 km² (davon 25.000 km² Inselfläche) umfasst und ca. 10,5 Mio. Einwohner hat.

Was ist der Fachbegriff für Höhlenkunde?

- a) Glaziologie
- b) Orografie
- c) Speläologie
- d) Ozeanografie

a) Unter Glaziologie versteht man die Gletscherkunde, die sich darüber hinaus auch mit weiteren Formen von Schnee und Eis (Permafrostböden, Schelfeis etc.) befasst.

b) In der Orografie werden Verlauf, Entstehung und Anordnung von Gebirgen erforscht. Einen wichtigen Stellenwert hat dabei auch die Untersuchung der gebirgsbildenden Bewegungen (Faltung und Bruchbildung).

c) Die Speläologie ist der Fachbegriff für Höhlenkunde. Sie beschäftigt sich mit der Erforschung von meistens natürlichen Hohlräumen in der Erde. Das beinhaltet sowohl die Entdeckung (Befahrung) der Höhlen wie auch ihre Erforschung (Vermessung und Kartierung) und die ihrer Entstehung (Speläogenese). Es wird unterschieden zwischen Primärhöhlen, die gemeinsam mit dem umgebenden Gestein entstanden sind (Lavaröhren, Tuffhöhlen u. a.), und Sekundärhöhlen, die nachträglich durch Erosion, Erdbeben usw. entstanden sind. Spezialfälle sind Eis- und Gletscherhöhlen.

d) Die Ozeanografie oder Meereskunde gehört zu den Geowissenschaften. Sie umfasst die Erforschung von Größe, Gestalt und Gliederung der Meere ebenso wie die seiner chemischen und physikalischen Eigenschaften, der Gezeiten, ihrer Flora und Fauna usw.

Welcher Kontinent hat die meisten Bewohner?

- a) Afrika
- b) Amerika
- c) Europa
- d) Asien

a) Afrika hat eine Einwohnerzahl von 924 Mio. Menschen, dies sind etwa 13 % der Weltbevölkerung. Mehr als 3000 verschiedene ethnische Gruppen leben hier, die Großfamilie ist bei den meisten von ihnen die wichtigste soziale Einheit. Nur ein Fünftel der Menschen lebt in den Städten.

b) In Amerika leben ungefähr 900 Mio. Einwohner, die hauptsächlich von den Einwanderern der vergangenen Jahrhunderte abstammen, während von den Ureinwohnern nur wenige übrig geblieben sind.

c) In Europa ist die Bevölkerungsdichte am höchsten. 732 Mio. Menschen leben hier, das sind 100 pro km². In den nördlichen Ländern liegt die Zahl allerdings weit darunter, während andere Länder wie Deutschland (230 pro km²) oder die Niederlande (380 pro km²) weit darüber liegen.

Chinesische Schulklasse

d) Asien hat die meisten Einwohner der Welt. Allein schon China mit einer Bevölkerungszahl von mehr als 1,3 Mrd. Menschen hat mehr Einwohner als jeder der übrigen Kontinente. Insgesamt sind es mittlerweile etwa 3,968 Mrd. Menschen, also ungefähr 60 % der Erdbevölkerung, die hier leben. Vor allem in den letzten 50 Jahren ist die Bevölkerung hier sprunghaft angestiegen und hat sich von 1,3 Mrd. in den 1950er-Jahren bis heute verdreifacht.

Wie viele aktive Vulkane gibt es?

- a) 1500
- b) 60
- c) 10.000
- d) 40

Ins Meer fließende Lava

a) Insgesamt gibt es etwa 1500 aktive Vulkane auf der Welt. Als aktiv gilt dabei jeder Vulkan, der innerhalb der vergangenen 10.000 Jahre einmal ausgebrochen ist. Trotz der Gefahren, die das Leben in der Nähe eines aktiven Vulkans mit sich bringt, siedeln sich immer wieder Menschen dort an, da die Erde hier besonders fruchtbar ist.

b) Im Jahr 2006 waren rund 60 Vulkane weltweit aktiv. Sieben Menschen kamen dabei ums Leben. Die Schäden blieben gering, da es sich meist nur um den Ausstoß von Asche handelte.

c) Weltweit gibt es ungefähr 10.000 erloschene Vulkane, die sowohl an Land als auch unter dem Meer liegen. Die meisten Vulkane entstanden an den Rändern der tektonischen Platten. Man unterscheidet dabei zwischen Roten Vulkanen, die dort entstanden, wo die Kontinentalplatten auseinanderdriften, und Grauen Vulkanen in den Subduktionszonen, wo sich beim Aufeinandertreffen zweier tektonischer Platten die eine unter die andere schiebt.

d) Es gibt auch etwa 40 Vulkane, die über sogenannten Hot Spots im Inneren der Kontinentalplatten liegen. Zu ihnen gehören die hawaiianischen Vulkaninseln.

In welchem Land ist der weiße Bevölkerungsanteil am höchsten?

- a) in Mexiko
- b) in Brasilien
- c) in Argentinien
- d) auf Haiti

a) Von den 103 Mio. Einwohnern Mexikos ist der Großteil Mestizen, aber auch 12 Mio. Indios („Indigenas") von 62 verschiedenen Stämmen oder Völkern leben hier. Außerdem gibt es in Mexiko 4–5 Mio. Weiße. Nur Guatemala, El Salvador und Paraguay haben einen höheren Anteil an Einheimischen.

b) Offiziell sind 52 % der Einwohner Brasiliens, des bevölkerungsreichsten Landes Südamerikas, Weiße, doch tatsächlich überwiegen die Mischlingsgruppen (Mulatten, Mestizen, Cafusos) zusammen mit den 6 % Schwarzen.

c) Von den rund 37 Mio. Menschen in Argentinien sind mehr als 90 % Weiße. Indianer und Mestizen stellen 5–6 % der Bevölkerung, Schwarze gibt es so gut wie keine, da Argentinien kein Sklavenhalterland war. Im 19. und 20. Jh. war es vor allem Einwanderungsland für Italiener und Spanier, aber auch rund 45.000 Deutsche leben hier sowie 1 Mio. Wolgadeutsche. Rund 34 % der Bevölkerung leben im Großraum Buenos Aires. 50 % der Menschen leben an der Armutsgrenze.

d) 90 % der haitianischen Bevölkerung sind Schwarzafrikaner, die Nachkommen der aus Westafrika eingeführten ehemaligen Sklaven. Die Mittel- und Oberschicht bilden die 10 % Mulatten, die in den Städten leben.

Wo gibt es eine Brücke zwischen zwei auseinanderdriftenden Kontinentalplatten?

- ◯ a) in Japan
- ◯ b) in Island
- ◯ c) in Kalifornien
- ◯ d) in Indonesien

a) Der japanische Inselstaat liegt direkt auf der Subduktionszone, wo Pazifische und Nordamerikanische Platte aufeinandertreffen.

b) In Island auf der Halbinsel Reykjanes kann man den nur wenige Meter tiefen Graben, der die Trennlinie zwischen Eurasischer und Nordamerikanischer Platte darstellt, auf einer Brücke überqueren. Sie liegt bloß lose auf dem Boden auf, damit sie auch bei einem weiteren Auseinanderdriften der Platten und einer Verbreiterung des Grabens funktionsfähig bleibt. Dies ist die einzige Stelle, an der man einen Teil des mittelatlantischen Rückens und damit auch das neu aufsteigende Gestein, das die beiden Platten auseinander drängt, sehen kann.

c) Die etwa 1000 km lange San-Andreas-Störung in Kalifornien ist sicher das bekannteste Beispiel einer Subduktionszone. Sie liegt zwischen Nordamerikanischer und Pazifischer Platte, durch deren Aufeinandertreffen es besonders in der Gegend von Los Angeles immer wieder zu Erdbeben kommt.

d) Indonesien liegt auf der Subduktionszone zwischen Pazifischer und Australischer Platte.

Was ist die nördlichste Millionenstadt der Erde?

- ◯ a) Helsinki
- ◯ b) Reykjavik
- ◯ c) St. Petersburg
- ◯ d) Vancouver

a) Weder das finnische Helsinki (60,15°) noch das schwedische Stockholm (59,33°) oder das norwegische Oslo (59,93°) sind Millionenstädte, obwohl sie jeweils die Hauptstädte ihrer Länder sind.

b) Auf dem 64. Breitengrad liegt Reykjavik („Rauchbucht"), die Hauptstadt Islands. Es ist die nördlichste Großstadt Westeuropas und die nördlichste Hauptstadt der Welt. Es hat jedoch nur eine Einwohnerzahl von 116.000. Selbst wenn alle Einwohner Islands hier leben würden, wäre Reykjavik noch keine Millionenstadt, denn es gibt insgesamt nur 310.000 Menschen auf Island.

Auferstehungskriche in St. Petersburg

c) Das Zentrum von St. Petersburg liegt auf 59,92° nördlicher Breite an der Newamündung in die Ostsee. Es hat eine Einwohnerzahl von 4,8 Mio. und ist damit nach Moskau (55,46°; ca. 11 Mio. Einwohner) die einwohnerstärkste Stadt Russlands.

d) Keine der kanadischen Millionenstädte Vancouver, Toronto, Ottawa oder Montreal liegt nördlicher als Wiesbaden oder Frankfurt a. M., obwohl das Land sich bis weit über den nördlichen Polarkreis erstreckt. Vielmehr liegen sie alle im Süden des Landes, beinahe an der Grenze zu den USA.

Wo befindet sich der größte Hafen der Welt?

- a) in Hamburg
- b) in Rotterdam
- c) in Shanghai
- d) in Duisburg

Wie heißt die Hauptstadt von Nordrhein-Westfalen?

- a) Düsseldorf
- b) Wiesbaden
- c) Köln
- d) Bonn

a) Der Hamburger Hafen ist der zweitgrößte Seehafen Europas. Er ist einer der bedeutendsten Containerhäfen der Welt und ist sowohl an alle großen Wasserstraßen Mitteleuropas als auch an das Eisenbahnnetz angebunden. Ein Teil des Hamburger Hafens ist ein Freihafen, d. h. hier können Waren zollfrei gelagert werden.

b) Im niederländischen Rotterdam befand sich bis vor Kurzem der größte Hafen der Welt. Weiterhin ist es jedoch der größte Hafen Europas. Neun große Hafengebiete reihen sich zwischen Nordsee, nördlichem Rheindelta und Neuer Maas aneinander, in denen von mehr als 300.000 Mitarbeitern etwa 10 % des niederländischen Bruttoinlandsprodukts erwirtschaftet werden. Erdöl ist eines der Hauptprodukte, die auf den ca. 150.000 Schiffen, die hier alljährlich abgefertigt werden, umgeschlagen werden.

Shanghai

c) Mittlerweile ist der Containerhafen von Shanghai der größte Hafen der Welt. 2006 lag sein Warenumschlag bei 537 Mio. Tonnen, in Singapur waren es 448, in Rotterdam nur 378 Mio.

d) Der Rhein-Ruhr-Hafen im nordrhein-westfälischen Duisburg mit mehr als 20 Hafenbecken ist der größte Binnenhafen Europas.

a) Die Hauptstadt von Nordrhein-Westfalen ist Düsseldorf. Die Stadt liegt an der Mündung der Düssel in den Rhein und hat fast 582.000 Einwohner. Nach der Schlacht von Worringen wurde Düsseldorf 1288 durch den Grafen von Berg (1259–96) zur Stadt erhoben. 1380 wurde es zu seiner Residenzstadt, unter Kaiser Friedrich I. Barbarossa (1122–90) entstand zuvor in Kaiserswerth sogar eine Kaiserpfalz. Die Altstadt mit den mehr als 250 Kneipen, Bars und Restaurants ist auch als „längste Theke der Welt" bekannt.

b) Wiesbaden ist die Hauptstadt von Hessen. Es hat knapp 275.000 Einwohner und ist eines der ältesten Heilbäder Europas, das bereits die Römer als „Aquae Mattiacorum" kannten.

c) Köln ist die größte Stadt in Nordrhein-Westfalen. Es wurde vor 2000 Jahren von den Römern als Colonia Claudia Ara Agrippinensium gegründet. Der Kölner Dom ist das Wahrzeichen der Stadt und eines der im Ausland bekanntesten deutschen Architekturdenkmäler.

d) Im Südwesten Nordrhein-Westfalens liegt das 2000 Jahre alte Bonn, das 1949–90, von der Gründung der Bundesrepublik bis zur Wiedervereinigung, die deutsche Hauptstadt und bis 1999 noch der deutsche Regierungssitz war. Heute trägt Bonn den Titel „Bundesstadt".

Welches Land gehört nicht zum Commonwealth?

- ◯ a) Kanada
- ◯ b) Jamaika
- ◯ c) Neuseeland
- ◯ d) Irland

a) In der ganzen Welt gibt es Territorien, die zwar nicht Teil von Großbritannien, aber doch der britischen Krone unterstellt sind („dependent territories of the Crown"). Ihr Staatsoberhaupt ist Elizabeth II. von England (geb. 1926). Diese Territorien werden unter der Bezeichnung „Commonwealth of Nations" zusammengefasst. Zu ihnen gehört auch Kanada. Außerdem haben sich mittlerweile 31 weitere Länder wie Indien oder Gambia dem Bündnis angeschlossen, die allerdings nicht den Titel Commonwealth Realm tragen, sondern eine Commonwealth Republic sind, deren Staatsoberhaupt somit nicht die englische Königin ist. Daneben gibt es die sogenannten Britischen Überseegebiete („British Overseas Territories"), die tatsächlich britische Besitzungen sind. Zu ihnen gehören u. a. die Bermudas, Gibraltar, St. Helena, Pitcairn, die Kaiman- und die Falklandinseln.

b) Jamaika ist ebenso ein Commonwealth Realm wie Belize und die Bahamas.

c) Auch Neuseeland, Australien und Papua-Neuguinea sind Commonwealth Realms.

d) Im Jahr 1949 ist Irland aus dem Bund des Commonwealth ausgetreten. Daneben gibt es nur noch ein weiteres ehemaliges Commonwealth-Mitglied: Simbabwe wurde aufgrund der Manipulationen bei den Präsidentschaftswahlen 2002 suspendiert.

Welches Land hat kein Hoheitsgebiet in der Arktis?

- ◯ a) Großbritannien
- ◯ b) Dänemark
- ◯ c) Russland
- ◯ d) Kanada

Die Arktis

a) Die Aufteilung der Arktis in Hoheitsgebiete erfolgte nicht willkürlich, entscheidend war vielmehr, welche Länder an den Nordpol angrenzten. Deshalb ist Großbritannien an der Aufteilung dieses Teiles der Erde nicht beteiligt. Obwohl der Nordpol kein Festland, sondern lediglich ein gefrorenes Meer ist, gibt es auch hier Bodenschätze, vor allem Erdöl- und Erdgasressourcen, die den Besitz dieser Region interessant machen.

b) Dänemark ist durch seine Verbindung mit Grönland über ein Gebiet von beinahe 60 Längengraden an der Arktis beteiligt.

c) Fast die Hälfte der Arktis wird von Russland beansprucht, da u. a . der gesamte Norden Asiens zum Staatsgebiet der Russischen Föderation gehört. Die russischen Hoheitsrechte erstrecken sich vom 30. Grad westlicher Länge bis zum 170. Grad östlicher Länge, von der Barentssee bis hinüber zur Beringstraße, die Asien von Amerika trennt.

d) Beinahe der gesamte Norden Amerikas gehört zu Kanada, sodass die Arktis zwischen dem 70. und dem 140. Längengrad als kanadisches Hoheitsgebiet gilt. Etwa 30 Längengrade zählen über Alaska zu den USA, der Rest gehört zu Norwegen.

Welcher Volksstamm lebt nicht in Asien?

- a) die Tadschiken
- b) die Kirgisen
- c) die Skipetaren
- d) die Tamilen

a) Die Tadschiken sind ein Volk mit etwa 9 Mio. Angehörigen, das vor allem in Afghanistan, Tadschikistan und Usbekistan beheimatet ist. Sie sind vorwiegend Bauern und Handwerker, sind sunnitische Muslime und gehören zur iranischen Sprachfamilie.

Tadschike

b) Die Kirgisen sind ein Turkvolk in Mittel- und Zentralasien mit etwa 3,4 Mio. Angehörigen. Früher waren sie vor allem Hirtennomaden, heute sind sie Ackerbauern. Die Turkvölker sind eine Sprach- und Völkergruppe mit etwa 130–150 Mio. Angehörigen, die vom Südosten Europas bis nach Nord-, Mittel- und Vorderasien verbreitet ist. Ihre ursprüngliche Heimat liegt in der Altairegion in Zentralasien.

c) Skipetaren ist die Eigenbezeichnung der Albaner, eines Volkes mit weltweit 8 Mio. Angehörigen, von denen etwa 4 Mio. im Südosten Europas leben. Sie sind die Nachkommen thrakisch-illyrischer Stämme und gehören zur indogermanischen Sprachgruppe.

d) Das Volk der Tamilen ist vor allem in Südostindien (60 Mio.) und auf Sri Lanka (3 Mio.) verbreitet. Die Tamilen sind vor allem Hindus, Tamil gehört zu den drawidischen Sprachen.

Welche dieser deutschen Städte ist keine Millionenstadt?

- a) München
- b) Hamburg
- c) Frankfurt a. M.
- d) Köln

a) Mit einer Fläche von 310,61 km^2 ist München die sechstgrößte Stadt Deutschlands, mit seiner Einwohnerzahl von 1,3 Mio. liegt es jedoch an dritter Stelle. München ist die deutsche Stadt mit der größten Einwohnerdichte. 1852 wurde es mit 100.000 Einwohnern zur Großstadt, seit 1957 ist es Millionenstadt.

b) Die Freie und Hansestadt Hamburg ist in sieben Bezirke unterteilt, in denen 1,7 Mio. Menschen leben. 1787 lebten dort bereits 100.000 Menschen, 1920 waren es mehr als 1 Mio. Die höchste Einwohnerzahl hatte Hamburg 1964 mit über 1,857 Mio., dann folgten 20 Jahre, in denen die Bevölkerung um beinahe 300.000 zurückging. Erst seit 1986 wächst Hamburg wieder.

c) Das hessische Frankfurt a. M. ist mit etwa 652.000 Einwohnern die fünftgrößte Stadt Deutschlands und laut einer Studie der Liverpooler Universität die reichste Stadt Europas. Zudem ist sie Sitz der Europäischen Zentralbank.

d) 2006 hat auch Kölns Einwohnerzahl die Millionengrenze überschritten. Das Statistische Jahrbuch der Stadt zählte 1.024.346 Einwohner, davon waren 159.148 unter 18 Jahre, 686.616 zwischen 18 und 65 Jahren, 178.582 über 65 Jahre und 524.849 weiblich. Von den 531.290 Haushalten waren 265.825 Singlehaushalte.

Welchen See nennt man auch das „Bayerische Meer"?

- a) Chiemsee
- b) Bodensee
- c) Königssee
- d) Starnberger See

a) Der Chiemsee, das „Bayerische Meer", ist der größte See Bayerns, er hat eine Fläche von 80 km^2 und misst an seiner tiefsten Stelle 74 m. Der Chiemsee ist der Rest eines Gletschers, seine Hauptzuflüsse sind die Tiroler Ache und die Prien, die als Alz den See wieder verlassen. Im Chiemsee gibt es drei Inseln: Die Herreninsel mit dem von Ludwig II., dem bayerischen „Märchenkönig" (1845–86), erbauten Schloss Herrenchiemsee, die Fraueninsel mit einem Benediktinerinnenkloster und die unbewohnte Krautinsel.

b) Mit 571 km^2 ist der Bodensee Deutschlands größter See. Man nennt ihn auch das „Schwäbische Meer". An ihn grenzen noch die Schweiz und Österreich.

c) Bei Berchtesgaden im südöstlichsten Eck Deutschlands liegt, überragt vom Watzmann, der nur 5,2 km^2 große, aber 192 m tiefe Königssee. Sein Wahrzeichen ist die Wallfahrtskirche St. Bartholomä aus dem 12. Jh., die nur mit dem Schiff zu erreichen ist.

d) Etwa 20 km südlich von München liegt der 57 km^2 große und 127 m tiefe Starnberger See. Vor Berg, an seinem Ostufer, ertrank auf ungeklärte Weise Ludwig II. von Bayern (1845–86), in Possenhofen am Westufer wurde die spätere Kaiserin Sisi (1837–98) geboren.

Welche Stadt liegt nicht an der Elbe?

- a) Cuxhaven
- b) Wittenberg
- c) Halle
- d) Magdeburg

a) Die Elbe legt auf dem Weg von ihrer Quelle im Riesengebirge in Tschechien bis zu ihrer Mündung bei Cuxhaven in die Nordsee 1092 km zurück, 725 km davon in Deutschland. Zeitweise war sie einer der am meisten durch Schadstoffe belasteten Flüsse Europas, mittlerweile hat sich die Wasserqualität jedoch wieder stark verbessert.

b) Nachdem die Elbe im Elbsandsteingebirge Tschechien verlassen hat, passiert sie zunächst Dresden und Sachsen, bevor sie auf ihrem Weg nach Nordwesten die Lutherstadt Wittenberg durchquert.

c) Die kreisfreie Stadt Halle ist die bevölkerungsreichste Stadt in Sachsen-Anhalt. Sie liegt an der Saale, mit 413 km nach der Moldau der längste Nebenfluss der Elbe. Sie entspringt im Fichtelgebirge und durchfließt Bayern, Thüringen und Sachsen-Anhalt, bevor sie bei Barby in die Elbe mündet.

Blick auf Halle an der Saale

d) Weitere Stationen der Elbe sind Magdeburg, die Hauptstadt Sachsen-Anhalts, Niedersachsen und Hamburg mit seinem bedeutenden Hafen. Die Elbe ist eine von 28 Wasserstraßen Deutschlands und hat vor allem für Tschechien als Verbindung zur Nordsee eine hohe wirtschaftliche Bedeutung.

Was ist verantwortlich für den Geruch des Meeres?

- a) Fische
- b) Salz
- c) Ozon
- d) Bakterien

a) Es kommt zwar vor, dass es am Meer bisweilen intensiv nach Fisch (bzw. dem dies verursachenden Trimethylamin) riecht, der typische Duft des Meeres jedoch wird nicht durch Fische produziert.

b) Der Salzgehalt ist zwar charakteristisch für Meerwasser, Salz gibt aber keinerlei Geruch ab.

c) Vor wenigen Jahrzehnten glaubte man noch, der typische Geruch des Meeres werde durch Ozon hervorgerufen, seit etlichen Jahren weiß man jedoch, dass dem nicht so ist.

Meeresbrandung

d) Der unverwechselbare Geruch des Meeres wird durch das Gas Dimethyl-Sulfid (DMS) hervorgerufen. Dieses Gas wird von Mikroben produziert, die im Plankton und in einigen Meerespflanzen vorkommen. Millionen Tonnen von DMS werden in den Weltmeeren freigesetzt und spielen eine wichtige Rolle bei der Bildung von Wolken und somit auch für das Klima. Die Ursache für die Produktion wurde jedoch erst jetzt von Andrew Johnston von der East Anglia University entdeckt: Er konnte das betreffende Gen eines Bakteriums aus den Salzmarschen bei Stiffkey an der englischen Küste isolieren und so den Duft des Meeres erfolgreich kopieren.

Welcher landschaftliche Großraum Deutschlands wurde nicht durch die Eiszeiten geformt?

- a) Norddeutsche Tiefebene
- b) Mittelgebirge
- c) Alpenvorland
- d) Hochgebirge

a) Die Norddeutsche Tiefebene, der nördlichste der vier landschaftlichen Großräume Deutschlands, wurde durch die Gletschervorstöße in den letzten Eiszeiten geformt und ist fast durchgängig von den Ablagerungen der Inlandsvereisung im Pleistozän bedeckt. Es ist ein Teil des Mitteleuropäischen Tieflandes, das sich von Belgien bis nach Polen erstreckt.

b) Die deutschen Mittelgebirge (Schwarzwald, Schwäbisch-Fränkische Alb, Bayerischer Wald, Rheinisches Schiefergebirge, Rhön, Weserbergland, etc.) sind eine Mischung aus alten Gebirgsresten, jüngeren Stufen- und Tafelländern, Vulkanformationen, Grabenbrüchen und Beckenlandschaften, die von breiten Flusstälern durchbrochen sind.

c) Südlich der Donau erstreckt sich das bayerische Alpenvorland, eine Endmoränenlandschaft mit zahlreichen Seen, die während der Würmeiszeit gebildet wurden.

d) Das Hochgebirge des deutschen Teils der Alpen umfasst die Allgäuer, Bayerischen und Salzburger Alpen. Sie sind ein relativ junges Faltengebirge, dessen Formenreichtum durch die Gletschertätigkeit der letzten Eiszeiten entstand.

Was ist keine Gebirgsformation?

- ◯ a) der Kaiserstuhl
- ◯ b) das Steinerne Meer
- ◯ c) der Rosengarten
- ◯ d) der Steinerne Wald

a) Der 557 m hohe Kaiserstuhl, ein Mittelgebirge vulkanischen Ursprungs, liegt im Südwesten Baden-Württembergs, zwischen Schwarzwald und Elsass. Seinen Namen hat er von dem späteren Ottonenkaiser Otto III. (980–1002), der hier 994 bei Sasbach einen Gerichtstag abhielt.

b) Das Steinerne Meer bildet den größten Teil der Berchtesgadener Alpen an der Grenze zwischen Deutschland und Österreich. Das 75 km² große Hochflächengebirge umfasst 54 Gipfel, von denen 32 eigenständig und nur sieben niedriger als 2000 m sind.

c) Der Rosengarten ist eine Bergkette im Westen der Dolomiten. Das rote Glühen, das oftmals abends auf seinen Gipfeln zu sehen ist, stammt der Sage nach von dem Rosengarten des Zwergenkönigs Laurin, der seinen Garten mit den Worten, man solle ihn künftig weder bei Tag noch bei Nacht sehen, verfluchte. Nur die Dämmerung hatte er bei seinem Fluch vergessen.

d) Der sogenannte Steinerne Wald im Naturhistorischen Museum von Chemnitz besteht aus ca. 290 Mio. Jahre alten Baumfossilien und ist damit das größte und schwerste pflanzliche Fossil Europas. Weitere versteinerte Wälder gibt es u. a. in Namibia, auf Lesbos und in Amerika (Petrified-Forest-Nationalpark in Arizona, im Yellowstone-Nationalpark und in Kalifornien).

Wo befindet sich der höchstgelegene See der Welt?

- ◯ a) in Tibet
- ◯ b) in Chile
- ◯ c) in Israel
- ◯ d) in Peru

a) Im Hochland von Tibet liegt auf einer Höhe von 4527 m der Salzsee Tengri Nur. Er hat eine Fläche von 2207 km². Nur einige kleine Gletscherseen, ebenfalls in Tibet, liegen noch höher.

b) In Chile befindet sich die höchstgelegene Siedlung der Welt. Sie heißt Chupiquinamine und liegt 5600 m über dem Meer. Die höchstgelegene Stadt ist Wentschuan in Tibet auf 5100 m Höhe.

c) In Israel befindet sich der tiefstgelegene Süßwassersee der Welt, der Kinneret, den wir meist unter dem Namen See Genezareth kennen. Der See ist 21 km lang, 13 km breit und 54 m tief und liegt 212 m unter dem Meeresspiegel. In Israel befindet sich auch das Tote Meer, das 417 m unter dem Meeresspiegel liegt und somit die tiefste natürliche Landfläche der Welt ist. Durch die fehlende Verbindung mit anderen Meeren und die starke Verdunstung ist sein Salzgehalt zehnmal höher als in den Ozeanen.

Titicacasee

d) Der 8300 km² große Titicacasee an der Grenze zwischen Peru und Bolivien ist der größte See Südamerikas und zugleich mit 3812 m der höchstgelegene See der Welt, der durch kommerzielle Schifffahrt genutzt wird.

Welche Inseln gehören nicht zu Großbritannien?

- a) die Kaiman-Inseln
- b) die Bermudas
- c) die Südorkney-Inseln
- d) die Bahamas

a) Die drei Kaiman-Inseln Grand Cayman mit der Hauptstadt Georgetown, Little Cayman und Cayman Brac sind eine britische Kronkolonie mit beschränkter repräsentativer Selbstregierung. Sie liegen südlich von Kuba und nordwestlich von Jamaika.

b) Die Bermudas mit der Hauptstadt Hamilton bestehen aus mehr als 350 Inseln, die knapp 1000 km vor der Küste von North Carolina liegen und eine britische Kronkolonie sind. Es gibt hier weder Quellen noch Grundwasser, sodass der gesamte Wasserbedarf durch Regenwasser gedeckt werden muss.

c) Die Südorkney-Inseln sind britisches Gebiet in der Antarktis.

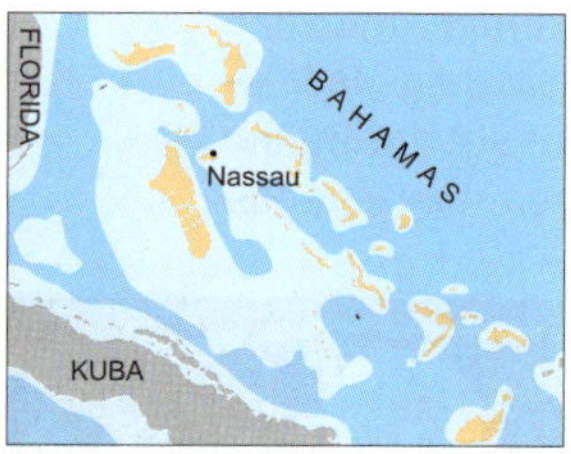

d) Auch die Bahamas waren einmal eine britische Kolonie, doch am 10. Juli 1973 erhielten sie ihre Unabhängigkeit. Sie sind jedoch Mitglied im Commonwealth, ihr Staatsoberhaupt ist somit auch weiterhin Elisabeth II. (geb. 1926). Die Bahamas bestehen aus ca. 700 Inseln, von denen 29 bewohnt sind, sie liegen nördlich von Kuba und Hispaniola und östlich von Florida. Ihre Hauptstadt ist Nassau auf der Insel New Providence. Am 12. Oktober 1492 landete Kolumbus (1451–1506) auf San Salvador und hatte damit Amerika entdeckt.

Wer erreichte als Erster den Südpol?

- a) James Ross
- b) Robert Falcon Scott
- c) Roald Amundsen
- d) Sir Ernest Shackleton

a) James Clark Ross (1800–62) unternahm mehrere Expeditionen in die Arktis und die Antarktis und entdeckte 1839 u. a. die Antarktis-Vulkane Mount Erebus und Mount Terror, die er nach seinen Schiffen benannte.

b) Der Brite Robert Falcon Scott (1868–1912) wurde vor allem durch den verlorenen Wettlauf zum Südpol berühmt. Am 18. Januar 1912 erreichte er fünf Wochen nach seinem Konkurrenten den Pol, wo er die norwegische Flagge und sein zurückgelassenes Zelt vorfand. Auf dem Rückweg kamen Scott und seine verbliebenen vier Begleiter ums Leben.

c) Am 15. Dezember 1911 erreichte der norwegische Polarforscher Roald Amundsen (1872–1928) dank seiner besseren Ausrüstung und seiner Erfahrung mit Schlittenhunden als Erster den Südpol. Er blieb mit seinen vier Begleitern über ein Jahr in der Antarktis und entdeckte dort auch das 4500 m hohe Königin-Maud-Gebirge.

d) Auch Sir Ernest Shackleton (1874–1922) war bei Scotts Südpolexpedition dabei, doch kehrte er aus Krankheitsgründen früher zum Basislager zurück. 1914 plante er die erste Durchquerung der Antarktis. Sein Schiff Endurance wurde aber schon bald vom Packeis zermalmt, doch gelang es ihm, seine ganze Mannschaft zu retten.

Welche Völkergruppe lebt in Deutschland?

- a) die Sorben
- b) die Rätoromanen
- c) die Magyaren
- d) die Ruthenen

a) Die mehrheitlich protestantischen Sorben, die früher auch Wenden genannt wurden, sind ein westslawisches Volk in der Ober- und Niederlausitz. Etwa 60.000 Sorben leben in Sachsen und Brandenburg mit den Zentren Bautzen und Cottbus. Sie sind organisiert in der Domowina (sorbisch für „Heimat"), die sich die Pflege der sorbischen Sprache und Kultur zur Aufgabe gemacht hat.

b) Die Rätoromanen sind eine romanische Volksgruppe mit eigener Sprache im Alpengebiet, die in drei Gruppen unterteilt werden kann. Ihr Name leitet sich von der römischen Provinz Raetia her. Die bekanntesten sind die Bündnerromanen im schweizerischen Kanton Graubünden. Rätoromanisch ist in der Schweiz die vierte offizielle Sprache. Die rund 30.000 Ladiner leben in den Dolomiten in Südtirol, die Friauler im nordostitalienischen Friaul um Triest.

c) Das aus der Gegend zwischen Ural und Wolga stammende Volk der Magyaren gehört dem finnisch-ugrischen Sprachraum an und stellt etwa 97 % der Bevölkerung Ungarns.

d) „Ruthenen" oder „Kleinrussen" sind andere Namen für die Ukrainer, ein ostslawisches Volk mit 45 Mio. Angehörigen, die vor allem in der Ukraine, in Russland und in Kasachstan leben.

Wie groß ist die mittlere Entfernung der Erde von der Sonne?

- a) 57.910.000 km
- b) 107.900.000 km
- c) 149.600.000 km
- d) 227.100.000 km

a) Der Merkur ist mit einer mittleren Entfernung von der Sonne von etwa 57,9 Mio. km der sonnennächste Planet unseres Sonnensystems. Das Perihel (der sonnennächste Punkt seiner Umlaufbahn) beträgt dabei 46 Mio., das Aphel (der sonnenfernste Punkt) 69,8 Mio. km. Durch die relative Nähe Merkurs zur Sonne ist seine Umlaufbahn die kürzeste der acht Planeten, sie beträgt 88 Tage.

b) Die Venus hat eine mittlere Entfernung von der Sonne von 107,9 Mio. km und umkreist die Sonne in 224,7 Tagen. Perihel und Aphel differieren nur um knapp 0,6 Mio. km.

c) Die Erde hat eine mittlere Entfernung von der Sonne von 149,6 Mio. km, wobei ihr Perihel bei 147,1 Mio. km und ihr Aphel bei 152,1 Mio. km liegt. Sie ist, von der Sonne aus gesehen, der dritte Planet.

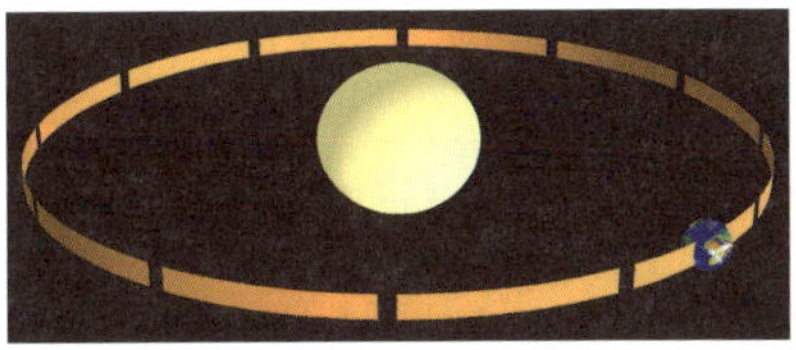

d) Der Mars ist der vierte Planet und hat eine mittlere Entfernung von der Sonne von 227,1 Mio. km. Seine Umlaufbahn ist stark elliptisch, das Perihel liegt bei 206,6 Mio., das Aphel bei 249,2 Mio. km. Ein Marsjahr hat 687 Tage.

Was ist keine Inselgruppe?

- a) die Plejaden
- b) die Lofoten
- c) die Malvinen
- d) die Komoren

a) Die Plejaden oder Atlantiden sind ein offener Sternhaufen im Sternbild Stier, der etwa 400 Lichtjahre von der Erde entfernt ist. Dennoch sind die sieben hellsten der 1000–3000 Sterne mit dem bloßen Auge zu erkennen, weshalb sie auch als Siebengestirn bezeichnet werden. Die (nur mit dem Teleskop erkennbaren) blauen Reflexionsnebel, die manche Sterne umgeben, sind ein Zeichen dafür, dass es sich um einen offenen Sternhaufen und damit um ein junges System mit Sternentstehungsgebieten handelt.

b) Die Lofoten sind eine Inselgruppe im Europäischen Nordmeer vor der Nordküste Norwegens. Die 80 Inseln liegen jenseits des nördlichen Polarkreises. Die wichtigsten von ihnen sind durch Brücken und Tunnels miteinander verbunden.

c) Malvinen bzw. Islas Malvinas ist der spanische Name der Falkland-Inseln an der Südspitze Südamerikas, um die 1982 ein 74-tägiger Krieg zwischen Großbritannien und Argentinien entbrannte.

d) Die islamisch geprägten, ehemals französischen Komoren liegen zwischen Mosambik und Madagaskar im Indischen Ozean. Auf 1861 km² leben ca. 615.000 Menschen, die Hauptstadt ist Moroni.

Welcher afrikanische Nationalpark ist eine vulkanische Caldera?

- a) Etosha
- b) Ngorongoro
- c) Okavango
- d) Serengeti

a) Bei seiner Gründung 1907 hatte der Etosha-Nationalpark im heutigen Namibia die vierfache Fläche, heute umfasst er 22.270 km². Sein Mittelpunkt ist die 5000 km² große Etosha-Pfanne, eine von Gras- und Dornsavannen, Buschland und Trockenwald umgebene Salzpfanne, die sich nur selten mit Wasser füllt.

b) Der Ngorongorokrater in Tansania ist mit 20 km Durchmesser der größte erhaltene Kraterkessel der Welt. Umgeben von steilen Felswänden leben hier auf 259 km² Hunderttausende von Tieren, darunter 150 Vogelarten. Der Krater ist Teil des Nationalparks Serengeti.

c) Das Okavango-Delta in Botswana ist das größte Binnendelta der Welt, hier versickert der Fluss nach 1700 km in einem 15.000 km² großen Sumpfgebiet und bietet u. a. Flusspferden und Krokodilen ideale Lebensbedingungen.

d) Die endlosen Steppen der Serengeti in Tansania sind sicherlich das bekannteste Tierparadies der Welt, nicht zuletzt dank des deutschen Tierfilmers Bernhard Grzimek (1909–87). Hier befindet sich auch der berühmte Serengeti-Nationalpark. Vor allem die Wanderung der dort lebenden Gnus, Zebras und Gazellen zu Beginn der Regenzeit gehört zu den spektakulärsten Schauspielen der afrikanischen Tierwelt.

Welches ist keine Meeresströmung ?

- a) der Golfstrom
- b) der Humboldtstrom
- c) der Sankt-Lorenz-Strom
- d) der Benguelastrom

a) Der Golfstrom ist eine schnell fließende Meeresströmung, die von Mittelamerika kommend warmes Wasser über den Nordatlantik bis hinauf nach Spitzbergen bringt und so Großbritannien und dem europäischen Festland sein mildes Klima beschert.

b) Der kalte Humboldtstrom kommt aus den Gewässern der Antarktis und fließt entlang der Westküste Südamerikas bis zum Äquator. Er ist die Ursache des trockenen Küstenklimas, durch das z. B.die Atacamawüste in Chile entstand.

c) Der Sankt-Lorenz-Strom verbindet die Großen Seen Nordamerikas mit dem Atlantischen Ozean. Seinen Namen trägt er erst ab dem Austritt aus dem Ontariosee, dennoch kann der in Minnesota entspringende North River, der in den Saint Louis River und dann in den Oberen See mündet, als sein Quellfluss betrachtet werden. Von Kingston am Ontariosee fließt er in nordöstlicher Richtung 1197 km weiter, bis er über den Sankt-Lorenz-Golf in den Atlantik mündet. Östlich von Quebec ist sein Wasser salzhaltig.

d) Der Benguelastrom ist eine kalte Meeresströmung, die vom Südpolarmeer gespeist wird und an der Westküste Afrikas bis hinauf zum Äquator fließt. Er ist die Hauptursache für die Niederschlagsarmut Namibias und die Entstehung der Namib-Wüste.

Was wiegt die Erde?

- a) 100.000 Tonnen
- b) 1.989.000.000 Trillionen Tonnen
- c) 5980 Trillionen Tonnen
- d) 73,49 Trillionen Tonnen

a) Um etwa 100.000 Tonnen erhöht sich nach Schätzungen alljährlich das Gewicht der Erde. Dieser Gewichtszuwachs entsteht durch den Regen von Partikeln aus dem Weltraum, der ständig auf die Erde niedergeht. Es handelt sich dabei vor allem um die winzigen Teilchen des Sonnenwindes und um Meteoriten; der Großteil stammt von staubkorngroßen Mikrometeoriten.

b) Die Sonne hat eine Masse von etwa 1.989.000.000 Trillionen Tonnen (1,989 x 10 hoch 27 Tonnen). Das ist etwa das 333.000-fache der Erdmasse. Die mittlere Dichte der Sonne liegt bei 1,4 g/cm³.

c) Die Erde wiegt ca. 5980 Trillionen Tonnen (5,98 x 10 hoch 21 Tonnen). Ihr Volumen beträgt 1.083.230.000.000 km³, ihre mittlere Dichte liegt bei 5,52 g/cm³.

d) Der Mond hat eine Masse von 73,49 Trillionen Tonnen (7,349 x 10 hoch 19 Tonnen). Das heißt, die Erde hat etwa das 81-fache Gewicht des Mondes. Sein Volumen beträgt 21.968.000.000 km³, seine mittlere Dichte beträgt 3,34 g/cm³ (0,606 der Erddichte). Die Schwerkraft auf der Mondoberfläche liegt deshalb bei einem Sechstel der Erdanziehungskraft.

Wie lang ist Deutschlands Schienennetz?

- a) 7300 km
- b) 38.000 km
- c) 50.000 km
- d) 231.500 km

a) Deutschland besitzt 7300 km schiffbare Wasserwege. Die wichtigsten Binnenhäfen sind Duisburg und Magdeburg, die wichtigsten Seehäfen Hamburg, Wilhelmshaven, Bremen, Lübeck und Rostock. Rhein, Donau, Elbe und Oder sind die wichtigsten schiffbaren Flüsse, die teilweise durch Kanäle wie den Rhein-Main-Donau-Kanal miteinander verbunden sind.

Personenzug der Deutschen Bahn

b) Das deutsche Schienennetz umfasst 38.000 km, mit fallender Tendenz. Seit der Wiedervereinigung ist es bereits um 14 % kleiner geworden, 1990 umfasste es noch 44.122 km. Um einen weiteren Rückgang zu verhindern, wird deshalb auch bei einer Privatisierung der Bahn das Eigentum am Schienennetz beim Staat bleiben.

c) Vorwiegend in den Großstädten wird das Netz der Fahrradwege immer besser ausgebaut und beläuft sich mittlerweile bereits auf 50.000 km. Doch auch die Zahl der Radwanderwege (Donau-Radweg etc.) nimmt stetig zu.

d) Das deutsche Straßennetz beläuft sich auf 231.500 km. Davon entfallen 12.400 km auf Autobahnen, 41.000 km auf Bundesstraßen, 86.600 km auf Landstraßen und 91.600 km auf Kreisstraßen.

Womit werden Hurrikanstärken gemessen?

- a) Saffir-Simpson-Skala
- b) Richter-Skala
- c) Life-Safety-Ratio
- d) Beaufort-Skala

a) Die Stärke von Hurrikans wird mit der Saffir-Simpson-Skala gemessen. Luftdruck, Wellenhöhe und Windgeschwindigkeit sind die Faktoren für die Einordnung in eine der fünf Kategorien, die von „Minimal" (119–153 km/h) bis „Katastrophal" (mehr als 250 km/h) mit einer Wellenhöhe von über 5,49 m reichen.

b) Erdbeben werden mit der von Charles Francis Richter (1900–85) entwickelten Richter-Skala gemessen. Sie ist nach oben offen, die jeweils höhere Magnitude entspricht der zehnfachen Stärke der niedrigeren. Das stärkste jemals gemessene Beben war das Erdbeben von Chile 1960 mit einer Stärke von 9,5.

c) Die Life-Safety-Ratio erstellt anhand der in einer Region zu erwartenden Erdbebenintensität und der dort üblichen Bauweise eine Prognose der zu erwartenden Todesopfer und dient zur Erstellung von Vorsorgemaßnahmen.

d) Die Beaufort-Skala wurde von Sir Francis Beaufort (1774–1857) zur Bestimmung der Windstärke entwickelt. Sie ist in 13 Stufen unterteilt: Windstärke 0 (still) entspricht einer Windgeschwindigkeit von 1 km/h, die See ist glatt, Rauch steigt gerade empor. Windstärke 12 (Orkan) entspricht 118–133 km/h, die See ist weiß, keine Fernsicht ist mehr möglich, es gibt schwerste Verwüstungen.

Welcher Fluss hat seine Quelle nicht in Deutschland?

- a) Mosel
- b) Main
- c) Saale
- d) Havel

a) Die Mosel ist 545 km lang. Sie entspringt in den Vogesen in Frankreich und fließt dann durch Luxemburg, bevor sie die letzten 242 km u. a. durch Trier bis zu ihrer Mündung bei Koblenz in den Rhein in Deutschland zurücklegt. Sie ist außerdem der größte deutsche Nebenfluss des Rheins.

b) Der Main ist der längste rein deutsche Fluss. Seine Quellflüsse Roter und Weißer Main entspringen beide im Fichtelgebirge. Vor ihrem Zusammenfluss passieren sie Bayreuth bzw. Kulmbach. Auf den insgesamt 524 km bis zu seiner Mündung in den Rhein bei Mainz fließt der Main u. a. durch Bamberg, Würzburg, Aschaffenburg und Frankfurt.

c) Die Saale legt von ihrer Quelle im Fichtelgebirge bis zur Mündung in die Elbe bei Barby 427 km zurück. Sie durchfließt den Frankenwald, das östliche Thüringen und Sachsen-Anhalt und passiert dabei u. a. Jena, Naumburg, Merseburg und Halle.

d) Quelle und Mündung der Havel liegen nur etwa 80 km voneinander entfernt, dennoch legt der 343 km lange Fluss mit seinen zahlreichen Windungen, Seen und Feuchtgebieten mehr als das Vierfache auf seinem Weg vom mecklenburgischen Ankershagen bis zur Mündung in die Elbe bei Havelberg zurück.

Welche ist die größte Insel der Welt?

- a) Grönland
- b) Madagaskar
- c) Sizilien
- d) Neuguinea

Nuuk

a) Grönland gilt als größte Insel der Welt, da das 7,7 Mio. km² große Australien als Kontinent und nicht als Insel angesehen wird. Geografisch gesehen gehört es zum amerikanischen Kontinentalblock, politisch ist es jedoch mit Dänemark assoziiert. Davisstraße, Baffinbay und Kennedykanal trennen Grönland von Amerika, Grönlandsee und Dänemarkstraße von Europa. Der Großteil seiner 2.175.600 km² großen Fläche ist von einer bis zu 3000 m dicken Eisschicht bedeckt. 57.000 Einwohner leben dort, seine Hauptstadt ist Godthab bzw. Nuuk.

b) Madagaskar hat eine Fläche von 587.041 km². Es liegt im Indischen Ozean und ist durch den Kanal von Mosambik von der südostafrikanischen Küste getrennt. Es hat 18,5 Mio. Einwohner, seine Hauptstadt ist Antananarivo.

c) Sizilien ist die größte Insel im Mittelmeer. Es liegt vor der Spitze des italienischen Stiefels und ist durch die Straße von Sizilien von Afrika getrennt. Es ist 25.708 km² groß und hat gut 5 Mio. Einwohner. Seine Hauptstadt ist Palermo.

d) Mit 771.900 km² ist Neuguinea die zweitgrößte Insel der Welt. Es ist geteilt zwischen West-Papua und Papua-Neuguinea.

Wo sind Hauptstadt und Regierungssitz identisch?

- ◯ a) in den Niederlanden
- ◯ b) an der Elfenbeinküste
- ◯ c) in Südafrika
- ◯ d) in Brasilien

a) Die Hauptstadt der Niederlande ist Amsterdam, der Regierungssitz jedoch befindet sich in Den Haag, das seit 1831 die Residenz des Königshauses von Oranien-Nassau ist. In Den Haag befindet sich auch der Internationale Gerichtshof und der Sitz von Europol.

b) Die Hauptstadt der Elfenbeinküste ist seit 1983 offiziell Yamoussoukro im Zentrum des Landes mit 200.000 Einwohnern. Es ist die Geburtsstadt von Félix Houphouet-Boigny (1905–93), der 1960–93 der erste Präsident der Präsidialen Republik Elfenbeinküste war. Hier steht auch die von ihm erbaute Basilika Notre Dame de la Paix, das nach dem Vorbild des Petersdoms in Rom erbaute größte Kirchenbauwerk des Christentums. Der Regierungssitz des Landes ist jedoch die Hafenstadt Abidjan, mit 4 Mio. Einwohnern.

c) Die Hauptstadt der Republik Südafrika ist Pretoria, seit 2004 befindet sich der Sitz des Parlaments jedoch ganzjährig in Kapstadt, der drittgrößten Stadt des Landes.

Brasília

d) Hauptstadt und zugleich Regierungssitz von Brasilien ist Brasília. Als die Planstadt 1960 fertiggestellt war, wurde Rio de Janeiro als Hauptstadt abgelöst.

Was bezeichnet man auch als das „Dach der Welt"?

- ◯ a) die USA
- ◯ b) Finnland
- ◯ c) Japan
- ◯ d) Tibet

a) Die USA mit ihren riesigen Flächen im Mittleren Westen sind die „Kornkammer der Welt". 343 Mio. Tonnen Getreide werden hier alljährlich produziert, von denen 91 Mio. Tonnen exportiert werden. Bereits jetzt werden 50 Mio. Tonnen jährlich für die Produktion von Biotreibstoffen verwendet. 3 % (15 Mrd. Liter) des Gesamtverbrauchs der USA werden so gedeckt. Weitere Fabriken sind geplant, was in Zukunft weltweit zu Nahrungsengpässen führen kann.

b) Finnland ist ein relativ flaches Land. Seine höchste Erhebung ist der 1324 m hohe Haltiatunturi. Im Südosten liegt die Finnische Seenplatte, von der das Land den Beinamen „Land der tausend Seen" hat. Der Name ist keineswegs eine Übertreibung, denn es gibt hier 187.888 Seen mit einer Fläche über 500 m².

c) Japan ist auch unter dem Beinamen „Land der aufgehenden Sonne" bekannt. Dies ist die Übersetzung des Landesnamens „Nippon" oder „Nihon" („ni" für „Sonne", „Tag"; „hon" für „Ursprung", „Wurzel").

d) Das Hochland von Tibet wird auch das „Dach der Welt" genannt. Es ist mit einer durchschnittlichen Höhe von 4900 m die höchstgelegene Region der Welt und umfasst neben einem großen Teil des Himalaya das Hochplateau von Tibet.

Wie heißt die Südspitze Afrikas?

- ◯ a) Kap Hoorn
- ◯ b) Kap Verde
- ◯ c) Nadelkap
- ◯ d) Kap der Guten Hoffnung

a) Kap Hoorn ist zwar nicht der südlichste Punkt Südamerikas, dennoch gilt es als Trennlinie zwischen Atlantik und Pazifik. Vor dem Bau des Panamakanals musste es bei jeder Fahrt vom Atlantik in den Pazifik umrundet werden. Es ist auch heute noch berüchtigt wegen seiner Stürme, die hier durch das Aufeinandertreffen unterschiedlich warmer Meeresströmungen entstehen.

b) Das Kap Verde ist der westlichste Punkt des afrikanischen Festlandes. Es liegt auf einer Höhe von 14°50′ nördlicher Breite. Hier liegt auch die senegalesische Hauptstadt Dakar. 560–820 km vor der Küste liegen die Kap Verdischen Inseln (die Republik Kap Verde) mit der Hauptstadt Praia.

c) Das 140 m hohe Nadelkap ist die Spitze von Afrika. Es liegt auf 34°50′ südlicher Breite und 20°01′ östlicher Länge. Der 20. Längengrad gilt deshalb als Trennlinie zwischen Atlantik und Indischem Ozean. 1488 wurde das Kap erstmals von Bartolomeo Dias (1450–1500) umsegelt. Seinen Namen erhielt es wegen der zahlreichen spitzen Felsen, die es umgeben.

d) Gut 100 km westlicher, in der Nähe von Kapstadt, liegt das ursprüngliche „Kap der Stürme“, das bald nach der Hoffnung, endlich den Seeweg nach Indien gefunden zu haben, in „Kap der Guten Hoffnung“ umbenannt wurde.

Welche Stadt liegt nicht am Mississippi?

- ◯ a) New Orleans
- ◯ b) St. Louis
- ◯ c) Minneapolis
- ◯ d) Chicago

a) New Orleans liegt an der Mündung des Mississippi in den Golf von Mexiko. Die Stadt wurde 1719 von den Franzosen gegründet. Im August 2005 war sie von der schlimmsten Flutkatastrophe ihrer Geschichte betroffen, deren Folgen bis heute noch nicht vollständig behoben sind.

b) Das 1764 von den Franzosen gegründete St. Louis liegt im Bundesstaat Missouri unterhalb des Zusammenflusses von Missouri und Mississippi.

c) Minneapolis in Minnesota liegt am Oberlauf des Mississippi. Es befindet sich im ehemaligen Siedlungsgebiet der Dakota, auf die auch der Name zurückgeht: „Minne“ ist das indianische Wort für Wasser, „Polis“ ist das aus dem Griechischen übernommene allgemein gebräuchliche Wort für „Stadt“. Zusammen mit Saint Paul ist es das wirtschaftliche Zentrum des Bundesstaates.

Chicago

d) Chicago, die drittgrößte Stadt der USA, liegt am südlichen Ende des Michigansees. Früher mündete hier der Chicago River in den See, um 1900 wurde jedoch dessen Fließrichtung geändert, sodass er heute die Großen Seen mit dem 440 km langen Illinois und dadurch mit dem Mississippi verbindet.

Welches Land liegt an der Küste von Afrika?

- a) Niger
- b) Lesotho
- c) Sambia
- d) Somalia

a) Die Republik Niger liegt nördlich des Äquators in Westafrika. Zwei Drittel des Landes liegen in der Sahara. Es ist eines der am wenigsten entwickelten Länder der Welt. Es hat ca. 13 Mio. Einwohner, seine Hauptstadt ist Niamey.

b) Das Königreich Lesotho, das ehemalige Basutoland, ist eine Enklave von Südafrika, d. h. es ist vollständig von südafrikanischem Staatsgebiet eingeschlossen. Es liegt an der Westseite der Drakensberge auf einer durchschnittlichen Höhe von über 3000 m und hat 2,2 Mio. Einwohner. Seine Hauptstadt ist Maseru.

c) Sambia, das ehemalige Nordrhodesien, liegt auf dem zentralafrikanischen Plateau. Sein Name leitet sich vom Sambesi her, dem wichtigsten Fluss des Landes, an dem sich auch die Victoriafälle befinden. Sambia ist eines der Länder mit der höchsten HIV-Infektionsrate. Es hat 10 Mio. Einwohner, seine Hauptstadt ist Lusaka.

Küste von Somalia

d) Somalia hat mit 2720 km die längste Küstenlinie von allen afrikanischen Ländern. Im Norden grenzt es an den Golf von Aden, im Osten an den Indischen Ozean. Somalia hat knapp 9 Mio. Einwohner, seine Hauptstadt ist Mogadischu.

Welcher Wind wechselt mit den Jahreszeiten seine Richtung?

- a) Monsun
- b) Schirokko
- c) Passat
- d) Mistral

a) Der Monsun (arabisch, „[für die Seefahrt] geeignete Jahreszeit") ist eine halbjährlich ihre Richtung wechselnde Luftströmung, die besonders über Indien und dem Indischen Ozean ausgeprägt ist. Die Ursache für den Wechsel ist die mit den Jahreszeiten unterschiedliche Erwärmung der Kontinente (die Verlagerung der innertropischen Konvergenzzone). Im Sommer weht der Monsun von Südwesten in die Hitzetiefs über dem Kontinent hinein, im Winter von Nordosten aus dem kontinentalen Kältehoch heraus. Im Sommer transportiert der Monsun feuchtwarme Meeresluft mit sich. Es kommt so in dieser Zeit zu den heftigen Monsunregen.

b) Der Schirokko ist ein schwülwarmer, staubbeladener, oft stürmischer Wind im Mittelmeerraum, der von der Sahara her kommt. Vor allem in Italien und Dalmatien bringt er starke Regenfälle mit sich.

c) Passatwinde sind sehr richtungsbeständige, tropische Winde, die rings um die ganze Erde vom subtropischen Hochdruckgürtel auf die äquatoriale Tiefdruckrinne gerichtet sind. Auf der Nordhalbkugel weht der Passat aufgrund der Erdrotation als Nordostwind, auf der Südhalbkugel als Südostwind.

d) Der Mistral ist ein kalter und trockener, sturmartiger Nordwind im Süden Frankreichs, vor allem im unteren Rhonetal.

In welchem Weltreich „ging die Sonne niemals unter"?

- a) im Reich Alexanders des Großen
- b) im Römischen Reich unter Trajan
- c) im Frankenreich unter Karl dem Großen
- d) im Spanischen Reich unter Karl V.

a) Auf seinen Feldzügen gelangte der Makedonenkönig Alexander der Große (356–323 v. Chr.) nach der Eroberung Ägyptens und des Perserreichs bis nach Indien. Darunter verstand man damals jedoch auch das Gebiet des heutigen Afghanistan und Pakistan, wo er am Indus umkehrte. So zog sich sein Reich im Osten nach damaligem Empfinden „bis ans Ende der Welt".

b) Unter Trajan (53–117) hatte das Römische Reich seine größte Ausdehnung. Der gesamte Mittelmeerraum gehörte zu ihm, ebenso die Iberische Halbinsel, Frankreich, der Südteil Britanniens, Germanien bis zum Limes, der Balkan mit Rumänien, die Südküste des Schwarzen Meeres, Armenien und Mesopotamien.

c) Das Frankenreich Karls des Großen (748–814) reichte von den Pyrenäen bis zum heutigen Polen, Tschechien und Kroatien und südlich bis nach Rom.

d) Unter Kaiser Karl V. (1500–58), dem spanischen König Karl I., ging im Spanischen Weltreich die Sonne nicht mehr unter: Es reichte von Mexiko, Peru und Chile über das spanische Kernland bis zu den Philippinen. Er war König von Spanien, römisch-deutscher Kaiser und Erzherzog von Österreich.

Welcher Bundesstaat liegt nicht an der legendären Route 66?

- a) Kalifornien
- b) New York
- c) New Mexico
- d) Kansas

Route 66

a) Eine der legendärsten Straßen der Welt ist die Route 66, die 1926 eine der ersten durchgehenden Verbindungsstraßen Nordamerikas wurde. Sie führt über 3800 km von Chicago bis nach Kalifornien. 1985 wurde die oft als „America's Mainstreet" bezeichnete Straße von der Liste der Highways gestrichen, und nur der Begeisterung der vielen Nostalgiker ist es zu verdanken, dass sie mittlerweile als „Historic Route 66" zum nationalen Kulturgut zählt und die vielerorts heruntergekommene Straße wieder hergerichtet wurde.

b) New York liegt nicht auf der Route 66, dennoch ist es mit San Francisco durch eine Straße verbunden: Der Unternehmer Carl Graham Fisher (1874–1939) hatte 1913 den Bau des 3000 Meilen langen Lincoln Highway vom Times Square in New York zum Lincoln Park in San Francisco initiiert, der durch die Bundesstaaten New Jersey, Pennsylvania, Ohio, Indiana, Illinois, Nebraska, Colorado, Wyoming, Utah und Nevada führt.

c) Der mit knapp 800 km längste Abschnitt der Route 66 führt durch New Mexico.

d) In der Nähe von Joplin führt die Route 66 auch 21 km weit durch Kansas.

Welches ist die größte Stadt Europas?

- a) London
- b) Istanbul
- c) Moskau
- d) Paris

a) In London, der britischen Hauptstadt, leben etwa 7,1 Mio. Menschen, 2,7 Mio. davon allein in den 13 Bezirken des Inner London. Rechnet man die Ballungsgebiete im Umland hinzu, kommt man sogar auf 12,6 Mio. Das sind mehr als ein Fünftel der britischen Gesamtbevölkerung.

b) Istanbul, zumindest sein alter Stadtkern, gehört im Gegensatz zu 97 % der übrigen Türkei zu Europa. Es hat etwa 10 Mio. Einwohner. Rechnet man das gesamte Ballungsgebiet dazu, liegt es mit etwa 16 Mio. Menschen sogar europaweit an der Spitze.

c) Moskau ist die größte Stadt Europas. Die russische Hauptstadt hat ca. 11 Mio. Einwohner, in ihrem Ballungsraum sind es sogar knapp 14 Mio. Auch die viertgrößte Stadt Europas liegt in Russland: St. Petersburg mit 4,8 Mio. Einwohnern.

Moskau

d) In der französischen Hauptstadt Paris leben 2,1 Mio. Menschen. Das sind wesentlich weniger als in Berlin (3,4 Mio.) oder Rom (2,65 Mio.). Im gesamten Großraum Paris, der Metropolregion Île de France, sind es jedoch 10,8 Mio., das ist ein Sechstel der Bevölkerung Frankreichs. 1950 allerdings war Paris noch die viertgrößte Stadt der Welt.

Zu welchem Land gehören die Kanarischen Inseln?

- a) zu Spanien
- b) zu Portugal
- c) zu Italien
- d) zu Griechenland

a) Die Kanarischen Inseln gehören ebenso wie die Balearen (Mallorca, Menorca, Ibiza und Formentera) zu Spanien. Die Inselgruppe liegt im Atlantik vor der Westküste Marokkos. Sie besteht aus sieben Hauptinseln: Teneriffa oder Tenerife, mit 2034 km^2 die größte Insel, auf der sich auch Spaniens höchster Berg, der Pico del Teide mit 3718 m befindet, Gran Canaria mit der Hauptstadt Las Palmas, Lanzarote, die Insel der Vulkane, Fuerteventura mit seinen kilometerlangen Sandstränden, La Gomera mit seinen urwaldartigen Lorbeer- und Erikawäldern, das grüne La Palma, das wegen seiner malerischen Dörfer auch „La Bonita", „Die Hübsche", genannt wird, und El Hierro, die kleinste und ursprünglichste Insel der Kanaren.

b) Zu Portugal gehören die Azoren und das Archipel von Madeira im Atlantik. Die Inseln werden im Unterschied zum kontinentalen Portugal als sogenannte Autonome Regionen verwaltet.

c) Zu Italien gehören Sardinien und Sizilien, Elba, Capri und zahlreiche kleine Inselgruppen wie die Liparischen, Äolischen und Phlegräischen Inseln. Alle liegen im Mittelmeer.

d) Zu Griechenland gehören mehrere tausend Inseln, von denen 82 ganzjährig bewohnt sind, darunter Kreta, Korfu, Rhodos, Santorin und Mykonos.

Wer bewies, dass die Erde sich dreht?

- a) Nikolaus Kopernikus
- b) Jean Bernard Foucault
- c) Johannes Kepler
- d) Galileo Galilei

a) Nikolaus Kopernikus (1473–1543) begründete die Theorie von einer feststehenden Sonne als Mittelpunkt des Universums und ihrer Umkreisung durch die Erde und die übrigen Planeten. Ebenfalls behauptete er, dass sich die Erde um ihre eigene Achse dreht.

b) Jean Bernard Leon Foucault (1819–68) bewies 1851 in einer aufsehenerregenden Vorführung in Paris die Rotation der Erde. Mit einem 28 kg schweren Pendel, das an einem 68 m langen Draht an der Decke des Pantheons hing, erbrachte er den experimentellen Beweis für die Drehung der Erde: Innerhalb einer Stunde verlagerte sich die Richtung der Schwingung um 11°, wobei sich jedoch nicht die Schwingungsebene des Pendels, sondern der Boden unterhalb des Pendels verschob. Der Versuch wurde vielerorts nachgeahmt. Das Maß der Abweichung variiert dabei je nach dem Breitengrad, auf dem er durchgeführt wird.

c) Johannes Kepler (1571–1630) berechnete in seinen drei keplerschen Gesetzen die Umlaufbahnen der Planeten um die Sonne.

d) Galileo Galilei (1564–1642) entdeckte u. a. die Jupitermonde und die Saturnringe, erforschte Trägheit und Fallgesetze und wurde wegen seines Bekenntnisses zum heliozentrischen Weltbild als Ketzer verfolgt.

Welcher Begriff bezeichnet keine Meeresbucht?

- a) Fjord
- b) Ría
- c) Fjäll
- d) Bodden

a) Fjorde sind die schmalen, tief in die Felsen eingeschnittenen Buchten vorwiegend in Norwegen und Island, aber auch in Neuseeland. Sie entstanden durch die Überflutung eiszeitlicher Trogtäler.

b) Eine Ría ist eine schmale Bucht, die sich tief in das Festland hineinzieht, aber nicht durch Gletschertätigkeit entstanden ist. Vielmehr handelt es sich um vom Meer überflutete Flusstäler, sodass Rías auch eine eher geringe Tiefe haben. Sie kommen vorwiegend an der spanischen Atlantikküste, in der Bretagne und in Irland vor.

c) Fjäll (oder Fjell) bezeichnet die weiten, in der Eiszeit abgeschliffenen Hochflächen Skandinaviens jenseits der Baumgrenze.

Fjäll am Sognefjord

d) Bodden gibt es besonders an der Ostseeküste Mecklenburgs. Es sind seichte Buchten, die durch Landzungen vom offenen Meer abgetrennt und durch die Überflutung eiszeitlicher Grundmoränen entstanden sind. Der Salzgehalt der Bodden ist relativ niedrig, da einmündende Wasserläufe ständig Süßwasser nachliefern und der Austausch mit dem Meerwasser nur über die schmalen Flutrinnen erfolgt. Die Boddengewässer haben große Bedeutung als Lebensraum vieler Vogelarten und als Rastplatz für Zugvögel.

Welche Stadt liegt am südlichsten?

- a) Kapstadt
- b) Montevideo
- c) Jakarta
- d) Wellington

a) Kapstadt ist die südlichste Stadt Südafrikas und damit des ganzen afrikanischen Kontinents. Dennoch liegt es nur auf 33°55′ südlicher Breite, da sich Afrika nur zwischen 37°16′ nördlicher und 34°49′ südlicher Breite erstreckt.

b) Montevideo (34°52′ südlicher Breite), die Hauptstadt Uruguays, ist die südlichste Hauptstadt Amerikas. Nur wenig nördlicher liegen Buenos Aires (34°35′) und Santiago de Chile (33°27′).

c) Jakarta, die Hauptstadt des Inselstaates Indonesien, ist eine der südlichsten Städte Asiens. Nach Europa ist Asien jedoch der Kontinent, der sich am wenigsten nach Süden ausdehnt. Deshalb liegt Jakarta auf 6°10′ südlicher Breite.

Wellington

d) Wellington, die Hauptstadt Neuseelands, liegt auf 41°17′ südlicher Breite. Es ist damit die südlichste Hauptstadt der Welt. Jedoch ist es keineswegs die südlichste Stadt der Erde. Je nach Definition des Begriffes „Stadt“ kommen mehrere Orte für diesen Titel in Frage: die chilenische Stadt Punta Arenas (53°90′) an der Magellanstraße, mit 130.000 Einwohnern die südlichste Großstadt, oder auch das argentinische Ushuaia (54°48′) mit 64.000 Einwohnern.

Welche Städte liegen nicht auf dem gleichen geografischen Breitengrad?

- a) Shanghai, Mekka und Lima
- b) New York, Neapel und Taschkent
- c) Tokio, Teheran und Heraklion
- d) Quito, Libreville und Kampala

a) Die chinesische Hafenstadt Shanghai, die bedeutendste Industriestadt Chinas, ist die nördlichste der drei Städte (31°12′ nördlicher Breite). Zehn Grad südlicher liegt in Saudi-Arabien Mekka, die Geburtsstadt des Propheten Mohammed und heilige Stadt der Moslems (21°25′ nördlicher Breite). Unterhalb des Äquators, 33 Breitengrade entfernt, liegt Lima, die Hauptstadt Perus (12°20′ südlicher Breite).

b) Die US-amerikanische Metropole New York, das süditalienische Neapel und Taschkent, die „Steinerne Stadt“, die Hauptstadt Usbekistans, liegen alle auf dem 40. Grad nördlicher Breite.

c) Die auf der Insel Honshu gelegene japanische Hauptstadt Tokio, die im Iranischen Hochland südlich des Elbrus-Gebirges und des Kaspischen Meeres gelegene persische Hauptstadt Teheran und das auf der größten griechischen Insel Kreta gelegene Heraklion liegen alle auf dem 35. Grad nördlicher Breite.

d) Drei Hauptstädte liegen genau am Äquator: Quito, die Hauptstadt Ecuadors, Libreville, die Hauptstadt des westafrikanischen Gabun, und Kampala, die Hauptstadt Ugandas, das 1962 das ebenfalls am Äquator gelegene Entebbe in dieser Funktion ablöste.

Was bezeichnet man als heliozentrisches Weltbild?

- a) die Theorie, dass die Erde eine Kugel ist
- b) die Theorie von der Erde als Mittelpunkt des Weltalls
- c) die Theorie von der Sonne als Mittelpunkt des Weltalls
- d) die Theorie, dass mehrere Sonnensysteme existieren

a) Seit Parmenides (um 500 v. Chr.) galt es als sicher, dass die Erde eine Kugel ist.

b) Die Meinung, dass die Erde (griech.: Gäa) der Mittelpunkt der Welt sei und sich die Sonne und alle Planeten um die Erde drehen, setzte sich in der Antike vor allem aufgrund der Theorien von Aristoteles (384–322 v. Chr.) und Claudius Ptolemäus (ca. 100–175) durch. Dies wird als geozentrisches oder auch ptolemäisches Weltbild bezeichnet.

c) Beim heliozentrischen Weltbild ist die Sonne (griech.: Helios) der Mittelpunkt des Weltalls. Die Erde und die anderen Planeten kreisen um die Sonne. Ein grundlegendes Problem war lange die Frage, warum man die Bewegung der Erde nicht spürt bzw. warum die Bewegung eines fallenden Körpers senkrecht zur Erde und nicht schräg nach hinten geschieht. Bereits Aristarch von Samos (ca. 310–230 v. Chr.) vertrat die Meinung vom heliozentrischen Weltbild, doch erst Nikolaus Kopernikus (1473–1543) gelang es, diese Theorie durchzusetzen.

d) Seit dem 18. Jh. vermutet man, dass es neben unserem Sonnensystem noch weitere gibt.

Wo verläuft die Straße von Messina?

- a) zwischen Sizilien und Kalabrien
- b) zwischen Spanien und Afrika
- c) zwischen Russland und Alaska
- d) zwischen Feuerland und Antarktis

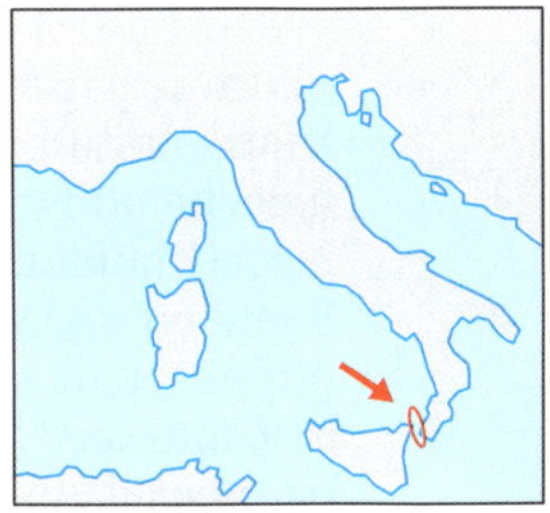
Straße von Messina

a) Zwischen Sizilien und Kalabrien, der Spitze des italienischen Stiefels, verläuft die Straße von Messina, eine 32 km lange und 3–8 km breite Meerenge, in der man in der Antike die Seeungeheuer Skylla und Charybdis vermutete, denen auch Odysseus auf seinen Irrfahrten begegnete. 2005 plante die italienische Regierung, eine Brücke über die Straße von Messina zu bauen, das Projekt wurde jedoch nach dem Regierungswechsel sofort gestoppt.

b) Zwischen Spanien und Marokko verläuft die Straße von Gibraltar. Sie ist 14–44 km breit, 60 km lang und verbindet den Atlantik mit dem Mittelmeer.

c) Die Beringstraße verläuft zwischen Alaska und dem nordöstlichsten Zipfel Russlands. Sie ist 85 km breit und hat eine durchschnittliche Wassertiefe von nur 30–50 m. Sie verbindet das Polarmeer mit dem Pazifik.

d) Zwischen Feuerland und Antarktis verläuft die Drakestraße. Sie ist knapp 1300 km breit und wurde nach dem englischen Seefahrer Sir Francis Drake (1540–96) benannt, der sie auf seiner Weltumsegelung 1578 befuhr.

Wo ist die Hauptstadt zugleich die größte Stadt des Landes?

- a) in der Türkei
- b) in Bolivien
- c) in Kanada
- d) in Polen

a) In der Türkei wurde 1923 Ankara von Kemal Atatürk (1881–1938), dem Begründer der modernen Türkei, zur Hauptstadt gemacht. Es liegt im Zentralanatolischen Bergland und hat 3,6 Mio. Einwohner. Die größte Stadt der Türkei ist jedoch mit 10 Mio. Einwohnern das am Bosporus gelegene Istanbul, das bereits als Konstantinopel und Byzanz die Landeshauptstadt gewesen war.

b) Die Hauptstadt Boliviens ist gemäß der Verfassung des Landes Sucre, das nach dem Revolutionsführer Antonio José de Sucre (1795–1830) benannt ist. Der Regierungssitz befindet sich in dem auf 4600 m Höhe gelegenen La Paz, der wichtigsten Stadt des Landes. Keine der beiden Städte ist aber die größte Stadt des Landes: La Paz hat 900.000 Einwohner, Sucre 250.000, Santa Cruz de la Sierra jedoch hat 1,12 Mio.

c) Die Hauptstadt Kanadas ist Ottawa in der Provinz Ontario. Mit 774.000 Einwohnern ist Ottawa lediglich die viertgrößte Stadt des Landes. Toronto ist mit 2,5 Mio. Einwohnern die größte Stadt des Landes, dahinter folgen Montreal und Calgary.

Warschau

d) Polens Hauptstadt Warschau ist mit 1,7 Mio. Einwohnern auch die größte polnische Stadt.

Was ist keine Form der Flussmündung?

- a) Delta
- b) Ästuar
- c) Mäander
- d) Liman

a) Das Delta ist die häufigste Form einer Flussmündung. Es entsteht durch die Ablagerung des mitgeführten Sedimentgesteins, das wegen der verminderten Fließkraft des Flusses im Bereich der Mündung liegen bleibt, wodurch die sich ständig verbreiternden Mündungsarme entstehen. Ein Delta haben u. a. Donau, Rhone, Nil, Ganges und Mississippi.

b) Ästuare sind schlauch- oder trichterförmig erweiterte Flussmündungen, die durch den Einfluss der Gezeiten gebildet werden. Beispiele sind Elbe, Weser, Themse, Sankt-Lorenz-Strom und Amazonas.

c) Ein Mäander ist ein Flusslauf mit halb- bis beinahe ganzkreisförmigen Windungen in Gegenden mit geringem Gefälle. Namensgeber war der Mäander (heute Menderes), ein 584 km langer Fluss in der westlichen Türkei, der wegen seiner vielen Windungen sprichwörtlich wurde und an dessen Mündung das antike Milet lag. Ein Beispiel für einen Fluss mit vielen Mäandern ist der Mississippi.

d) Ein Liman ist eine Flussmündung in Form eines Strandsees, der aus einer überschwemmten, „ertrunkenen" Mündung entstanden ist. Ursache dafür ist der Anstieg des Meeresspiegels nach einer Eiszeit. Limane kommen vor allem am Schwarzen und am Kaspischen Meer vor (Dnjepr, Bug u. a.).

Wer entwickelte die Theorie von der Kontinentalverschiebung?

- a) William Gilbert
- b) Andrija Mohorovičić
- c) Alfred Wegener
- d) James Bradley

a) Der englische Naturphilosoph William Gilbert (1544–1603), der Leibarzt Elisabeths I. (1533–1603), untersuchte als Erster den Magnetismus der Erde.

b) Der kroatische Geophysiker Andrija Mohorovičić (1857–1936) entdeckte 1910 bei der Analyse eines Erdbebens, dass manche P- und S-Wellen offensichtlich durch das Auftreffen auf eine Schicht mit anderer Dichte in etwa 54 km Tiefe gebeugt wurden. Diese Grenze zwischen Erdkruste und dem oberen Erdmantel wurde später Mohorovičić-Diskontinuität genannt.

c) Der Berliner Polarforscher und Geowissenschaftler Alfred Wegener (1880–1930) ist der Begründer der Theorie von der Kontinentalverschiebung. 1915 gab er die erste Fassung seines Hauptwerkes *Die Entstehung der Kontinente und Ozeane* heraus. Zeitlebens blieb seine Theorie umstritten, heute jedoch gilt sie als Grundlage der seit den 1970er-Jahren anerkannten Theorie der Plattentektonik.

d) Der britische Astronom James Bradley (1693–1762) veröffentlichte 1729 seine Theorie von der Abweichung der scheinbaren Position eines Sternes von seiner wirklichen Position, hervorgerufen durch die Aberration des Lichts. Er entdeckte außerdem 1747 die Schwankung (Nutation) der Erdachse.

Welches Gebirge liegt in Italien?

- a) die Ardennen
- b) der Appenin
- c) die Appalachen
- d) die Pennines

a) Die Ardennen sind ein waldreiches, nur dünn besiedeltes Mittelgebirge, das sich über 150 km von der Eifel über Luxemburg und die Südspitze Belgiens bis nach Nordfrankreich erstreckt. Sie haben eine mittlere Höhe von 550 m und sind von tiefen Flusstälern, u. a. von der Maas, durchschnitten.

b) Der Apennin ist ein 1500 km langer Gebirgszug, der in Ligurien südlich der Po-Ebene beginnt und sich über die gesamte italienische Halbinsel hinzieht. Er bildet die Hauptwasserscheide Italiens, zu ihm gehören sowohl die Abruzzen als auch die Sabiner Berge. Seine höchste Erhebung ist der Gran Sasso d´Italia mit 2914 m.

Apennin in Ligurien

c) Die Appalachen sind ein 2600 km langes, waldreiches Gebirge, das sich vom Sankt-Lorenz-Strom von Maine bis nach Georgia erstreckt. Seine höchste Erhebung ist der südlich gelegene Mount Mitchell mit 2037 m.

d) Die Pennines, die oft auch als „Rückgrat Englands“ bezeichnet werden, sind ein 400 km langes Mittelgebirge in Nordengland, das von Hochmooren geprägt ist. Seine höchste Erhebung ist der Cross Fell mit 893 m.

Welches Land hat die meisten Einwohner?

- a) Deutschland
- b) Vietnam
- c) Ägypten
- d) Kanada

Brandenburger Tor in Berlin

a) Deutschland hat 82,5 Mio. Einwohner und steht damit an dreizehnter Stelle in der Welt, obwohl es flächenmäßig erst an 61. Stelle rangiert. Seine Einwohnerdichte liegt bei 230 Menschen pro km². Mehr Einwohner als Deutschland haben China, Indien, die USA, Indonesien, Brasilien, Pakistan, Bangladesch, die Russische Föderation, Nigeria, Japan, Mexiko und die Philippinen. Der Ausländeranteil in Deutschland liegt bei 8,8 %.

b) Vietnam hat beinahe ebenso viele Einwohner wie Deutschland. Laut Auswärtigem Amt waren es im Januar 2007 81,4 Mio. Da das Bevölkerungswachstum hier jedoch höher ist als in Deutschland, wird diese Rangfolge nicht mehr lange bestehen bleiben.

c) Ägypten hat 70 Mio. Einwohner, die vor allem in der fruchtbaren Nilebene und an der Küste des Roten Meeres angesiedelt sind. In diesen Gebieten weist das Land mit 1120 Einwohnern pro km² eine der höchsten Einwohnerdichten der Welt auf.

d) Obwohl Kanada von der Fläche her das zweitgrößte Land der Welt ist, hat es nur etwa 32,04 Mio. Einwohner und liegt damit bei der Einwohnerzahl nur auf dem 33. Rang in der Welt.

Von wann stammt die älteste erhaltene Weltkarte?

- a) 3800 v. Chr.
- b) 6. Jh. v. Chr.
- c) 3. Jh. v. Chr.
- d) 1. Jh.

a) Um 3800 v. Chr. begann man in Mesopotamien, auf Tontafeln eine erste systematische Sammlung geografischer Karten zu erstellen. Bereits in der Steinzeit (ca. 40.000–10.000 v. Chr.) versuchte man, markante geografische Gegebenheiten auf Stein oder Knochen zeichnerisch festzuhalten. Ca. 2000 v. Chr. begann man in Ägypten und China, kleinere Gebiete genau zu vermessen.

b) Die älteste erhaltene Weltkarte stammt aus dem 6. Jh. v. Chr. Es handelt sich dabei um eine Tontafel mit einer schematischen, kreisförmigen Darstellung des babylonischen Weltbildes. Ungefähr zur gleichen Zeit entwarf auch Anaximander von Milet (611–546 v. Chr.) seine erste Weltkarte.

c) Im 3. Jh. v. Chr. gelang es Eratosthenes von Kyrene (284–202 v. Chr.), den Erdumfang so genau zu berechnen, dass sein Ergebnis (252.000 Stadien, 1 Stadion = 160 m) von dem heute bekannten kaum abweicht. Er entwarf außerdem ein Gradnetz mit Längen- und Breitengraden.

d) Im 1. Jh. v. Chr. schrieb der griechische Historiker und Geograf Strabo (ca. 63 v. Chr.–23 n. Chr.) mit seiner *Geographica* das umfassendste länderkundliche Werk der Antike, das sich großteils auf eigene Reisen stützt. Sein Werk liefert zahlreiche historisch wertvolle Erkenntnisse.

Welches Land hat kein Hoheitsgebiet in der Antarktis?

- a) Norwegen
- b) Frankreich
- c) Australien
- d) USA

a) Norwegen ist das einzige Land, das sowohl in der Arktis als auch in der Antarktis (Bouvetinsel und Peter-I.-Insel) Hoheitsgebiete hat.

b) Frankreich beansprucht einen schmalen Streifen um den 140. östlichen Längengrad.

c) Australien erhebt Hoheitsansprüche auf das größte Gebiet der Antarktis, zwischen dem 40. und dem 160. Grad östlicher Länge (mit Ausnahme des französischen Gebietes).

d) Die USA erheben ebenso wie Russland auf die Antarktis keine Besitzansprüche, sie erkennen aber auch die Ansprüche der anderen Länder nicht an. Weitere Ansprüche dagegen erheben Großbritannien, Chile, Argentinien und Neuseeland. Mit dem Antarktisvertrag von 1959 wurde die friedliche Nutzung der Antarktis auch durch andere Länder geregelt, sodass es dort u. a. auch Forschungsstationen von China, Japan, Südafrika und Russland gibt. Der Vertrag verbietet jegliche militärische Nutzung und den Abbau der Bodenschätze und fordert die Wahrung des ökologischen Gleichgewichtes. Zu den zwölf Erstunterzeichnern gehören die Staaten mit Gebietsansprüchen. Inzwischen haben 33 weitere Staaten, darunter auch Deutschland, den Vertrag unterschrieben.

Welches ist die größte Stadt der Welt?

- a) Mumbai
- b) New York
- c) Tokio
- d) Chonqing

a) Verzichtet man bei der Bestimmung der größten Stadt der Welt auf die Vororte, so ist Mumbai (früher Bombay) mit knapp 12,7 Mio. Einwohnern die größte Stadt der Welt.

Strand von Mumbai

b) 1950 war New York mit 7,9 Mio. Einwohnern noch die mit Abstand größte Stadt. Bis heute ist die Bevölkerung der Stadt selbst kaum gewachsen (8,1 Mio.), die Metropolregion aber hat etwa 22 Mio. Einwohner.

c) Die größte Metropolregion der Welt ist die japanische Hauptstadt Tokio. Verwaltungstechnisch gesehen gibt es seit 1943 keine „Stadt Tokio" mehr, nur 23 Stadtbezirke mit einer gemeinsamen Präfekturverwaltung und 12,64 Mio. Einwohnern. Zum Hauptstadtbereich (japanisch „Shutoken") Tokio mit insgesamt 34,5 Mio. Einwohnern gehören jedoch alle Vororte sowie Yokohama und Kawasaki.

d) Administrativ gesehen ist das südwestchinesische Chonqing die größte Stadt. 1997 wurde es regierungsunmittelbare Stadt, zu dem eigentlichen Stadtgebiet mit 6 Mio. Einwohnern werden seitdem noch die umgebenden Landkreise gerechnet. Das Stadtgebiet ist nun so groß, dass trotz 30 Mio. Einwohnern die Bevölkerungsdichte bei nur 375 Menschen pro km² liegt.

Wo liegt die größte Höhle der Welt?

- a) in Österreich
- b) in den USA
- c) in Spanien
- d) in Georgien

Welches Land liegt nicht am Äquator?

- a) Kenia
- b) Ecuador
- c) Sri Lanka
- d) Indonesien

a) Die größte Eishöhle der Welt ist die Eisriesenwelt in Werfen in Österreich.

b) Der Westen von Kentucky in den USA ist bekannt als ein Land mit 1000 Höhlen. Und so liegt auch die längste Höhle der Welt, das Mammoth Cave System, in Kentucky. 560 km des Höhlensystems sind mittlerweile erforscht. Vor 350 Mio. Jahren war die Region ein seichtes Meer. Als der Wasserspiegel sank, bildete sich an der Oberfläche eine Sandsteinschicht und darunter Kalkstein, der durch unterirdische Flüsse ausgehöhlt wurde. Auch heute noch fließt hier ein Fluss in einer Tiefe von 150 m.

Steinzeitmalereien in der Höhle von Altamira

c) In Spanien liegt in der Nähe von Santander die 1868 entdeckte Höhle von Altamira, die für ihre steinzeitlichen Höhlenmalereien aus der Zeit von 18.000–13.000 v. Chr. berühmt ist. Dargestellt sind vor allem Bisons, Pferde und Hirsche. Eine weitere Höhle mit Steinzeitmalereien liegt in Lascaux in Frankreich.

d) Die tiefste Höhle der Welt ist die Voronya-Höhle in Georgien im westlichen Kaukasus, die Ende 2005 bis in eine Tiefe von 2164 m erforscht wurde. Sie ist eine Kalksteinhöhle mit unterirdischen Wasserfällen, Seen und Sümpfen.

a) Kenia liegt an der Ostküste Afrikas und erstreckt sich von 34° bis 42° östlicher Länge sowie von 5° nördlicher bis 5° südlicher Breite (582.646 km^2). Seit 1963 ist das Land unabhängig, die Hauptstadt ist Nairobi. 70 % seiner 34,3 Mio. Einwohner sind Christen.

b) Der südamerikanische Andenstaat Ecuador liegt, wie schon sein Name sagt, am Äquator. Er hat eine Fläche von 256.370 km^2, seine Hauptstadt ist Quito. 35 % seiner 13,2 Mio. Einwohner sind Indios, 45 % Mestizen und nur jeweils 10 % Weiße und Afro-Ecuadorianer.

c) Die Demokratische Sozialistische Republik Sri Lanka liegt 7° nördlich des Äquators direkt südöstlich vor der Südspitze Indiens. Der Inselstaat hat eine Fläche von 65.610 km^2, seine Hauptstadt ist Colombo, Regierungssitz jedoch Sri Jayewardenepura-Kotte am Rand von Colombo. Knapp 75 % der 20 Mio. Einwohner sind Singhalesen, 18 % Tamilen. 1948 erhielt das Land seine Unabhängigkeit.

d) Die südostasiatische Republik Indonesien ist das größte Archipel der Welt. Die Inseln liegen auf einer Länge von bis zu 5100 km nördlich und südlich des Äquators. Etwa 220 Mio. Einwohner leben auf einer Landfläche von 1,9 Mio. km^2, allein im Großraum Jabotabek um die Hauptstadt Jakarta sind es 23 Mio.

Welches ist der längste Fluss der Erde?

- a) Nil
- b) Amazonas
- c) Mississippi
- d) Jenissei

a) Der längste Fluss der Erde ist der Nil. Er ist 6671 km lang und hat ein Einzugsgebiet von 2,8 Mio. km^2. Als sein Hauptquellfluss gilt der 850 km lange Kagera, der im Grenzgebiet von Tansania und Ruanda aus dem Zusammenfluss von Ruvubu und Nyabarongo entsteht und der wichtigste Zufluss des Victoriasees ist. Der Nil durchfließt Uganda, den Sudan und Ägypten, bevor er nördlich von Kairo ins Mittelmeer mündet.

b) Der Amazonas ist mit einem Einzugsbereich von 6,14 Mio. km^2 und einer Wassermenge von 100.000–120.000 m^3/s an seiner Mündung der mit Abstand wasserreichste Fluss der Erde. 10.000 Flüsse münden in ihn. Offiziell ist er etwa 6450 km lang; rechnet man auch die kleinsten Quellen mit, sind es 6788 km.

c) Der Mississippi ist mit 3778 km der längste Fluss Nordamerikas. Er entspringt westlich der Großen Seen in Minnesota und fließt Richtung Süden, bis er bei New Orleans in den Golf von Mexiko mündet. In St. Louis mündet der Missouri in den Mississippi, mit dem zusammen er mit 6021 km der drittlängste Fluss der Erde ist.

d) Mit seinen Quellflüssen ist der sibirische Jenissei 4092 km lang. Man nennt ihn auch den sibirischen Meridian, da er in der Mitte des Landes beinahe parallel zum 90. Längengrad verläuft. Er mündet in die Karasee im Polarmeer.

Wo liegt der größte Staudamm der Welt?

- a) in Tadschikistan
- b) in China
- c) in Syrien
- d) in Argentinien

a) Am Wachsch in Tadschikistan befinden sich die zwei höchsten Talsperren der Welt, die noch im Bau befindliche Rogun-Talsperre mit 335 m und die 1980 erbaute Nurek-Talsperre mit 300 m. Beides sind Steinschüttdämme, da die Gegend sehr erdbebengefährdet ist.

Drei-Schluchten-Staudamm

b) In China wurde nach 13 Jahren Bauzeit im Mai 2006 früher als geplant der umstrittene Drei-Schluchten-Staudamm am Jangtse vollendet. 2,3 km lang und 184 m hoch ist das Bauwerk, das 27 Mio. m^3 Beton, 280.000 Tonnen Metall und 20 Mrd. Dollar verschlang und dem 1 Mio. Menschen weichen mussten. Bis 2008 soll auch das Kraftwerk fertiggestellt sein, das mit einer Jahresleistung von 84,7 Mrd. Kilowattstunden das größte der Welt werden soll.

c) In Syrien am Nahr al-Asi, dem antiken Orontes, liegt der älteste noch erhaltene Staudamm der Welt, er wurde 1300 v. Chr. erbaut.

d) Am Paraná in Argentinien befinden sich die beiden längsten Staudämme der Welt, der 224 km lange Chapeton und der 174,9 km lange Pati mit einer Höhe von 35 bzw. 36 m.

Was ist kein Berg oder Gebirge?

- a) Olymp
- b) Pamir
- c) Schott el-Djerid
- d) Popocatepetl

a) Der Olymp ist das höchste Gebirge Griechenlands. Der Sage nach lag auf seinem Gipfel die Wohnung der Götter. Er liegt an der griechischen Ostküste im Grenzgebiet der Landschaften Thessalien und Makedonien und ist 2917 m hoch.

b) Das Pamirgebirge, die „Kalte Steppenweide", ist eine 120.000 km² große Hochgebirgsformation in Zentralasien. Es liegt am Knotenpunkt mehrerer großer Gebirgszüge, u. a. von Karakorum, Hindukusch und Kunlun Shan. Sein höchster Gipfel ist der Pik Ismael Samani mit 7495 m. Es gehört großteils zu Tadschikistan, außerdem zu China, Afghanistan und Kirgisistan, in seinen Randtälern leben Nomadenvölker.

c) Der in Tunesien gelegene Schott el-Djerid ist mit einer Ausdehnung von 110 auf 70 km der größte Salzsee der Sahara. Zusammen mit dem Schott el-Rharsa und dem Schott el-Fedjadj bildet er die Grenze zwischen der Zentraltunesischen Steppe und den südlichen Wüstengebieten.

Popocatepetl

d) Der Popocatepetl, der „Rauchende Berg", ist ein 5452 m hoher Vulkan am Rande des mexikanischen Hochlandes. Seit 1993 ist er wieder zunehmend aktiv, seine letzte Eruption fand 2004 statt.

Welcher See wurde 2006 zum „Bedrohten See des Jahres" ernannt?

- a) der Pantanal
- b) der Victoriasee
- c) der Aralsee
- d) das Tote Meer

a) Der Pantanal, das mit 140.000 km² weltgrößte Binnenfeuchtgebiet im Grenzgebiet von Brasilien, Bolivien und Paraguay, wurde 2007 zum „Bedrohten See des Jahres" gewählt. Monokulturen, intensive Viehwirtschaft und die Abwassereinleitung bei der Ethanolgewinnung sind die Hauptfaktoren, die bereits ein Fünftel des Pantanal zerstört haben. Seit 1998 setzt sich der Global Nature Fund (GNF) für den Schutz der Seen ein.

b) Auch der Victoriasee, der größte See Afrikas, ist akut gefährdet. Starke Überfischung ließen 50 % der Fischarten verschwinden, was sich wiederum auf das Pflanzenwachstum des Sees und seinen Sauerstoffgehalt auswirkte. Dazu kommen die ungeklärten Abwässer aus Industrie und Privathaushalten.

c) Der Aralsee, mit knapp 70.000 km² noch 1960 doppelt so groß wie Baden-Württemberg, ist der von Umweltsünden am stärksten betroffene See der Welt. Bis heute hat er 75 % seiner Fläche verloren, mit 30 Gramm pro Liter ist sein Salzgehalt mittlerweile fast so hoch wie im Meer.

d) Der Wasserpegel des Toten Meeres sinkt durch die ständig wachsende Wasserentnahme aus dem Jordan jährlich um 1 m, sodass der Fortbestand seiner einzigartigen Feuchtgebiete akut gefährdet ist.

An welcher Straße liegt Samarkand?

- a) Gewürzstraße
- b) Weihrauchstraße
- c) Seidenstraße
- d) Salzstraße

a) Die Gewürzstraße war ursprünglich eine Handelsroute durch die Arabische Halbinsel und Kleinasien, später bezeichnete man den Seeweg über Indien zu den Molukken als Gewürzroute.

b) Im 10. Jh. v. Chr. entstand die 3400 km lange Weihrauchstraße, die von Dhofar im Oman über Sanaa nach Petra und von dort nach Gaza im Norden und nach Damaskus im Osten führte und für die die Kamelkarawanen 100 Tagesmärsche benötigten. Noch heute wird in Dhofar Weihrauch gewonnen. Weihrauch, das getrocknete Harz des Weihrauchbaumes (Boswellia sacra), war eines der begehrtesten Handelsgüter der Antike.

c) Als zentraler Umschlagplatz an der Großen Seidenstraße und den wichtigsten Karawanenstraßen zwischen China, Persien, Arabien und Indien lag Samarkand im heutigen Usbekistan am Schnittpunkt der Weltkulturen. Seine Blütezeit hatte es im 14. Jh. unter Timur Lenk (1336–1405), der die bedeutendsten Künstler hierher verschleppte, die seine Residenzstadt zur schönsten Stadt der Welt machen sollten.

d) In Europa sind viele alte Salzstraßen bekannt. Bedeutende Salzstraßen in Deutschland waren die Alte Salzstraße von Lüneburg nach Lübeck und die Bayerische Salzstraße von Bad Reichenhall nach Böhmen.

Welche Stadt liegt am nördlichsten?

- a) Paris
- b) München
- c) Ulan Bator
- d) Montreal

a) Paris liegt auf 48°51′ nördlicher Breite. Dennoch hat es aufgrund seiner relativen Küstennähe und einer Höhenlage von durchschnittlich 65 m über dem Meer ein mildes Klima mit einer Durchschnittstemperatur von 10,9° C.

Paris

b) München, die bayerische Hauptstadt liegt auf 48°20′ nördlicher Breite. Die Wetterlage ist geprägt von einer Mischung aus feuchtem Atlantikklima und trockenem Kontinentalklima. Das Jahresmittel beträgt 7,6° C.

c) Ulan Bator, der „Rote Held“, ist die Hauptstadt der Mongolei. Es liegt auf 47°55′ nördlicher Breite. Seine Durchschnittstemperatur liegt aufgrund der durch seine Lage im Inneren Asiens und auf einer Höhe von 1350 m über dem Meer sehr langen und kalten Winter bei –2° C, weshalb es als kälteste Hauptstadt der Welt gilt.

d) Montreal (45°50′ nördlicher Breite) liegt wie Ottawa (45°19′) und Toronto (43°38′) im Osten Kanadas nahe der US-amerikanischen Grenze. Die drei Städte liegen südlicher als Deutschland, dennoch ist das Klima hier wegen der gegen Norden ungeschützten Lage geprägt von langen, kalten Wintern und relativ kurzen, wenn auch sonnigen Sommern.

Was ist kein Komet?

- ◯ a) Halley
- ◯ b) Shoemaker-Levy 9
- ◯ c) Hubble
- ◯ d) Hale-Bopp

a) Der Halleysche Komet ist einer der bekanntesten Kometen, da er alle 76 Jahre wiederkehrt. Zuletzt war er 1986 zu sehen. Kometen bzw. Schweif- oder Haarsterne sind Himmelskörper mit geringer Masse, die meist aus einer losen Anhäufung von Meteoriten, kosmischem Staub, Gas und Eispartikeln bestehen. Häufig umwandern sie die Sonne auf einer langgezogenen elliptischen Bahn oder sie kommen auf einer Parabelbahn aus dem interstellaren Raum, in den sie wieder zurückkehren. Nicht alle Kometen haben den charakteristischen Schweif. Er entsteht nur in Sonnennähe durch die Wechselwirkung von Sonnenwind und Strahlungsdruck der Sonne mit der Materie, die vom Kern des Kometen entweicht, und befindet sich immer auf der von der Sonne abgewandten Seite.

b) Shoemaker-Levy 9 heißt auch D/1993 F2, da Kometen u. a. nach dem Jahr und dem Halbmonat (A–X) ihrer Entdeckung und ihrem Entdecker benannt werden.

Hubble

c) Hubble ist der Name des 1990 gestarteten größten Weltraumteleskops.

d) Riesenkometen wie Hale-Bopp (C/1995 01) tauchen etwa zweimal in 100 Jahren auf. 18 Monate lang konnte er 1996/97 mit bloßem Auge von der Erde aus gesehen werden.

Wie viele Erdbeben gibt es pro Jahr?

- ◯ a) 45.000
- ◯ b) 60
- ◯ c) 250.000
- ◯ d) 500.000

a) Jeden Tag gibt es auf der Welt ca. 45.000 Gewitter, das bedeutet eine durchschnittliche Anzahl von 2000 Gewittern zur selben Zeit bzw. von 16.325.000 im Jahr. Dabei schlagen rund 100 Blitze pro Sekunde in die Erde ein. Die gewitterreichste Stadt der Welt ist Bogor in Indonesien mit 322 Gewittern pro Jahr.

b) Von allen Stürmen über den tropischen Meeren erreichen jedes Jahr etwa 60 eine Windgeschwindigkeit von mehr als 120 km. Diese werden dann als Tropische Stürme (Hurrikan, Zyklon etc.) bezeichnet. Ihnen ist gemeinsam, dass sie für ihre Entstehung eine Wassertemperatur von mindestens 27° Celsius und absolute Windstille benötigen.

c) Jedes Jahr gibt es etwa 250.000 Lawinenabgänge auf der Welt. Lawinen sind große Mengen Schnee oder auch Schlamm, die von einem Berg ins Tal stürzen.

d) Jedes Jahr kommt es auf der Welt zu etwa 500.000 Erdbeben. Die meisten von ihnen jedoch sind so schwach, dass sie nur von Seismografen wahrgenommen werden. Dennoch wird jede messbare Erschütterung der Erdoberfläche als Erdbeben bezeichnet. Starke Beben mit einer Magnitude von über 6,0 ereignen sich immerhin alle drei Tage, doch bleiben auch sie unbemerkt, wenn sie in schwach besiedeltem Gebiet oder am Meeresgrund stattfinden.

Welches Land liegt nicht am Mittelmeer?

- a) Montenegro
- b) Syrien
- c) Bulgarien
- d) Marokko

a) Montenegro erklärte am 3. Juni 2006 seine Unabhängigkeit von Serbien, am 14. Juni erhielt es die offizielle Anerkennung seiner Souveränität durch die Staaten der Europäischen Union. Die Republik Montenegro (Crna Gora) hat eine Fläche von 13.812 km^2, sie hat 620.000 Einwohner, die Hauptstadt ist Podgorica. Serbien hat nun keinen Zugang mehr zum Mittelmeer.

b) Die arabische Republik Syrien grenzt südlich an die Türkei an. Zusammen mit dem Libanon und Israel bildet Syrien die Ostküste des Mittelmeeres.

c) Bulgarien liegt im Norden von Griechenland und der Türkei und gehört damit nicht zu den Anrainerstaaten des Mittelmeeres. Seine Nordgrenze bildet die Donau, im Osten grenzt es an das Schwarze Meer. Dort ist Warna die größte Hafenstadt des Landes und wichtiger Verkehrsknotenpunkt.

d) Marokko liegt ganz im Nordwesten Afrikas und damit sowohl am Mittelmeer als auch am Atlantischen Ozean. Zusammen mit Spanien schließt es das Mittelmeer gegen den Atlantik ab, zwischen den beiden verläuft die Straße von Gibraltar. In der Antike wurden die Felsen von Gibraltar als die „Säulen des Herakles“ bezeichnet. Hier vermutete man das Ende der Welt, und auf den Säulen sollte das Himmelsgewölbe ruhen.

Wie tief ist die tiefste Stelle des Meeres?

- a) 12.262 m
- b) 5382 m
- c) 11.034 m
- d) 10.205 m

a) Die bisher tiefste Bohrung wurde 1970–94 auf der russischen Halbinsel Kola durchgeführt. Es war möglich, bis in eine Tiefe von 12.262 m vorzudringen und von dort Gesteinsproben zu entnehmen.

b) Die größte Schlucht der Welt ist der Yarlung Zangbo Canyon in Tibet. Er ist etwa 500 km lang, bis zu 21 km breit und an seiner tiefsten Stelle 5382 m tief.

c) Die tiefste Stelle des Meeres ist das Witjastief mit einer Tiefe von 11.034 m unter dem Meeresspiegel. Es ist Teil des Marianengrabens, der tiefsten Tiefseerinne der Welt, die ebenso wie die fünf nächsttieferen im Pazifischen Ozean liegt. 1960 gelang es erstmals den Schweizern Auguste und Jacques Piccard (1884–1962 bzw. geb. 1922), mit dem von ihnen konstruierten Bathyskaphen „Trieste“, einem frei beweglichen Tauchgerät, den Meeresboden im Marianengraben in einer Tiefe von 10.916 m zu erreichen.

d) Die höchste Erhebung vom Meeresboden aus ist der hawaiianische Vulkan Mauna Kea, der bis auf eine Höhe von 4214 m über den Meeresspiegel emporragt. Nach diesem Messkriterium ist er mit 10.205 m der höchste Berg der Welt.

Welchen Bodenschatz gibt es kaum in Deutschland?

- a) Eisenerz
- b) Kaolin
- c) Salz
- d) Kohle

Eisenerz

a) Die Importabhängigkeit Deutschlands zur Deckung des Eisenerzbedarfs der Hüttenwerke liegt bei etwa 90 %, sodass auch die Wiederverwertung von Alteisen inzwischen eine wichtige Rolle spielt.

b) Kaolin wird seit 250 Jahren in Deutschlands kleinstem Bergwerk im sächsischen Seilitz abgebaut. Kaolin ist der Grundstoff für Porzellan, für dessen Herstellung die Manufaktur in Meißen weltberühmt ist.

c) In Deutschland gibt es sowohl Kali- als auch Steinsalz. Eines der größten und modernsten Kalibergwerke liegt in Hessen, in dem jährlich 21 Mio. Tonnen Rohsalz gefördert werden. Eines der ältesten Salzbergwerke liegt in Bad Reichenhall.

d) Der wichtigste Bodenschatz Deutschlands ist die Kohle, die ein Grundpfeiler der hiesigen Stromerzeugung ist. Es gibt hier Braunkohle und Steinkohle, die Brennenergie von Steinkohle ist jedoch wesentlich höher, da sie einen höheren Anteil an Kohlenstoff hat. Im Ruhrgebiet befindet sich das größte Steinkohlevorkommen Europas, doch der Abbau geht seit den 1960er-Jahren zurück, da Importe aus dem Ausland billiger sind. Braunkohle gibt es bei Aachen, Salzgitter, Halle, Leipzig und Cottbus.

Welches Phänomen ist elektrischer Natur?

- a) weiße Nächte
- b) Regenbogen
- c) Elmsfeuer
- d) Irrlichter

a) Weiße Nächte sind die Nächte, in denen die Sonne höchstens für kurze Zeit untergeht. Sie sind im Sommer jenseits des 60. Grades nördlicher Breite und im Winter jenseits des 60. Grades südlicher Breite zu beobachten. Berühmt sind die weißen Nächte von St. Petersburg.

b) Ein Regenbogen entsteht, wenn sich die Sonnenstrahlen in den Regentropfen brechen und die Sonnenhöhe gleichzeitig weniger als 42° beträgt. Sein Farbspektrum entsteht durch die Zerlegung des weißen Sonnenlichtes in seine verschiedenen Wellenbereiche.

c) Das Elmsfeuer ist eine seltene Lichterscheinung, die bei Gewitter vor allem auf Schiffen zu beobachten ist. Bei besonders hoher elektrischer Spannungsdifferenz zwischen der Luft und der Erde (bzw. dem Schiffskörper) tritt an hohen, spitzen Gegenständen, wie z. B. den Masten ein Ladungsausgleich in Form von bläulich schimmernden, büschelförmigen Koronen auf. Seinen Namen (italienisch „Elmo“) hat es von Erasmus von Antiochia (um 240–303), einem der 14 Nothelfer, der von den Seeleuten zu Hilfe gerufen wurde.

d) Irrlichter entstehen, wenn aus einem Sumpf oder Moor Faulgase (v. a. Methangas) aufsteigen und sich entzünden. Für wenige Sekunden ist dann eine bläuliche kleine Flamme zu sehen.

Welcher Ausdruck bezeichnet eine Inselgruppe?

- a) Moräne
- b) Archipel
- c) Isobaren
- d) Äquinoktium

a) Unter einer Moräne versteht man das gesamte von Gletschern mitgeführte bzw. nach dem Abschmelzen abgelagerte Material, das meist aus Gesteinsschutt in allen Größen besteht.

b) Ursprünglich bezeichnete der Archipelagos die ägäische Inselwelt zwischen Griechenland und Kleinasien. Heute wird der Begriff „Archipel" für alle größeren Inselgruppen (u. a. Kanadisch-Arktischer Archipel, Malaiischer Archipel, Louisiade-Archipel) verwendet, bezeichnet aber auch allgemein ein inselreiches Meeresgebiet.

c) Die Isobaren gehören zu den Isolinien, die in der Meteorologie z. B. auf Wetterkarten Gebiete mit den gleichen Werten miteinander verbinden. Isobaren verbinden die Orte, an denen der gleiche Luftdruck herrscht. Weitere Isolinien sind z. B. die Isanemonen (gleiche mittlere Windgeschwindigkeit), Isohelien (gleiche Sonnenscheindauer), Isohyeten (gleiche Niederschlagshöhe)

d) Das Äquinoktium bezeichnet die Tag- und Nachtgleiche, die jedes Jahr um den 21. März und den 23. September stattfindet. Die Sonne steht dann genau über dem Äquator, Ekliptik und Himmelsäquator schneiden sich. Aufgrund der atmosphärischen Lichtbrechung sind Tag und Nacht allerdings nicht exakt gleich lang.

Welche Wolken treten am weitesten oben auf?

- a) Cirruswolken
- b) Schäfchenwolken
- c) Stratuswolken
- d) Kumuluswolken

Cirruswolken

a) Cirruswolken sind hohe, ganz aus Eisteilchen bestehende Wolkenfetzen und treten in mittleren Breiten in 5–13 km Höhe auf. Wolken sind sichtbare Ansammlungen von kondensiertem Wasserdampf, die je nach Höhe und Form ihres Auftretens in der Stratosphäre von den Meteorologen in vier Wolkenfamilien unterteilt werden.

b) Schäfchenwolken ist keine wissenschaftliche Bezeichnung für eine Wolkenart, sondern der landläufige Name von besonders flockig erscheinenden Cirrocumulus- und Stratocumuluswolken. Sie treten oft einige Stunden vor einer Gewitterfront auf.

c) Aus Stratuswolken besteht die einheitlich graue, unterste Wolkenschicht, die oft den ganzen Himmel bedeckt und auch Hochnebel genannt wird.

d) Kumuluswolken sind dichte, scharf abgegrenzte Wolkenhaufen. Ihre Untergrenze verläuft dabei fast horizontal, darüber wachsen sie bei schlechtem Wetter quellend in die Höhe, während sie bei schönem Wetter relativ niedrig bleiben. Kumulonimbus sind mächtig aufgetürmte Haufenwolken, in denen Schauer und Gewitter entstehen.

Welches ist kein tropischer Wirbelsturm?

- ○ a) Willy-Willy
- ○ b) Blizzard
- ○ c) Zyklon
- ○ d) Hurrikan

a) Willy-Willy heißen die Wirbelstürme in Australien, in Mexiko Cordonazo und in Südostasien Taifun. Tropische Stürme entstehen über dem Meer bei einer Wassertemperatur von mindestens 27° C und absoluter Windstille. Ihre Energie beziehen sie aus dem Wasserdampf, der von der Wasseroberfläche aufsteigt. Die Luftmassen steigen rotierend nach oben, gewaltige Druckunterschiede zwischen dem Rand des Wirbels und seinem „Auge" verursachen die hohe Geschwindigkeit von teilweise mehr als 200 km/h. Im Auge des Sturms, seiner Achse, ist es dagegen vollkommen windstill. Über dem Festland verlieren sie meist bald ihre Kraft, da ihnen dort ihr Treibstoff, das Wasser, ausgeht.

Times Square in New York während eines Blizzards

b) Blizzards sind die nordamerikanischen schweren Schneestürme, die meist durch arktische Kaltlufteinbrüche entstehen und das Land oft bis weit in den Süden mit Eis und Schnee überziehen.

c) Zyklone treten im Indischen Ozean, vor allem im Golf von Bengalen auf. Nirgends sonst sind die Verluste an Menschenleben so hoch wie hier.

d) Von August bis Oktober ist in der Karibik Hurrikan-Saison. Die Verwüstungen, die sie gerade im Süden der USA alljährlich anrichten, sind enorm.

Was ist kein vulkanisches Gestein?

- ○ a) Basalt
- ○ b) Bimsstein
- ○ c) Obsidian
- ○ d) Feuerstein

a) Basalt ist ein grauschwarzes, basisches und kieselsäurearmes Ergussgestein, das aus unterirdischen oder unterseeischen Lavaströmen entsteht. Aus ihm bestehen die mittelozeanischen Rücken, in Deutschland ist er u. a. in der Vorderrhön und am Vogelsberg zu finden.

b) Bimsstein ist ein meist hellgraues oder grünliches blasenreiches Gestein, das leichter als Wasser ist. Er entsteht aus zähflüssiger und gasreicher Lava, die durch das Freiwerden der Gase explosionsartig herausgeschleudert wurde. Durch die plötzliche Druckentlastung entstehen die porenartigen Hohlräume, die eine Größe von mehreren Zentimetern erreichen können. Größere Vorkommen an Bimsstein gibt es bei Lipari und im Neuwieder Becken bei Andernach.

c) Obsidian ist ein vulkanisches Gesteinsglas mit einem maximalen Wasseranteil von 3–4 %, bei dem es durch eine besonders schnelle Abkühlung und Erstarrung nicht mehr zur Ausbildung von Kristallen gekommen ist.

d) Feuerstein oder Flint ist ein hartes Kieselgestein organischer Herkunft und besteht vorwiegend aus kristallinem Chalzedon. Er ist leicht zu spalten und einer der ältesten zur Herstellung von Geräten verwendete Rohstoffe. Er findet sich in Ablagerungen aus Jura und Kreidezeit in ganz Europa.

Was ist der Hauptbestandteil der Luft?

- a) Edelgase
- b) Sauerstoff
- c) Stickstoff
- d) Staub

a) Die Luft ist ein Gemisch aus mehr als 1600 verschiedenen Gasen, die allerdings großteils nur in winzigsten Spuren auftreten. Die wichtigsten in ihr enthaltenen Edelgase sind Argon, Neon, Helium, Krypton und Xenon. Zusammen bilden sie jedoch nur einen Anteil von 0,9 %.

b) Sauerstoff hat nur einen Anteil von 21 % an der Luft, obwohl ohne ihn das Leben auf der Erde, von einigen winzigen Organismen abgesehen, die bei Sauerstoffmangel auf die Gärung als eine Art „Notatmung“ umstellen, nicht möglich wäre. Die meisten Pflanzen benötigen außerdem Kohlendioxid (0,03 %) zum Atmen, das sie mittels der Fotosynthese wieder in Sauerstoff zurückverwandeln.

c) Der größte Teil der Luft, insgesamt etwa 78 %, besteht aus Stickstoff. Im Gegensatz zum Sauerstoff kann Stickstoff weder von den Tieren noch von den meisten Pflanzen direkt aus der Luft entnommen werden, obwohl er zu den wichtigsten Grundlagen für das Wachstum gehört. Er kann nur in chemisch gebundener Form, in den Ammoniaksalzen, von ihnen verwendet werden.

d) In einem einzigen Kubikmeter trockener Luft sind 150.000 Staubpartikel enthalten. Es kann sich um Gesteinskörnchen, Pilzsporen oder Pollen, aber auch um anorganische Fasern (Asbest) handeln.

Wie wird Dresden noch genannt?

- a) Elbflorenz
- b) Goldene Stadt
- c) Tor zur Welt
- d) Ewige Stadt

Dresden

a) Seit dem 19. Jh. trägt die sächsische Hauptstadt Dresden den Beinamen „Elbflorenz“ oder „Florenz des Nordens“. Der Name geht zurück auf den Dichter und Philosophen Johann Gottfried Herder (1744–1803), der die Stadt 1802 als „Deutsches Florenz“ bezeichnete. Die zahlreichen Kunstsammlungen waren dafür ebenso ausschlaggebend wie das in das Elbtal malerisch eingebettete Stadtensemble.

b) Als „Goldene Stadt“ wurde Prag bereits von Kaiser Karl IV. (1316–78) bezeichnet, der sie zur Hauptstadt des Heiligen Römischen Reiches machte. Die an der Moldau gelegene Hauptstadt Tschechiens begeistert bis heute durch ihre von Gotik und Barock geprägte Altstadt mit der Karlsbrücke, dem Burgberg und dem Veitsdom.

c) Hamburg mit seinen Hafenanlagen ist Deutschlands „Tor zur Welt“.

d) Rom heißt zu Recht auch die „Ewige Stadt“: Über Jahrhunderte war es als Hauptstadt des Römischen Weltreiches der Mittelpunkt der antiken Welt, die bedeutendsten Künstler aus Renaissance und Barock waren hier versammelt, und als Sitz des Papstes ist es auch heute noch die Hauptstadt des Christentums.

Welches ist die älteste Stadt der Welt, die immer bewohnt war?

- a) Damaskus
- b) Jericho
- c) Rom
- d) Athen

Omajaden-Moschee in Damaskus

a) Damaskus, seit 1946 die Hauptstadt des unabhängigen Staates Syrien, gilt als älteste Stadt der Welt, die bis heute durchgehend bewohnt war. Seine Gründung geht auf vorsemitische Zeit (3. Jt. v. Chr.) zurück, in ägyptischen Schriften aus dem 15. Jh. v. Chr. wird Damaskus bereits als Hauptstadt eines eigenständigen Stadtstaates erwähnt. Später gehörte es u. a. zum Königreich Davids und wurde von Alexander dem Großen und den Römern erobert. Die Altstadt von Damaskus mit der Omajaden-Moschee und der Paulus-Kappelle zählt heute zum Welterbe der UNESCO.

b) Jericho gilt in weiten Kreisen als älteste Stadt der Welt. Bereits vor 10.000 Jahren entstand an der Quelle Ain-es-Sultan die erste Siedlung, die bereits um 7000 v. Chr. von einer 1,75 m hohen Steinmauer umgeben war. Die Stadt wurde jedoch mehrfach völlig zerstört und wieder aufgebaut und blieb nach der Zerstörung um 5000 v. Chr. 2000 Jahre unbewohnt.

c) Rom wurde der Sage nach im Jahr 753 v. Chr. von Romulus und Remus gegründet.

d) Die Akropolis, der Burgberg Athens mit seinen weltberühmten Tempelanlagen, wurde im 15. Jh. v. Chr. erbaut.

Was gehört nicht zu den großen Windgürteln der Erde?

- a) Rossbreiten
- b) Sahelzone
- c) Kalmen
- d) Passatgürtel

a) Die Rossbreiten sind windschwache Zonen über den Meeren in den subtropischen Hochdruckgürteln zwischen dem 25. und 35. Grad nördlicher und südlicher Breite. Ihren Namen verdanken sie der Tatsache, dass auf den Segelschiffen mitgeführte Pferde während der wochenlangen Windstille oftmals getötet wurden, um Trinkwasser zu sparen und gleichzeitig Frischfleisch zu bekommen.

b) Die Sahel (arabisch, „Ufer") ist eine Landschaft am Südrand der Sahara, die sich von Mauretanien bis nach Äthiopien und vom Atlantik bis zum Roten Meer erstreckt. Sie ist eines der am stärksten von Desertifikation (Wüstenbildung) und damit von Dürrekatastrophen und Hungersnöten betroffenen Gebiete Afrikas.

c) Der Kalmengürtel (franz. calme = Flaute), eine Tiefdruckrinne, bezeichnet die windstillen bzw. windschwachen Zonen um den Äquator; er bildet die Trennlinie zwischen den beiden Passatgürteln.

d) Passate sind sehr gleichmäßige, bodennahe Winde, die auf beiden Erdhalbkugeln vom subtropischen Hochdruckgürtel zur äquatorialen Tiefdruckrinne als Südost- bzw. Nordostpassat wehen. Die Passatgürtel werden durch die Rossbreiten gegen die großen Westwindgürtel abgegrenzt, die die beiden Pole umgeben.

Welche Umweltorganisation ist staatlicher Natur?

- a) Greenpeace
- b) UNEP
- c) WWF
- d) BUND

Wo liegt der Platz des Himmlischen Friedens?

- a) in Venedig
- b) in Moskau
- c) in Peking
- d) in Marrakesch

a) Greenpeace ist eine 1971 in Vancouver gegründete internationale und politisch unabhängige Umweltschutzorganisation, die besonders durch ihre Proteste gegen Kernwaffentests und Walfang bekannt wurde. Ein Merkmal ihrer Proteste sind die spektakulären, aber stets gewaltfreien Aktionen, mit denen ihre Mitglieder auf Missstände aufmerksam machen.

b) Die UNEP (United Nations Environment Programme) ist seit 1972 das Umweltprogramm der Vereinten Nationen, das oft auch als „Umweltgewissen der Vereinten Nationen" bezeichnet wird. Es ist ein Unterorgan der Generalversammlung und finanziert sich aus einem Fonds von freiwilligen Gaben der Mitgliedsländer. 2005 waren dies 60 Mio. US-Dollar, von denen Deutschland als zweitgrößtes Geberland etwa 6,42 Mio. Dollar jährlich aufbringt.

c) In über 100 Ländern engagiert sich der 1961 in der Schweiz gegründete World Wide Fund For Nature (WWF). Mit großen, auf Dauer angelegten Projekten versucht man hier, die biologische Vielfalt und die Ressourcen der Erde zu erhalten.

d) Der 1975 gegründete BUND (Bund für Umwelt und Naturschutz Deutschland e.V.) mit etwa 400.000 Mitgliedern ist vom Staat als Träger öffentlicher Belange anerkannt und muss bei Eingriffen in die Natur angehört werden.

a) Das Zentrum Venedigs ist seit fast einem Jahrtausend der Markusplatz mit der Markuskirche, dem Dogenpalast und dem Campanile. Für seine Einwohner ist er einfach nur „La Piazza" – Der Platz.

b) Der berühmteste Platz Moskaus ist der Rote Platz mit dem Kreml, der Basiliuskathedrale und dem Lenin-Mausoleum.

Platz des Himmlischen Friedens, Eingang zur Verbotenen Stadt

c) Der Platz des Himmlischen Friedens in Peking, mit 50 Hektar Fläche der größte Platz der Welt, liegt heute im Zentrum der chinesischen Hauptstadt. Während der Monarchie (bis 1911) war er nicht öffentlich zugänglich, danach wurde er wesentlich vergrößert und diente als Aufmarschplatz für die Massen. Im Juni 1989 fand nach wochenlangen friedlichen Demonstrationen von bis zu 1 Mio. Studenten auf dem Platz ein Massaker von Regierungstruppen mit 3000–5000 Toten statt.

d) Im Herzen von Marrakesch, das als schönste Stadt Marokkos gilt, liegt die Djemma el Fna, der „Platz der Gehenkten". Heute dient er als Marktplatz, als Arena für Gaukler und Artisten, und abends, wenn die Touristen wieder fort sind, wird er zu einem riesigen Freiluftrestaurant für die Einheimischen.

Welchen Bodenschatz gibt es nicht in der Antarktis?

- a) Uran
- b) Erdöl
- c) Eisen
- d) Salz

a) Ein Uranvorkommen gibt es auf der Aliser-Larsen-Halbinsel und eines auf der Antarktischen Halbinsel. Einer der Hauptgründe für die Hoheitsansprüche einiger Länder in der kalten und unwirtlichen Antarktis ebenso wie für das Zustandekommen des Antarktisvertrages ist das Vorkommen von Bodenschätzen. Wegen der außerordentlichen Auswirkungen, die der Abbau von Rohstoffen verbunden mit dem Bau von Bergwerken, Industrieanlagen und Häfen auf das empfindliche Ökosystem der Antarktis und damit auf das Weltklima hätte, ist jedoch jeglicher Abbau von Bodenschätzen untersagt.

b) Mehrere Vorkommen von Erdöl mit einem geschätzten Volumen von 45 Mrd. Barrel und Erdgas mit einem Volumen von 115 Billionen m^3 wurden am Rande des Rossmeeres und im Weddelmeer entdeckt. Außerdem gibt es hier mehrere Kohlelagerstätten.

c) Die Antarktis ist relativ reich an Metallen, besonders an Eisen, dessen Fundorte über den ganzen Kontinent verteilt sind. Außerdem gibt es hier u. a. Titan, Chrom, Kupfer und die Edelmetalle Gold und Platin.

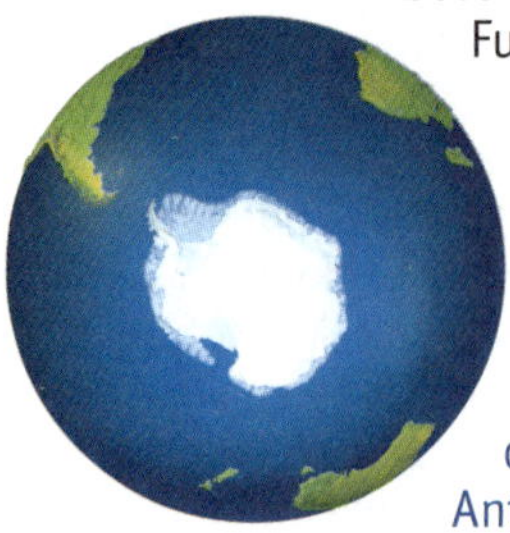

Antarktis

d) Bisher wurden in der Antarktis keine Salzlagerstätten entdeckt.

Wie viele Länder gibt es in Afrika?

- a) 14
- b) 35
- c) 53
- d) 46

a) Unter dem Namen Ozeanien ist die Inselwelt um Australien zusammengefasst. Dort gibt es 14 unabhängige Staaten, darunter auch Osttimor (Timor-Leste), das 2002 als erstes Land im 21. Jh. unabhängig wurde.

b) In Amerika gibt es 35 unabhängige Länder, die in vier Gebiete unterteilt werden können: Nordamerika (drei Länder), Mittelamerika (7), Südamerika (12) und die Inselstaaten der Karibik (13).

c) Heute gibt es in Afrika insgesamt 53 Länder. Der größte Staat ist der Sudan, mit über 2,5 Mio. km^2 zugleich das zehntgrößte Land der Welt, der kleinste Festlandstaat ist Gambia an der afrikanischen Westküste mit 11.295 km^2, dessen Staatsgebiet entlang des gleichnamigen Flusses an Land ringsum von Senegal umgeben ist. Auch die ältesten Spuren menschlichen Lebens stammen aus Afrika. In Ägypten gab es bereits um 3000 v. Chr. eine der ersten Hochkulturen der Welt. Das phönizische Karthago im heutigen Tunesien war lange das mächtigste Reich im Mittelmeerraum.

d) Europa hat 46 politisch unabhängige Staaten. Zuletzt dazugekommen ist Montenegro mit der Hauptstadt Podgorica, das am 3. Juni 2006 seine Unabhängigkeit von Serbien erlangte und damit der jüngste Staat der Welt ist. Mit einer Fläche von nur 13.812 km^2 ist es eines der kleinsten Länder der Welt.

Wie viel Prozent der Erde sind von Trockenflächen bedeckt?

- a) 38 %
- b) 14 %
- c) 40 %
- d) 8 %

a) 38 % der gesamten Landfläche haben humides Klima, d. h. ihre Verdunstung ist niedriger als ihre jährlichen Regenfälle. Dies ist vor allem in den tropischen Regenwäldern mit ihren jahreszeitlich unterschiedlichen Regenfällen der Fall. Die inneren Tropen sind vollhumid (immerfeucht), die äußeren Tropen semihumid (wechselfeucht, mit nur 6–9 Monaten potenziell niedrigerer Verdunstung).

b) 14 % der Erde sind Kältegebiete. Diese umfassen ebenso die Polargebiete wie auch die Permafrostgebiete in Sibirien und Kanada.

c) 40 % der Landfläche werden als Trockenflächen klassifiziert. Man unterscheidet hier zwischen trocken sub-humiden (10 % oder 1,3 Mrd. Hektar), semi-ariden (18 % oder 2,3 Mrd. Hektar) und ariden (12 % oder 1,6 Mrd. Hektar) Gebieten. Arides Klima bedeutet, dass die jährliche Niederschlagsmenge kleiner als die potenzielle Verdunstung und die Luftfeuchtigkeit relativ niedrig ist. In semi-aridem Klima gilt dies nur für 6–9 Monate. Hierzu gehören auch die warmgemäßigten, winter- oder sommertrockenen Klimate mit großen jahreszeitlichen Temperaturunterschieden.

d) 8 % des Landes haben hyper-arides Klima. Diese Gebiete liegen vor allem an den Wendekreisen mit hohen Temperaturen und ganzjährig hoher Verdunstung.

Wo liegt Amerikas berüchtigte „Dust Bowl"?

- a) in Oklahoma
- b) in Florida
- c) in Maine
- d) in Illinois

Landschaft im Mittleren Westen der USA

a) „Dust Bowl", „Staubschüssel", ist der Beiname eines Gebietes im Mittleren Westen der USA, das immer wieder von schweren Dürreperioden betroffen ist. Das Gebiet reicht von Dakota über die Great Plains, die Großen Ebenen, bis hinunter nach Texas. Besonders schwer betroffen sind Oklahoma und Kansas. Die verheerendste Dürre erlebte die „Dust Bowl" 1932–40, als 800 Mio. Tonnen Erde durch die anhaltenden heißen Winde davongetragen wurden. 350.000 Menschen verließen damals ihre Heimat und verelendeten auf der Suche nach Arbeit und einem neuen Zuhause.

b) Florida (spanisch, „die Blühende") liegt im Südosten der USA auf einer Halbinsel zwischen dem Atlantischen Ozean und dem Golf von Mexiko. Hier herrscht ein subtropisches Klima, und es gibt im Sommer eine Regenzeit. Von Juni bis November wird Florida häufig von Hurrikans heimgesucht.

c) Maine im Nordosten der USA ist mit 90 % der waldreichste Teil des Landes und wird deshalb auch „Kiefernstaat" genannt.

d) Illinois ist eine der fruchtbarsten Regionen der USA, die zusammen mit Iowa, Indiana und Ohio den „Corn Belt", den „Maisgürtel" bildet.

Wer umsegelte als Erster Afrika?

- a) Bartolomeo Diaz
- b) Vasco da Gama
- c) Heinrich der Seefahrer
- d) Pedro Cabral

a) 1487 umsegelte Bartolomeo Diaz (1450–1500) als Erster das Kap der Guten Hoffnung, dem er jedoch den Namen „Cabo Tormentoso", „Kap der Stürme", gab.

Vasco da Gama

b) Vasco da Gama (1469–1524) umsegelte als Erster den afrikanischen Kontinent und entdeckte den Seeweg nach Indien. 1497 brach er mit vier Schiffen von Lissabon auf und erreichte am 20. Mai 1498 die indische Küste nahe Calicut. Den Großteil der Fahrt über hielt er einen relativ großen Abstand zur Küste, um so bessere Windverhältnisse zu haben.

c) Heinrich der Seefahrer (1394–1460), der Sohn des portugiesischen Königs Johann I. (1357–1433), machte zwar selbst keine Entdeckungsreisen, aber er förderte u. a. ab 1415 die Erforschung der afrikanischen Westküste und die Suche nach einem Seeweg nach Indien.

d) Auch Pedro Cabral (1467–1526) suchte 1500/01 einen Weg um Afrika nach Indien. Da er jedoch einen wesentlich westlicheren Kurs eingeschlagen hatte, geriet er nach einem Sturm am 22. April 1500 an die Küste Brasiliens und nahm das Land für Portugal in Besitz. Danach segelte er um das Kap der Guten Hoffnung weiter nach Indien.

Was ist kein Begriff der Kartografie?

- a) Aerofotogrammetrie
- b) Planisphären
- c) Keraunischer Pegel
- d) Azimutalabbildungen

a) Die Aerofotogrammetrie oder Luftbildmessung ist ein Bereich der Fotogrammetrie, bei der die Erdoberfläche von Luft- oder Raumfahrzeugen (Satelliten) aus mit speziellen Messkameras aufgenommen wird. Diese Fotos oder Messbilder werden als Luftbilder bezeichnet und dienen zur Herstellung oder Weiterführung topografischer Karten.

b) Planisphären sind zusammenhängende Abbildungen der gesamten Erdoberfläche mit elliptischem Umriss und den Polen als Begrenzungslinien. Für Atlaskarten wird eine Mischung aus Flächen- und Winkeltreue gewählt, durch die eine größtmögliche Formentreue bei der Abbildung der Kontinente und Meere gewährleistet ist. Unter Planisphären versteht man aber auch (drehbare) Sternkarten, wie sie bereits in der Antike benutzt wurden.

c) Der Keraunische Pegel gibt die Zahl der Gewittertage an, die es durchschnittlich in einem Jahr an einem bestimmten Ort oder einem Gebiet gibt. Seine Werte reichen von unter 1 (in der Arktis und Antarktis) bis zu 180 in Äquatornähe. In Deutschland liegt die Zahl der Gewittertage bei 15–30 im Norden und bei 20–35 im Süden.

d) Azimutalabbildungen sind Darstellungen der Erdoberfläche auf einer Ebene. Sie sind vor allem für die Abbildungen kreisförmiger Gebiete (z. B. Polargebiete) geeignet.

Welches Land ist kein Wüstenstaat?

- a) Turkmenistan
- b) Libyen
- c) Kalmykien
- d) Indien

a) Turkmenistan liegt zwischen dem Kaspischen Meer und Usbekistan. Etwa 90 % des Landes werden von der 400.000 km^2 großen Karakum-Wüste (usbekisch „Schwarzer Sand") bedeckt. Der 1445 km lange Karakumkanal, der ab 1950 von der Sowjetunion zur Bewässerung des Landes gebaut wurde, ist eines der aufwendigsten Bewässerungsprojekte der Welt und einer der Hauptgründe für die Zerstörung des Aralsees, da er für 40 % von dessen Wasserverlust verantwortlich ist.

b) Die 1.760.000 km^2 Libyens sind bis auf einen schmalen Küstenstreifen am Mittelmeer zu beinahe 90 % von Sand-, Kies- und Geröllwüsten bedeckt.

c) Kalmykien ist eine knapp 75.000 km^2 große russische Teilrepublik am Nordwestufer des Kaspischen Meeres am Wolgadelta. Seit den 1960er-Jahren ist das Gebiet aufgrund schlechter Bewässerungspolitik so stark von Desertifikation betroffen, dass man von der ersten, anthropogen verursachten Wüste Europas spricht.

d) Indien ist ein großteils wasserreiches Land, das während der sintflutartigen Regenfälle des Monsuns ebenso von Überschwemmungen betroffen ist wie in den trockenen Wintermonaten von Dürre. Cherrapunji in Ostindien ist mit weit über 10.000 mm Niederschlag im Jahr das regenreichste Gebiet der Welt.

Wie viel Prozent des Wassers auf der Erde ist Grundwasser?

- a) 94 %
- b) 4,3 %
- c) 1,65 %
- d) 0,01 %

a) Obwohl beinahe drei Viertel der Erdoberfläche von Wasser bedeckt sind und die weltweit vorhandene Wassermenge 1.386.000.000 Mrd. m^3 beträgt, entspricht dies nur 0,1 % des gesamten Erdvolumens bzw. 0,02 % der Erdmasse. Rund 94 % davon ist Meerwasser und somit salzhaltig.

b) Das Wasser ist in einem ständigen Kreislauf begriffen. Durch Verdunstung, besonders von der Meeresoberfläche, steigt Wasserdampf empor, bildet Wolken und kehrt als Niederschlag auf die Erde zurück. Ein Drittel des Wassers, das auf das Festland fällt, fließt über die Flüsse wieder ins Meer oder verdunstet sofort wieder. Zwei Drittel der Niederschläge jedoch versickern und bleiben für lange Zeit als Grundwasser im Boden. 4,34 % des Wassers, also mehr als zwei Drittel des Süßwassers, ist Grundwasser. Vom Grundwasser werden Quellen und Flüsse gespeist, sodass der Wasserkreislauf auch in trockenen Zeiten erhalten bleibt.

c) 1,65 % des Wassers ist in Form von Eis gebunden, 25,71 Mio. km^3 allein im Eisschild der Antarktis.

d) Nur 0,01 % des Wassers befindet sich in Seen oder Flüssen.

Welches Eis bildet sich in fließenden Gewässern?

- a) Schelfeis
- b) Packeis
- c) Grundeis
- d) Treibeis

a) Schelfeis ist vom Land ins Meer wachsendes Eis, das über dem Schelf, dem vom Meer überspülten Festlandsockel, im Meer schwimmt. In der Antarktis sind 1,54 Mio. km² von 200–1000 m dickem Schelfeis bedeckt.

b) Packeis ist zu Schollen zerlegtes Meereis, das sich übereinanderschiebt und wieder große Flächen bildet.

Fluss im Winter

c) Im Gegensatz zu stehenden Gewässern bildet sich in Fließgewässern das Eis zunächst auf dem Grund (und am Rand) des Wassers, wo es am ruhigsten fließt. Da seine Masse leichter ist als die des Wassers, steigt es bei zunehmendem Volumen plötzlich auf und bildet Treibeis. Grundeis verringert nicht nur die Tiefe eines Flusses, was in der Schifffahrt zu Problemen führen kann, es lässt auch wegen seines größeren Volumens das Wasser über die Ufer steigen. Bei besonders niedrigen Temperaturen kann es an seichten Stellen zu einem Zusammenstoß von Grundeis und Oberflächeneis kommen, was zu einem Rückstau des nachfließenden Wassers und zu Überschwemmungen führt. Insgesamt ist Grundeis eher selten.

d) Unter Treibeis oder Drifteis versteht man das in Schollen auf Meeren, Seen oder Flüssen treibende Eis.

Woraus entsteht Marmor?

- a) Gips
- b) Kalkstein
- c) Sandstein
- d) Granit

a) Gips ist wasserhaltiger, schwefelsaurer Kalk, der außer in der hierzulande bekanntesten Form, die für Stuckarbeiten oder Verbände bei Knochenbrüchen verwendet wird, auch in anderen Formen, u. a. als Wüstenrose und Alabaster, vorkommt.

b) Wenn Kalkstein in der Erdkruste erhitzt wird, wird Marmor gebildet. Dabei lösen sich die eingeschlossenen Muschelschalen auf und es entsteht ein mittel- bis grobkörniges Gestein, das aus bis zu 99 % Calcit besteht. Das typische „marmorierte“ Aussehen entsteht durch die verschiedenfarbigen Materialien, die während des Umwandlungsprozesses aufgenommen werden. Die berühmtesten (weißen, also ablagerungsfreien) Marmorsorten, die von Bildhauern wie Praxiteles (4. Jh. v. Chr.) oder Michelangelo (1475–1564) verwendet wurden, sind der Parische Marmor von der griechischen Insel Paros und der Marmor aus dem italienischen Carrara.

c) Sandstein ist ein Sedimentgestein, das sowohl im Meer als auch in der Wüste durch das Zusammenkleben von Sandkörnern entsteht. Seine Färbung hängt von der Art des Bindemittels (Eisenoxid, Quarz u. a.) ab.

d) Granit entsteht ebenso wie Basalt aus erstarrendem Magma. Er besteht großteils aus Feldspat, Quarz und Glimmer und bildet sich in einer Tiefe von bis zu 20 km. Als Tiefengestein ist Granit relativ grobkörnig.

Was ist der wasserreichste Fluss Afrikas?

- a) Sambesi
- b) Nil
- c) Niger
- d) Kongo

Welches ist das früheste Erdzeitalter?

- a) Neozoikum
- b) Paläozoikum
- c) Mesozoikum
- d) Präkambrium

a) Der 2700 km lange Sambesi ist einer der wichtigsten Flüsse Südostafrikas. Er entspringt an der Lundaschwelle in Sambia und durchfließt Angola und Mosambik, bevor er südwestlich von Quelimane in den Indischen Ozean mündet. Im Grenzgebiet zu Simbabwe bildet er die 110 m hohen, weltberühmten Victoriafälle und die Teufelsschlucht.

b) Der Nil ist mit 6671 km der längste Fluss Afrikas. Er entspringt in den Bergen von Ruanda und mündet ins Mittelmeer.

c) Der Niger ist mit einer Länge von 4184 km der drittlängste Fluss Afrikas. Er entspringt in der Oberguineaschwelle nur etwa 300 km von der westafrikanischen Küste entfernt, fließt jedoch zunächst in nordöstlicher Richtung ins Landesinnere, bevor er sich östlich von Timbuktu nach Südosten wendet, wo er in Nigeria in den Golf von Guinea mündet.

d) Der Kongo (oder Zaire), Afrikas zweitlängster und zugleich wasserreichster Fluss, ist 4374 km lang, bis zu 16 km breit und hat ein Einzugsgebiet von 3,7 Mio. km^2. Er entsteht durch den Zusammenfluss von Lualaba und Luapula, durchfließt das Kongobecken, Afrikas gewaltigste Beckenlandschaft, und mündet an der Grenze zwischen der Demokratischen Republik Kongo und Angola in den Atlantischen Ozean. Mehr als 4000 Inseln liegen in ihm.

a) Das Neo- oder Känozoikum ist die Erdneuzeit, die bis heute andauert, und umfasst Tertiär und Quartär.

b) Das Paläozoikum oder Erdaltertum dauerte von vor 590–250 Mio. Jahren und umfasst die Abschnitte Kambrium, Odorvizium, Silur, Devon, Karbon und Perm. Die ersten Fossilienfunde stammen aus dem Kambrium, Hauptvertreter des frühen Lebens im Meer waren Trilobiten und Knochenfische. Das erste pflanzliche und tierische Leben auf dem Land begann, und am Ende des Perm gab es das schlimmste Massenaussterben aller Zeiten.

c) Das Mesozoikum (vor 250–66 Mio. Jahren), das Erdmittelalter mit den Abschnitten Trias, Jura und Kreide, war die Blütezeit der Dinosaurier.

Dinosaurier aus dem Mesozoikum

d) Das früheste Erdzeitalter ist das Präkambrium, die Erdfrühzeit. Es wird unterteilt in das Archaikum (vor 4,6–2,5 Mrd. Jahren), als sich die Urkontinente und die Urmeere bildeten, und das Proterozoikum (vor 2,5 Mrd.–590 Mio. Jahren) mit den ersten gebirgsbildenden und vulkanischen Aktivitäten. Durch die Bewegung der Kontinentalplatten und die Überlagerung mit jüngeren Gesteinslagen lässt sich diese frühe Phase nur sehr schwer erforschen.

Welche Brücke ist von Menschen erbaut?

- a) Thule-Landbrücke
- b) Adamsbrücke
- c) Bosporusbrücke
- d) Prebisch-Tor

a) Die Thule-Landbrücke verband beinahe während des gesamten Käno- (oder Neo-) zoikums die Britischen Inseln mit den Färöern, Island, Grönland und dem Ellesmere Island. Sie entstand aus den basaltischen Erzeugnissen eines Hotspots.

b) Die Adamsbrücke ist eine 86 km lange Kette von Inseln und Sandbänken zwischen Indien und Sri Lanka. Die Hauptinseln sind Rameswaram und Mannar. Einer der Haupterwerbszweige ist die Perlenfischerei. Der Name leitet sich von dem 2243 m hohen Berg Adam's Peak auf Sri Lanka her, auf dem der Fußabdruck Adams (bzw. Buddhas oder Shivas) zu sehen sein soll.

Die Bosporusbrücke

c) Die 1973 eröffnete Bosporusbrücke verbindet den europäischen mit dem asiatischen Teil Istanbuls.

d) Das Prebisch-Tor in der Böhmischen Schweiz ist die größte natürliche Felsbrücke Europas und gehört zu den bedeutendsten Naturdenkmälern des Elbsandsteingebirges. Es hat eine Spannweite von 26,5 m, eine Höhe von 16 m und eine Breite von 8 m. Die Deckplatte des Bogens hat eine Stärke von 3 m, darf aber wegen der starken Erosion des Sandsteins seit 1982 nicht mehr betreten werden.

Was ist der kleinste Staat der Welt?

- a) der Vatikanstaat
- b) Tuvalu
- c) Monaco
- d) San Marino

a) Der Vatikanstaat ist mit 0,44 km^2 der kleinste Flächenstaat der Erde und hat ca. 820 Einwohner (Stand Juli 2007). Er liegt inmitten von Rom auf dem vatikanischen Hügel auf der rechten Tiberseite. Der Petersdom, der Lateran und die Vatikanischen Museen mit der Sixtinischen Kappelle gehören zu den bedeutendsten Kunstdenkmälern der Stadt. Der Staat wurde mit den Lateranverträgen vom 11. Februar 1929 gegründet und dient dazu, die Souveränität des Heiligen Stuhls in der Welt sichtbar zu machen.

b) Seit 1978 ist Tuvalu, mit 26 km^2 Land einer der kleinsten Staaten der Welt, unabhängig. Auf neun Atollen leben hier im zentralen Südpazifik 11.800 Menschen, die Hauptstadt mit 4500 Einwohnern ist Vaiaku auf Funafuti. Das Parlament von Tuvalu hat 15 Sitze, Staatsoberhaupt ist Elisabeth II. von England.

c) Das Fürstentum Monaco ist das Land mit der höchsten Einwohnerdichte. Rund 34.000 Menschen leben hier auf einer Fläche von nur 1,97 km^2. Trotz dieses winzigen Staatsgebietes hat Monaco sogar eine Hauptstadt: Monaco-Ville.

d) San Marino ist eine der ältesten Republiken der Welt (seit dem 12. Jh.) und eine Enklave im italienischen Staatsgebiet zwischen Rimini und Urbino. Es umfasst 61 km^2 und hat etwa 30.000 Einwohner.

Zu welchem australischen Welterbe gehört Ayers Rock?

- a) Uluru-Kata Tjuta-Nationalpark
- b) Great Barrier Reef
- c) Fraser Island
- d) Kakadu Nationalpark

a) Im Uluru-Kata Tjuta-Nationalpark ragt der 348 m hohe Ayers Rock oder Uluru, wie die Eingeborenen ihn nennen, ein gigantischer roter Sandsteinmonolith, aus der zentralaustralischen Wüste empor. Doch ist er nur die Spitze eines Berges, der 6000 m unter die Erde hinabreicht und für die Ureinwohner heilig ist.

b) Das Great Barrier Reef vor der Nordostküste Australiens ist die größte Ansammlung von Korallenriffen der Welt. Das Labyrinth aus über 3000 Einzelriffen und Inseln auf einer Länge von 2000 km bedeckt eine Fläche, die größer ist als Italien. Es ist das größte „Bauwerk" der Welt, und unzählige winzige Polypen erzeugen täglich pro Quadratkilometer Riff vier Tonnen neues Kalksteingerippe.

c) Die Fraser-Insel 190 km nördlich von Brisbane ist die größte Sandinsel der Welt. Sie hat eine Länge von 123 km und eine Fläche von 184.000 Hektar, und ihre Dünen sind mehr als 240 m hoch. Die Vegetation ist äußerst vielseitig, und mehr als 300 Vogelarten brüten hier.

d) Der Kakadu-Nationalpark im tropischen Norden ist nicht nur wegen seines Vogel-, Amphibien- und Reptilienreichtums berühmt, sondern vor allem auch wegen der mehreren tausend Fundorte von 18.000–25.000 Jahre alten Felszeichnungen.

Welches Naturwunder gehört nicht zu den USA?

- a) Grand Canyon
- b) Galapagosinseln
- c) Yellowstone Nationalpark
- d) Monument Valley

a) Der Grand Canyon in Arizona ist die faszinierendste und berühmteste Schlucht der Welt. Er wurde vor 40–50 Mio. Jahren durch den Colorado River in die Felsen gegraben und ist heute 447 km lang, 1800 m tief und bis zu 30 km breit.

Galapagosechse

b) Die 10 Mio. Jahre alten vulkanischen Galapagosinseln mit einer Landfläche von 7665 km^2 liegen etwa 1000 km vor der ecuadorianischen Küste im Pazifischen Ozean. So vielfältig wie die Landschaften der ca. 19 Inseln ist auch die einzigartige Tier- und Pflanzenwelt, die 1835 Charles Darwin (1809–82) zu seiner Evolutionstheorie inspirierte. 36 % der Pflanzenarten wachsen nur auf den Galapagosinseln, zu den bekanntesten Tierarten gehören neben der Galapagosschildkröte mit elf Unterarten und den Meerechsen auch die Darwin-Finken.

c) Der Yellowstone Nationalpark liegt in den Rocky Mountains von Wyoming und ist vor allem für seine 300 Geysire, heißen Quellen und Schlammvulkane berühmt.

d) Das Monument Valley mit seinen mächtigen Tafel- und Zeugenbergen aus Sandstein liegt in der Navajoreservation von Arizona und Utah.

Was ist keine Form der Erosion?

- a) Deflation
- b) Exaration
- c) Efforation
- d) Saltation

a) Deflation bezeichnet die Abtragung von Sand und Erde durch den Wind. An anderer Stelle wird das abgetragene Material dann als Dünen oder Löss wieder abgelagert. Unter Erosion versteht man allgemein jeden Vorgang, bei dem Gesteine und Minerale der Erdoberfläche abgetragen werden. Dies geschieht aufgrund natürlicher Vorgänge, wird aber oft auch durch menschliches Einwirken, vor allem durch landwirtschaftliche Überbeanspruchung der Böden, verstärkt. Mehr als 80 Tonnen pro Hektar können im Extremfall jährlich erodieren, 5 mm Boden gehen so durchschnittlich verloren, für deren Neubildung die Natur 250–500 Jahre braucht.

b) Exaration nennt man die Erosion, die durch die abtragende Tätigkeit der Gletscher bewirkt wird.

c) Efforation bezeichnet eine Erosion, die durch großen Wasserdruck zustande kommt.

Sanddüne

d) Unter Saltation versteht man den „sprunghaften" Transport von Sandkörnern durch den Wind, der zur Bildung von Dünen führt. Hierbei reißt der mit 15 km/h über den Boden strömende Wind einzelne Sandkörner mit, die nach einer kurzen Strecke wieder zu Boden fallen und dort neue Körner aus dem ruhenden Sand reißen.

Wer entdeckte die Victoriafälle?

- a) Mungo Park
- b) David Livingstone
- c) Sir Henry Morton Stanley
- d) Heinrich Barth

a) Der schottische Arzt Mungo Park (1771–1806) brach im Auftrag der Londoner Afrikagesellschaft 1795 auf, um den Verlauf des Niger, von dem man weder Quelle noch Lauf noch Mündung kannte, zu erforschen. Bei einer weiteren Expedition gelangte er bis nach Bussa und kam unter ungeklärten Umständen ums Leben.

b) 1840 ging David Livingstone (1813–73) als Missionar nach Südafrika und unternahm ab 1849 zahlreiche Reisen ins Innere des Kontinents. Er durchquerte die Kalahari und als Erster den ganzen Kontinent von Westen nach Osten. Er entdeckte im November 1955 die Victoriafälle. Auf weiteren Reisen entdeckte und erforschte er den Tanganjikasee.

c) Der britische Journalist Henry Morton Stanley (1841–1904) machte sich 1870 im Auftrag des amerikanischen Verlegers J. G. Bennett mit einem Tross von 190 Mann auf den Weg, um den seit 1969 verschollenen David Livingstone zu finden. Am 10. November 1871 fand er den schwer kranken Forscher und begrüßte ihn mit den legendären Worten: „Dr. Livingstone, I presume?"

d) Der deutsche Forscher Heinrich Barth (1821–65) durchquerte 1849–55 die Sahara, erreichte den Tschadsee und lebte als erster Europäer zwei Jahre in Timbuktu. Er begründete die Völkerkunde des Sudan.

Welche Klimaform herrscht in den Regenwäldern?

- a) arides Klima
- b) boreales Klima
- c) humides Klima
- d) nivales Klima

a) Bei aridem oder trockenem Klima sind die Niederschläge niedriger als die Verdunstung, es gibt nur wenig Vegetation. Arides Klima herrscht nicht nur in den Wüsten der Subtropen, sondern ebenso an den Polen und in vielen Hochgebirgen.

b) Das boreale Klima ist eine Klimaform, die nur auf der nördlichen Erdhalbkugel vorkommt. Der Name leitet sich von dem griechischen Windgott Boreas her. Die boreale Zone liegt zwischen dem 50. und dem 70. nördlichen Breitengrad, es ist eine kalt gemäßigte Klimazone mit kühlen, niederschlagsreichen Sommern und langen, kalten Wintern. Die vorherrschende Vegetationsform ist der boreale Nadelwald, sie sind die größten zusammenhängenden Wälder der Erde.

c) In den Regenwäldern herrscht humides, also feuchtes Klima. Die Niederschläge übertreffen hier die Verdunstungsrate, bei vollhumidem Klima ganzjährig, bei semihumidem Klima immerhin in 6–9 Monaten des Jahres. Die Luftfeuchtigkeit, also der Gehalt an Wasserdampf in der Luft, ist hier sehr hoch; sie steigt proportional zu den Temperaturen der Umgebung.

d) Unter nivalen Klimazonen versteht man Regionen, in denen die Niederschläge hauptsächlich als Schnee fallen, also die Polargebiete und das Hochgebirge.

Was ist der wasserreichste Süßwassersee der Erde?

- a) Bodensee
- b) Baikalsee
- c) Oberer See
- d) Inarisee

a) Der Bodensee, Deutschlands größter See, hat ein Volumen von 48,4 km^3.

Transsibirische Eisenbahn am Baikalsee

b) Der Baikalsee in Sibirien ist der tiefste, wasserreichste und älteste Süßwassersee der Erde, er fasst ein Fünftel der Trinkwasservorräte der Welt. Er entstand vor über 25 Mio. Jahren, ist 636 km lang, hat eine Fläche von 31.500 km^2 und ist bis zu 1640 m tief. Er hat ein Volumen von bis zu 23.000 km^2 bzw. 23.000.000 Mrd. Litern. Über 300 Flüsse münden in ihn, sein Abfluss ist die Angara, die über den Jenissei zum Polarmeer fließt. Die bedeutendste Stadt am Baikalsee ist Irkutsk.

c) Der Obere See (Lake Superior) ist der größte der fünf Großen Seen an der kanadisch-amerikanischen Grenze. Er hat eine Fläche von 82.103 km^2, eine Tiefe von bis zu 405 m und ein Volumen von 12.100 km^3. Er wird von etwa 200 kleinen Flüssen gespeist und fließt über den St. Marys River in den Huronensee. Die fünf Großen Seen (außer dem Oberen See sind es Michigansee, Huronensee, Eriesee und Ontariosee) entstanden während der letzten Eiszeit.

d) Der Inarisee ist der drittgrößte See Finnlands, der aufgrund seiner nördlichen Lage manchmal bis Juni zugefroren ist.

Welches Land hat keinen Anteil am Victoriasee?

- a) Tansania
- b) Sambia
- c) Uganda
- d) Kenia

a) Zum Staatsgebiet Tansanias gehören 66 % der Fläche des Victoriasees. Die größte tansanische Stadt am See ist Mwanza mit mehr als 225.000 Einwohnern. Der Victoriasee ist mit 69.484 km^2 der größte See Afrikas und der zweitgrößte Süßwassersee der Welt. Er ist ein relativ seichter See mit zahlreichen Inseln, seine maximale Tiefe beträgt 84 m. Er liegt auf einer Höhe von 1134 m über dem Meer, sein wichtigster Zufluss ist der Kagera, sein einziger Abfluss der Victoria-Nil.

Victoriafälle in Sambia

b) Sambia liegt nicht am Victoriasee. Dafür liegen an seiner Grenze zu Simbabwe, 1750 km weiter südwestlich, die Victoriafälle (Kololo Mosi-oa-Tunya, „donnernder Rauch"). Der Sambesi stürzt hier auf einer Breite von 1700 m 110 m in die Tiefe.

c) Zu Uganda gehört der Nordwesten des Victoriasees. An seinem Ufer liegen die Hauptstadt Kampala, mit 1,8 Mio. Einwohnern die größte Stadt am Victoriasee, und Entebbe, der ehemalige Verwaltungssitz des Landes mit ca. 63.000 Einwohnern.

d) Zu Kenia gehört der kleinste Teil des Victoriasees, ein kleiner Abschnitt am nordöstlichen Ende.

Welche Küste liegt in Afrika?

- a) Orangenblütenküste
- b) Moskitoküste
- c) Pfefferküste
- d) Koromandelküste

a) Die Orangenblütenküste oder Costa del Azahar liegt zwischen dem Ebrodelta und dem Kap Nao an der spanischen Mittelmeerküste am Golf von Valencia. Nördlich von ihr liegen die Costa Dorada (Goldene Küste) und die Costa Brava (Wilde Küste), im Süden folgen die Costa Blanca (Weiße Küste), die Costa del Sol (Sonnenküste) und westlich von Gibraltar die Costa de la Luz (Küste des Lichts).

b) Die Moskitoküste ist die Karibikküste Nicaraguas. Ursprünglich war sie nach den dort ansässigen Misquito-Indianern benannt, wurde von den Spaniern jedoch in Costa de los Mosquitos umgewandelt.

c) Die Pfefferküste liegt in Westafrika an der Küste Liberias. Ihren Namen hat sie von dem Guineapfeffer, der hier früher gewonnen wurde. Östlich von Kap Palmas schließt sich die Elfenbeinküste an, dann folgen die Goldküste Ghanas und die Sklavenküste von Togo, Benin und Nigeria zwischen der Voltamündung und dem Nigerdelta, die im 18. Jh. das Hauptgebiet des Sklavenhandels war.

d) Die Koromandelküste ist ein 700 km langer Küstenstreifen in Südostindien in der Region um Madras am Golf von Bengalen. Ihr Name kommt wahrscheinlich von den tamilischen Wörtern „Chola Madal", die „Region der (südindischen Dynastie) Chola" bedeuten.

Was ist das Nördlinger Ries?

- ◯ a) der Krater eines erloschenen Vulkans
- ◯ b) eine eiszeitliche Moränenhügellandschaft
- ◯ c) ein Meteoritenkrater
- ◯ d) ein tektonischer Kesselbruch

a) Aufgrund der gefundenen Gesteinsarten, vor allem des Suevits, der große Ähnlichkeit mit vulkanischem Tuff hat, wurde das Nördlinger Ries lange für den Krater eines erloschenen Vulkans gehalten.

b) Zeitweise wurde auch die Entstehung als eiszeitliche Moränenhügellandschaft diskutiert, da man annahm, dass nur ein Gletscher die Kraft zu derartigen Gesteinsverschiebungen haben könnte. Dies wurde jedoch u. a. aufgrund der Lage nördlich der Donau bald wieder verworfen.

c) Das Ries entstand durch einen Meteoriteneinschlag im Miozän vor ca. 15 Mio. Jahren. Der Meteorit selbst muss beim Aufprall verdampft sein. Eine ringförmige Hügelkette im Inneren des ansonsten sehr ebenen Kraters, der kristalline Ring, kennzeichnet das Ries als Impaktkrater im Gegensatz zu normalen schüsselförmigen Kratern. Das Nördlinger Ries ist ein fast kreisrundes, fruchtbares Becken mit einem Durchmesser von 20–24 km, zwischen Schwäbischer und Fränkischer Alb, in dessen Zentrum die Kreisstadt Nördlingen liegt. Es wird von der Wörnitz und der Eger durchflossen.

d) Auch die Theorie von einem tektonischen Kesselbruch, einer durch Verwerfungen entstandenen Senkung, konnte nicht alle Eigenheiten des Ries erklären.

Welcher Fluss mündet nicht in das Mittelmeer?

- ◯ a) die Rhone
- ◯ b) der Tiber
- ◯ c) der Ebro
- ◯ d) der Jordan

a) Die Rhone, Frankreichs wasserreichster und mit 812 km zweitlängster Fluss, entspringt im Kanton Wallis in der Schweiz, durchfließt den Genfer See und Lyon, Avignon und Arles und mündet in einem Delta mit zwei Hauptarmen, zwischen denen die Camargue liegt, ins Mittelmeer.

b) Der 405 km lange Tiber ist nach dem Po und der Etsch der drittlängste Fluss Italiens. Er entspringt im Etruskischen Apennin auf 1348 m über dem Meer, durchfließt Umbrien und Latium sowie Rom, bevor er bei Ostia ins Tyrrhenische Meer, einen Teil des Mittelmeers mündet.

c) Dem Ebro (lat.: Iberus), dem mit 927 km Länge und 83.500 km^2 großen Einzugsgebiet wichtigsten Fluss Nordspaniens, verdankt die Iberische Halbinsel ihren Namen. Er entspringt im Kantabrischen Gebirge, durchfließt u. a. Saragossa und mündet in einem sumpfigen Delta nahe Tortosa ins Mittelmeer.

d) Der Jordan, der wasserreichste Fluss Jordaniens und Israels, fließt vom Hermongebirge entlang der israelisch-jordanischen Grenze durch den See Genezareth bis ins Tote Meer. Er ist der tiefstgelegene Fluss der Erde. In der Nähe von Jericho ließ sich Jesus von Johannes dem Täufer im Jordan taufen.

Jordanmündung ins Tote Meer, Satellitenaufnahme

Wie heißt die Hauptstadt von Tansania?

- a) Nouakchott
- b) Dodoma
- c) Khartum
- d) Antananarivo

a) Nouakchott ist die Hauptstadt von Mauretanien, einem wüstenartigen Tiefland in Nordwestafrika. Es liegt 4 km von der Atlantikküste entfernt in der Sahara. Dort leben 750.000 der insgesamt 2,9 Mio. Einwohner, von denen etwa ein Drittel hellhäutige Mauren sind.

Dodoma

b) Die offizielle Hauptstadt der Vereinigten Republik Tansania ist Dodoma mit 300.000 Einwohnern im Zentrum des Landes. Faktisch jedoch muss das an der Ostküste Afrikas gelegene Daressalam mit ca. 3 Mio. Einwohnern als Tansanias Hauptstadt angesehen werden. Das 945.087 km² große Land hat etwa 38,3 Mio. Einwohner, 1 Mio. von ihnen lebt auf der Insel Sansibar.

c) Die sudanesische Hauptstadt ist das am Nil gelegene Khartum mit 8 Mio. Einwohnern. Der Sudan ist der größte Staat Afrikas mit einer Fläche, die siebenmal so groß ist wie die Deutschlands. Allerdings wohnen hier nur 38 Mio. Menschen, die zu 572 verschiedenen Stämmen gehören.

d) Antananarivo ist die Hauptstadt von Madagaskar. Die Stadt liegt im Inneren der Insel auf einer Höhe von 1300 m und hat etwa 1,5 Mio. Einwohner. Madagaskar liegt im Indischen Ozean und ist die Heimat der Lemuren und Makis.

Die Hauptstadt welchen Landes ist Bandar Seri Begawan?

- a) Bangladesch
- b) Oman
- c) Mongolei
- d) Brunei

a) Die Hauptstadt von Bangladesch ist Dhaka. Das Land, mit 143 Mio. Einwohnern eines der einwohnerstärksten Länder der Welt, liegt im Mündungsgebiet von Ganges und Brahmaputra am Golf von Bengalen und wird jedes Jahr von katastrophalen Überschwemmungen heimgesucht.

b) Das Sultanat Oman mit der Hauptstadt Maskat liegt im Südosten der Arabischen Halbinsel. Nur der Norden des 309.500 km² großen Landes ist fruchtbar, das Binnenland bis zu den 3000 m hohen Bergen dagegen sehr trocken. Hauptexportgut ist Erdöl.

c) Die Hauptstadt der Mongolei ist Ulan Bator mit ca. 1 Mio. Einwohnern. Das zentralasiatische Land hat eine Fläche von 1.566.500 km², aber nur 2,5 Mio. Einwohner. Es ist geprägt von Steppen und Wüsten, in seinem Westen erhebt sich das Altai-Gebirge.

d) Bandar Seri Begawan ist die Hauptstadt von Brunei. Das nur 5765 km² große Königreich, das nur etwa doppelt so groß ist wie das Saarland, liegt an der Nordwestküste Borneos am Südchinesischen Meer. Das Land hat weniger als 350.000 Einwohner, die Amtssprache ist Malaiisch. Brunei ist in zwei Teile geteilt, die durch das malaysische Limbangtal getrennt sind. Es herrscht ein tropisches, feuchtheißes Klima, die wichtigste Einnahmequelle ist das Erdöl.

Was gibt es nicht in der Antarktis?

- a) Süßwasserseen
- b) Vulkane
- c) eisfreie Gebiete
- d) Hotels

a) Der Wostoksee ist der größte von bisher 150 unter dem Eis der Antarktis entdeckten Süßwasserseen. Obwohl in dem 1000 m tiefen See, der möglicherweise bereits seit 1 Mio. Jahre zugefroren ist, Temperaturen von −3° C herrschen, scheint das Wasser zu zirkulieren und Leben in ihm vorhanden zu sein. In den Sommermonaten gibt es auch einen Fluss, den Onyx River, der sich aus Schmelzwasser speist und in den in seiner Tiefe stark alkalischen Vandasee mündet.

b) In der Antarktis gibt es einen Gürtel von 16 teilweise aktiven Vulkanen, darunter den Mount Erebus mit 3794 m, der seit 1974 ständig aktiv ist. Er ist der südlichste aktive Vulkan der Erde.

c) Knapp 3 % der Antarktis, rund 350.000 km^2, sind eisfrei. Dazu gehört ein Teil der Gebirge, aber auch Gebiete an der Küste, sogenannte Oasen oder Trockentäler, die durch fehlende Niederschläge und Fallwinde entstanden sind.

d) Noch gibt es kein Hotel in der Antarktis, obwohl die Zahl der Touristen pro Jahr mittlerweile bei fast 20.000 liegt. Bisher beschränkt sich der Tourismus allerdings noch weitgehend auf Ausflüge von Kreuzfahrtschiffen oder Rundflüge vom Festland, seit 1995 findet aber bereits alljährlich ein Antarktismarathon statt, ebenso an Neujahr das Musikfest IceStock auf der amerikanischen McMurdo-Station.

Was wurde nicht in die Liste der sieben neuen Weltwunder aufgenommen?

- a) die Chinesische Mauer
- b) Chichén Itzá
- c) Machu Picchu
- d) Stonehenge

a) Die Chinesische Mauer ist eines der neuen Weltwunder. Da außer den Pyramiden von Gizeh alle Weltwunder der Antike nicht mehr existieren, wurde im Jahr 2000 von dem Schweizer Bernard Weber die Aktion „New 7 Wonders of the World“ ins Leben gerufen, bei der unter weltweiter Beteiligung sieben neue Weltwunder ermittelt werden sollten. Aus einer Liste von Sehenswürdigkeiten, die von Usern der ganzen Welt vorgeschlagen worden war, wählte eine Jury 21 Objekte für die letzte Online-Abstimmung, die am 7. Juli 2007 zu Ende ging. Ausgenommen wurden dann allerdings die Pyramiden, die als „Altes Weltwunder“ einen Ehrenstatus erhielten.

b) Auch unter den neuen Weltwundern befindet sich eine Pyramide: die Pyramide des Kukulcán von Chichén Itzá, der Ruinenstadt der Mayas auf der mexikanischen Halbinsel Yucatán.

c) Auch die Ruinenstadt der Inka in Peru, Machu Picchu, ist eines der neuen Weltwunder.

d) Die jungsteinzeitlichen Megalithkreise von Stonehenge wurden ebenso wenig gewählt wie die Freiheitsstatue, der Eiffelturm oder Neuschwanstein, das nur auf den achten Platz kam.

Stonehenge